国家重点档案专项资金资助项目

抗日战争档案汇编

绵竹抗战宣传教育档案汇编

绵竹市档案馆　编

中華書局

图书在版编目（CIP）数据

绵竹抗战宣传教育档案汇编 / 绵竹市档案馆编 .
－北京 : 中华书局 , 2021.7
（抗日战争档案汇编）
ISBN 978-7-101-15204-3

Ⅰ . 绵… Ⅱ . 绵… Ⅲ . 抗日战争－历史档案－
汇编－绵竹 Ⅳ . K265.063

中国版本图书馆 CIP 数据核字 (2021) 第 091838 号

书　　名	绵竹抗战宣传教育档案汇编
丛 书 名	抗日战争档案汇编
编　　者	绵竹市档案馆
策划编辑	许旭虹
责任编辑	徐麟翔
装帧设计	许丽娟
出版发行	中华书局 （北京市丰台区太平桥西里38号 100073） http://www.zhbc.com.cn E-mail:zhbc@zhbc.com.cn
图文制版	北京禾风雅艺文化发展有限公司
印　　刷	天津艺嘉印刷科技有限公司
版　　次	2021年7月北京第1版 2021年7月第1次印刷
规　　格	开本889×1194毫米 1/16 印张32¾
国际书号	ISBN 978-7-101-15204-3
定　　价	500.00元

抗日战争档案汇编编委会

四川省抗日战争档案汇编编委会

绵竹抗战宣传教育档案汇编编委会

主　编　陈忠平

成　员　邱云辉　何成松　黄　燕　刘　明　曹先临
魏广东　李锐智

总 序

为深入贯彻落实习近平总书记「让历史说话，用史实发言，深入开展中国人民抗日战争研究」的重要指示精神，国家档案局根据《全国档案事业发展「十三五」规划纲要》和《「十三五」时期国家重点档案保护与开发工作总体规划》的有关安排，决定全面系统地整理全国各级综合档案馆馆藏抗战档案，编纂出版《抗日战争档案汇编》（以下简称《汇编》）。

中国人民抗日战争是近代以来中国反抗外敌入侵第一次取得完全胜利的民族解放战争，开辟了中华民族伟大复兴的光明前景。这一伟大胜利，也是中国人民为世界反法西斯战争胜利、维护世界和平作出的重大贡献。加强中国人民抗日战争研究，具有重要的历史意义和现实意义。

全国各级档案馆保存的抗战档案，数量众多，内容丰富，全面记录了中国人民抗日战争的艰辛历程，是研究抗战历史的珍贵史料。一直以来，全国各级档案馆十分重视抗战档案的开发利用，陆续出版公布了一大批抗战档案，对揭露日本帝国主义侵华罪行，讴歌中华儿女勠力同心、不屈不挠抗击侵略的伟大壮举，弘扬伟大的抗战精神，引导正确的历史认知，发挥了积极作用。特别是国家档案局组织有关方面共同努力和积极推动，「南京大屠杀档案」被联合国教科文组织评选为「世界记忆遗产」，列入《世界记忆名录》，捍卫了历史真相，在国际上产生了广泛而深远的影响。

全国各级档案馆馆藏抗战档案开发利用工作虽然取得了一定的成果，但是，在档案信息资源开发的系统性和深入性方面仍显不足。正如习近平总书记所指出的：「同中国人民抗日战争的历史地位和历史意义相比，同这场战争对中华民族和世界的影响相比，我们的抗战研究还远远不够，要继续进行深入系统的研究。」「抗战研究要深入，就要更多通过档案、资料、事实、当事人证词等各种人证、物证来说话。要加强资料收集和整理这一基础性工作，全面整理我国各地抗战档案、照片、资料、实物等……」

国家档案局组织编纂《汇编》，对全国各级档案馆馆藏抗战档案进行深入系统地开发，是档案部门贯彻落实习近平总书记重要指示精神，推动深入开展中国人民抗日战争研究的一项重要举措。本书的编纂力图准确把握中国人民抗日战争的历史进程、主流和本质，用详实的档案全面反映一九三一年九一八事变后十四年抗战的全过程，反映中国共产党在抗日战争中的中流砥柱作用以及中国人民抗日战争在世界反法西斯战争中的重要地位，反映国共两党「兄弟阋于墙，外御其侮」进行合作抗战、共同捍卫民族尊严的历史，反映各民族、各阶层及海外华侨共同参与抗战的壮举，展现中国人民抗日战争的伟大意义，以历史档案揭露日本侵华暴行，揭示日本军国主义反人类、反和平的实质。

编纂《汇编》是一项浩繁而艰巨的系统工程。为保证这项工作的有序推进，国家档案局制订了总体规划和详细的实施方案，明确了指导思想、工作步骤和编纂要求。为保证编纂成果的科学性、准确性和严肃性，国家档案局组织专家对选题进行全面论证，对编纂成果进行严格审核。

各级档案馆高度重视并积极参与到《汇编》工作之中，通过全面清理馆藏抗战档案，将政治、军事、外交、经济、文化、宣传、教育等多个领域涉及抗战的内容列入选材范围。入选档案包括公文、电报、传单、文告、日记、照片、图表等多种类型。在编纂过程中，坚持实事求是的原则和科学严谨的态度，对所收录的每一件档案都仔细鉴定、甄别与考证，维护档案文献的真实性，彰显档案文献的权威性。同时，以《汇编》编纂工作为契机，以项目谋发展，用实干育人才，带动国家重点档案保护与开发，夯实档案馆基础业务，提高档案人员的业务水平，促进档案馆各项事业的发展。

守护历史，传承文明，是档案部门的重要责任。我们相信，编纂出版《汇编》，对于记录抗战历史，弘扬抗战精神，发挥档案留史存鉴、资政育人的作用，更好地服务于新时代中国特色社会主义文化建设，都具有极其重要的意义。

抗日战争档案汇编编纂委员会

编辑说明

绵竹，地处四川盆地西北部。抗日战争爆发后，绵竹人民积极响应抗日救国的号召，踊跃投入到抗日救亡运动的洪流中，与全国各族人民一道，齐心协力、共赴国难。抗战期间，绵竹人民竭尽所能捐款捐物支援前线，出工出力修建机场，青年纷纷奔赴前线，保家卫国。据绵竹市档案馆馆藏档案记载，一九三七至一九四五年间，绵竹出征壮丁一万八千八百一十六人，捐献粮食一百零七万石，献金三百九十一万余元。

《绵竹抗战宣传教育档案汇编》收录绵竹市档案馆藏与「抗战宣教」主题相关的档案一百五十余件，选稿起自一九三二年，迄至一九四四年。全书分为抗战教育与管理、抗战动员与宣传两个部分，内容涉及抗战时期绵竹有关抗战的教育与管理、宣传与动员方面的公函、电文、训令、呈文等。其中，抗战教育与管理部分收录了绵竹抗战教育方针政策的相关文件及各校抗战时期教育中心工作月报表。

本书选用馆藏档案原件全文影印，未作删节；如有缺页，为档案自身原缺。档案中原标题完整或基本符合要求的使用原标题，原标题有明显缺陷的进行了修改或重拟，无标题的加拟标题。标题中的人名使用通用名，机构名称使用机构全称或规范简称，历史地名沿用当时地名。

全书选用档案按照文件形成时间先后分别排序，一般以发文时间为准，少数无发文时间的采用收文时间，并加以注明。档案所载时间不完整或不准确的，作了补充或订正。档案时间只有年份和月份的，排在该月末；只有年份的，排在该年末。

全书使用规范的简化字，对标题中的繁体字、不规范异体字等予以径改。限于篇幅，本书不作注释。

由于档案保存年代久远，加之编者水平有限，在编辑过程中可能存在疏漏之处，考订难免有误，欢迎方家斧正。

编　者

二〇一九年七月

目录

一、抗战教育与管理

（一）抗战教育方针政策

绵竹县政府与绵竹县教育局关于从三月一日起每周定期召开朝会开展日本侵占东三省雪耻教育的来往文书

绵竹县政府致县教育局的训令（一九三二年二月二十二日）

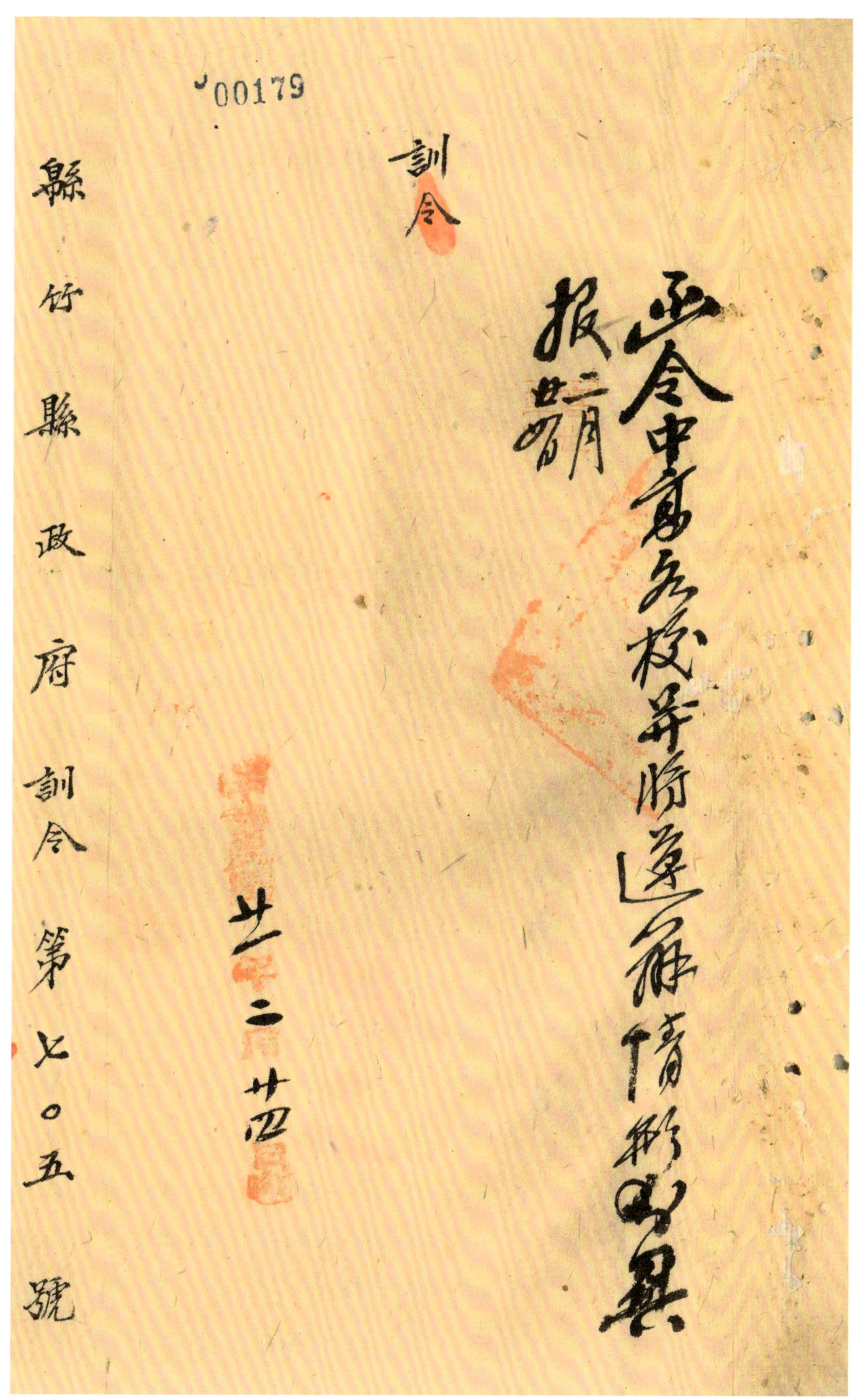

00179

緜竹縣政府訓令第七〇五號

訓令

函令中高各校并將遵辦情形具報

廿一年二月廿四

令本府教育局長高世華

為令飭遵辦事案奉

駐區事務署秘字第八號訓令開為通令事照得暴日佔我東三省破壞國際

公法阻碍世界和平凡我國民孰不敵愾同仇而思一雪此恥本軍有久遠光榮之

歷史現更認為救國之計非使全國軍民勵精圖治無能為役故本軍新案即應

國难而產生規畫並屬多端然对于雪恥教育一案尤為刻不容緩查其擬定之七項辦

法第五項載駐區各縣學校學生並明瞭日本侵佔我東三省經過情形及中國对

日本之交涉狀況每日由校長或指定教員講演第六項各縣成立朝会每週以星

期三星期六兩日黎明时齊集開會以縣長為主席縣屬各机關法團職員一律齊集

不得藉故不到又朝會開會时主席應将本週所得國內外及本省政治情形詳為講

述等語事關激發民氣亟應提前辦理現規定自三月一號起各縣府各學校各

機關團體一律實施務使駐區人民澈底明瞭日本对我國無理侵畧提起愛國

精神群眾共赴國難合亟通令為此令仰該縣長即便遵照並轉飭所屬及函知

不相隸屬之机關學校一體遵照仍将遵辦情形呈報備查為要此令等因奉此合

亟令仰該局即便轉飭所屬一體遵照仍将遵辦情形具報核轉切切此令

00180

中華民國二十一年二月廿二日

縣長蒙善伯

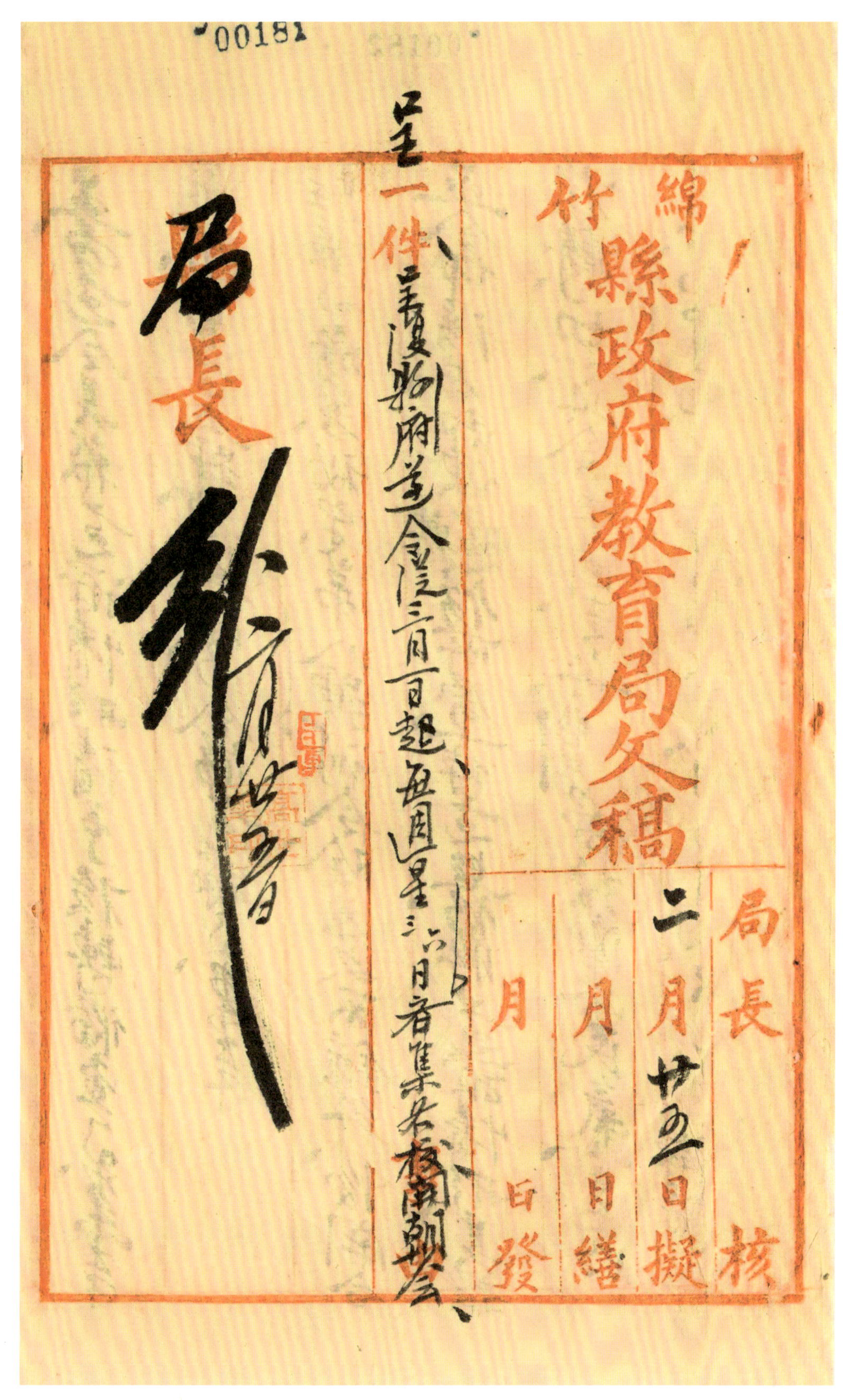

綿竹縣政府教育局文稿

局長 核	二月廿五日擬	月 日繕	月 日發

呈一件、呈復縣府並遵令從三月一日起每週星期三、六日晨集各校開朝會、

局長

绵竹县教育局致县政府的呈（一九三二年二月二十五日）

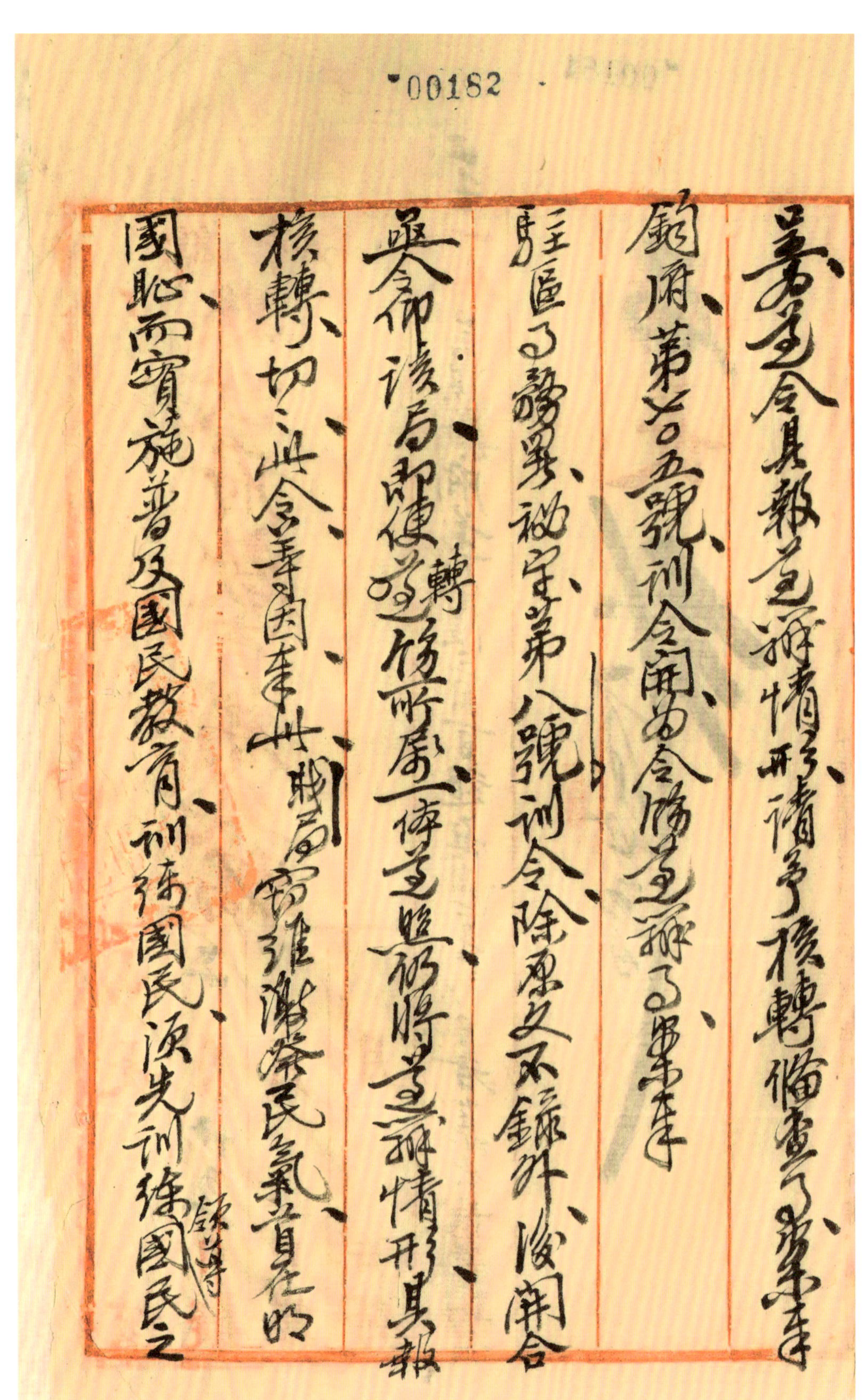

00182

署、並令具報遵辦情形，請予核轉備查等由，准此。

鈞府第六五號訓令開、為合飭遵辦等由，

駐區專署、祕字第八號訓令，除原文不錄外，後開：合

亟令仰該局即便轉飭所屬一體遵照，將遵辦情形具報

核轉，切切，此令等因，奉此。職局為謀激發民氣，首在啓

國聰而實施普及國民教育、訓練國民，須先訓練國民之

欽遵

教師、教師對於國難、有深刻之認識、對于學生始有精神之轉輸、在前日之勝俄德之勝法、均歸功於小學教師、職是之故、近自去歲東省事變發生、職局已曾令集合城鄉各校、成立反日救分會、分組宣傳、各校於星期六日舉行召集朝會、為之講演近日新聞、俾期明瞭日本侵佔我東三省經過情形、及政府對日方略、又於通俗教育館內、

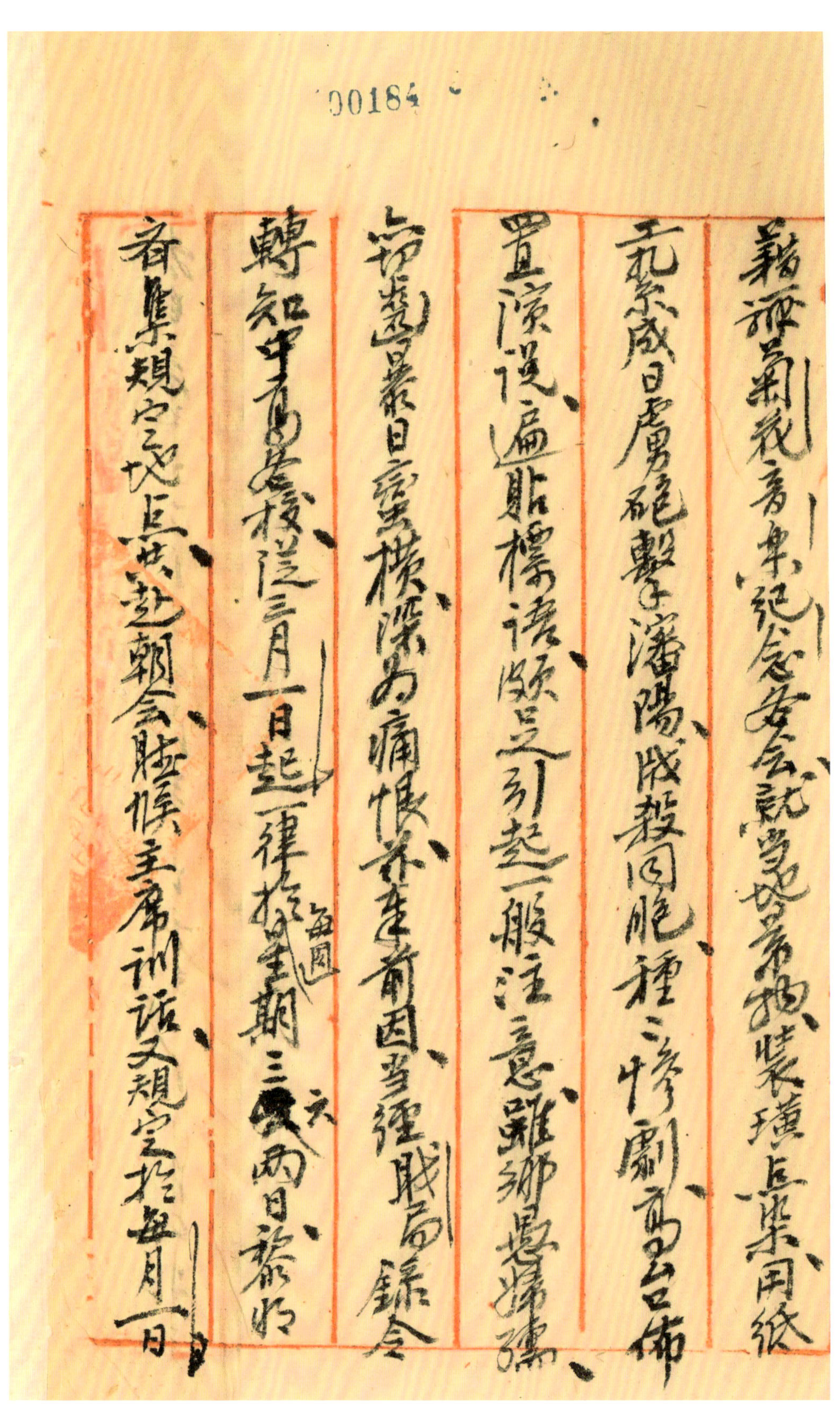

00184

藉評劇、花鼓、音樂、紀念會、話劇、新裝璜、上標、用紙
元紮成日虜砲轟瀋陽、戕殺同胞種種慘劇，商店佈
置演說、遍貼標語、頗足引起一般注意，雖鄉愚婦孺
亦知暴日蠻橫，深為痛恨。本年前因，當經職局縣令
轉知中區各校，從三月一日起，一律於每週星期三、六兩日，黎明
齊集，規定地點，共赴朝會，聽候主席訓話，又規定於每月一日

欽新時、集合初小教師在教局訓話、為宣讀國聯調查、淬礪、而期精神貫注、務使全縣學生民眾明瞭日軍之慘毒、無理侵畧、聯合一致、赴國難、所有遵令轉飭辦理各節、理合將遵辦情形據實呈覆、
鈞府、俯賜察核、轉呈示遵、謹呈
綿竹縣政府縣長王家

00186

绵竹县政府教育局長冒〇〇

中華民國廿七年二月廿五日

四川省第十三区行政督察专员公署关于绵竹县拱星场小学所呈实施抗战教育计划纲要可采并饬令酌情采纳施行致绵竹县政府的训令（一九三八年四月十八日）

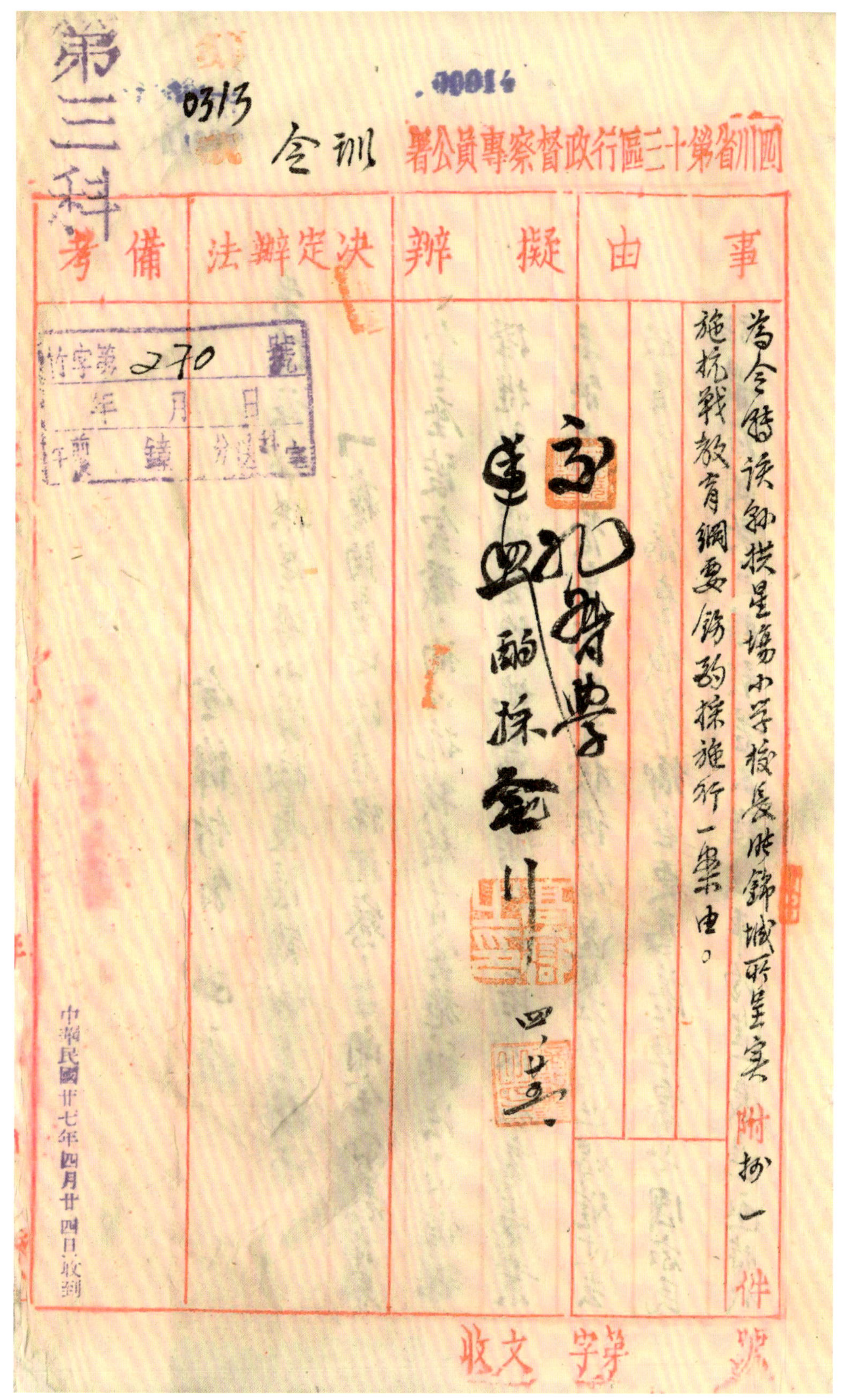
第三科

0313

四川省第十三區行政督察專員公署訓令

事由	擬辦	決定辦法	備考
為令轉該縣拱星場小學校長張錦城所呈實施抗戰教育綱要飭酌採施行一案由。附抄一件			竹字第270號

中華民國廿七年四月廿四日收到

收文 字第 號

00015

四川省第十三区行政督察专员公署训令

教 458

令绵竹县县政府

案据该县拱星场小学校长张锦城呈称：

「窃钧座此次莅绵视察，召开全县教育界人士座谈会议，询以抗战教育实施办法，以备采择推动。窃吾绵地处西陲，文化落后，教育事业未能十分发皇，尤以学校设备过差，改进殊难。过去教育大多偏重城市，乡区更为落后，值此国家民族最后关头之时，若不设法平均进展，追逐时代

隱患堪虞。敬小學奉頒斟酌地方環境學校經費
於可能範圍內擬定實施抗戰教育計劃綱要，遂
項實施，除少數條目限於經濟尚未十分推動外，
大都查照綱要進行，合理今蒙鈞座殷殷垂詢。
職小學對於推動抗戰教育靡不盡力遵行。是
以將辦理經過情形據實呈明，並檢同實施綱
要一份呈請鈞座鑒核斧正，仰祈令飭綿竹縣
下季成立新預算時加入各校衛生勞作設備，
以利推進而收實效。是否有當？佇候令示祗遵」
等情，計呈實施抗戰教育綱要一份。據此。除以「呈

暨附件均悉。查所擬實施抗戰教育計劃綱要，尚有可採。候令該縣府酌採施行，以應時勢需要可也！」等語，批示外，合行抄發原附件，令仰該縣長，即便遵照，酌採施行爲要！此令。

計抄實施抗戰教育綱要一份。

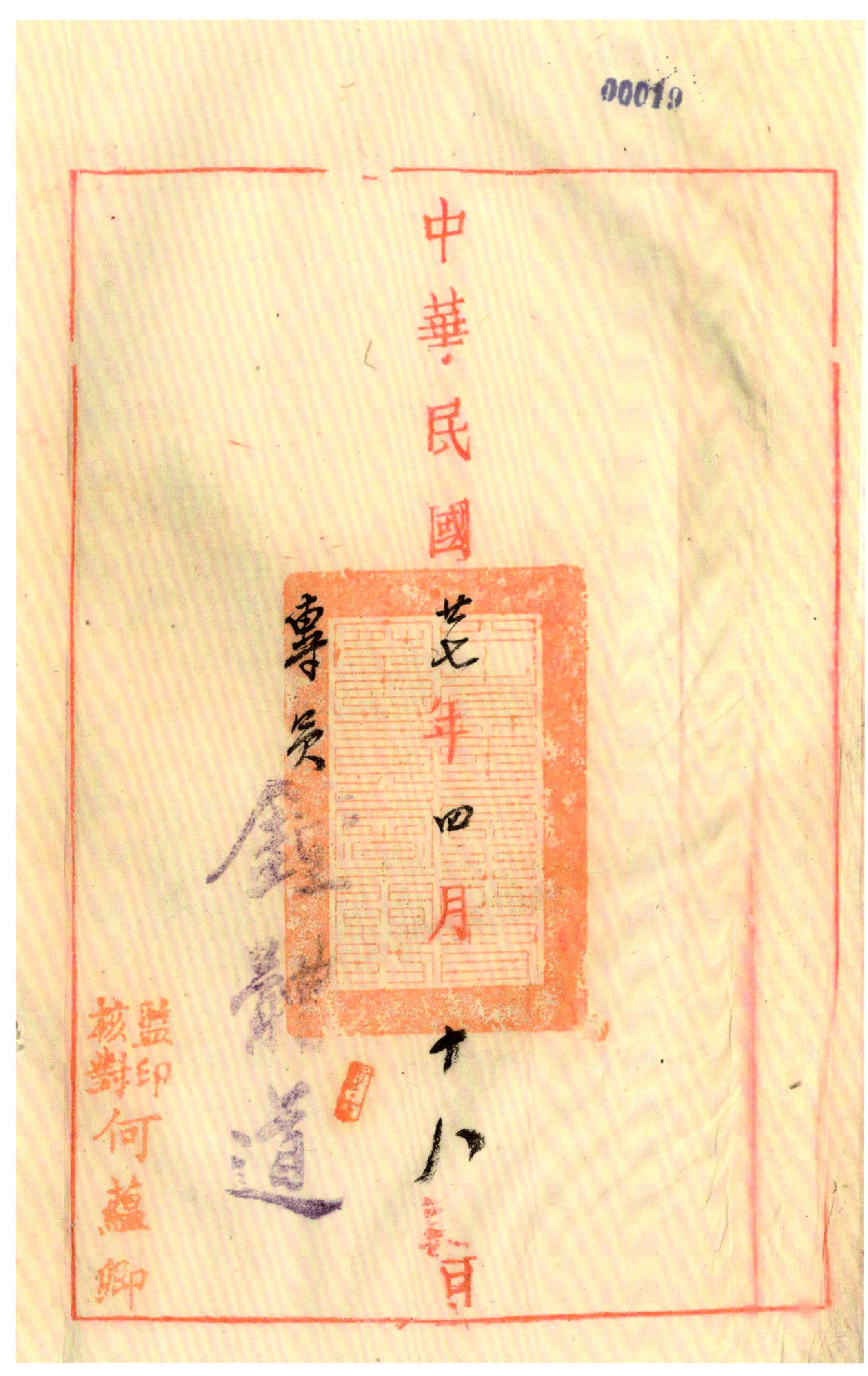
00019

中華民國廿七年四月十八日

專員 鍾 毓 道

監印 核對 何蘊卿

附：实施抗战教育计划纲要（抄件）

00020

計劃實施抗戰教育計劃綱要

甲、關於體格方面

1、分請專門醫生嚴密檢查學生體格

辦法—從本期起在開學後兩週內舉行體格檢查一次使學生得正當之糾正。

2、各班級任教員注意學生日常衛生習慣

辦法—本期至少須實踐早睡早起不吸食煙酒多飲開水常剪指甲浴沐不食零食等好習慣以後隨時增加以致適合新生活規約為止

3、植養勞動身手

辦法——每日各級學生須自動整理學級園及灌溉菜
園清潔教室地面桌凳等各項工作不得呼用校工

六、鍛練堅強身体

辦法——(一)每晨舉行十分鐘早操(二)每日午後四至六
鐘時由各級任統率學生共同作賽跑跳
高跳遠比賽及其他游戲(三)每週修學旅
行一次(四)每月徒步遠足一次路程十里以內限為

七、預防一切疾病

辦法——現在衛生設備完全無有除春季種痘一次外
下年度呈請縣府加增衛生設備隨時預防

乙、關於精神方面

1、每日晨舉行升旗礼傍晚舉行降旗礼

辦法——教職各员及全體学生均須出席參加並由校長或值星训導每次作精神講話

2、舉行軍事化之集合

辦法——除体育鐘点内实際練習外每日放学時間由训導主任舉行三分鐘内全体集合一次

3、舉行時事講演時事研究時事測驗

辦法——每週星期一紀念週時舉行儀式後各班分别舉行上項規定一次

4、民族英雄環境布置

辦法——全校分高中低各級由級任選定具有犧牲精神及臨難不苟之民族英雄一人設為該班学級名稱以收默化之效

5、新聞採訪及編輯

辦法——高中年級学生由級任先生指導每週必須練習新聞採訪及編輯一次作為該級級報張貼該班

6、民族英雄史蹟的調查及揭示

辦法——由学校採集揭示于走廊及辦公各處

00024

7、国防挂图及中日交涉史事各种比较表的布置

办法——由学校採购制订后分配布置各处

8、充分选用激发民族精神的教材

办法——由国语教师及音乐教师慎选具有激发性之短诗歌词补充教授

丙、关于技能方面

1、训练普通缝纫洗濯工作

办法——由女教师指导简单缝纫及洗濯已身衣物各项练习

2、训练生活需要器具的修理能力

辦法—由勞作科教師設計教授

3. 烹飪練習

辦法—每日早餐及午餐時指派學生輪流實習

4. 救護練習

辦法—童軍訓練時作有系統之實習

5. 避災練習

辦法—童軍訓練時設計練習

6. 整理練習

辦法—童軍訓練時設計練習

7. 收發電話電報練習

辦法——每週僱學旅行時到設置電話電報各處實際練習

8、守護電桿橋樑及傳達警戒練習

辦法——每月徒步遠足時演習一次

9、簡易防毒及防空工具的製造

辦法——教授勞作或自然課程時設計製造

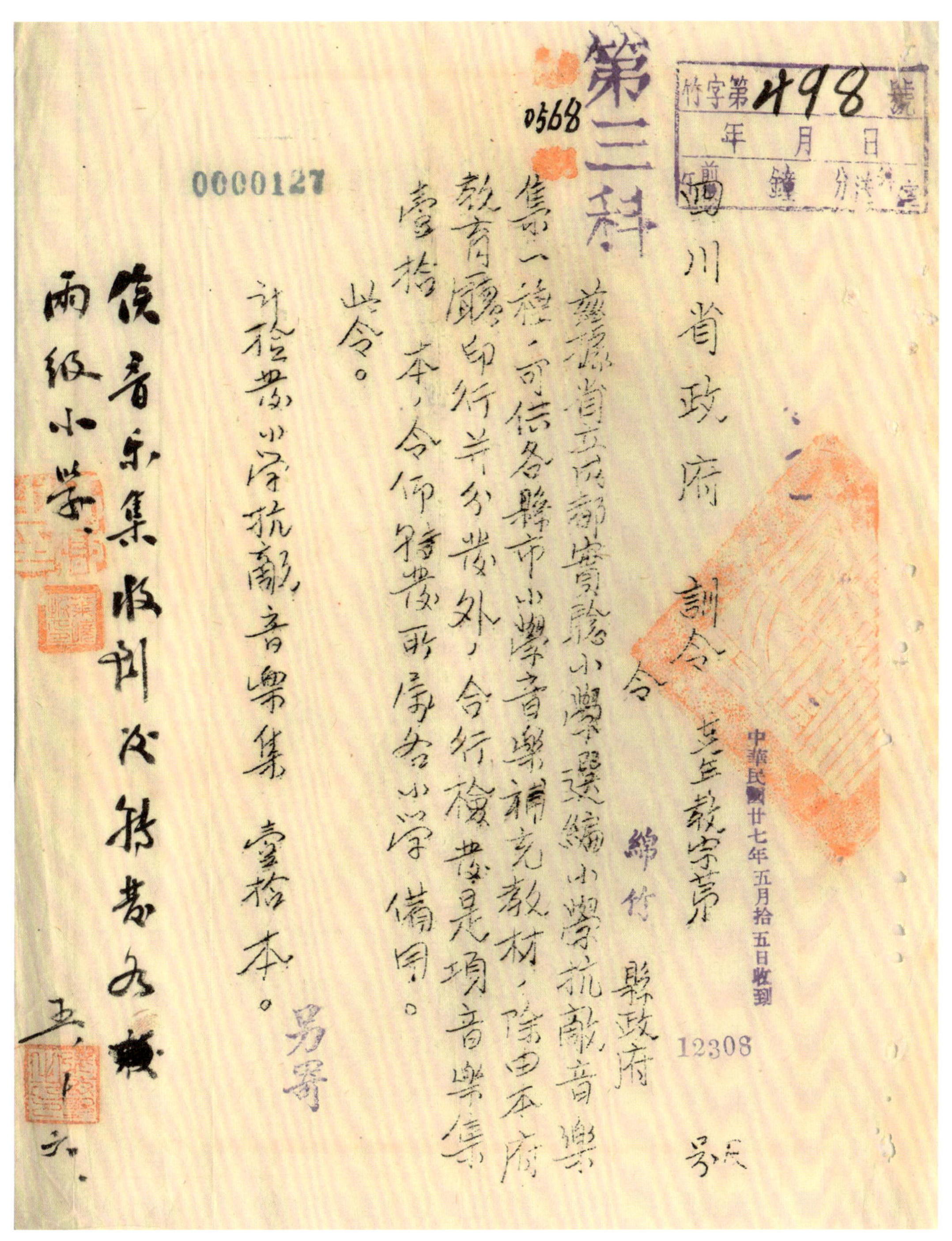

竹字第498號
年　月　日
午前　鐘　分送

第三科

0568

0000127

四川省政府訓令　教字第　號

令綿竹縣政府

案據省立成都實驗小學選編小學抗敵音樂集一種，可供各縣市小學音樂補充教材，除由本府教育廳印行并分發外，合行檢發是項音樂集壹拾本，令仰轉發所屬各小學備用。

此令。

計檢發小學抗敵音樂集壹拾本。

易　署

中華民國廿七年五月拾五日收到

12308

俟音樂集收到後轉發各兩級小學。五、十六。

四川省政府及绵竹县政府关于检发小学抗敌音乐集的训令

四川省政府致绵竹县政府的训令（一九三八年五月十五日收）

中華民國廿四年四月　日

主席

委員兼秘書長鄧漢祥代行

教育廳長蔣志澄

監印員梅寄鶴

绵竹县政府致县立城区女子小学、各两级小学的训令（一九三八年六月六日）

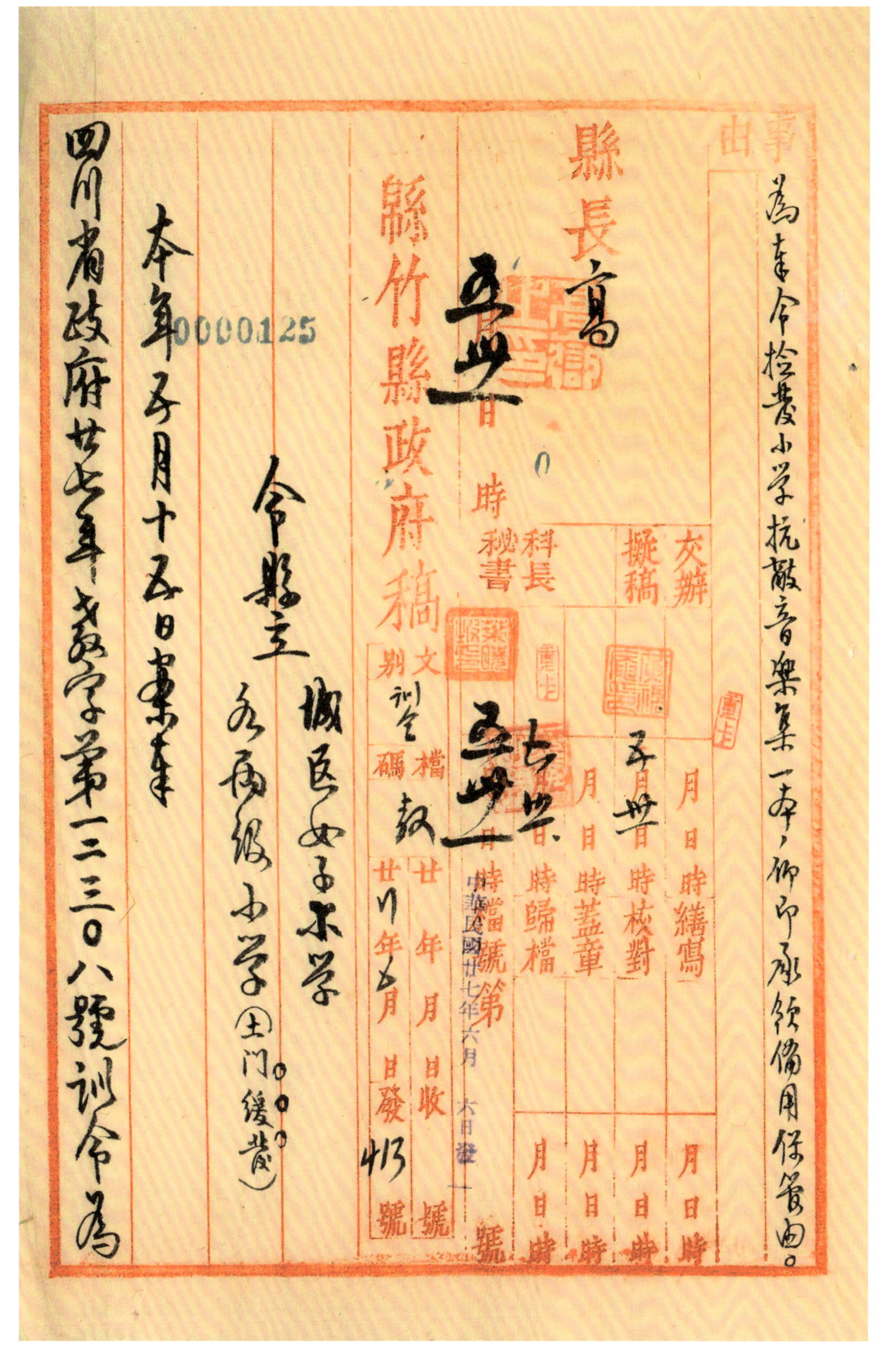

事由：為奉令撿發小學抗敵音樂集一本，仰即承領備用保管由。

縣長 高

綿竹縣政府稿

文別：訓令

中華民國廿七年六月六日

0000125

令縣立城區女子小學、各兩級小學（土門緩發）

本年五月十五日案奉

四川省政府廿七年教字第一三三〇八號訓令為

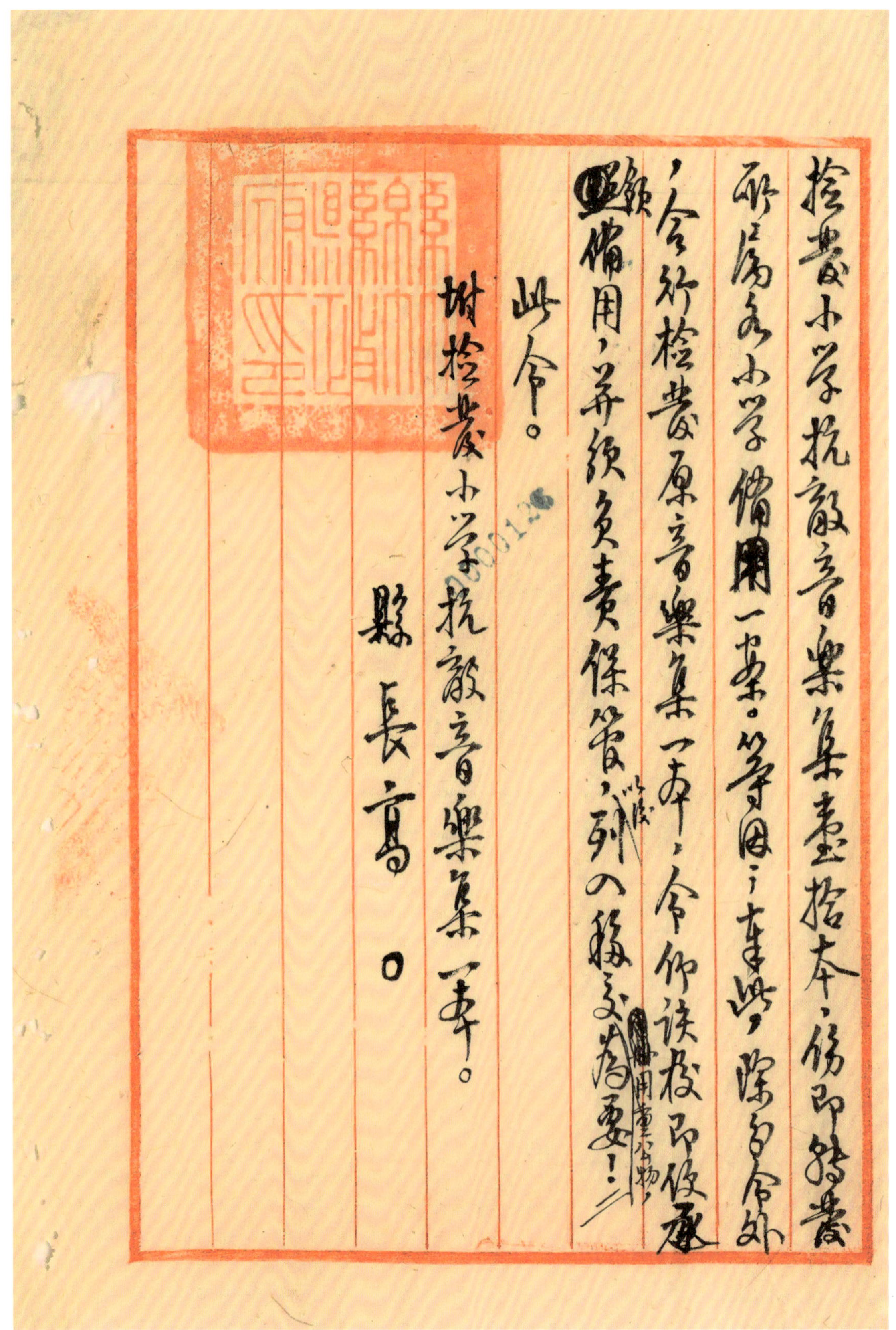

檢發小學抗敵音樂集壹拾本，仰即轉發所屬各小學備用一案。等因。奉此，除分令外，合行檢發原音樂集一本，令仰該校即便遵照備用，並須負責保管，[以後]列入[重要公物]移交為要！

此令。

附檢發小學抗敵音樂集一本。

縣長 高 〇

四川省政府及绵竹县政府关于策动学生寄信慰勉激励前方抗战将士的训令

四川省政府致绵竹县政府的训令（一九三八年五月十六日收）

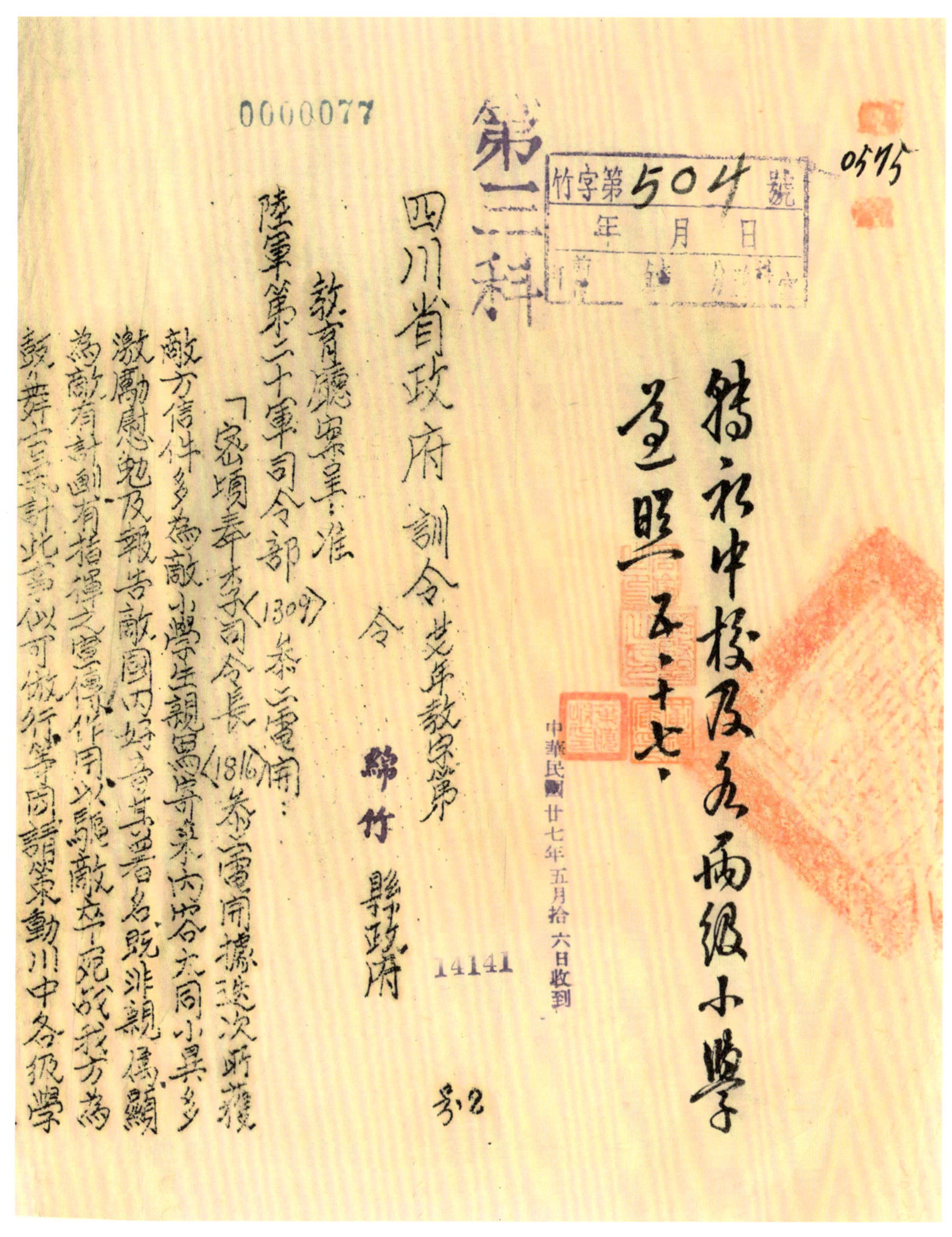
0000077

第三科

竹字第504號　年　月　日

0575

四川省政府訓令　[illegible]年教字第　號

令綿竹縣政府

教育廳案呈：准

陸軍第二十軍司令部〈1309〉參二電開：

「密。頃奉李司令長〈1816〉參二電開：據迭次所獲敵方信件多為敵小學生親寫寄來，內容大同小異，多激勵慰勉及報告敵國內好音等語，名既非親屬，顯為敵有計劃有指導之宣傳作用，以驅敵卒死於我方為鼓舞云云。竊計此事似可倣行等因，請策動川中各級學

轉示中校及各兩級小學遵照　五、十七

中華民國廿七年五月拾六日收到

14141

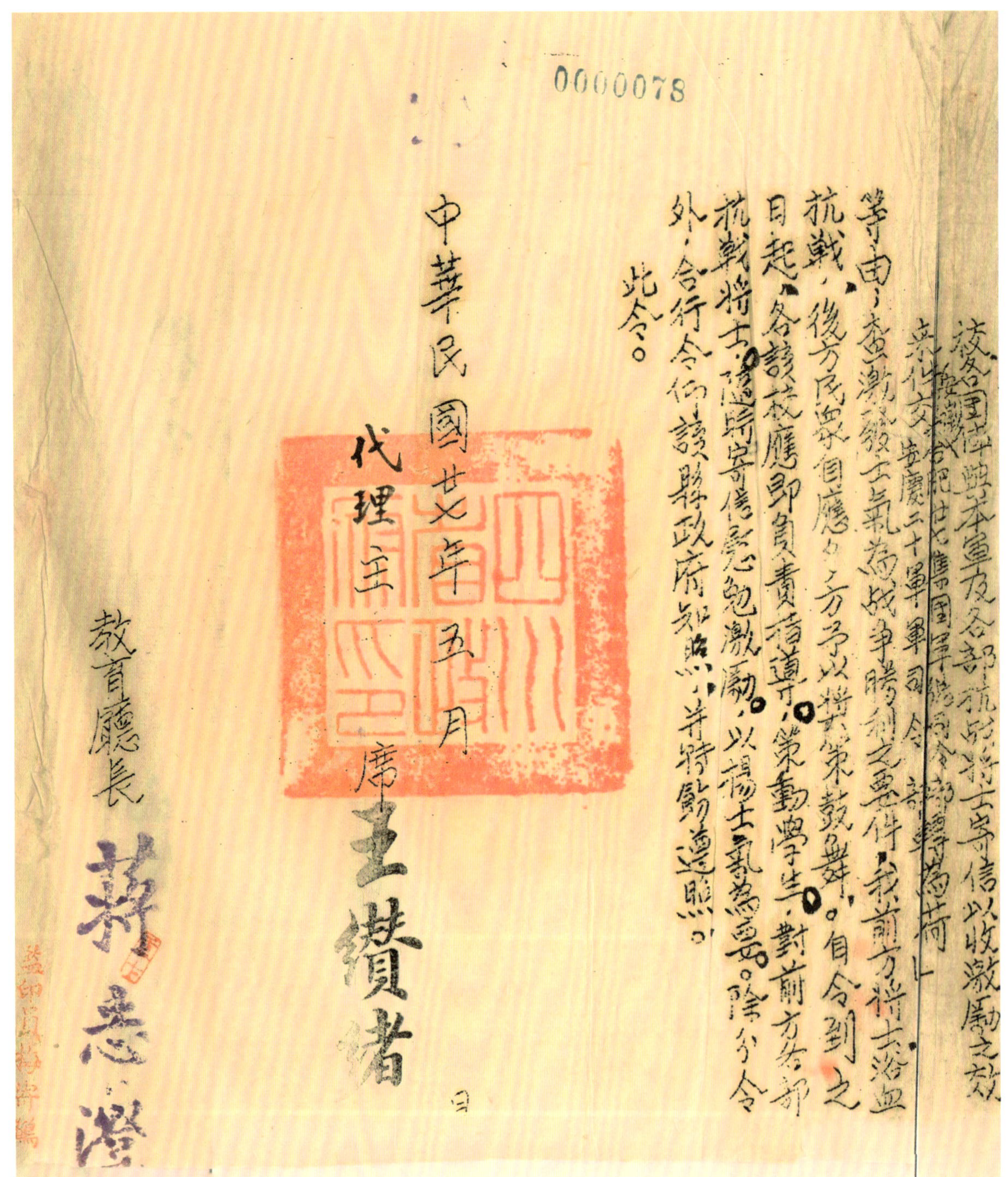

0000078

發交各國民學校與本軍及各部抗戰將士寄信以收激勵之效

示件交安慶二十軍軍司令部轉為荷

等由。查激發士氣，為戰爭勝利之要件。我前方將士浴血

抗戰，後方民衆自應多方予以精神策鼓舞。自令到之

日起，各該校應即負責指導，策動學生，對前方各部

抗戰將士，隨時寄信慰勉激勵，以揚士氣為要。除分令

外，合行令仰該縣政府知照，並轉飭遵照。

此令。

中華民國廿七年五月 日

代理主席 王纘緒

教育廳長 蔣志澄

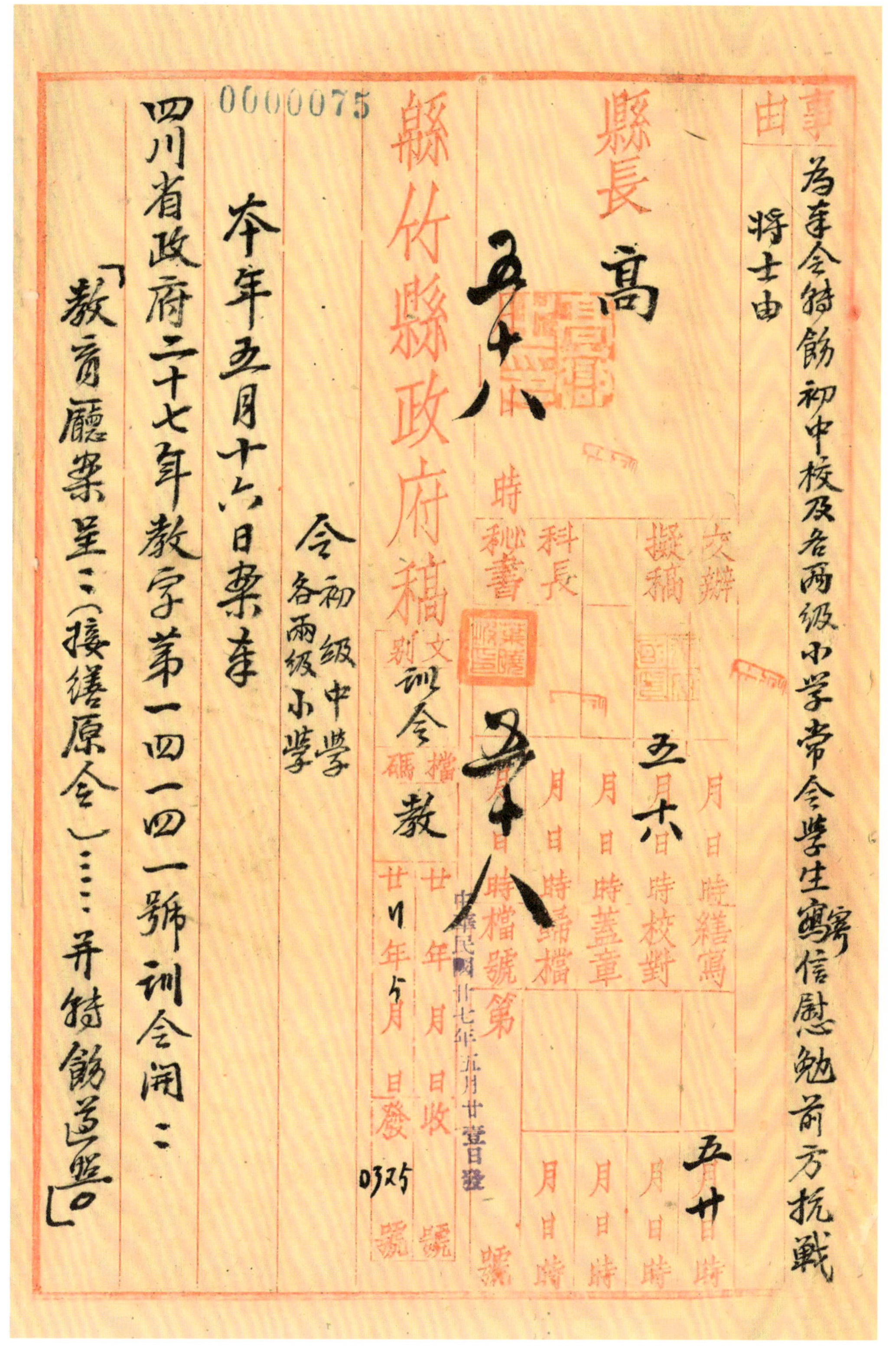
0000075

事由　為奉令轉飭初中校及各兩級小學常令學生寫信慰勉前方抗戰将士由

縣長　高

綿竹縣政府稿

文別　訓令　檔碼　教

令初級中學、各兩級小學

本年五月十六日案奉

四川省政府二十七年教字第一四一四一號訓令開：

「教育廳案呈：（據繕原令）……」并轉飭遵照。

中華民國廿七年五月廿一日發

絵竹县政府致县初级中学及各两级小学的训令（一九三八年五月二十一日）

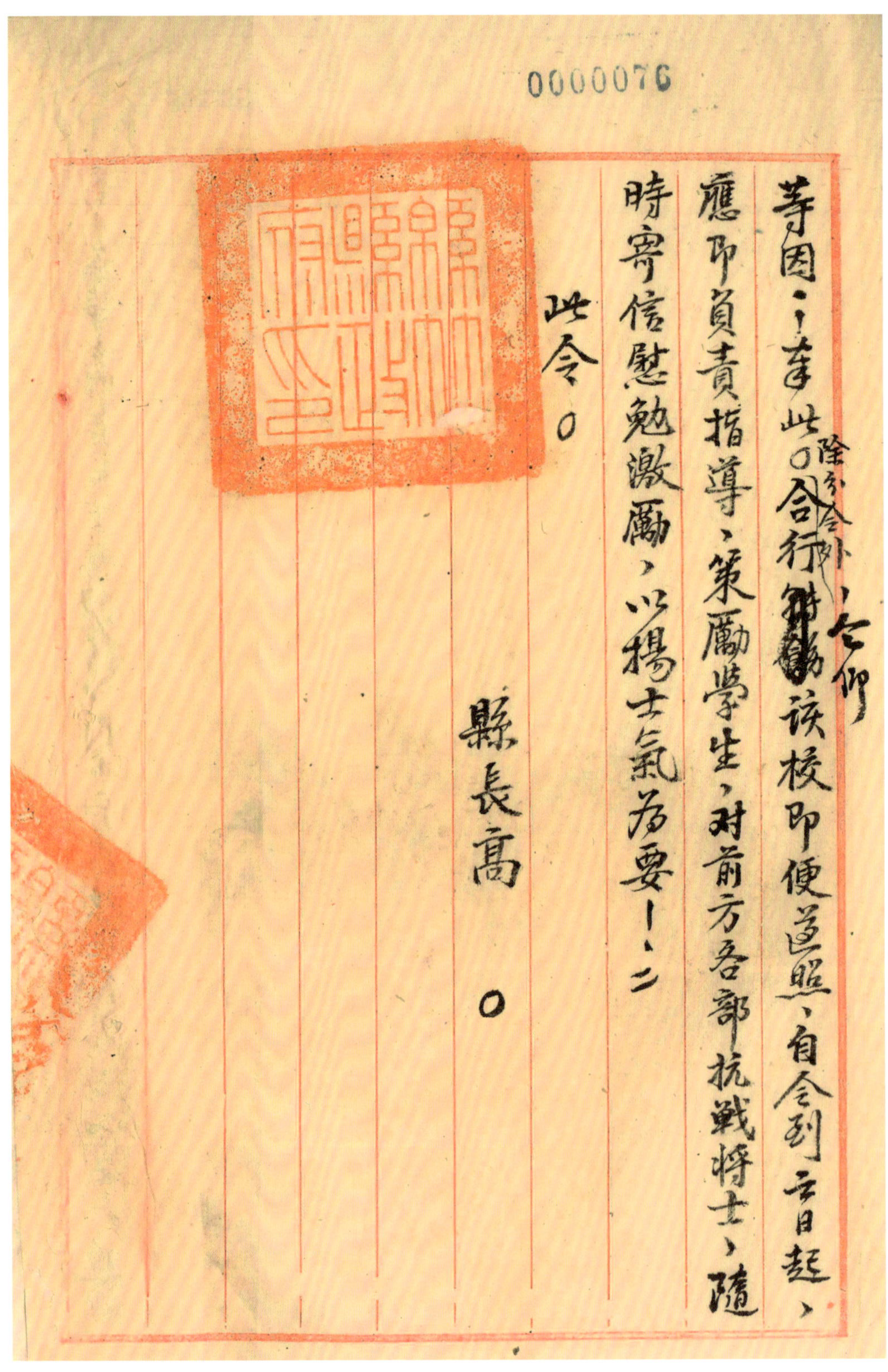

0000076

等因。奉此。除分令外，合行令仰該校即便遵照，自令到之日起，應即負責指導、策勵學生，对前方各部抗戰將士，隨時寄信慰勉激勵，以揚士氣為要！！

此令。

縣長高〇

绵竹县政府关于催报抗战时期教育中心工作月报表致县立初级中学、各两级小学、第一初级小学的训令

（一九三八年六月十五日）

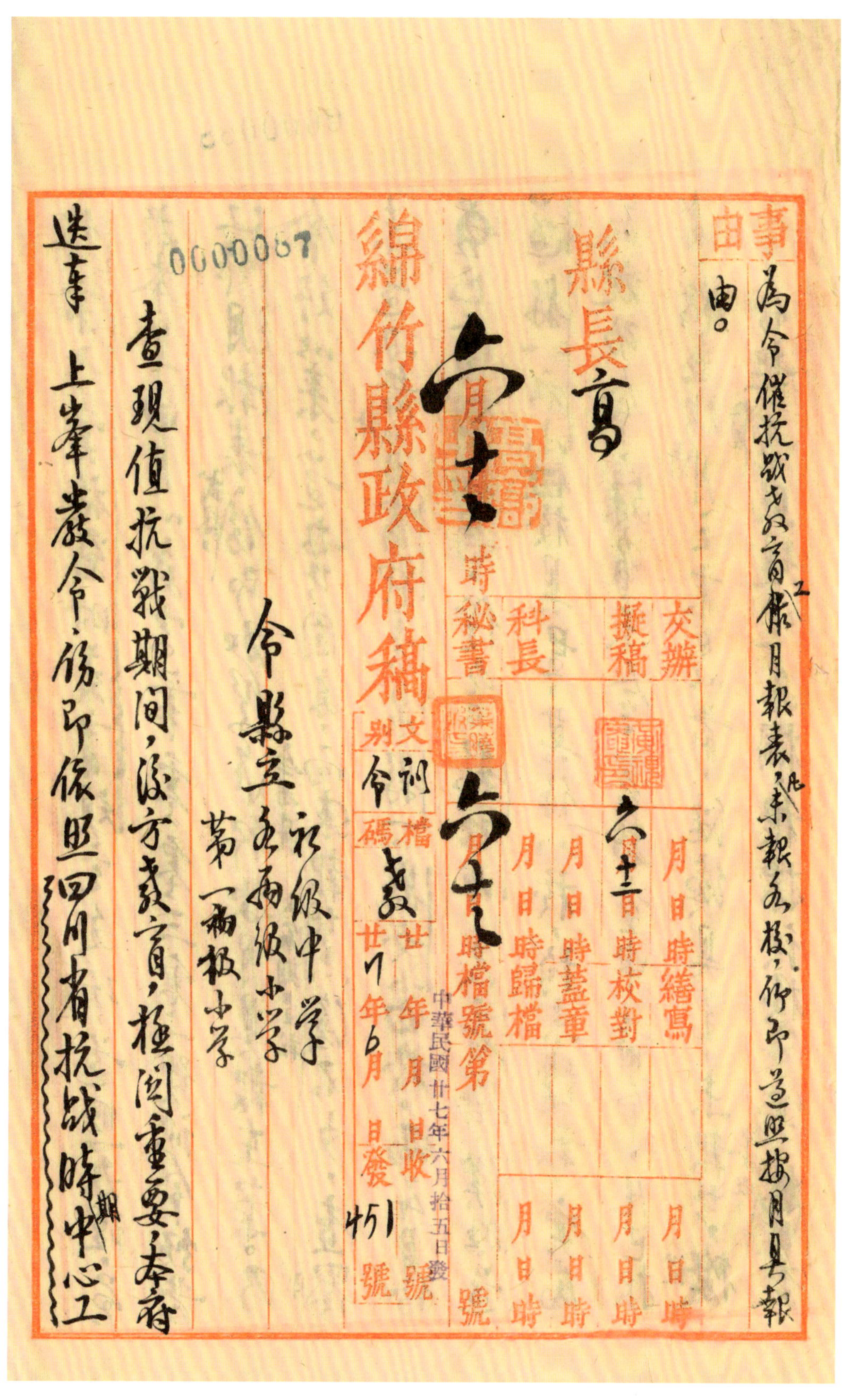

事由：為令催抗戰教育工作月報表，仰未報各校，仰即遵照按月具報由。

縣長 高

綿竹縣政府稿

文別：訓令　檔碼：教

中華民國廿七年六月拾五日發

廿七年六月　日發 451號

令縣立初級中學、各兩級小學、第一兩級小學

查現值抗戰期間，地方教育，極關重要，本府迭奉

上峯叠令，飭即依照四川省抗戰時期中心工

作第七、实施战时教育规定各项，遵照办理，并于本年四月以教字第零零三零一号训令颁发工作月报表式样，饬即加紧进行按月具报在案。乃令行以来，遵办者固多，而全未具报及逾期呈报者亦复不少，查四月份未遵办者计有高射、孝泉县一、县女小四校，两个月份具已逾期两周，仅有县初中及广济、汉旺、遵道县一初小伍校具呈，其余八校，均未填报，实属玩视功令，殊有未合，兹特重申前令，凡已报者，仰应按照月之末日以前，继续具呈，未报者，从速补报，六月份起，遵照规定各栏，根据该校实施状况，按月查

0000089

填一份，依期具報來府，以憑彙辦（考核），事關戰時

教育，勿再違玩，致干議處，切切！（勿稍違延為要！）

此令。

縣長 高〇

绵竹县政府关于迅速填报抗战时期教育中心工作月报表致县立初级中学、各两级小学、第一初级小学的训令

（一九三八年十月二十九日）

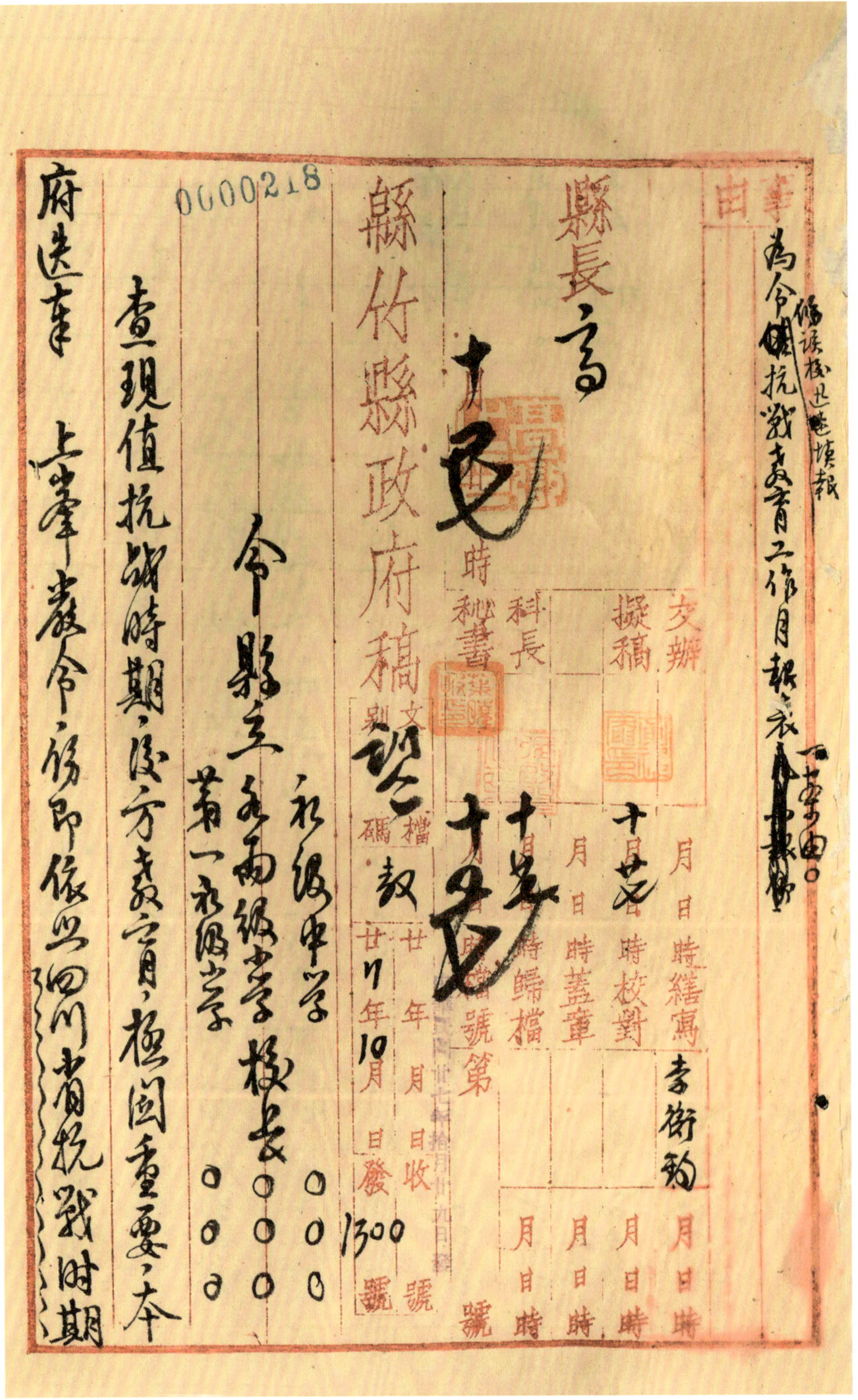

事由：為令仰迅速填報抗戰教育工作月報表由

縣長高

綿竹縣政府稿

令縣立初級中學、各兩級小學校長、第一初級小學

查現值抗戰時期，後方教育，極關重要，本府送奉上峯鈞令，飭即依照四川省抗戰時期

中心工作第七：實施戰時教育規定各項，遵照辦理，

前據本年四月以教字第零零三零一號訓令頒發工作月報表式樣，飭即加緊進行，按月具報，乃令行以來，遵辦者固多，而未全具報及逾期呈報者亦復不少！嗣於同年六月復以教字第四五一號通令飭催遵照，各在案。查本期開學至今，將屆四月，該校竟未具報，殊屬玩忽！茲特重申前令，凡已報者，仍應按照月之末日以前，繼續填呈，未報者除十月份起，遵照規定各欄，根據該（中）（小）學實施狀況查填外，依期具報來府，以憑考核為要，至關戰時

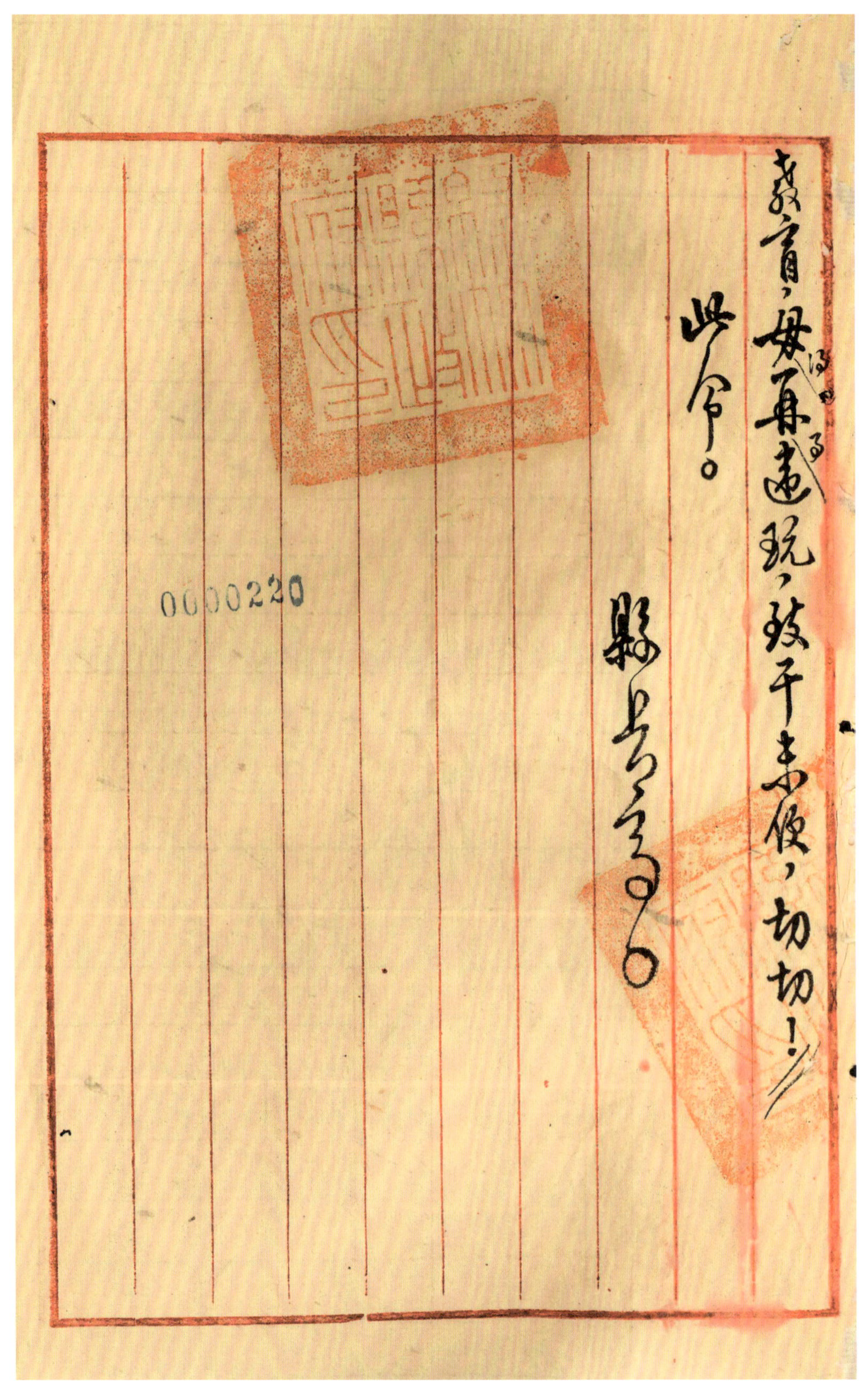

教育，毋再延玩，致干未便，切切！

此令。

县长 ○

0000220

四川省政府关于转发抗战功勋子女就学免费条例暨申请书格式的训令
四川省政府致绵竹县政府的训令（一九三九年二月十三日收）

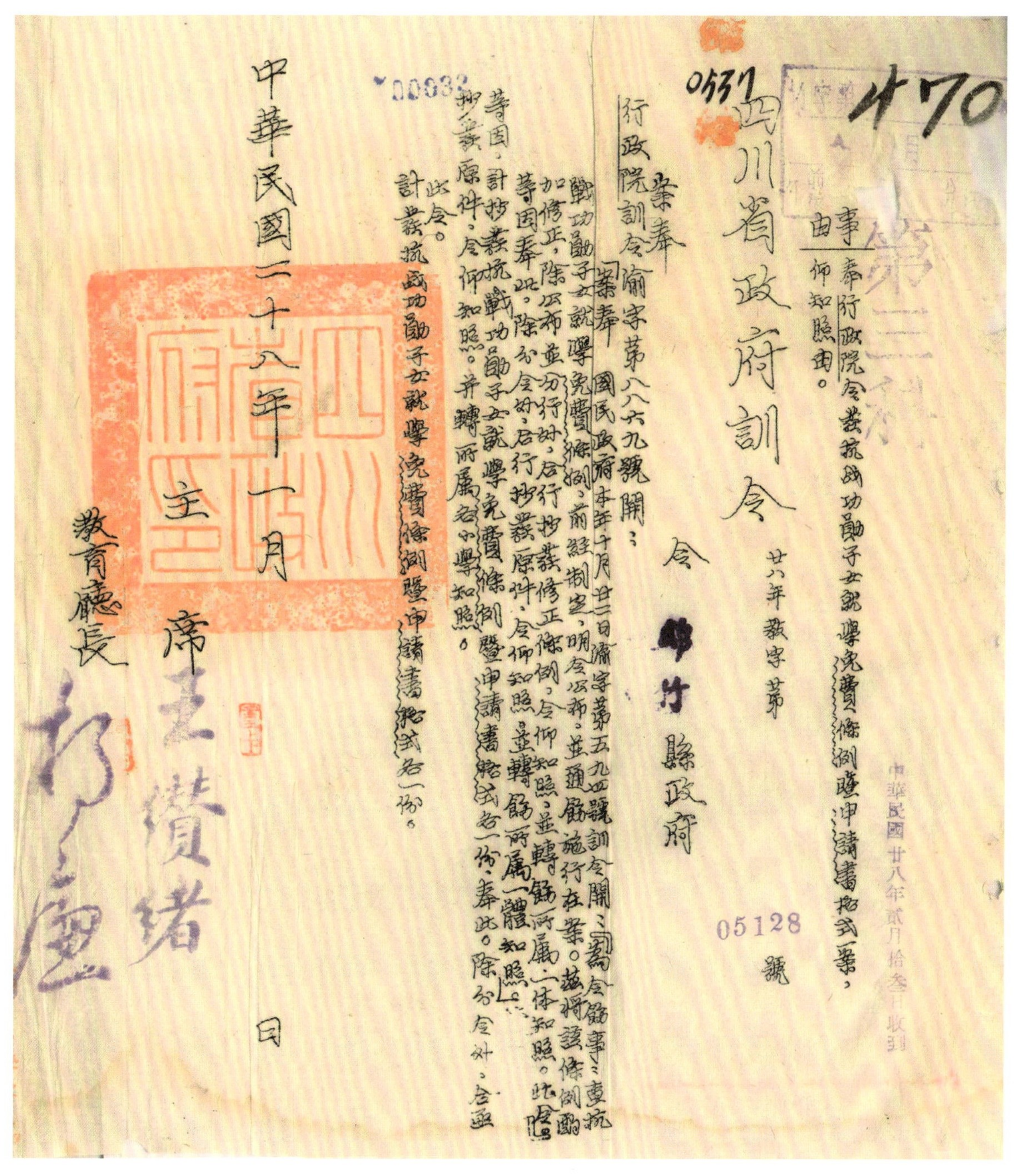

四川省政府训令　廿八年教字第05128號

令绵竹县政府

事由：奉行政院令发抗战功勋子女就学免费条例暨申请书格式一案，仰知照由。

案奉

行政院训令渝字第八八六九號開：

「案奉國民政府本年十月廿三日渝字第五九四號訓令開：『為令飭事。查抗戰功勛子女就學免費條例，前經制定，明令公布，並通飭施行在案。茲將該條例酌加修正，除公布並分行外，合行抄發修正條例，令仰知照，並轉飭所屬一體知照。此令。』等因。奉此。除分令外，合亟抄發原件，令仰知照，並轉飭所屬一體知照。」

等因。計抄發抗戰功勛子女就學免費條例暨申請書格式各一份，奉此。除分令外，合亟抄發原件，令仰知照，并轉所屬各小學知照。

此令。

計發抗戰功勛子女就學免費條例暨申請書格式各一份。

中華民國二十八年一月　日

主席　王纘绪

教育廳長　郭有守

附（一）抗战功勋子女就学免费条例（一九三八年十月二十二日）

抗戰功勳子女就學免費條例 廿七年十月廿二日修正公布

第一條 抗戰功勳之文武官佐士兵及人民之子女，肄業各地各級公立學校時，其家境貧苦，不能担負費用者，得依本條例請求免費待遇。

前項請求，以得有勳奬給予令，或經依戰地守土獎勵條例，核准免除子女學費者為限。

第二條 免費办法分左列四種：㈠免學費、實驗費、講義費，並補助在校時膳宿制服書籍等費全部。㈡免學費、實驗費、講義費，並補助在校時膳宿費全部。㈢免學費、實驗費、講義費，並補助在校時膳宿費半數。㈣免學費、實驗費及講義費。

第三條 前條規定之膳宿制服書籍等費，由校分別照規定補助數額，于每學期開始及學期中間，分兩次發給。其由校代辦者，于應收費用內扣除其補助數額。

前項書籍費之補助，以指定採用之教本為限。

第四條 應免之學費、實驗費及講義費，由各校於應列收入數內照數扣列。應補助之膳宿制服書籍等費，由各校專案報由主管教育行政機關，在教育經費內專項列支，其詳細办法由教育部定之。

第五條 受免費待遇者，有左列情形之一時，得停止其待遇：㈠操行不良或學業不能進級，經受開除學籍之處分者。㈡經褫奪公權者。

第六條 請求免費待遇時，應填具申請書四份，黏附第一條第二項所定證件及本人二寸半身照片四張，報由學校呈請主管教育行政機關，轉送核定。申請書格式如附表。

第七條 免費待遇之核定，國立學校由教育部組織抗戰功勳子女就學免費審查委員會办理之；省或直隸于行政院之市所立之學校，由省、市政府組織審查委員會核定，轉報教育部備案；縣、市所立之學校，由縣、市政府組織審查委員會核定，呈報省教育廳備案。

第八條 本條例自公布日施行。

轉令各公私立兩級小學

附（二）申请书格式

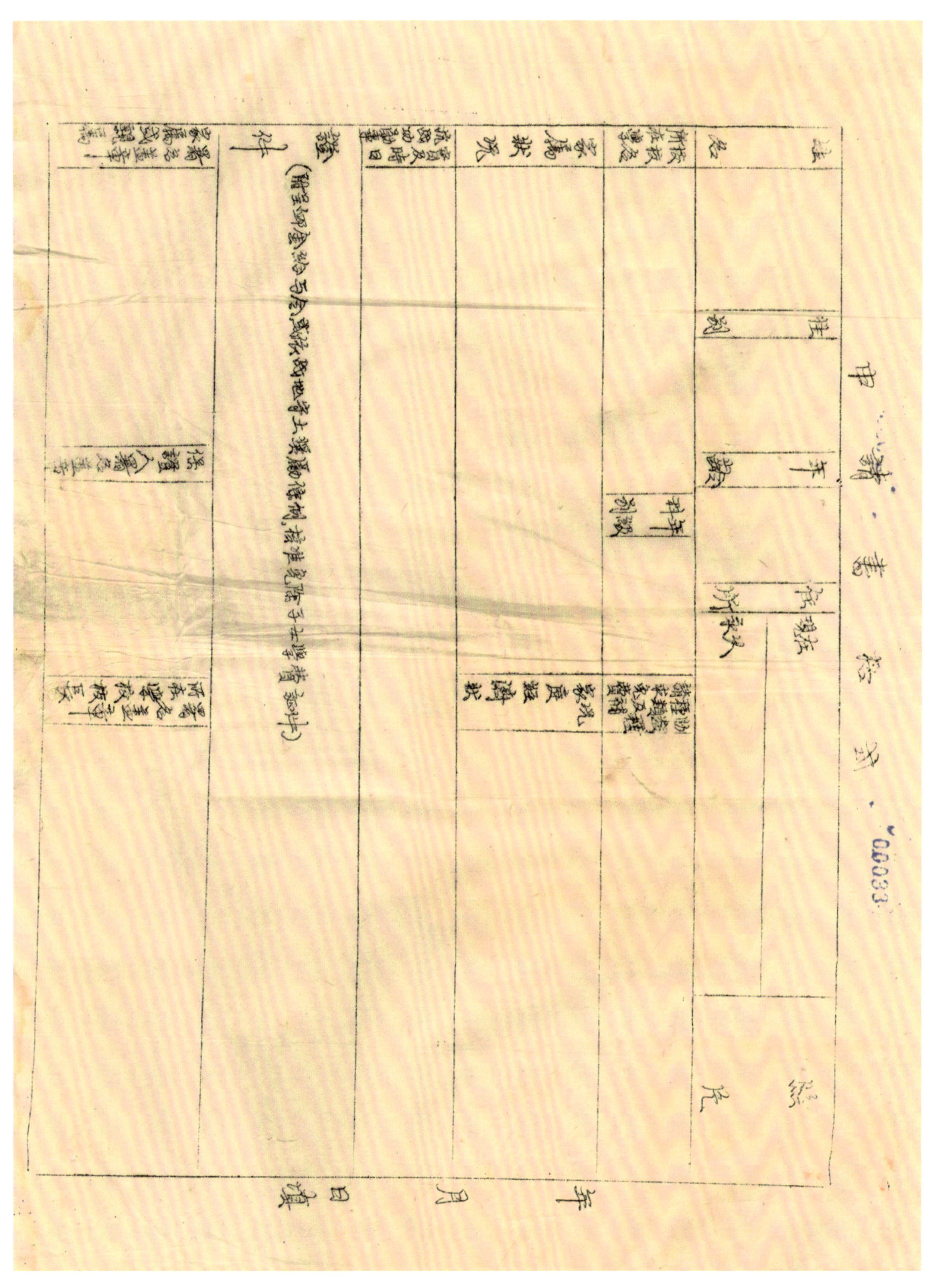

申請書格式

姓名　性別　年齡　籍貫　現在住所

年　月　日填

绵竹县政府致各公立、私立两级小学的训令（一九三九年二月二十日）

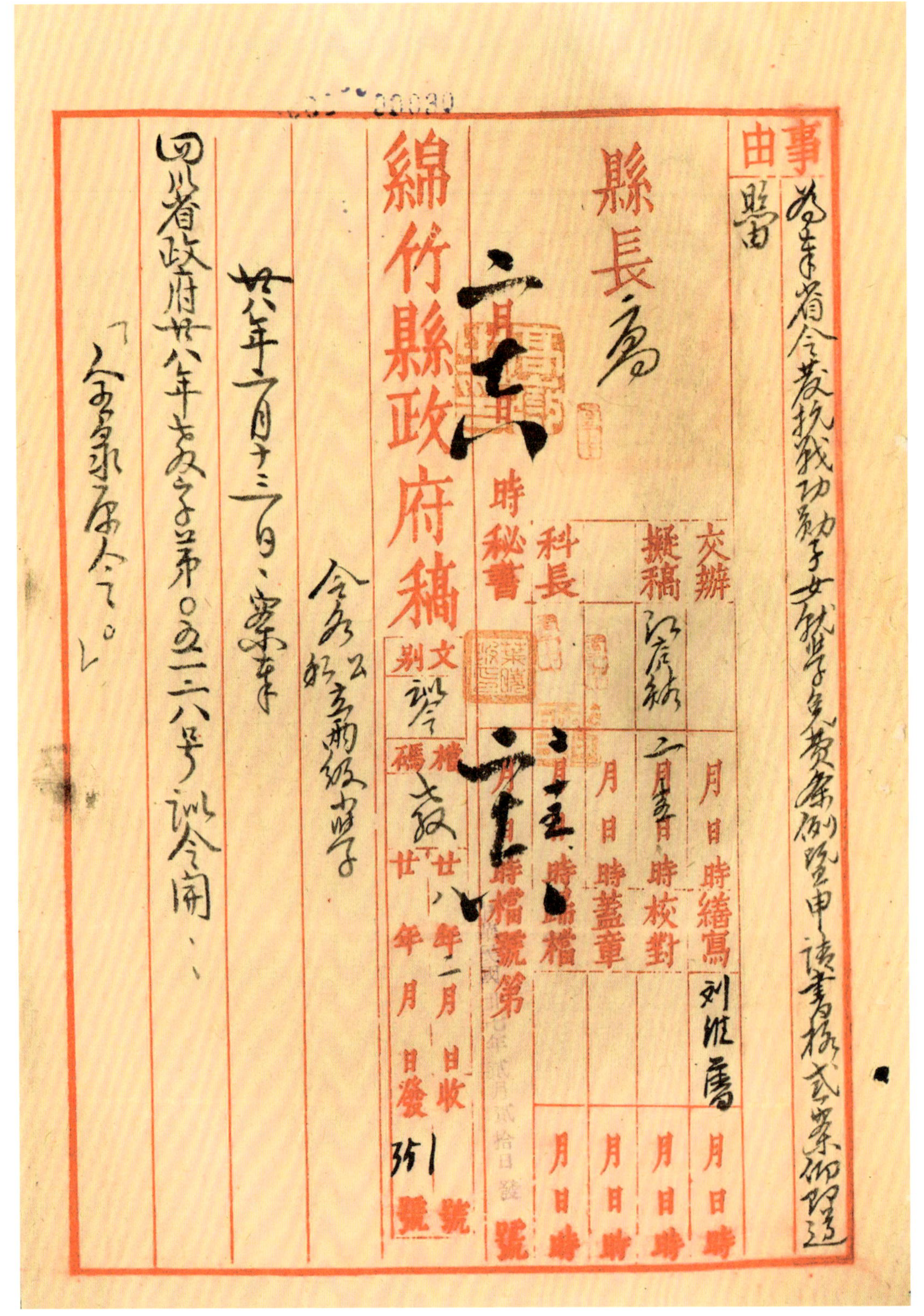

事由：为奉省令发抗战功勋子女就学免费条例暨申请书格式案仰遵照由

縣長 高

綿竹縣政府稿

文别：训令

档码：教

廿八年二月　日收　號

廿八年二月　日發　351號

交辦　擬稿　科長　秘書

繕寫：刘维高

令各公私立两级小学

廿八年二月十三日案奉

四川省政府廿八年教字第〇五一二六号训令开：

「……令仰遵照。」

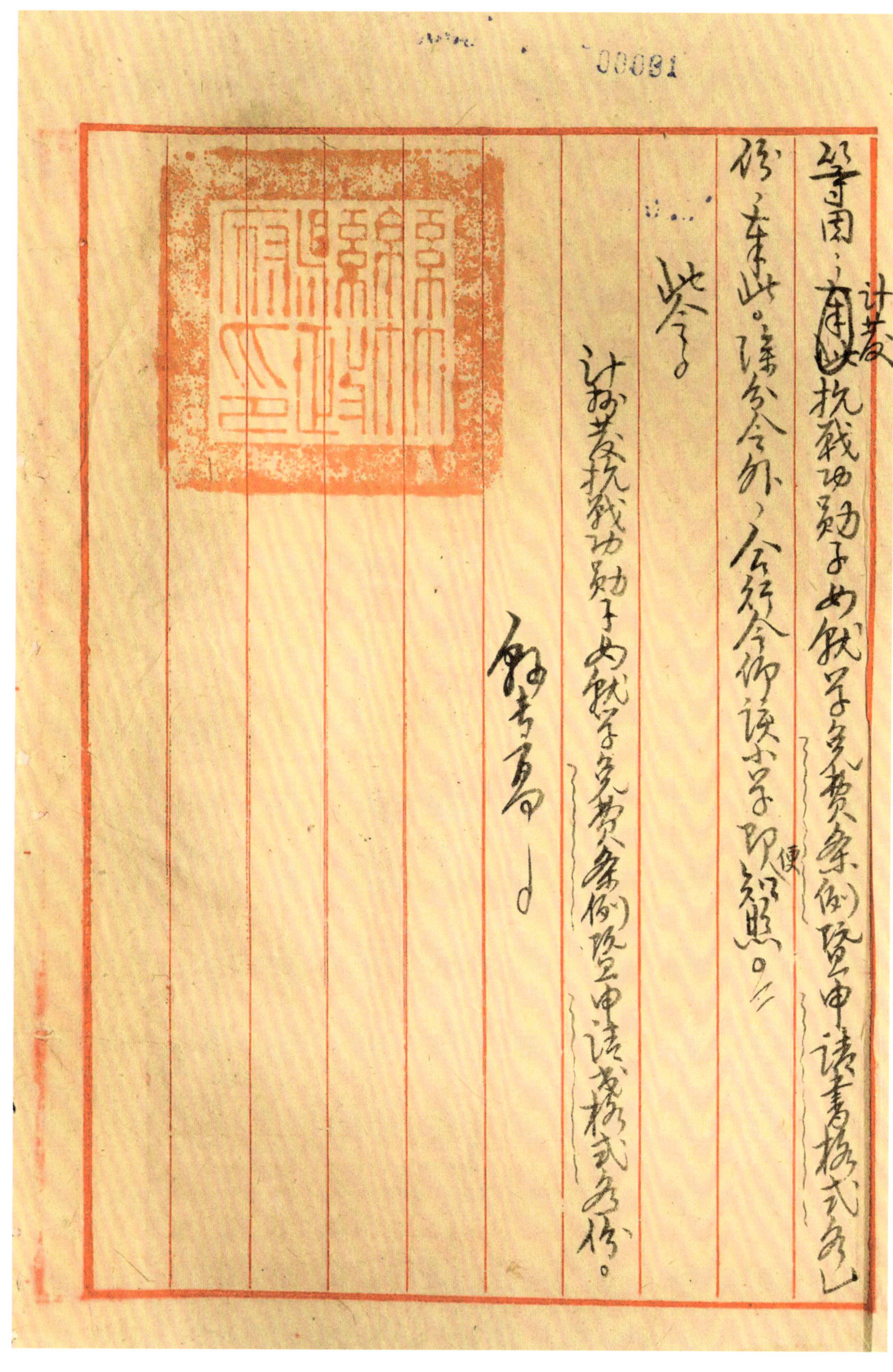

等因，计发抗战功勋子女就学免费条例暨申请书格式各乙份，奉此。除分令外，合行令仰该小学即便知照。此令。

计附发抗战功勋子女就学免费条例暨申请书格式各乙份。

舒高

中央国医馆整理四川省国医药特派员办事处关于检送中国针灸医学校招生简章请予张贴并请保送学生入学以增加抗战救护力量致绵竹县政府的公函（一九三九年八月九日收）

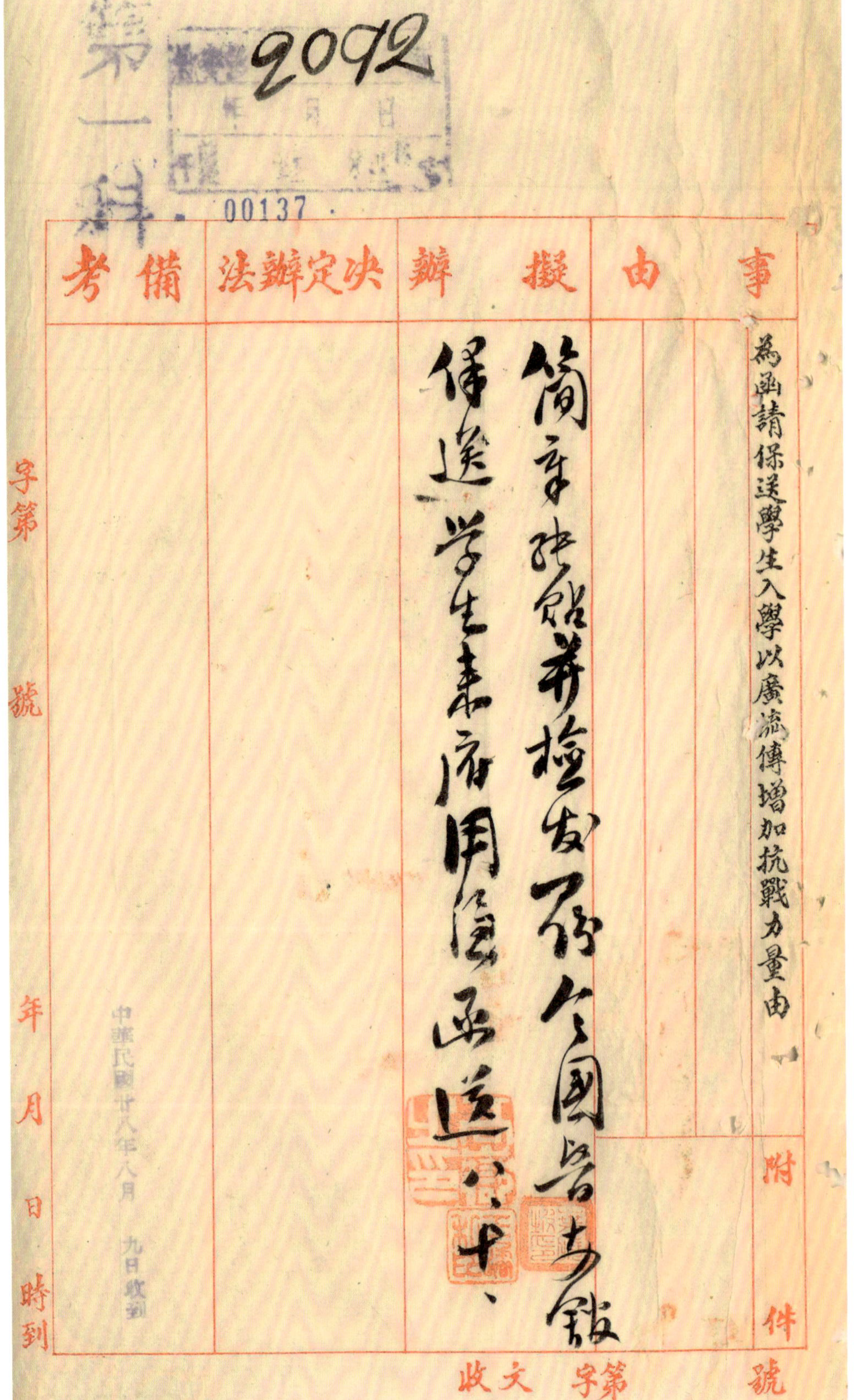
第一科 2092

00137

事由：為函請保送學生入學以廣流傳增加抗戰力量由

擬辦：簡章張貼并檢發府令國醫專校保送學生來府用箋函送 八、十、

決定辦法：

備考：

中華民國廿八年八月九日收到

字第 號 年 月 日 時到

附件

收文 字第 號

中央國醫館整理四川省國醫藥特派員辦事處公函 第 號

逕啟者我國鍼灸治病毫不需用藥餌適合於近代醫學上之物理療法迄今東西各國莫不急起直追竭力仿行顧我國人反瞠乎其後棄置不講良深慨惜況值抗戰嚴重時期交通梗阻前方救濟如端賴藥品無法購買故鍼灸物理治療尤為整理國醫當務之急 叔實有鑒於此前曾呈請 中央國醫館備案在灌設立中國針灸醫學校招生學習畢業一班頗著成效茲值該校秋季招生之際敝處為推行國醫針灸物理療法起見相應檢送招生

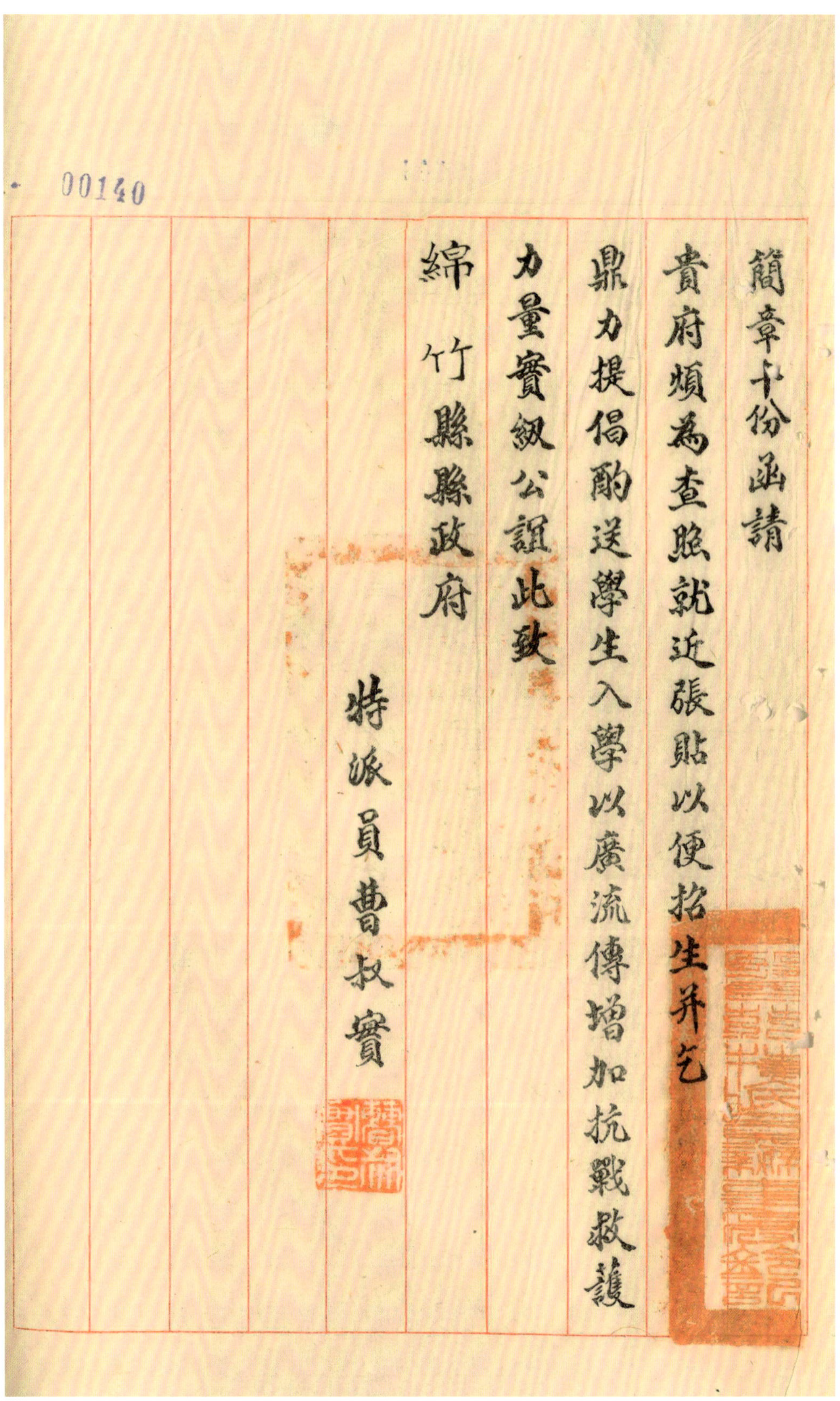

00140

簡章十份函請
貴府煩為查照就近張貼以便招生并乞
鼎力提倡酌送學生入學以廣流傳增加抗戰救護
力量實級公誼此致
綿竹縣縣政府

特派員曹叔實

00141
中華民
國三十八年一月
日

附：中国针灸医学校招生简章

中國針灸醫學校招生簡章

(1) 名稱　本校呈請中央國醫館備案專為講授中國針灸醫學而設故名為中國鍼灸醫學校

(2) 宗旨　本校為倡行國醫物理療法以科學方法闡明中國鍼灸醫學兼遵照中央頒定傷科救護應用各科目設校講授招生學習以造成多量鍼灸救護師資人材俾廣流傳增加抗戰力量為宗旨

(3) 學科　本校所授學科分針灸傷科二種

(甲)關於針灸醫學者　人體經穴學　主治學　生理學　病理學　針法　灸法　針灸製造法　小兒推拿法　國醫外科藥物學

(乙)關於傷科救護者　解剖學　細菌學　中西醫外科學　外科藥物學　看護學　防毒　紅十字法令　党義　軍訓

(4) 班次名額　本期計招速成班學生一班六十名　正班學生一班八十名　插班生四十名

(5) 修業期限　速成班只授針灸各科目一學期畢業　正班針灸傷科并授兩學期畢業

(6) 入學資格　不分性別以中學畢業或具有同等之學力年齡在十八歲以上四十歲以下身體健全毫不嗜好者為合格

(7) 報名手續　凡應入學試驗者須先具報名單呈驗畢業證書或經證明書并繳本人二寸半身照片二張信金法幣弍元試驗取錄者信金移作學費未取錄者信金照片退還其報名而不投攷或取錄而不入學者信金照片概不退還

(8) 報攷時地　報名自八月二日起至八月廿七日止報攷處灌縣崇義鋪本校攷期八月廿八日起學生由各縣保送入學者得免入學試驗遠道學生投攷者得延期半月隨到隨攷

(9) 繳費　正班速成班每學期學生每名計繳學費法幣拾陸元雜費法幣四元（通學免繳）講義費法幣伍元針炙用具及實習費法幣伍元膳費法幣弍拾陸元期終結算多退少補制服及參攷書籍自備

(10) 校址　灌縣崇義鋪觀音寺

董事長　曹叔實
副董事長　楊白鹿
校長　堯天民

绵竹县兵役协会、绵竹县政府及四川省教育厅关于绵竹县出征军人何云之子入县立初级中学旁听的来往文书

绵竹县兵役协会致县政府的呈（一九三九年九月八日）

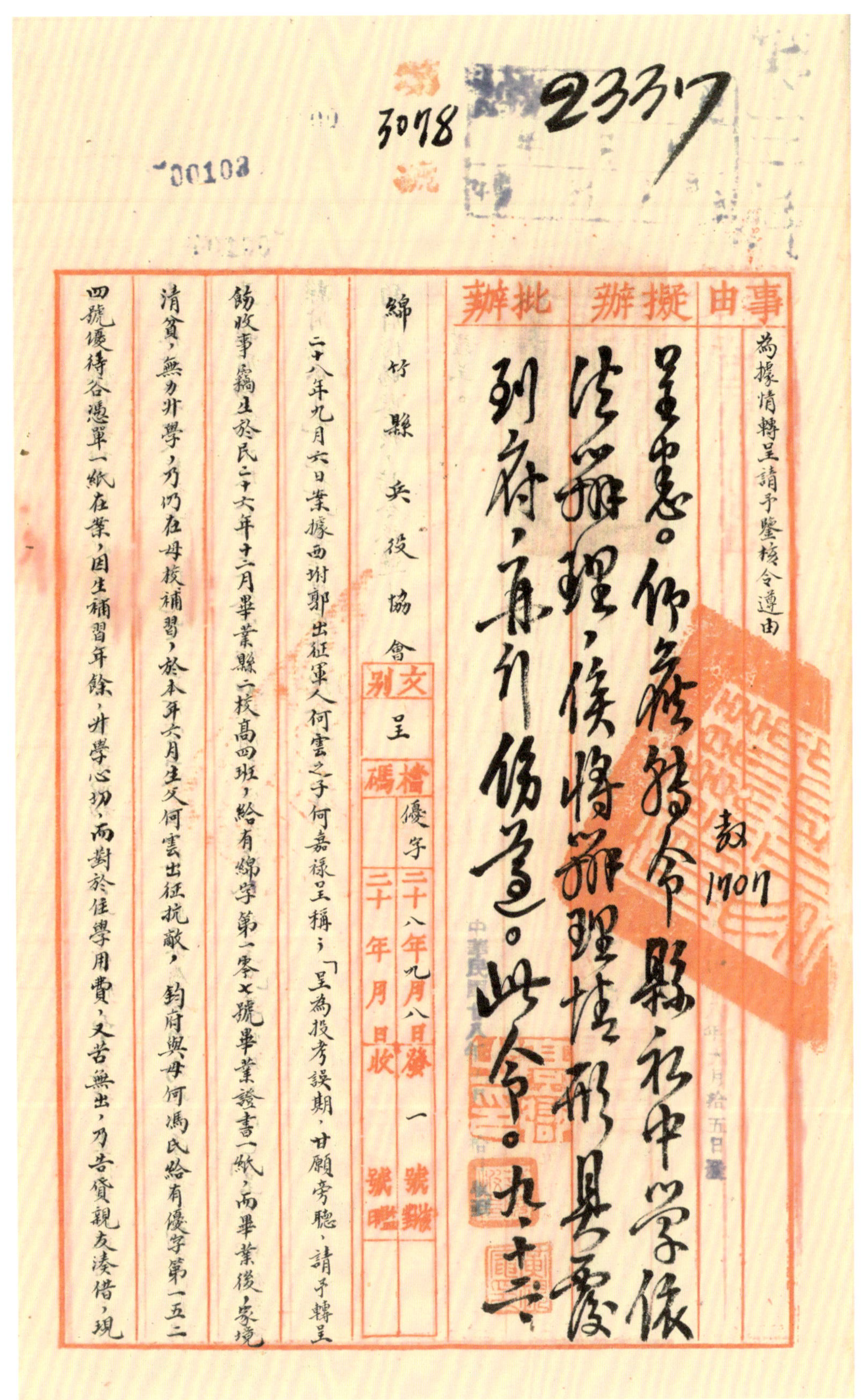

事由：為據情轉呈請予鑒核令遵由

擬辦：呈悉。仰候轉令縣初中學校依法辦理，俟將辦理情形具覆到府，再行飭遵。此令。九、十六

教1707

批辦：

綿竹縣兵役協會　文別：呈　檔碼：優字一號　二十八年九月八日發

二十八年九月六日案據西琍鄉出征軍人何雲之子何嘉祿呈稱：「呈為投考誤期，甘願旁聽，請予轉呈飭收事。竊生於民二十六年十二月畢業縣二校高四班，給有綿字第一零七號畢業證書一紙，而畢業後家境清貧，無力升學，乃仍在母校補習，於本年六月生父何雲出征抗敵，鈞府與母何馮氏給有優字第一五二四號優待谷憑單一紙在案，因生補習年餘，升學心切，而對於住學用費，又苦無出，乃告貸親友湊借，現

已收效，惟現縣初中校新收學生又告截止，生又面向初中校長要求旁聽，而未允許，查優待出征將士章程凡出征將士子女入校讀書，一律免費，生父何雲出征，生入校旁聽，亦屬合法，為此具文呈請　鈞會鑒核轉呈　縣府飭令初中校長准生入校旁聽，如沐俯允，實深沾感，謹呈。」等情據此，除已「呈悉。仰候轉請縣府核示可也，此批。」等語揭示外，理合具文呈請

鈞府俯賜鑒核，指令祇遵！

謹呈。

縣長高

兼主任委員高　嶽

四川省教育厅致绵竹县政府的指令（一九三九年十二月十日）

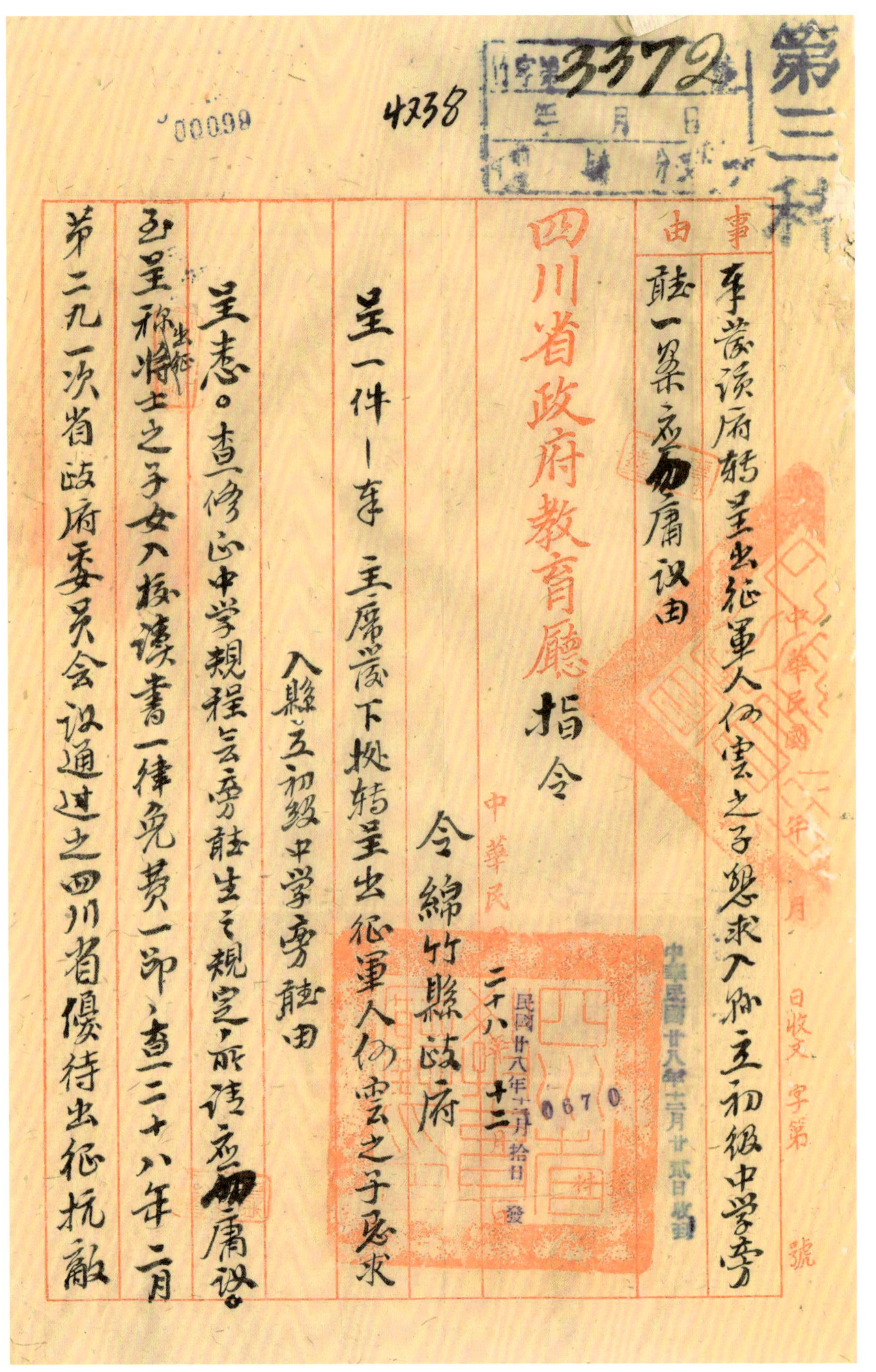

第三科

4338

3372

00099

事由：奉發該府轉呈出征軍人何雲之子懇求入縣立初級中學旁聽一案應毋庸議由

四川省政府教育廳指令

中華民國二十八年十二月

民國廿八年十二月拾日發 0670

中華民國廿八年十二月廿貳日收到

令綿竹縣政府

呈一件 一案 主席發下據轉呈出征軍人何雲之子懇求入縣立初級中學旁聽由

呈悉。查修正中學規程各旁聽生之規定，所請應毋庸議。至呈稱出征將士之子女入校讀書一律免費一節，查二十八年二月第二九一次省政府委員會議通過之四川省優待出征抗敵

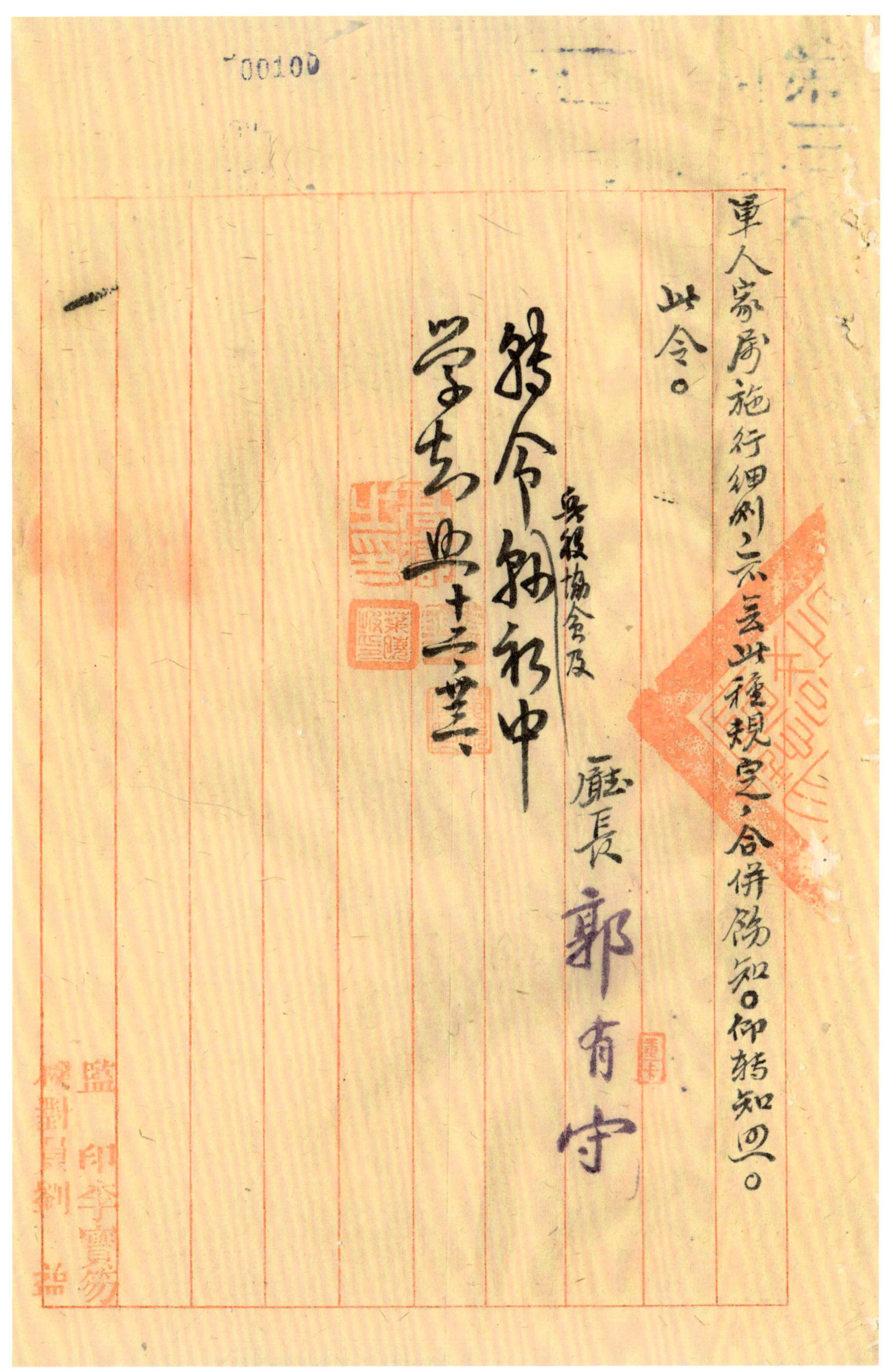
00100

軍人家屬施行細則之六、六三此種規定，合併飭知。仰轉知照。

此令。

廳長 郭有守

轉令兵役協會及錫邦中學去 卅十二廿三

監印 李寶勿
校對 劉
繕 劉

绵竹县政府致县兵役协会、县立初级中学的训令（一九三九年十二月二十六日）

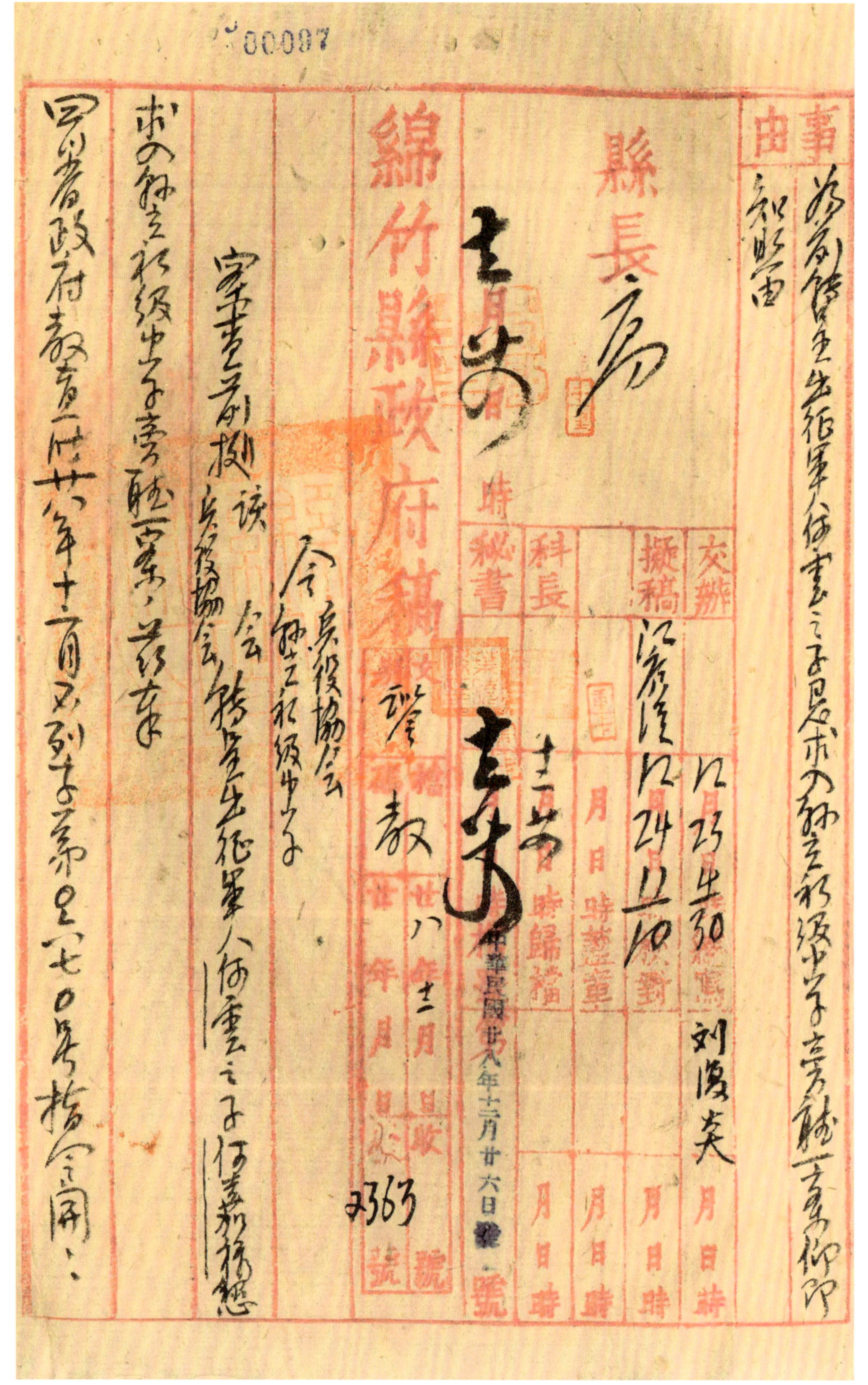

事由：为兵役协会请将出征军人家属之子弟求入县立初级中学免缴一切学费仰知照由

縣長

綿竹縣政府稿

秘書　科長　擬稿　交辦

中華民國廿八年十二月廿六日

令兵役協會、縣立初級中學

案查前據該兵役協會轉呈出征軍人家屬之子弟……

四川省政府教育廳……年十一月……到字第……〇號指令開：……

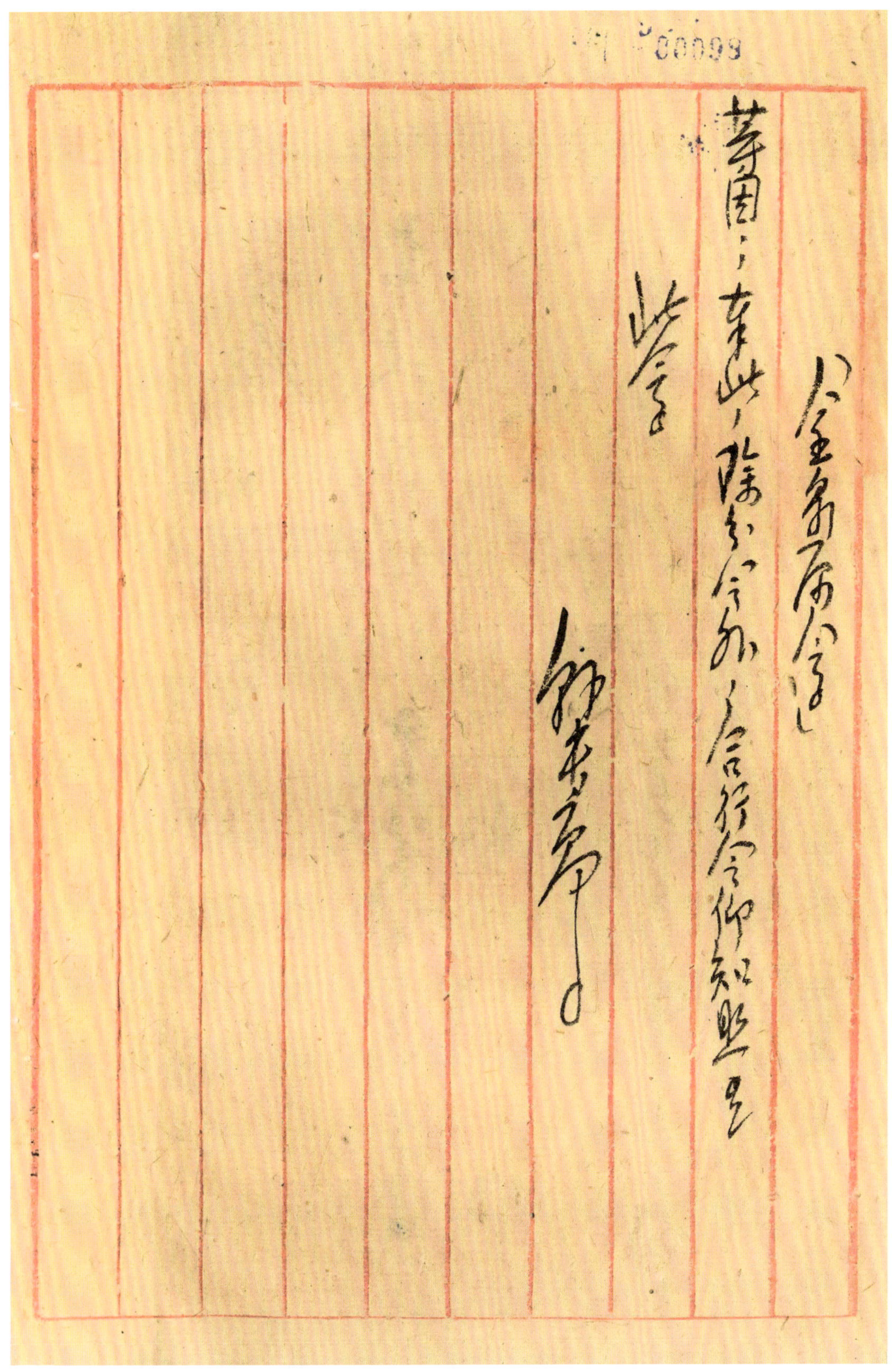

小金氏所へ今日し
葬国ノ来此ノ際ニ今外ノ合行令御知照呈
此令

鈴木房平

四川省教育厅关于抗战建国之际各校师生应注意节约校服质料宜简单朴素致绵竹县政府的训令（一九四〇年八月五日收）

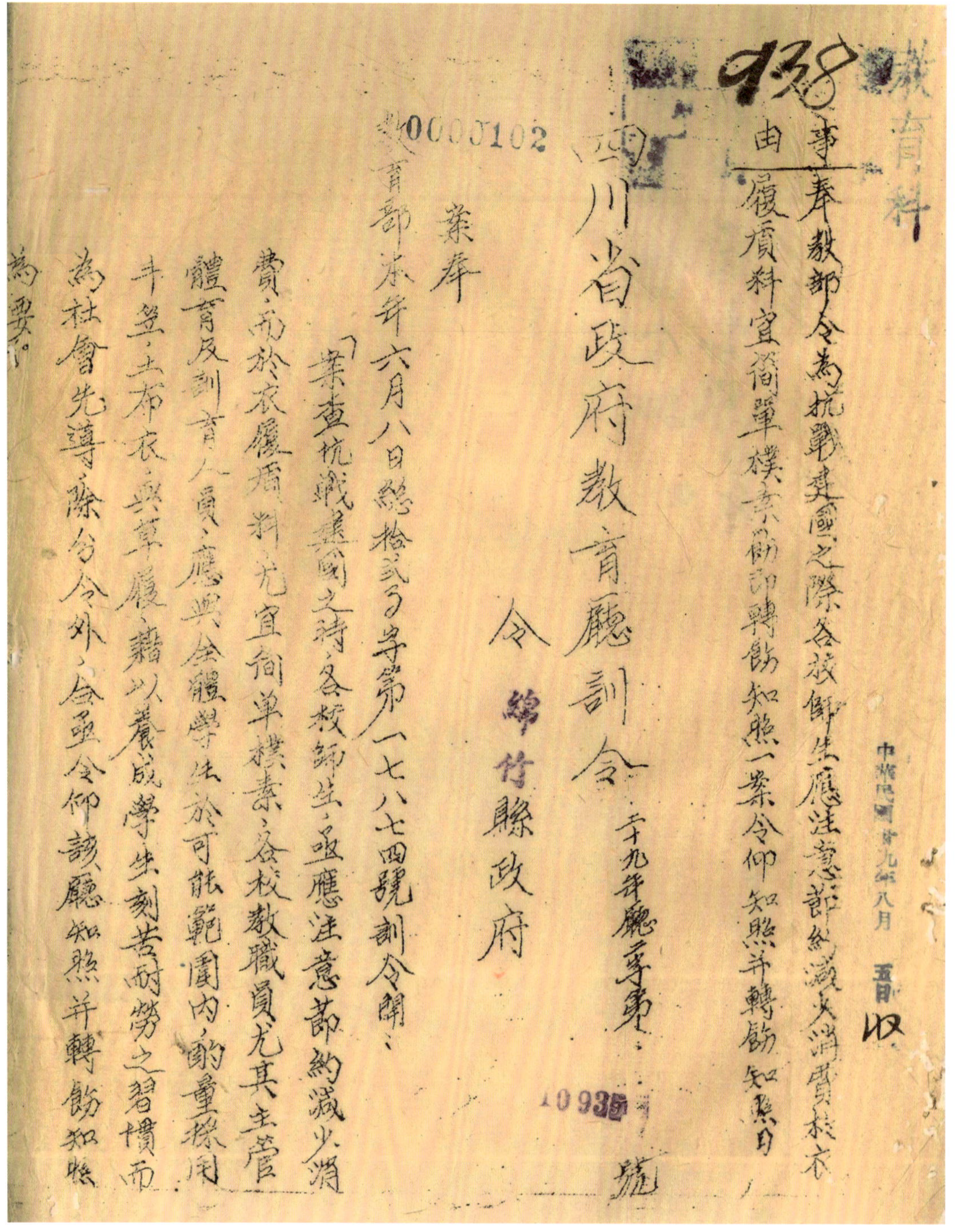

教育科

938

事由：奉教部令為抗戰建國之際各校師生應注意節約減少消費於衣履質料宜簡單樸素飭即轉飭知照一案令仰知照并轉飭知照由

中華民國廿九年八月五日收

0000102

10935

四川省政府教育廳訓令　二十九年廳字第　號

令綿竹縣政府

案奉

教育部本年六月八日總檢貳了字第一七八七四號訓令開：

「案查抗戰建國之時，各校師生亟應注意節約減少消費，而於衣履質料尤宜簡單樸素，各校教職員尤其主管體育及訓育人員，應與全體學生於可能範圍內，儘量採用土布衣與草履，藉以養成學生刻苦耐勞之習慣，而為社會先導。除分令外，合亟令仰該廳知照并轉飭知照為要。」

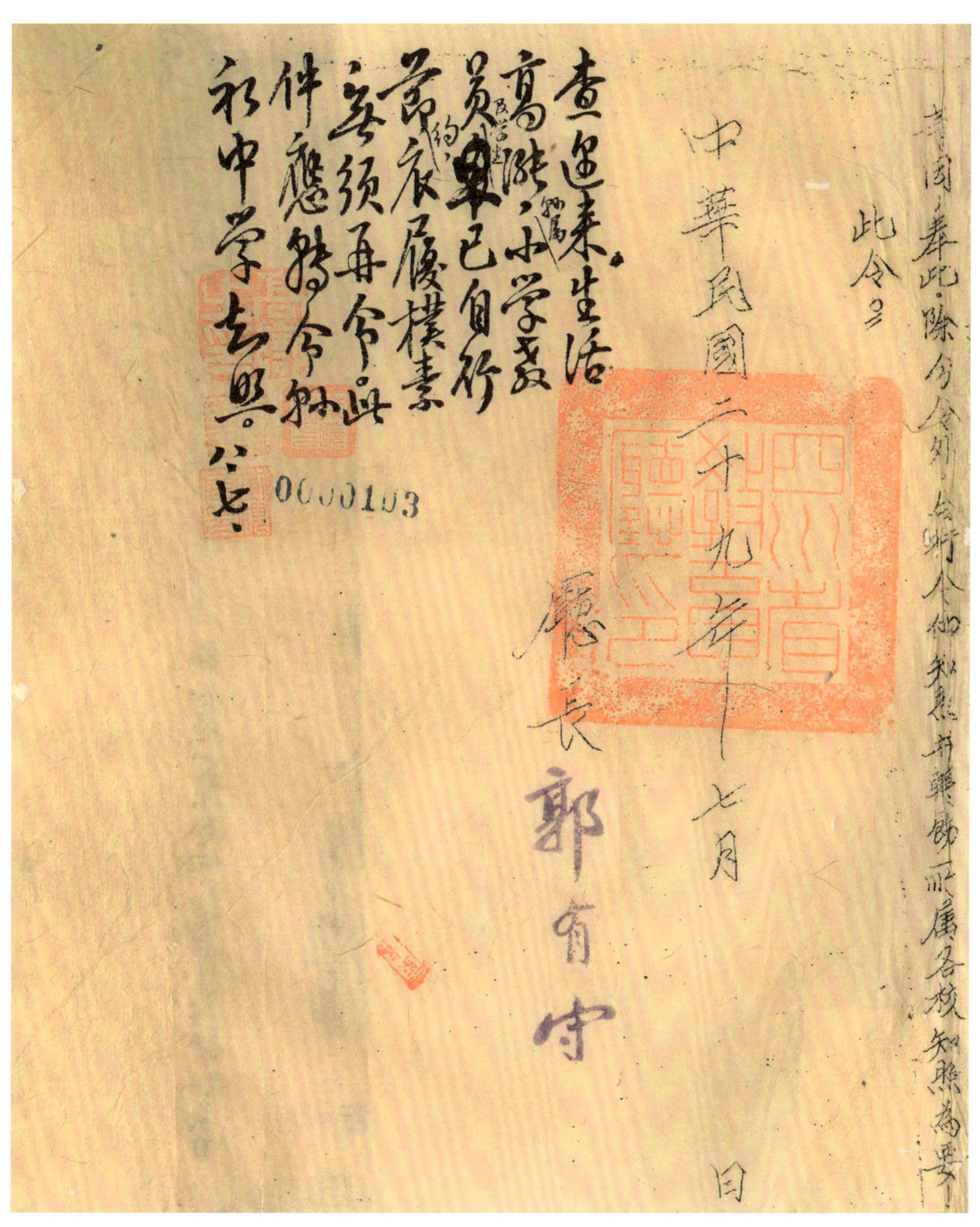

等因，奉此。除分令外，合行令仰知照，并轉飭所屬各校知照爲要。

此令。

中華民國二十九年七月　日

廳長　郭有守

查邑來生活、高灘小學教員及學生果已自行節約衣履樸素，無須再令，與件應轉令知本中學知照。八、七。

0000103

绵竹县政府关于抗战时期禁止各乡镇中心学校校长擅行离职致各乡镇中心学校的训令（一九四一年一月十六日）

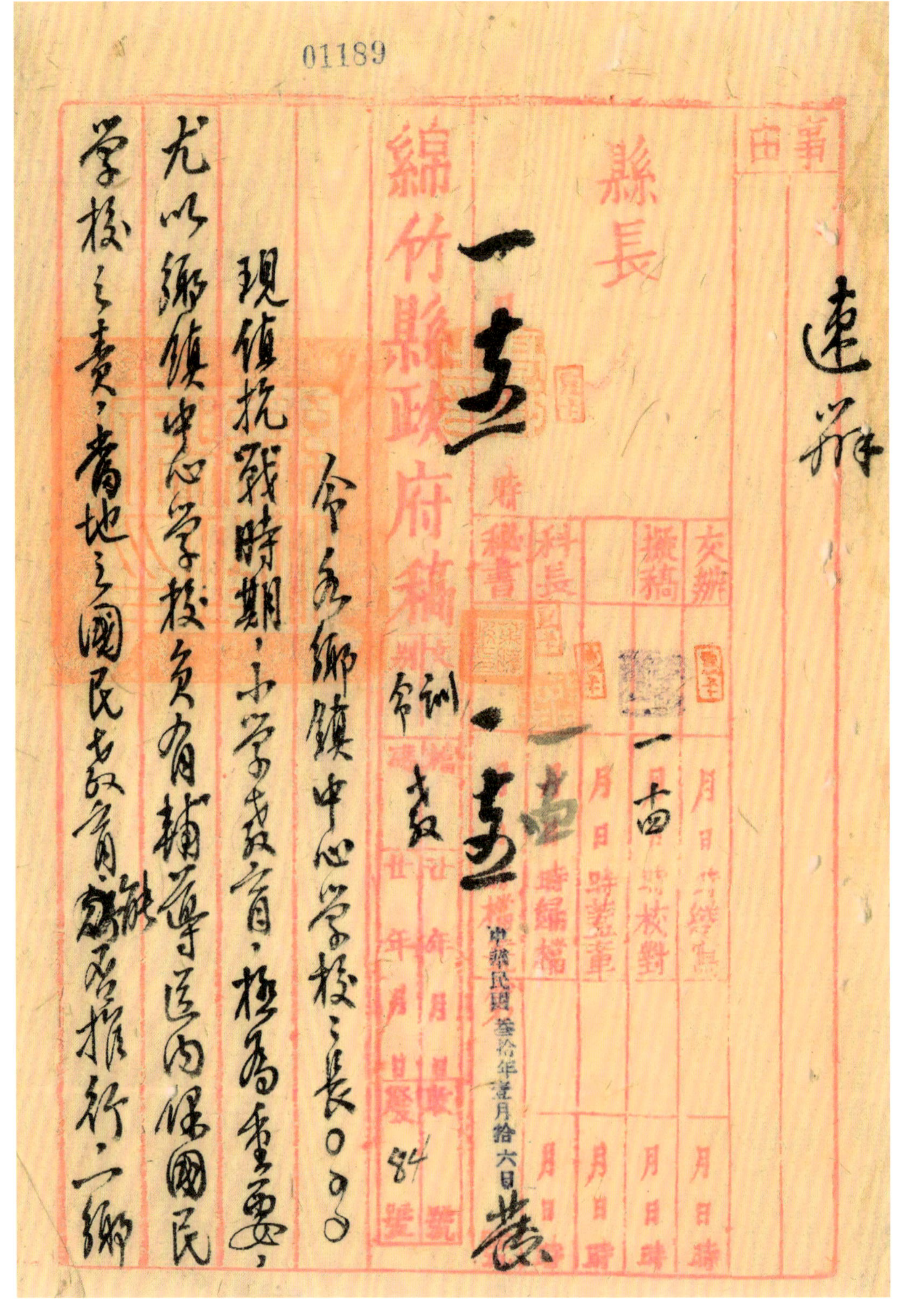
01189

速辦

縣長

綿竹縣政府稿

訓令 教

中華民國叁拾年壹月拾六日

令各鄉鎮中心學校之長〇〇〇

現值抗戰時期，小學教育，極為重要，

尤以鄉鎮中心學校負有輔導區內保國民

學校之責，當地之國民教育，端賴指導推行，一鄉

01190

之風氣能否轉移，端視各該校長之能否以身作則。乃查近來各鄉校長每有於所課（或學期試驗）期間，不假離職，擅到縣城近區或路赴他鄉辦理私事，曠誤課程，廢弛校務，實屬不合。若不嚴爲糾正，則教育前途，何堪設想。茲特規定：嗣後各該校長如有遇有疾病等項，務須事前具呈請假，經（批）本府核准，不得擅行離職。違即依法懲處，毋決不寬假。除令縣政府各級職員隨時巡察查報外，合行令仰該校長切實遵照爲要。

此令。

縣長方□

绵竹县政府关于增加教职员薪俸并限三日内开学致县各级学校的牌告（一九四一年二月十九日）

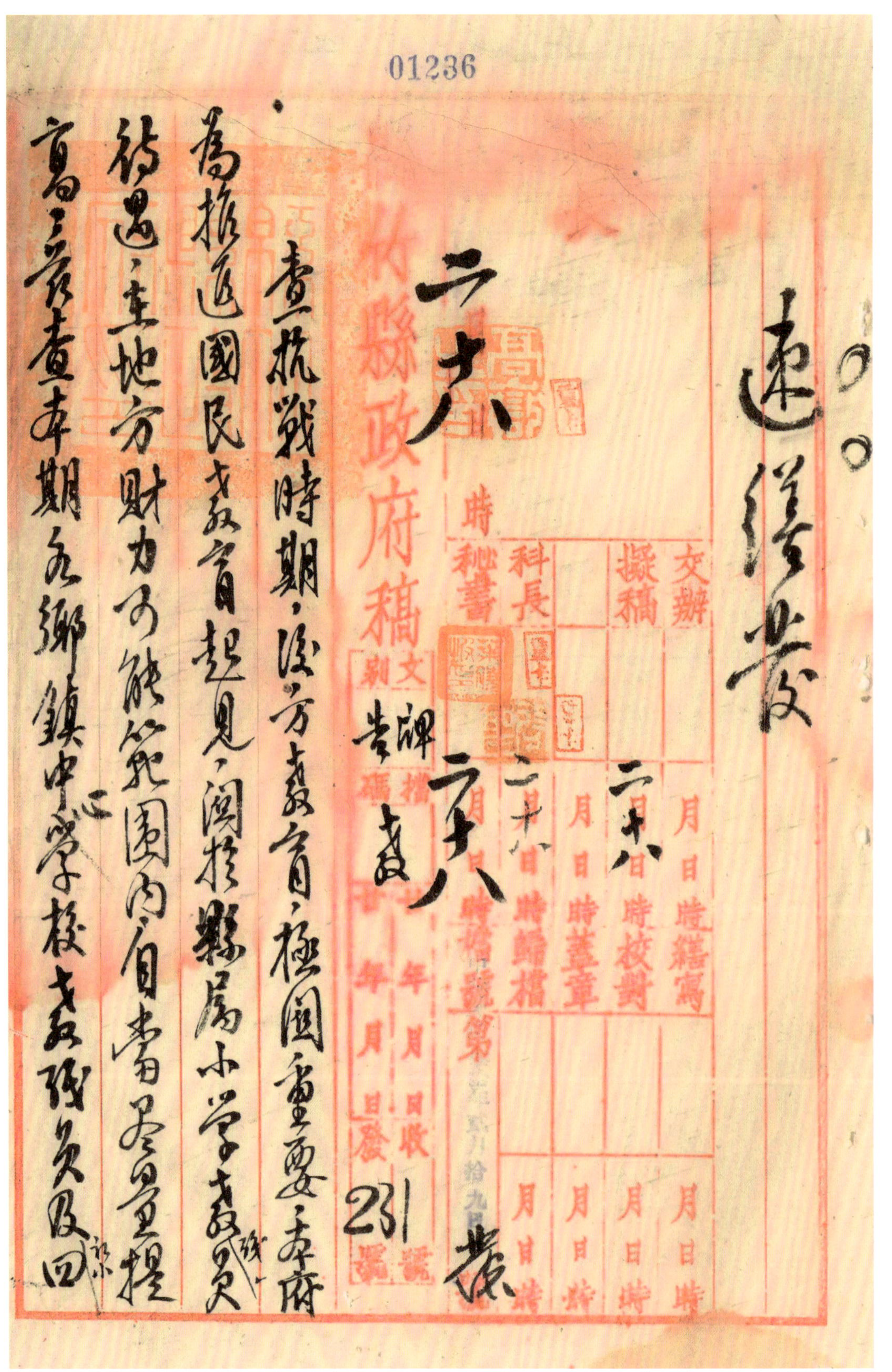

01236

速繕發

綿竹縣政府稿

牌告

二十六 二十六 二十八

231

查抗戰時期，後方教育，極關重要，本府爲推進國民教育起見，関於縣屬小學教職員待遇，在地方財力可能範圍內，自當另予提高，茲查本期各鄉鎮中心學校教職員及學級各保國民學校校長薪金均已分別提添不再追加外，所有各保國民學校校長薪俸，從本期開學起，一律根據原委按月俸加倍充實。凡已奉委開校者，務須依照規約，切實辦理。未開學者，統限於三日內開學行課，敢有逗留城區或怠情曠職，一經查明，定予停止任用，合行佈告，仰各保國民學校校長職員一體遵照為要！

此告。

縣長 章〇

四川省政府关于传令嘉奖涪陵县木业同业公会为涪陵县征属子弟学校捐赠木料致绵竹县政府的训令（一九四三年三月二十六日）

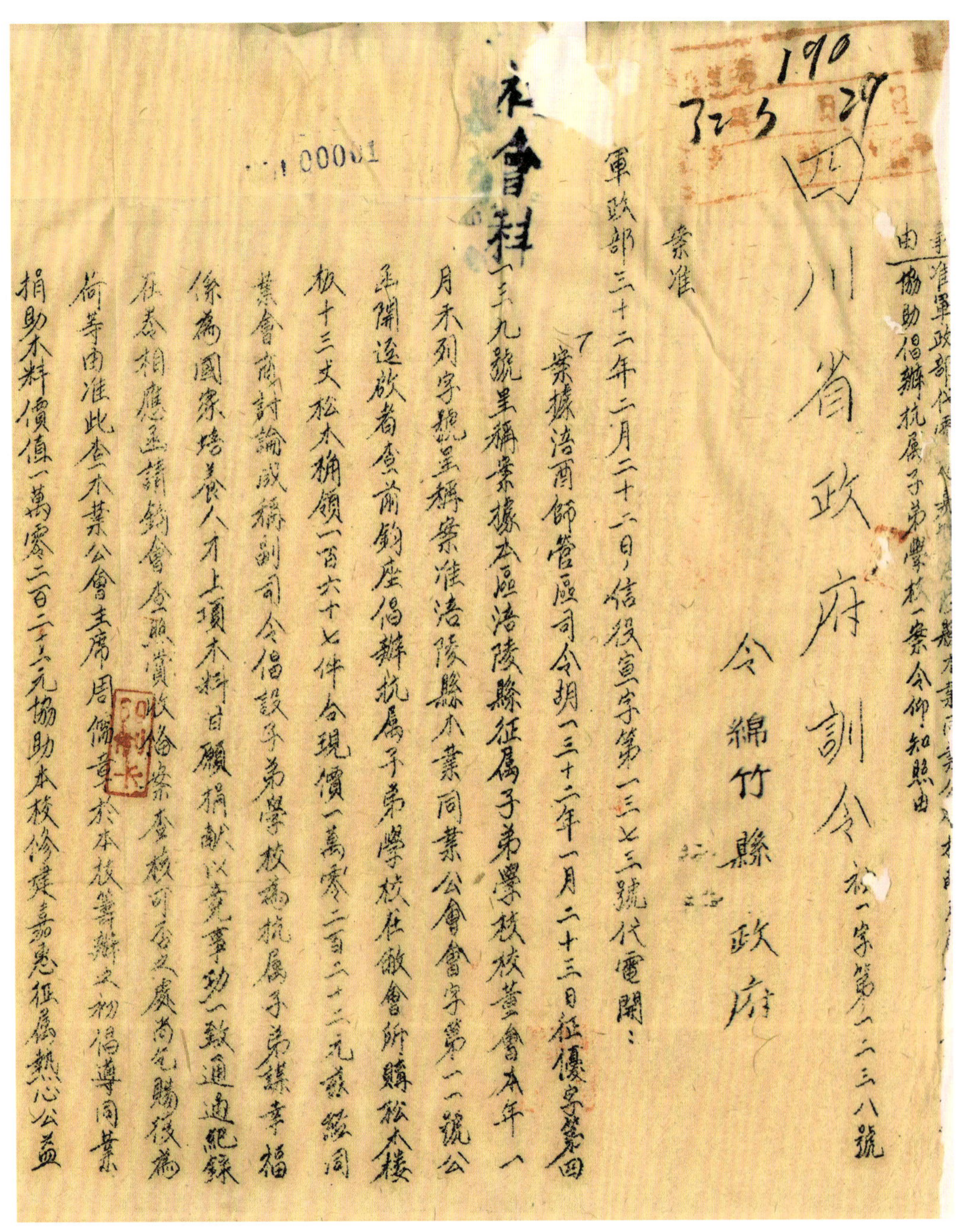

事：准軍政部代電……
由：協助倡辦抗屬子弟學校一案令仰知照由

四川省政府訓令　秘一字第二二三八號

令綿竹縣政府

案准

軍政部三十二年二月二十二日信役宣字第一三七三號代電開：

案據涪酉師管區司令胡一三十二年一月二十三日征優字第四一三九號呈稱：案據本區涪陵縣征屬子弟學校校董會本年一月未列字號呈稱：案准涪陵縣木業同業公會會字第一一號公函開：逕啟者，查前鈞座倡辦抗屬子弟學校，在敝會所購松木樓板十三丈，松木桷領一百六十七件，合現價一萬零二百二十二元，兹經同業會商討論，咸稱副司令倡設子弟學校，為抗屬子弟謀幸福，係為國家培養人才，上項木料甘願捐獻，以竟事功，一致通過，紀錄在卷，相應函請鈞會查照，賞收備案，查核可否，又處尚乞賜復為荷等由，准此。查木業公會主席周倫章於本校籌辦之初，倡導同業捐助木料價值一萬零二百二十二元，協助本校修建，嘉惠征屬，熱心公益

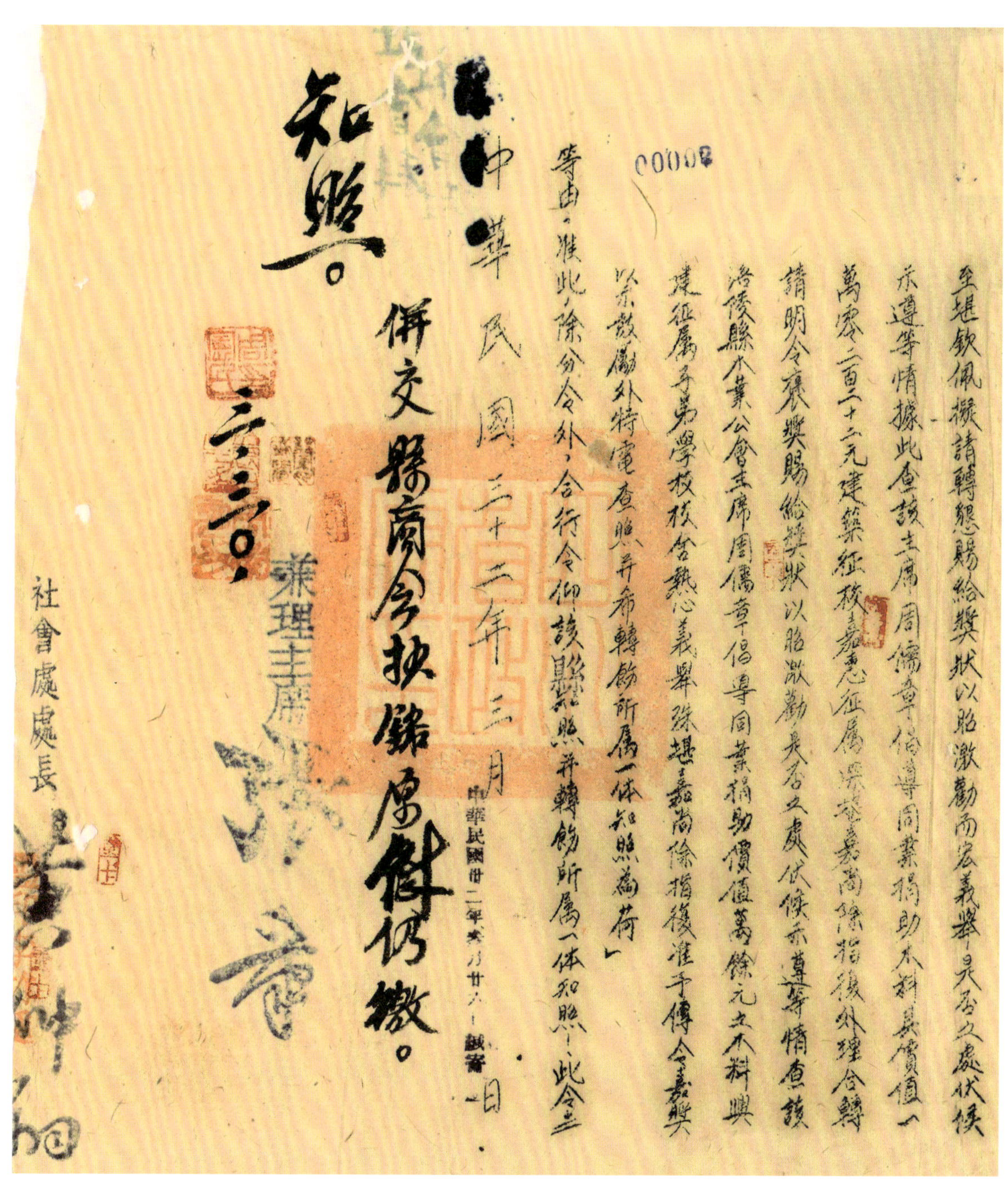

並趕欽佩，擬請轉懇賜給獎狀，以昭激勸而宏義舉，是否之處，伏候

示遵等情。據此，查該主席周儒章倡導同業捐助木料，共價值一

萬零二百二十元，建築征校，嘉惠征屬，殊堪嘉尚，除指復外，理合轉

請明令褒獎，賜給獎狀，以昭激勸，是否之處，伏候示遵等情。查該

涪陵縣木業公會主席周儒章倡導同業捐助價值萬餘元之木料，興

建征屬子弟學校校舍，熱心義舉，殊堪嘉尚，除指復准予傳令嘉獎

以示鼓勵外，特電查照，并希轉飭所屬一体知照為荷」

等由。准此，除分令外，合行令仰該縣知照，并轉飭所屬一体知照！此令。

中華民國三十二年三月　日

中華民國卅二年六月廿六日

兼理主席

社會處處長

知照。

併文縣商會抄錄原件，仍繳。

三、三。

四川省第十三区国民教育师资训练班关于该班前志愿参加远征军学生杨致中因体检不合格拟仍准予毕业并请分配录用致绵竹县政府的公函（一九四四年二月）

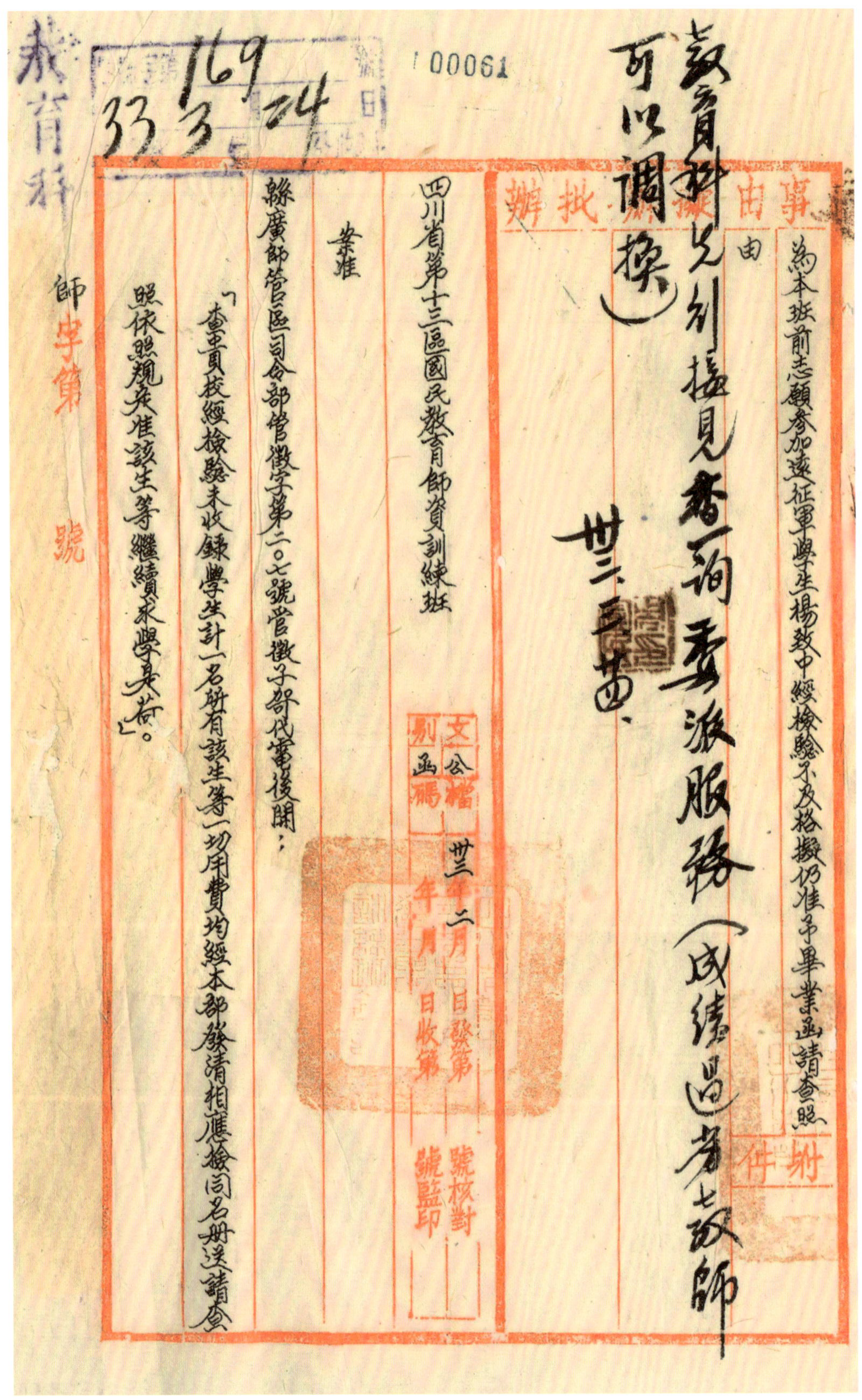

00062

等由；附名册一份，准此。查、縣竹縣籍學生楊致中志願參加遠征軍本班以該生請纓殺敵其志可嘉業予照准其後身體檢驗不及格遣送回班時本班畢業考試業已辦理完竣未便再考惟查該生在班尚知勤學平時各項成績均優今既不能入營以遂其壯志似應准予畢業一体服務地方教育以任其能除呈報 省府外相應函請

貴府查照分配錄用為荷！

此致

縣竹縣政府

兼主任 鍾體道

兼副主任 周維權

（二）抗战时期教育中心工作月报表

绵竹县立汉旺场小学关于遵令填报抗战时期教育中心工作月报表致县政府的呈（一九三八年四月二十四日）

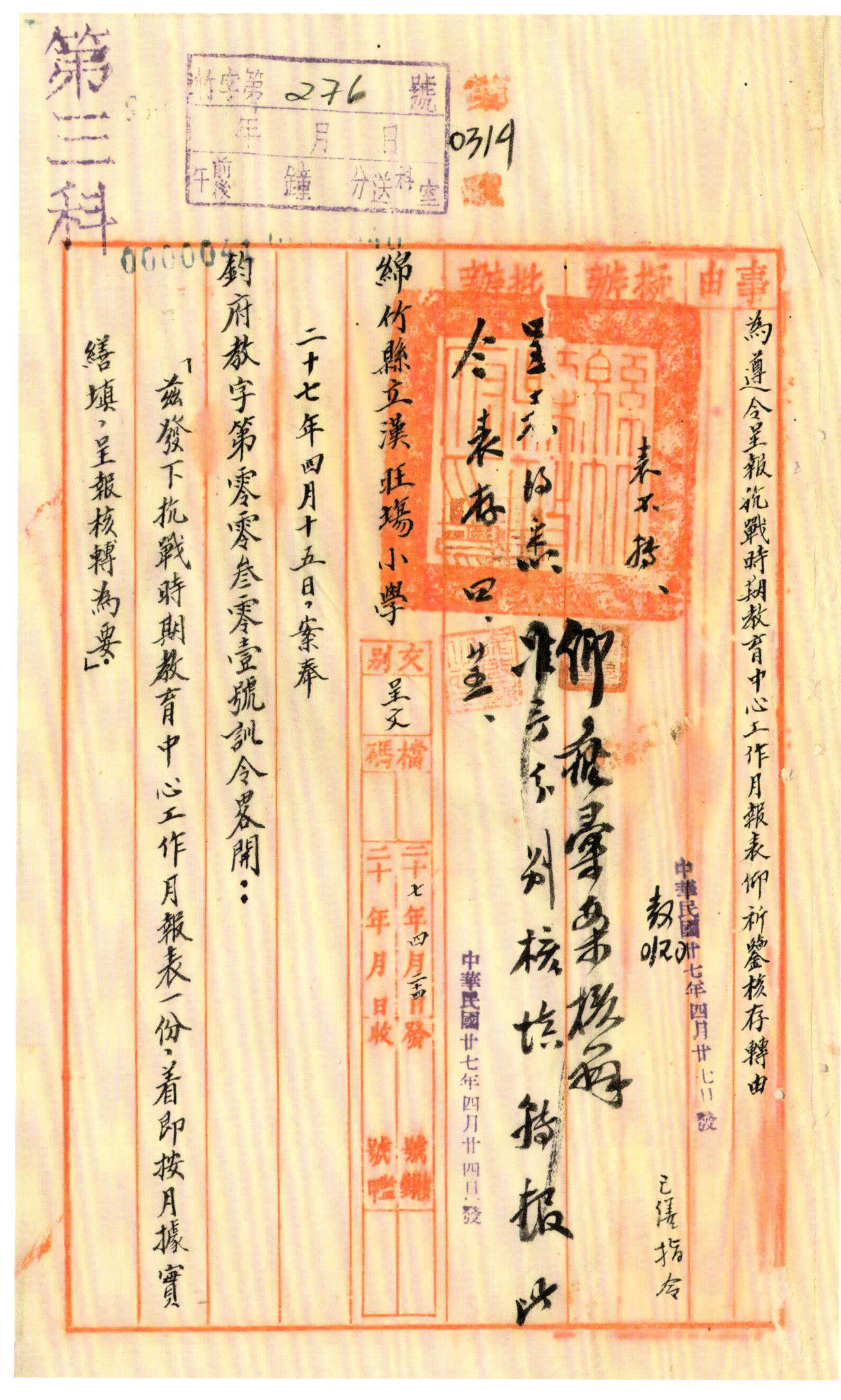
第三科

收字第276號

0319

事由：為遵令呈報抗戰時期教育中心工作月報表仰祈鑒核存轉由

批辦：表存，呈悉，表存。此令。

擬辦：表不轉。

仰飭汪校長知照。

已繕指令

中華民國廿七年四月廿七日發

中華民國廿七年四月廿四日發

文別：呈文

綿竹縣立漢旺場小學

二十七年四月十五日，案奉

鈞府教字第零零叁零壹號訓令畧開：

「茲發下抗戰時期教育中心工作月報表一份，着即按月據實繕填，呈報核轉為要。」

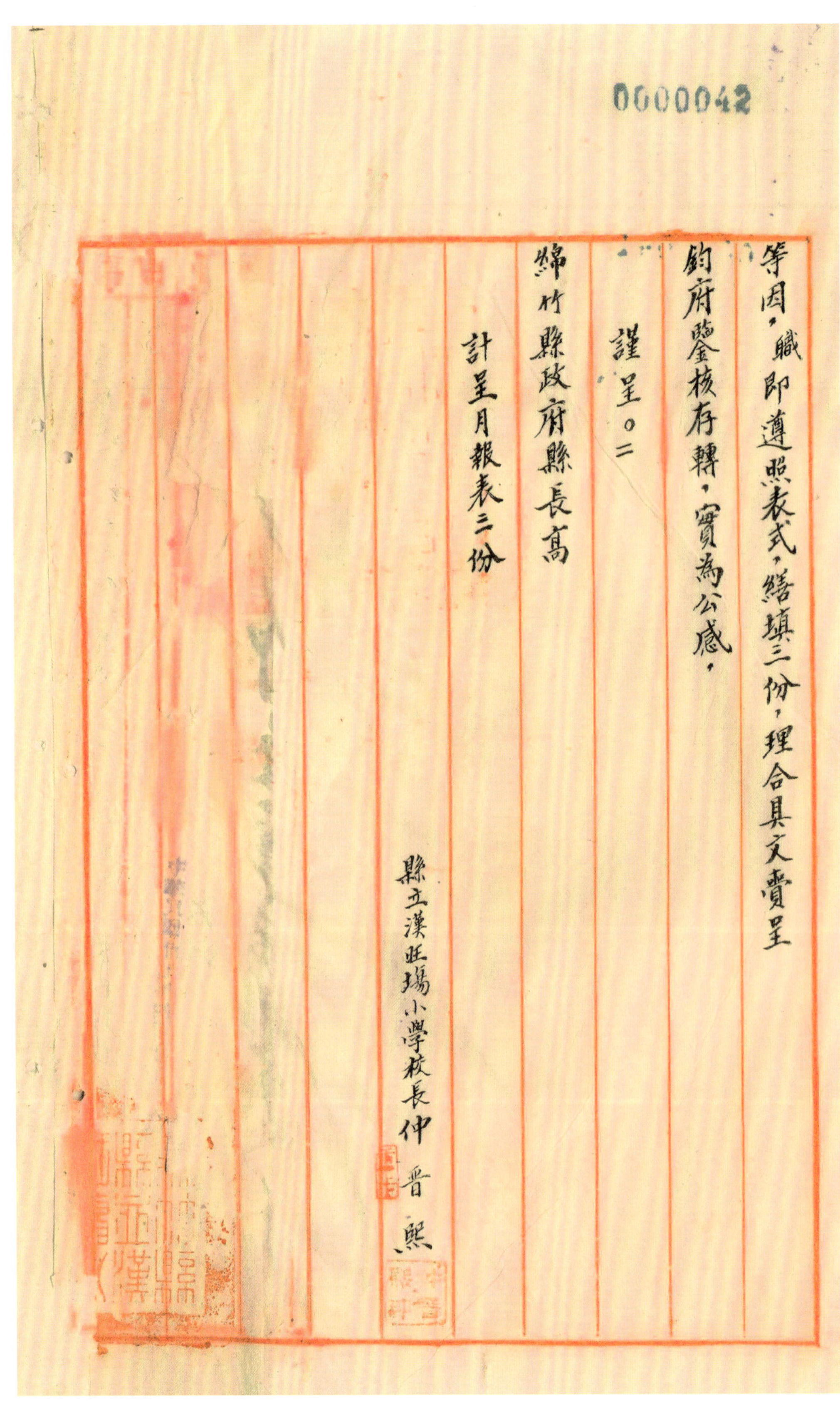
0000042

等因，職即遵照表式，繕填三份，理合具文賫呈

鈞府鑒核存轉，實為公感，

謹呈○二

綿竹縣政府縣長高

計呈月報表三份

縣立漢旺場小學校長仲晋熙

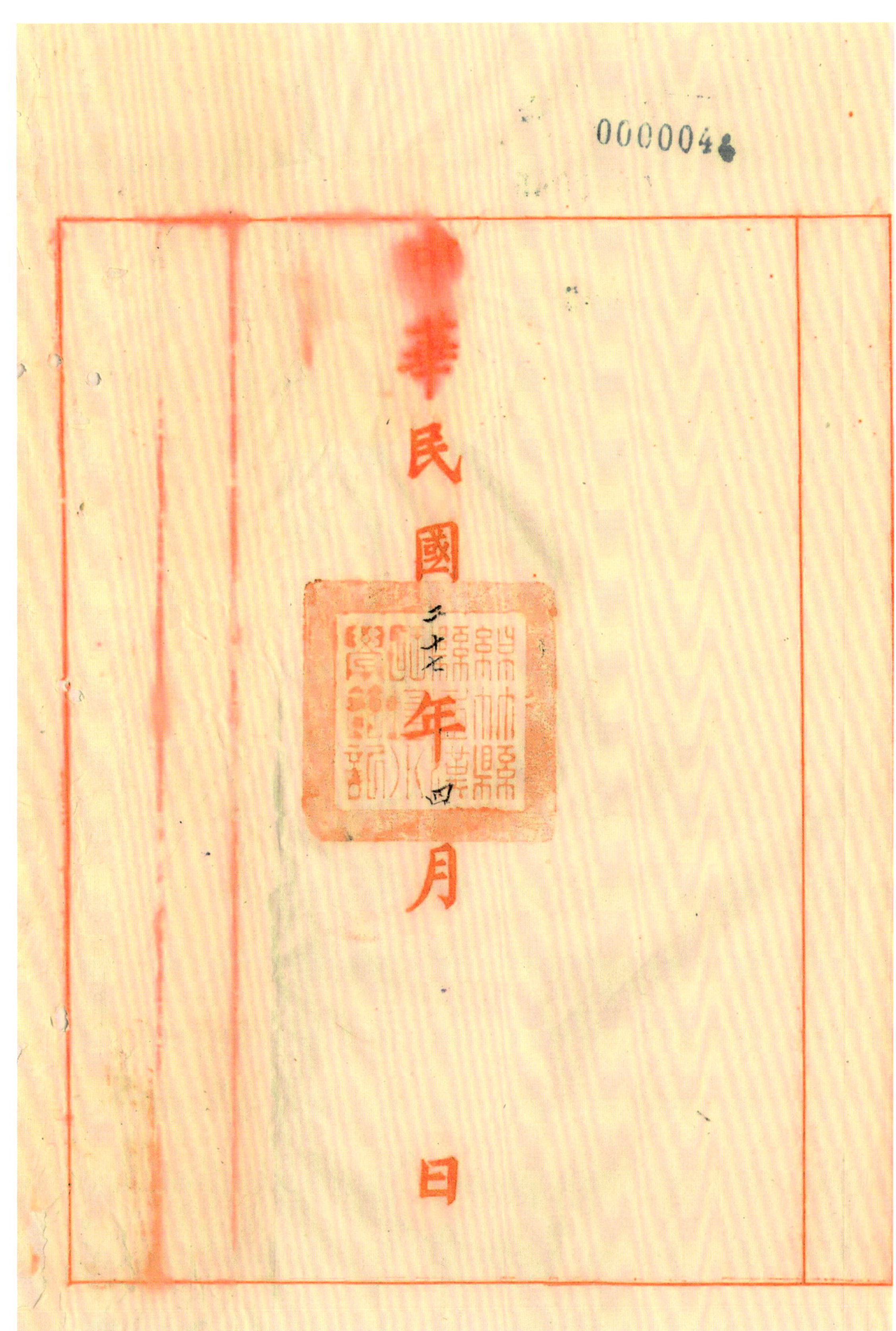
000004

中華民國三十七年四月日

附：绵竹县立汉旺场小学抗战时期教育中心工作一九三八年四月报表（一九三八年四月）

0000045

绵竹縣立漢旺場小學抗戰時期教育中心工作月報表 廿七年四月份

項别	辦理情形
加緊學校抗戰課業事項	從本學期開學起即加授抗戰讀本和防空常識並增加體育鐘點凡於抗戰有關國防有益者均盡量採入並於每日升降國旗時講演中外抗戰英雄事實及我軍抗戰情形
加緊教職員戰時工作之研究訓練事項	清查失學民眾擴充民眾教育組織講演團講演國難辦理壁報使國民咸知抗日情形此皆本學期本學之實地工作也
加緊學生戰時勤務組織訓練事項	自去歲十一月接奉鈞府轉發中國童子軍戰時服務大綱後即遵照組織成立各隊加緊訓練現在各隊員對於各種任務均能了解實行
其他	

中華民國廿七年四月　日　填報人校長仲晉熙

绵竹县立土门场小学关于遵令填报抗战时期教育中心工作月报表致县政府的呈（一九三八年四月二十四日）

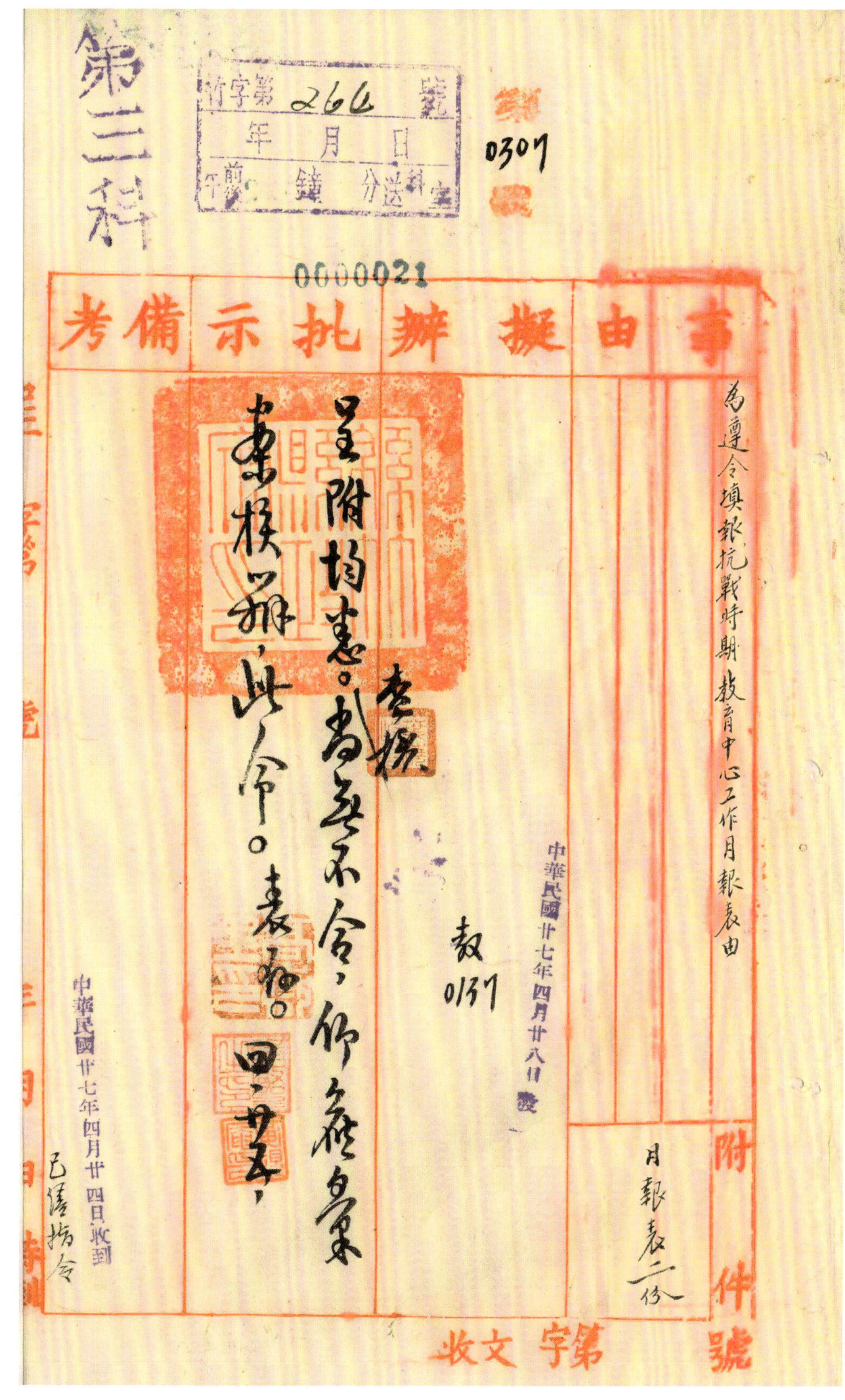
第三科

竹字第 266 號

年 月 日

0307

0000021

事由	擬辦	批示	備考
為遵令填報抗戰時期教育中心工作月報表由	呈附均悉。存查。		中華民國廿七年四月廿四日收到

附件：月報表二份

中華民國廿七年四月廿八日發

收文 字第 號

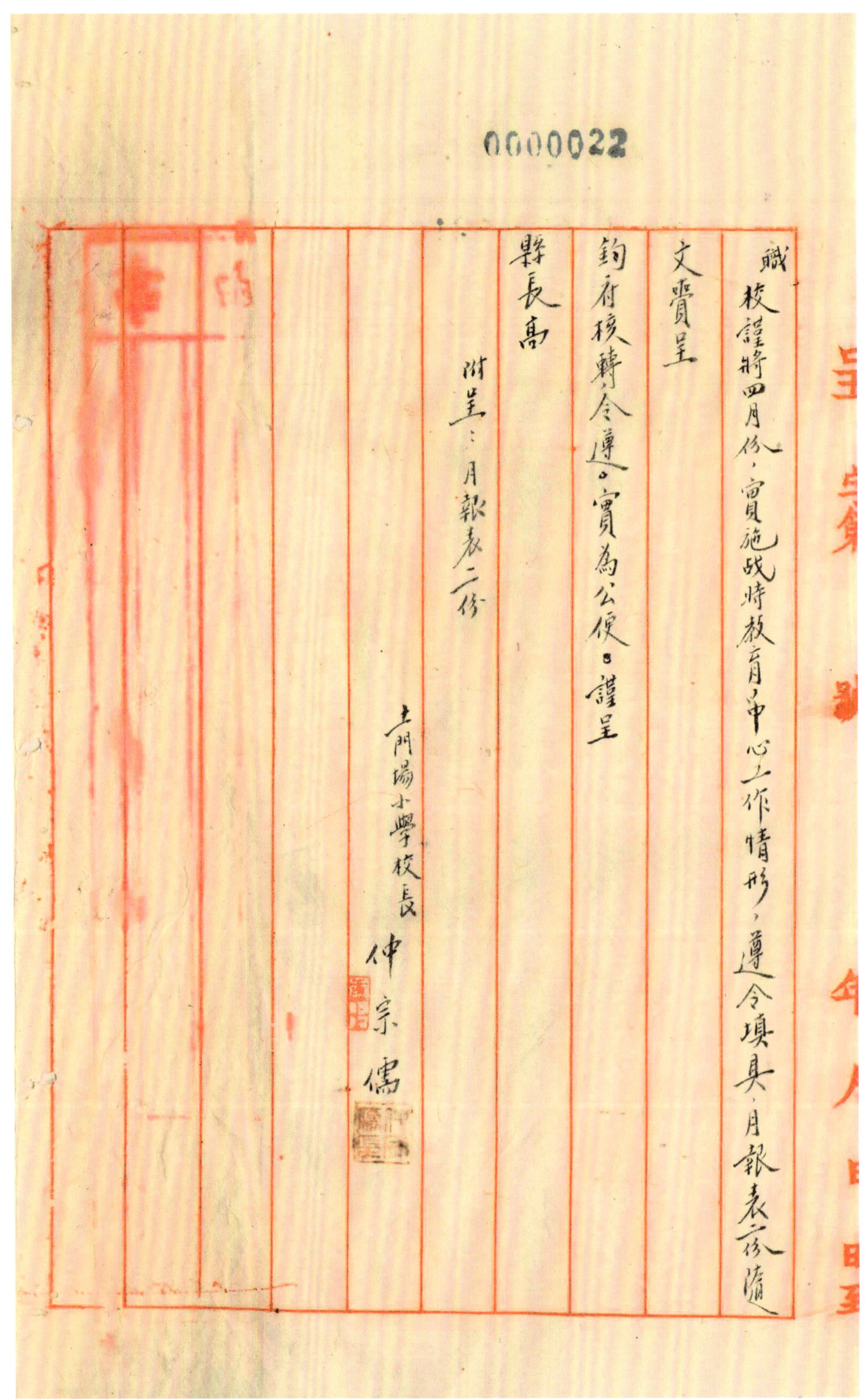

呈 字第 號 年 月 日到

職校謹將四月份實施戰時教育中心工作情形，遵令填具月報表一份，隨文賫呈

鈞府核轉令遵。實爲公便。謹呈

縣長高

附呈月報表一份

土門場小學校長 仲宗儒

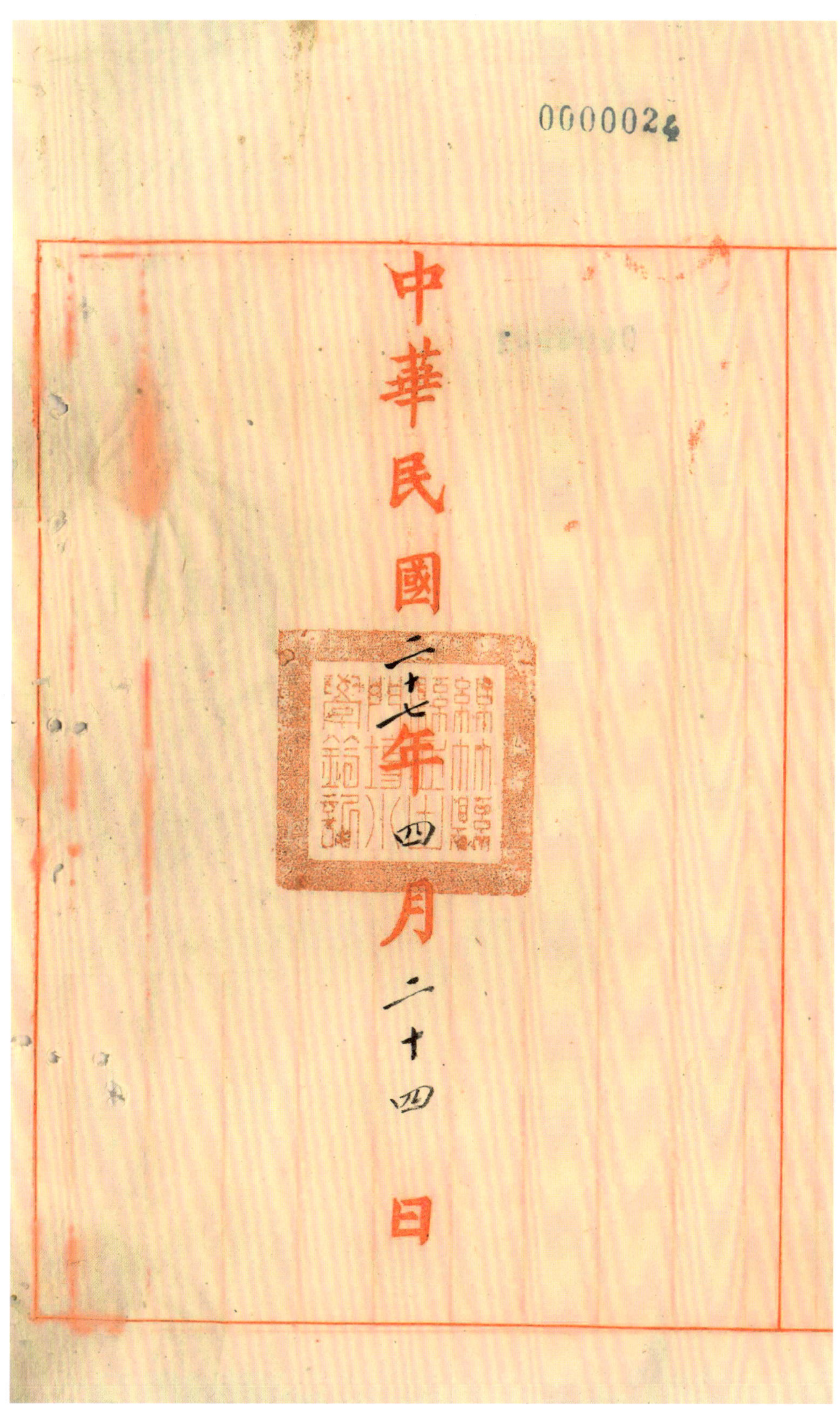

0000024

中華民國二十七年四月二十四日

附：绵竹县立土门场小学抗战时期教育中心工作一九三八年四月报表（一九三八年四月二十四日）

绵竹县立拱星场小学抗战时期教育中心工作一九三八年四月报表（一九三八年四月二十四日）

0600039

綿竹縣立拱星場小學抗戰時期教育中心工作月報表（二十七年四月分）

項別	辦理情形
加緊學校抗戰課業事項	一、每日減少學生作業時間移作特殊團體訓練 二、[illegible]、科遵照規定各節與新生活規律貫通實施辦到早睡早起不吸食煙酒多飲開水不食零食等好習慣 三、國語社會音樂等科目中由各科教師慎選喚起民族意識之教材補充教授 四、自然科中注重國防及自衛之啟發 五、勞作科除女教師指導練習簡單之縫紉洗濯烹飪等技能外並從事種植菜蔬
加緊教職員戰時工作之研究訓練事項	一、抗戰工作研究會每週星期三開會一次討論各種工作實施之方法 二、每週設計研究防空防毒運輸消防救護等工作教授方法 三、教職各員一律遵行本校所訂之抗戰教育實施綱要並實行公約
生戰時勤務組織訓練事項	一、救護練習 二、避難練習 三、整理練習 四、收發電話電報練習
其他	

中華民國二十七年四月二十四日填報人校長張錦城

绵竹县立遵道场小学关于遵令填报抗战时期教育中心工作月报表致县政府的呈（一九三八年四月二十四日）

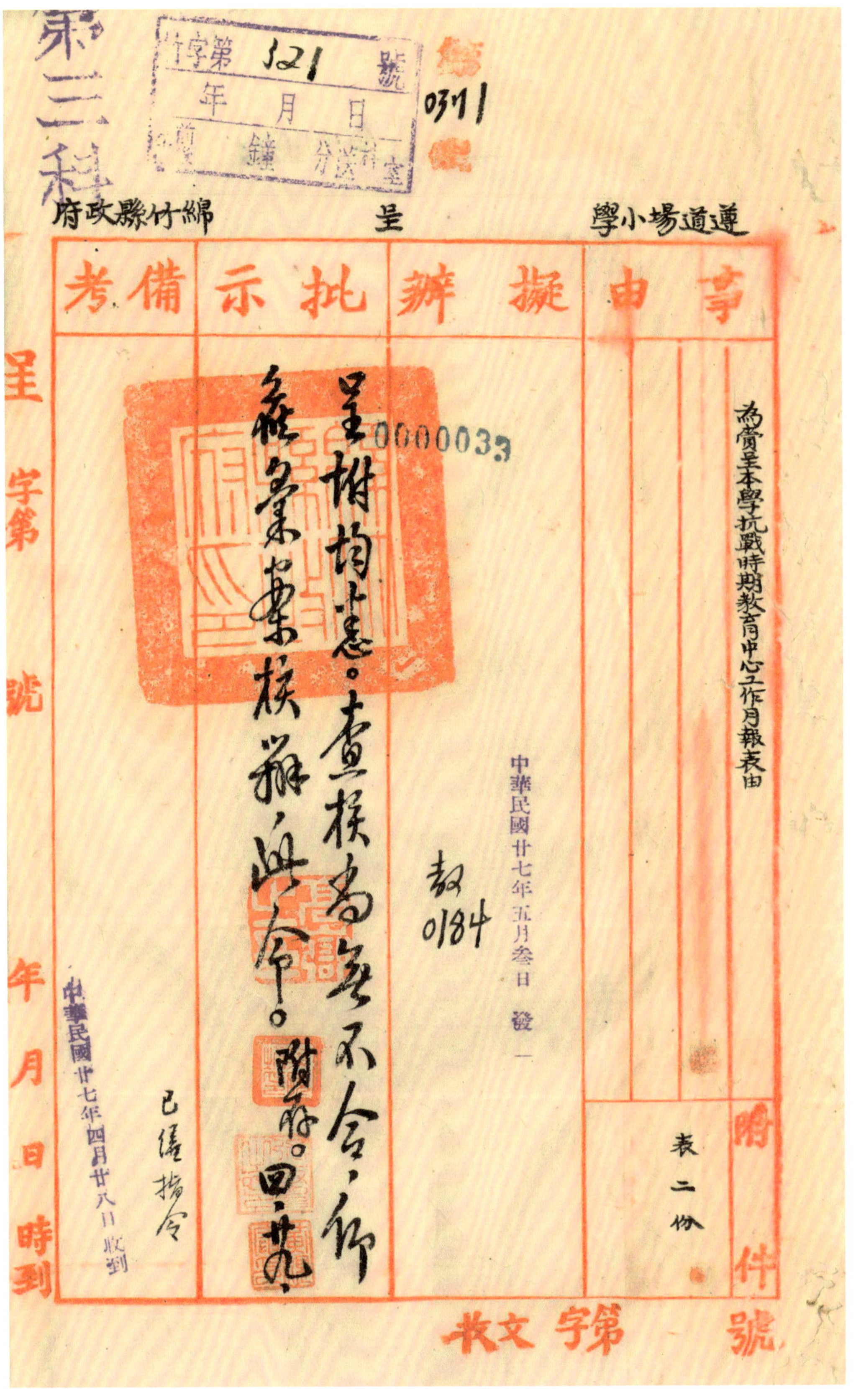

第三科

竹字第 121 號 年 月 日 前 鐘 分送 室

0311

遵道場小學 呈 綿竹縣政府

事由	擬辦	批示	備考
為賫呈本學抗戰時期教育中心工作月報表由	呈悉。查核尚無不合，仰候彙案核辦，此令。附存。	已繕指令	

附件：表二份

0000033

教 0184

中華民國廿七年五月叁日 發

中華民國廿七年四月廿八日 收到

呈 字第 號 年 月 日 時 到

第 字 文 收 號

0000034

本年四月二十日，案奉

鈞府教字第三〇一號訓令（略）開：

「令行抄發四川省抗戰時期中心工作第七實施戰時教育暨月報表各一份，令仰該校長即便遵照，并依據本府二十六年十一月教字第一二三二號訓令頒發之中國童子軍戰時服務大綱規定各項加緊進行，按月具報，以便彙轉。事關戰時教育，勿稍違玩，爲要！」

等因；附抄發四川省抗戰時間中心工作第七實施戰時教育一份，月報表一份；奉此。現經依照原頒表式填就，理合具文賫呈

鈞府鑒核彙轉，令遵！

謹呈

縣長高

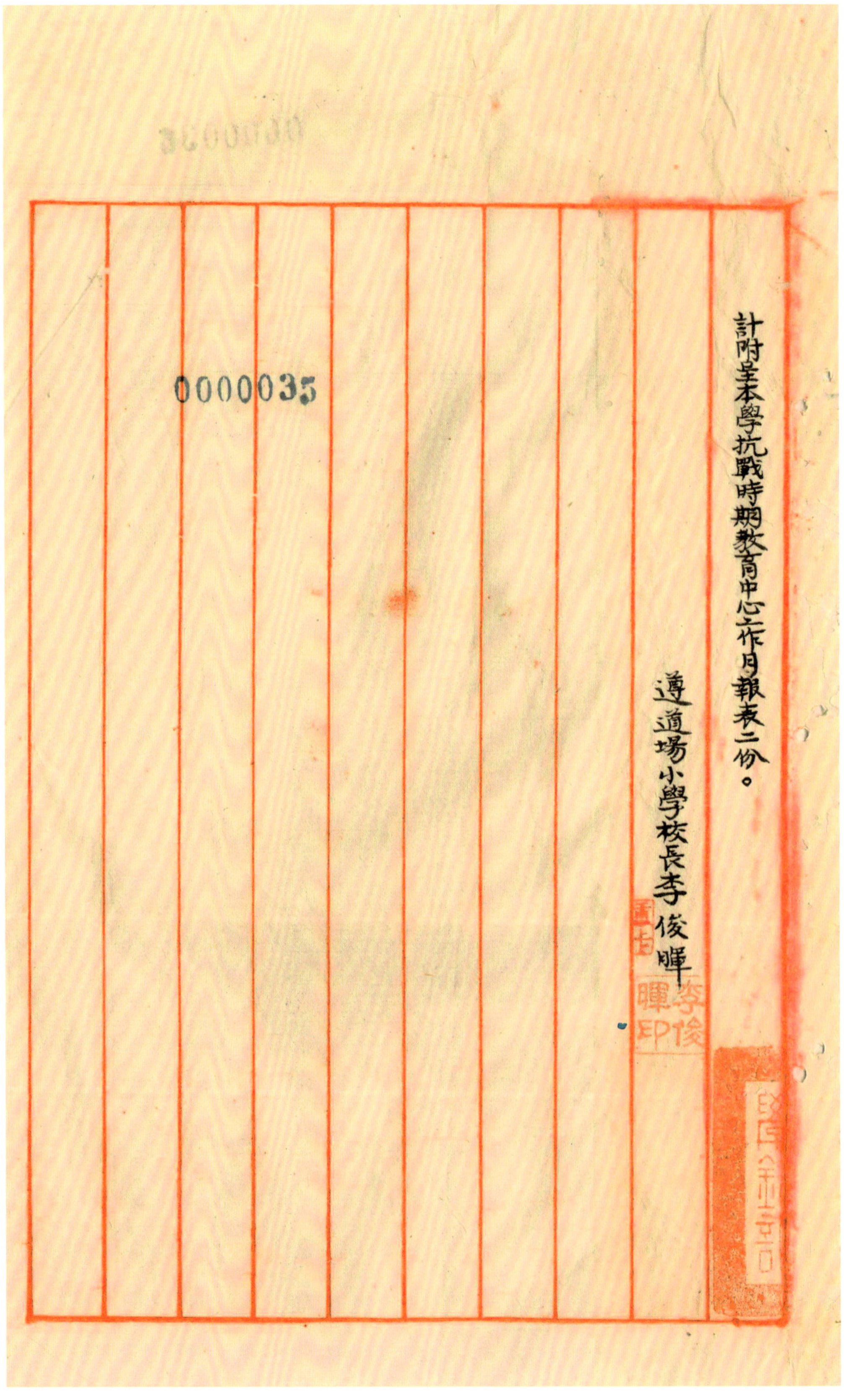

0000035

計附呈本學抗戰時期教育中心工作月報表二份。

遵道場小學校長李俊暉

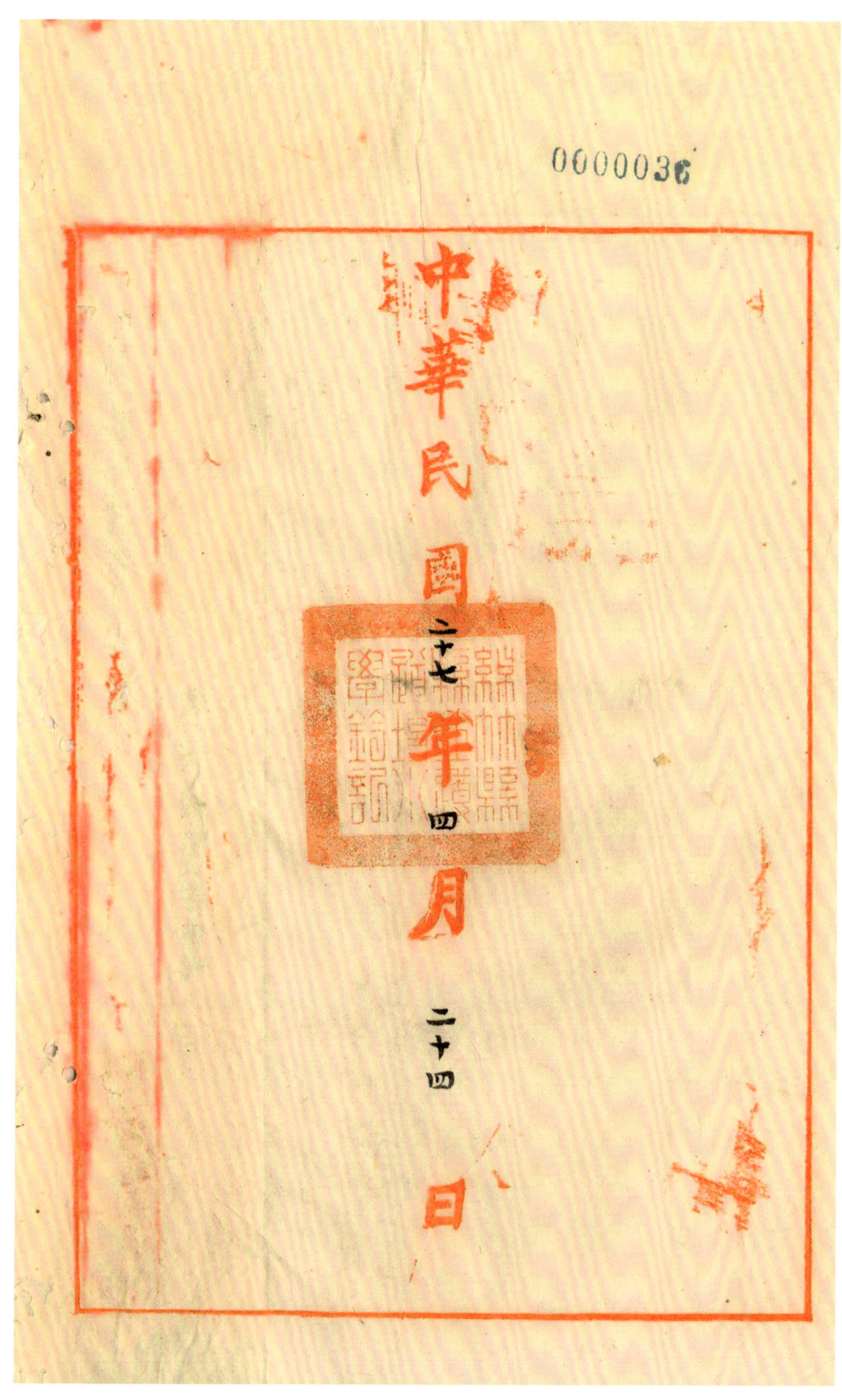
0000036

中華民國二十七年四月二十四日

附：绵竹县立遵道场小学抗战时期教育中心工作一九三八年四月报表（一九三八年四月二十五日）

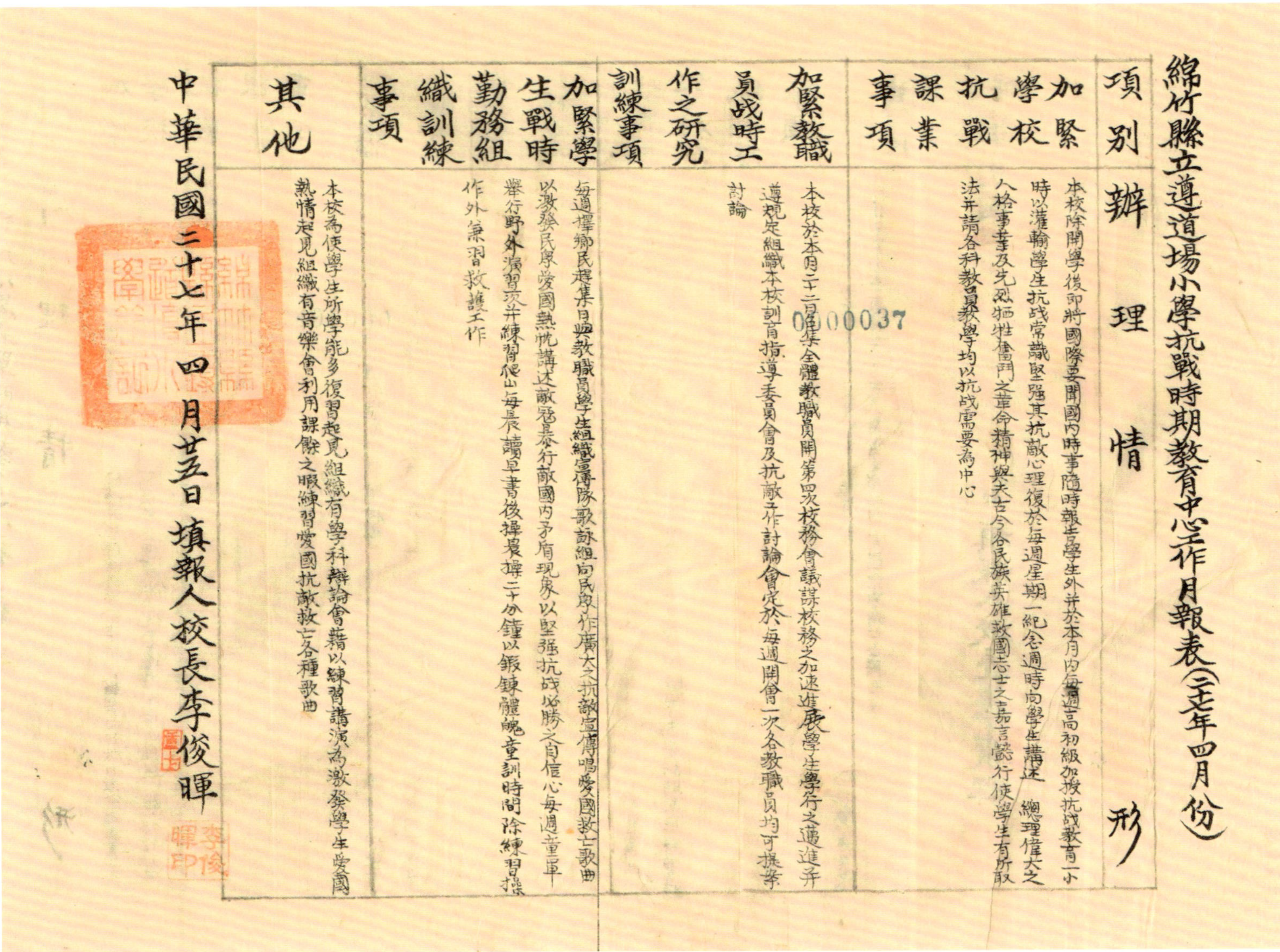

綿竹縣立遵道場小學抗戰時期教育中心工作月報表（二十七年四月份）

項別	辦理情形
加緊學校抗戰課業事項	本校除開學後即將國際要聞國內時事隨時報告學生外并於本月內每週高初級加授抗战教育一小時以灌輸學生抗战常識堅强其抗敵心理復於每週星期一紀念週時向學生講述 總理偉大之人格事業及先烈犧牲奮鬥之革命精神與夫古今各民族英雄救國志士之嘉言懿行使學生有所取法并請各科教員教學均以抗战需要為中心
加緊教職員战時工作之研究訓練事項	本校於本月二十二日召集全體教職員開第四次校務會議謀校務之加速進展學生學行之邁進并遵規定組織本校訓育指導委員會及抗敵工作討論會定於每週開會一次各教職員均可提案討論
加緊學生戰時勤務組織訓練事項	每週擇鄉民趕集日與教職員學生組織宣傳隊歌詠組向民衆作廣大之抗敵宣傳唱愛國救亡歌曲以激發民衆愛國熱忱講述敵寇暴行敵國內矛盾現象以堅强抗战必勝之自信心每週童軍舉行野外演習一次并練習爬山每晨讀早書後操晨操二十分鐘以鍛鍊體魄童訓時間除練習操作外兼習救護工作
其他	本校為使學生所學能多復習起見組織有學科辯論會藉以練習講演為激發學生愛國熱情起見組織有音樂會利用課餘之暇練習愛國抗敵救亡各種歌曲

中華民國二十七年四月廿五日 填報人校長李俊暉

李俊暉印

0000037

绵竹县立第一初级小学关于报送抗战时期教育中心工作月报表致县政府的呈（一九三八年四月二十八日）

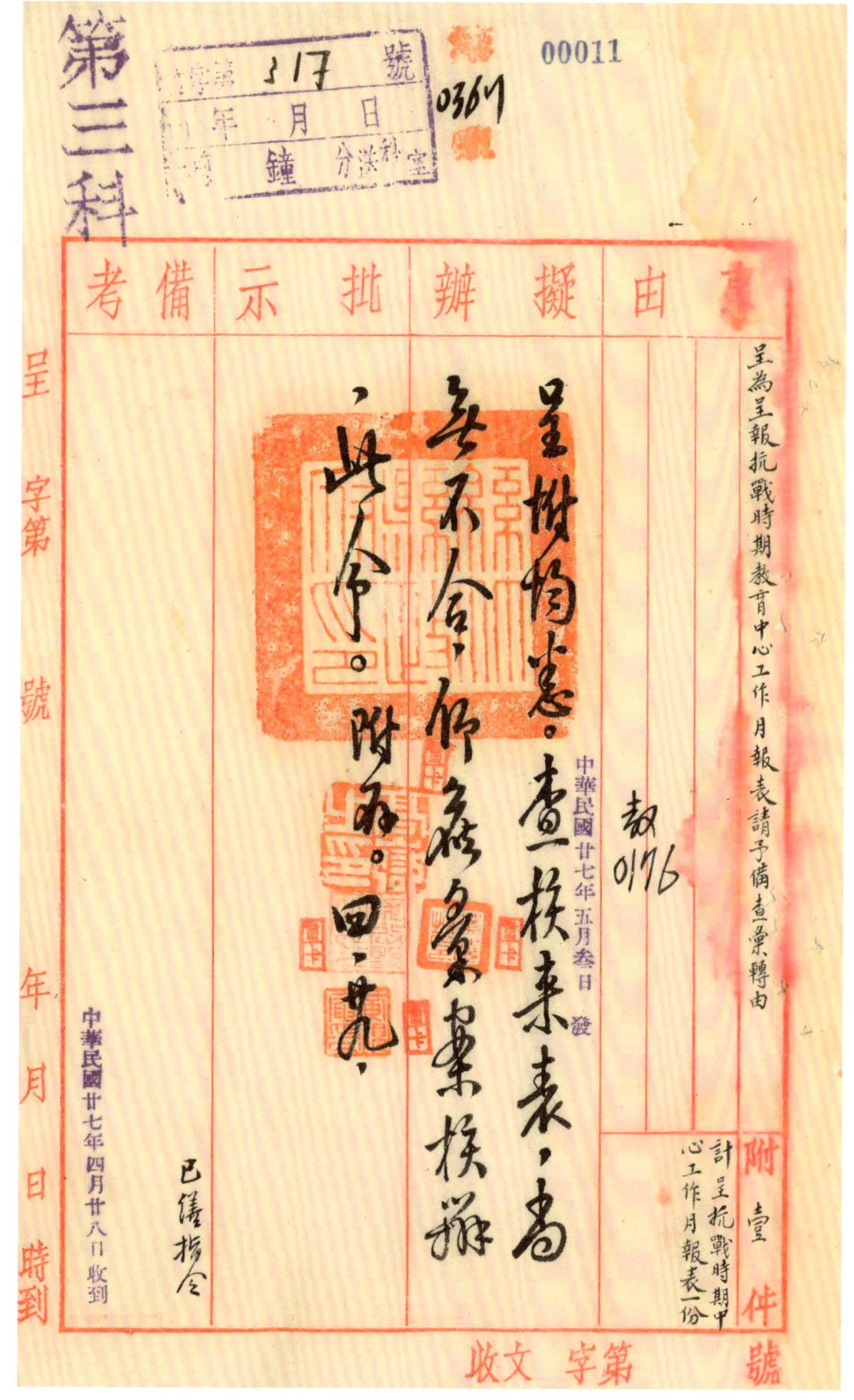
第三科

字第 317 號
年 月 日
時 鐘 分送科室

00011

0361

事由：呈為呈報抗戰時期教育中心工作月報表請予備查彙轉由

附件：附壹件
計呈抗戰時期中心工作月報表一份

擬辦：呈悉。查核來表，尚無不合，仰存候彙案核辦。此令。附存。四，廿九。

教0176

批示：中華民國廿七年五月叁日發

備考：已繕指令

中華民國廿七年四月廿八日收到

呈 字第 號 年 月 日 時到

收文 字第 號

00012

竊

職學於二十七年四月柒奉

鈞府教字第三零一號訓令開查四川省抗戰時期中心工作第七實施戰時教育丙款所載各校應遵照

部頒高中以上學校學生戰時後方服務組織與訓練辦法大綱及中國童子軍戰時服務大綱等語惟本

縣并無高中以上學校除呈覆并分令外合行抄發四川抗戰時期中心工作第七實施戰時教育暨

同報表各一份令仰該校長即便遵照并依據本府二十六年十一月教字第一一三二號訓令頒發之中

國童子軍戰時服務大綱規定各項加緊進行按月具報以憑彙轉事關戰時教育勿稍違玩為要此

令等因附抄發四川省抗戰時期中心工作第七實施戰時教育一份工作月報表各一份奉此惟職學純係

初級對於實施戰時教育中心工作擇力所能及者加緊組織與訓練實行工作謹將本月工作依次填表一

份并具文賫呈

鈞府查核彙轉實為公便謹呈

00013

縣長高

計呈抗戰時期中心工作月報表一份

縣立第一初級小學校長　任天成

00014

中華民國二十七年四月二十八日

附：绵竹县立第一初级小学抗战时期教育中心工作一九三八年四月报表（一九三八年四月二十日）

00015

00016

綿竹縣立第一初級小學抗戰時期教育中心工作月報表　二十七年四月份

項別	辦理情形
加緊學校抗戰課業事項	國文科　每週星期二四六午後課外作業時令兒童閱讀文天祥岳飛等民族英雄之讀物及馬占山蔣委座之傳記等其他抗戰救國民眾課本於每週講授一次又如作文之題目怎樣復興中華民族怎樣打倒日本帝國主義我們的抗敵工作等 常識科　不依秩序先教軍用品及防毒器具救護工作民族史蹟國防現勢等 算術科　常作中日人口比較雙方戰爭死亡之比較中日交戰以來之損失等之計算 藝術科　於每週美術作業時漫畫日人之野蠻形狀新式武器等音樂科概授培養民族意識激兒童愛國抗敵之軍歌 精神訓話　在每次總理紀念週時舉行精神講話如認清敵人肅清漢奸擁護蔣大元帥抗戰到底等 體格訓練　每週星期一三五午後課外運動時舉行賽跑踢球拳術合羣愛國抗戰等遊戲
加緊教職員戰時工作之研究	（一）每週星期六午後開抗敵工作討論會一次除全體教職員出席外尚有各級級會領袖參加 （二）本校教職員除女教員以外均加入綿竹縣公務人員軍事訓練班受軍訓 （三）本校每月召開校務會議一次討論選擇抗敵教材及特殊之教學法
訓練事項	
加緊學生戰時勤務組織訓練事項	（一）本校男女學生擇其年齡較大者組織抗敵宣傳隊凡紀念日及逢市集之日分組往茶社廣場十字街頭向人衆宣傳 （二）本校已於四月二十以前組織抗敵勸募隊向人勸募捐助錢款協助前方將士及災區兒童
其他	

中華民國二十七年四月二十日校長任天成

绵竹县立广济场小学关于遵令填报抗战时期教育中心工作月报表致县政府的呈（一九三八年四月三十日收）

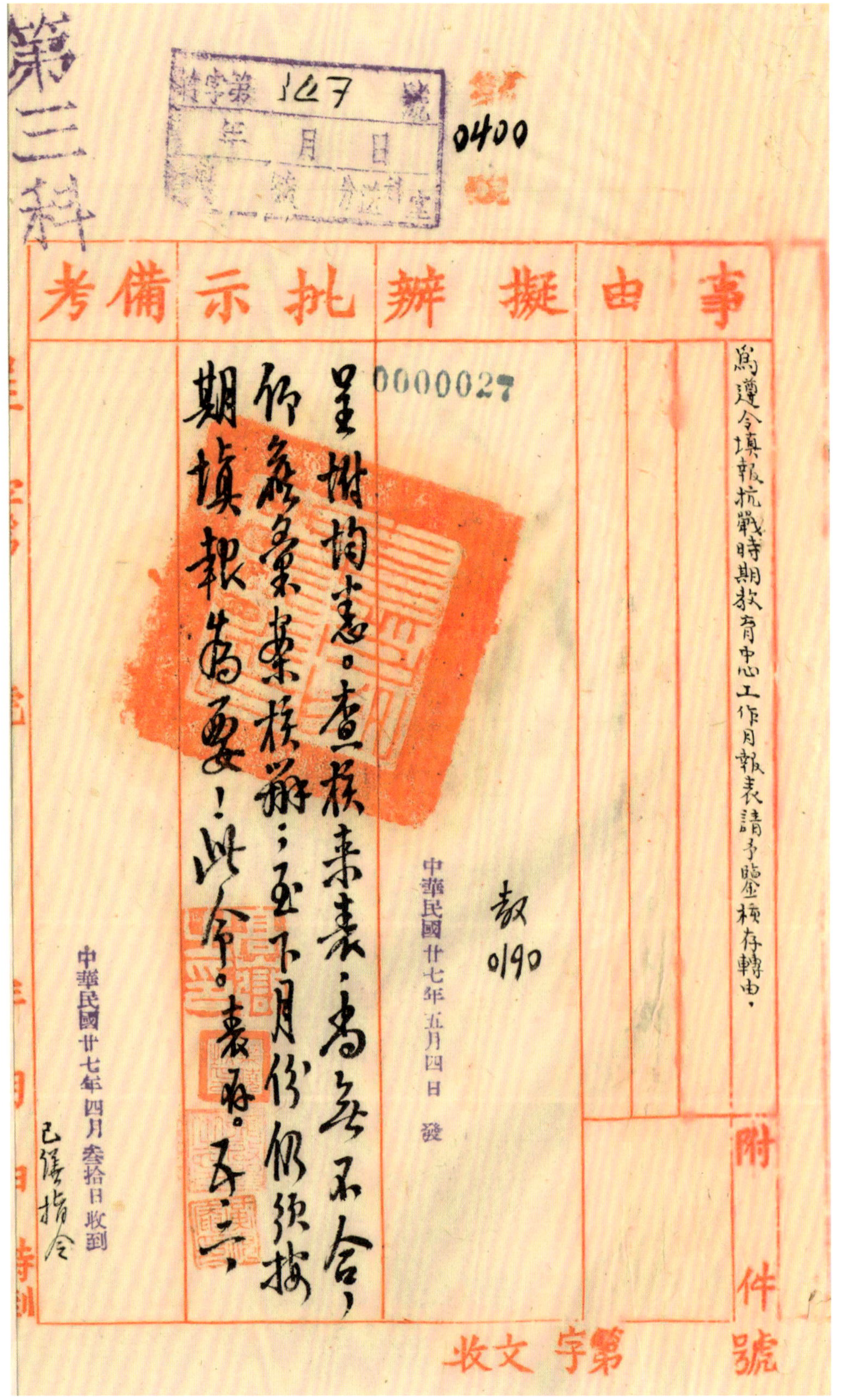
第三科

字第 147 号

0400

事由：为遵令填报抗战时期教育中心工作月报表请予鉴核存转由。

批示：呈悉。查核来表，尚无不合，仰候汇案核办。至下月份仍须按期填报为要！此令。表存。

中华民国廿七年四月叁拾日收到

中华民国廿七年五月四日发

呈　字第　號　年　月　日到

四月十二日案奉

鈞府教字第三〇一號訓令開：飭即按月填報抗戰時期教育中心工作月報表一案。等

因；奉此，茲值四月將終，理合將　學四月份抗戰時期教育中心工作月報表，繕具二份

隨文賫呈

鈞府鑒核存轉，指令祇遵。謹呈

綿竹縣政府

計呈抗戰時期教育中心工作月報表二份

縣立廣濟場小學校長　仲和熙

0000030

中華民國二十七年四月　日

附：绵竹县立广济场小学抗战时期教育中心工作一九三八年四月报表（一九三八年四月二十日）

00000032

綿竹縣立廣濟場小學抗戰時期教育中心工作月報表

二十七年四月份

項別	辦理情形
加緊學校抗戰課程事項	1、每週課外作業時間，特減少二小時，以授抗戰必讀及抗戰教材。 2、每週特請校外國術名師蘇保楷任先生于星四、星五、六年級課餘時間，教授國術及小刀劍、大刀。 3、本月內學生九週星下午組足旅行至東嶽鄉，沿途作宣傳，小學生野外演習。 4、每日課餘時間，指導學生閱讀關于抗戰及國恥方面的書籍報章。 5、每週紀念週，特講述當前抗戰情形一次。
加緊教職員抗戰工作及研究訓練事項	現由全校教職員組織抗戰工作研究會，每月開會二次，討論一切進行事項。隨時指導附近民眾，推進一切增加生產及抗敵工作。
加緊學生戰時勤務組織訓練事項	由全校學生組織宣傳組
其他	

中華民國二十七年四月廿日

填報人校長仲和

绵竹县立初级中学关于报送抗战时期教育中心工作月报表致县政府的呈（一九三八年五月五日收）

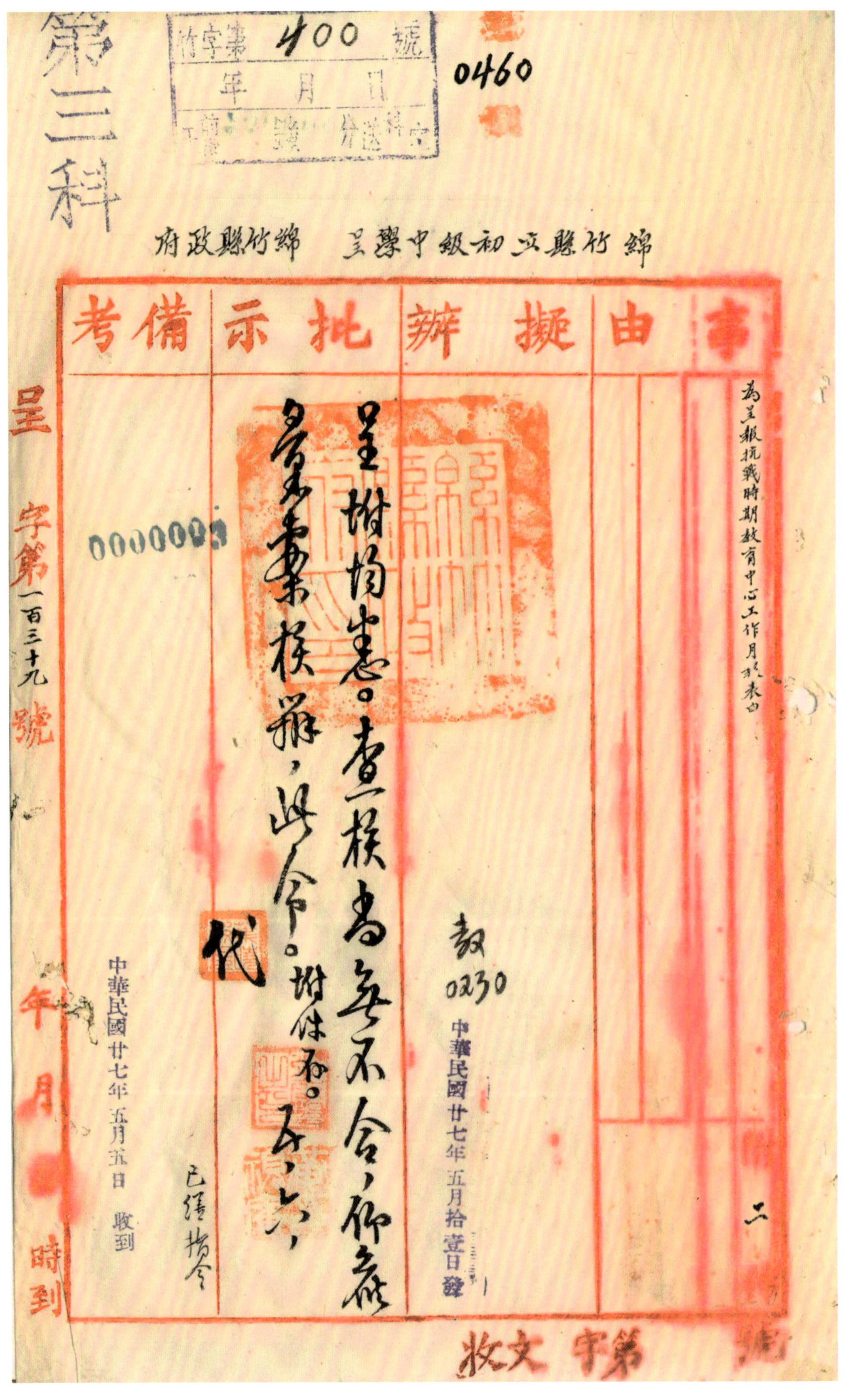
第三科
竹字第400號
年 月 日
0460
绵竹縣立初級中學呈 绵竹縣政府
事由：為呈報抗戰時期教育中心工作月报表由
擬辦
批示：呈揭均悉。查该表尚無不合，仰存备案候覈，此令。揭保存。五、六
備考
呈 字第一百三十九號
中華民國廿七年五月五日收到
中華民國廿七年五月拾壹日發
教0230
已繕指令
收文 字第 號

四月十六日案奉

鈞府教字第三零一號訓令爲轉飭遵照抗戰時期中心工作戰時教育辦理并填報工作月報表一案等因附抄發四川省抗戰時期中心工作第七實施戰時教育工作月報表各一份奉此自應遵照辦理除隨時督促加緊指示各款辦理外理合填具工作月報表賫呈核轉仍乞示遵

謹呈

綿竹縣政府

附呈工作月報表二份

綿竹縣立初級中學校長劉玉焜

劉玉焜印

0000016
中華民國二十七年五月　日

附：绵竹县立初级中学抗战时期教育中心工作一九三八年四月报表

0000007

綿竹縣立初級中學抗戰時期教育中心工作月報表

二十七年四月份

項別	辦理情形
加緊學校抗戰課業事項	本校自二十六年度第二學期起遵照省令減少課程每週計減廿二鐘以作教授與抗戰有關之各種教材由校長教職員分別搜集此類教材集合教授
加緊教職員戰時工作之研究訓練事項	1. 教職員于每週課餘或國恥紀念日領導學生宣傳 2. 教職員領導學生于四月十七日募集捐款約三十元繳呈縣府滙濟戰區難民兒童 3. 未受訓教職員擬參加本縣公務人員訓練 4. 教職員組織抗戰工作研究會
加緊學生戰時勤務組織訓練事項	1. 學生長途旅行中為戰鬭工作之訓練與編組 2. 組織宣傳隊課餘即出校宣傳抗戰題材 3. 曾作勸募工作數次救濟難民兒童
其他	未參加寒假戰訓學生本期中以嚴格之童軍訓練

中華民國二十七年　月　日填報人　校長　劉玉焜

四川省第十三区绵竹县抗战时期教育中心工作一九三八年四月报表（一九三八年五月八日）

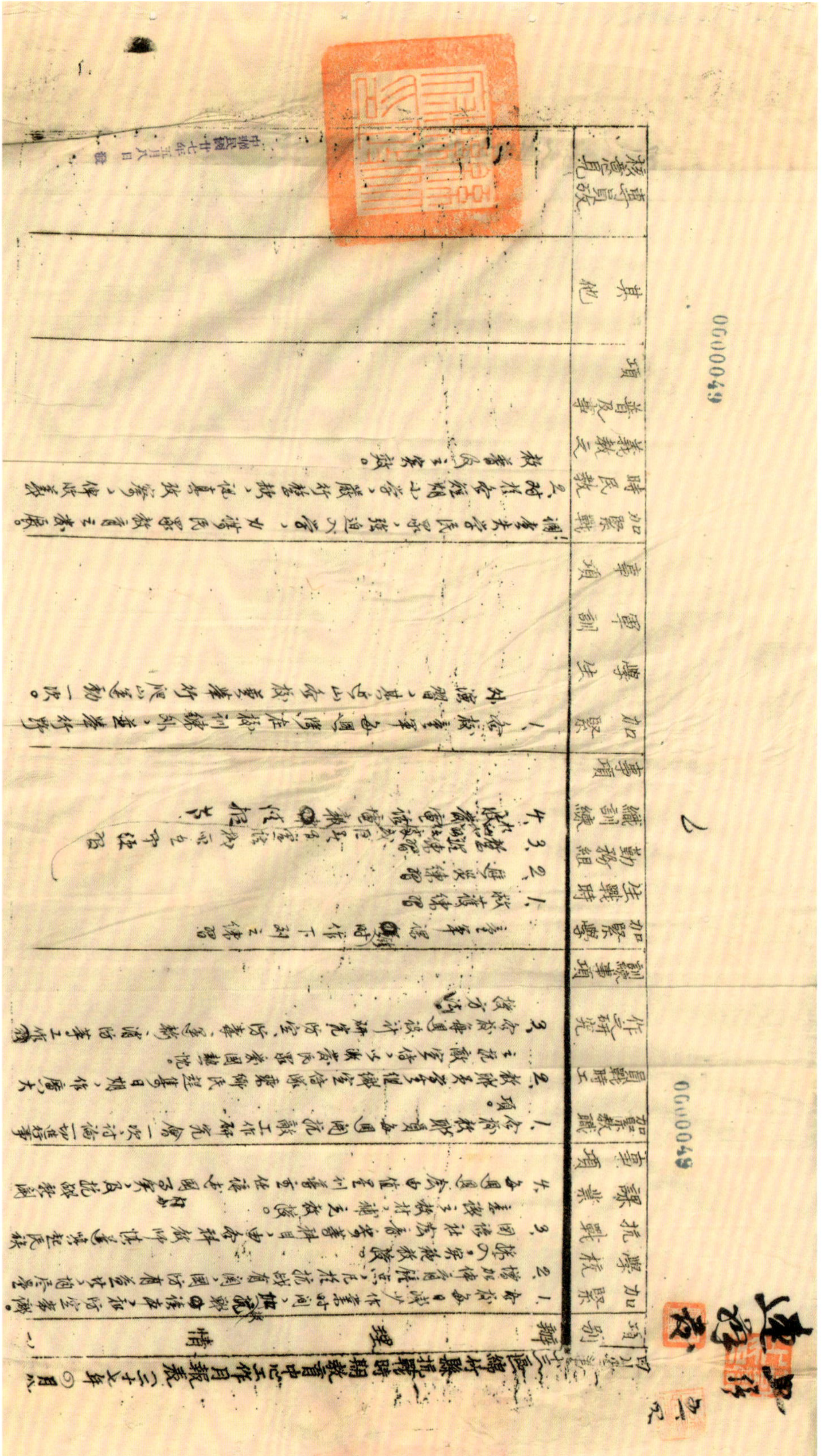

绵竹县立汉旺场小学关于遵令造报抗战时期教育中心工作月报表致县政府的呈（一九三八年五月二十三日）

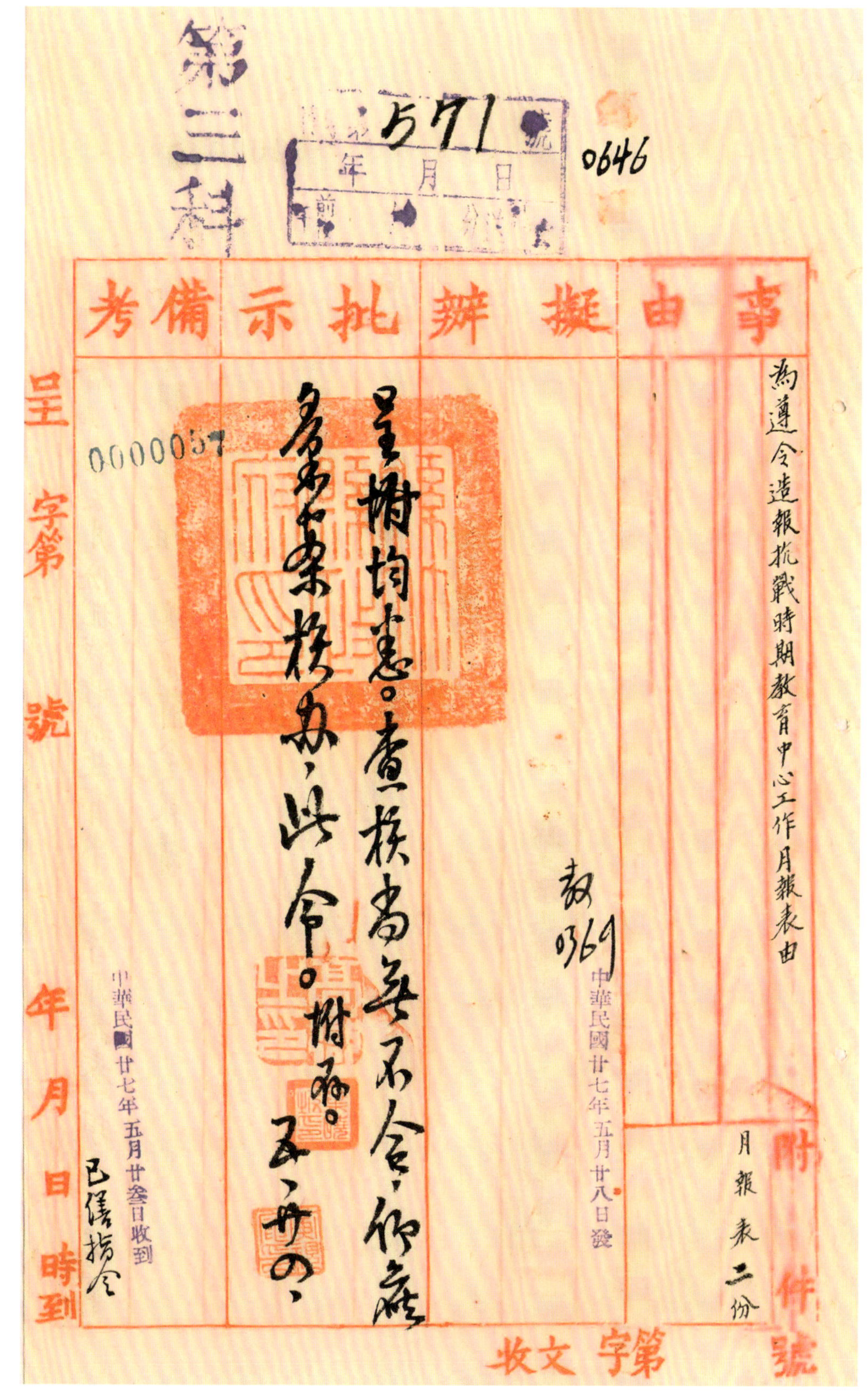

第三科

571 號

年 月 日

0646

事由	擬辦	批示	備考
為遵令造報抗戰時期教育中心工作月報表由	教0769 中華民國廿七年五月廿八日發	呈暨冊均悉。查核尚無不合，仰候彙案核辦。此令。冊存。五、卅一、	0000057 中華民國廿七年五月廿叁日收到 已繕指令

附件：月報表二份

附件號

呈 字第 號 年 月 日 時到

收文 字第 號

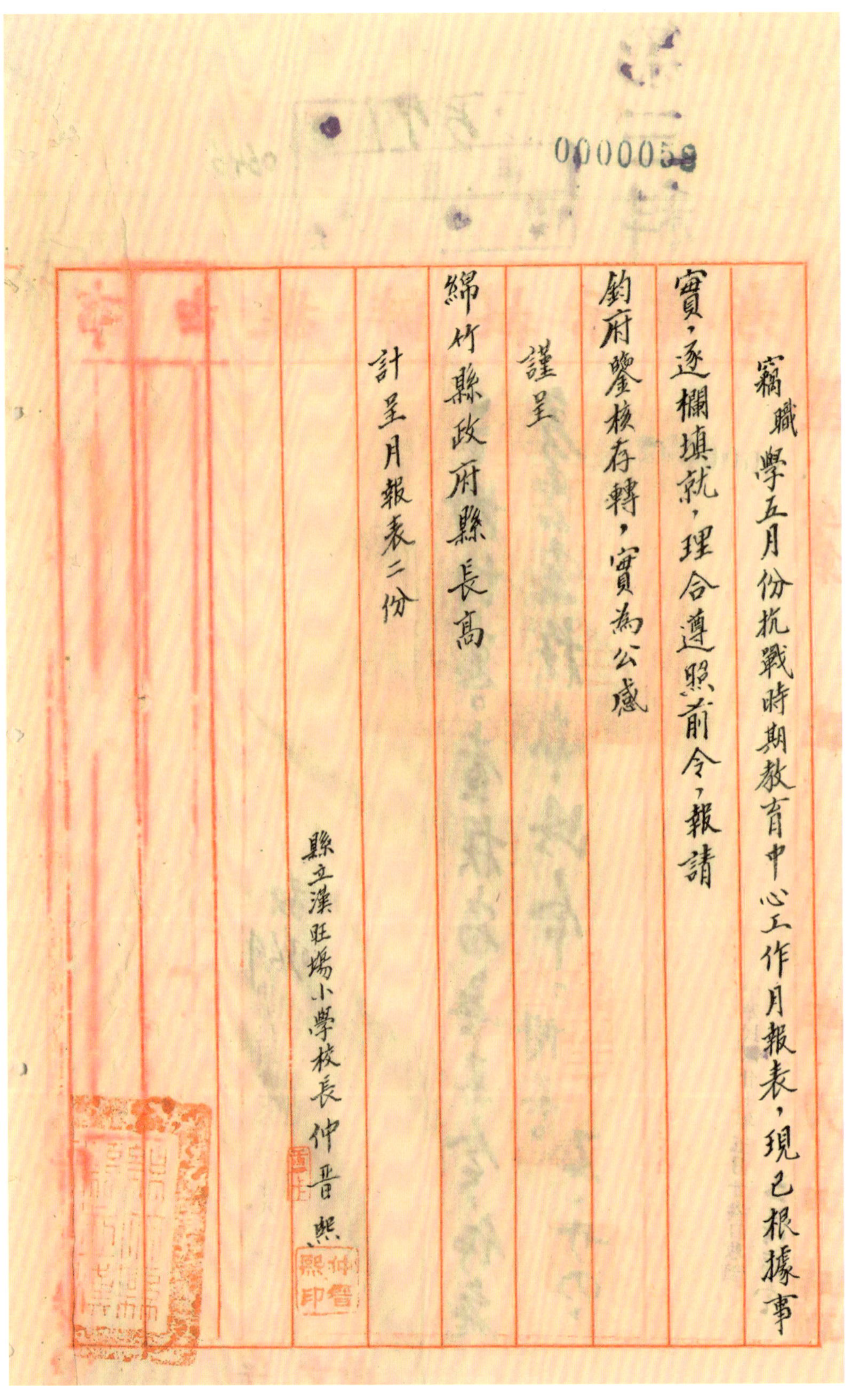
0000058

竊職學五月份抗戰時期教育中心工作月報表，現已根據事實，逐欄填就，理合遵照前令，報請

鈞府鑒核存轉，實爲公感

謹呈

綿竹縣政府縣長高

計呈月報表二份

縣立漢旺場小學校長仲晋熙

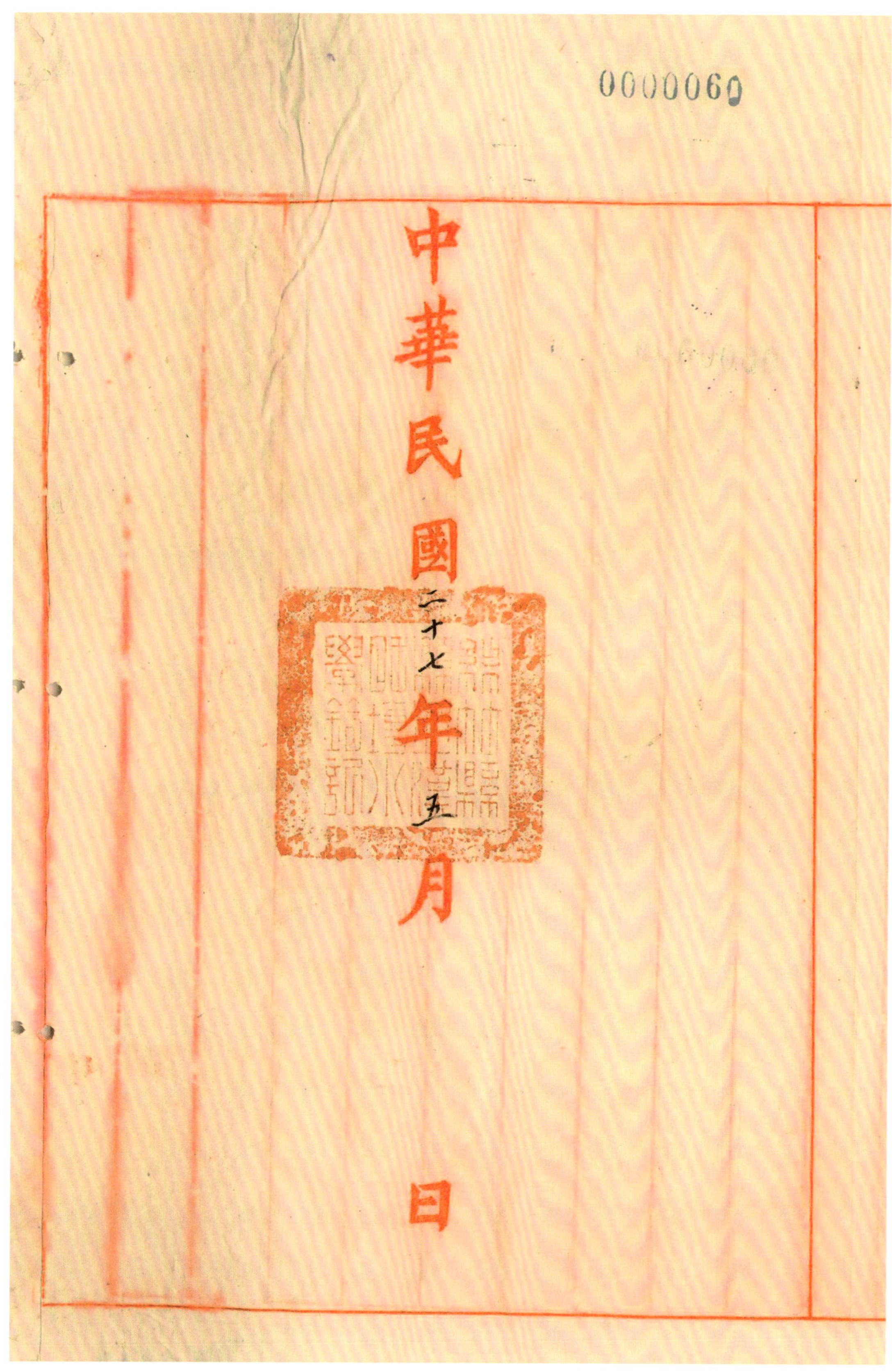

0000060

中華民國二十七年五月　日

附：绵竹县立汉旺场小学抗战时期教育中心工作一九三八年五月报表（一九三八年五月二十三日）

0000062　0000061

綿竹縣立漢旺場小學抗戰時期教育中心工作月報表　二十七年五月份

項別	辦理情形
加緊學校抗戰課業事項	本月份除以前各項科學仍繼續進行外初級部則加授抗戰三字經高級部則採集戰時民衆小叢書中之切合於實際者於課餘時加以講解並於報紙雜誌內盡量覓取日本對華陰謀及日軍在華各種獸行為兒童一一剖解之
加緊教職員戰時工作之研究訓練事項	本月份除原有民衆學校照常教授外復於附場增加民衆學校一所並增加上下場柵門壁報畫報面積午後課畢時非訓導主任教員均分頭至田畔與農人宣傳抗戰意義及戰鬬情形
加緊學生戰時勤務組織訓練事項	本月份將各種訓練分隊練習由童軍教官品評優劣加以懲獎並於學生體格訓練尤特別注意以期養成文明腦筋健全身體
其他	

中華民國二十七年五月二十三日　填報人校長仲晉熙

绵竹县立第一初级小学抗战时期教育中心工作一九三八年五月报表（一九三八年五月二十三日）

綿竹縣立第一初級小學抗戰時期教育中心工作月報表 二十七年五月份

項別	辦理情形
加緊學校抗戰課業事項	國語科 本月每週加授戰時讀本初級第一冊兩課及惠講王漢柏編民族英雄 常識科 本月每週講授潘培元所編之中國空軍殲滅日本論 算術科 計算中日人口及雙方戰爭之死亡 藝術科 美術作業每週繼續出漫畫畫報一次 音樂作業除每週教授抗日救國歌曲外現已參加救亡歌詠團習練抗戰歌曲 精神講話 除每週照例舉行紀念週報告抗日戰情外並講演中國民族英雄故事以激發兒童愛國熱忱 體格訓練 除課外運動舉行賽跑踢球拳術外童軍於星期六舉行野外演習一次
加緊教職員戰時工作之研究訓練事項	除繼續上月各項加緊教職員戰時工作之研究外隨時討論抗敵教材
加緊學生戰時勤務組織訓練事項	各級學生除上月規定各項勤務外現已參加救亡工作歌詠團每日午後課餘赴園練習抗敵歌曲以資宣傳
其他	

中華民國二十七年五月二十三日填報人校長任天成

绵竹县立初级中学关于报送抗战时期教育中心工作五月报表致县政府的呈（一九三八年五月二十三日收）

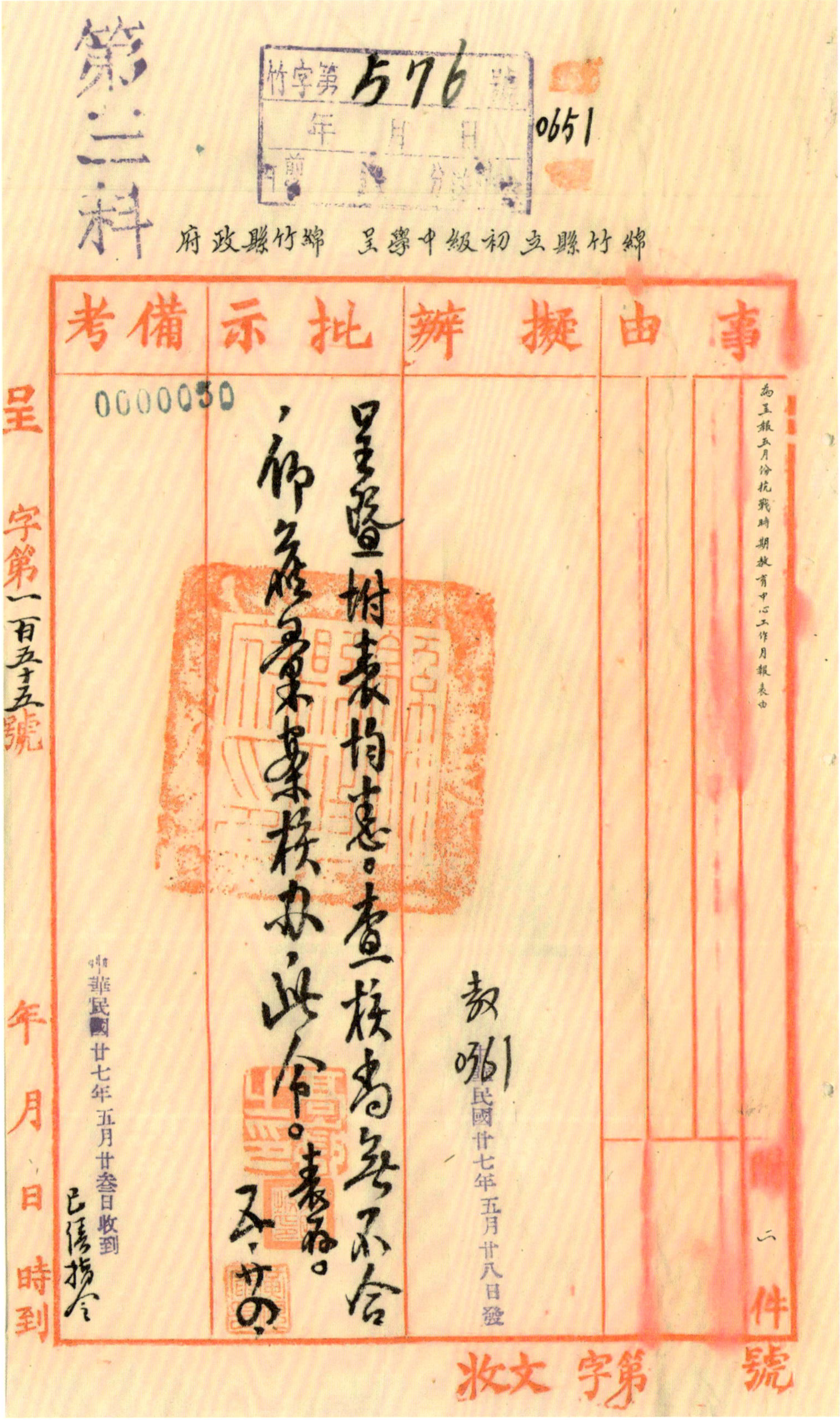

第三科

竹字第576号

0651

绵竹县立初级中学 呈 绵竹县政府

事由	拟办	批示	备考
为呈报五月份抗战时期教育中心工作月报表由			

附件 二

中华民国廿七年五月廿叁日收到

中华民国廿七年五月廿八日发

呈 字第一百五十五号

查

鈞府教字第三零一號飭發抗戰時期教育中心工作月報表之規定應于每月二十四日以前呈報等因茲將職學五月份辦理情形

填賫表式察核示遵

謹呈

綿竹縣政府

附呈工作月報表二份

綿竹縣立初級中學校長劉玉焜

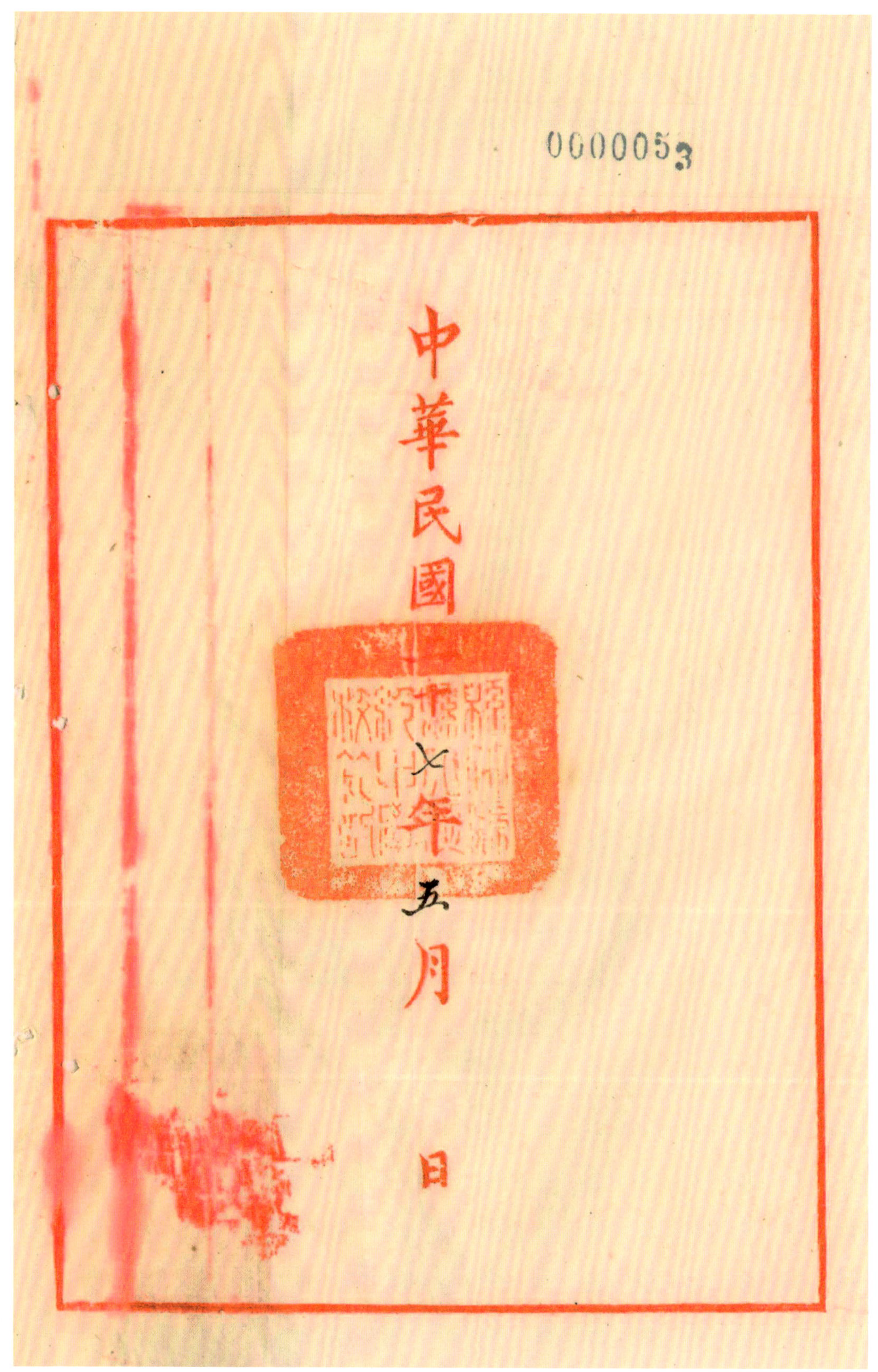
0000053

中華民國廿七年五月　日

附：绵竹县立初级中学抗战时期教育中心工作一九三八年五月报表（一九三八年五月）

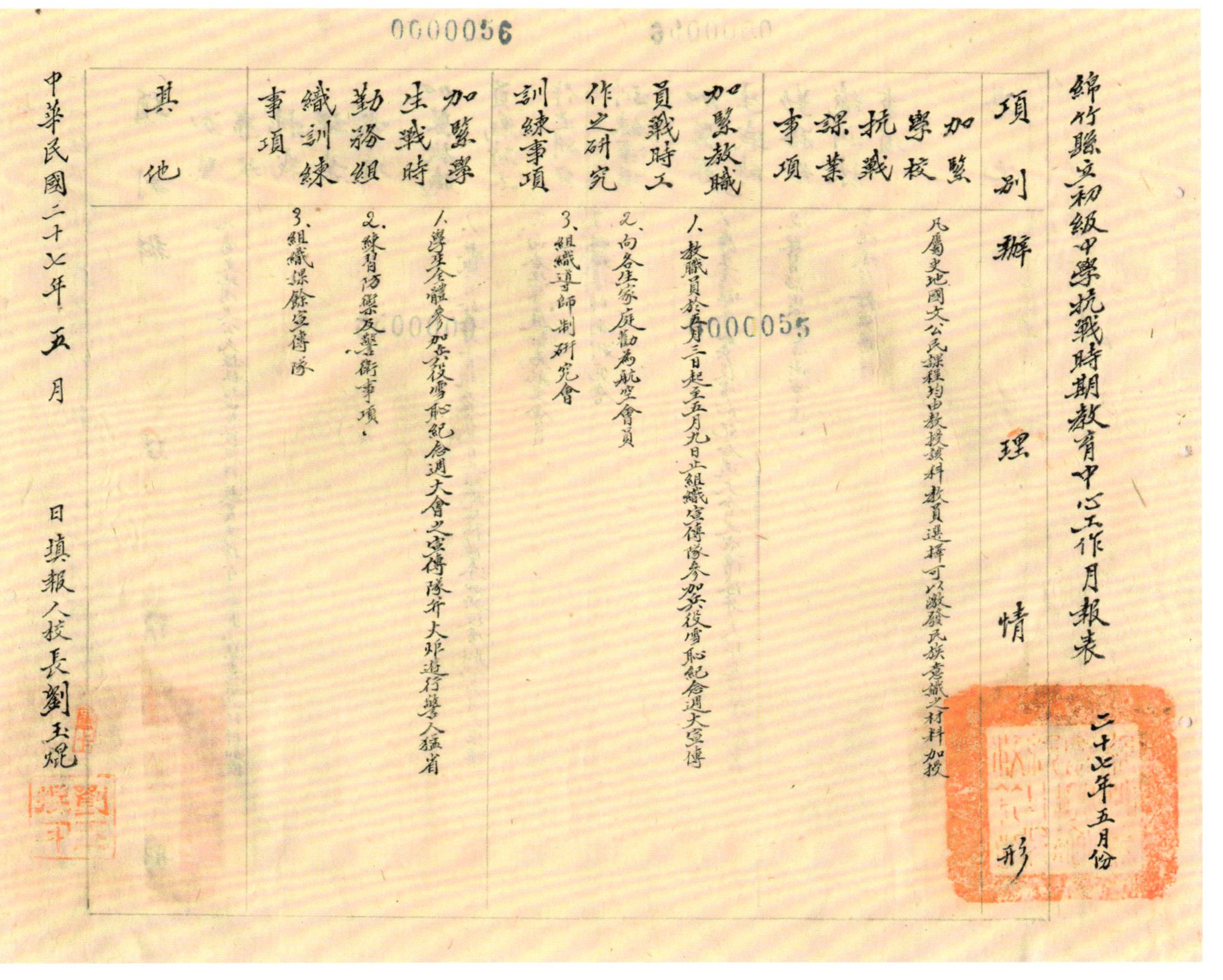

綿竹縣立初級中學抗戰時期教育中心工作月報表

二十七年五月份

項別	辦理情形
加緊學校抗戰課業事項	凡屬史地國文公民課程均由教授該科教員選擇可以激發民族意識之材料加授
加緊教職員戰時工作之研究訓練事項	1、教職員於五月三日起至五月九日止組織宣傳隊參加兵役雪恥紀念週大宣傳 2、向各生家庭勸為航空會員 3、組織導師制研究會
加緊學生戰時勤務組織訓練事項	1、學生全體參加兵役雪恥紀念週大會之宣傳隊并大排遊行警人猛省 2、練習防禦及警衛事項 3、組織課餘宣傳隊
其他	

中華民國二十七年五月　日填報人校長劉玉焜

绵竹县立广济场小学抗战时期教育中心工作一九三八年五月报表（一九三八年五月二十四日）

綿竹縣立廣濟場小學抗戰時期教育中心工作月報表

二十七年五月二十四日

項別	辦理情形
加緊學校抗戰課業事項	1.本月內每週每日降旗時間仍由各教職員講述抗戰必讀及抗戰教材 2.本月內每週星期四五六日午后五至六時仍由國術教員傳授學大刀及拳術 3.本月內每週星期三午后課餘時作一次野外救護防空等演習 4.每週紀念週時講述當前抗戰情形一次
加緊教職員戰時工作之研究訓練事項	1.本月內本校抗戰工作研究會開會一次研討一切救亡工作 2.本月九日曾由教職員率領學生到本場各市口各茶社作抗戰宣傳一次
加緊學生戰時勤務組織訓練事項	1.本月內每週星期日曾率領學生作爬山運動四次 2.前月內校中童軍組織之宣傳組偵察組募集組等仍照常加緊工作
其他	

中華民國二十七年五月二十四日

填報人校長仲和熙

绵竹县立遵道场小学关于填报抗战时期教育中心工作五月报表致县政府的呈（一九三八年五月二十四日）

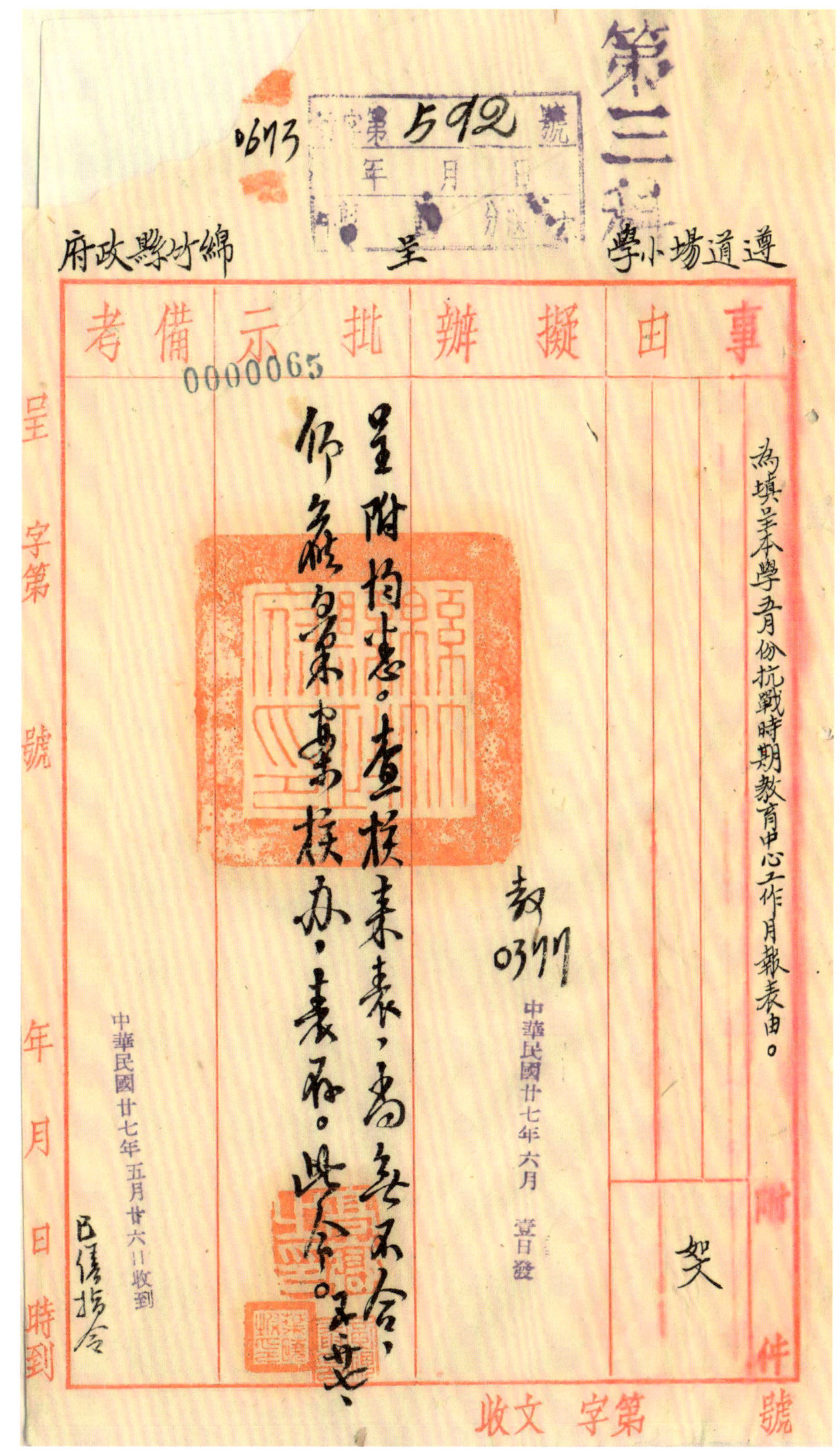

第三科

第 592 號

遵道場小學 呈 綿竹縣政府

事由	擬辦	批示	備考
為填呈本學五月份抗戰時期教育中心工作月報表由。	中華民國廿七年六月壹日發	呈附均悉。查核來表，尚無不合，仰候彙案核辦。表存。此令。	中華民國廿七年五月廿六日收到

附件：表

0000065

呈　字第　號　年　月　日　時到

收文　字第　號

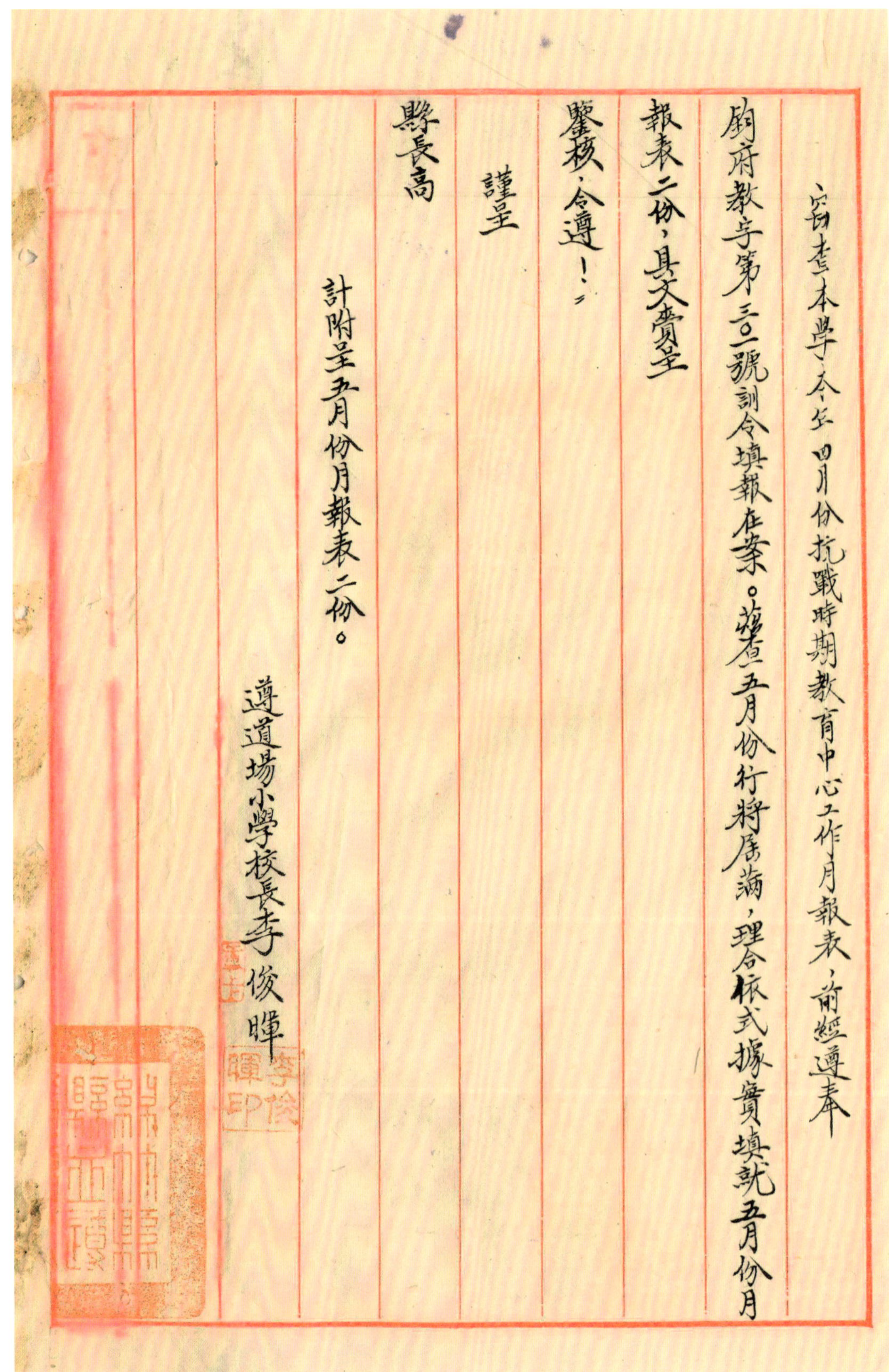

案查本學本年四月份抗戰時期教育中心工作月報表，前經遵奉
鈞府教字第三〇二號訓令填報在案。茲查五月份行將屆滿，理合依式據實填就五月份月
報表二份，具文賫呈
鑒核，令遵！
謹呈
縣長高

計附呈五月份月報表二份。

遵道場小學校長李俊暉

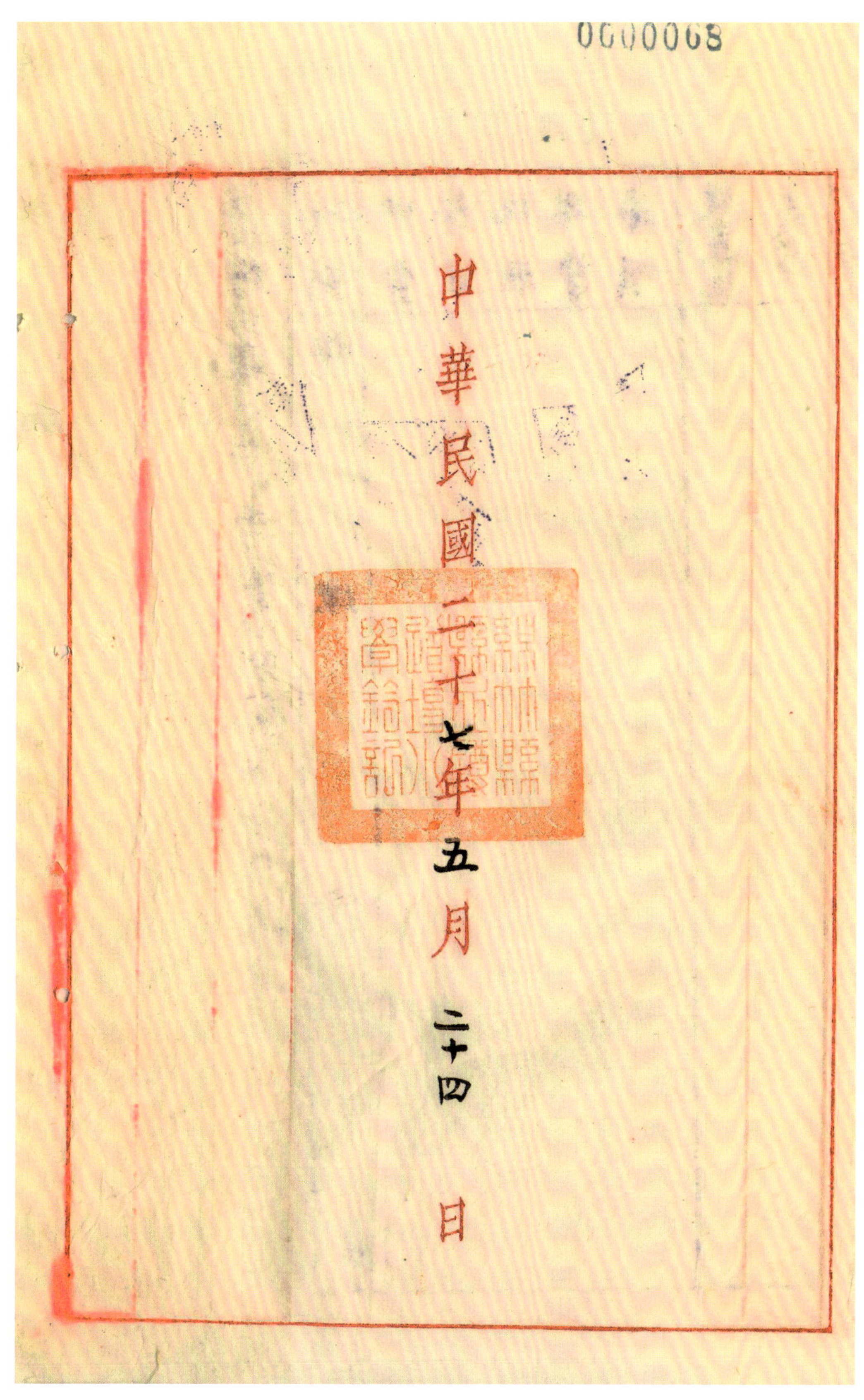

0000068

中華民國二十七年五月二十四日

附：绵竹县立遵道场小学抗战时期教育中心工作一九三八年五月报表（一九三八年五月二十四日）

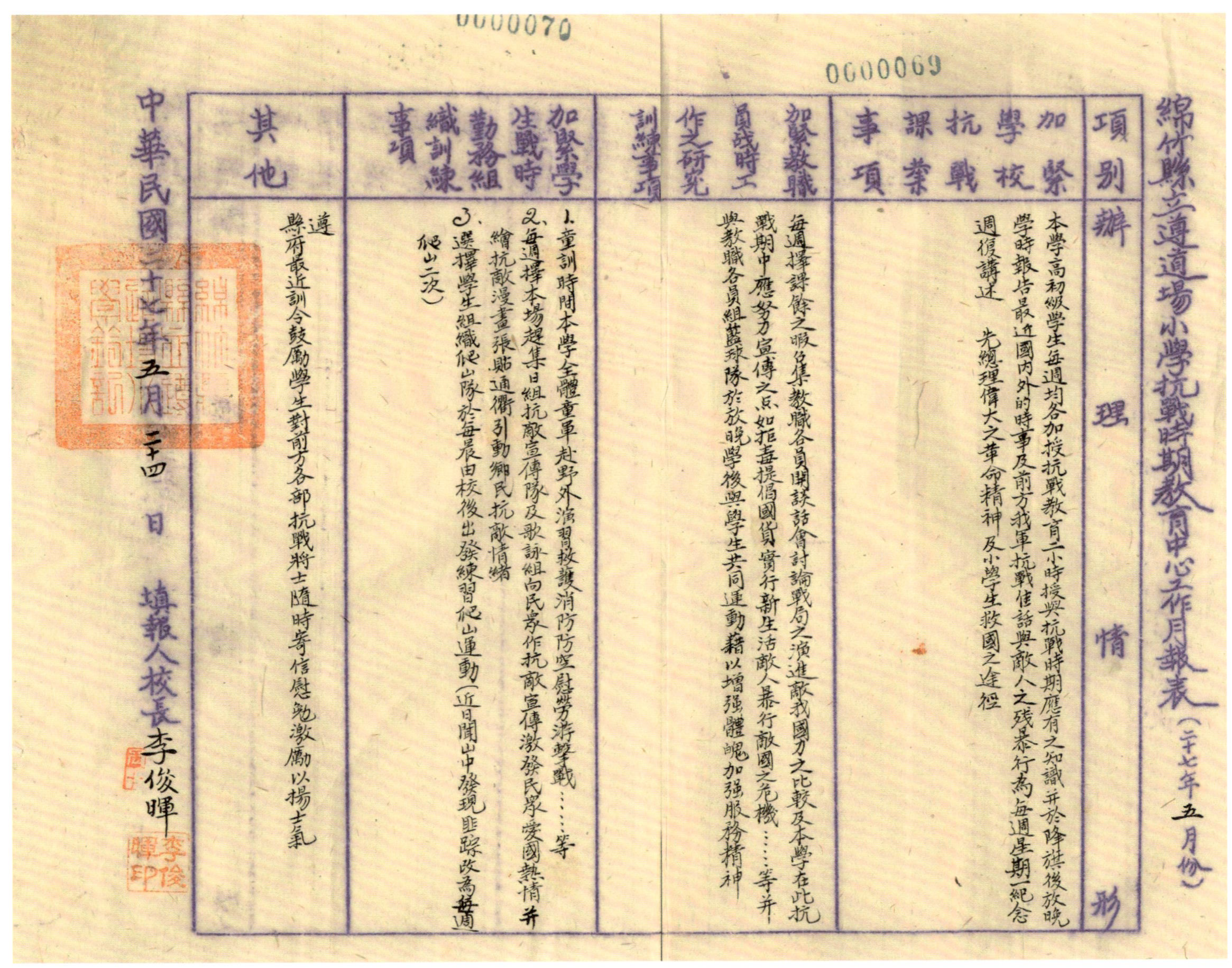

0000070

0000069

綿竹縣立遵道場小學抗戰時期教育中心工作月報表（二十七年五月份）

項別	辦理情形
加緊學校抗戰課業事項	本學高初級學生每週均各加授抗戰教育二小時，授與抗戰時期應有之知識，并於降旗後放晚學時報告最近國內外的時事及前方我軍抗戰佳話與敵人之殘暴行為，每週星期紀念週復講述 先總理偉大之革命精神及小學生救國之途徑
加緊教職員戰時工作之研究訓練事項	每週擇課餘之暇召集教職各員開談話會，討論戰局之演進、敵我國力之比較及本學在此抗戰期中應努力宣傳之點，如拒毒、提倡國貨、實行新生活、敵人暴行、敵國之危機……等，并與教職各員組籃球隊，於放晚學後與學生共同運動，藉以增強體魄，加强服務精神
加緊學生戰時勤務組織訓練事項	1. 童訓時間本學全體童軍赴野外演習救護、消防、防空、慰勞、游擊戰……等 2. 每週擇本場趕集日組抗敵宣傳隊及歌詠組向民眾作抗敵宣傳，激發民眾愛國熱情，并繪抗敵漫畫張貼通衢，引動鄉民抗敵情緒 3. 選擇學生組織爬山隊，於每晨由校後出發練習爬山運動（近日聞山中發現匪踪，改為每週爬山二次）
其他	遵縣府最近訓令鼓勵學生對前方各部抗戰將士隨時寄信慰勉激勵以揚士氣

中華民國二十七年五月二十四日

填報人校長李俊暉

绵竹县立城区第二小学抗战时期教育中心工作一九三八年五月报表（一九三八年五月）

綿竹縣立城區第二小學抗战時期教育中心工作月報表　二十七年五月份

項別	辦理情形
加緊學校抗戰課業事項	1. 繼續四月份的工作實施 2. 自然科　教授軍用飛機的種類和功用及利用飛機空襲的方法 3. 音樂科　舉行抗敵音樂會專唱抗敵前進殺敵等悲壯歌等
加緊教職員战時工作之研究訓練事項	1. 繼續四月份的工作實施 2. 擬定抗敵訓練具體條目 3. 討論考
加緊學生戰時勤務組織訓練事項	1. 繼續四月份的工作實施 2. 組織救護隊炊事班訓練兒童作战地服務之準備
其他	

存

中華民國二十七年五月　日填報人校長朱荊芳

绵竹县立土门场小学关于遵令填报抗战时期教育中心工作月报表致县政府的呈（一九三八年六月八日）

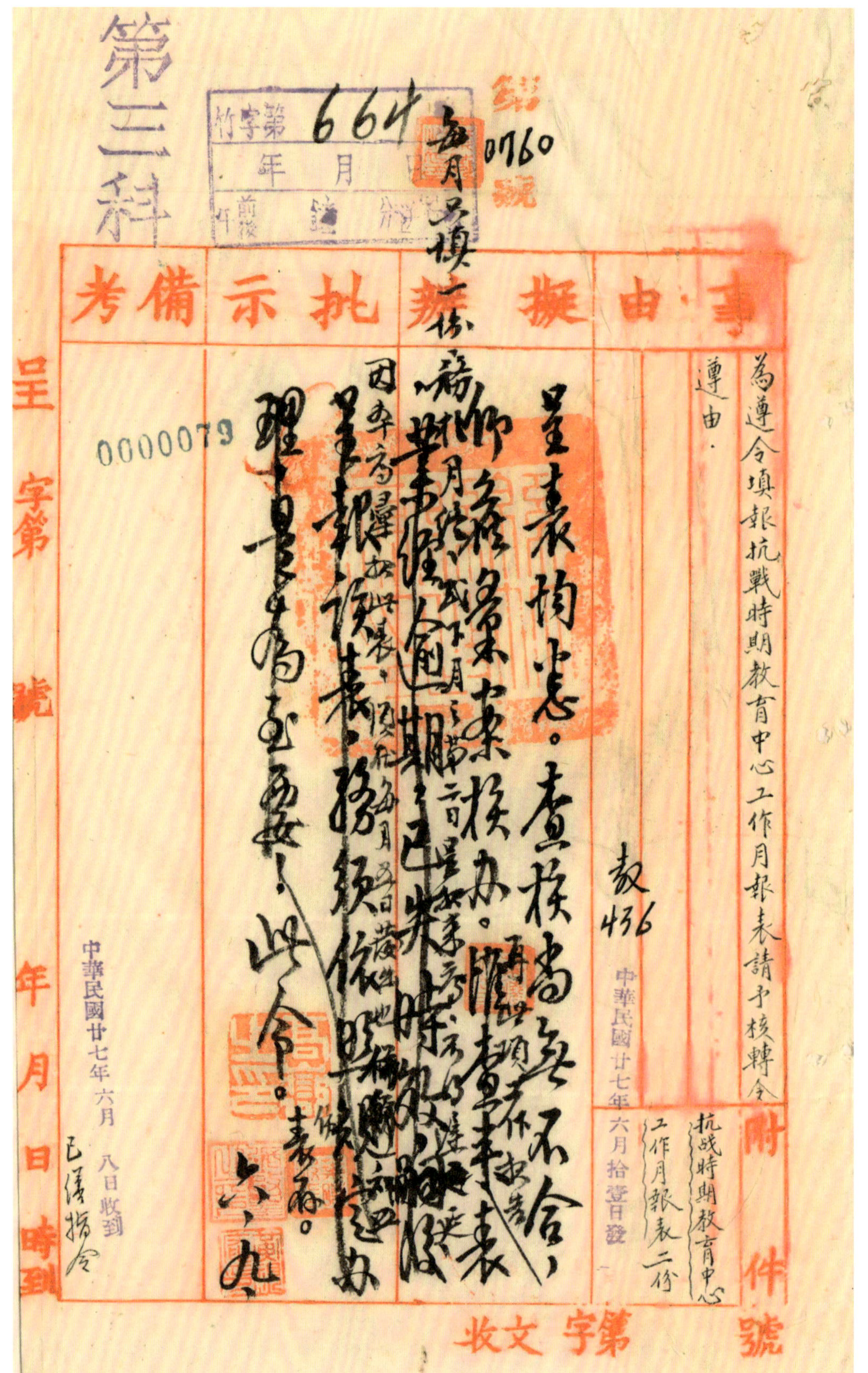

第三科

竹字第664号

年 月 日

0760号

0000079

事由：为遵令填报抗战时期教育中心工作月报表请予核转令遵由。

附件：抗战时期教育中心工作月报表二份

中華民國廿七年六月拾壹日發

中華民國廿七年六月八日收到

教436

呈字第 號 年 月 日 時到

收文 字第 號

0000080

竊職小學謹將二十七年五月份，實施抗戰時期教育中心工作情形，遵令填具月報表二份，隨文賫呈

鈞府核轉令遵。實爲公便！謹呈

綿竹縣政府。

附呈：抗戰時期教育中心工作月報表二份

土門場小學校長 仲宗儒

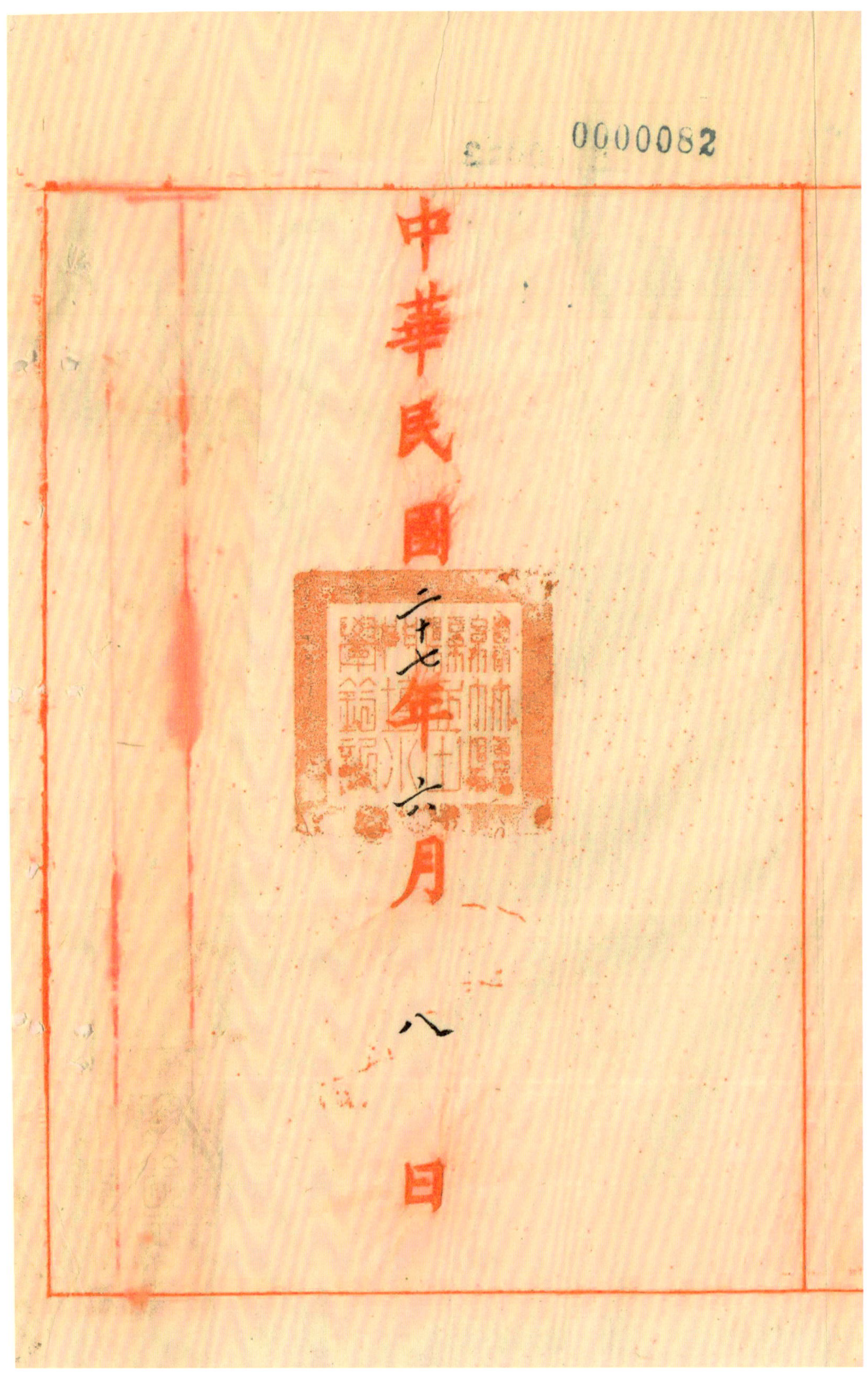

0000082

中華民國二十七年六月八日

附：绵竹县立土门场小学抗战时期教育中心工作一九三八年五月报表（一九三八年六月八日）

0000083

0000084

綿竹縣立土門場小學抗戰時期教育中心工作月報表　二十七年五月份

項别	辦理情形
加緊學校抗戰課業事項	1.音樂形象二科教材，依照本學抗戰工作討論會議決案，實行選擇足以激發學生愛國思想及抗戰情緒之教材教授。 2.常識及自然科，補充教授防空及防毒常識。 3.每日晨操時間改授拳術。
加緊教職員戰時工作之研究訓練事項	舉辦抗戰壁報，内分：時勢摘要，論評，常識，本地新聞，裡俎，抗戰漫画，等欄，由教職員各任一欄，負責投稿，於每週星期四張貼一次。
加緊學生戰時勤務組織訓練事項	將全體童子軍，分為：交通，衛生，宣傳，募捐各組，由教職員分别担任指導。
其他	

中華民國二十七年六月八日填報人校長仲宗儒

绵竹县立城区第二小学抗战时期教育中心工作一九三八年六月报表（一九三八年六月十七日）

綿竹縣立城區第二小學抗战時期教育中心工作月報表　二十七年六月份

項別	辦理情形
加緊學校抗戰課業事項	1、繼續六月份的工作實施 2、常識科　除授課本所載歷年帝國主義者侵畧我國情形及所訂之不平等條約外加授日本侵華的概況我國對日抗战的慨況 3、勞作科　男生授以製造國防工具模型女生授以製造防毒口罩及战時各種簡易生活用品
加緊教職員战時工作之研究訓練事項	1、繼續六月份的工作實施 2、本校教職員於每週星期六午后課畢開坐談會一次討論如何加緊訓練學生作战抗工作 3、本校教職員於星期六坐談會時提出抗战問題互相討論
加緊學生戰時勤務組織訓練事項	1、繼續六月份的工作實施 2、組織學校警察團衛生局於課畢時實行練習 3、於開會時由值週員集合訓練战時用具之使用
其他	

中華民國二十七年六月十七日填報人校長朱荆芳

绵竹县立城区女子小学关于遵令填报抗战时期教育中心工作六月报表致县政府的呈
（一九三八年六月二十二日）

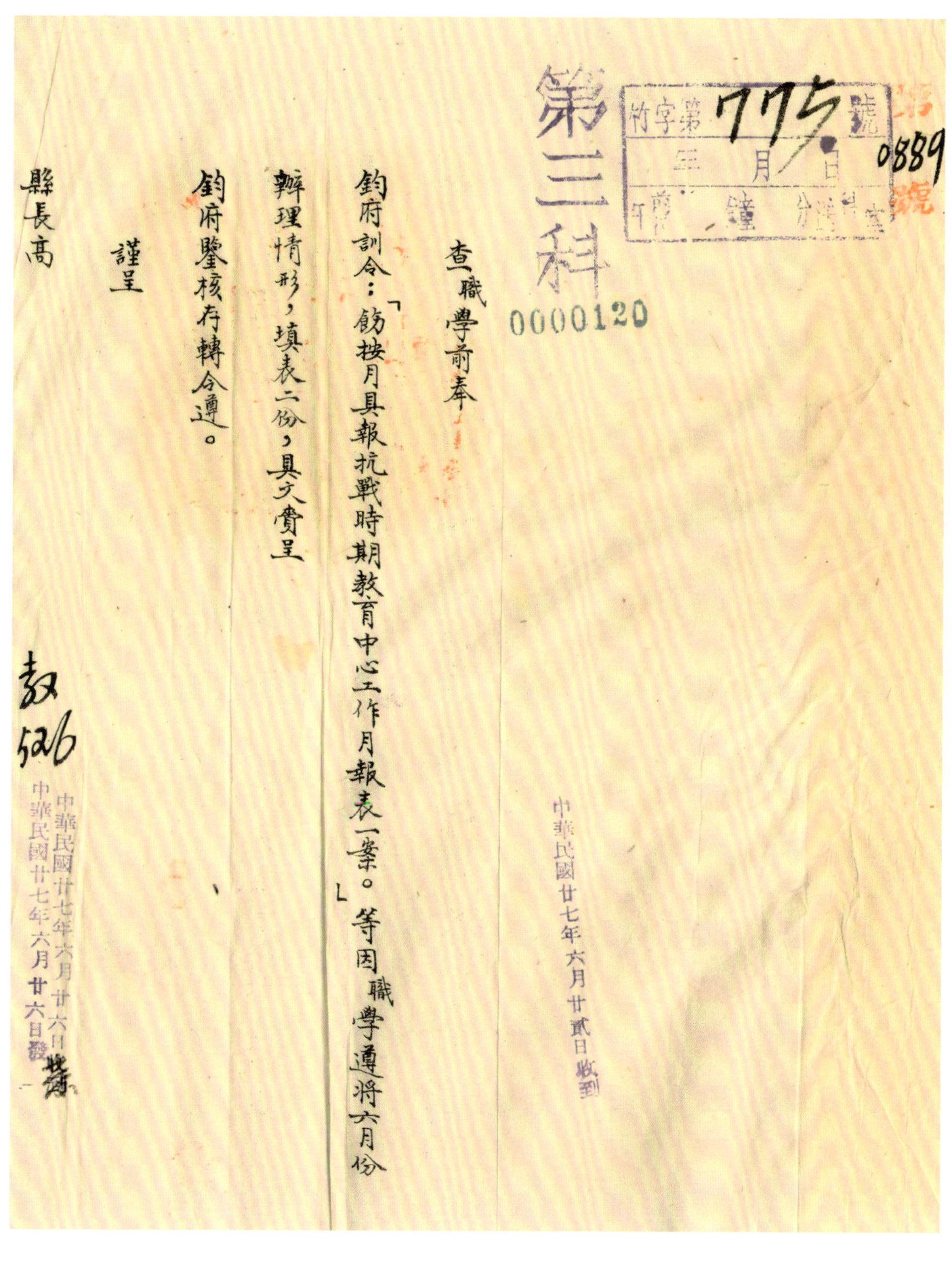

第三科
竹字第775號
0889
0000120

查職學前奉
鈞府訓令：「飭按月具報抗戰時期教育中心工作月報表一案。」等因，職學遵將六月份辦理情形，填表二份，具文賫呈
鈞府鑒核存轉合遵。
謹呈
縣長高

中華民國廿七年六月廿二日收到

中華民國廿七年六月廿六日發

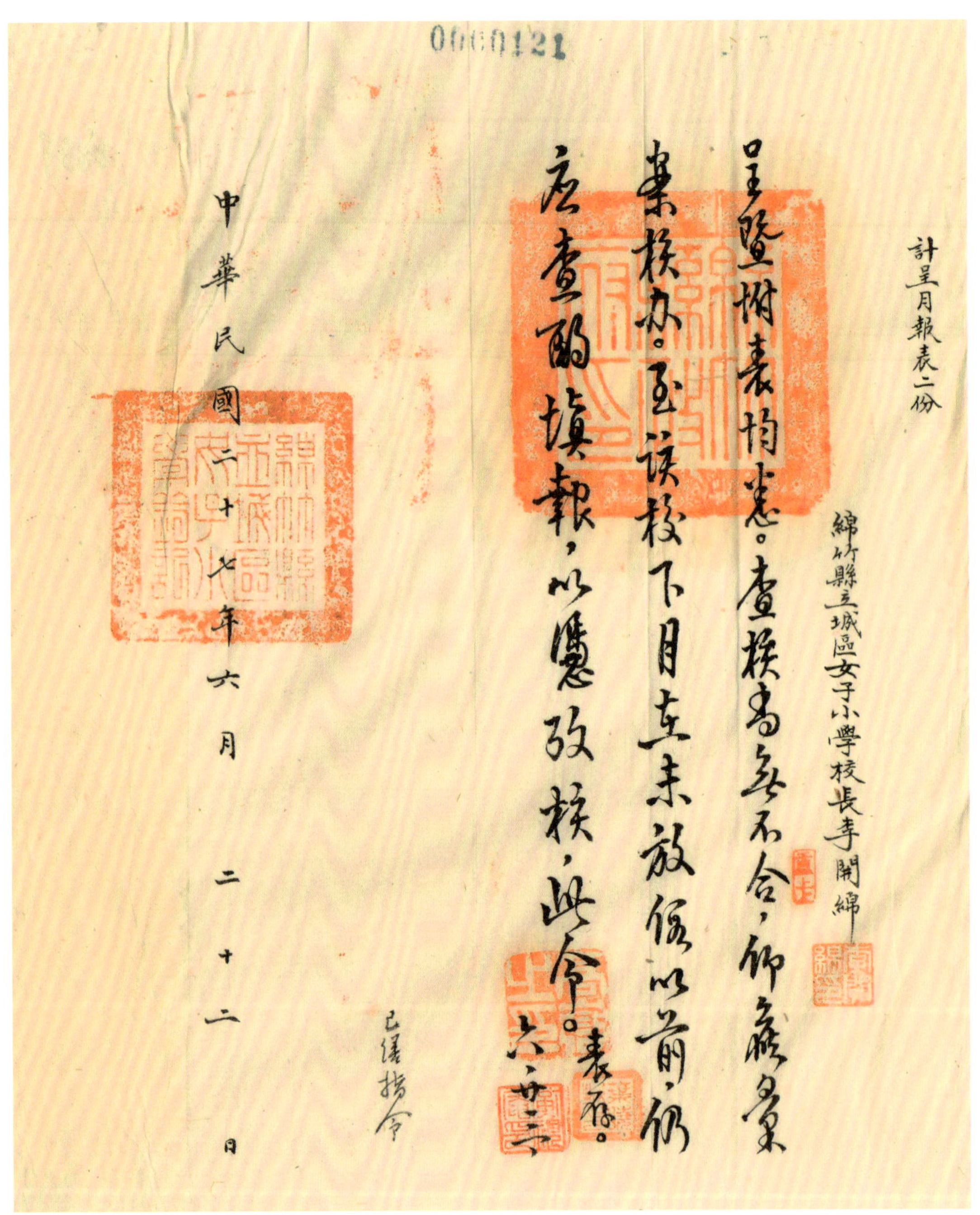

0060121

計呈月報表二份

綿竹縣立城區女子小學校長李開綿

呈暨附表均悉。查核尚無不合，仰候彙案核办。至該校下月查未放假以前，仍應查酌填報，以憑攷核，此令。表存。

六廿二

中華民國二十七年六月二十二日

已繕指令

附：绵竹县立城区女子小学抗战时期教育中心工作一九三八年六月报表（一九三八年六月二十二日）

綿竹縣立城區女子小學抗戰時期教育中心工作月報表（二十七年六月份）

項別	辦理情形
加緊學校抗戰課業事項	本校於每週課程内加授抗戰教材三小時講述古今名人民族英雄革命志士之嘉言懿行防空防毒之常識等加緊童軍訓練添授國術二小時課外督率學生實習競走搬運沙石之運動並於早晚升旗降旗時報告抗戰消息使學生明瞭抗戰之經過
加緊教職員戰時工作之研究訓練事項	本校教職員共同組織抗戰工作研究會於每週星三星五課餘時間會一次討論教材之搜集救護救濟之設置宣傳工作募集捐款指導學生通信慰問抗戰部隊等事項
加緊學生戰時勤務組織訓練事項	本校設有救護隊備製藥品多種凡校内學生遇有急症跌傷情事當即予以治療重者送之還家課内使各個學生均能習於縫紉工作增加生産並於六月十日藉開懇親會之便使學生宣傳抗戰工作組織遊藝表演歌詠新劇等節目以喚起民衆一致加入抗戰為目的
其他	

中華民國二十七年六月二十二日填報人校長李開綿

绵竹县立第一初级小学关于报送抗战时期教育中心工作六月报表致县政府的呈（一九三八年六月二十四日）

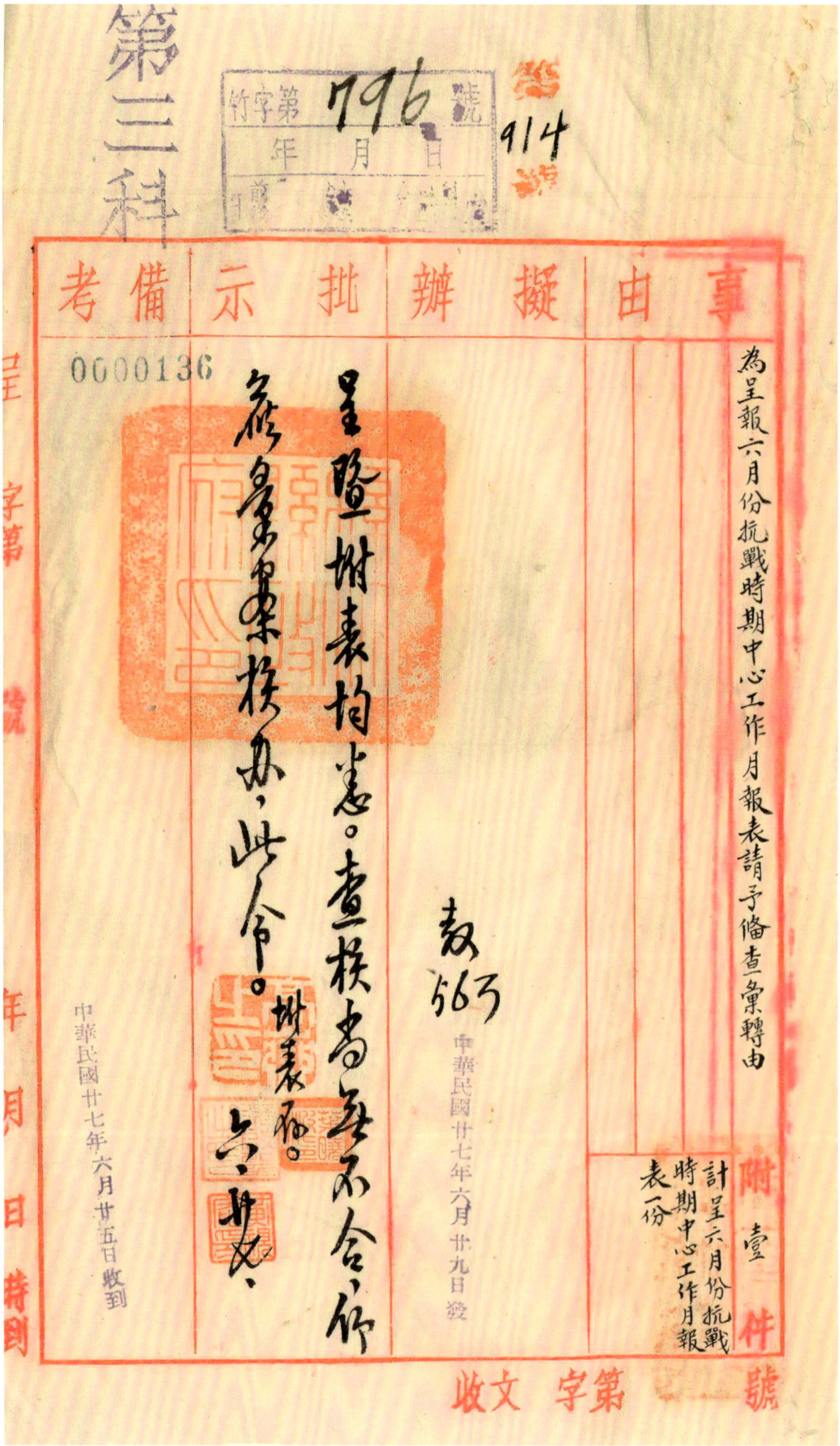

第三科

竹字第796號

914

事由	為呈報六月份抗戰時期中心工作月報表請予備查彙轉由
附	壹件 計呈六月份抗戰時期中心工作月報表一份
擬辦	
批示	呈暨附表均悉。查核尚無不合，仰候彙案核辦，此令。縣長 附表存。
備考	0000136

中華民國廿七年六月廿五日收到

中華民國廿七年六月廿九日發

教563

收文　字第　號

0000137

竊職學遵照前令，按月造呈抗戰時期中心工作月報表一份，以憑彙轉，茲值時間將屆，理合將

本月份實施各項工作依次填表具文賫呈

鈞府查核彙轉，實為公便。謹呈

綿竹縣政府縣長高

計呈六月份抗戰時期中心工作月報表一份

縣立第一初級小學校長任天成

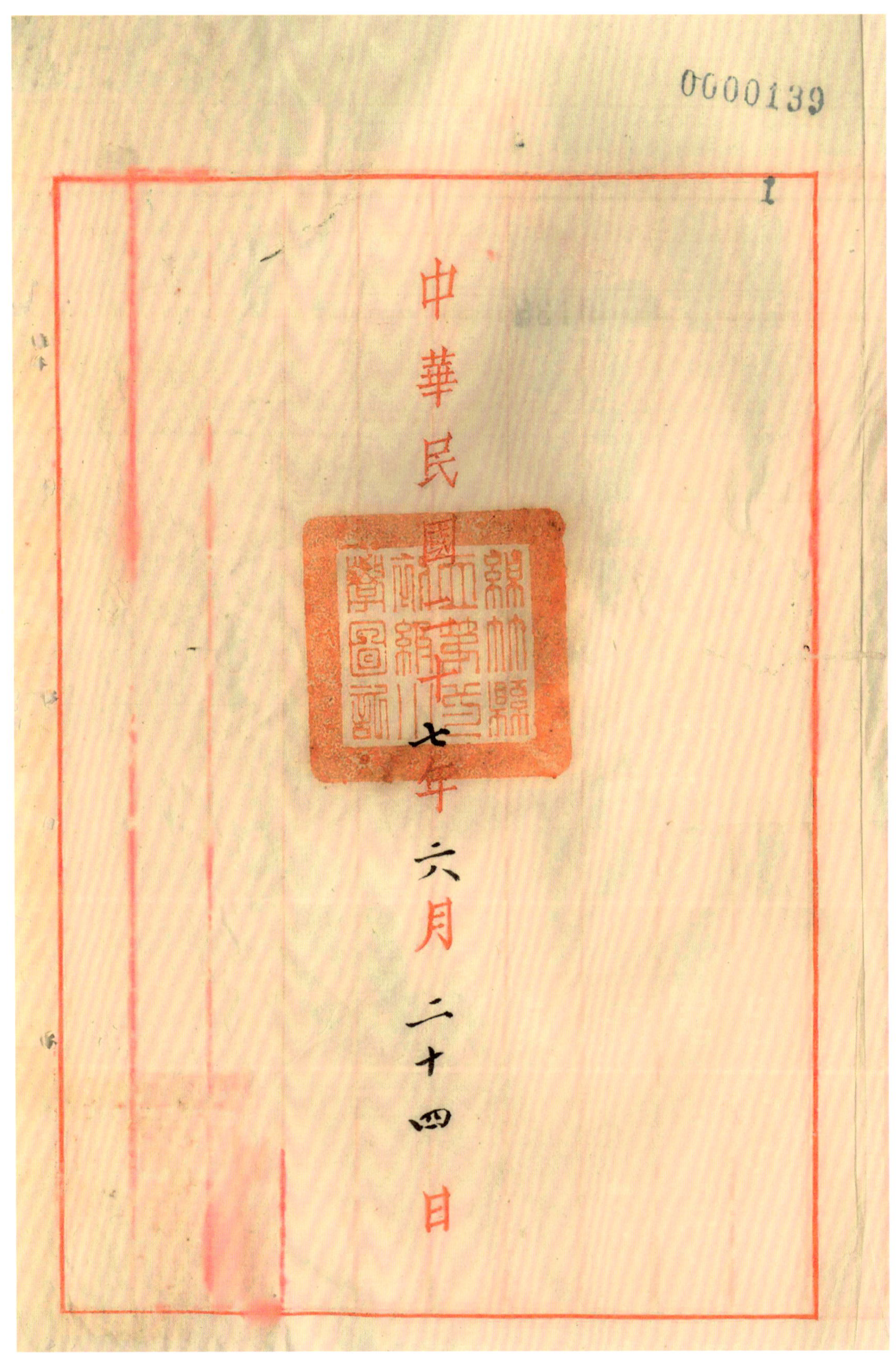

0000139

1

中華民國二十七年六月二十四日

附：绵竹县立第一初级小学抗战时期教育中心工作一九三八年六月报表（一九三八年六月二十四日）

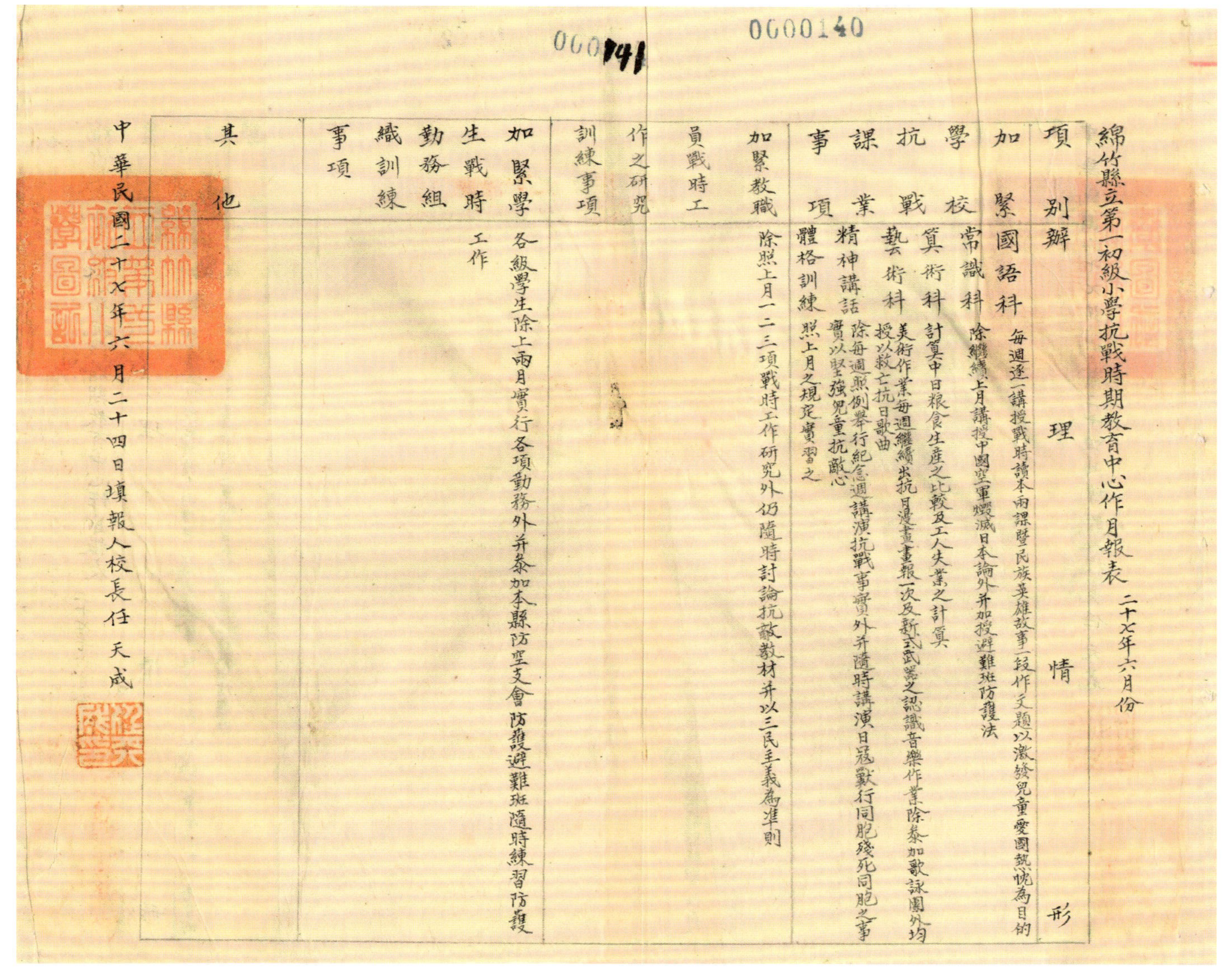

0000141

0000140

綿竹縣立第一初級小學抗戰時期教育中心作月報表　二十七年六月份

項別		辦理情形
學校抗戰課業事項	加緊國語科	每週逐一講授戰時讀本兩課暨民族英雄故事一段作文題以激發兒童愛國熱忱為目的
	常識科	除繼續上月講授中國空軍殲滅日本論外并加授避難班防護法
	算術科	計算中日粮食生產之比較及工人失業之計算
	藝術科	美術作業每週繼續出抗日漫畫畫報一次及新式武器之認識音樂作業除參加歌詠團外均授以救亡抗日歌曲
	精神講話	除每週照例舉行紀念週講演抗戰事實外并隨時講演日寇獸行同胞殘死同胞之事實以堅強兒童抗敵心
	體格訓練	照上月之規定實習之
加緊教職員戰時工作之研究訓練事項		除照上月一二三項戰時工作研究外仍隨時討論抗敵教材并以三民主義為準則
加緊學生戰時工作勤務組織訓練事項		各級學生除上兩月實行各項勤務外并參加本縣防空支會防護避難班隨時練習防護
其他		

中華民國二十七年六月二十四日填報人校長任天成

绵竹县立遵道场小学关于报送抗战时期教育中心工作六月报表致县政府的呈（一九三八年六月二十五日）

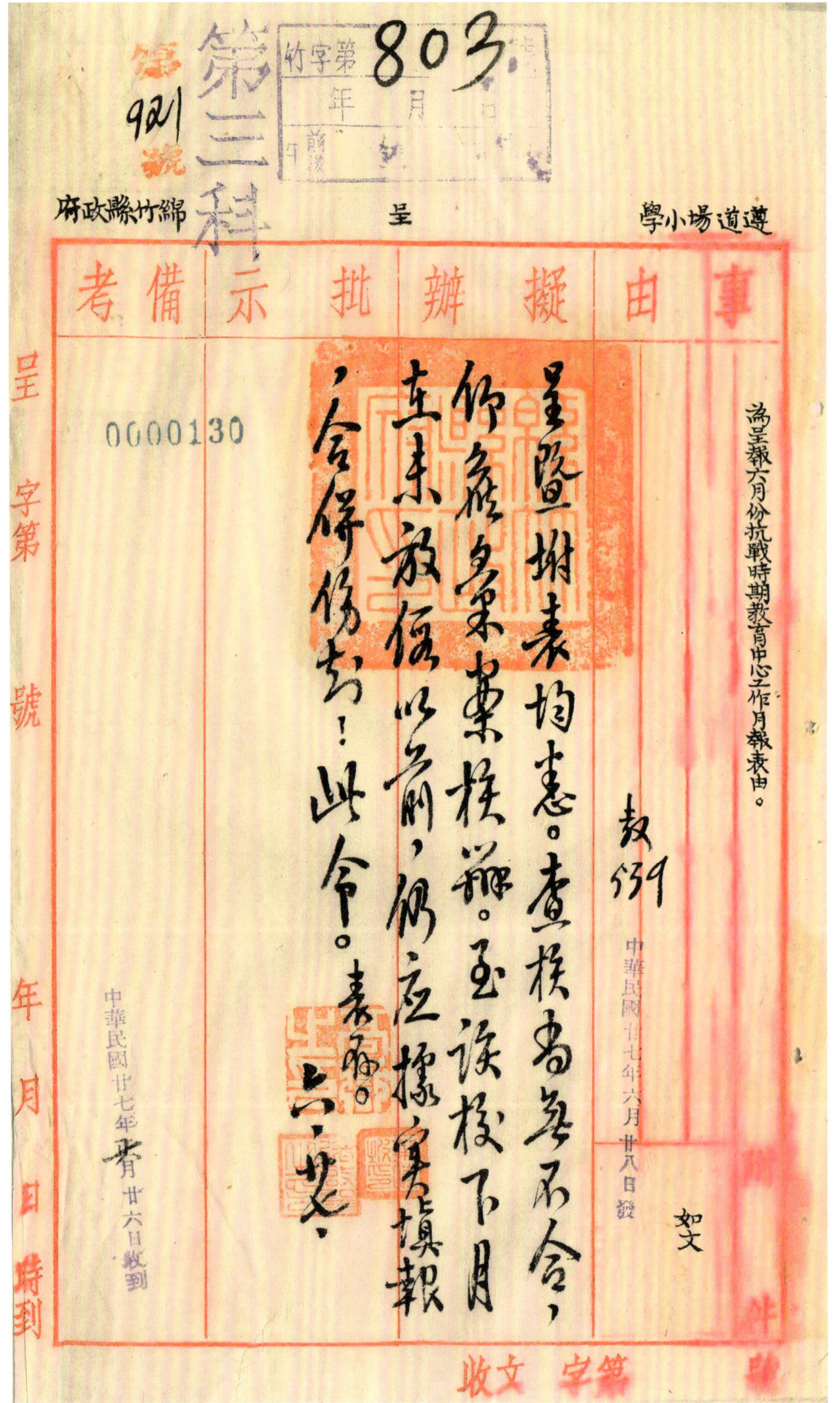
第三科
第921號
竹字第803號

遵道場小學 呈 綿竹縣政府

事由	擬辦	批示	備考
爲呈報六月份抗戰時期教育中心工作月報表由。	如文	呈暨附表均悉。查核尚無不合，仰候彙案核辦。至該校下月查表，應據實填報，以前，仍應照前令，再發。一併仰知，此令。表存。	0000130

中華民國廿七年六月廿六日收到

中華民國廿七年六月廿八日發

0000131

查五月份抗戰時期教育中心工作月報表，前經呈報二份在案，茲遵

鈞府教字第四五一號訓令内規定，將六月份該表依式據實填就一份呈報，理合具文賫請

鑒核，令遵！

謹呈

縣長高

計附呈六月份抗戰時期教育中心工作月報表一份。

遵道場小學校長李俊暉

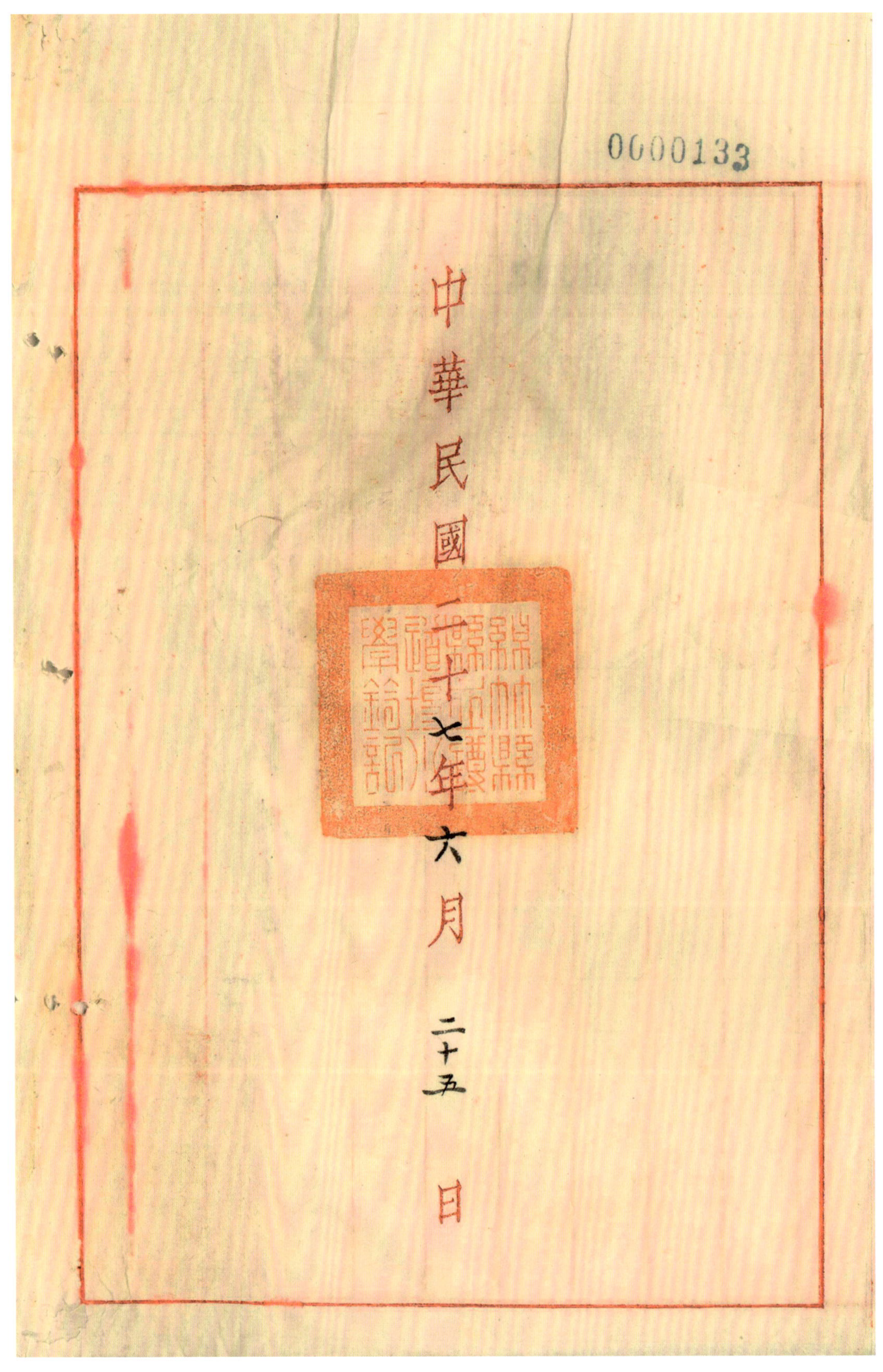
0000133

中華民國二十七年六月二十五日

附：绵竹县立遵道场小学抗战时期教育中心工作一九三八年六月报表（一九三八年六月二十四日）

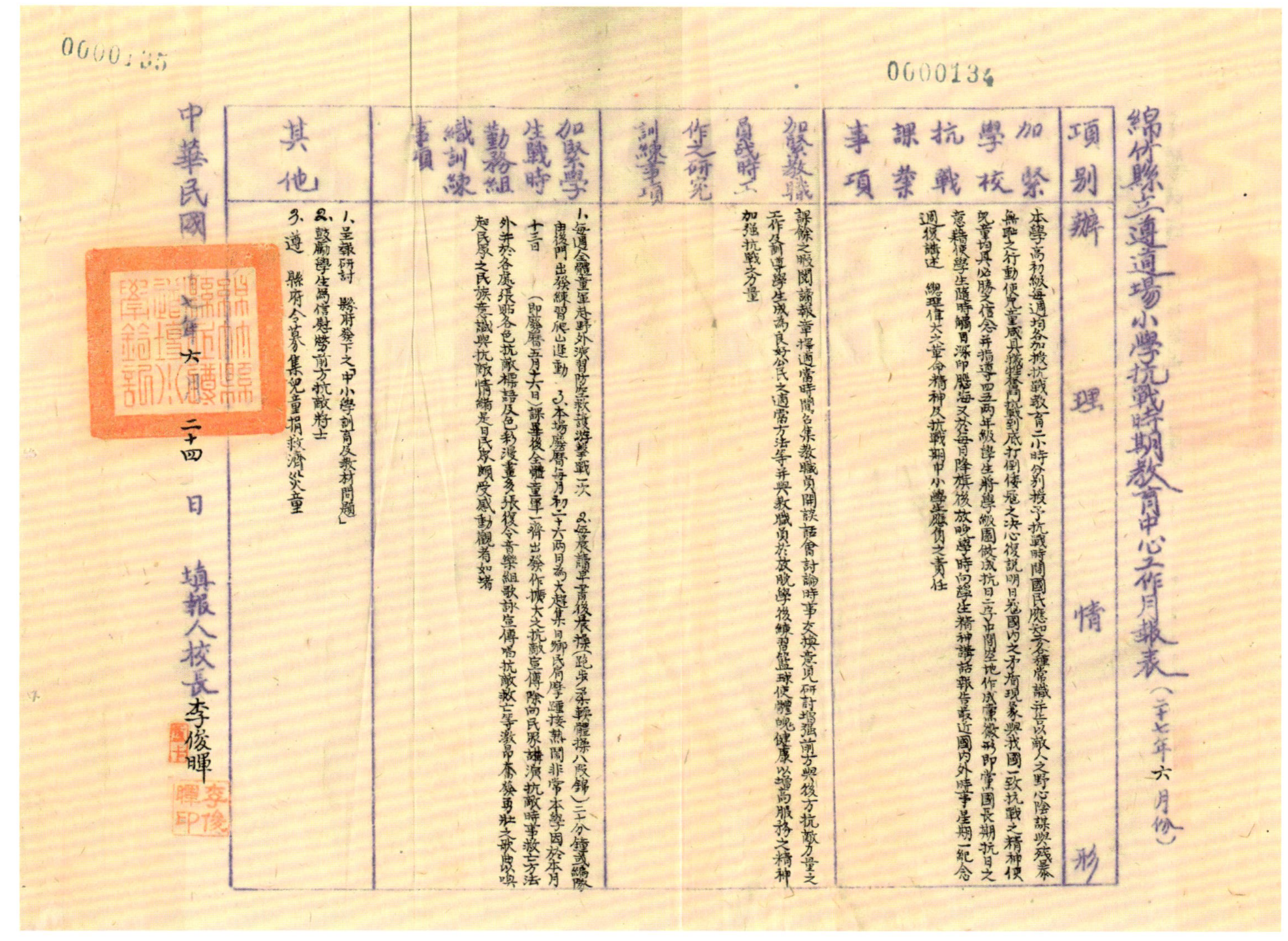

0000135

0000134

綿竹縣立遵道場小學抗戰時期教育中心工作月報表（二十七年六月份）

項別	辦理情形
加緊學校抗戰課業事項	本學高初級每週均各加授抗戰教育二小時分別授予抗戰時間國民應知之各種常識並告以敵人之野心陰謀與殘暴無恥之行動使兒童咸具犧牲奮鬥抗戰到底打倒倭寇之決心復說明日寇國内之矛盾現象與我國一致抗戰之精神使兒童均具必勝之信念并指導四五兩年級學生將學級園做成抗日三島中間空地作成黨徽形即黨國長期抗日之意藉使學生隨時觸目深印腦海又於每日降旗後放晚學時向學生精神講話報告最近國内外時事星期一紀念週復講述 總理偉大之革命精神及抗戰期中小學生應負之責任
加緊教職員戰時工作之研究訓練事項	課餘之暇閱讀報章擇適當時間召集教職員開談話會討論時事交換意見研討增强前方與後方抗敵力量之工作及訓導學生成爲良好公民之適當方法等并與教職員於放晚學後練習籃球使體魄健康以增高服務之精神加强抗戰之力量
加緊學生戰時勤務組織訓練事項	1、每週全體童軍赴野外演習防空救護游擊戰一次 2、每晨讀早書後晨操（跑步柔軟體操八段錦）二十分鐘或編隊由後門出發練習爬山運動 3、本場農曆每月初二十六兩日爲大趕集日鄉民前來踵接熱鬧非常本學因於本月十三（即農曆五月十六日）課畢後全體童軍一齊出發作擴大之抗敵宣傳除向民衆講演抗敵時事救亡方法外并於各處張貼各色抗敵標語及色彩漫畫多張復令音樂組歌詠宣傳唱抗敵救亡等激昂奮發勇壯之歌曲以喚起民衆之民族意識與抗敵情緒是日民衆頗受感動觀者如堵
其他	1、呈繳研討 縣府發下之「中小學訓育及教材問題」 2、鼓勵學生寫信慰勞前方抗敵將士 3、遵 縣府令募集兒童捐救濟災童

中華民國[illegible]七年六月二十四日

填報人校長李俊暉

绵竹县立广济场小学关于遵令填报抗战时期教育中心工作六月报表致县政府的呈（一九三八年六月）

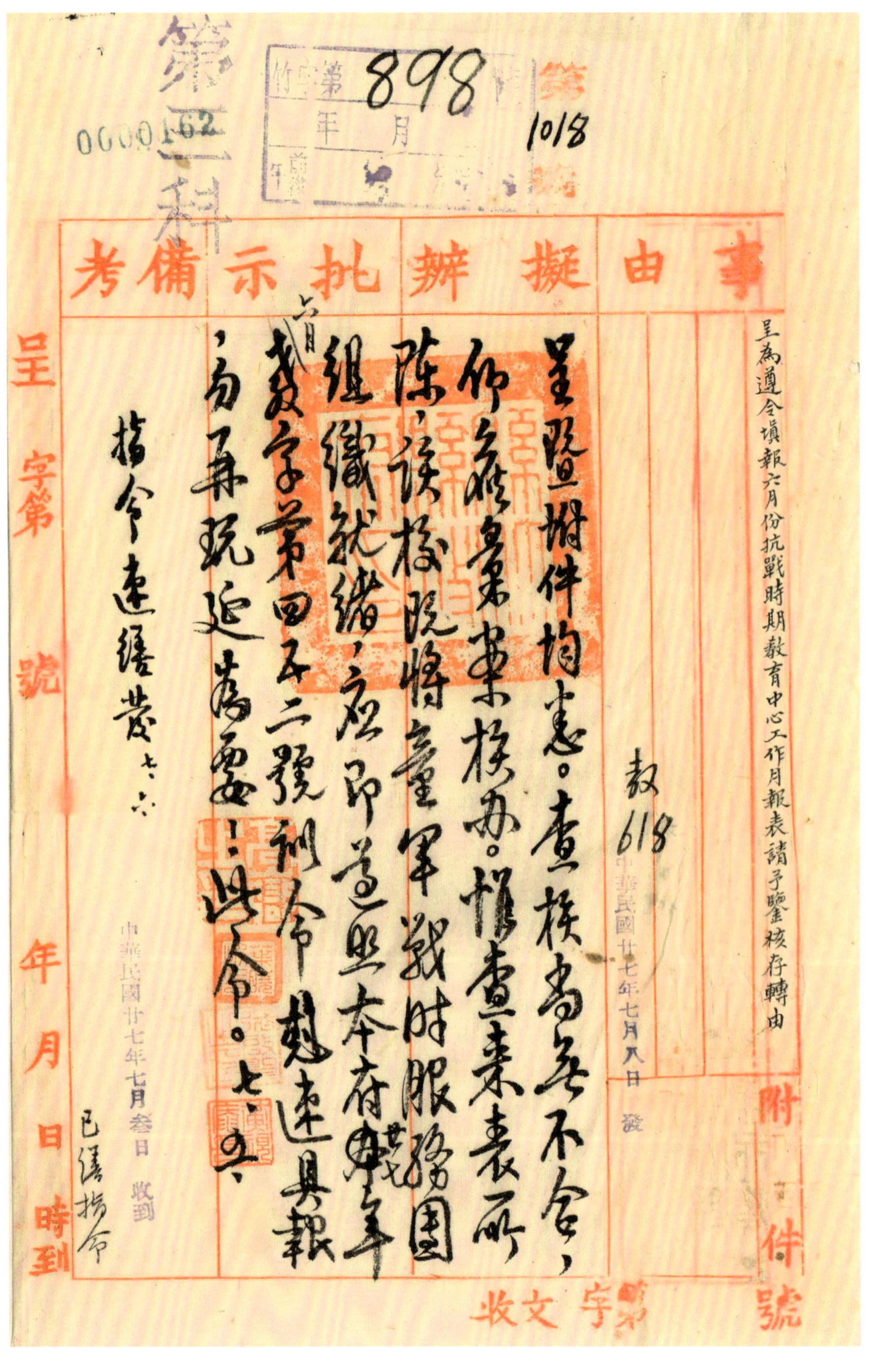

事由：呈为遵令填报六月份抗战时期教育中心工作月报表请予鉴核存转由

附件

呈暨附件均悉。查该为无不合，仰候汇案转咨。惟查来表所陈，该校虽将童军战时服务团组织就绪，应即遵照本府本年六月戈字第四五二号训令，赶速具报，勿再玩延为要！此令。七、五

指令速缮发 七、六

已缮指令

中华民国廿七年七月八日发

中华民国廿七年七月叁日收到

前奉

鈞府教字第三〇一號訓令

「飭即按月填報抗戰時期教育中心工作月報表一案」

等因，奉此，現值六月將終，理合將職學六月份抗戰時期教育中心工作月報表繕具二份，隨文賫呈

鈞府鑒核存轉，指令祇遵。謹呈

縣長　高

計呈六月份抗戰時期教育中心工作月報表二份

校長仲和熙

0000165

中華民國廿七年六月　日

附：绵竹县立广济场小学抗战时期教育中心工作一九三八年六月报表（一九三八年六月）

綿竹縣縣立廣濟場小學抗戰時期教育中心工作月報表

二十七年六月份

項別	辦理情形
加緊學校抗戰課業事項	1.本月内每週紀念週仍講述當前抗戰情形一次 2.勞作時間指導學生作防空演習三次救護演習四次 3.國術大刀仍加緊練習 4.凡足以引起抗敵情緒之教材隨時均加以補充
加緊教職員戰時工作之研究	1.本月内本校抗戰工作研究會開會二次研討一切救亡工作 2.本月二十三日及二十六日曾由教職員率領學生到本場各市口各茶社作抗敵宣傳二次
加緊學生戰時勤務組織訓練事項	1.本月内每週星期日曾率領學生作爬山運動五次 2.前月内校中童軍組織之宣傳組偵察組募集組等仍照常加緊工作 募集組并於本月二十日沿街作救濟戰區兒童勸捐運動一次
其他	

中華民國二十七年六月　日　填報人校長仲和熙

绵竹县立土门场小学关于遵令填报抗战时期教育中心工作六月报表致县政府的呈（一九三八年七月二日）

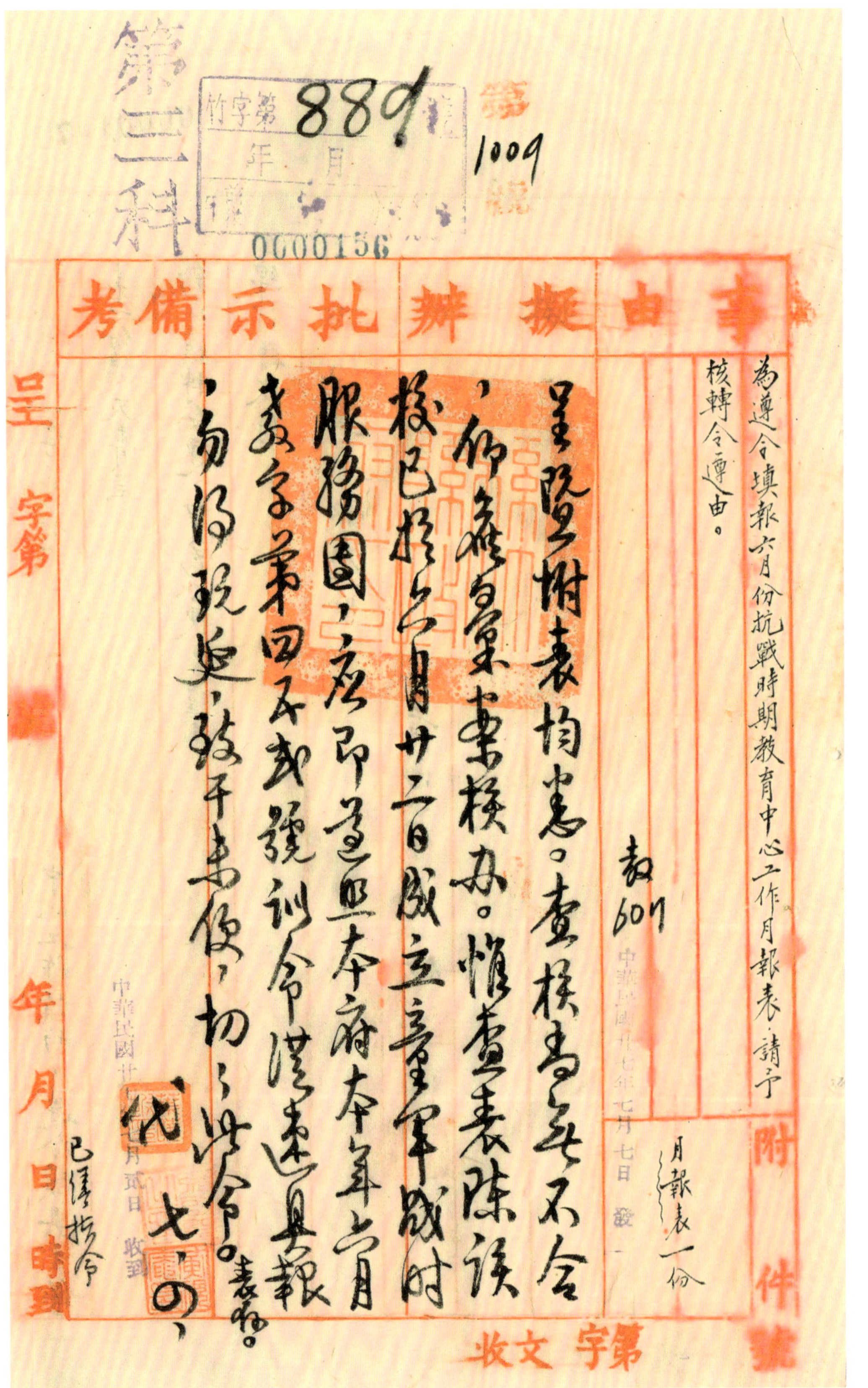
第三科

竹字第 889 號

1009

0000156

事由	為遵令填報六月份抗戰時期教育中心工作月報表，請予核轉令遵由。
附件	月報表一份
擬辦	教 607
批示	呈暨附表均悉。查核尚無不合，仰候彙案轉呈。惟查表陳該校已於六月廿二日成立童軍戰時服務團，應即遵照本府本年六月教字第四〇五號訓令，遵造具表報府以憑核轉，切切此令。表存。 七、四
備考	已繕指令

中華民國廿七年七月七日 發

中華民國廿七年七月貳日 收到

收文 字第 號

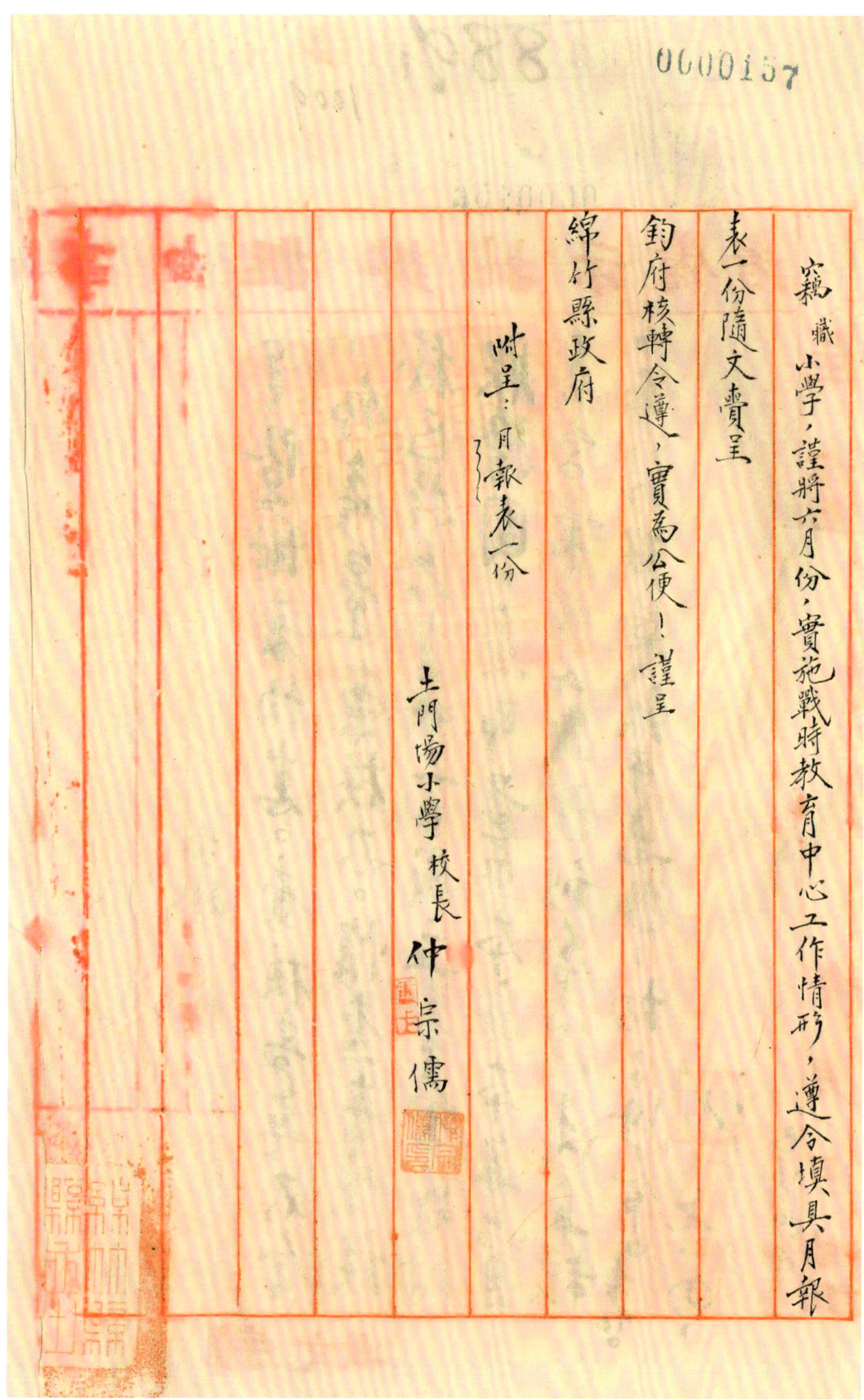

竊職小學，謹將六月份，實施戰時教育中心工作情形，遵令填具月報表一份隨文賫呈

鈞府核轉令遵，實為公便！謹呈

綿竹縣政府

附呈：月報表一份

土門場小學校長　仲宗儒

0000159

中華民國二十七年七月二日

附：绵竹县立土门场小学抗战时期教育中心工作一九三八年六月报表（一九三八年七月二日）

綿竹縣立土門場小學抗戰時期教育中心工作月報表　廿七年六月份

項別	辦理情形
加緊學校抗戰課業事項	1、勞作科規定高年級女生各製土布汗衫一件，寄慰前方將士。 2、六月十日午後二鐘，領導全體童子軍在各家巷一帶作戰鬥演習。 3、六月廿九日午後舉行百米賽跑，并酌給獎品以資鼓勵。
加緊教職員戰時工作之研究訓練事項	1、全體教職員分擔童子軍戰時服務團各隊訓導任務。 2、本月份各次紀念週曾講述：目前國際形勢，抗戰要聞，抗戰期中小學生應有的認識，讀書勿忘救國等題目。 3、募繳救濟戰區兒童捐款三元七角五。
加緊學生戰時勤務組織訓練事項	六月二十二日正式成立童軍戰時服務團，依省頒組織大綱將全体童子軍分為：救護、消防、宣傳、募集、偵探、保安等六隊，分别加緊訓練。
其他	

中華民國二十七年七月二日　填報人　校長　仲宗儒

四川省第十三区绵竹县抗战时期教育中心工作一九三八年六月报表（一九三八年七月十日）

照辦

四川省第十三區綿竹縣抗戰時期教育中心工作月報表（二十七年六月份）

項別	辦理情形
加緊學校抗戰課業事項	縣立初級中學於史地課程，加授現在抗戰地帶之材料圖說，理化課程，加授防毒常識。各級小學皆能遵照小學抗敵教育實施法，盡量推行。本月奉到省府發下抗敵音樂集第十冊，分發各完全小學，作為音樂教材，俾於歌詠之中，激發愛國情緒。各學校於升降國旗時，對學生作精神及時事講話，使明瞭敵我情況，以便轉向民眾宣傳。其餘仍照上月實施。
加緊教職員戰時工作之研究訓練事項	從本月起，每校教職員工作，增至十小時以上，縣初中校組織戰時服務團，商擬導師制施行細則。各完全小學，組織抗戰工作研究會，每週開會一次或二次，對於抗戰各項工作問題，盡量提出討論。全縣小學教員，一律加入縣航空支會為會員，繳納捐款。并研討省府發下之「中小學訓育及教材問題」，擬具報告，俟彙齊全，審印轉報。
加緊學生戰時勤務組織訓練	縣立初級中學，訓練學生警備消防動作，及宣傳兵役事項。各小學童軍戰時服務團，組織救濟兒童募捐隊，向民眾募集捐款，剋日彙集匯寄。各校抗敵宣傳隊及歌詠組，仍利用各地趕集日期，向民眾作抗敵宣傳，工作尚切實際。

中華民國廿七年七月拾日 發

0000196

事項	加緊學生軍訓事項	加緊戰時民教義教之普及事項	其他	專員考核意見
	各校童軍訓練，仍照常進行。並於晨操時，加授國術大刀賽跑爬山等項運動。	全縣民眾學校四十所，本月底課程完結，派員分別到各校考試，成績及格給予畢業証書，以期迅速掃除文盲。各鎮鄉小學課程亦將完結，已飭造具畢業學生姓名表，定期試驗，以期義教普及。	準備開辦小學教員暑期講習會事宜。	

中華民國二十　年　月　日填報人縣長

绵竹县立孝泉场小学关于造报抗战时期教育中心工作六月报表致县政府的呈（一九三八年七月十四日收）

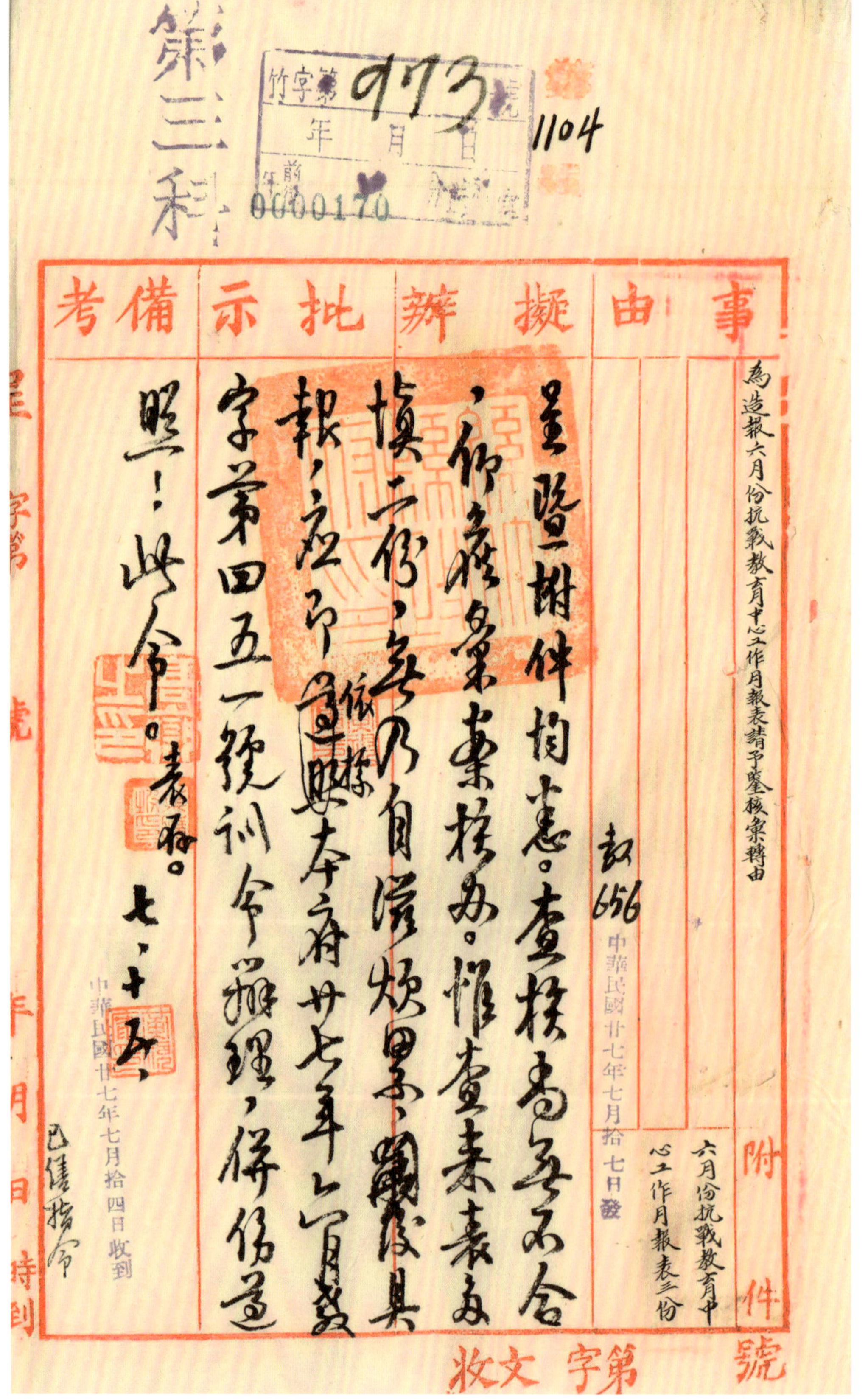
第三科

竹字第973号

1104

事由：為造報六月份抗戰教育中心工作月報表請予鑒核彙轉由

附件：六月份抗戰教育中心工作月報表三份

中華民國廿七年七月拾七日發

收656

中華民國廿七年七月拾四日收到

擬辦：呈暨附件均悉。查核尚無不合，仰候彙案核辦。惟查來表各項填注，仰即自後改用黑墨填具報，應即依照本府廿七年六月教字第四五一號訓令辦理，仰仍遵照！此令。表存。七、十五。

已僅指令

收文字第號

0000171

竊職校二十七年六月份實施抗戰教育中心工作業已完竣，遵令依式填造月報表三份，一併隨文賫呈

鈞府鑒核彙轉，謹呈

綿竹縣政府縣長高

綿竹縣立孝泉場小學校長詹志靜

0000173
中華民國二十七年七月 日

附：绵竹县立孝泉场小学抗战时期教育中心工作一九三八年六月报表（一九三八年六月）

0000174

綿竹縣立孝泉場小學抗戰時期教育中心工作月報表（二十七年六月份）

項別	辦理情形
加緊學校抗戰課業事項	高中年級學生每日午后課畢由四至五時半時分閱古今民族英雄救國志士之言行傳記兒童叢書及日報雜誌等並規定予每週星期三星期六午后四至五五至六兩小時內由各級主持本級學生談話會由各生分任報告本週內所看書籍之心得及評判時事之講述日報雜誌內容各項報告級任加以正確之指導
加緊教職員戰時工作之研究訓練事項	全校教職員由校長主持于每週星一午后四至五時開教務會及教育研究會一次討論本週內訓練學生中心工作之目標訓練及實施辦法并檢討上週分配工作之成績及缺感辦法
加緊學生戰時勤務組織訓練事項	由本校童軍檢查校內各地清潔外于每週擇一趕集日期檢查街面及學校附近住戶清潔並宣傳抗敵將士之英勇及后方民眾之動員援助各盡財力貢獻國家優待抗敵軍人家屬募金等工作
其他	

中華民國二十七年六月　日

绵竹县立拱星场小学关于填报抗战时期教育中心工作七月报表致县政府的呈（一九三八年七月二十一日）

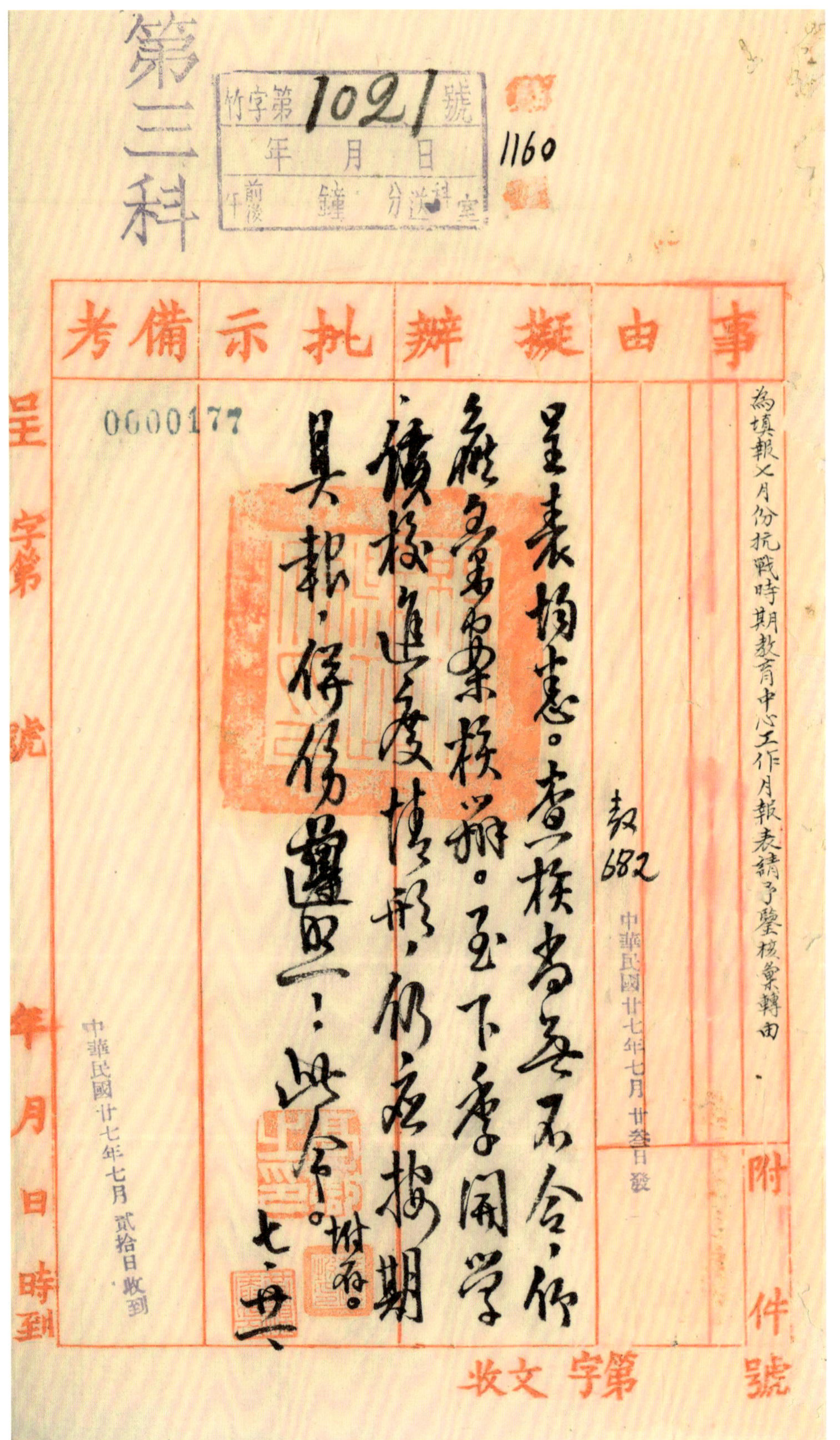

第三科

竹字第1021號　年　月　日　午前後　鐘　分送　科室

1160

事由	擬辦	批示	備考
為填報七月份抗戰時期教育中心工作月報表請予鑒核彙轉由	呈表均悉。查核尚無不合，仰候彙案核轉。至下季開學續核進度填報，仍應按期具報，俾憑彙轉！此令。 七廿一		

教682

0000177

中華民國廿七年七月貳拾日收到

中華民國廿七年七月廿叁日發

呈　字第　號　年　月　日　時到

附件

收文　字第　號

0000178

窃職小學奉令實施戰時教育業經逐月按照計劃推進暨表報在案茲届七月份將終，謹將實施進度情形填表二份具文呈報

鈞府請予鑒核，彙轉實為公感

謹呈

縣長高

計呈七月份抗戰時期教育中心工作月報表二份

綿竹縣立拱星場小學校長張錦城

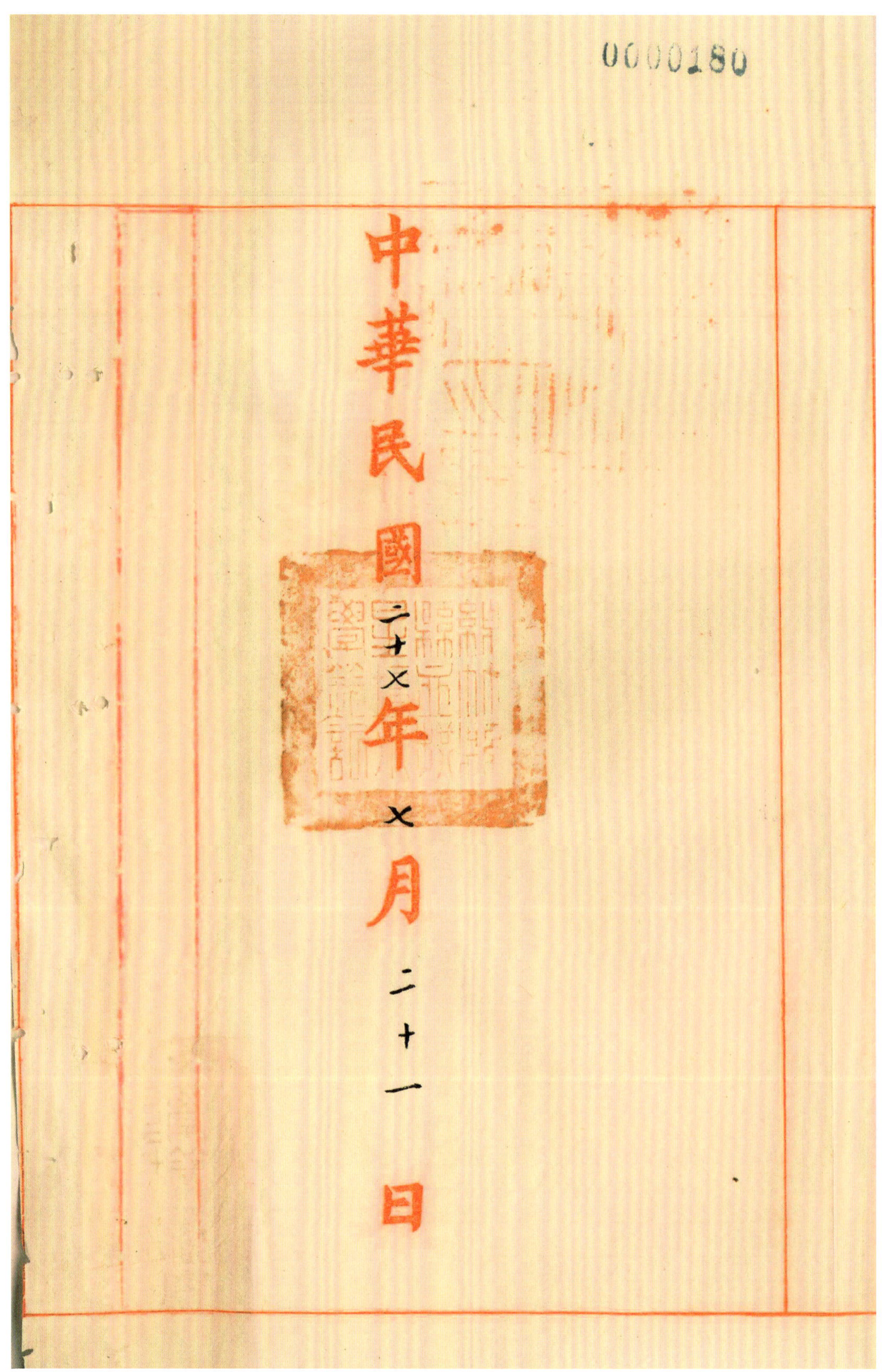

0000180

中華民國二十七年七月二十一日

附：绵竹县立拱星场小学抗战时期教育中心工作一九三八年七月报表（一九三八年七月）

0600181

綿竹縣立拱星場小學抗戰時期教育中心工作月報表 二十七年七月份

項別	辦理情形
加緊學校抗戰課業事項	一、繼續上月實施注意於民族意識之喚起 二、各科補充教材之測驗並分別甲乙給予奬品以資鼓勵 三、規定假期作業事項 a.本地糧食之統計 b.現服兵役人員統計 c.調查本地人民對於抗戰努力事項 d.作小先生宣傳時事及指導親友閱報 E.寫日記
加緊教職員戰時工作之研究	一、繼續上月各項工作 二、組織宣傳隊宣傳出征將士優待委員會成立之意義 三、假期中擬具下期實施抗戰教育之計劃
訓練事項	
加緊學生戰時勤務組織訓練事項	一、繼續上月各項組織訓練工作 二、規定假期中實地練習救護事項
其他	

中華民國二十七年七月　日

填報人校長張錦城

绵竹县立遵道场小学关于报送抗战时期教育中心工作七月报表致县政府的呈（一九三八年七月二十一日）

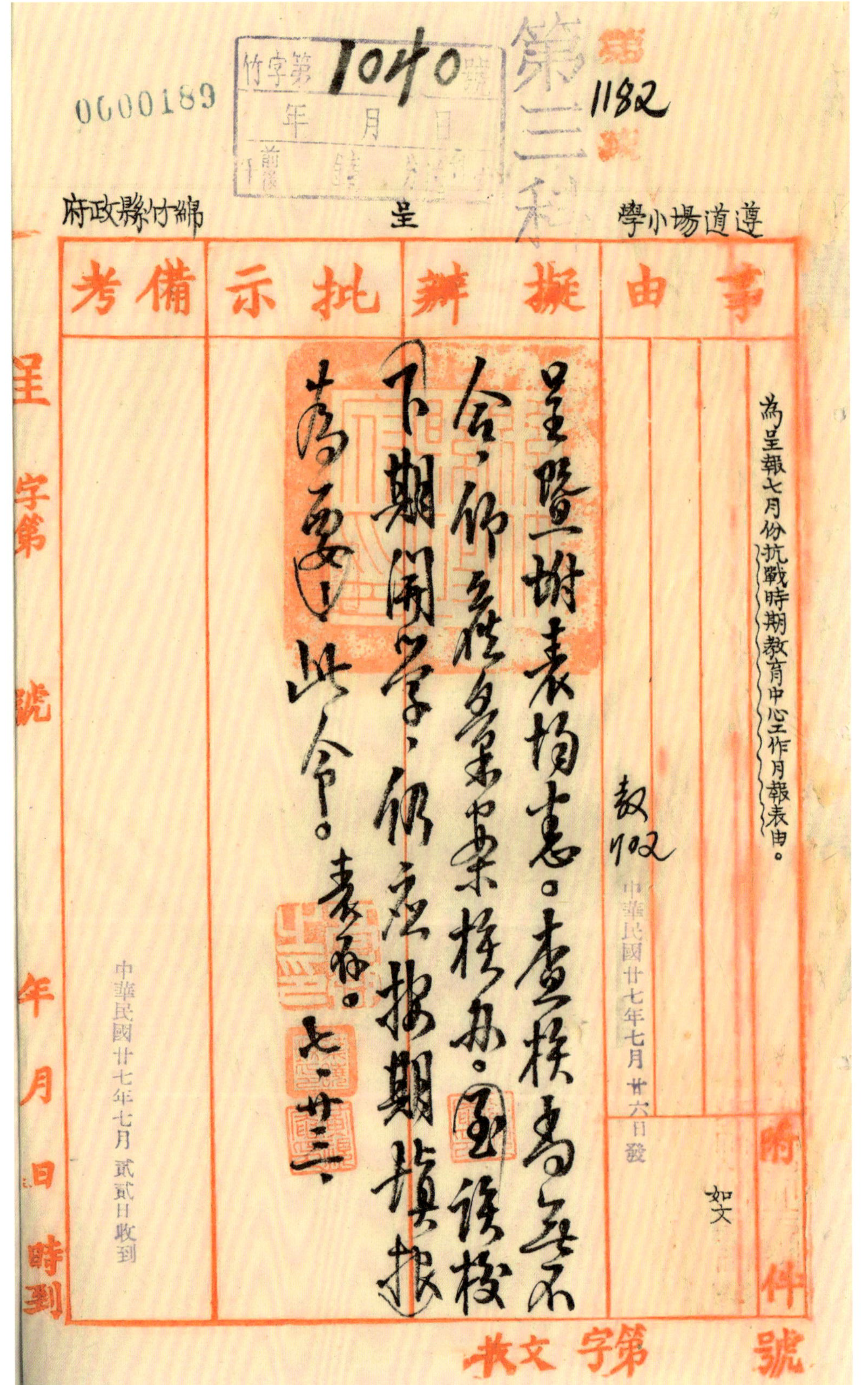

0600189

竹字第1040號

第三科 1182

遵道場小學 呈 綿竹縣政府

事由：為呈報七月份抗戰時期教育中心工作月報表由。

擬辦：敘收

中華民國廿七年七月廿六日發

中華民國廿七年七月貳貳日收到

0000190

查本學六月份抗戰時期教育中心工作月報表，前經呈報在案。嗣奉

鈞府教字第五三九號指令，飭將本（七）月之表，於未放假以前，仍應據實填報。等因；查本學學期試驗，將告完竣，日內即行放假。理合遵令據實填就本月份月報表，備文賫呈

鈞府鑒核，令遵！

謹呈

縣長高

計附呈七月份抗戰時期教育中心工作月報表一份。

遵道場小學校長李俊暉（李俊暉印）

0000192

中華民國二十七年七月二十一日

附：绵竹县立遵道场小学抗战时期教育中心工作一九三八年七月报表（一九三八年七月二十一日）

綿竹縣立遵道場小學抗戰時期教育中心工作月報表（廿七年七月份）

項別	辦理情形
加緊學校抗戰課業事項	本學高級初級，每週均加授抗戰教育二小時，分別授予抗戰期間國民應有之抗敵常識，如：我國和日本國力的比較，我國抗戰的策略和準備，暴日侵略我國之陰謀與手段，對日經濟絕交和肅清漢奸的辦法，防空防毒和救護傷兵難民的方法，現代戰爭所用兵器的研究等。此外并請各教員教授各科均以抗戰需要為中心，依照 省府教廳印行之四川省小學抗敵教育實施法教學。每日降旗後放晚學時，復向學生報告最近國內外時事，及前方我軍抗戰佳話，與敵人殘暴無耻之行為。星期一紀念週，復講述 總理偉大之革命精神，與夫 先烈犧牲奮鬥可歌可泣之事蹟，及小學生讀書不忘救國應努力之點。
加緊教職員戰時工作之研究	本學每週擇課餘之暇，與教職員開座談會一次，根據報載消息，討論戰局之推演，及智識份子值此國難時期，如何加強前方後方抗戰力量之工作，暨本學應如何訓育學生，使成為未來國家之有力支柱等問題，放晚學後，復練習籃球運動，以增強體力與耐勞服務之精神，加強抗戰之力量。

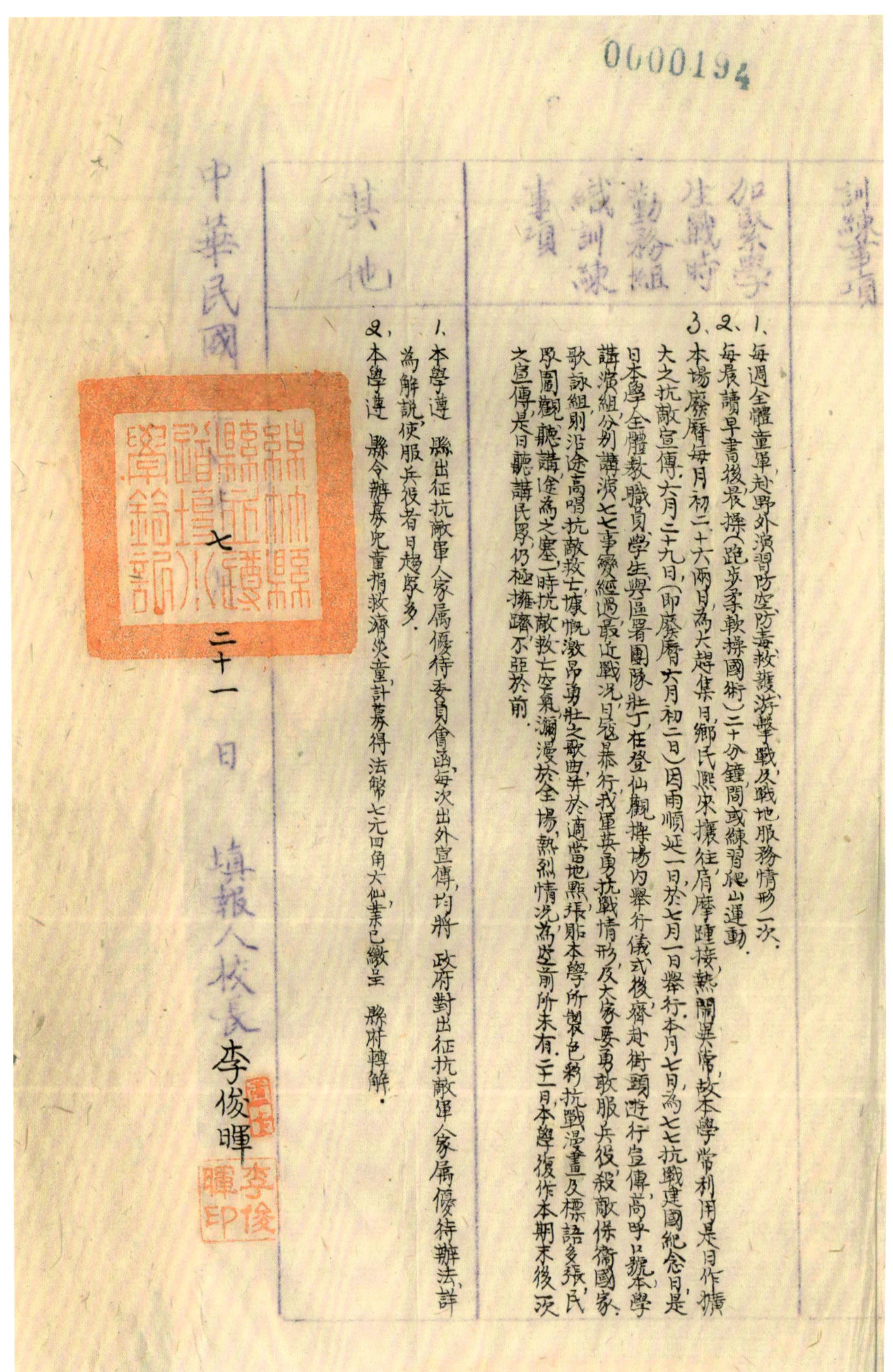

0000194

訓練事項	
加緊學生戰時勤務組織訓練事項	1、每週全體童軍赴野外演習防空、防毒、救護、游擊戰及戰地服務情形一次。 2、每晨讀早書後，晨操（跑步、柔軟操、國術）二十分鐘，間或練習爬山運動。 3、本場廢曆每月初二、十六兩日為大趕集日，鄉民熙來攘往，肩摩踵接，熱鬧異常，故本學常利用是日作擴大之抗敵宣傳。六月二十九日（即廢曆六月初二日）因雨順延一日，於七月一日舉行。本月七日為七七抗戰建國紀念日，是日本學全體教職員、學生與區署團隊壯丁，在登仙觀操場內舉行儀式後，齊赴街頭遊行宣傳，高呼口號。本學講演組分別講演七七事變經過、最近戰況、日寇暴行、我軍英勇抗戰情形，及大家要勇敢服兵役，殺敵保衛國家。歌詠組則沿途高唱抗敵救亡、慷慨激昂、勇壯之歌曲，并於適當地點張貼本學所製彩色抗戰漫畫及標語多張。民眾圍觀聽講，途為之塞，一時抗敵救亡空氣瀰漫於全場，熱烈情況為從前所未有。二十一日本學復作本期末後一次之宣傳，是日聽講民眾仍極擁擠，不亞於前。
其他	1、本學遵　縣出征抗敵軍人家屬優待委員會函，每次出外宣傳，均將　政府對出征抗敵軍人家屬優待辦法詳為解說，使服兵役者日趨眾多。 2、本學遵　縣令辦募兒童捐救濟災童，計募得法幣七元四角六仙，業已繳呈　縣府轉解。

中華民國　七　二十一日

填報人校長　李俊暉（李俊暉印）

绵竹县立广济场小学关于遵令填报抗战时期教育中心工作七月报表致县政府的呈（一九三八年七月二十四日）

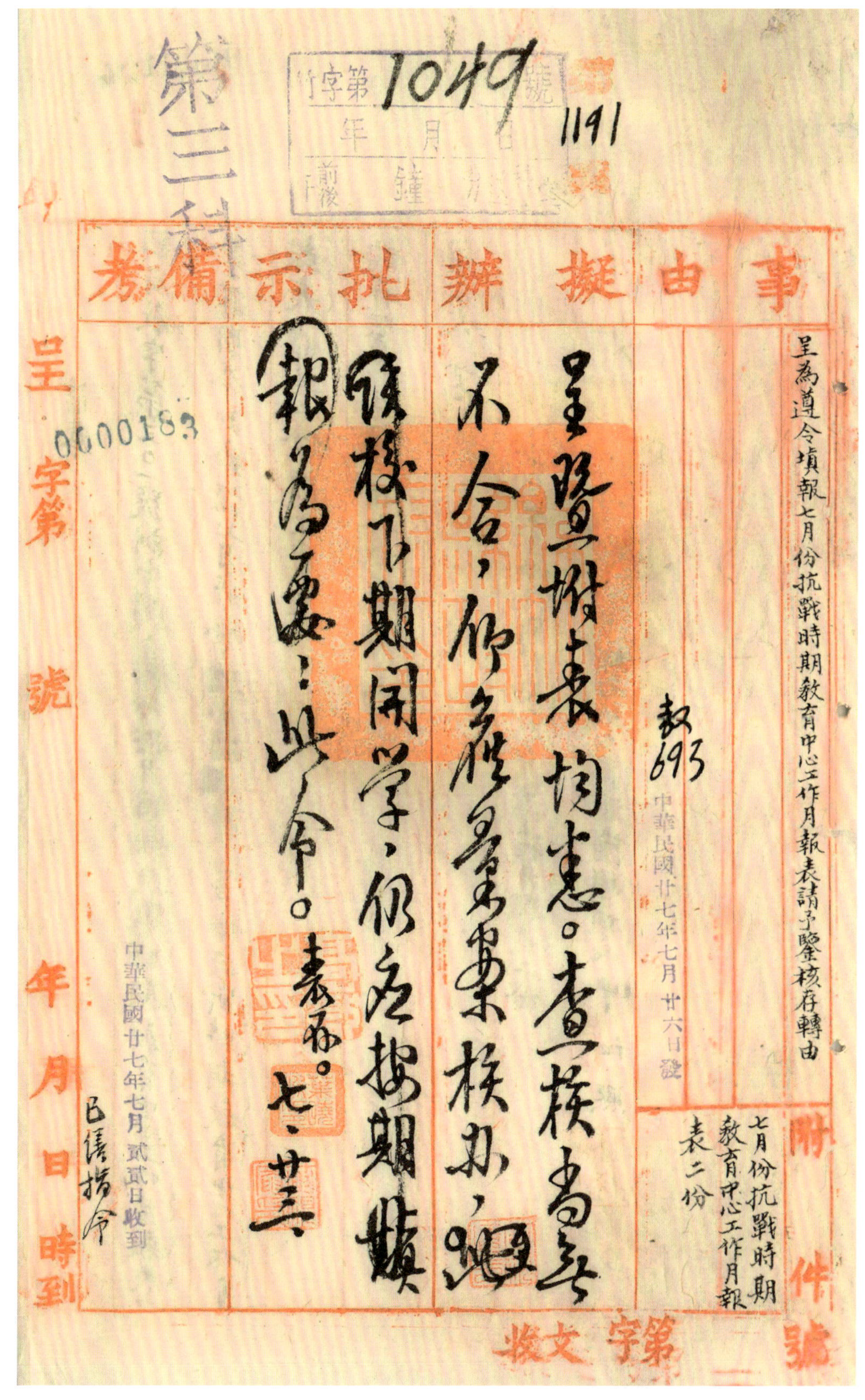

第三科

字第1049號

1191

事由 擬辦 批示 備考

呈為遵令填報七月份抗戰時期教育中心工作月報表請予鑒核存轉由

附件 七月份抗戰時期教育中心工作月報表二份

教693

中華民國廿七年七月廿六日發

中華民國廿七年七月貳貳日收到

0600183

呈 字第 號 年 月 日 時到

第 字 收文

附件號

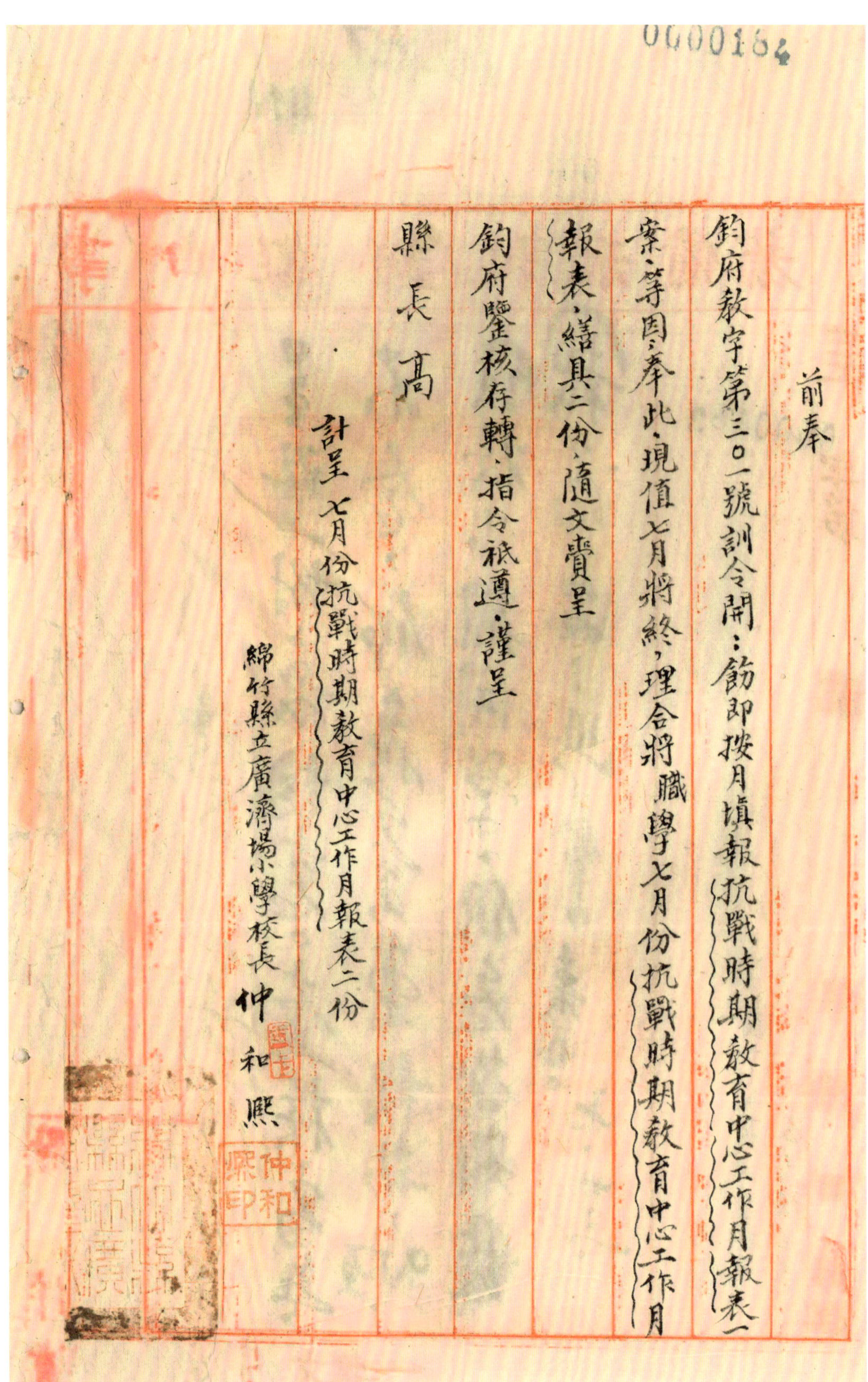
0000184

前奉

鈞府教字第三〇一號訓令開：飭即按月填報抗戰時期教育中心工作月報表一案，等因。奉此，現值七月將終，理合將職學七月份抗戰時期教育中心工作月報表，繕具二份，隨文賫呈

鈞府鑒核存轉，指令祇遵。謹呈

縣長高

計呈七月份抗戰時期教育中心工作月報表二份

綿竹縣立廣濟場小學校長仲和熙

0000186

中華民國二十七年七月　　日

附：绵竹县立广济场小学抗战时期教育中心工作一九三八年七月报表（一九三八年七月二十四日）

0000187

綿竹縣縣立廣濟場小學抗战時期教育中心工作月報表

民國二十七年七月份

項別	辦理情形
加緊學校抗戰課業事項	1. 本月内每週紀念週仍講述當前抗戰情形一次 2. 國術大刀仍加緊練習 3. 凡足以引起抗戰情緒之教材隨時均加以補充 4. 本月十日課畢時曾率領學生特作一次野外演習 （上列大刀、[illegible]）七、廿三
加緊教職員戰時工作之研究	1. 本月内本校抗战工作研究會開會一次商討應行的文化工作 2. 本月七日曾由教職員率領學生到本場各地擴大宣傳抗戰建國週年紀念 3. 本月九日曾由教職員率領學生到各處宣傳出徵軍人家屬優待辦法并由王小康先生到天平聯保慰問湖口之唐連長家屬
加緊學生戰時勤務組織訓練事項	1. 二十週星期日曾率領學生作爬山運動一次 2. 校中童軍战地服務團之偵查隊宣傳隊募集隊仍照常工作
其他	

中華民國二十七年七月二十四日填報人校長仲和熙

绵竹县立城区第二小学抗战时期教育中心工作一九三八年七月报表（一九三八年七月二十五日）

綿竹縣立城區第二小學抗戰時期教育中心工作月報表（二十七年七月份）

項別	辦理情形
加緊學校抗戰課業事項	1、繼續六月份的工作實施 2、美術科　除繪畫少數風景花草等外加多繪畫抗戰宣傳畫報如日本慘殺我國軍民的圖畫轟炸城市的情形我軍民抗戰情形等 3、衛生科　除教授鍛鍊身體預防疾病外加授看護救護防毒等常識
加緊教職員戰時工作之研究訓練事項	1、繼續六月份的工作實施 2、本校教職員於星期日或課餘時作種種抗戰之演習 3、檢討演習後成績之優劣加以評判並改正
加緊學生戰時勤務組織訓練事項	1、繼續六月份的工作實施 2、組織宣傳隊傳達員於課畢時實行練習 3、於課餘時演習上月之各種工作
其他	

中華民國二十七年七月廿五日填報人校長朱荊芳

绵竹县立广济场小学抗战时期教育中心工作一九三八年十月报表（一九三八年十月）

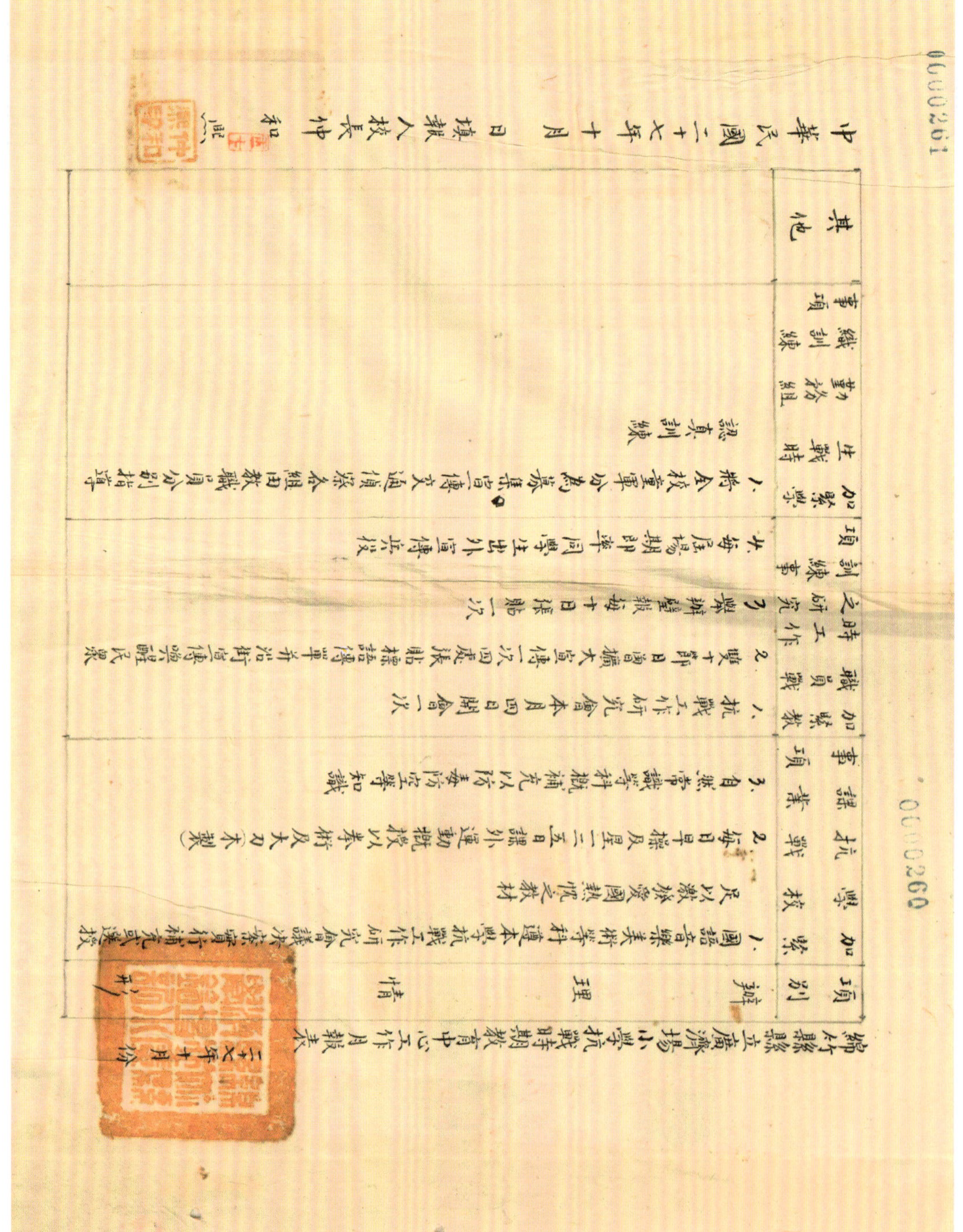

綿竹縣立廣濟場小學抗戰時期教育中心工作月報表 二十七年十月份

項別	辦理情形
加緊學校抗戰課業事項	1.國語音樂美術等科遵本學抗戰工作研究會議決案實行補充或選授足以激發愛國熱忱之教材 2.每日早操及星二五日課外運動概授以拳術及大刀（木製） 3.自然常識等科概補充以防毒防空等知識
加緊教職員戰時之研究工作訓練事項	1.抗戰工作研究會本月四日開會一次 2.雙十節日曾擴大宣傳一次四處張貼標語傳單并沿街宣傳喚醒民眾 3.舉辦壁報每十日張貼一次 4.每逢場期即率同學生出外宣傳兵役
加緊學生戰時勤務組織訓練事項	1.將全校童軍分爲募集宣傳交通偵察各組由教職員分別指導認真訓練
其他	

中華民國二十七年十月　日

填報人校長仲和

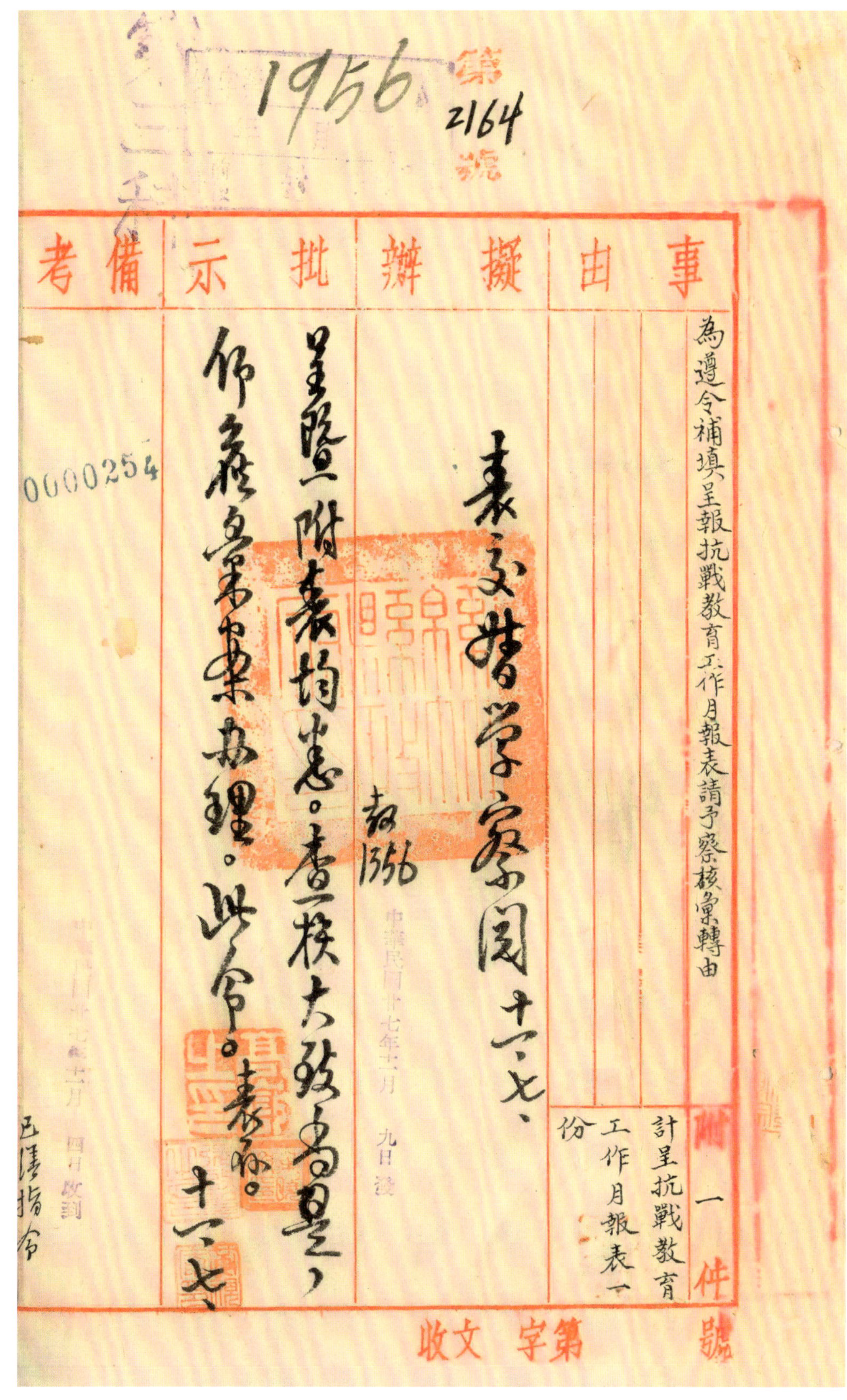
1956
第2164號

事由	擬辦	批示	備考
為遵令補填呈報抗戰教育工作月報表請予察核彙轉由	表交督學察閱 十一、七	呈暨附表均悉。查核大致尚是，仰候彙案辦理。此令。表存。 十一、七	已繕指令

附　計呈抗戰教育工作月報表一份　一件

中華民國廿七年十一月九日發

0000254

收文　字第　號

绵竹县立第一初级小学关于遵令补报抗战时期教育中心工作月报表致县政府的呈（一九三八年十一月四日）

呈　字第　號　年　月　日　時到

二十七年十月二十九日案奉

鈞府教字第一三零零號訓令，後開：「查本期開學至今將屆兩月，該校毫未具報，殊屬玩忽。茲特重申前令，凡已報者應按照月之末日以前繼續填呈，未報者從十月份起遵照規定各欄，根據該小學實施狀況查填一份，依期具報來府，以憑考核彙辦。事關戰時教育，毋得再事違玩，致干未便。切切此令。」等因。奉此，職遵即將十月份實施狀況及應行加緊之工作逐一詳細填列表式，賫呈

鈞府鑒核彙轉。謹呈

縣長高

計呈抗戰教育工作月報表一份

縣立第一初級小學校長任天成

0000259

中華民國二十七年十一月四日

附：绵竹县立第一初级小学抗战时期教育中心工作一九三八年十月报表（一九三八年十一月二日）

綿竹縣立第一初級小學抗戰時期教育中心工作月報表（民國二十七年十月份）

項別	辦理情形
加緊學校戰課業事項	國語科　除每週各級講授戰時讀本暨民族英雄故事一段外中年級作文題以激發兒童愛國熱忱為目的低年級以對話為主體怎樣復興中華民族怎樣打倒日帝國主義怎樣長期抗戰必得最後勝利 常識科　除繼續講授中國空軍殲滅日本論外並加授避難防護法及宣傳食糙米能增加營養料能增加生產量種種之利益 算術科　計算本地粮食生產和人口消耗粮食數量比較之計載改良食糙米計算每年可增加若干石可供給增加若干人食 藝術科　美術作業每週繼續出抗日漫畫畫報一次勞作作業以簡單新式武器模型及防毒面具之簡單模型音樂作業均授以救亡抗日歌曲 精神訓話　除每週照例舉行紀念週講演抗戰軼事外本學期並加朝會講述日本獸行殘殺同胞喚醒兒童抗敵 體格訓練　除加緊童軍訓練於每週野外演習一次外本學期新製各種遊戲器具使兒童於課外活動時有鍛鍊體魄之工具
加緊教職員戰時工作之研究訓練事項	1、每週星期六午後開抗敵工作討論會一次 2、本學男女教師均參加兵役宣傳於趕場期間分組出發向民衆宣傳並選製兵役歌勸導民衆服役 3　本學每週開校務會議一次討論抗戰時期教育中心工作實施辦法
加緊學生戰時勤務組織訓練事項	1　本學男女生擇其年齡較大者參加兵役宣傳隊由教師領導宣傳 2、本學前已組織抗敵勸募隊向民衆勸導務使踴躍捐輸救濟前方士兵及災區避難兒童
其他	

中華民國二十七年十一月二日填報人校長任天成

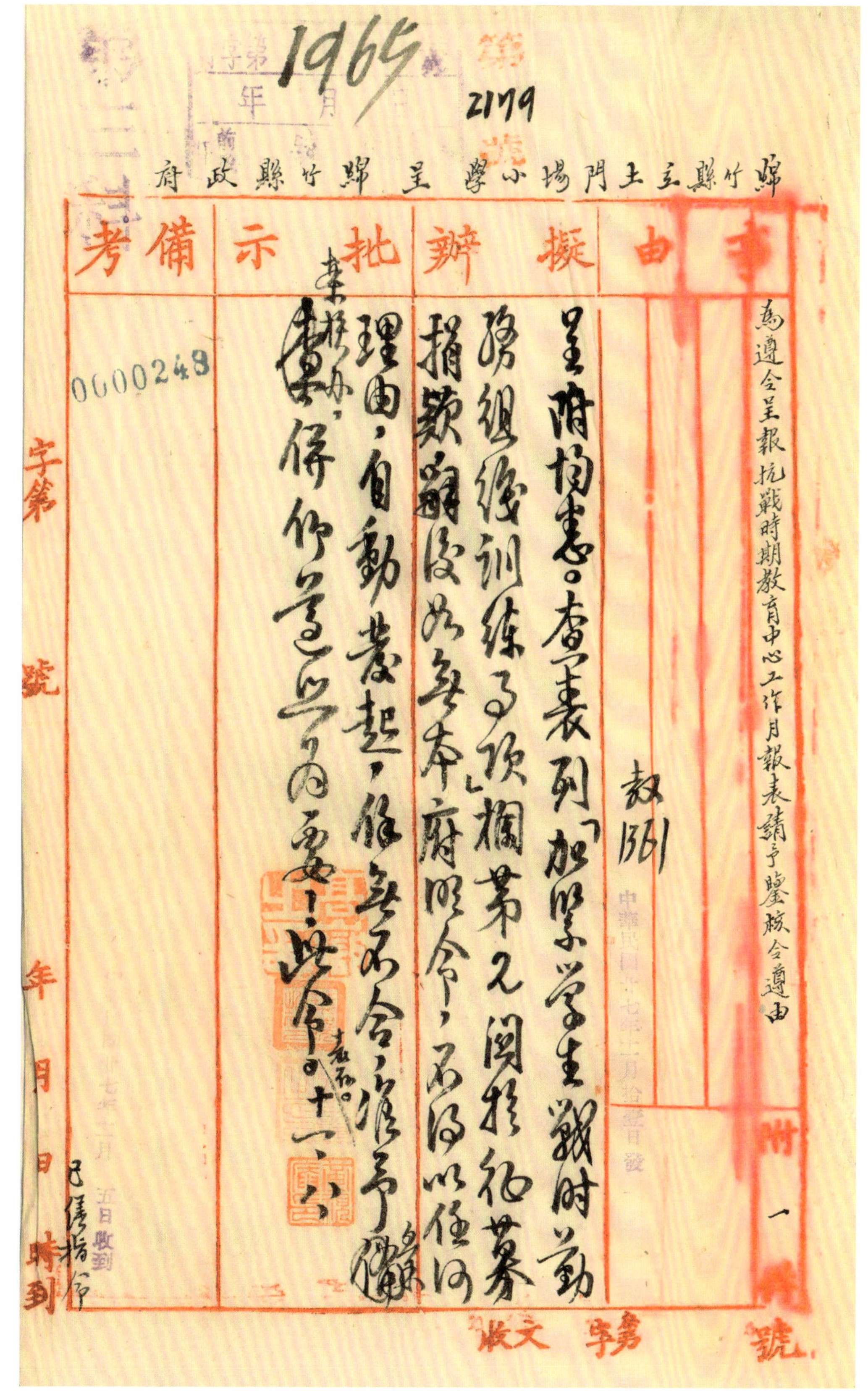

绵竹县立土门场小学 呈 绵竹县政府

事由：为遵令呈报抗战时期教育中心工作月报表请予鉴核令遵由

附：一

拟办：教1361

批示：呈附均悉。查表列「加紧学生战时勤务组织训练」项栏第九阅[illegible]征募捐款办法，如奉本府明令，不得以任何理由，自动发起，[illegible]。此令。十一、六

0000248

绵竹县立土门场小学关于遵令填报抗战时期教育中心工作月报表致县政府的呈（一九三八年十一月五日）

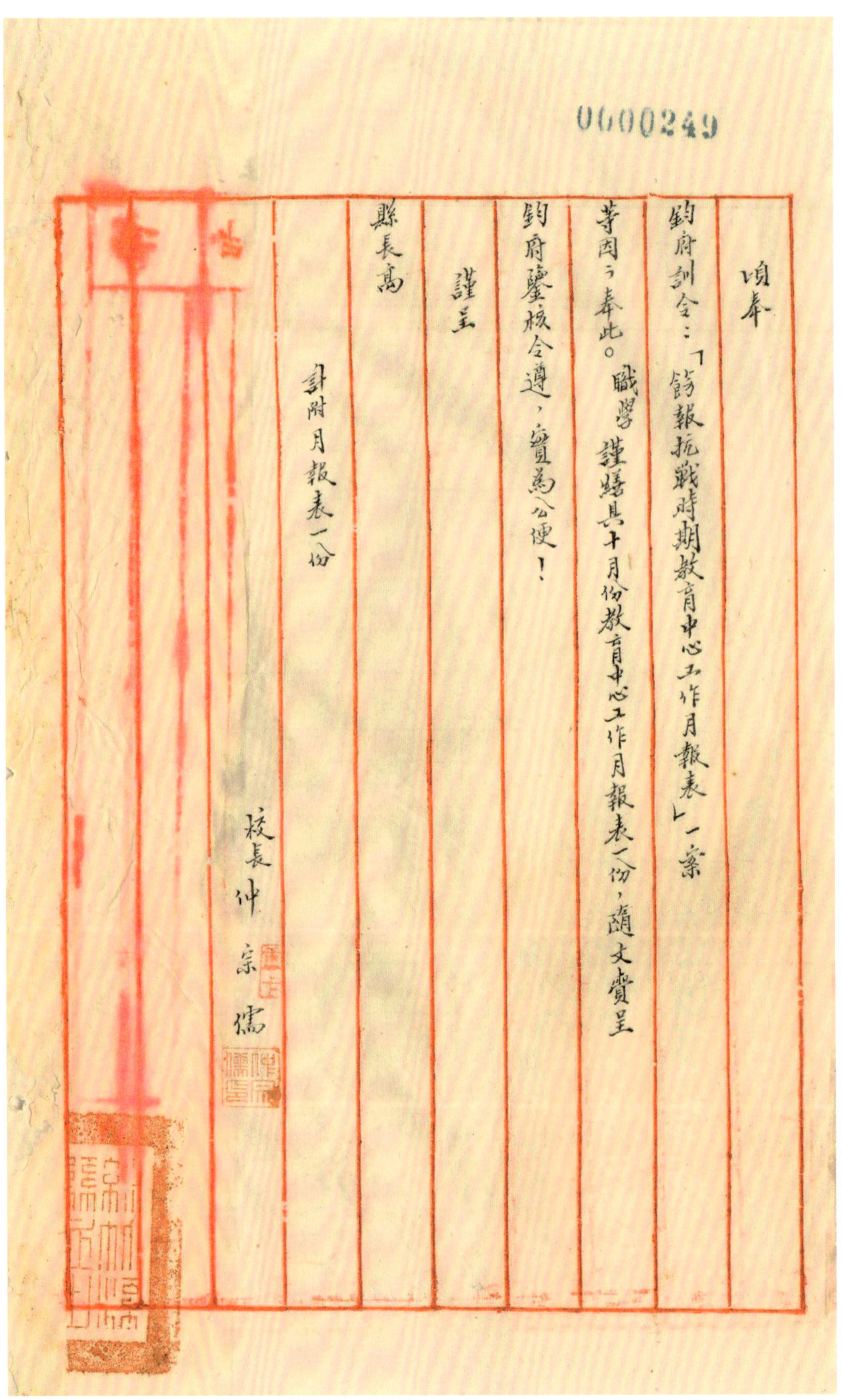

0600249

呈奉

鈞府訓令：「飭報抗戰時期教育中心工作月報表」一案

等因，奉此。職學謹填具十月份教育中心工作月報表一份，隨文賫呈

鈞府鑒核令遵，實爲公便！

謹呈

縣長高

計附月報表一份

校長仲宗儒

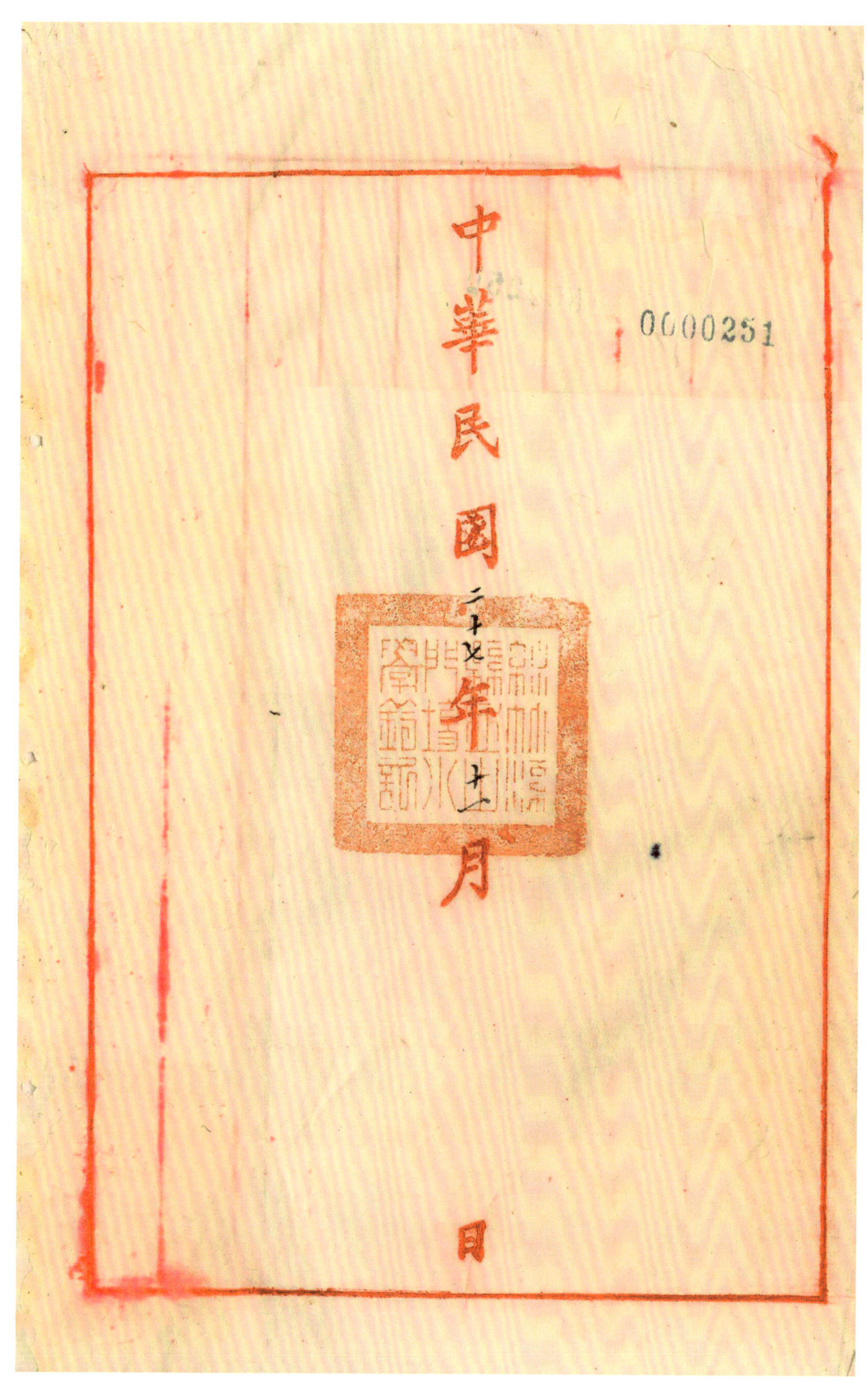

0000251

中華民國二十七年十二月　日

附：绵竹县立土门场小学抗战时期教育中心工作一九三八年十月报表（一九三八年十一月五日）

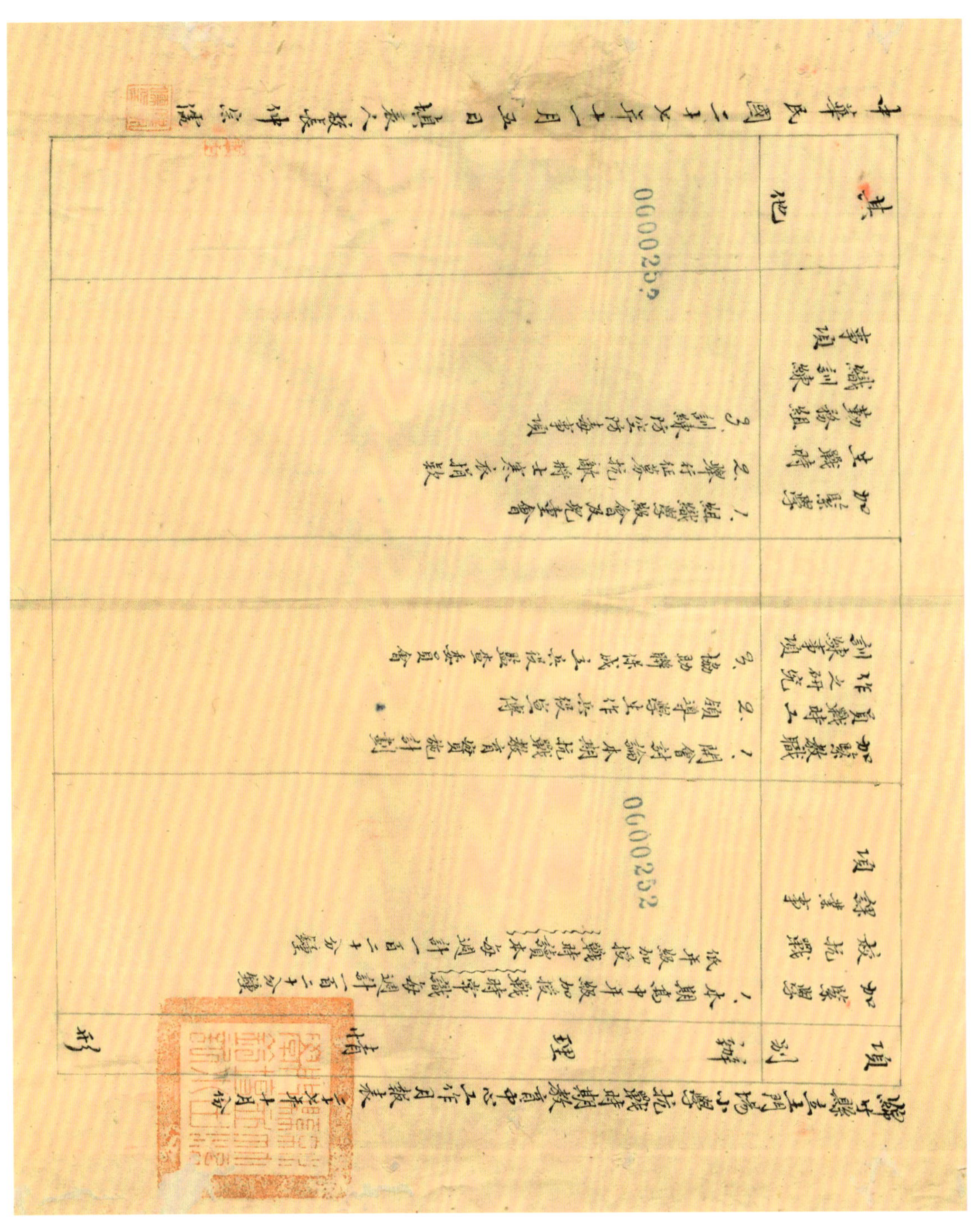

綿竹縣立土門場小學抗戰時期教育中心工作月報表 二十七年十月份

項別	辦理情形
加緊學校抗戰課程事項	1. 本期高中年級加授戰時常識每週計一百二十分鐘 依年級加授戰時讀本每週計一百二十分鐘
加緊教職員戰時工作之研究訓練事項	1. 開會討論本期抗戰教育實施計劃 2. 領導學生作出校宣傳 3. 協助聯保成立出征監查委員會
加緊學生戰時勤務組織訓練事項	1. 組織慰勞會及兒童會 2. 舉行征募抗敵將士寒衣捐款 3. 訓練防空防毒事項
其他	

中華民國二十七年十一月五日　填表人校長[illegible]

0000252

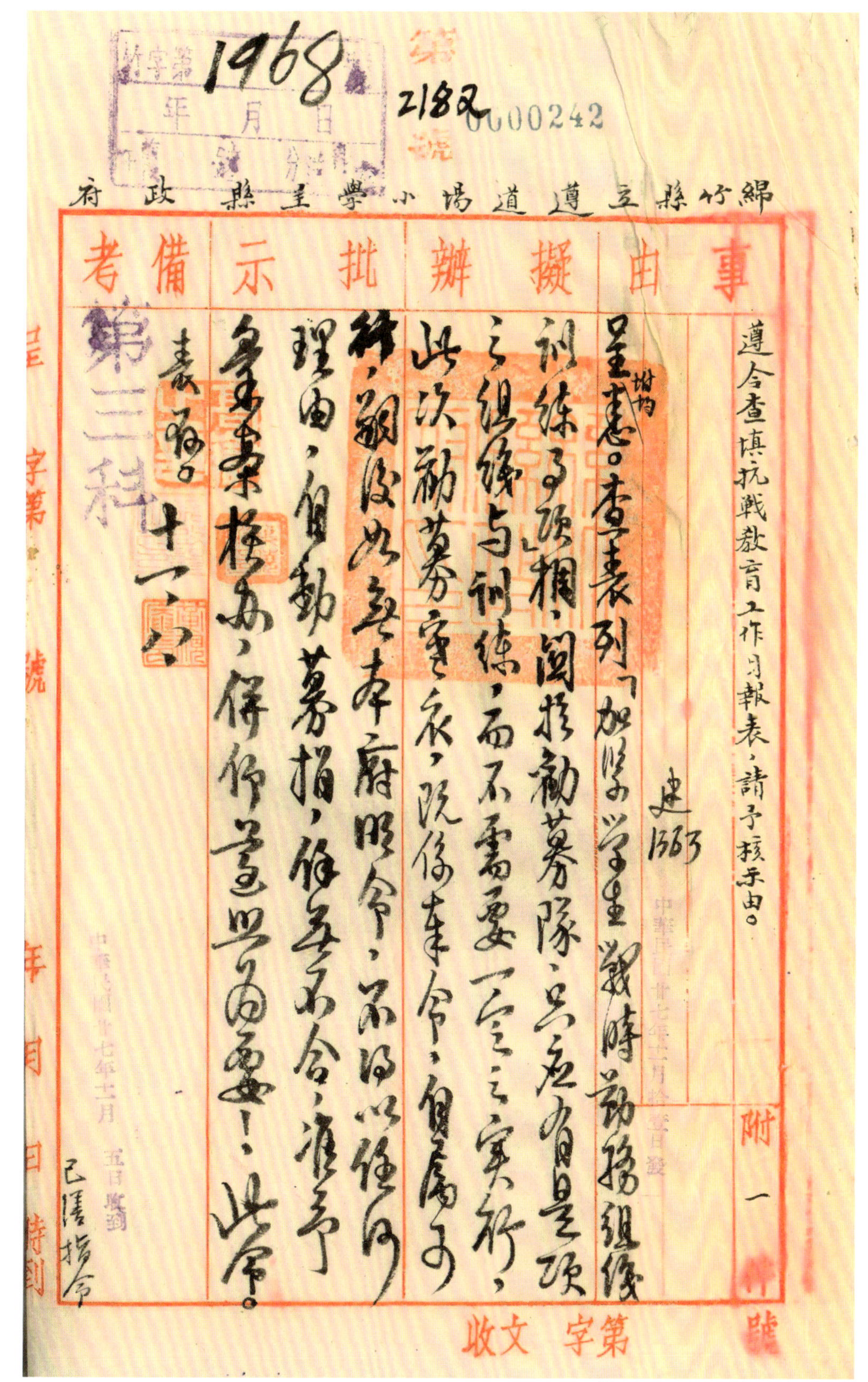

竹字第 1968 號
年 月 日
2182
0000242

綿竹縣立遵道場小學呈縣政府

事由	擬辦	批示	備考
遵令查填抗戰教育工作月報表，請予核示由。	呈悉。查表列「加緊學生戰時勤務組織訓練」二項，關於勸募隊，只應有是項之組織與訓練，而不需要一一實行。此次勸募寒衣，既係奉令，自屬可行，但後如無本府明令，不得以任何理由，自動募捐，俾無不合，准予存案核示，仰仍遵照為要！此令。		第三科 袁 十一、六

建1567

中華民國廿七年十一月拾壹日發

中華民國廿七年十一月五日收到

已繕指令

附一件

收文 第 字 號

綿竹縣立遵道場小學關於遵令填報抗戰時期教育中心工作月報表致縣政府的呈（一九三八年十一月五日）

廿七年十月三十一日奉

鈞府訓令教字第一三〇〇號(略)開：

「該校抗戰時期教育中心工作月報表，毫未具報，茲特重申前令，凡已報者，應按照月之末日以前繼續填呈，未報者從十月份起，遵照規定各欄，根據該小學實施狀況，查填一份，依期具報來府，以憑考核彙辦」

等因；奉此，遵即依照規定各欄，根據實施狀況，將十月份抗戰教育工作月報表，查填完竣，理合具文賫呈

鈞府鑒核示遵！

謹呈。

000024 4

綿竹縣政府縣長高

計呈抗戰教育工作月報表一份。

綿竹縣縣立遵道場小學校長何圖禮

0000245

中華民國二十七年十二月五日

附：绵竹县立遵道场小学抗战时期教育中心工作一九三八年十月报表（一九三八年十一月五日）

0000247　0000246

綿竹縣縣立遵道小學抗戰時期教育中心工作月報表

廿七年十月份

項別	辦理情形
加緊學校抗戰課業事項	本學高初級學生每週除授抗戰教材二小時外逐日編製壁報摘錄抗敵要聞繕繪抗敵標語漫畫等并隨時灌輸抗戰知識用以激發兒童敵愾情緒熱心愛國之精神
加緊教職員戰時工作之研究訓練事項	本學教職員除於課間灌輸抗戰知識暇餘指導學生作時事講演外并隨時商討抗戰工作俾資力行
加緊學生戰時勤務組織訓練事項	每星期三晨實施爬山運動鍛鍊學生體格每週集高初級學生作野外演習輪次授以戰鬥防空運輸救護等簡單常識和技能以外并組織宣傳隊勸募隊為前方將士募集寒衣切實向民衆宣傳應服兵役等工作
其他	

中華民國廿七年十一月五日

填報人校長何國禮

绵竹县立拱星场小学关于遵令填报抗战时期教育中心工作月报表致县政府的呈（一九三八年十一月十二日收）

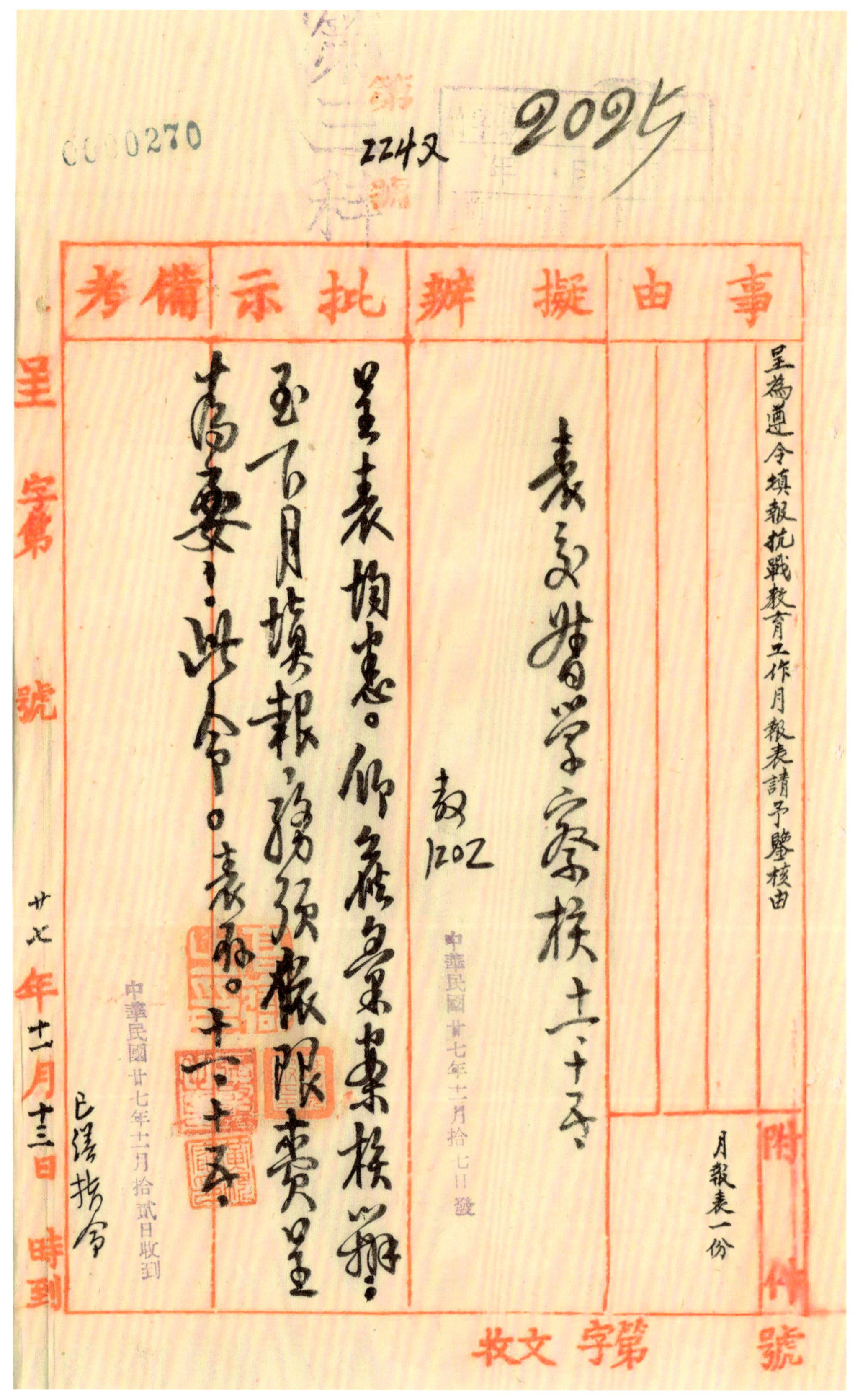
0000270

第　　號

2248

2095

事由：呈為遵令填報抗戰教育工作月報表請予鑒核由

附件：月報表一份

擬辦：表交督学審核。十一、十三

教1202

中華民國廿七年十一月拾七日發

批示：呈表均悉。仰候交督学核辦。至下月填報，務須依限賚呈為要。此令。表存。十一、十五

中華民國廿七年十一月拾貳日收到

備考：已繕指令

呈　字第　號

廿七年十一月十三日　時到

第　字　號　收文

0000271

窃职校遵令依照四川省抗战时期中心工作，实施抗战教育规各栏，根据职校实施状况，填就十月份抗战时期教育中心工作月报表一份，理合随文赍呈

钧府鉴核备查，令示祇遵。谨呈

绵竹县政府县长高

绵竹县立拱星场初学校长詹志静

附：绵竹县立拱星场小学抗战时期教育中心工作一九三八年十月报表（一九三八年十月二十四日）

0000268

0000269

綿竹縣立拱星場小學抗戰時期教育中心工作月報表（二十七年十月份）

項別	辦理情形
加緊學校抗戰課業事項	本校加緊抗戰課業根據小學抗敵教育實施 1. 國語科 (甲)選讀名人抗戰文字，如：和平奮鬥救中國；最後關頭。 (乙)作文 致全國小朋友節省糖果錢備金勞軍書；上前方將士書 2. 美音科 (甲)繪日本慘殺我國人民圖；陸戰兵器圖。 (乙)殺敵歌；從軍別母歌。
加緊教職員戰時工作之研究訓練事項	加緊教職員戰時工之研究訓練有下面二項： 1. 本校全體教職員恪守職責，服從校長命令。 2. 本校教職員在集場期，率領學生到市場宣傳兵役，及捐金救國。
加緊學生戰時勤務組織訓練事項	加緊學生戰時勤務組織訓練有下面二項： 1. 每週率領學生，到郊外作防空演習一次。 2. 組織救護隊，並在每週演習一次。
其他	

中華民國二十七年十月二十四日填報人校長詹志静

绵竹县立富新场小学关于报送抗战时期教育中心工作十一月报表致县政府的呈（一九三八年十一月十八日）

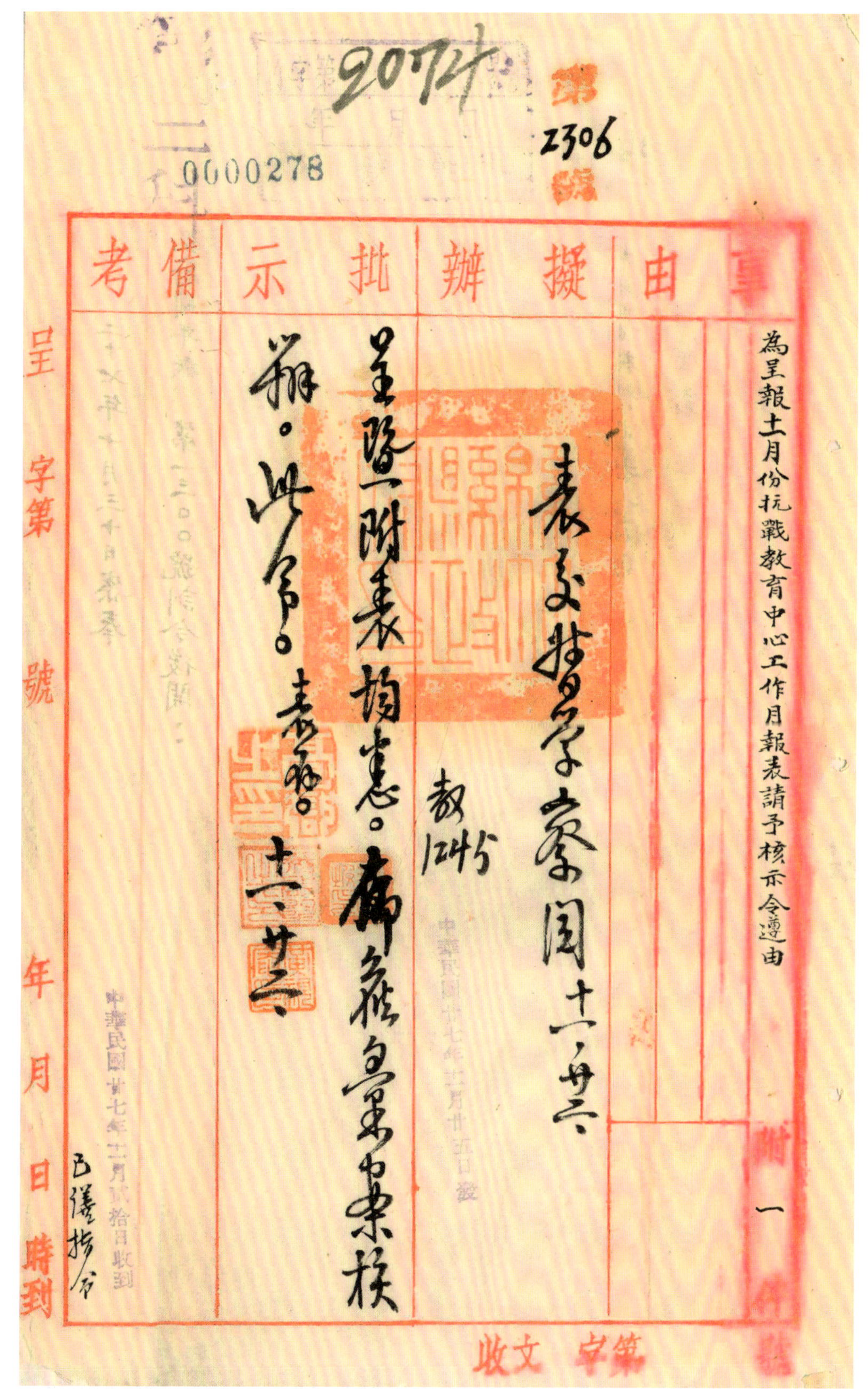

0000278

事由：為呈報十一月份抗戰教育中心工作月報表請予核示令遵由

擬辦：表交督學審閱 十二、廿六

批示：呈暨附表均悉。

備考：中華民國廿七年十一月貳拾日收到

呈　字第　號　年　月　日　時到

附件：一

收文　字第　號

二十七年十月三十日案奉

鈞府同年教字第一三〇〇號訓令後開：

「……茲特重申前令凡已報者應按照月之末日以前繼續填呈未報者從十月份起遵照規定各欄根據該小學實施狀況查填一份依期具報來府以憑考核彙辦事關戰時教育毋得再事違玩致干未便切切此令。」

等因奉此本應按時填報以符規定惟因本月初間值職適患目疾頗劇遵醫生囑不能在夜間辦公以致未能如期呈報茲職疾已漸痊理合填具該表備文賫呈

鈞府鑒核備查指令祗遵

謹呈

縣長高

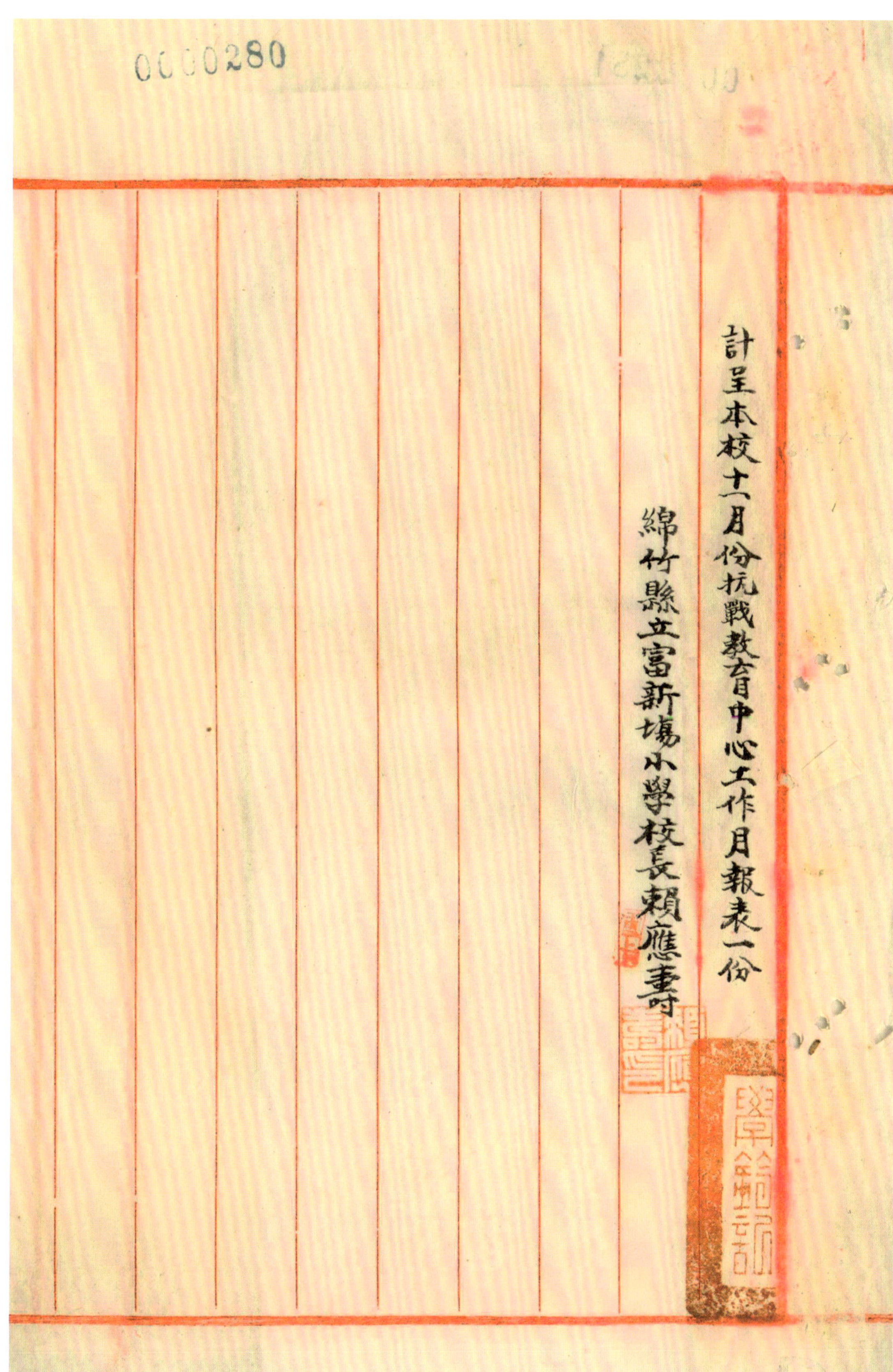
0000280

計呈本校十一月份抗戰教育中心工作月報表一份

綿竹縣立富新場小學校長賴應壽

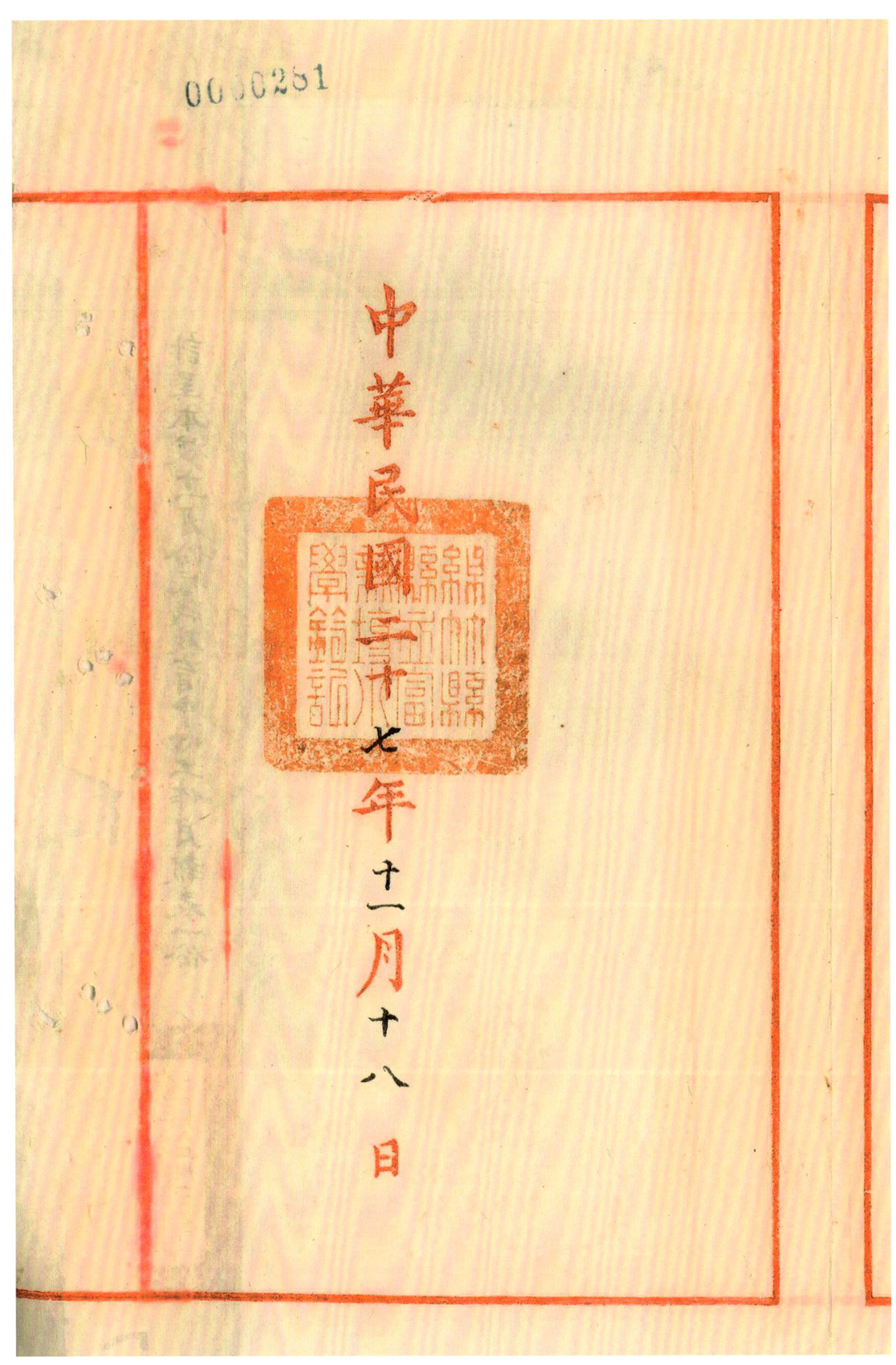

0000251

中華民國二十七年十一月十八日

附：绵竹县立富新场小学抗战时期教育中心工作一九三八年十一月报表（一九三八年十一月十八日）

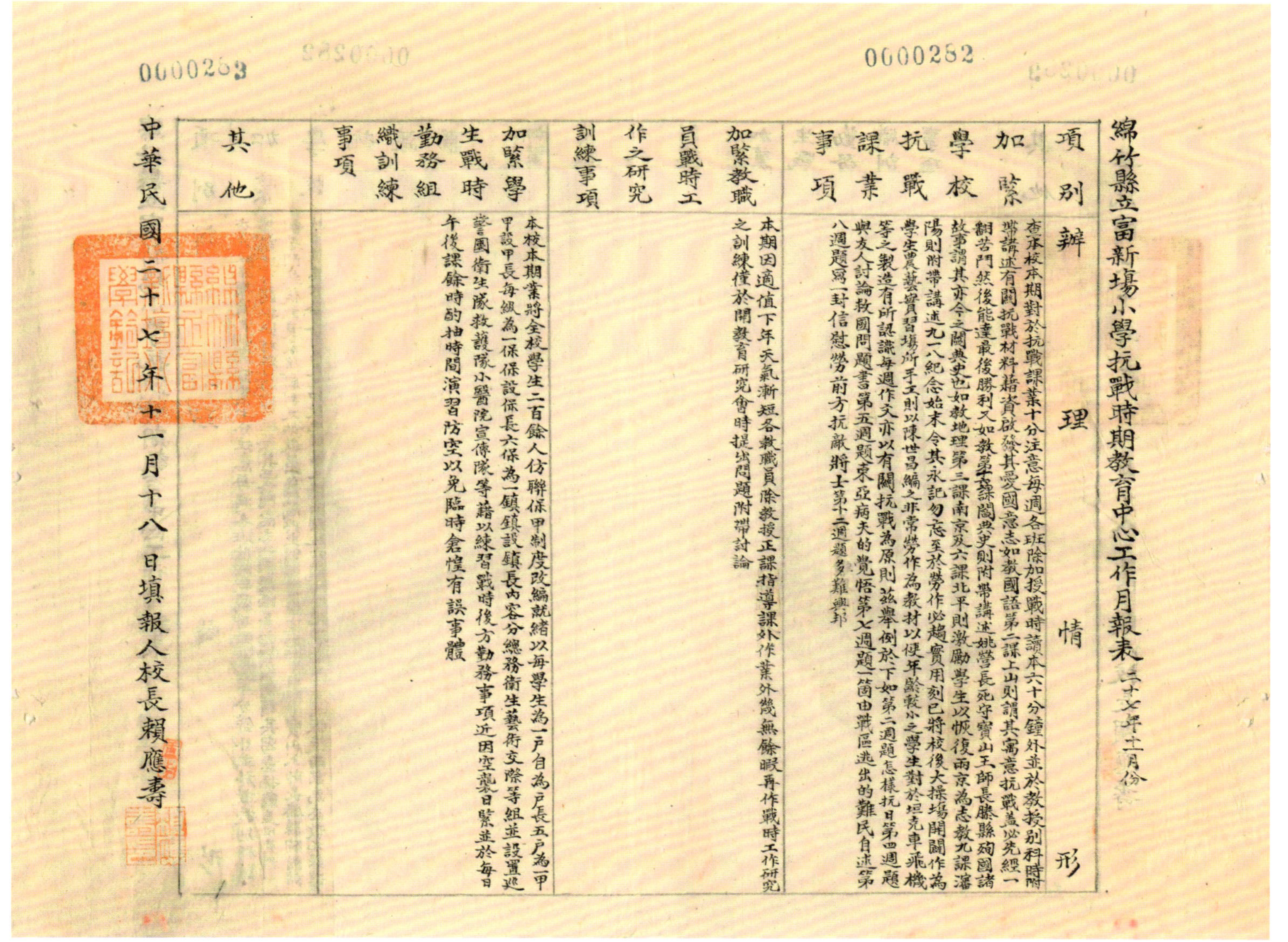

綿竹縣立富新場小學抗戰時期教育中心工作月報表 二十七年十一月份

項別	辦理情形
加緊學校抗戰課業事項	查本校本期對於抗戰課業十分注意每週各班除加授戰時讀本六十分鐘外並於教授別科時附帶講述有關抗戰材料藉資鼓發其愛國意志如教國語第二課上山則謂其寓意抗戰蓋必先經一翻苦鬥然後能達最後勝利又如教常識第十二課閱兵則附帶講述姚營長死守寶山王師長滕縣殉國諸故事謂其亦今之國殤也如教地理第三課南京及六課北平則激勵學生以恢復兩京為志教九課瀋陽則附帶講述九一八紀念始末令其永記勿忘至於勞作必趨實用刻已將校後大操場開闢作為學生農藝實習場所手工則以陳世昌編之非常勞作為教材以便年齡較小之學生對於坦克車飛機等之製造有所認識每週作文亦以有關抗戰為原則茲舉例於下如第二週題怎樣抗日第四週題與友人討論救國問題書第五週題東亞病夫的覺悟第七週題一個由戰區逃出的難民自述第八週題寫一封信慰勞前方抗敵將士第十二週題多難興邦
加緊教職員戰時工作之研究訓練事項	本期因適值下年天氣漸短各教職員除教授正課指導課外作業外幾無餘暇再作戰時工作研究之訓練僅於開教育研究會時提出問題附帶討論
加緊學生戰時勤務組織訓練事項	本校本期業將全校學生二百餘人仿聯保甲制度改編就緒以每學生為一戶自為戶長五戶為一甲甲設甲長每級為一保保設保長六保為一鎮鎮設鎮長內容分總務衛生藝術交際等組並設置巡警團衛生隊救護隊小醫院宣傳隊等藉以練習戰時後方勤務事項近因空襲日緊並於每日午後課餘時酌抽時間演習防空以免臨時倉惶有誤事體
其他	

中華民國二十七年十一月十八日填報人校長賴應壽

绵竹县立遵道场小学关于填报抗战时期教育中心工作十一月报表致县政府的呈（一九三八年十一月二十三日）

第三科

2116

2348

0000284

綿竹縣立遵道小學呈綿竹縣政府

事由	擬辦	批示	備考
爲填報十一月份抗戰教育工作月報表，請予核示由。	表交督學審閱 十一、廿四。	呈表均悉。仰候彙案核辦。此令。表存。十一、廿五、	中華民國廿七年十一月廿三日收到 已繕指令

中華民國廿七年十一月廿六日發

附一件

呈 字第 號 年 月 日 時到

收文 字第 號

竊本學十一月份抗戰教育中心工作，業已依照規定各欄，逐一實施。自應遵令依限將實施狀況，填造抗戰教育工作月報表，具文賫呈

鈞府鑒核示遵！

謹呈

綿竹縣政府縣長高

計呈抗戰教育工作月報表一份。

綿竹縣縣立遵道場小學校長何圖禮

中華民國二十七年十一月廿三日

附：绵竹县立遵道场小学抗战时期教育中心工作一九三八年十一月报表（一九三八年十一月二十二日）

綿竹縣縣立遵道場小學抗戰時期教育中心工作月報表

廿七年十一月份

項別	辦理情形
加緊學校抗戰課業事項	本學高初級學生每週除授抗戰教材二小時外，逐日編製壁報，摘錄抗敵要聞，繪抗敵標語漫畫等，并選授愛國補充讀物，激發其愛國熱忱
加緊教職員戰時工作之研究訓練事項	本學教職員除於課間灌輸抗戰知識，服務指導學生講演時事外，并研究舉國后防組織民衆以及防空防毒等事項而資練習
加緊學生戰時勤務組織訓練事項	積極領導學生實施戰時勤務，授以防空防毒簡單知能及救護運輸等工作，并於趕集日督率宣傳隊向市民講演防空事項，以避敵機空襲之慘炸
其他	

中華民國廿七年十一月廿二日填報人校長何國禮

绵竹县立拱星场小学关于遵令填报抗战时期教育中心工作月报表致县政府的呈（一九三八年十一月二十四日）

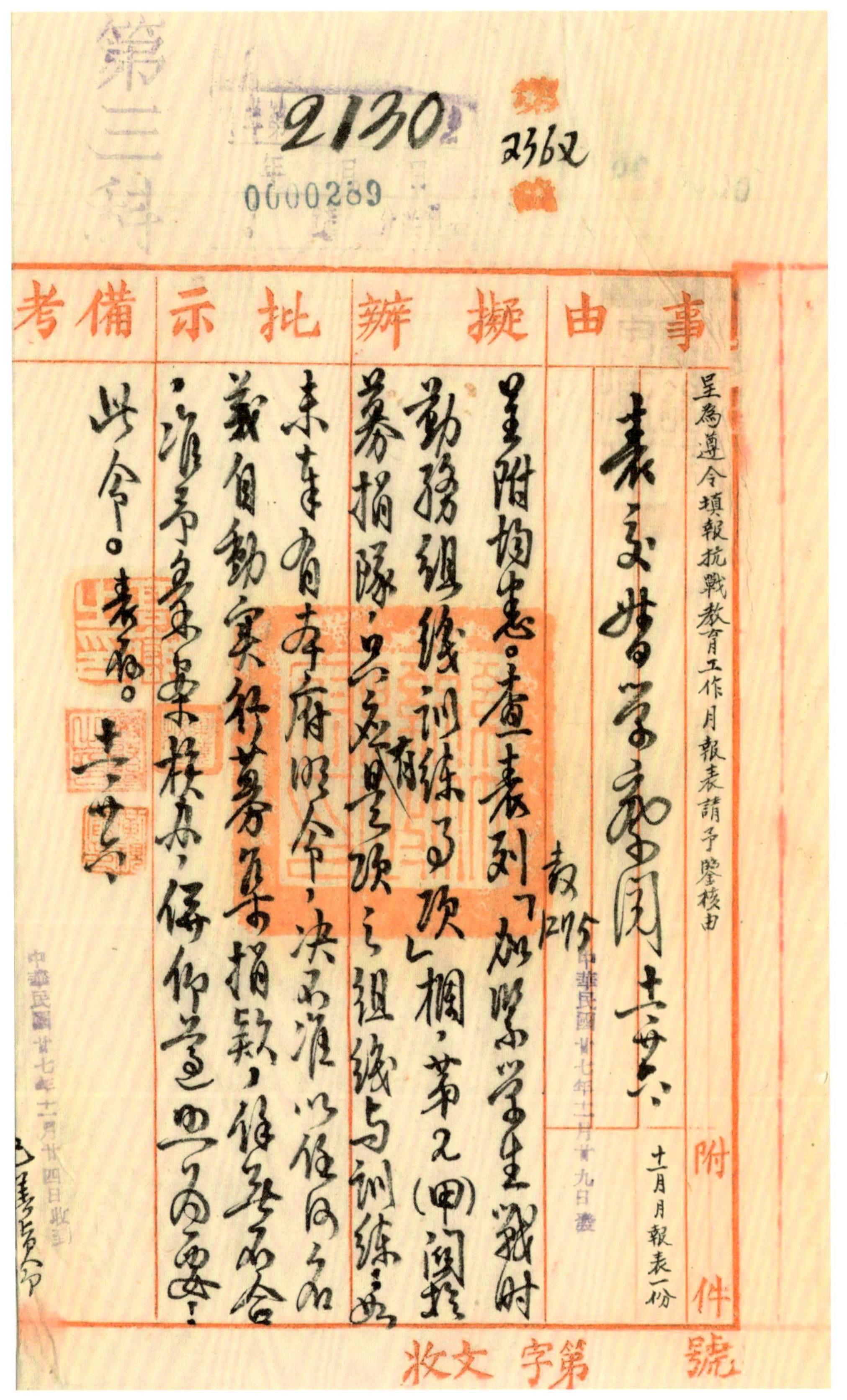

2130

0000289

事由	呈為遵令填報抗戰教育工作月報表請予鑒核由
附件	十一月月報表一份
擬辦	表交督学核閱 十一、廿六
批示	呈附均悉。查表列「加緊學生戰時勤務組織訓練」項內，第九（甲）關於募捐隊之組織與訓練，查本府明令，決不准以任何名義自動實行募集捐款，該校未便照辦，仰即遵照為要！此令。表存。十一、廿六
備考	

中華民國廿七年十一月廿四日收到

中華民國廿七年十一月廿九日發

收文　字第　號

呈字第　號

案奉
鈞府□□令，爲奉令依照四川省抗戰時期中心工作，實施抗戰教育規定各欄，根據職校實施狀况，填就十一月份抗戰時期教育中心工作月報表一份，理合隨文賫呈
鈞府鑒核備查，令示祇遵。謹呈
綿竹縣政府縣長　馮

綿竹縣五拱星壋小學校長　詹志静

二十七年十一月廿四日　時到

附：绵竹县立拱星场小学抗战时期教育中心工作一九三八年十一月报表（一九三八年十一月二十四日）

0000291

綿竹縣立拱星小學抗战時期教育中心工作月報表（二十七年十一月份）

項別	辦理情形
加緊學校抗战課業事項	本校加緊抗战課業，根據小學抗敵教育實施 1. 繼續十月份抗战課業 2. 常識科（甲）講演日本對華的概況（乙）我國對日抗战的概況（丙）日本侵佔我國那些地方（丁）東北的小朋友 3. 勞作科（甲）男生 製造各種兵器的簡易模型及各種菜蔬的播種和分栽（乙）女生 製造防毒口罩、軍用雜囊及徽党國旗及軍旗
加緊教職員战時工作之研究訓練事項	本校加緊教職員战時工作之研究訓練事項 1. 繼續十月份研究訓練事項 2. 利用各種集會舉行有關抗敵工作，如在紀念週、週會、朝會、夕會、保甲會推舉教師一位講演抗敵新聞、暴日侵略我國的史事及我軍抗战的情形並援方抗敵的工作 3. 每逢集場期推教員二人領導學生到市場宣傳兵役及防空方法
加緊學生战時勤務組織訓練事項	本校加緊學生战時勤務組織訓練事項 1. 繼續十月份的訓練事項 2. （甲）組織募捐隊，宣傳募捐，製造寒衣贈送前方將士（乙）組織調查隊出外調查仇貨及漢奸
其他	

中華民國二十七年十一月二十四日填報人校長詹志靜

0000292

绵竹县立第一初级小学关于报送抗战时期教育中心工作十一月报表致县政府的呈（一九三八年十一月二十五日）

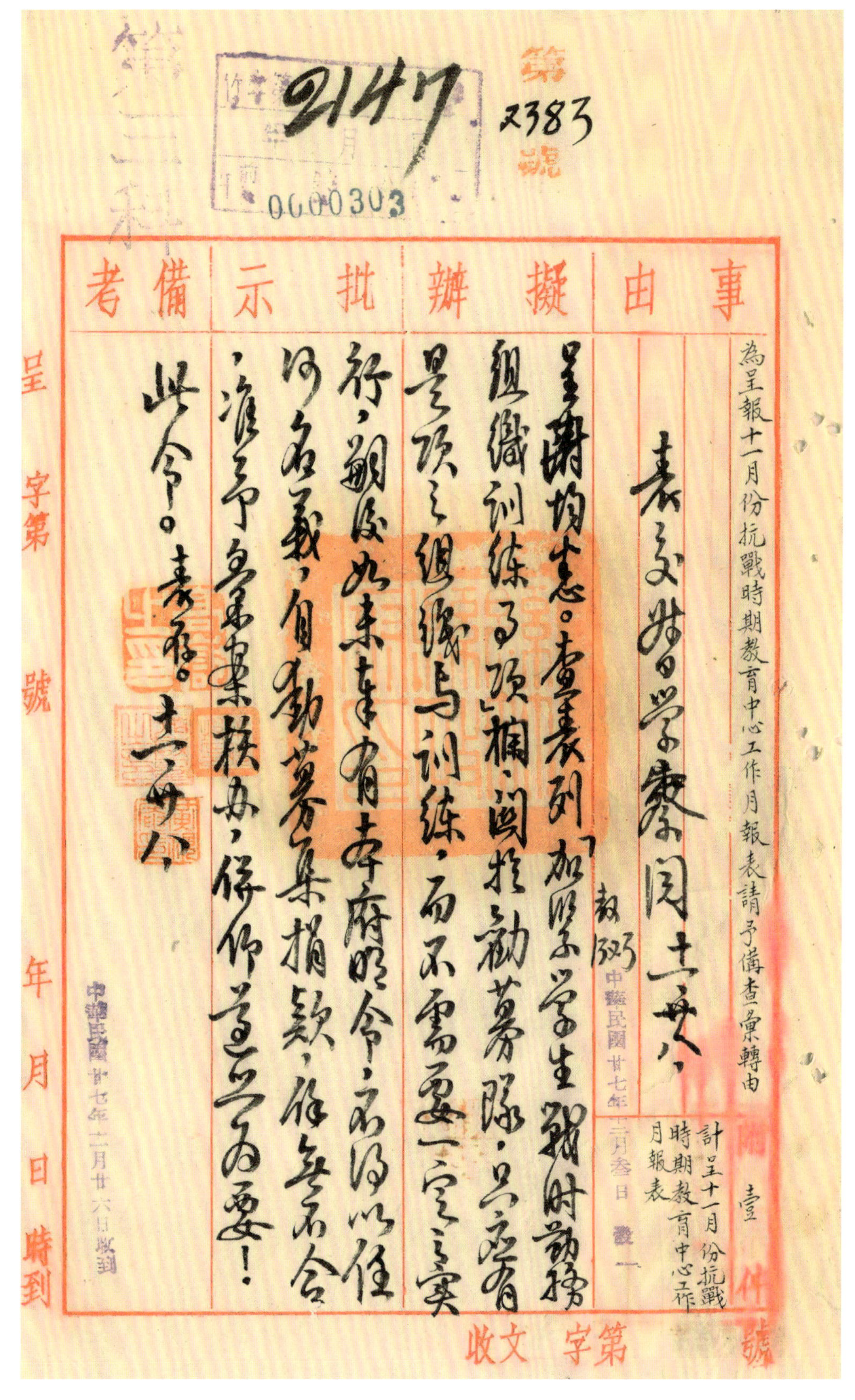

事由：為呈報十一月份抗戰時期教育中心工作月報表請予備查彙轉由

附件：壹　計呈十一月份抗戰時期教育中心工作月報表

擬辦：

批示：

備考：

中華民國廿七年十二月叁日發

中華民國廿七年十二月廿六日收到

第　字　號　收文

呈　字第　號　年　月　日　時到

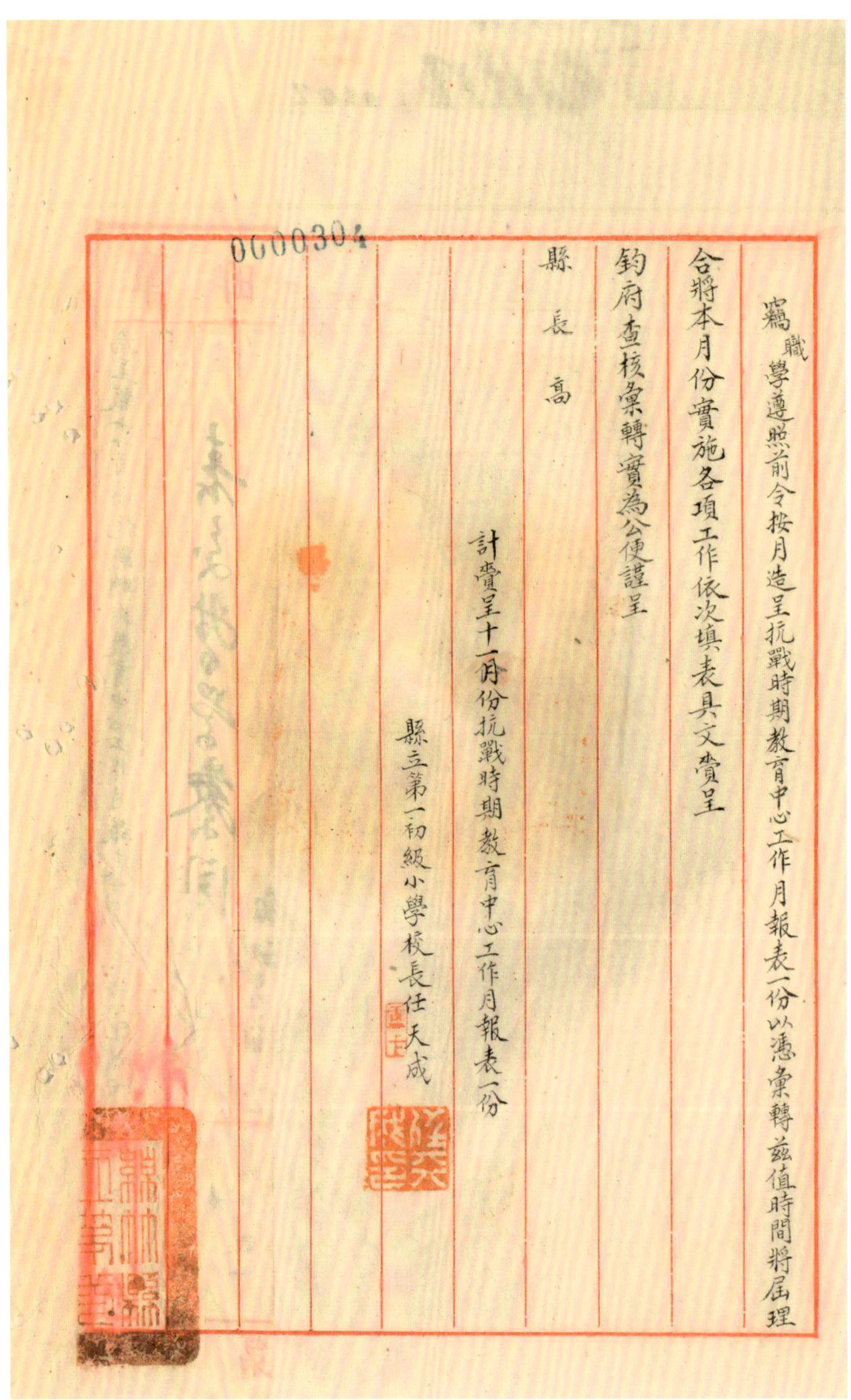
0G00304

竊職學遵照前令按月造呈抗戰時期教育中心工作月報表一份以憑彙轉茲值時間將屆理合將本月份實施各項工作依次填表具文賫呈
鈞府查核彙轉實為公便謹呈
縣長高

計賫呈十一月份抗戰時期教育中心工作月報表一份

縣立第一初級小學校長任天成

附：绵竹县立第一初级小学抗战时期教育中心工作一九三八年十一月报表（一九三八年十一月二十五日）

綿竹縣立第一初級小學抗戰時期教育中心工作月報表

民國二十七年十一月份

項別	辦理情形
加緊學校抗戰課業事項	國語科：每週繼續授戰時讀本暨民族英雄故事一段作文仍以激發兒童愛國熱忱為主題 常識科：除繼續講授中國空軍殲滅日本論外并講述防空防毒常識 算術科：計算中日糧食生產之比較及中日作戰死亡人口之比較 藝術科：美術科每週繼續出抗日漫畫畫報一大幅各級教授簡單新式武器圖形並加抗日漫畫音樂科仍以救亡抗日歌曲逐一教授 精神訓話：講述日本現在法幣低落經濟崩潰農村破產工人失業兵源缺乏為失敗之証實我們堅持長期抗戰必得最後勝利 體魄訓練：照上月規定無間斷加緊練習
加緊教職員戰時工作之研究	1、每週星期六午後開抗敵工作討論會一次 2、每月開小學教育研究會一次 3、本學教職員均參加抗敵宣傳及兵役宣傳工作
訓練事項	4、本學每月開校務會議一次討論實施抗戰教育
加緊學生戰時勤務組織訓練事項	1、本學中年級男女生組織抗敵宣傳組於趕塲日及紀念日分頭講演 2、本學除前已組織勸募隊向人勸募捐助金錢慰勞前方抗日戰士 3、每週舉行防空演習一次
其他	

中華民國二十七年十一月二十五日填報人校長任天成

绵竹县立广济场小学关于填报抗战时期教育中心工作十一月报表致县政府的呈（一九三八年十一月二十七日收）

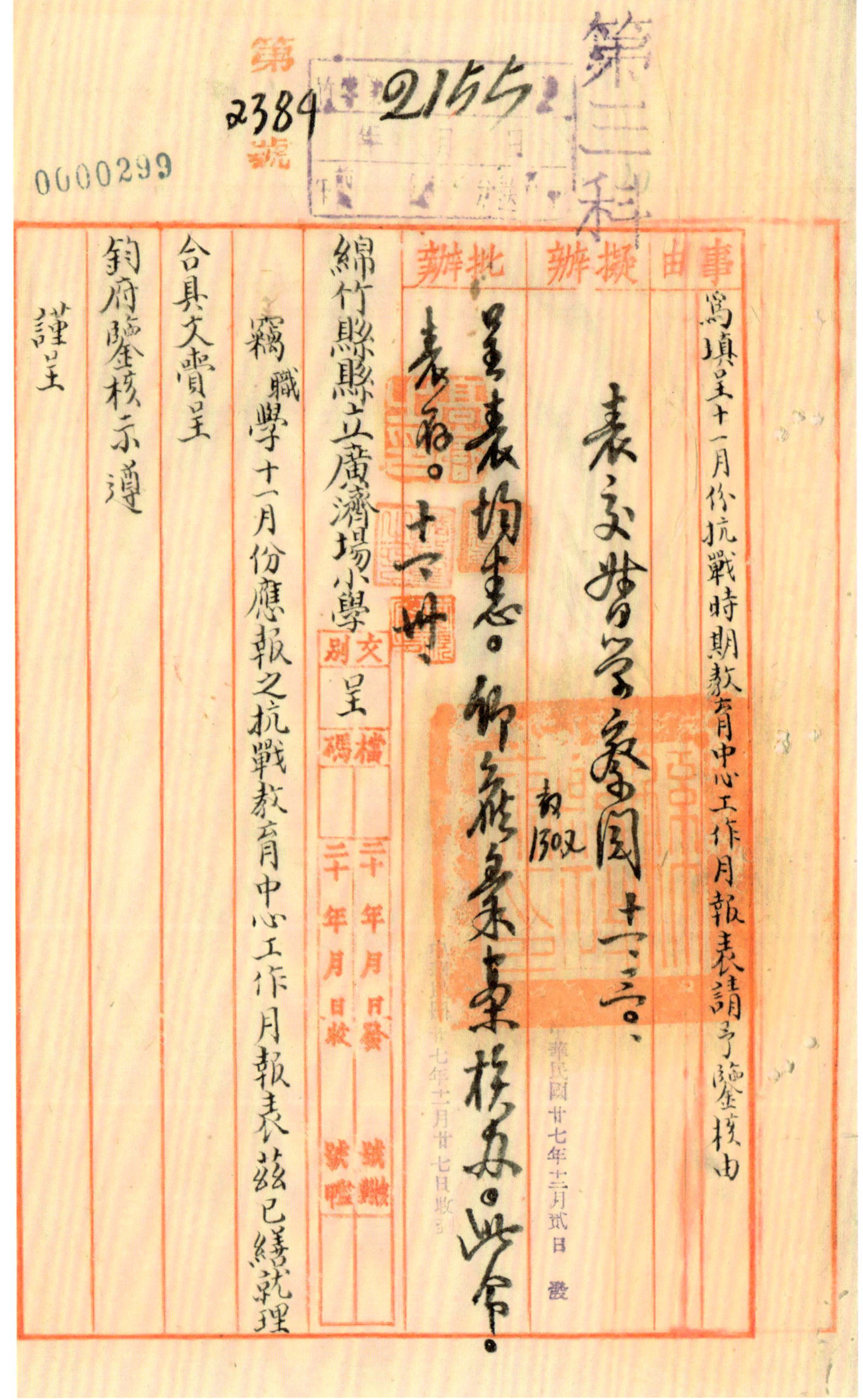
0000299
第2384號
2155
第三科
事由：寫填呈十一月份抗戰時期教育中心工作月報表請予鑒核由
擬辦：表交督學參閱。十一、廿三。
批辦：呈表均悉。仰候彙案核奪。此令。
綿竹縣縣立廣濟場小學呈
竊職學十一月份應報之抗戰教育中心工作月報表茲已繕就理合具文賫呈
鈞府鑒核示遵
謹呈
中華民國廿七年十二月貳日發

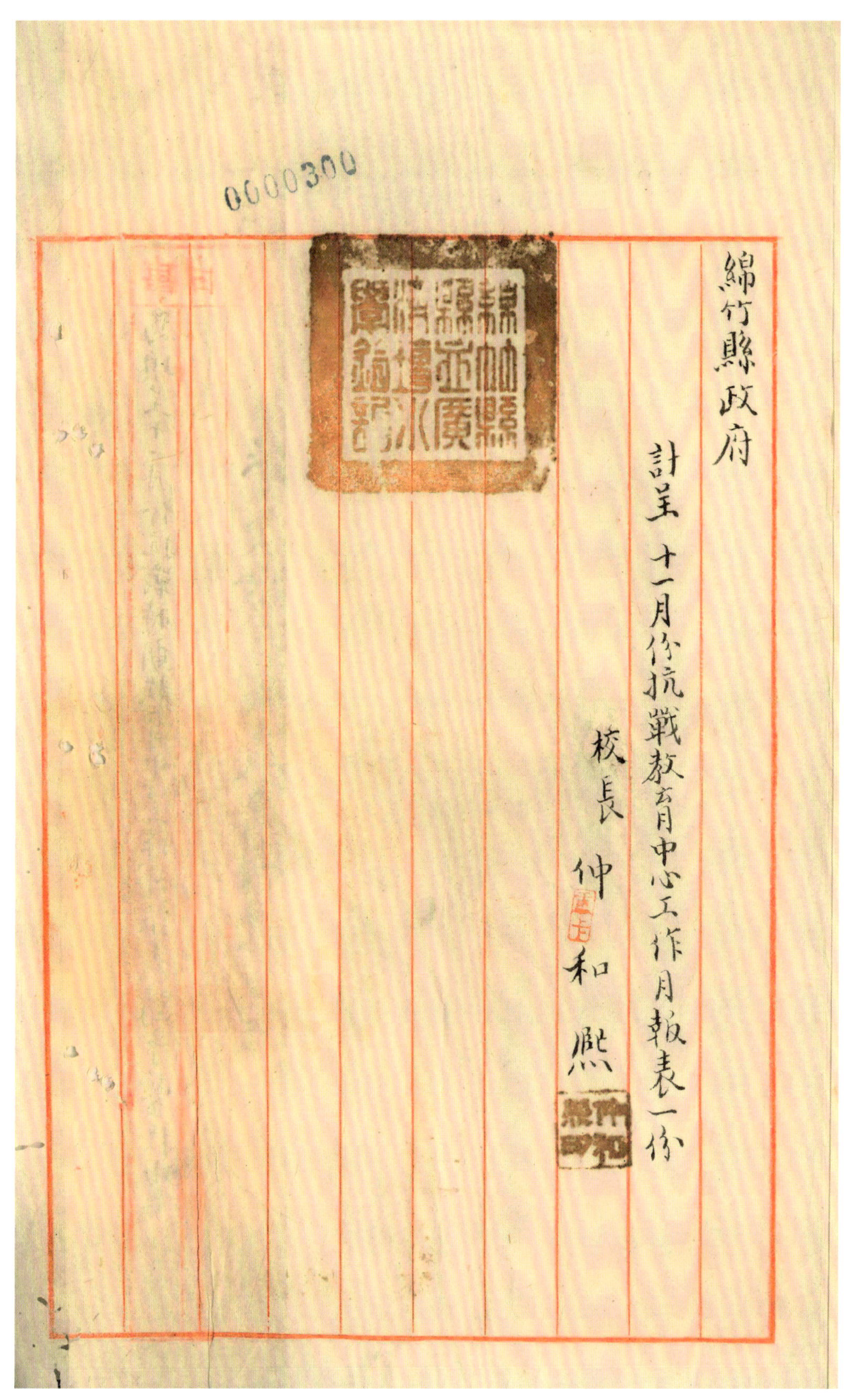

綿竹縣政府

計呈 十一月份抗戰教育中心工作月報表一份

校長 仲和熙

附：绵竹县立广济场小学抗战时期教育中心工作一九三八年十一月报表（一九三八年十一月）

綿竹縣縣立廣濟場小學抗戰時期教育中心工作月報表

二十七年十一月份

項目	辦理情形
加緊學校抗戰課業事項	1.國語音樂美術等科遵本學抗戰工作研究會議決案實行補充或選授足以激發愛國熱忱之教材 2.每日早操及星一二五日課外運動概授以拳術 3.自然常識等科隨時補充以防毒防空等常識
加緊教職員戰時工作之研究訓練事項	1.戰時工作研究會本月十五日開會一次 2.每週星期三作防空演習一次 3.每屆場期即率同學生出外宣傳兵役 4.舉辦壁報每十日張貼一次
加緊學生戰時勤務組織訓練事項	1.將全校童軍分為募集宣傳交通偵察各組由教職員分別指導認真訓練
其他	

中華民國二十七年十一月　日　填報人校長仲和熙

绵竹县立城区第二小学关于报送抗战时期教育中心工作十一月报表致县政府的呈（一九三八年十一月二十九日）

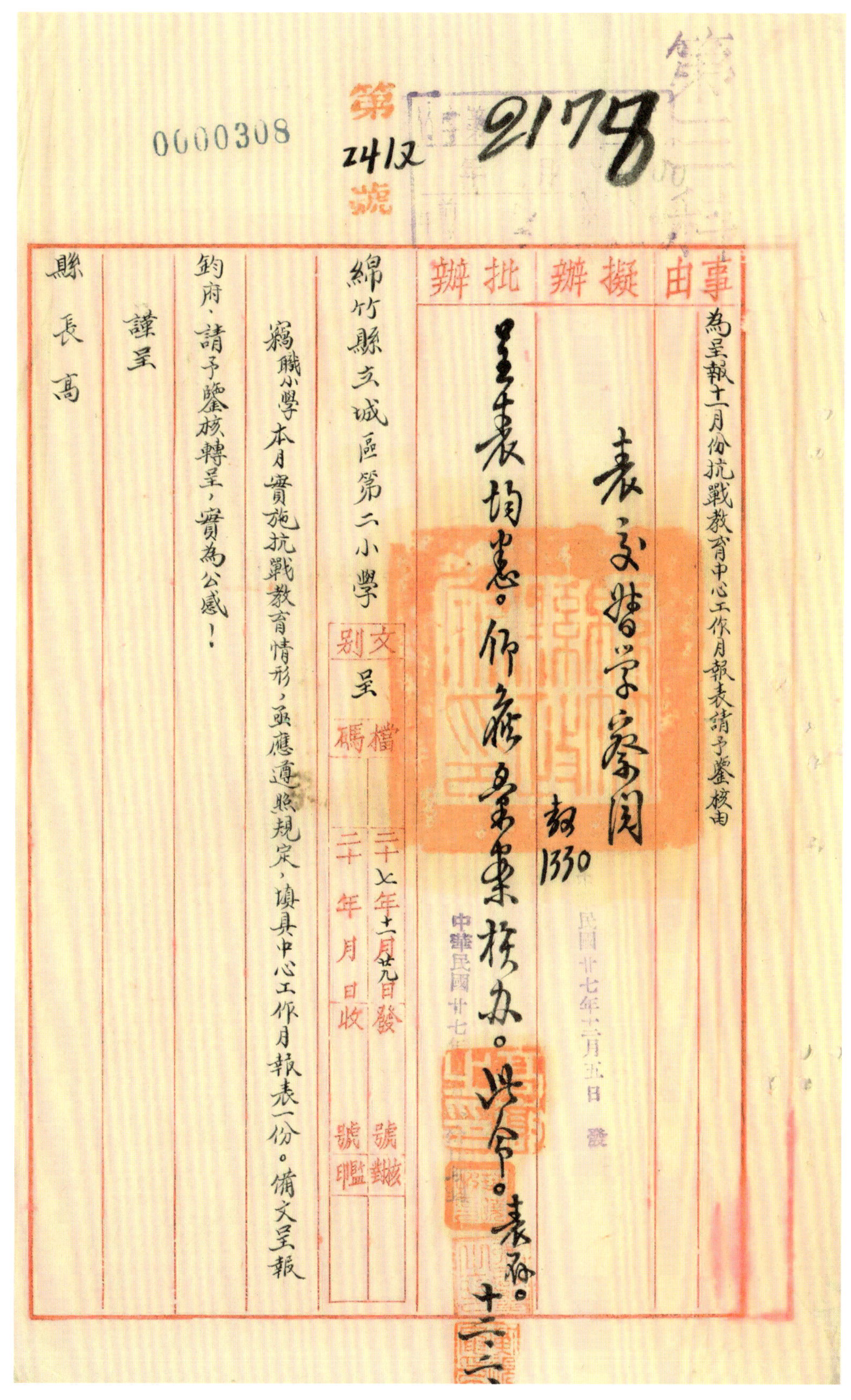

0000308

第2412號

2178

事由：為呈報十一月份抗戰教育中心工作月報表請予鑒核由

擬辦：表交督学察阅 敏 1330

批辦：呈表均悉，仰存案備核。此令。表存。十二、六

中華民國廿七年十二月五日發

綿竹縣立城區第二小學

文別：呈

檔碼：

三十七年十一月廿九日發

二十年 月 日收

竊職小學本月實施抗戰教育情形，亟應遵照規定，填具中心工作月報表一份。備文呈報

鈞府，請予鑒核轉呈，實為公感！

謹呈

縣長高

0000309

計呈十一月份抗戰教育中心工作月報表一份

綿竹縣立城區第二小學校長張錦城

附：绵竹县立城区第二小学抗战时期教育中心工作一九三八年十一月报表（一九三八年十一月二十八日）

綿竹縣立城區第二小學抗戰時期教育中心工作月報表（二十七年十一月份）

項別	辦理情形
加緊學校抗戰課業事項	1、繼續上月各項規定訓練 2、特別注意學生表現 甲、高級學生出抗敵漫畫週刊及抗敵簡報并担任宣傳講演 乙、初級學生組織歌詠隊於逢五場期會同宣傳隊到市面歌唱
加緊教職員戰時工作之研究訓練事項	1、繼續上月工作 2、搜集抗敵畫譜詩歌共同研究選擇供給學生需用 3、研究時事集中抗戰思想於星期六開會一次共同切磋
加緊學生戰時勤務組織訓練事項	1、繼續上月訓練事項 2、課外作業時演習防護事項 甲、救火練習 乙、救傷練習 丙、指導行人維持秩序練習 丁、守護電話電桿橋樑練習
其他	準備抗敵遊藝節目預備募集兒童號飛機捐款

中華民國二十七年十一月二十八日填報人校長張錦城

绵竹县立拱星场小学关于遵令填报抗战时期教育中心工作十二月报表致县政府的呈（一九三八年十二月二十四日）

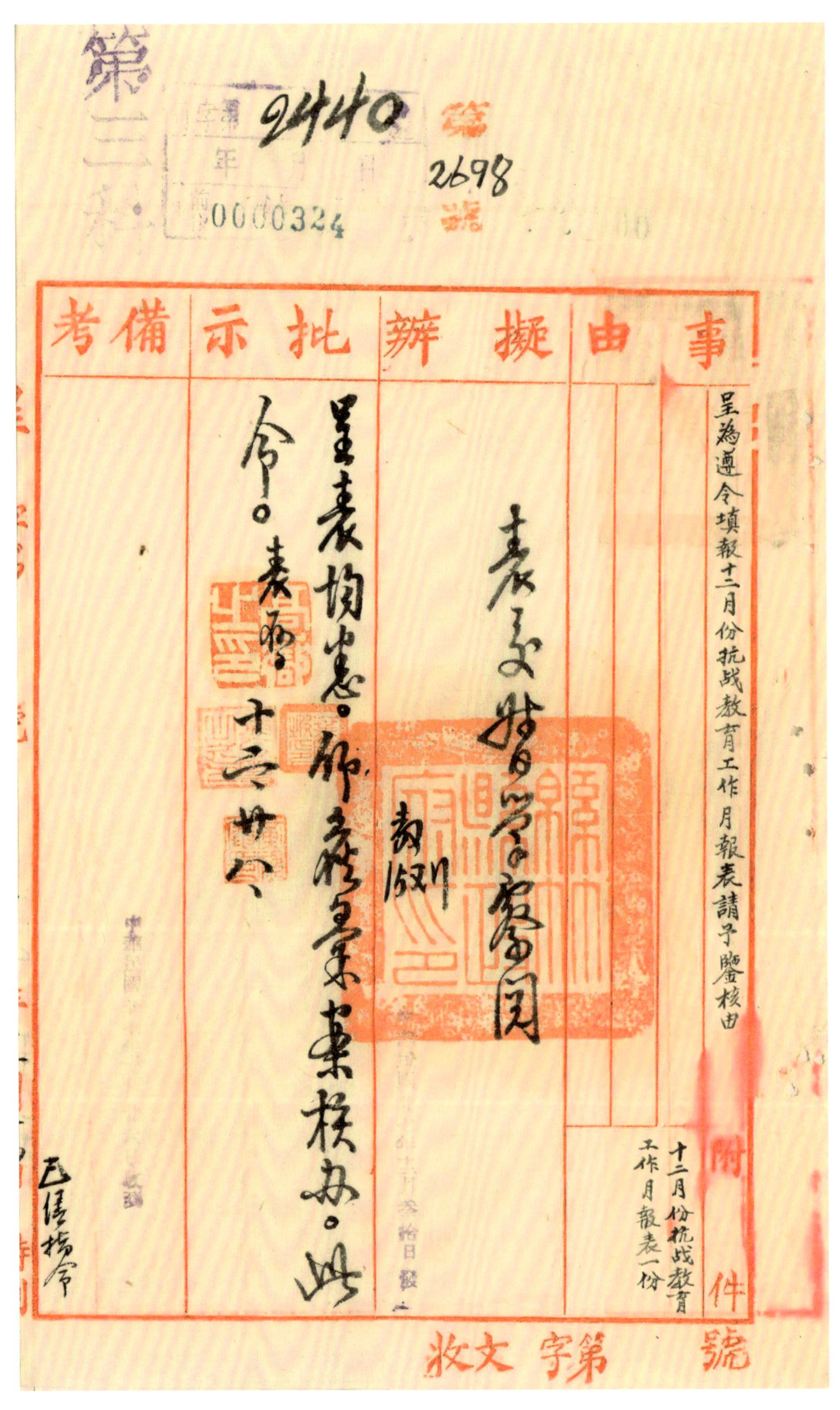

第　號 2440

2698

0000324

事由	擬辦	批示	備考
呈為遵令填報十二月份抗战教育工作月報表請予鑒核由	表交督學室閱	呈表均悉。仰候彙案核辦。此令。表存。十二、廿八	
附件：十二月份抗战教育工作月報表一份			

收文　字第　號

0000325

呈 字第 號

二十七年十二月二十四日 時到

竊職校遵令依照四川省抗戰時期中心工作，實施抗戰教育規定各欄，根據職校實施狀况，填就十二月份抗戰時期教育中心工作月報表一份，理合隨文賫呈

鈞府鑒核備查，示遵，謹呈。

綿竹縣政府縣長高

綿竹縣立拱星場小學校長詹志靜

呂佐周代

附：绵竹县立拱星场小学抗战时期教育中心工作一九三八年十二月报表（一九三八年十二月二十四日）

綿竹縣立拱星場小學抗戰時期教育中心工作月報表（二十七年十二月份）

項別	辦理情形
加緊學校抗戰課業事項	本校加緊抗战課業根據小學抗敵教育實施 1. 繼續十一月份抗戰課業事項 2. 自然科 甲、現代作战術 乙、飛機空襲 丙、避災救災和消防器具的研究 3. 常識科 甲、後方應做的工作 乙、現在那些地方在打仗 丙、我們的敵人 丁、小朋友怎樣抗日
加緊教職員戰時工作之研究訓練事項	本校加緊教職員战時工作之研究訓練事項 1. 繼續十一月份研究訓練事項 2. 每星期利用休息時間閱讀現在有關抗敵書籍一册 3. 各教職員切實參加本地各種抗敵工作
加緊學生戰時勤務組織訓練事項	本校加緊學生战時勤務組織訓練事項 1. 継續十一月份訓練事項 2. 擬訂有關防空的各種演習辦法並有每星期演習一次
其他	

中華民國二十七年十二月二十四日填報人校長詹志靜

呂佐周代

绵竹县立第一初级小学关于报送抗战时期教育中心工作十二月报表致县政府的呈（一九三八年十二月二十八日收）

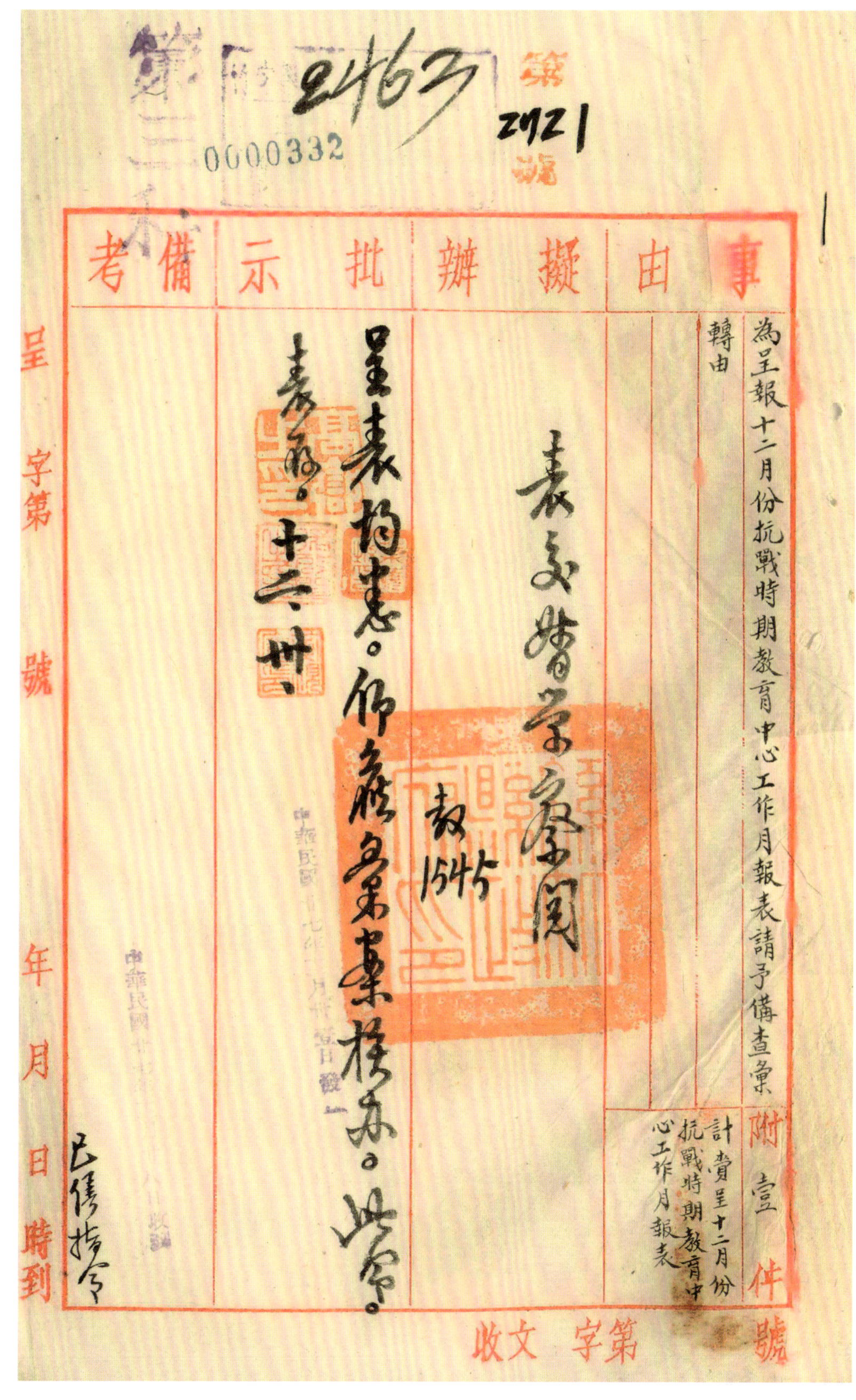

事由：為呈報十二月份抗戰時期教育中心工作月報表請予備查彙轉由

附 壹 件：計賫呈十二月份抗戰時期教育中心工作月報表

擬辦：表交督学室阅

批示：呈表悉。仰候彙案核办。此令

備考：表存。十二·卅

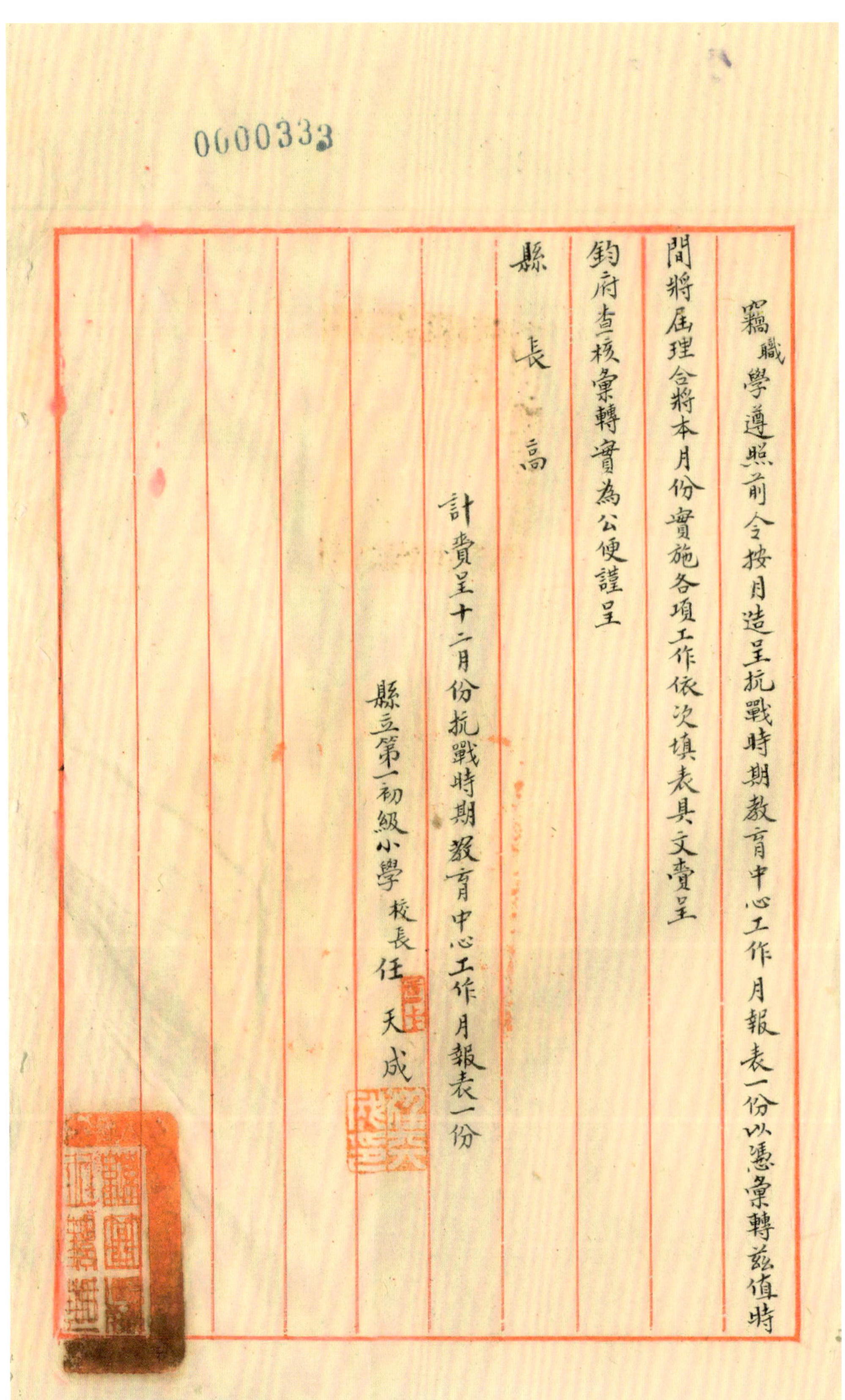

0000333

竊職學遵照前令按月造呈抗戰時期教育中心工作月報表一份以憑彙轉茲值時間將屆理合將本月份實施各項工作依次填表具文賫呈

鈞府查核彙轉實爲公便謹呈

縣長高

計賫呈十二月份抗戰時期教育中心工作月報表一份

縣立第一初級小學校長任天成

附：绵竹县立第一初级小学抗战时期教育中心工作一九二八年十二月报表（一九三八年十二月二十六日）

0000334

綿竹縣立第一初級小學抗戰時期教育中心工作月報表 二十七年十二月份

項別	辦理情形
加緊學校抗戰課業事項	(一)語文學科 各年級每週除授戰時讀本一課外并於每日午後課外作業時由級任教員督率學生閱讀戰時國語讀本民族英雄及蜀話報等至每週各級作文均採有關抗敵救國之材料為題目 (二)常識科 除有常識教科書外并於每週星期二四六午後散學時由值週員向各生講演防空防毒常識及各國政治經濟工商業等概況 (三)算術科 本月各級學生作敵機來川統計一次各國人口比較一次 (四)藝術科 各班美術撫畫最新武器之略形及倭寇之暴行等 (五)精神訓練 除每週星期一舉行總理紀念週作政治報告外並於星期三早會及星期一三五午後降旗時向學生講演認清敵人服從領袖信仰抗戰到底等
加緊教職員戰時工作之研究訓練事項	(一)召開抗敵教育討論會二次 (二)召開初等教育研究會一次 (三)召開校務會議討論教職員抗戰工作一次
加緊學生戰時勤務組織訓練事項	(一)中年級男女生組織抗敵宣傳隊於趕場日及紀念日到茶房酒店市場宣傳抗敵一小時 (二)本月舉行童軍野外演習一次防空訓練一次 (三)中年級學生組織抗敵漫畫宣傳部每週每人各畫一幅由先生選貼校外
其他	本學奉令成立中國兒童號飛機四川綿竹縣立第一初級小學籌募支會已於十二月九日午前正式成立業經開會三次

中華民國二十七年十二月二十六日填報人校長任天成

绵竹县立城区第二小学关于报送抗战时期教育中心工作十二月报表致县政府的呈（一九三八年十二月二十八日）

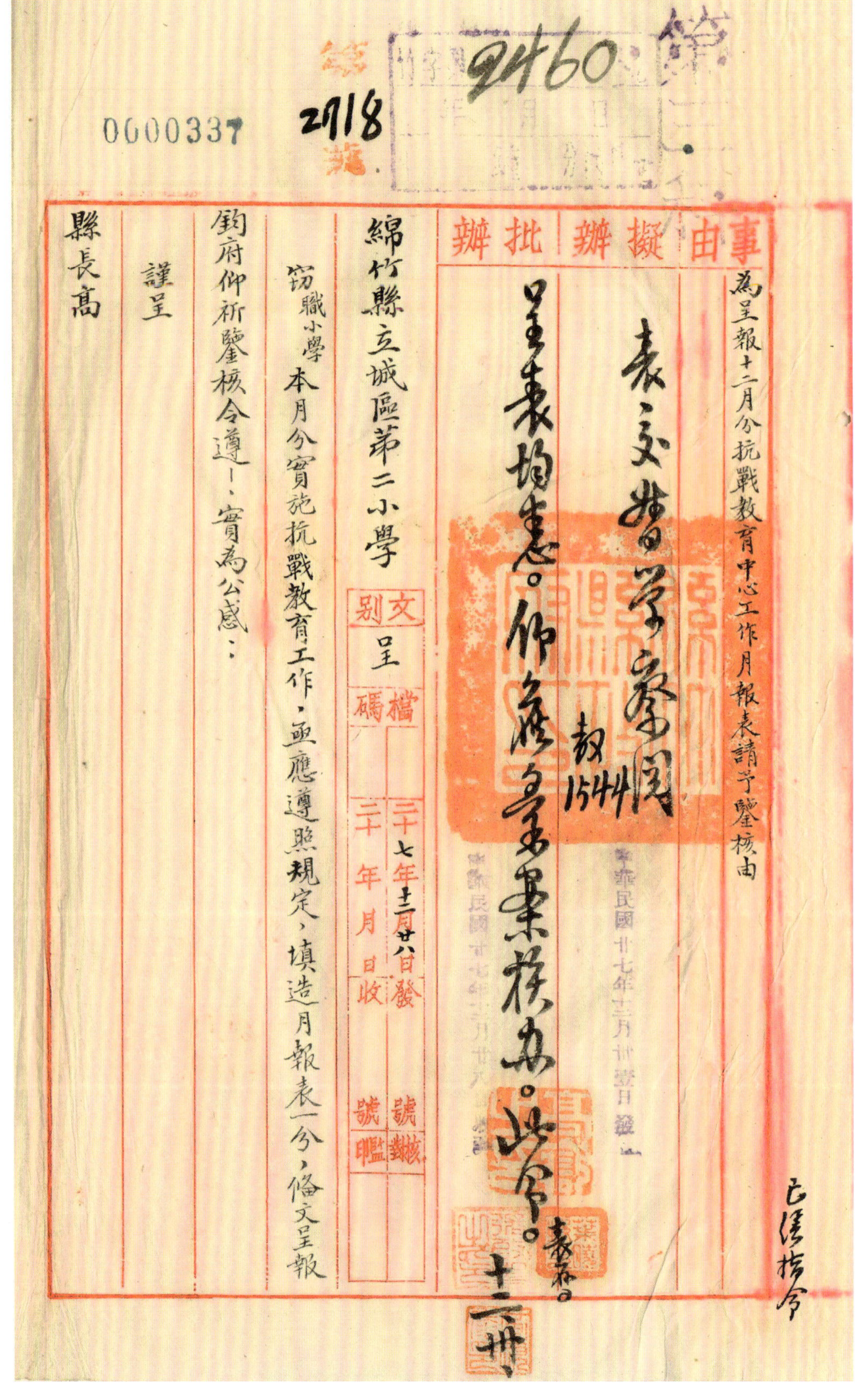

0000337　2718　2460

事由：為呈報十二月分抗戰教育中心工作月報表請予鑒核由

擬辦：表交教學參閱　教1544

批辦：呈表均悉。仰候查案核辦。此令。十二卅

已繕核令

綿竹縣立城區第二小學

文別：呈

二十七年十二月廿八日發

竊職小學本月分實施抗戰教育工作，亟應遵照規定，填造月報表一分，備文呈報

鈞府仰祈鑒核令遵！實為公感！

謹呈

縣長高

0000338

計呈十二月分抗戰教育中心工作月報表一分

綿竹縣立城區第二小學校長張錦城

附：绵竹县立城区第二小学抗战时期教育中心工作一九三八年十二月报表（一九三八年十二月二十六日）

0000339　0000340

綿竹縣立城區第二小學抗戰時期教育中心工作月報表（廿七年十二月份）

項别	辦理情形
加緊學校抗戰課業事項	1、繼續上月工作 2、特别注意抗敵材料之搜集 甲、使高級班學生編製抗敵話劇及花鼓詞 乙、初級學生創編抗敵金錢板於每星期四日午後到常備大隊部表演
加緊教職員戰時工作之研究事項	1、繼續上月未完工作 2、成立抗敵話劇指導組
加緊學生戰時勤務組織訓練事項	1、繼續上月訓練事項 2、童軍訓練時作下列之訓練 甲、運輸工作 乙、救護工作
其他	準備元旦動員會擴大宣傳週兵役宣傳及遊藝事項

中華民國二十七年十二月廿六日　填報人校長張錦城（印）

绵竹县立遵道场小学关于填报抗战时期教育中心工作十二月报表致县政府的呈（一九三八年十二月二十九日）

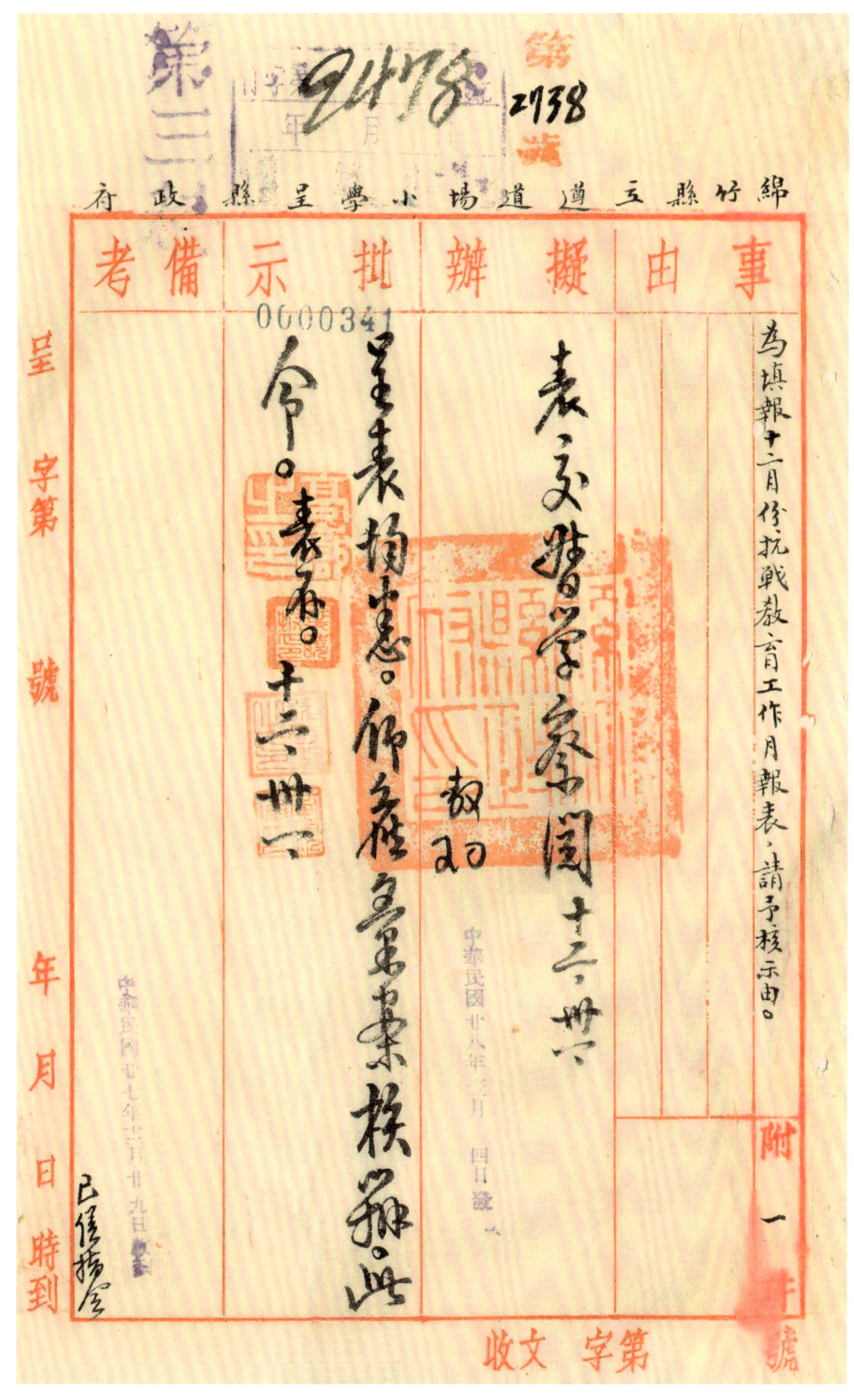

第 2478 2738

綿竹縣立遵道場小學呈縣政府

事由	擬辦	批示	備考
為填報十二月份抗戰教育工作月報表，請予核示由。	表文暨答案閱 十二、卅	呈表均悉。仰候彙案核辦。此令。表存。十二、卅一	

附 一件

中華民國廿七年十二月廿九日

中華民國廿八年一月四日發

呈 字第 號 年 月 日 時到

收文 字第 號

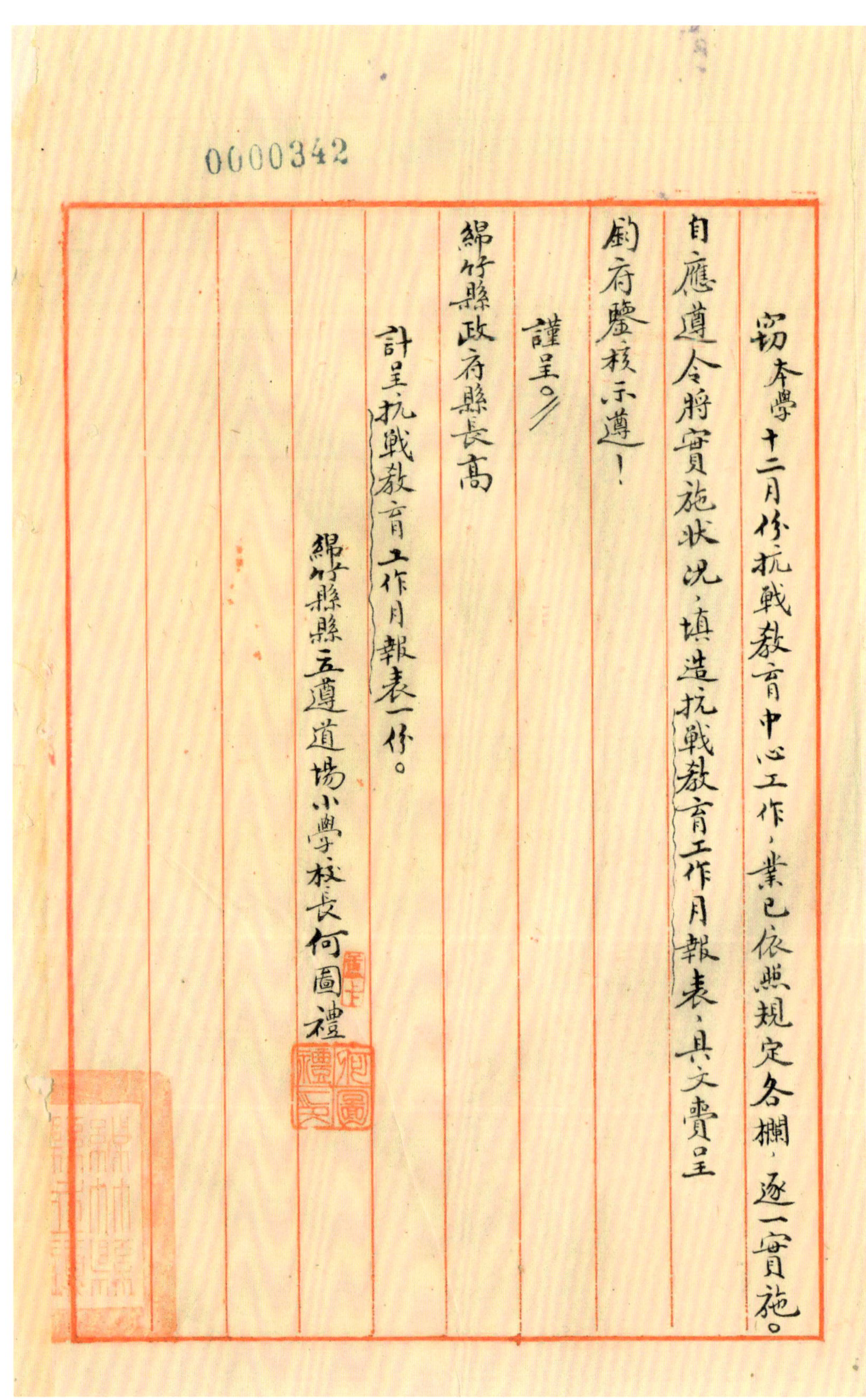
0000342

竊本學十二月份抗戰教育中心工作，業已依照規定各欄，逐一實施。自應遵令將實施狀況，填造抗戰教育工作月報表，具文賫呈

鈞府鑒核示遵！

謹呈

綿竹縣政府縣長高

計呈抗戰教育工作月報表一份。

綿竹縣縣立遵道場小學校長何圖禮

附：绵竹县立遵道场小学抗战时期教育中心工作一九三八年十二月报表（一九三八年十二月二十九日）

綿竹縣縣立遵道場小學抗戰時期教育中心工作月報表（廿七年十二月份）

項別	辦理情形
加緊學校抗戰課業事項	本學高初級學生每週除授抗戰教材二小時外逐日編製壁報摘錄抗敵要聞繕繪抗敵標語漫畫等并教作救國論文及講演詞以發表其愛國思想
加緊教職員戰時工作之研究訓練事項	全體教職員研究如何深入民間策動群眾努力抗敵以期萬眾一心收最后勝利之效并研究設計宣傳等事項
加緊學生戰時勤務組織訓練事項	每週童訓體育時間於高中年級學生加授戰鬥教練激發其敵愾情緒以外並督率向市民宣傳抗敵救國及服兵役等事項
其他	

中華民國廿七年十二月廿九日填報人校長何圖禮

绵竹县立广济场小学关于遵令填报抗战时期教育中心工作月报表致县政府的呈（一九三九年一月七日收）

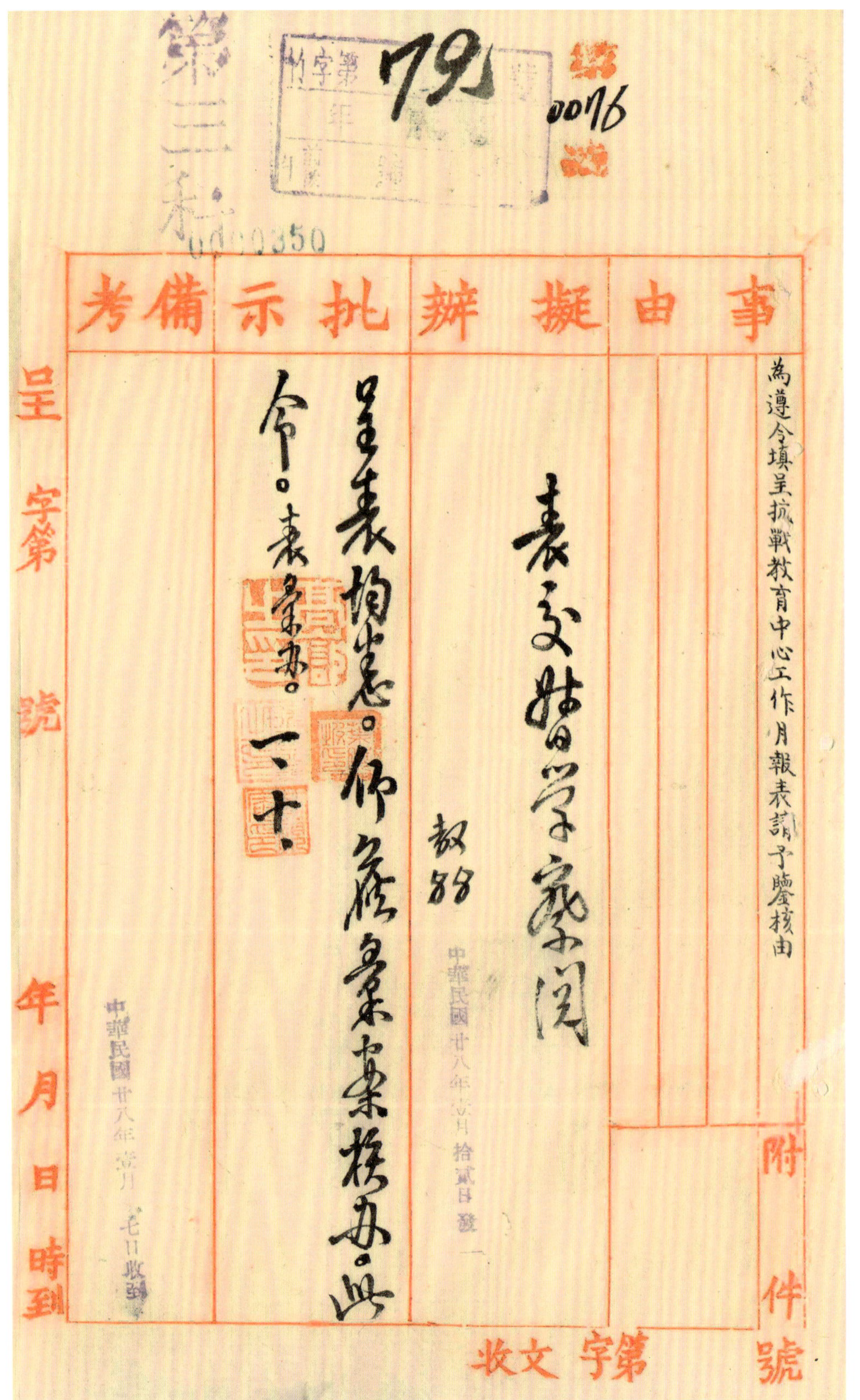

0076

00000350

事由：為遵令填呈抗戰教育中心工作月報表請予鑒核由

擬辦：表交督學室閱

中華民國廿八年壹月拾貳日發

批示：呈表均悉。仰候彙案核辦。此令。表存。一・十

備考：

中華民國廿八年壹月七日收到

呈　字第　號　年　月　日　時到

附件　號

收文　字第

0000351

前奉

鈞府教字第一三零零號訓令：飭即按月填呈抗戰時期教育中心工作月報表一案。等因；奉此，理合遵令將職學十二月份工作情形填呈一份隨文賫呈

鈞府鑒核示遵。

謹呈

縣長高

計呈十二月份抗戰教育中心工作月報表一份

縣立廣濟場小學校長仲和熙

仲和熙印

0000353

中華民國二十八年一月　日

綿竹縣綿竹縣廣濟鎮學校鈐記

附：绵竹县立广济场小学抗战时期教育中心工作一九三八年十二月报表（一九三八年十二月）

綿竹縣縣立廣濟場小學抗戰時期教育中心工作月報表　二十七年十二月

項別	辦理情形
加緊學校抗戰課業事項	1.國語音樂美術等科仍照前月隨時補充或選授足以引起兒童抗敵情緒之教材 2.週會及紀念週時由教職員盡量搜集前方抗敵消息詳細講演以期學生明了目前抗敵形勢堅定抗戰決心
加緊教職員戰時工作之研究訓練事項	1.本學抗戰工作研究會五日曾開會一次討論一切工作事宜 2.每逢場期出外宣傳兵役一次 3.本月十六日教職員曾往騾保處及大操場向集合之壯丁民眾宣傳一切
加緊學生戰時勤務組織訓練事項	1.各組童軍仍加緊訓練授以戰時常識
其他	

中華民國二十七年十二月　日填報人校長仲和熙

绵竹县立拱星场小学关于遵令填报抗战时期教育中心工作一月报表暨抗敌宣传工作报告表致县政府的呈

（一九三九年一月二十四日）

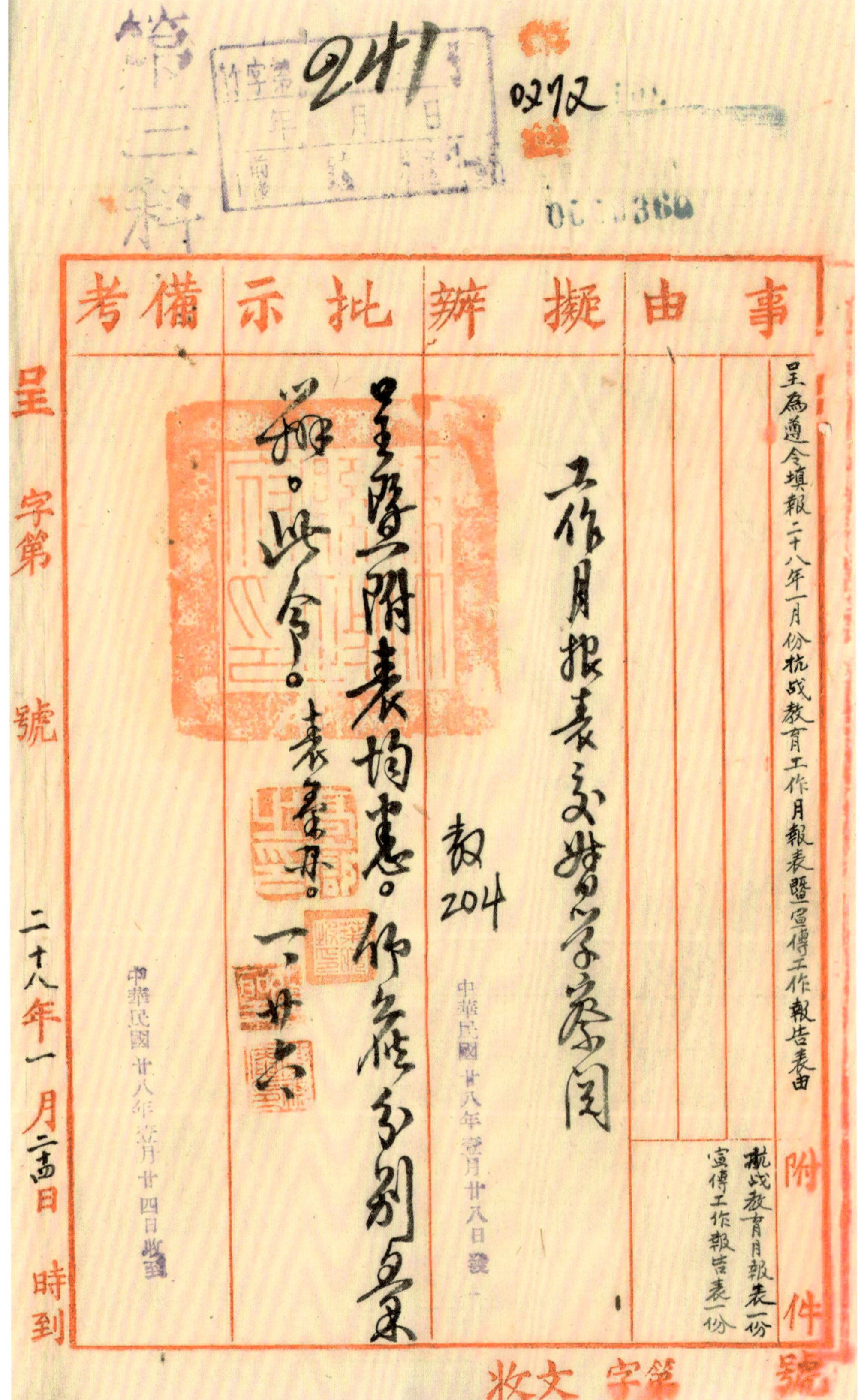

事由：呈为遵令填报二十八年一月份抗战教育工作月报表暨宣传工作报告表由

附件：抗战教育月报表一份 宣传工作报告表一份

拟办

批示：呈暨附表均悉。

教204

中華民國廿八年壹月廿八日發

中華民國廿八年壹月廿四日收到

備考

呈 字第 號

二十八年一月二十四日 時到

文收 字第 號

竊職校遵令依照四川省抗战時期中心工作，實施抗戰教育規定各欄，根據職校實施辦法暨

鈞府檢發宣傳綱要填就二十八年一月份，抗战時期教育中心工作月報表一份，宣傳工作報告表一份，一併隨文賫呈

鈞府俯賜鑒核，示遵！謹呈。

綿竹縣政府縣長高

綿竹縣立拱星場小學校長詹志靜

附（一）绵竹县立拱星场小学抗战时期教育中心工作一九三九年一月报表（一九三九年一月二十四日）

綿竹縣立拱星塲小學抗战時期教育中心工作月報表（二十八年一月份）

項別	辦理情形
加緊學校抗战課業事項	本校加緊學校抗战課業事項 1. 繼續二十七年十二月份抗战課業事項 2. 美術科 1. 畫日本的暴行 2. 畫各種新兵器 3. 畫日的宣傳畫 3. 算術科 1. 中日人口面積軍備等的比較 2. 战時各種統計
加緊教職員战時工作研究訓練事項	本校加緊教職員战時工作研究訓練事項 1. 繼續二十七年十二月份研究訓練事項 2. 如何編選战時各科補充教材在每週開會討論一次 3. 各教員於每週向學生演講關於抗战故事一則
加緊學生战時勤務組織訓練事項	本校加緊學生战時勤務組織訓練事項 1. 繼續二十七年十二月份訓練事項 2. 擬定空襲時應如何指導民衆避難辦法加以訓練
其他	

中華民國二十八年一月二十四日填報人校長詹志静

附（二）綿竹县立拱星场小学抗敌宣传工作报告表（一九三九年一月二十四日）

綿竹縣立拱星場小學抗敵宣傳工作報告表　民國二十八年一月二十四日

宣傳日期	宣傳地點	宣傳綱要	宣傳工作員姓名	聽衆人數和感觀	備攷
十二月二十四日	米市壩及粮食市	征兵制度之例証及我國兵役種類	張清平及第一組學生	每處二三百人觀感甚好	
十二月二十四日	各茶舖	民族復興和徵兵之關係	李潔之及第二組學生	每處八九十人觀感尚佳	
十二月二十八日	米市壩及粮食市	我國抗敵的形勢及國際地勢與我國抗戰	呂佐周及第三組學生	每處二三百人觀感頗佳	
十二月二十八日	各茶舖	四川人民對現階段抗戰所負責任	苟官福及第四組學生	每處百餘人觀感尚好	
廿八年一月五日	米市壩及粮食市	我國征兵之原則及非常時期征兵的辦法	楊永清及第一組學生	每處二百餘人觀感甚佳	
一月五日	各茶舖	國家實行征兵制的目的和任務	陳為舟及第二組學生	每處八九十人觀感亦佳	
一月九日	米市壩及粮食市	征訓合一的辦法及目前抽簽辦法	張清平及第三組學生	每處二百餘人觀感甚好	
一月九日	各茶舖	法幣信用之穩定	李潔之及第四組學生	每處一百餘人觀感尚好	
一月十四日	米市壩及粮食市	防空常識	呂佐周及第一組學生	每處二百餘人觀感頗好	
一月十四日	各茶舖	日機不足畏	苟官福及第二組學生	每處八九十人觀感甚佳	
一月十九日	米市壩及粮食市	第四期抗戰計畫	楊永清及第三組學生	每處二百餘人觀感亦好	
一月十九日	各茶舖	要救國必要人人當兵	陳為舟及第四組學生	每處八九十人觀感亦佳	
一月二十二日	米市壩及粮食市	東西各國兵制	張清平及第一組學生	每處二三百人觀感尚好	
一月二十二日	各茶舖	我國古代的兵制	李潔之及第二組學生	每處百餘人觀感尚佳	

绵竹县立广济场小学关于遵令填报抗战时期教育中心工作月报表致县政府的呈（一九三九年一月二十九日收）

0000368

0352

312

年 月 日

事由：為遵令填呈抗戰教育中心工作月報表請予鑒核由

擬辦：

批辦：呈表均悉。仰候彙案核辦。此令。表存。一、二三、

中華民國廿八年貳月　日發

中華民國廿八年壹月廿九日收到

文別：呈

檔碼：

二十八年一月　日發

二十　年　月　日收

號　號

綿竹縣縣立廣濟場小學

前奉

鈞府教字第一三零零號訓令：飭即按月填呈抗戰時期教育中心工作月報表一案。等因；奉此，理合遵令將職學一月份工作情形填呈一份隨文賫呈

鈞府鑒核示遵。

謹呈

縣長高

計呈一月份抗戰教育中心工作月報表一份

校長仲和熙

附：绵竹县立广济场小学抗战时期教育中心工作一九三九年一月报表（一九三九年一月）

綿竹縣縣立廣濟場小學抗戰時期教育中心工作月報表 二十八年一月份

項别	辦理情形
加緊學校抗戰課業事項	1.國語音樂美術等科仍照前月隨時補充或選授足以引起兒童抗敵情緒之教材 2.週會及紀念週時由教職員盡量搜集前方抗敵消息詳細講演以期學生明了目前抗戰形勢堅定抗戰决心
加緊教職員戰時工作之研究訓練事項	1.本學抗戰工作研究會五日曾開會一次討論一切工作事宜 2.每逢場期出外宣傳兵役一次 3.本月一起至三日止遵令擴大宣傳兵役曾由教職員率同各組學生分向本場附近數里内切實宣傳
加緊學生戰時勤務組織訓練事項	1.各組童軍仍加緊訓練授以戰時常識
其他	1.本校學生組織之抗敵話劇社曾於本月十四日在湖廣館内公演話劇數種劇材皆係含有宣傳抗敵及勸人服行兵役之意義

中華民國二十八年一月　日　填報人校長仲和熙

仲和熙印

绵竹县立第一初级小学关于报送抗战时期教育中心工作一月报表致县政府的呈（一九三九年一月三十一日收）

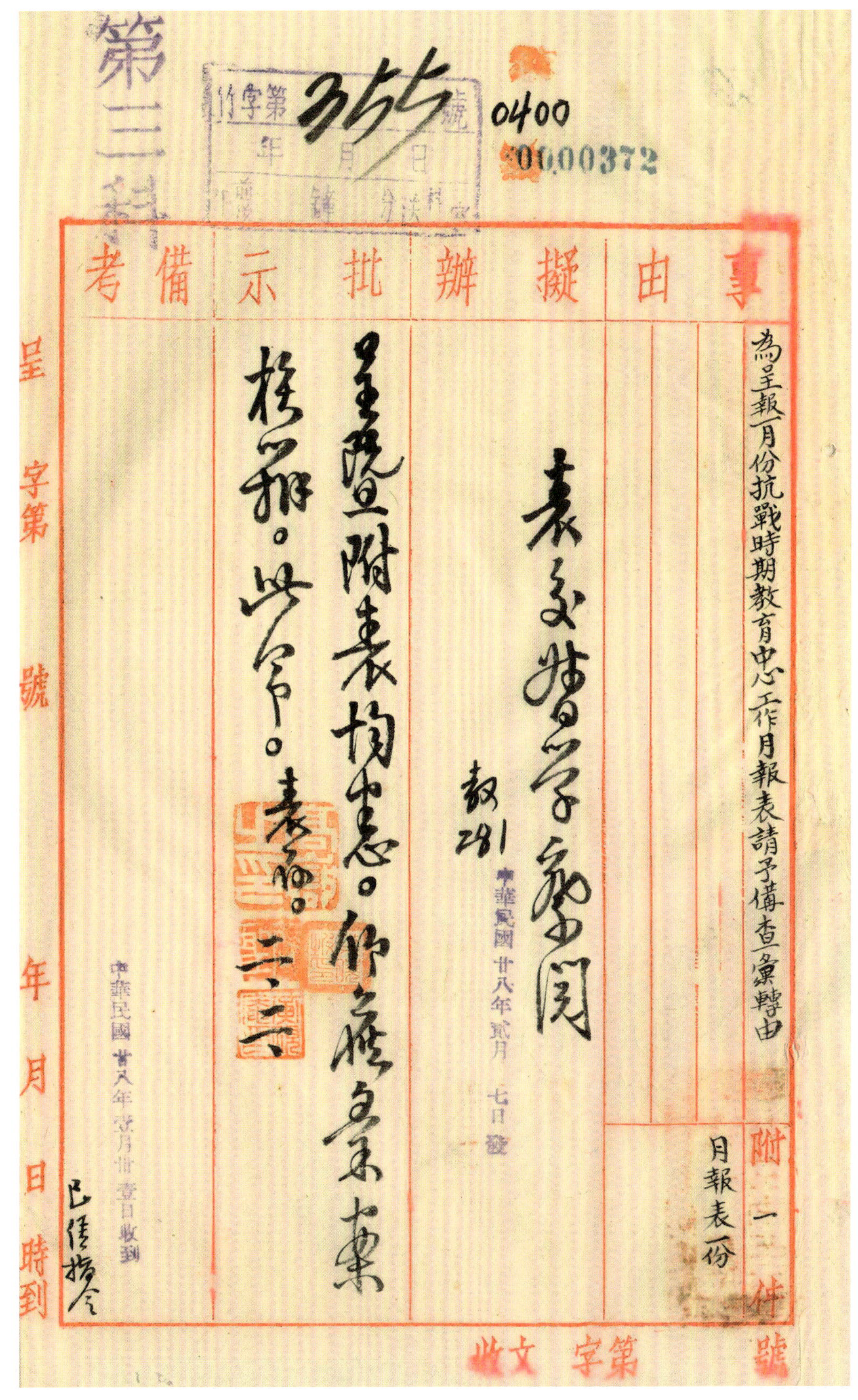
事由：為呈報一月份抗戰時期教育中心工作月報表請予備查一案轉由

擬辦：表交督學查閱

批示：呈暨附表均悉。仰候彙案核辦。此令。表存。

附件：月報表一份

中華民國廿八年貳月七日發

中華民國廿八年壹月卅壹日收到

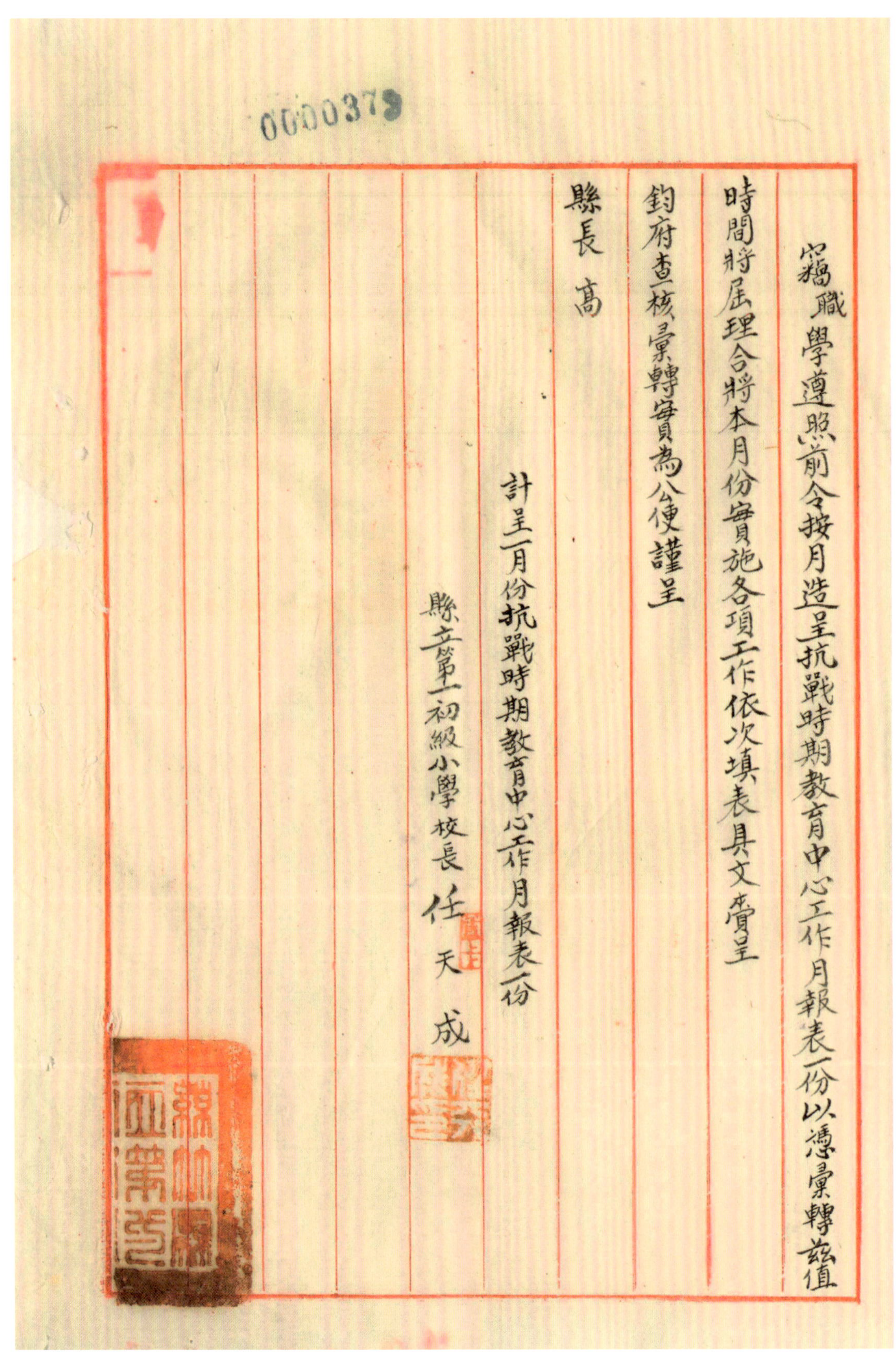

竊職學遵照前令按月造呈抗戰時期教育中心工作月報表一份以憑彙轉茲值時間將屆理合將本月份實施各項工作依次填表具文賫呈

鈞府查核彙轉實為公便謹呈

縣長 高

計呈一月份抗戰時期教育中心工作月報表一份

縣立第一初級小學校長 任天成

附：绵竹县立第一初级小学抗战时期教育中心工作一九三九年一月报表（一九三九年一月二十九日）

0000374

綿竹縣立第一初級小學抗戰時期教育中心工作月報表 二十八年一月份

項別	辦理情形
加緊學校抗戰課業事項	(一)國語科 各級每週除授戰時讀本一課外并於每日午後課外作業時由級任教員督率學生閱讀戰時國語民族英及蜀話報學生新聞等至每週各級作文均照前採有關抗戰救國之材料為題目 (二)常識科 除有常識教科書外并於每週星期二四六午後放學時由值週員向各生講演防空防毒常識及臨時救濟法等 (三)算術科 除有算術教科書外本月各級學生計算敵機在中國作戰損失之數量敵人一年餘作戰死亡之數量 四藝術科 各班美術概畫最新式武器及防毒面具之畧形暨倭寇暴行之漫畫等 (五)精神訓練 除每週星期一舉行　總理紀念週作政治報告外並於每週星期三朝會及星期一三五午後降旗時講演抗戰到底得最後勝利之信念及講述汪逆叛黨叛國對於抗戰前途不受何種影響 (六)體格訓練 除依照上月規定訓練外每班體育訓練跑步十分鐘
加緊教職員戰時工作之研究訓練事項	(一)召開抗敵教育討論會二次 (二)召開初等教育研究會一次討論題目現已彙齊繳呈教育委員 (三)召開校務每月舉行兩次討論校務之推進及抗戰教育工作之研究
加緊學生戰時勤務組織訓練事項	(一)中年級男女生組織抗敵宣傳隊於趕場日及紀念到茶社市場宣傳抗敵一小時 (二)本月仍照前舉行童軍野外演習一次防空訓練一次 (三)中年級生組織抗敵漫畫宣傳部每週每人各畫一張由先生選擇張貼於校內外
其他	

中華民國二十八年一月二十九日填報人校長任天成

绵竹县立第一初级小学关于报送抗战时期教育中心工作三月报表致县政府的呈（一九三九年三月二十四日）

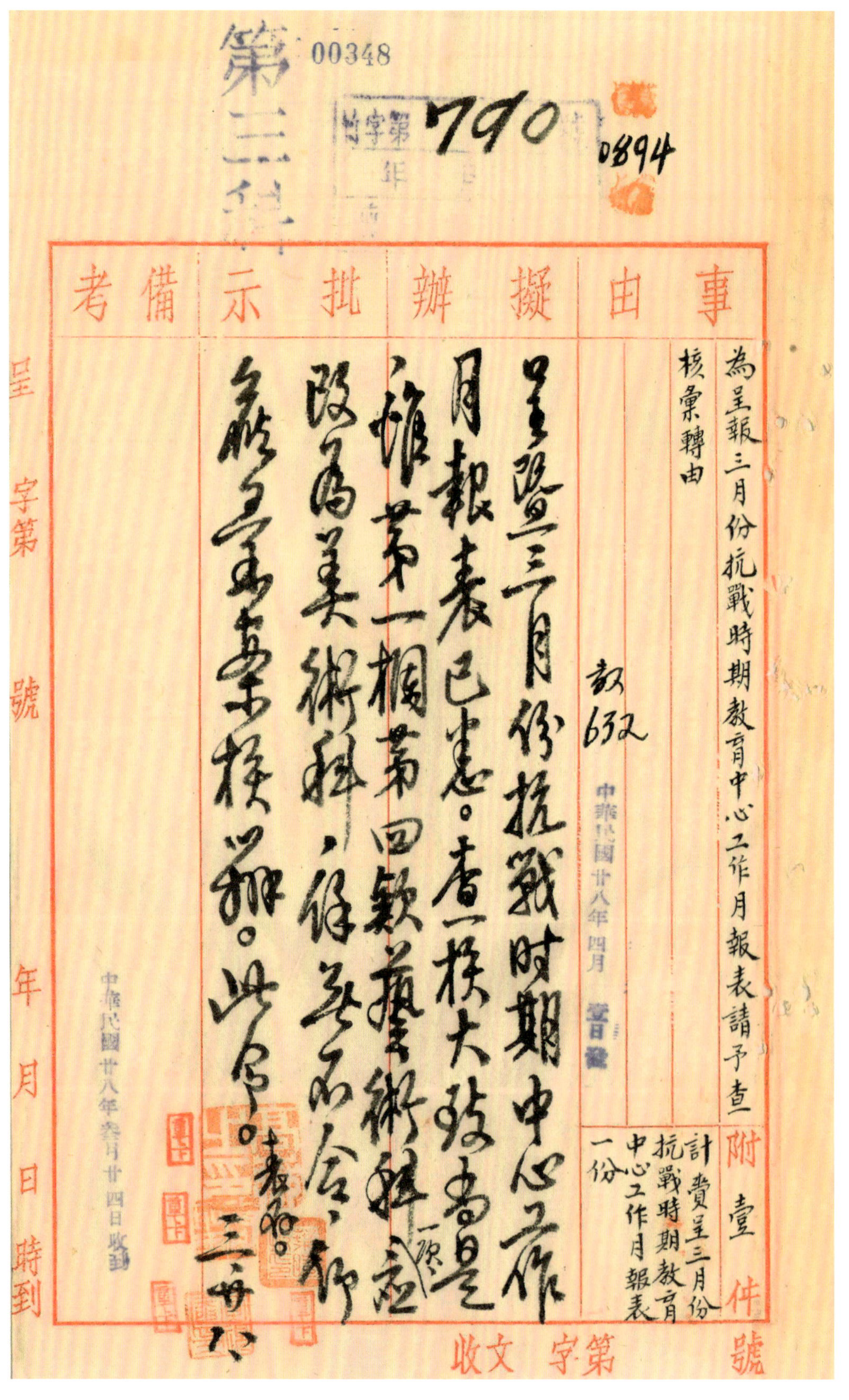

第二科

00348

字第 790 號

0894

事由：為呈報三月份抗戰時期教育中心工作月報表請予查核彙轉由

附件：壹件
計賫呈三月份抗戰時期教育中心工作月報表一份

擬辦

批示

備考

中華民國廿八年四月

中華民國廿八年叁月廿四日收到

呈　字第　號　年　月　日　時到

收文　字第　號

00349

竊職學遵照前令按月造呈抗戰時期教育中心工作月報表一份以憑彙轉茲值時間將屆理合將本月份實施各項工作依次填表具文賫呈鈞府查核彙轉指令祗遵謹呈

縣長高

計賫呈三月份抗戰時期教育中心工作月報表一份

縣立第一初級小學校長任天成

00351

中華民國二十八年三月二十四日

附：绵竹县立第一初级小学抗战时期教育中心工作一九三九年三月报表（一九三九年三月二十四日）

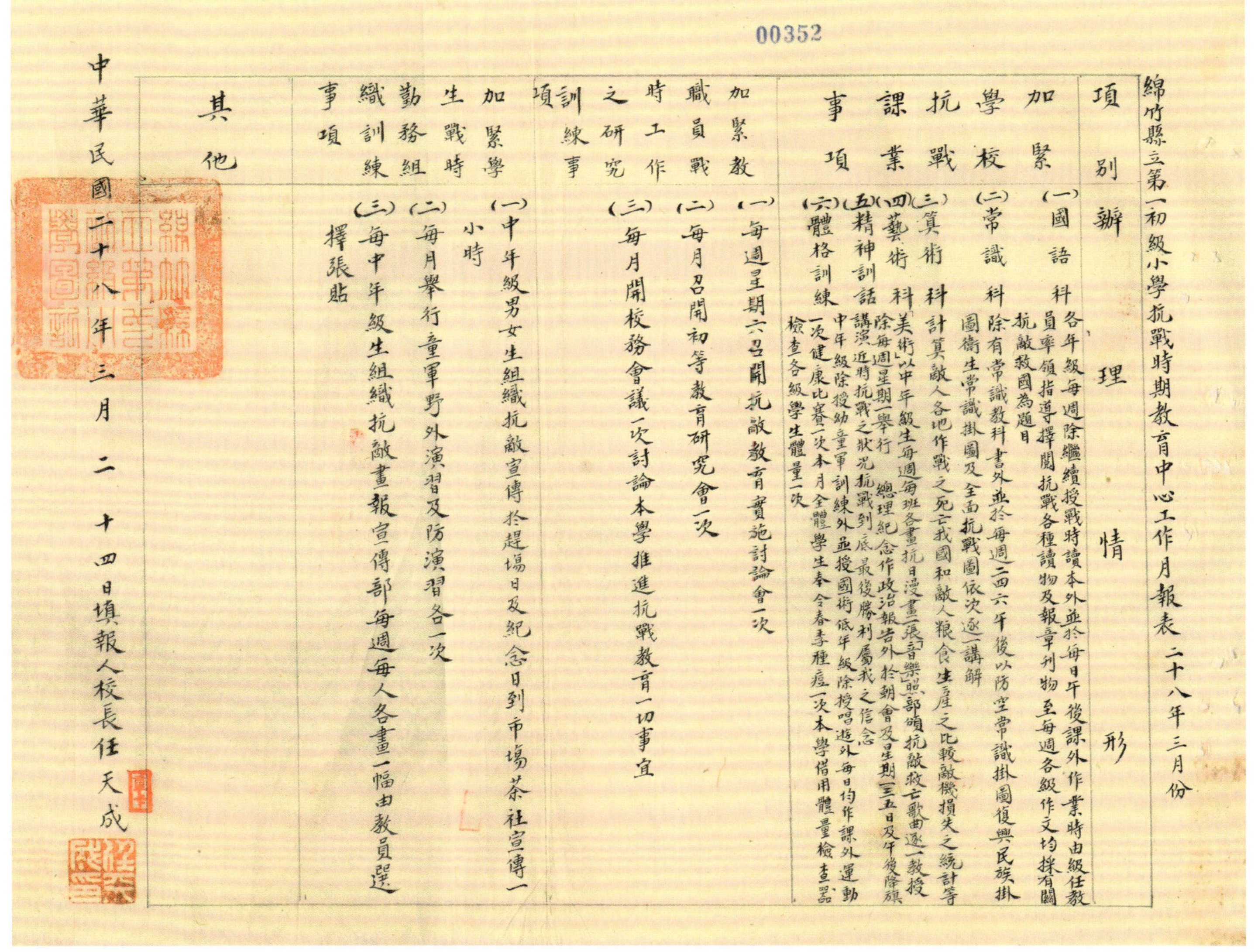

00352

綿竹縣立第一初級小學抗戰時期教育中心工作月報表 二十八年三月份

項別	辦理情形
加緊學校抗戰課業事項	(一)國語科 各年級每週除繼續授戰時讀本外並於每日午後課外作業時由級任教員率領指導擇閱抗戰各種讀物及報章刊物至每週各級作文均採有關抗敵救國為題目 (二)常識科 除有常識教科書外並於每週二四六午後以防空常識掛圖復興民族掛圖衛生常識掛圖及全面抗戰圖依次逐一講解 (三)算術科 計算敵人各地作戰之死亡我國和敵人糧食生產之比較敵機損失之統計等 (四)藝術科 美術以中年級生每週每班各畫抗日漫畫一張音樂部唱抗敵救亡歌曲逐一教授 (五)精神訓話 除每週星期一舉行總理紀念作政治報告外於朝會及星期三五日及午後降旗講演近時抗戰之狀況抗戰到底最後勝利屬我之信念 (六)體格訓練 中年級除授幼童軍訓練外並授國術低年級除授唱遊外每日均作課外運動一次健康比賽一次本月全體學生奉令春季種痘一次本學借用體量檢查器檢查各級學生體量一次
加緊教職員戰時工作之研究訓練事項	(一)每週星期六召開抗敵教育實施討論會一次 (二)每月召開初等教育研究會一次 (三)每月開校務會議一次討論本學推進抗戰教育一切事宜
加緊學生戰時勤務組織訓練事項	(一)中年級男女生組織抗敵宣傳於趕場日及紀念日到市場茶社宣傳一小時 (二)每月舉行童軍野外演習及防演習各一次 (三)每中年級生組織抗敵畫報宣傳部每週每人各畫一幅由教員選擇張貼
其他	

中華民國二十八年三月二十四日填報人校長任天成

绵竹县立遵道场小学关于填报抗战时期教育中心工作三月报表致县政府的呈（一九三九年三月二十五日）

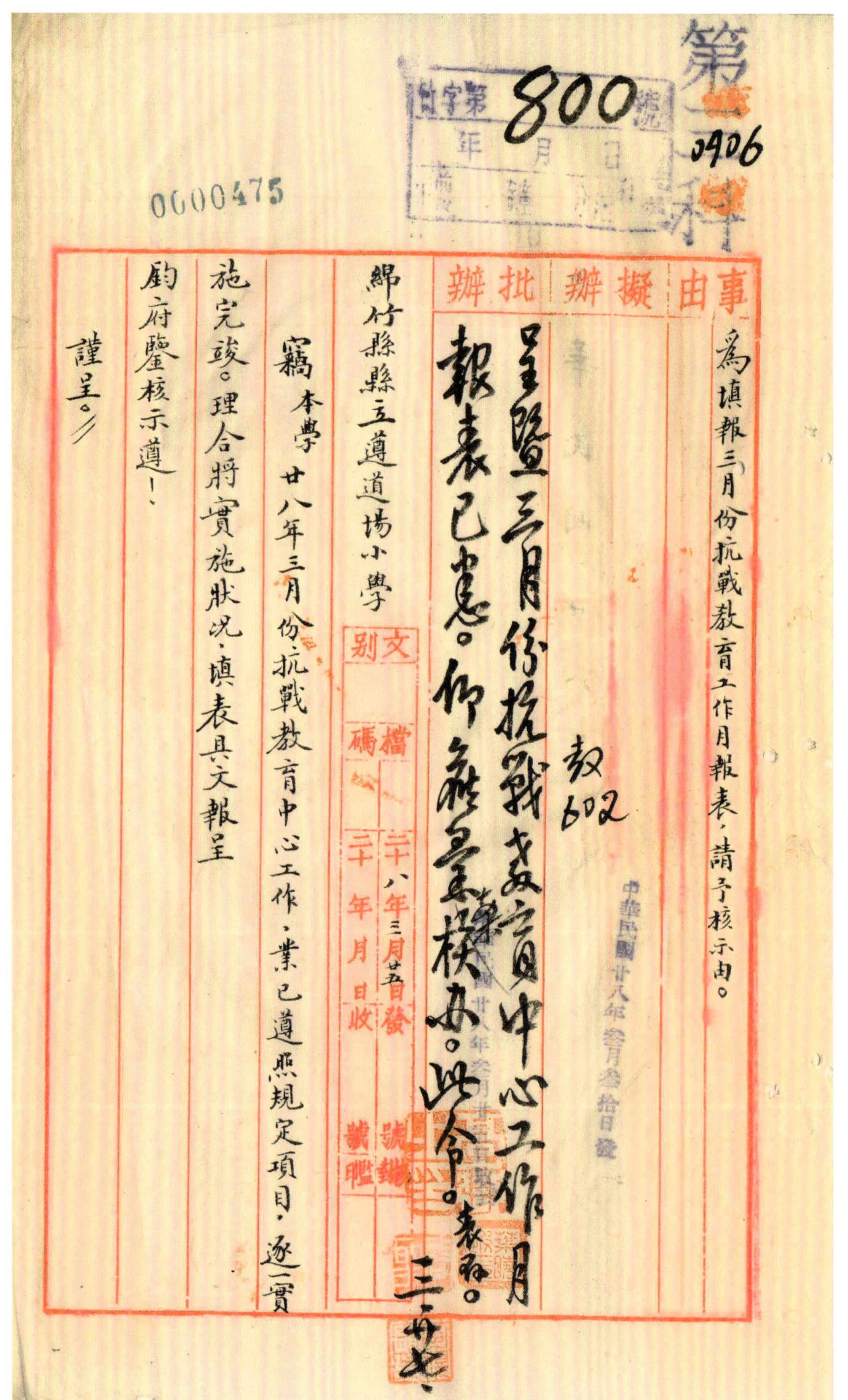

事由：為填報三月份抗戰教育工作月報表，請予核示由。

擬辦

批辦：呈暨三月份抗戰教育中心工作月報表已悉。仰無庸議。此令。表存。三廿七

文別　檔碼　二十八年三月廿五日發　二十　年　月　日收　號

綿竹縣縣立遵道場小學

竊本學廿八年三月份抗戰教育中心工作，業已遵照規定項目，逐一實施完竣。理合將實施狀況，填表具文報呈

鈞府鑒核示遵！

謹呈。

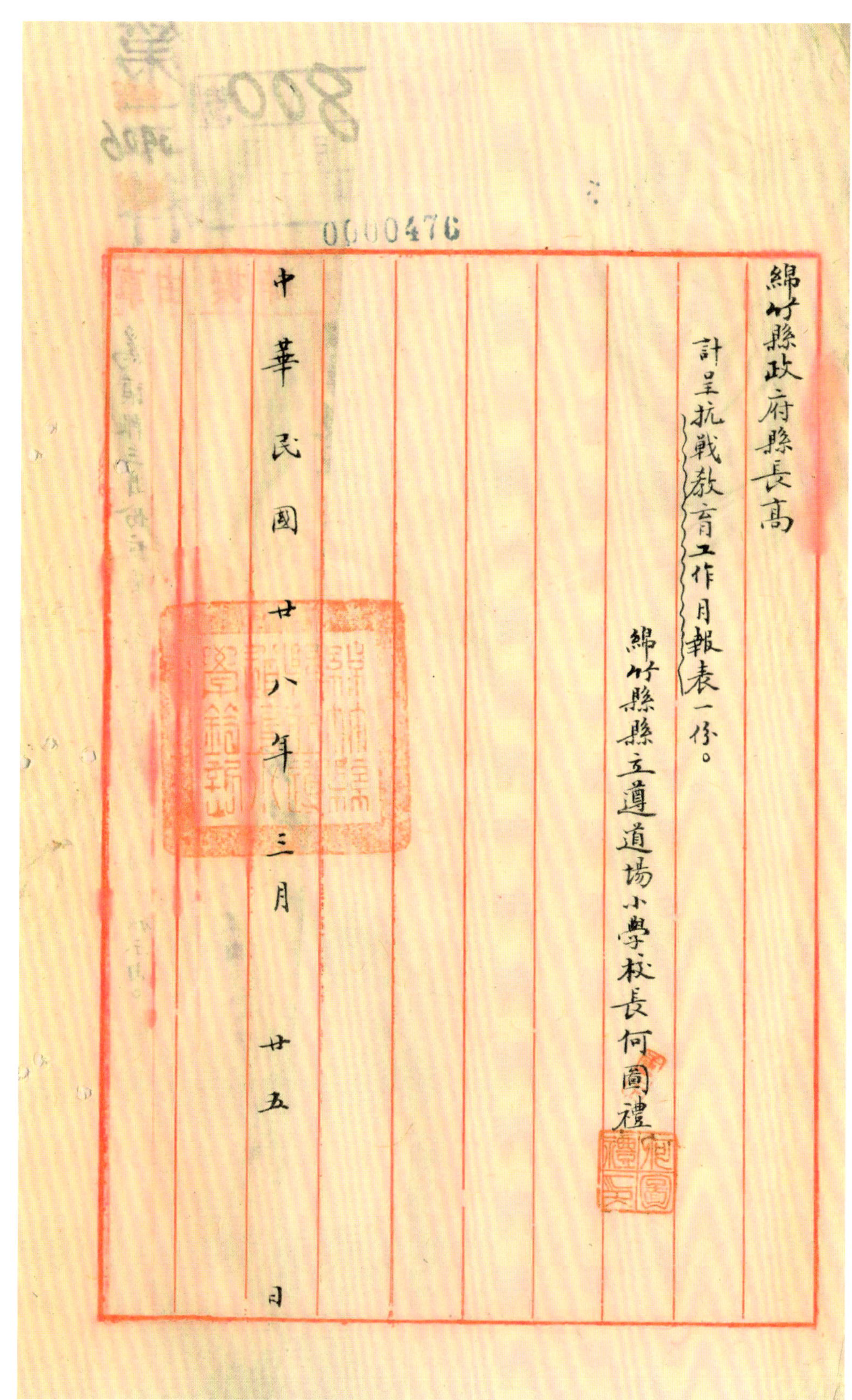
0000476

綿竹縣政府縣長高

計呈抗戰教育工作月報表一份。

綿竹縣縣立遵道場小學校長何園禮

中華民國廿八年三月廿五日

附：绵竹县立遵道场小学抗战时期教育中心工作一九三九年三月报表（一九三九年三月二十五日）

0600478　0600477

綿竹縣立遵道場小學抗戰時期教育中心工作月報表　廿八年三月份

項別	辦理情形
加緊學校抗戰課業事項	每週教授抗戰教材二小時星一、三、四課外活動時間指導學生練習時事講演及救亡歌詠等事項
加緊教員戰時工作之研究訓練事項	課餘之暇閱讀有關抗戰教育書報雜誌全體教職員共同研究關于有利抗敵工作事項以資指導學生積極進行
加緊學生戰時勤務組織訓練事項	每週星二、四兩晨率領高中年級學生實施爬山運動演習野戰常識於趕集日輪派學生分組担任抗敵宣傳以期激發民衆愛國熱忱共起救亡
其他	

中華民國廿八年三月廿五日填報人校長何圖禮

绵竹县立城区女子小学关于报送抗战时期教育中心工作月报表致县政府的呈（一九三九年三月三十日）

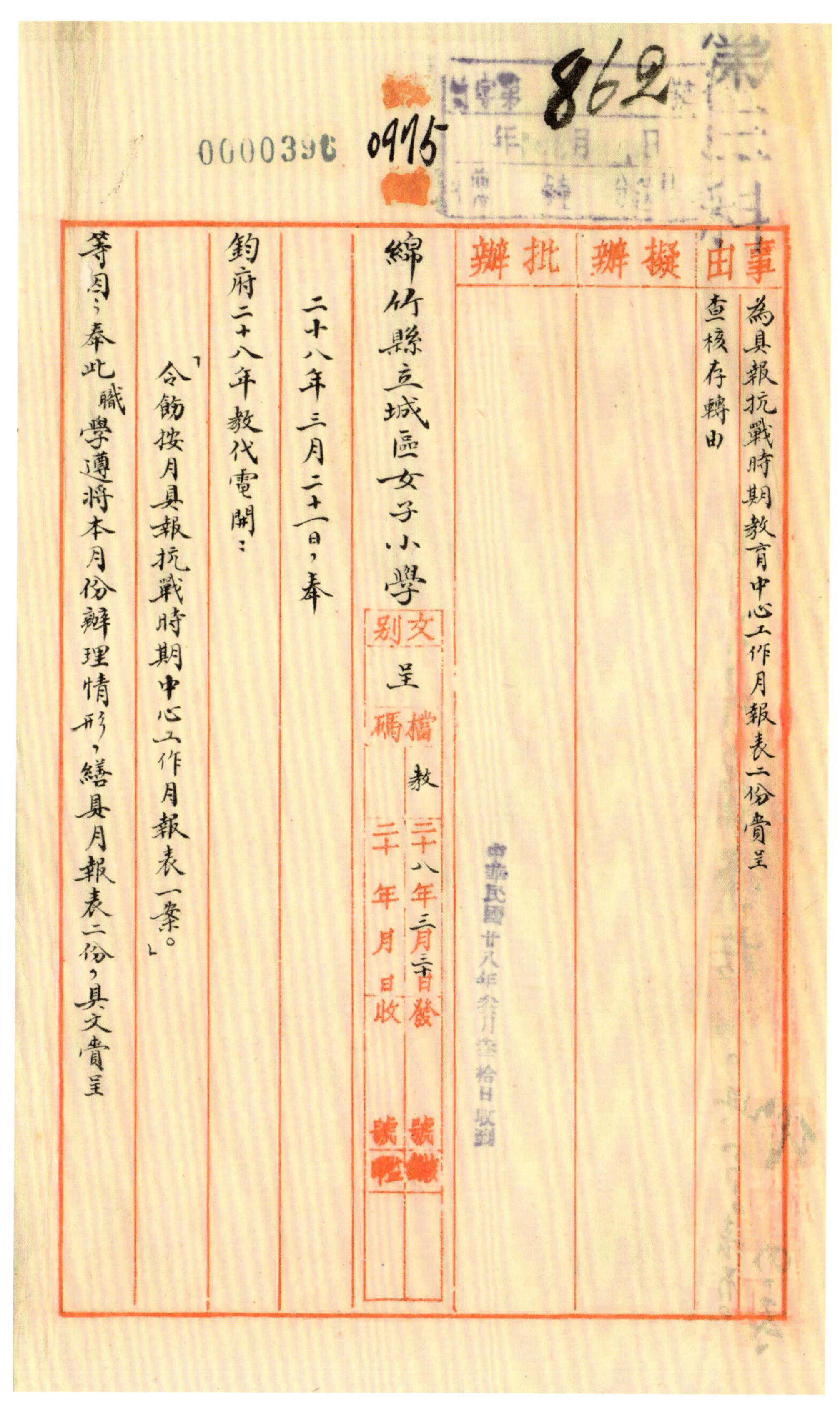
0000396　0975　862

事由：為具報抗戰時期教育中心工作月報表二份賫呈查核存轉由

綿竹縣立城區女子小學　呈　教

二十八年三月二十一日，奉
鈞府二十八年教代電開：
「令飭按月具報抗戰時期中心工作月報表一案。」
等因，奉此，職學遵將本月份辦理情形，繕具月報表二份，具文賫呈

二十八年三月三十日發

中華民國廿八年叁月叁拾日收到

鈞府鑒核存轉令遵。

謹呈

縣長高

計呈女小學三月份月報表二份

綿竹縣立城區女子小學校長胡啟燊

中華民國廿八年四月九日發

教刊

呈報三月份戰時教育中心工作月報表已悉。查該校所列校務推行：(1)加緊教職員戰時工作及研究訓練各項辦法，應仍照各級教育研究會。至募集一項，只在當時是項之組織，且無專款明令，無庸實行，但前份令中所募之中國兒童號飛機捐款，應即該速報解。(2)每月填表只須一份，以省煩瑣。仰遵照令飭為要。案存。此令。表存。

代

附：绵竹县立城区女子小学抗战时期教育中心工作一九二九年三月报表（一九三九年三月）

綿竹縣立城區女子小學抗戰時期教育中心工作月報表（二十八年三月份）

項別	辦理情形
加緊學校抗戰課業事項	本月份學期開始講授公民訓練偏重勇敢誠信服從各條目課內各科以抗戰需要為中心課外注重體格鍛鍊兵役宣傳各事項各級學生均能勇於聽教實踐
加緊教職員戰時工作及研究訓練事項	繼續前次組織之抗戰工作研究會每週舉行一次共同討論撰擬各科教材及辦理救護募集宣傳各事項
加緊學生戰時勤務組織訓練事項	組織救護隊一隊令高級學生輪流充任設置藥品遇有病患跌傷即行醫治漸及於外每週率同學生舉行清潔檢查等各工作
其他	

中華民國二十八年三月　日填報人校長胡啟桑

绵竹县立富新场小学抗战时期教育中心工作一九三九年三月报表（一九三九年三月）

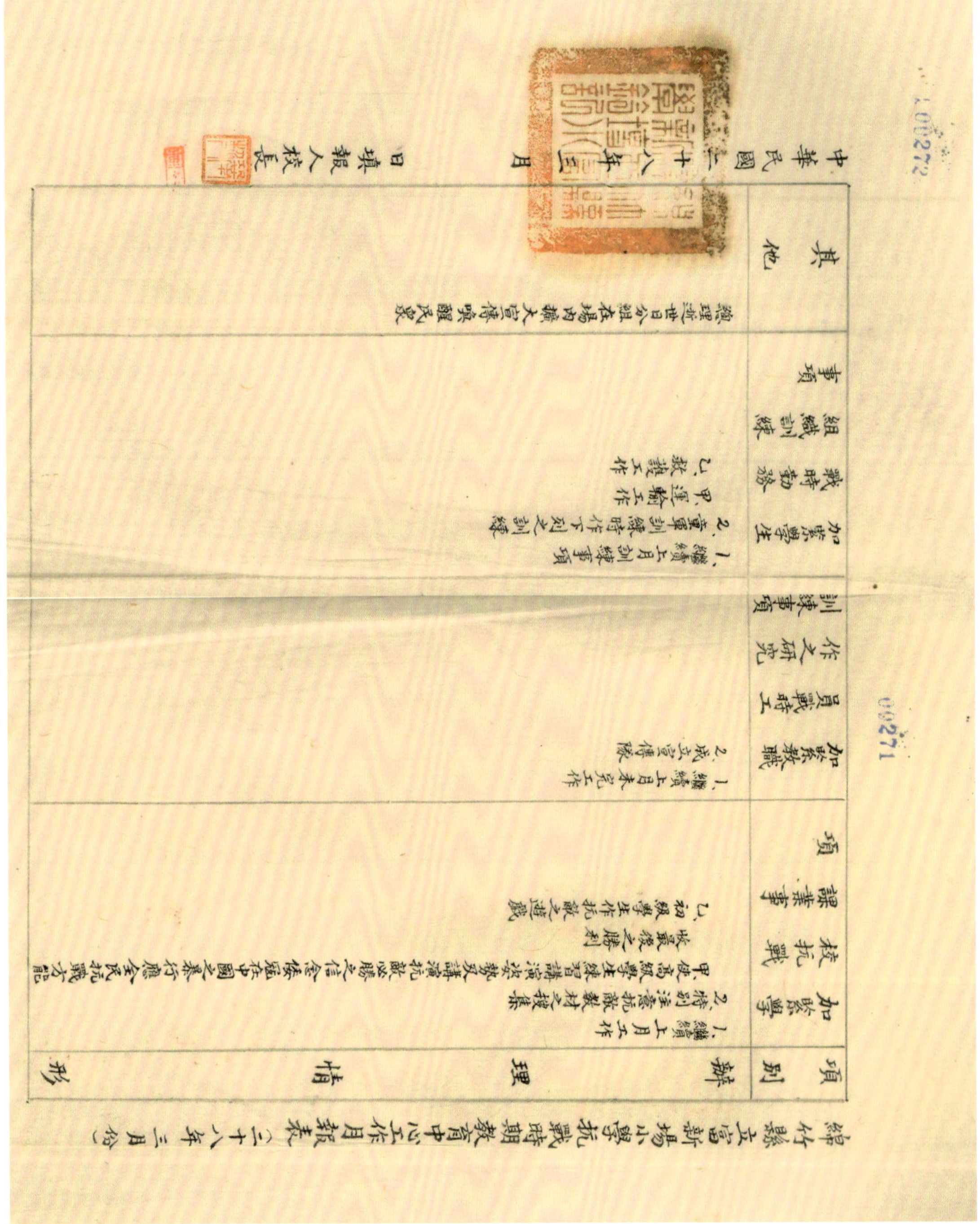

00272

00271

綿竹縣立富新場小學抗戰時期教育中心工作月報表（二十八年三月份）

項別	辦理情形
加緊學校抗戰課業事項	1、繼續上月工作 2、特别注意抗敵教材之搜集 甲、使高級學生練習講演姿勢及講演抗敵必勝之信念倭寇在中國之暴行應全民抗戰方能收最後之勝利 乙、初級學生作抗敵之遊戲
加緊教職員戰時工作之研究訓練事項	1、繼續上月未完工作 2、成立宣傳隊
加緊學生戰時勤務組織訓練事項	1、繼續上月訓練事項 2、童軍訓練時作下列之訓練 甲、運輸工作 乙、救護工作
其他	總理逝世日分組在場内擴大宣傳唤醒民衆

中華民國二十八年三月　日填報人校長

绵竹县立拱星场小学关于填报抗战时期教育中心工作月报表致县政府的呈（一九三九年四月一日）

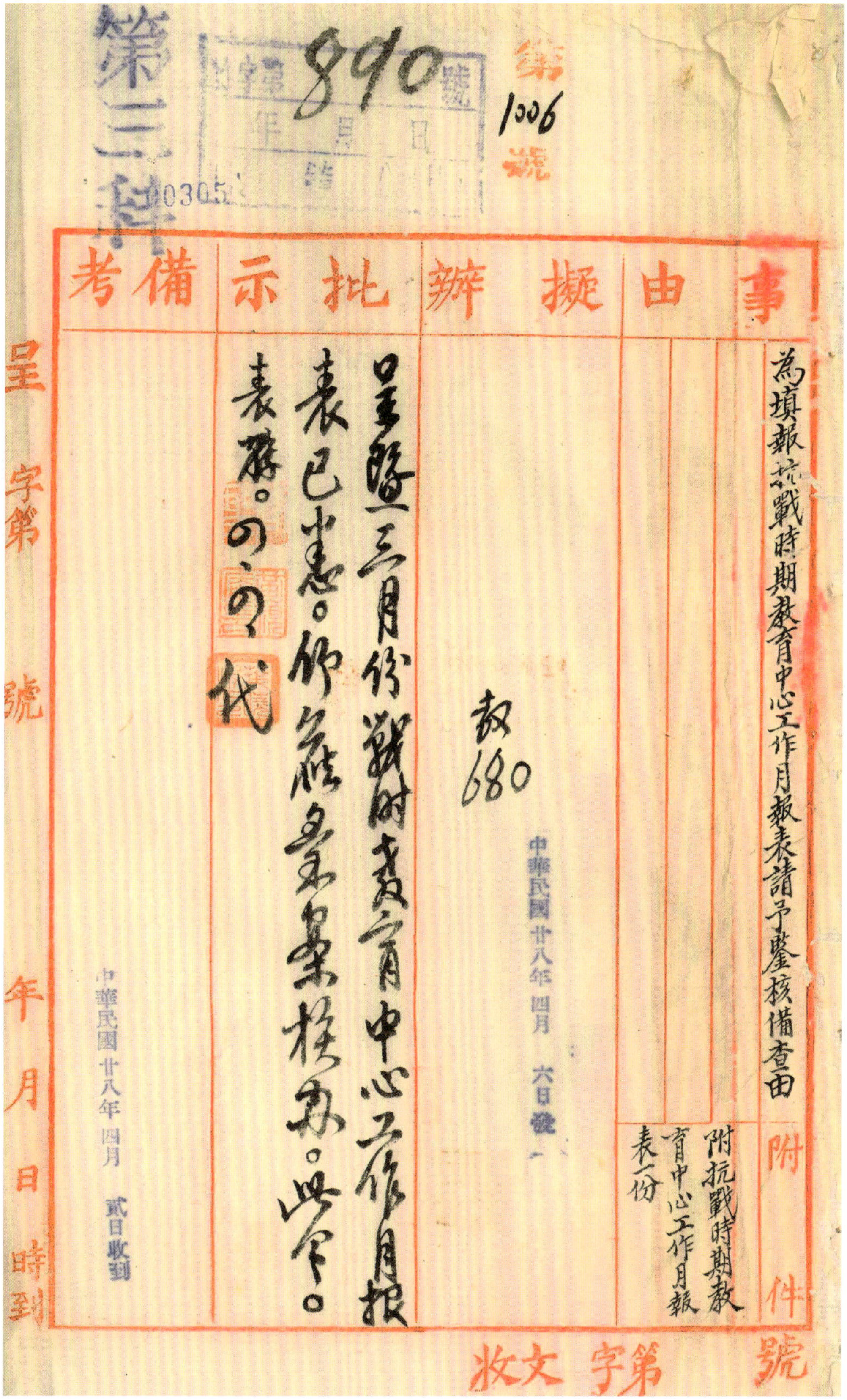

第三科

字第890號

第1006號

事由	擬辦	批示	備考
為填報抗戰時期教育中心工作月報表請予鑒核備查由	教680	呈暨三月份戰時教育中心工作月報表已悉。仰候彙案核辦。此令。表存。代	
附件：附抗戰時期教育中心工作月報表一份			

中華民國廿八年四月六日發

中華民國廿八年四月貳日收到

收文　字第　號

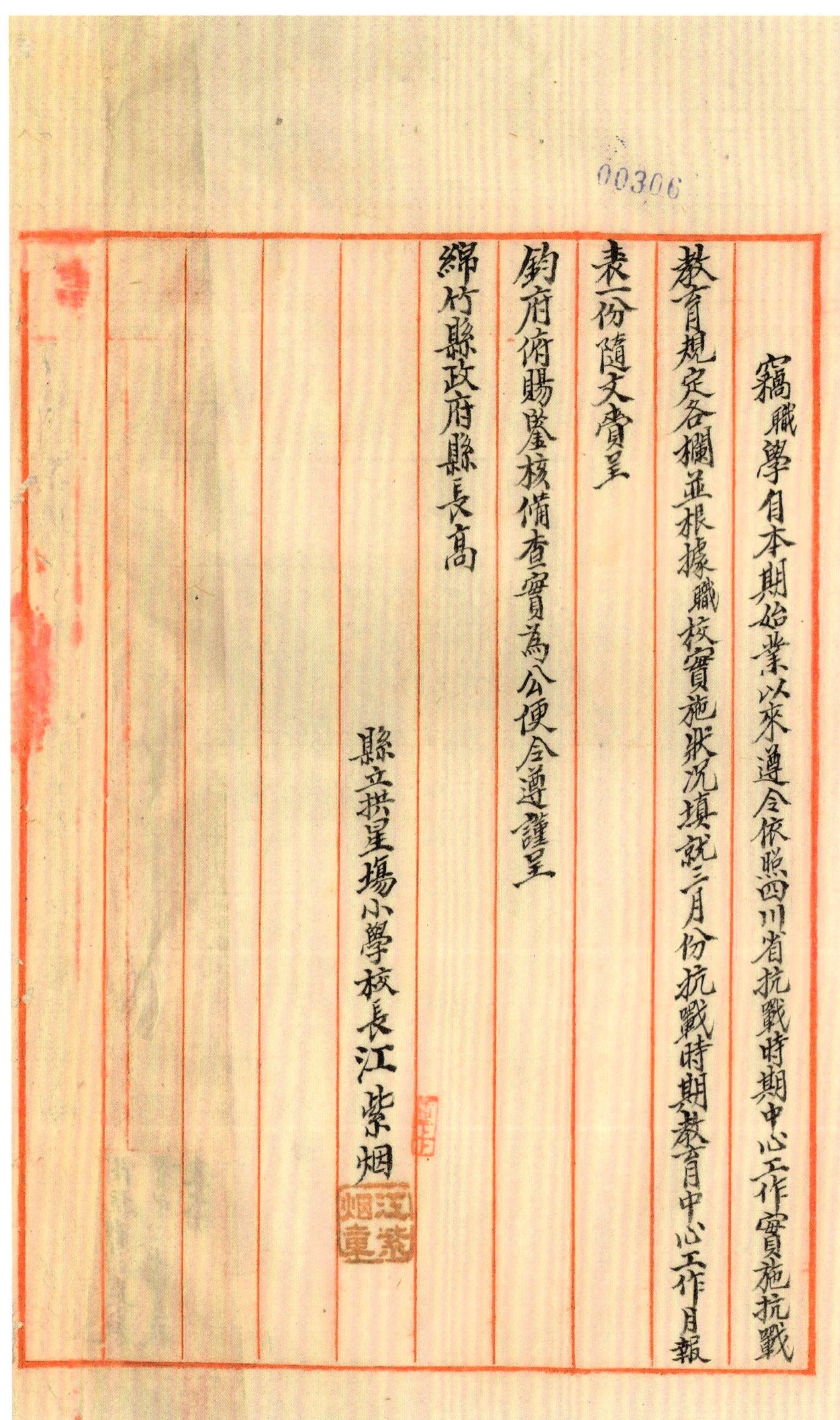
00306

竊職學自本期始業以來遵令依照四川省抗戰時期中心工作實施抗戰教育規定各欄並根據職校實施狀況填就三月份抗戰時期教育中心工作月報表一份隨文賫呈

鈞府俯賜鑒核備查實為公便令遵謹呈

綿竹縣政府縣長高

縣立拱星塲小學校長江紫烟

00369

中華民國二十八年四月一日

附：绵竹县立拱星场小学抗战时期教育中心工作一九三九年三月报表（一九三九年三月二十四日）

绵竹县立拱星场小学抗战时期教育中心工作月报表 二十八年三月份

项别	办理情形
加紧学校抗战课业事项	本校加紧抗战课业根据小学抗敌教育实施 1.国语科 甲、选读名人抗战文字如和平奋斗救中国、最后关头 乙、作文致全国小朋友节省糖果钱储金劳军书及致前方将士书 2.美音科 绘日本侵发我国人民图、陆战兵器图，唱救亡歌、抗敌歌
加紧教职员战时工作之研究训练事项	加紧教职员战时工作之研究训练有下面二项 1.本校全体教职员恪守职责服从校长命令 2.本校教职员在本场期率领学生到市面宣传兵役及妇女代耕
加紧学生战时勤务组织训练事项	加紧学生战时勤务组织训练二项 1.由学每週率领学生到郊外作防空演习一次 2.组织救护队并在每週演习一次
其他	

中华民国二十八年三月二十四日填报人校长江紫烟

绵竹县立广济场小学关于造报抗战时期教育中心工作三月报表致县政府的呈（一九三九年四月十五日收）

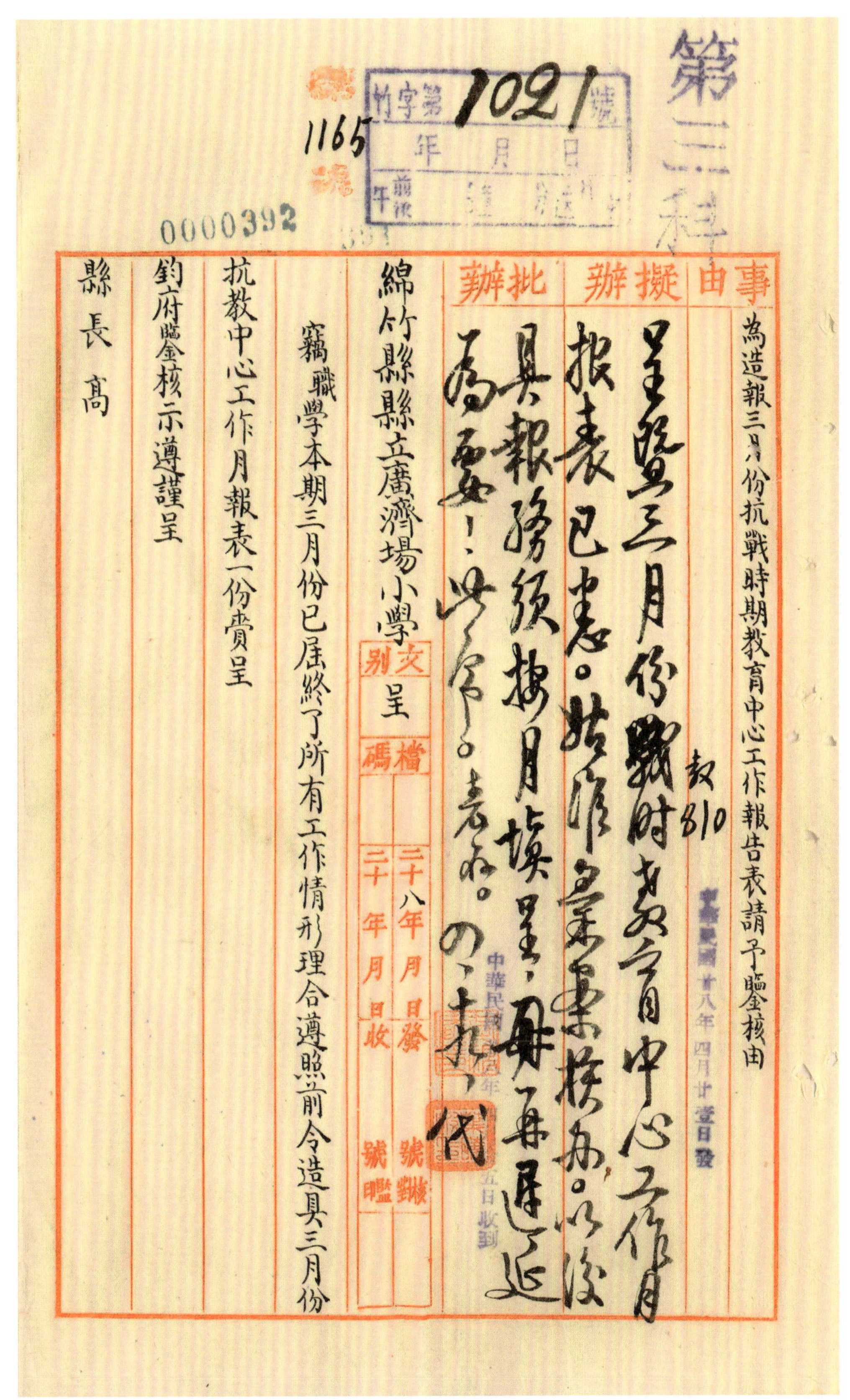

事由：為造報三月份抗戰時期教育中心工作報告表請予鑒核由

擬辦：呈暨三月份戰時教育中心工作報表已悉。此外各業表格，以後具報，務須按月填呈，毋再遲延為要！此令。四、十九。代

敎 810

批辦：

文別：呈

檔碼：

二十八年 月 日發 號 撥

二十 年 月 日收 號 監

綿竹縣縣立廣濟場小學

竊職學本期三月份已屆終了所有工作情形理合遵照前令造具三月份抗教中心工作月報表一份賫呈

鈞府鑒核示遵謹呈

縣長 高

0000393

計呈三月份抗戰教育中心工作月報表一份

校長 仲和熙

附：绵竹县立广济场小学抗战时期教育中心工作一九三九年三月报表（一九三九年三月）

0000395　0000394

綿竹縣縣立廣濟場小學抗戰時期教育中心工作月報表　二十八年三月份

項別	辦理情形
加緊學校抗戰課業事項	1.國語音樂美術等科遵本學抗戰工作研究會議決案實行補充或選授足以激發愛國熱忱之教材 2.每日早操及每週星期一三五日課外運動概授以拳術及大刀 3.自然常識等科隨時補充以防毒防空等常識
加緊教職員戰時工作之研究訓練事項	1.抗戰工作研究會本月四日開會一次 2.本月十二日舉行先總理逝世紀念及本月二十九日舉行革命先烈紀念後曾分組出外宣傳二次以期引起民衆抗敵情緒 3.每届場期即率同學生出外宣傳兵役
加緊學生戰時勤務組織訓練事項	1.將全校童軍分為募集宣傳交通偵察各組由教職員分別指導認真訓練
其他	

中華民國二十八年十二月　日填報人校長仲和熙

绵竹县立孝泉场小学关于遵令填报抗战时期教育中心工作月报表致县政府的呈（一九三九年四月十五日收）

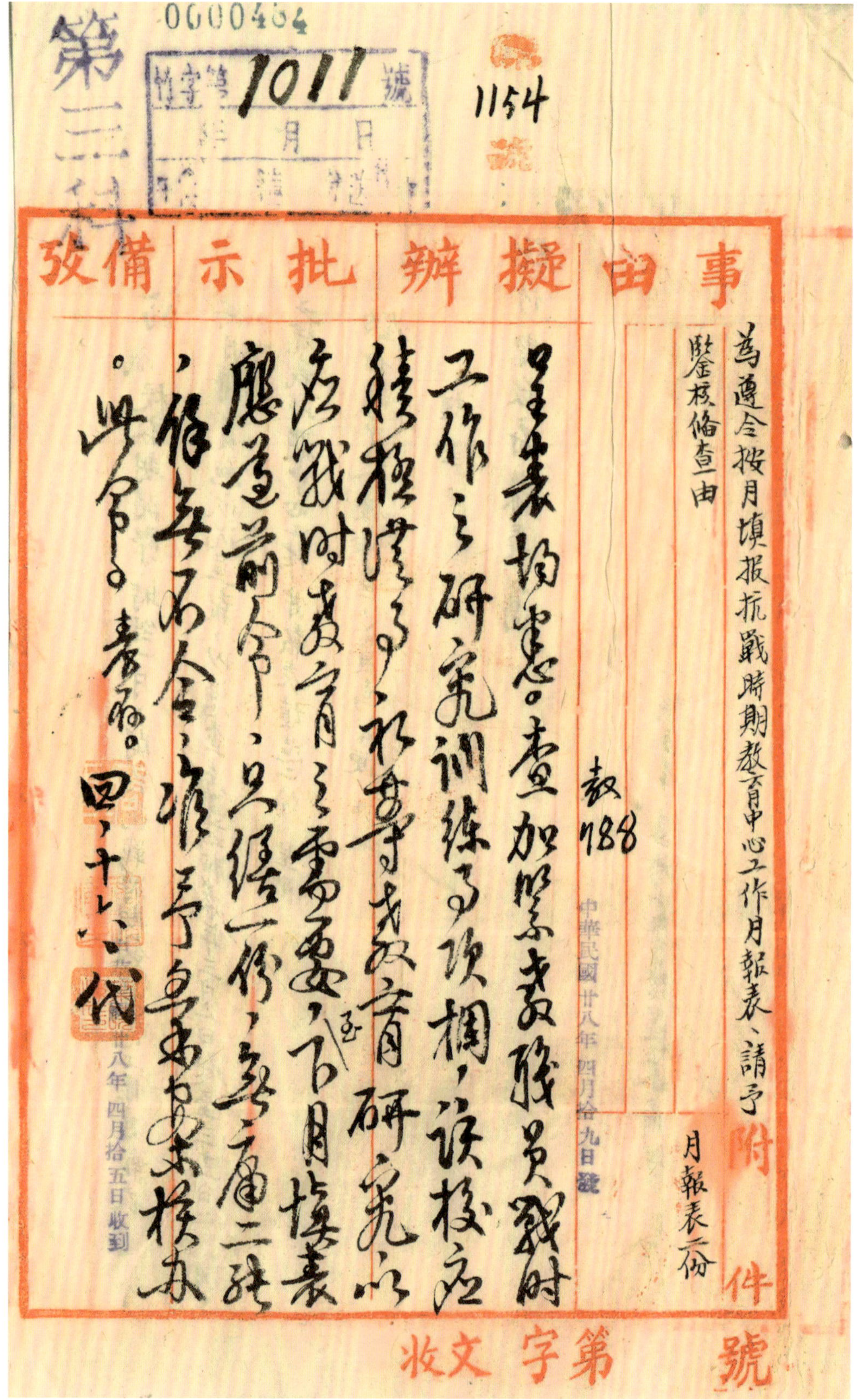
第三科
0000464
1011
1154

事由	擬辦	批示	備考
為遵令按月填報抗戰時期教育中心工作月報表、請予鑒核備查由			

附件：月報表一份

教 788

中華民國廿八年四月拾九日

廿八年四月拾五日收到

收文 字第 號

0000465

竊查
校本期開學，時經一月，關於抗戰時期教育中心工作月報表，應予
按月將實施狀況呈報，以憑查考，茲將本年三月一日起至三十一日止，一月中
之抗戰時期中心工作月報表填造三份，呈報
鈞府請予鑒核備查，實為公便。

謹呈

綿竹縣政府縣長高

縣立孝泉場小學校長朱荊芳

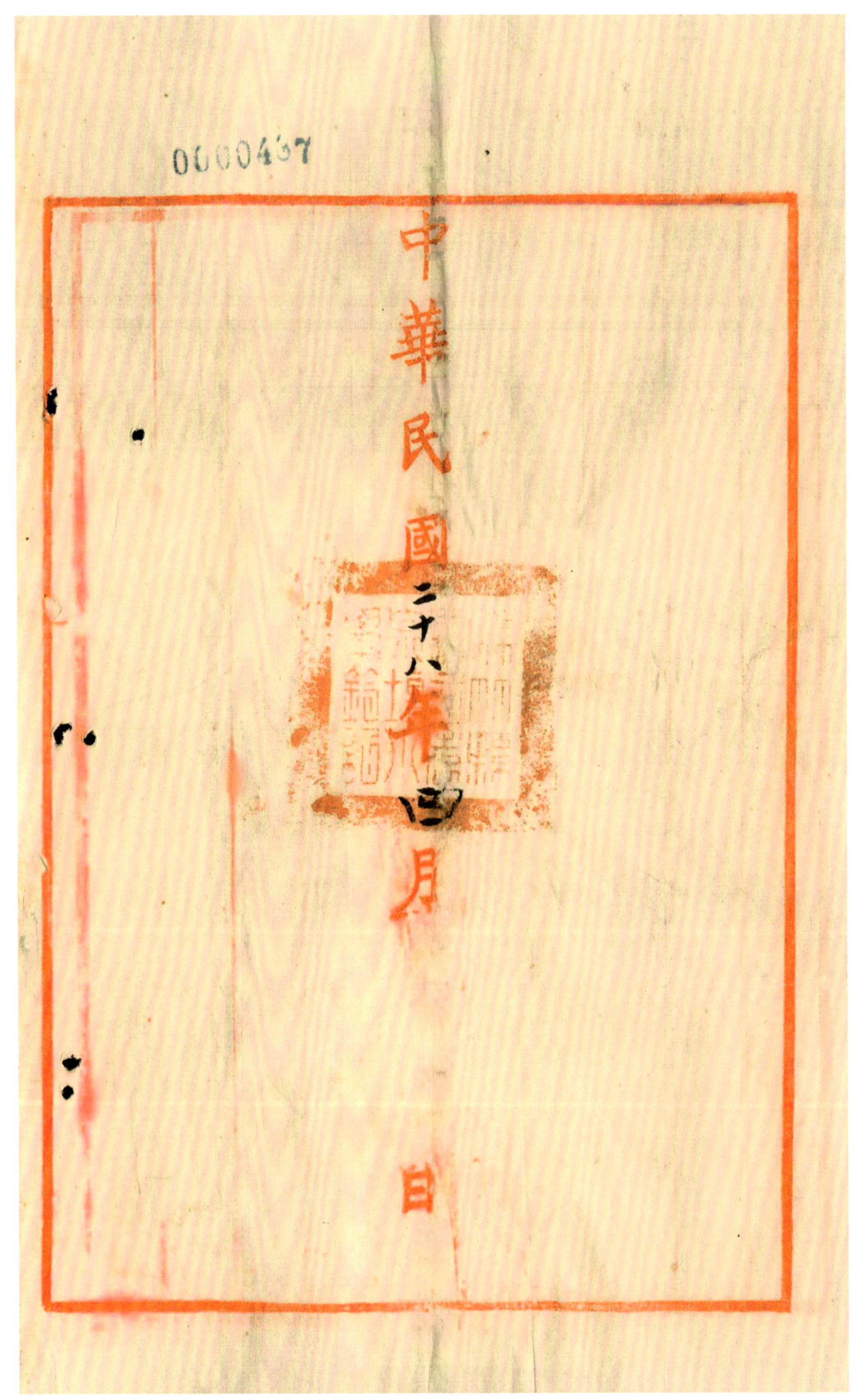

中華民國二十八年四月　日

附：绵竹县立孝泉场小学抗战时期教育中心工作一九三九年三月报表（一九三九年四月）

绵竹縣立孝泉場小學廿八年三月份抗戰時期教育中心工作報告表

項別	辦理情形
加緊學校抗戰課業事項	高中年級學生於課外作業時由各級任先生指導閱讀有關抗敵之書報雜誌等並摘錄其要点每週由級任查閱分別公佈
加緊教職員戰時工作之研究訓練事項	全体教職員校長組織公民訓練委員會校長任主任委員專門討論關於抗戰期中公民訓練之實施法每週開會一次（星三午后四至五時）共同決定中心工作目標由值週員每日於公民訓練時訓練之
加緊學生戰時勤務組織訓練事項	全校學生除服務童軍應負責任外並組織一兒童話劇社於每週七會及例假隨時練習於規定之假中到鄉村宣傳
其他	

中華民國二十八年四月填報人校長朱荊芳

绵竹县立遵道场小学关于填报抗战时期教育中心工作四月报表致县政府的呈（一九三九年四月二十二日）

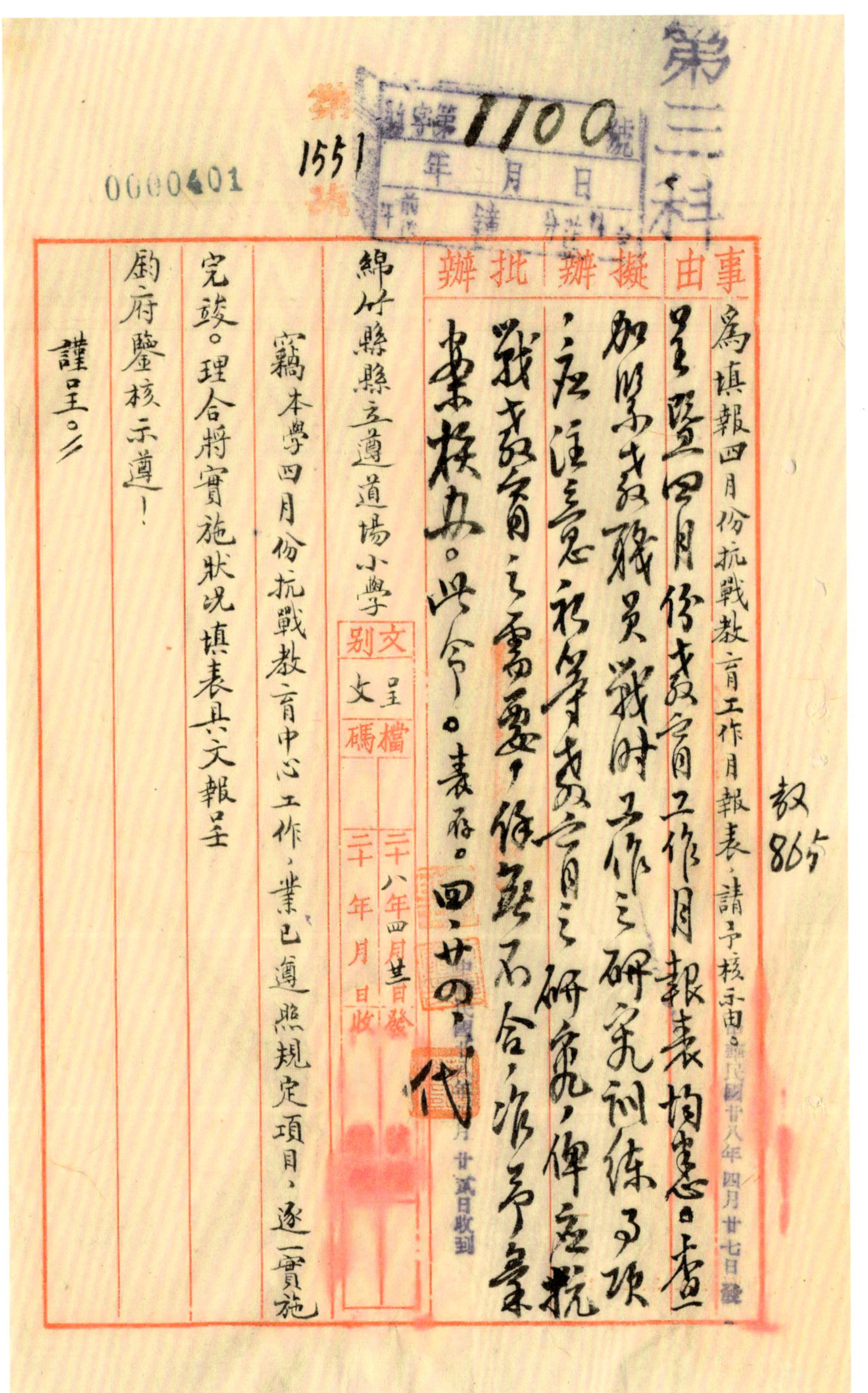

事由：為填報四月份抗戰教育工作月報表，請予核示由。

擬辦：呈暨四月份教育工作月報表均悉。查加緊小教職員戰時工作之研究訓練各項之應注意於抗戰教育之研究，俾適應抗戰教育之需要，經核尚合，准予存案備查。此令。表存。四、廿四。

批辦：

代

綿竹縣縣立遵道場小學

竊本學四月份抗戰教育中心工作，業已遵照規定項目，逐一實施完竣。理合將實施狀況填表具文報呈

鈞府鑒核示遵！

謹呈。

文别	呈文
檔碼	
二十八年四月廿二日發	二十 年 月 日收

民國廿八年四月廿七日發

廿八年四月廿二日收到

第三科

1551

1100號

0000401

叙865

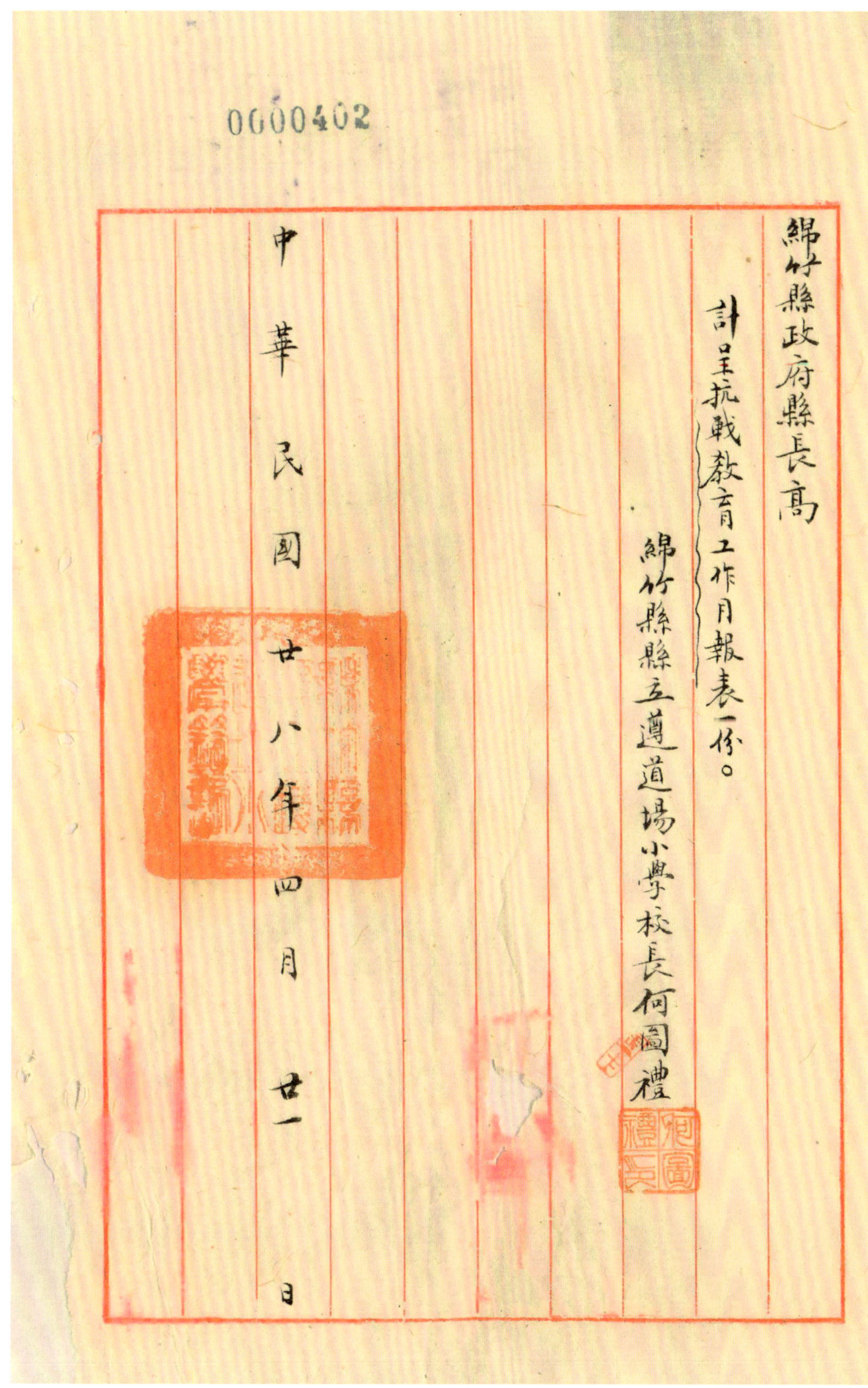

0000402

綿竹縣政府縣長高

計呈抗戰教育工作月報表一份。

綿竹縣縣立遵道場小學校長何圖禮

中華民國廿八年四月廿一日

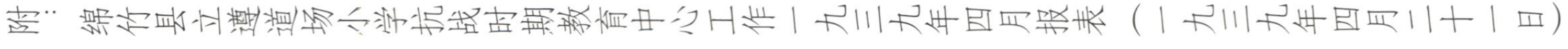

附：绵竹县立遵道场小学抗战时期教育中心工作一九三九年四月报表（一九三九年四月二十一日）

0000403

綿竹縣縣立遵道場小學抗戰時期教育中心工作月報表 廿八年四月份

項別	辦理情形
加緊學校抗戰課業事項	每週教授抗戰教材六時，星一、三、四課外活動時間指導學生練習時事講演及救亡歌詠等事項，并于勞作科指定高年級學生練習戰地勞動服務，以作將來貢身前方之準備
加緊教職員戰時工作之研究訓練事項	課餘之暇閱讀有關抗戰教育書報雜誌，全體教職員共同研究關於有利抗敵工作等項
加緊學生戰時勤務組織訓練事項	每週星六日早晨率領高中年級學生實施爬山運動演習野戰常識，除于赶集日輪派學生担任抗敵宣傳外，并利用例假日期作鄉村宣傳，以期激發群衆共起救亡
其他	

中華民國廿八年四月廿一日填報人校長何圖禮

绵竹县立城区第二小学关于报送抗战时期教育中心工作三四两月报表致县政府的呈（一九三九年四月二十二日）

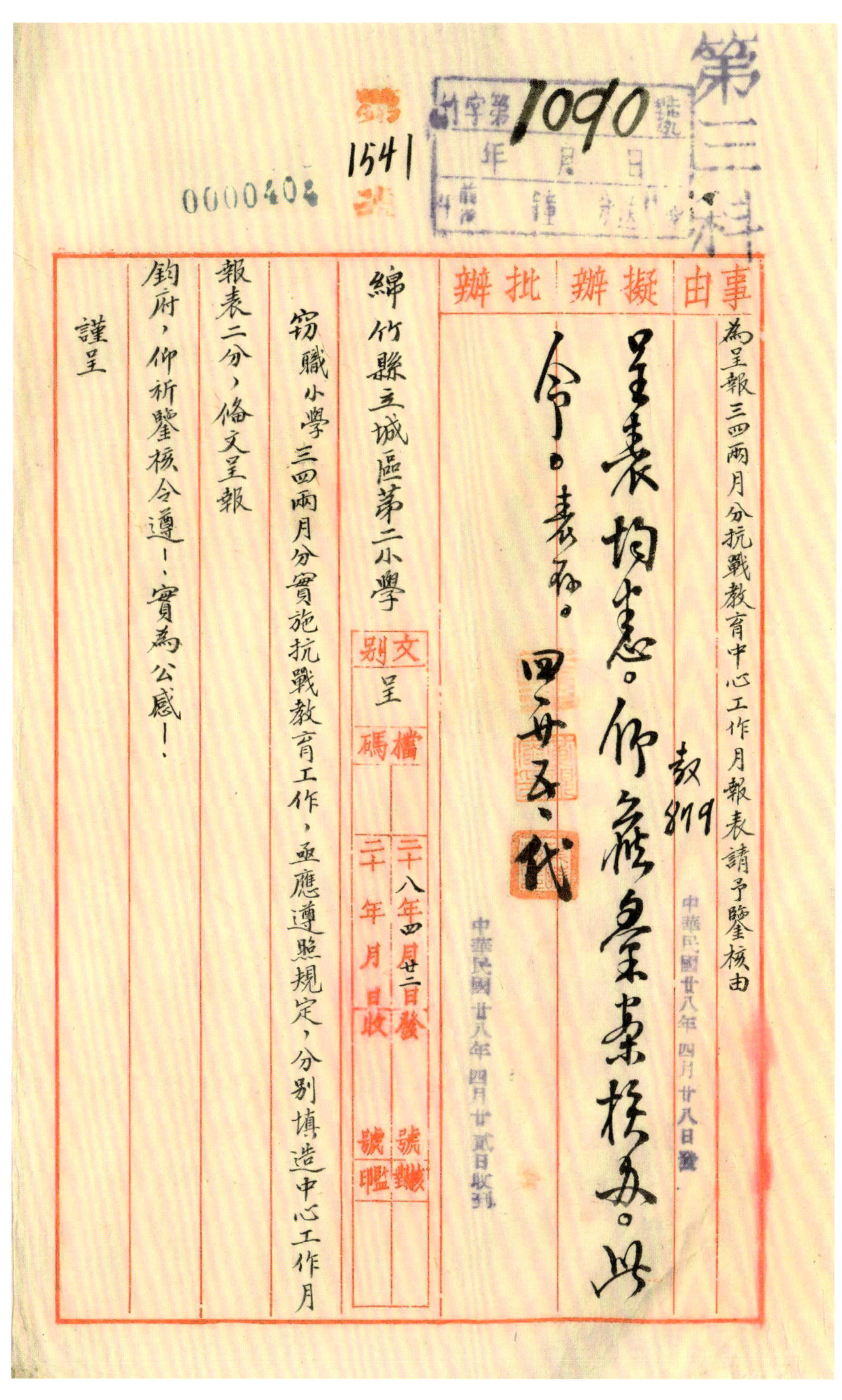
事由：為呈報三四兩月分抗戰教育中心工作月報表請予鑒核由

擬辦：呈表均悉。仰候彙案核辦。此令。表存。

批辦：四廿五。代

收字第1090號

1541

0000404

中華民國廿八年四月廿八日發

中華民國廿八年四月廿貳日收到

文別：呈

檔號：

二十八年四月廿二日發

二十年月日收

綿竹縣立城區第二小學

竊職小學三四兩月分實施抗戰教育工作，亟應遵照規定，分別填造中心工作月報表二分，備文呈報

鈞府，仰祈鑒核令遵！實為公感！

謹呈

0000405

縣長高

計呈三四兩月分抗戰教育中心工作月報表二分

綿竹縣立城區第二小學校長張錦城

附（二）绵竹县立城区第二小学抗战时期教育中心工作一九三九年三月报表（一九三九年三月）

0000406

綿竹縣立城區第二小學抗戰時期教育中心工作月報表（廿八年三月分）

項別	辦理情形
加緊學校抗戰課業事項	1、注重民族意識之喚起 2、注重國防及自衛之啓發 3、注重救護通訊守護等實習
加緊教職員戰時工作之研究訓練事項	1、研究防空防毒救護等工作設計教學法 2、擬定本期實施抗戰教育綱要逐項實行
加緊學生戰時勤務組織訓練事項	1、授童軍課程時及課外作業時注重下列之訓練 甲、集合練習 乙、救護練習 丙、指導行人維持秩序練習 丁、守護電話電杆橋梁練習
其他	

中華民國廿八年三月　日

填報人校長張錦城

附（二）绵竹县立城区第二小学抗战时期教育中心工作一九三九年四月报表（一九三九年四月）

綿竹縣立城區第二小學抗戰時期教育中心工作月報表（廿八年四月分）

項別	辦理情形
加緊學校抗戰課業事項	1.繼續上月工作 2.特別注意抗敵材料之搜集 甲、使高級班編製抗敵話劇及花鼓詞 乙、初級學生創編抗敵金錢板於每星期日午後到街市表演
加緊教職員戰時工作之研究訓練事項	1.繼續上月未完工作 2.成立抗敵話劇指導組
加緊學生戰時勤務組織訓練事項	1.繼續上月訓練事項 2.童軍訓練時作下列之訓練 甲、運輸工作 乙、救護工作
其他	

中華民國廿八年四月　日

填報人校長張錦城

绵竹县立新市镇小学关于遵令填报抗战时期教育中心工作四月报表致县政府的呈（一九三九年四月二十五日）

0000408

第　字第 1136 号

1592

事由：為遵令填報四月份抗戰時期教育中心工作月報表請予鑒核由

擬辦：呈表均悉。仰飭呈案存核。

批辦：此令。春霖。四、廿八。

中華民國廿八年四月廿九日發

文别：呈

檔碼：二十八年四月廿五日發　號

竊職小學四月份抗戰時期教育中心工作月報表現已填就，理合具文賫呈

鈞府，請予鑒核示遵。

謹呈

綿竹縣政府縣長高

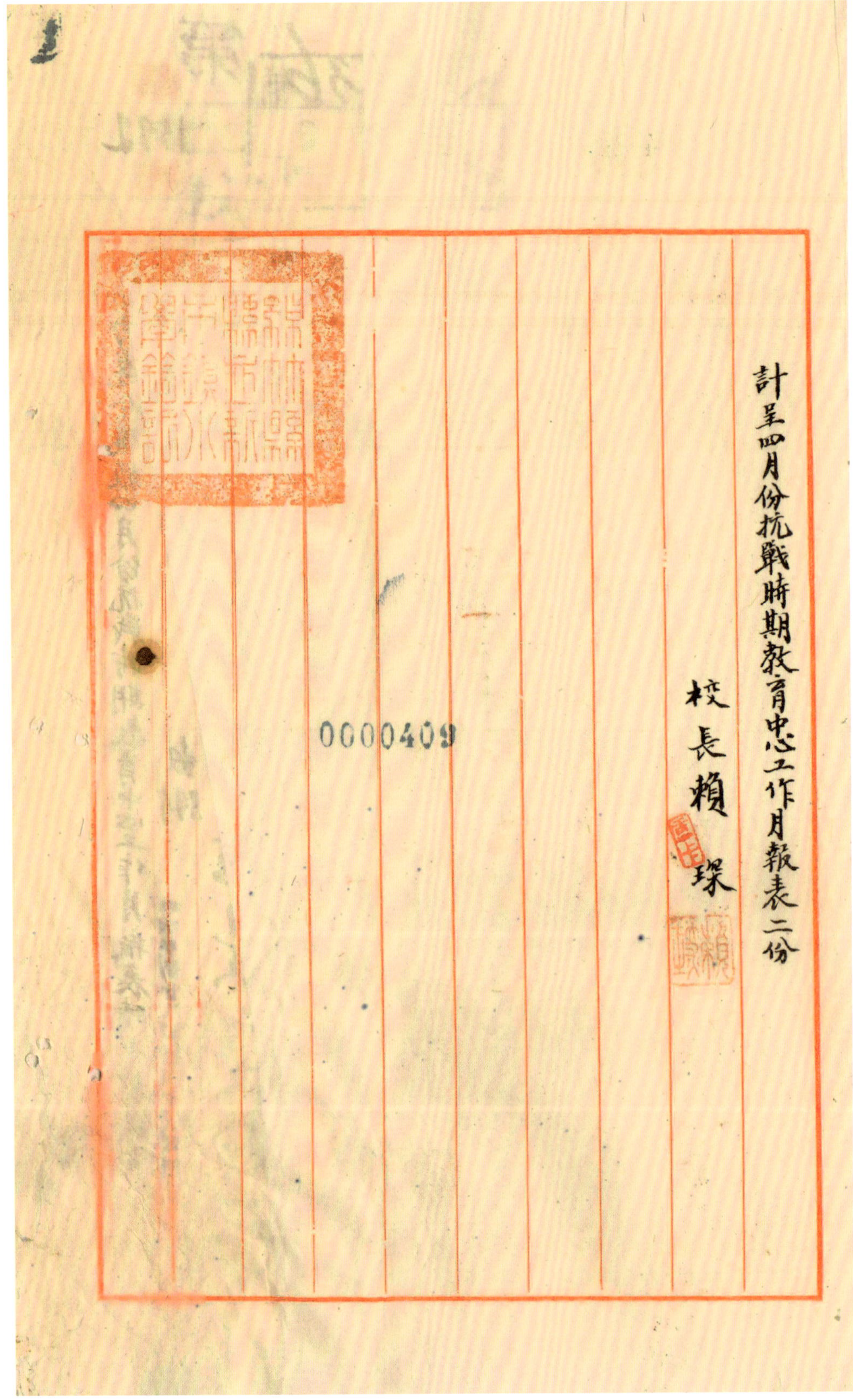
計呈四月份抗戰時期教育中心工作月報表二份

校長賴璪

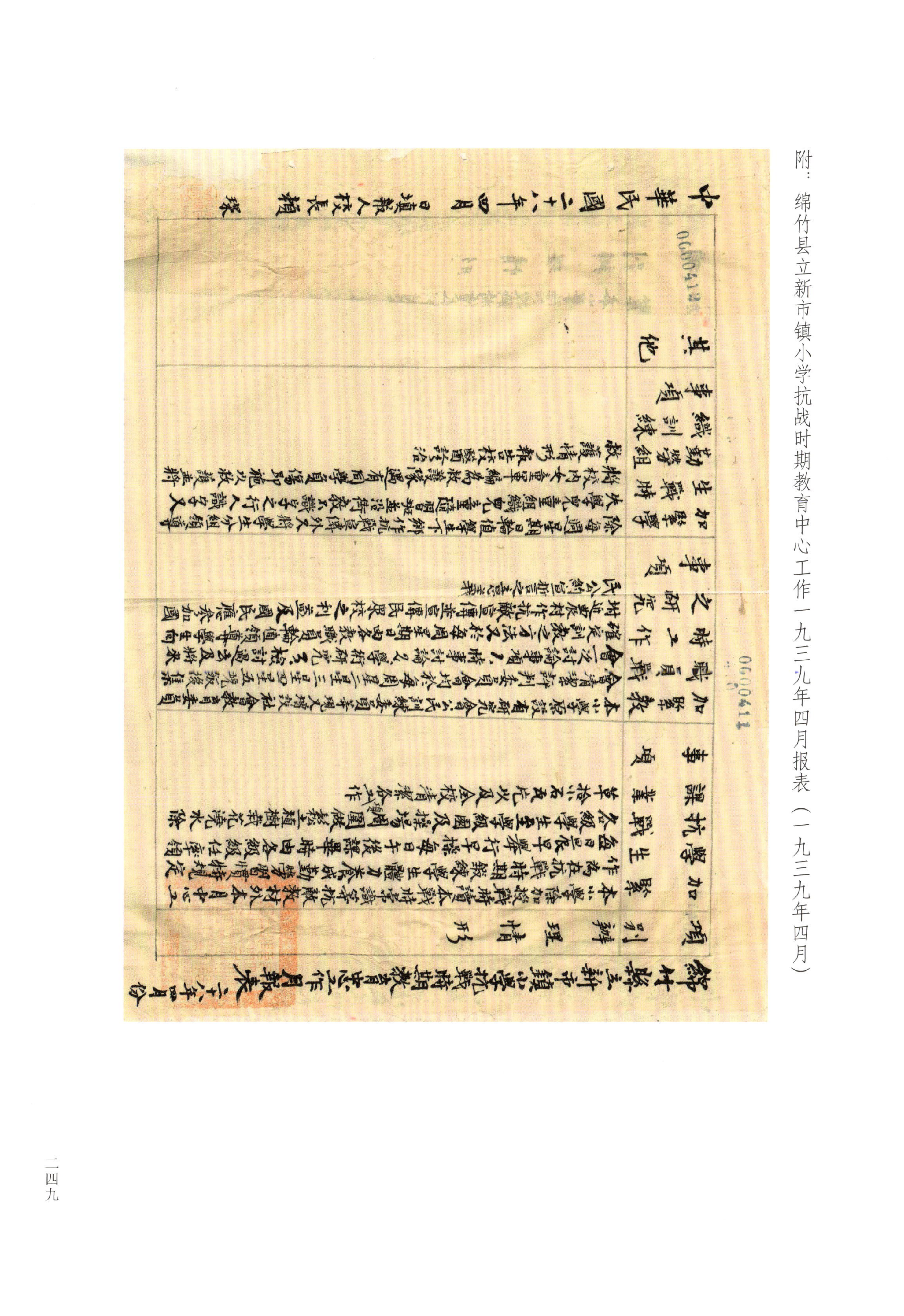

附：绵竹县立新市镇小学抗战时期教育中心工作一九三九年四月报表（一九三九年四月）

绵竹县立第一初级小学关于报送抗战时期教育中心工作四月报表致县政府的呈（一九三九年四月二十六日）

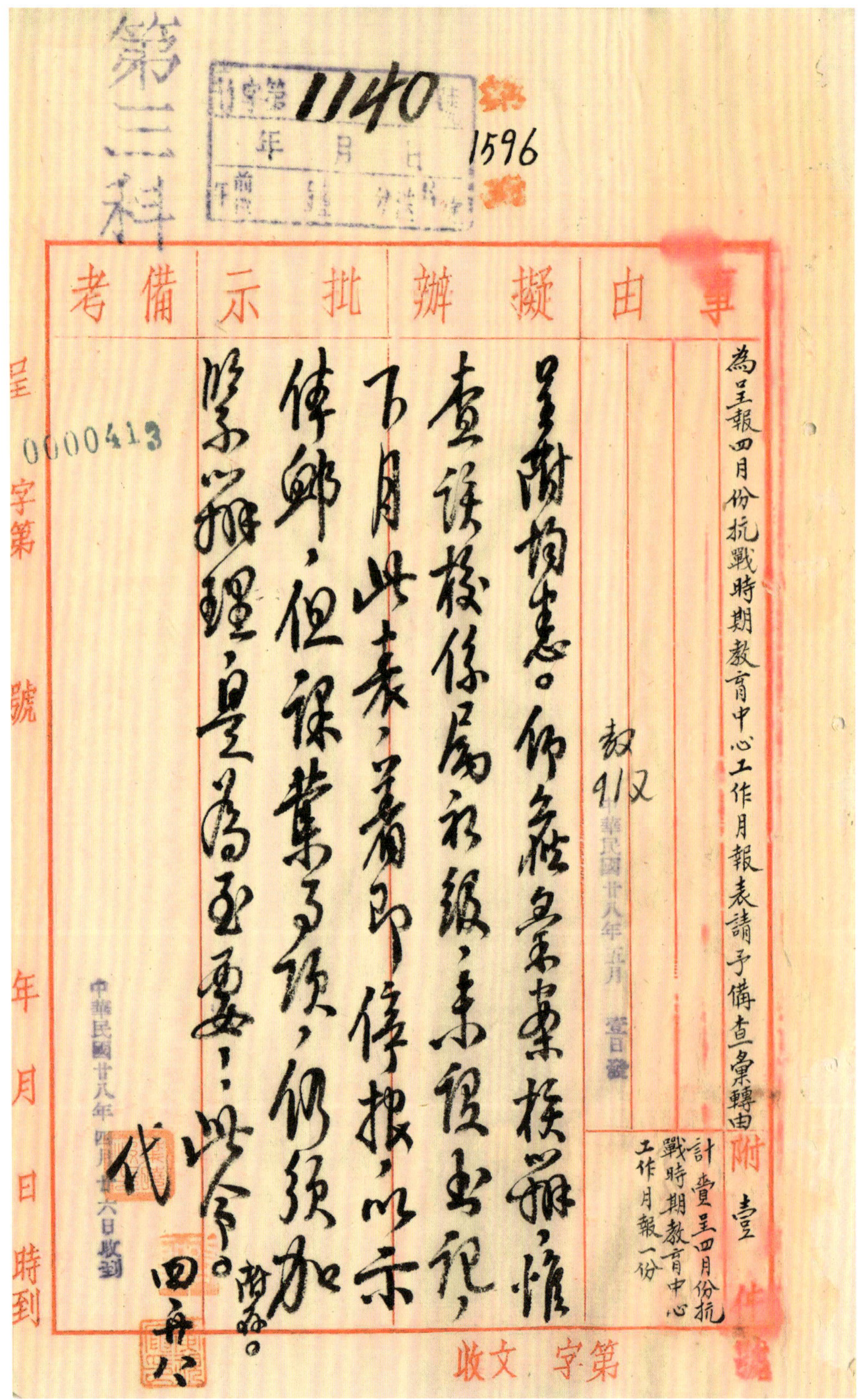
第三科

1140

1596

事由	為呈報四月份抗戰時期教育中心工作月報表請予備查彙轉由
附	壹　計壹呈四月份抗戰時期教育中心工作月報一份
擬辦	
批示	
備考	

中華民國廿八年四月廿六日收到

中華民國廿八年五月壹日發

收文　字第

0000431

竊職學遵照前令按月造呈抗戰時期教育中心工作月報表一份以憑彙轉茲值時間

將屆理合將本月份實施各項工作依次填表具文賫呈

鈞府查核彙轉實爲公便謹呈

縣政府縣長高

計賫呈四月份抗戰時期教育中心工作月報表一份

縣立第一初級小學校長任天成

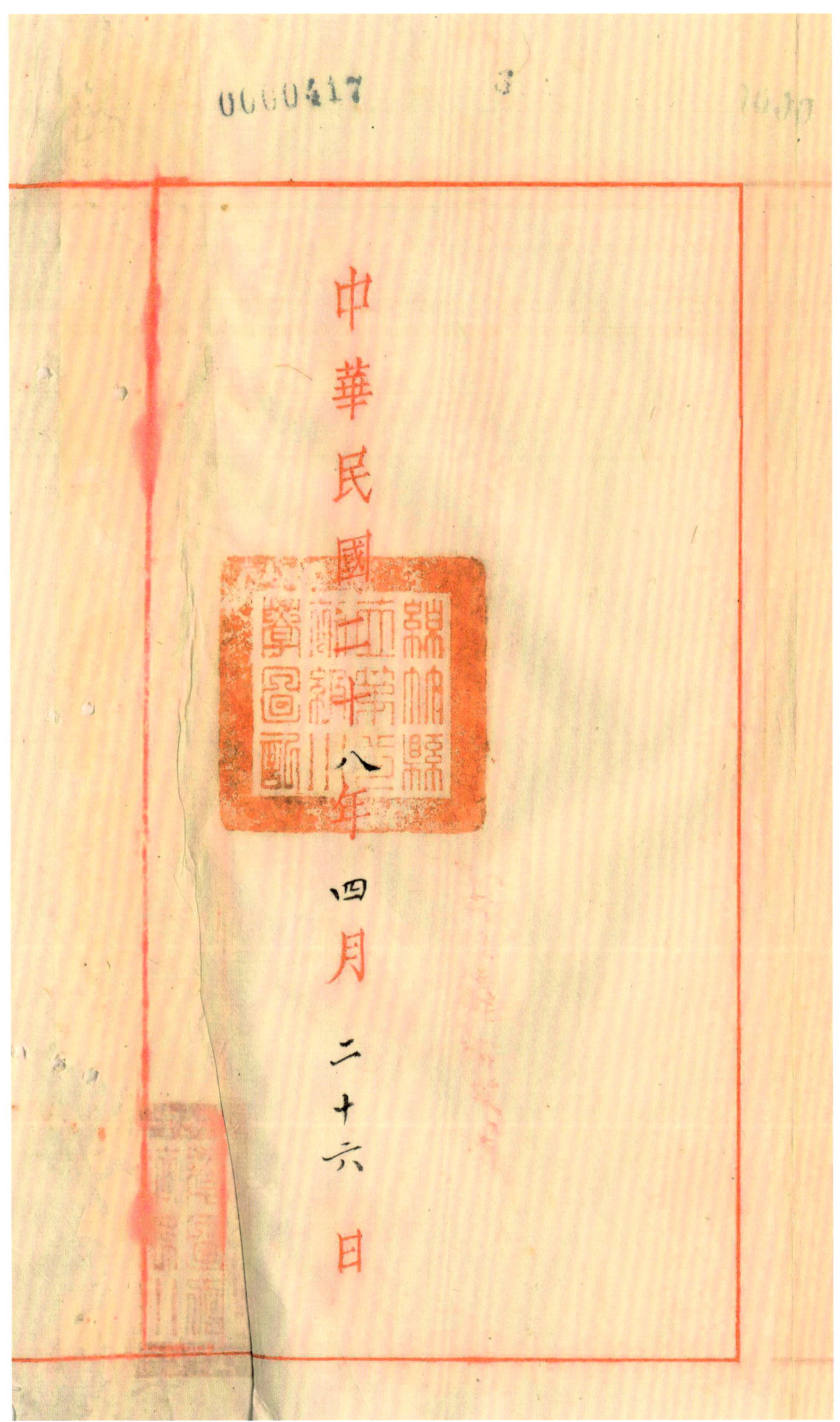
0000417

中華民國二十八年四月二十六日

附：绵竹县立第一初级小学抗战时期教育中心工作一九三九年四月报表（一九三九年四月二十四日）

0000415

綿竹縣立第一初級小學抗戰時期教育中心工作月報表 二十八年四月份

項別	辦理情形
加緊學校抗戰課業事項	(一)國文學科 各年級每週除繼續授戰時讀本外并於每日午後課外作業時由級任教員率領指導擇閱抗戰各種讀物及報章刊物至每週各級作文均採有關抗敵救國為題目 (二)常識科 除有常識教科書外并於每週二四六午後以防空常識掛圖新武器常識掛圖復興民族掛圖全面抗戰圖及衛生常識掛圖依次逐一講解 (三)算術科 計算敵人各地作戰之死亡我國和敵人糧食之生產比較作戰以來敵機損失之統計 (四)美術科 以中年級生每週每班各畫抗日漫畫一大張選擇張貼 (五)音樂科 照部頒抗敵救亡歌曲逐一教授 (六)精神訓話 除每週星期一舉行總理紀念週作政治報告外於朝會及星期一三五日暨每日午後降旗講演近時抗戰之狀況抗戰到底最後勝利屬我之証實與信念 (七)體格訓練 除中年級加授幼童軍訓練外並授國術低年級除授唱遊外每日均作課外運動一次健康比賽一次
加緊教職員戰時工作之研究訓練事項	(一)每週星期六召開抗敵教育實施討論會一次 (二)本月十六日由視導主任召集第一區全體教職員開初等教育研究會一次 (三)每月開校務會議一次討論本學推進抗戰教育一切事宜 (四)本學教職員奉動委會令飭組織國事報告宣傳及兵役宣傳組
加緊學生戰時勤務組織訓練事項	(一)中年級男女組織抗戰宣傳隊於趕墖日及紀念日到市墖茶社宣傳一小時 (二)每月舉行童軍野外演習及防空演習各一次
其他	(一)本月利用春節舉行春季短脚旅行一次 (二)本月二十二日星期六開懇親會一次

中華民國二十八年四月二十四日填報人校長任天成

绵竹县立汉旺场小学关于报送抗战时期教育中心工作四月报表致县政府的呈（一九三九年四月三十日收）

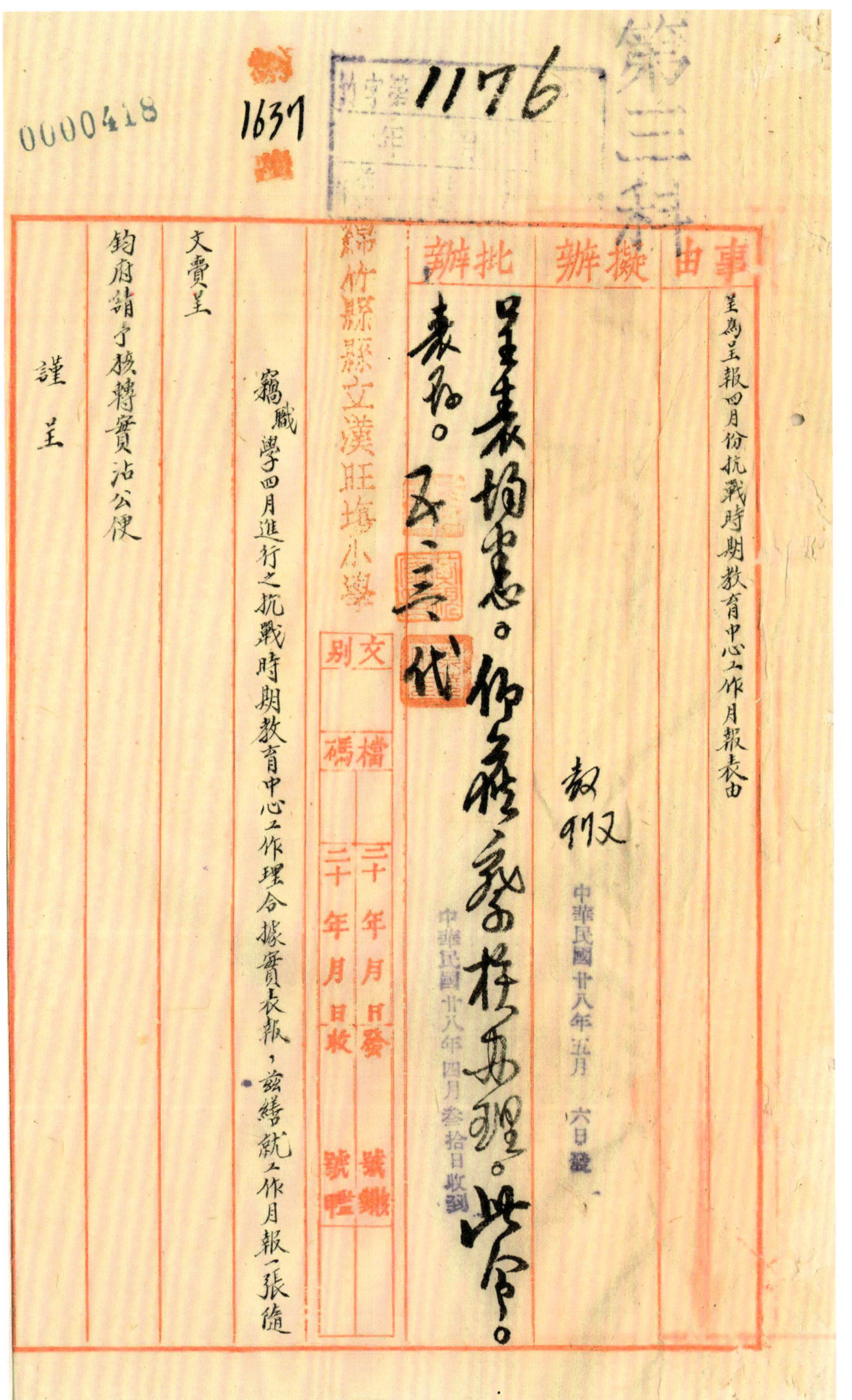

0000418

1637

1176

第三科

事由：呈為呈報四月份抗戰時期教育中心工作月報表由

擬辦：

批辦：呈表均悉。仰候彙案核辦。此令。表存。五、三　代

中華民國廿八年五月六日發

中華民國廿八年四月叁拾日收到

綿竹縣縣立漢旺場小學

竊職學四月進行之抗戰時期教育中心工作，理合據實表報，茲繕就工作月報一張，隨文賫呈

鈞府請予核轉，實沾公便。

謹呈

0000419
綿竹縣政府縣長高
計呈四月份抗戰時期教育中心月報表一張
校長仲光熙

附：绵竹县立汉旺场小学抗战时期教育中心工作一九三九年四月报表（一九三九年四月）

0000420

綿竹縣立漢旺場小學抗戰時期教育中心工作月報表 二十八年四月份

項別	辦理情形
加緊學校抗戰課業事項	每週舉行爬山運動一次，短足旅行一次，并增加體育鐘點，凡屬於抗戰有關及國防有益者均盡孫入取於課外作業時教授學生，並於每日降旗時由值星教導講演抗敵要聞
加緊教職員戰時工作之研究訓練事項	奉令惠辦民眾學校，清查失學民眾，擴充民眾學校（因失學男女民眾過多，遂由一校擴為二校），辦理壁報，并仍於場期講演國難宣傳兵役法令，并替出征軍人家屬寫家書
加緊學生戰時勤務組織訓練事項	民眾校因人數過多（一百二十餘人），教員講授難期周到，每夜指派高年級男女生到校輔助，務期每一失學民眾對於所學均有心得，并於場期午前課畢時由級任教師督率出街宣傳
其他	

中華民國二十八年四月 日

填報人校長仲光熙

绵竹县立城区女子小学关于报送抗战时期教育中心工作四月报表致县政府的呈（一九三九年五月二日）

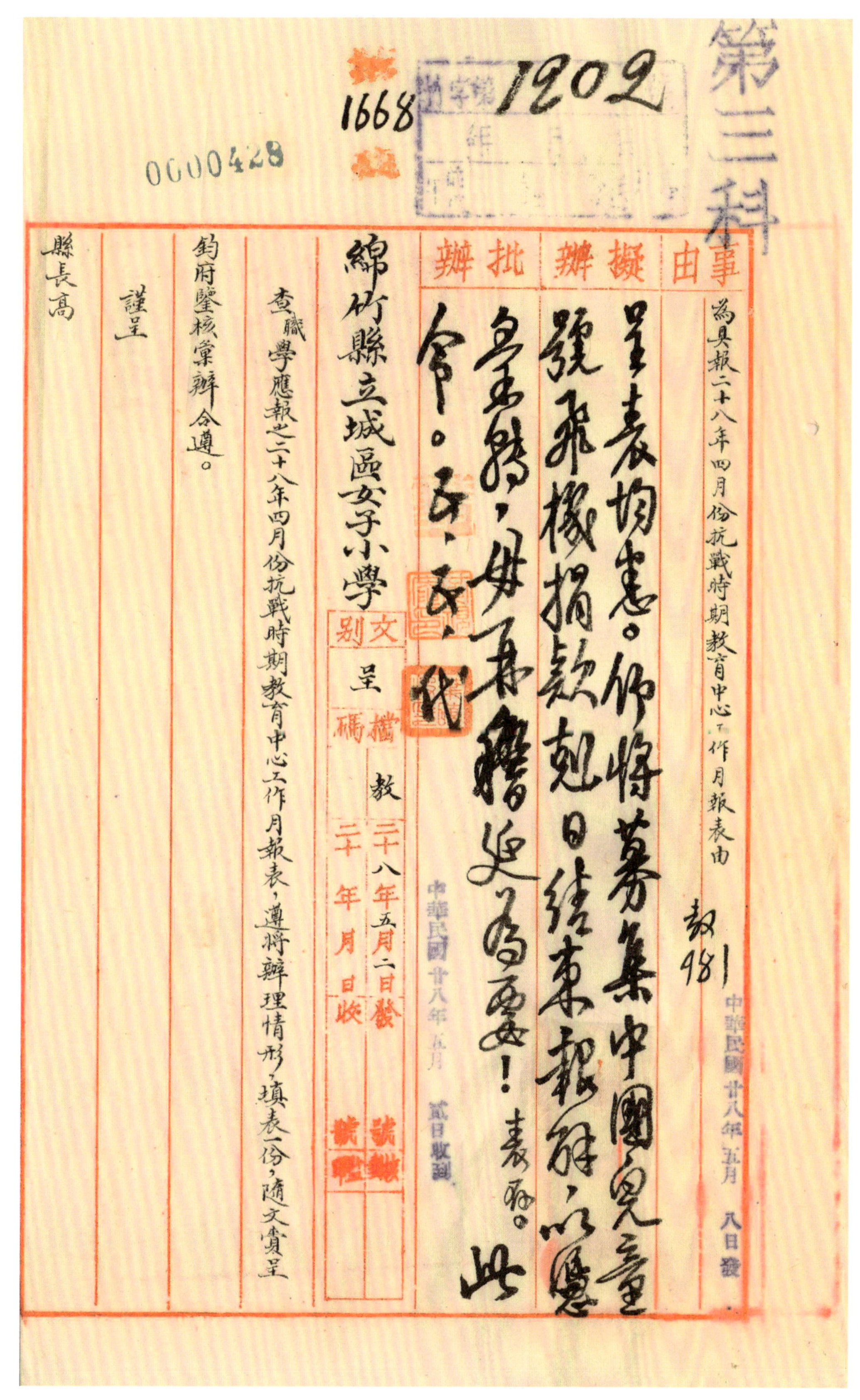

事由：為具報二十八年四月份抗戰時期教育中心工作月報表由

擬辦：呈表均悉。仰將募集中國兒童號飛機捐款剋日結束報解，以憑彙轉，毋再稽延為要！此令。表存。

批辦：

綿竹縣立城區女子小學

文別：呈

檔碼：教

二十八年五月二日發

查職學應報之二十八年四月份抗戰時期教育中心工作月報表，遵將辦理情形，填表一份，隨文賫呈

鈞府鑒核彙辦，合遵。

謹呈

縣長高

0600429

計呈綿竹縣立城區女子小學抗戰時期教育中心工作月報表四月份一份

綿竹縣立城區女子小學校長胡啟燊

附：绵竹县立城区女子小学抗战时期教育中心工作一九二九年四月报表（一九三九年四月）

綿竹縣立城區女子小學抗戰時期教育中心工作月報表（二十八年四月份）

項別	辦理情形
加緊學校抗戰課業事項	教授各科教材注意於民族意識之喚起振作自衛之精神并有關抗戰需要之各種工藝并於高中年級每週加授國術一百弍十分以鍛練學生身體
加緊教職員戰時工作之研究訓練事項	參加初等教育研究會共同討論抗戰時期之教育逐步實施
加緊學生戰時勤務組織訓練事項	除照前月工作繼續進行外加緊募集中國兒童號飛機捐以資結束報解
其他	

中華民國廿八年四月　日　填報人校長胡啟燊

绵竹县立广济场小学关于造报抗战时期教育中心工作四月报表致县政府的呈（一九三九年五月三日收）

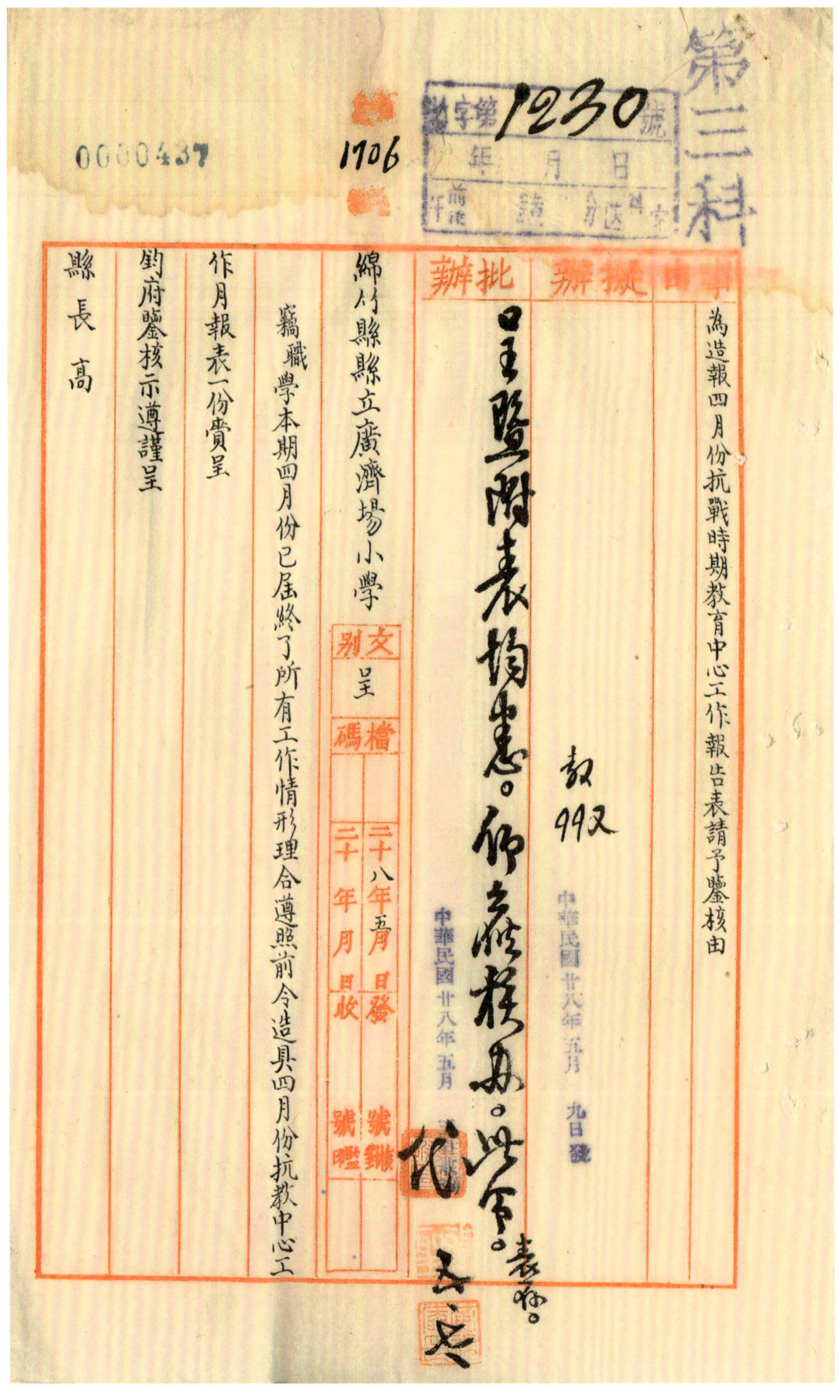
第三科

第1230號

1706

事由：為造報四月份抗戰時期教育中心工作報告表請予鑒核由

綿竹縣縣立廣濟場小學

竊職學本期四月份已屆終了，所有工作情形理合遵照前令造具四月份抗教中心工作月報表一份賫呈鈞府鑒核示遵。謹呈

縣長高

文別：呈

二十八年五月日發

批辦：呈暨附表均悉。仰存核可也。此令。

0000438

計呈四月份抗戰教育中心工作月報表一份

校長仲和熙

附：绵竹县立广济场小学抗战时期教育中心工作一九三九年四月报表（一九三九年四月）

綿竹縣縣立廣濟場小學抗戰時期教育中心工作月報表 二十八年四月份

項目	辦理情形
加緊學校抗戰課業事項	1.國語音樂美術等科仍照前月隨時補充或選授足以引起兒童抗敵情緒之教材 2.週會及紀念週時由教職員盡量搜集前方抗敵消息詳細講演以期學生明了目前抗敵形勢堅定抗戰決心
加緊教職員戰時工作之研究訓練事項	1.本學抗戰工作研究會五日曾開會一次討論一切工作事宜 2.本月二十二日曾到土門小學赴張視導員召開之初等教育研究會商導一切
加緊學生戰時勤務組織訓練事項	1.各組童軍仍加緊訓練授以戰時常識
其他	

中華民國二十八年四月填報人校長仲和

绵竹县立富新场小学关于报送抗战时期教育中心工作四月报表致县政府的呈（一九三九年五月四日收）

第三科

第1210号

1686

事由：為呈報四月份抗戰教育中心工作月報表請予鑒核由

附一件

擬辦：敎 993

批示：呈暨附表均悉。仰候彙案核辦。此令。表存。

五、六。代

備考：0000432

中華民國廿八年五月四日收到

中華民國廿八年五月九日

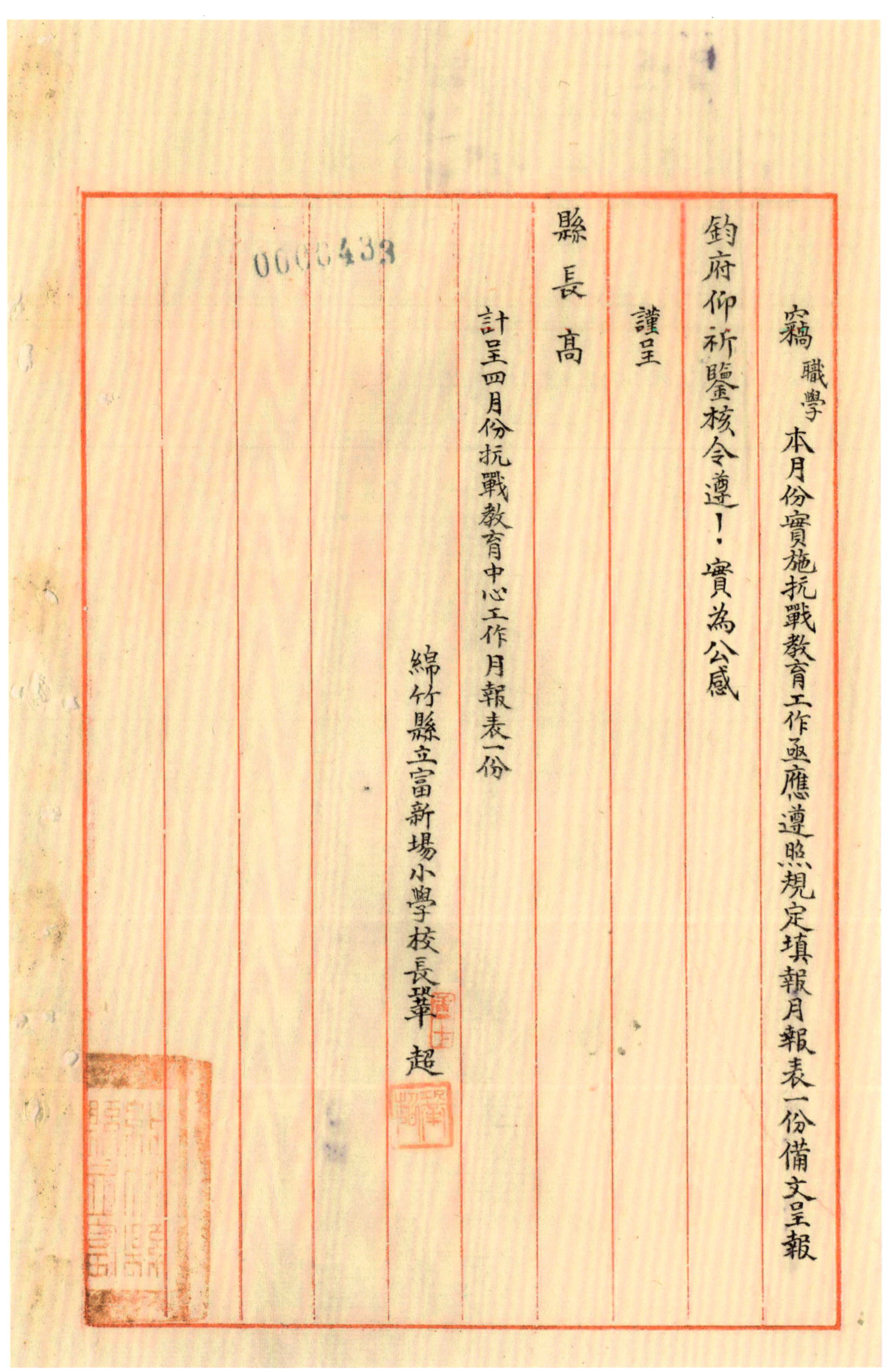

竊職學本月份實施抗戰教育工作亟應遵照規定填報月報表一份備文呈報

鈞府仰祈鑒核令遵！實為公感

謹呈

縣長高

計呈四月份抗戰教育中心工作月報表一份

綿竹縣立富新場小學校長華超

000043[illegible]

中華民國二十八年四月　日

附：绵竹县立富新场小学抗战时期教育中心工作一九三九年四月报表（一九三九年四月）

綿竹縣立富新場小學抗戰時期教育中心工作月報表（二十八年四月份）

項别	辦理情形
加緊學校抗戰課業事項	1、繼續上月工作 2、採選救國抗敵之教材 甲、高級學生練習宣傳講演之姿勢及全隊合唱救亡進行曲抗戰到底等歌 乙、初級學生作抗戰之遊戲
加緊教職員戰時工作之研究訓練事項	1、繼續上月工作 2、組織抗戰劇團 3、編集抗戰訓話
加緊學生戰時勤務組織訓練事項	1、繼續上月工作 2、童軍訓練時作下列之訓練 甲演習救護工作 乙學習偵探動作
其他	1、兒童節簡單表演抗戰新劇 2、國民公約宣誓時擴大宣傳抗戰必勝之事實使民衆各具必勝之信念一致精神動員

中華民國二十八年四月　日填報人校長翚超

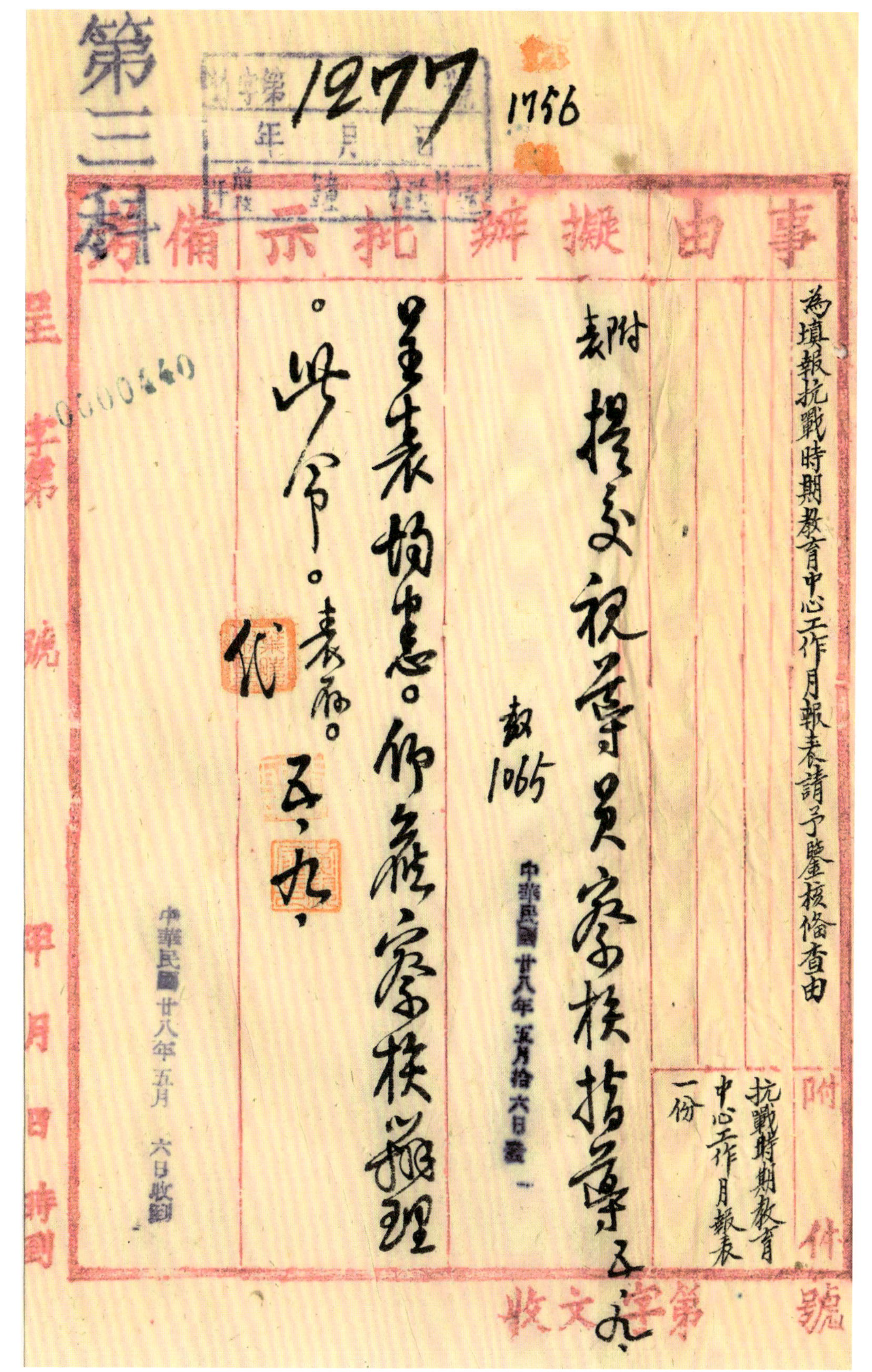

第三科

字第 1277 號　年　月　日

1756

事由：為填報抗戰時期教育中心工作月報表請予鑒核備查由

附件：抗戰時期教育中心工作月報表　一份

擬辦：附表。擬交視導員審核指導。五、九

數 1065

中華民國廿八年五月拾六日發

批示：呈表悉。仰候審核辦理。此令。表存。

代　五、九

中華民國廿八年五月六日收到

收文　字第　號

绵竹县立拱星场小学关于填报抗战时期教育中心工作月报表致县政府的呈（一九三九年五月六日收）

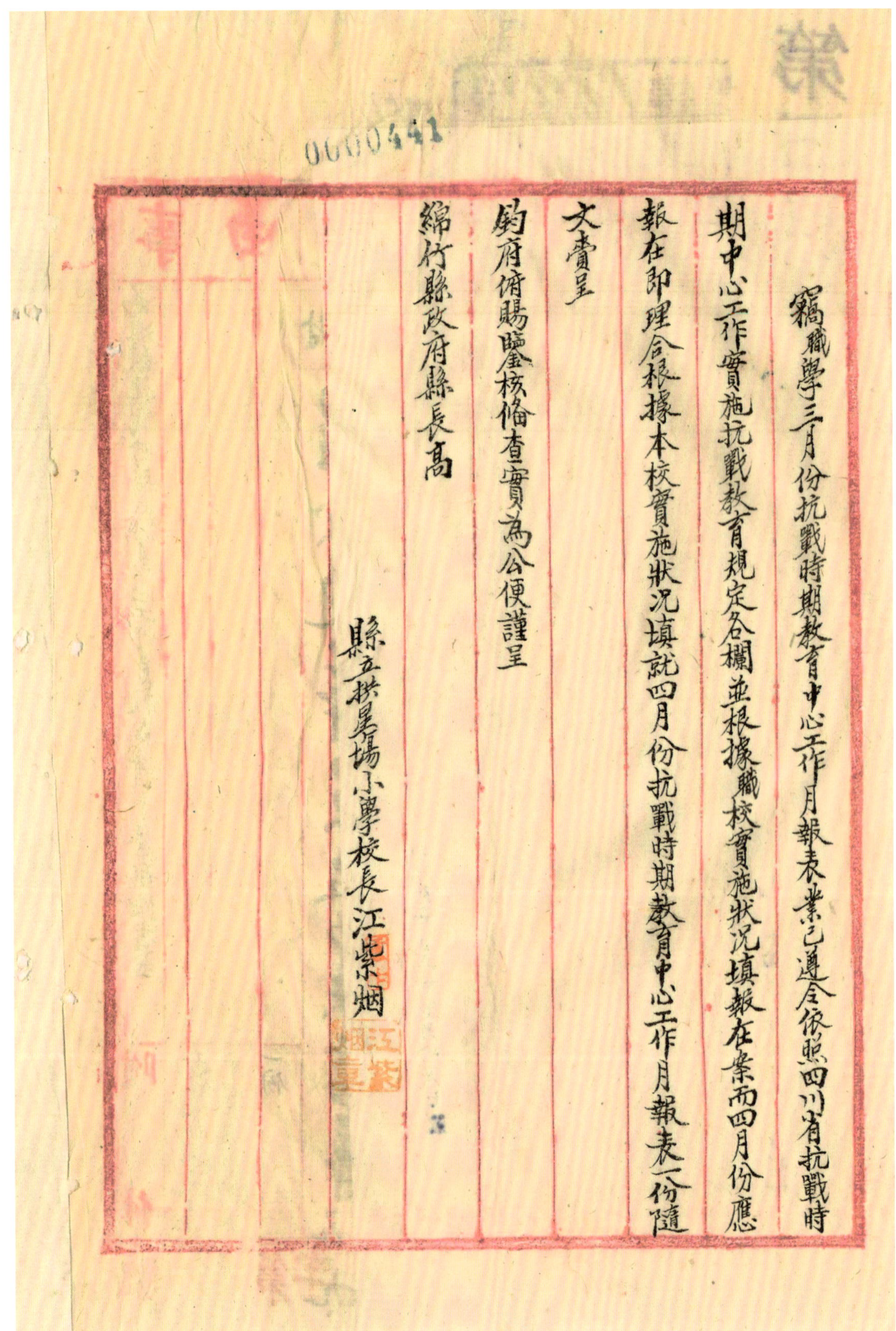

0000441

竊職學三月份抗戰時期教育中心工作月報表業已遵令依照四川省抗戰時期中心工作實施抗戰教育規定各欄並根據職校實施狀況填報在案而四月份應報在即理合根據本校實施狀況填就四月份抗戰時期教育中心工作月報表一份隨文賫呈

鈞府俯賜鑒核備查實為公便謹呈

綿竹縣政府縣長高

縣立拱星場小學校長江崇烟

0600443

中華民國二十八年五月　日

附：绵竹县立拱星场小学抗战时期教育中心工作一九三九年四月报表（一九三九年四月二十五日）

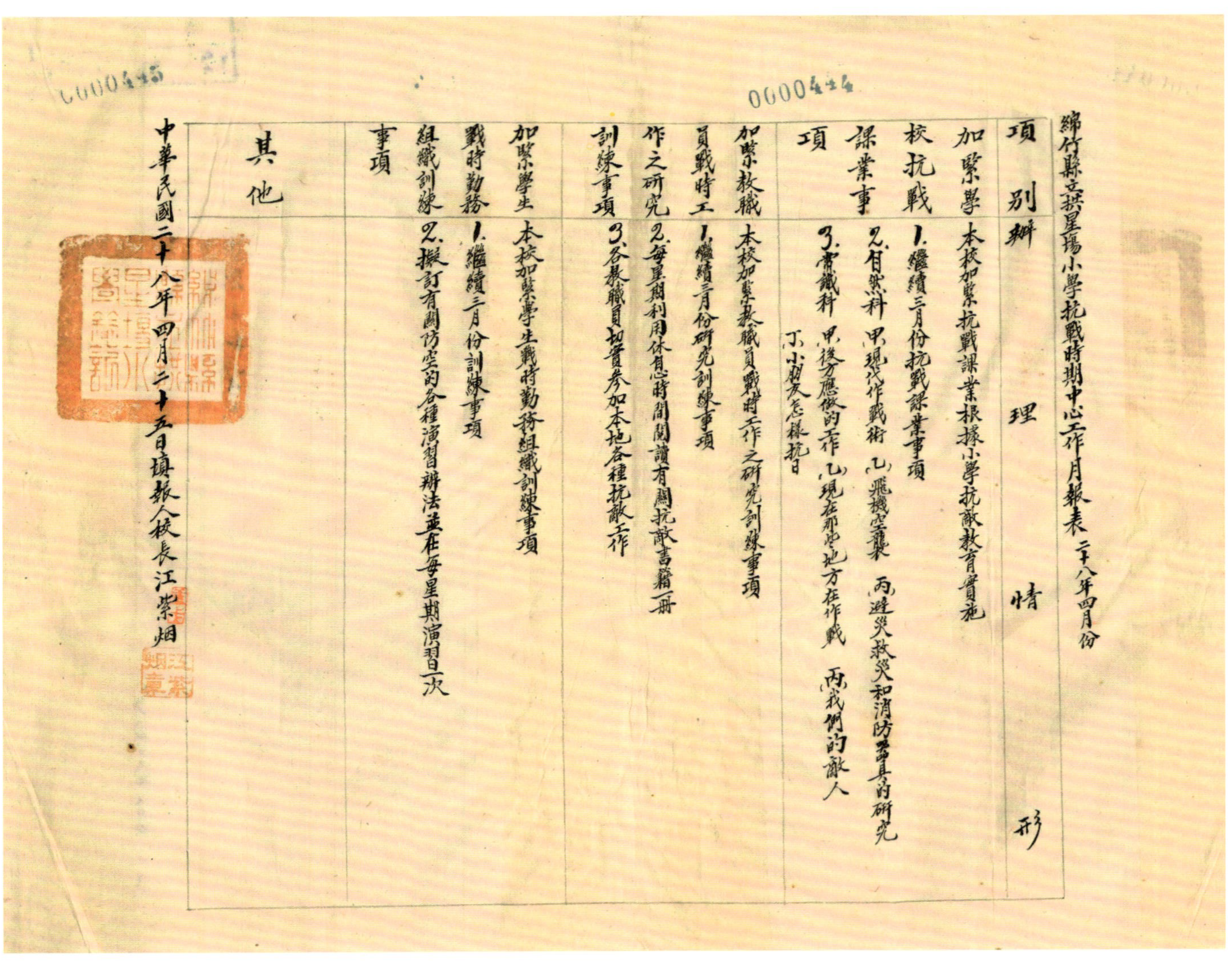

綿竹縣立拱星場小學抗戰時期中心工作月報表 二十八年四月份

項別	辦理情形
加緊學校抗戰課業事項	本校加緊抗戰課業根據小學抗敵教育實施 1.繼續三月份抗戰課業事項 2.自然科 甲.現代作戰術 乙.飛機空襲 丙.避災救災和消防器具的研究 3.常識科 甲.後方應做的工作 乙.現在那些地方在作戰 丙.我們的敵人 丁.小朋友怎樣抗日
加緊教職員戰時工作之研究訓練事項	本校加緊教職員戰時工作之研究訓練事項 1.繼續三月份研究訓練事項 2.每星期利用休息時間閱讀有關抗敵書籍一冊 3.各教職員切實參加本地各種抗敵工作
加緊學生戰時勤務組織訓練事項	本校加緊學生戰時勤務組織訓練事項 1.繼續三月份訓練事項 2.擬訂有關防空的各種演習辦法並在每星期演習一次
其他	

中華民國二十八年四月二十五日填報人校長江崇烟

绵竹县立富新场小学关于报送抗战时期教育中心工作五月报表致县政府的呈（一九三九年五月二十日）

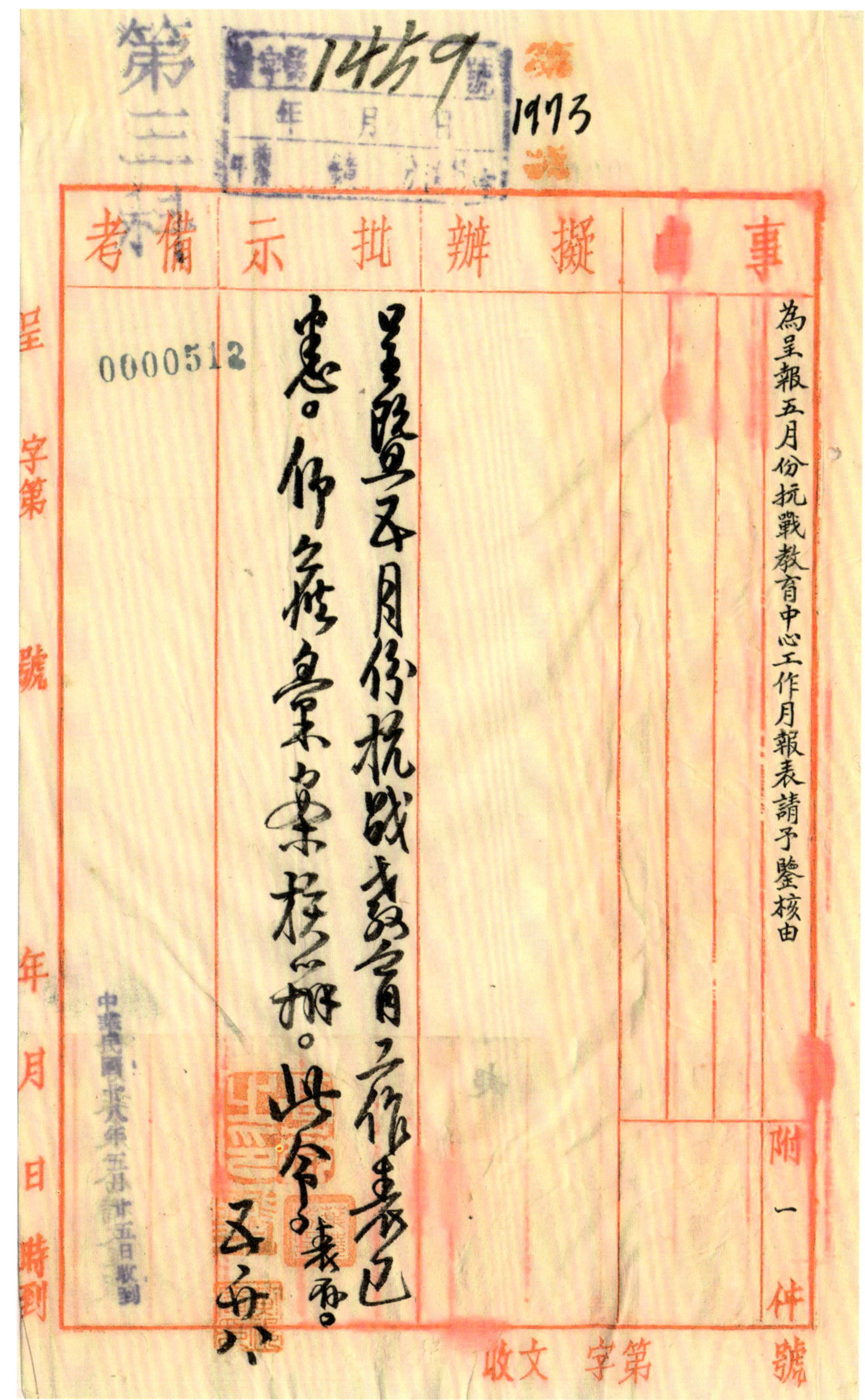

第三科

1459

1973

0000512

事由：為呈報五月份抗戰教育中心工作月報表請予鑒核由

附一件

擬辦

批示：呈暨五月份抗戰教育工作表已悉。仰候彙案核辦。此令。表存。[illegible]

備考：中華民國廿八年五月廿五日收到

呈　字第　號　年　月　日　時到

收文　字第　號

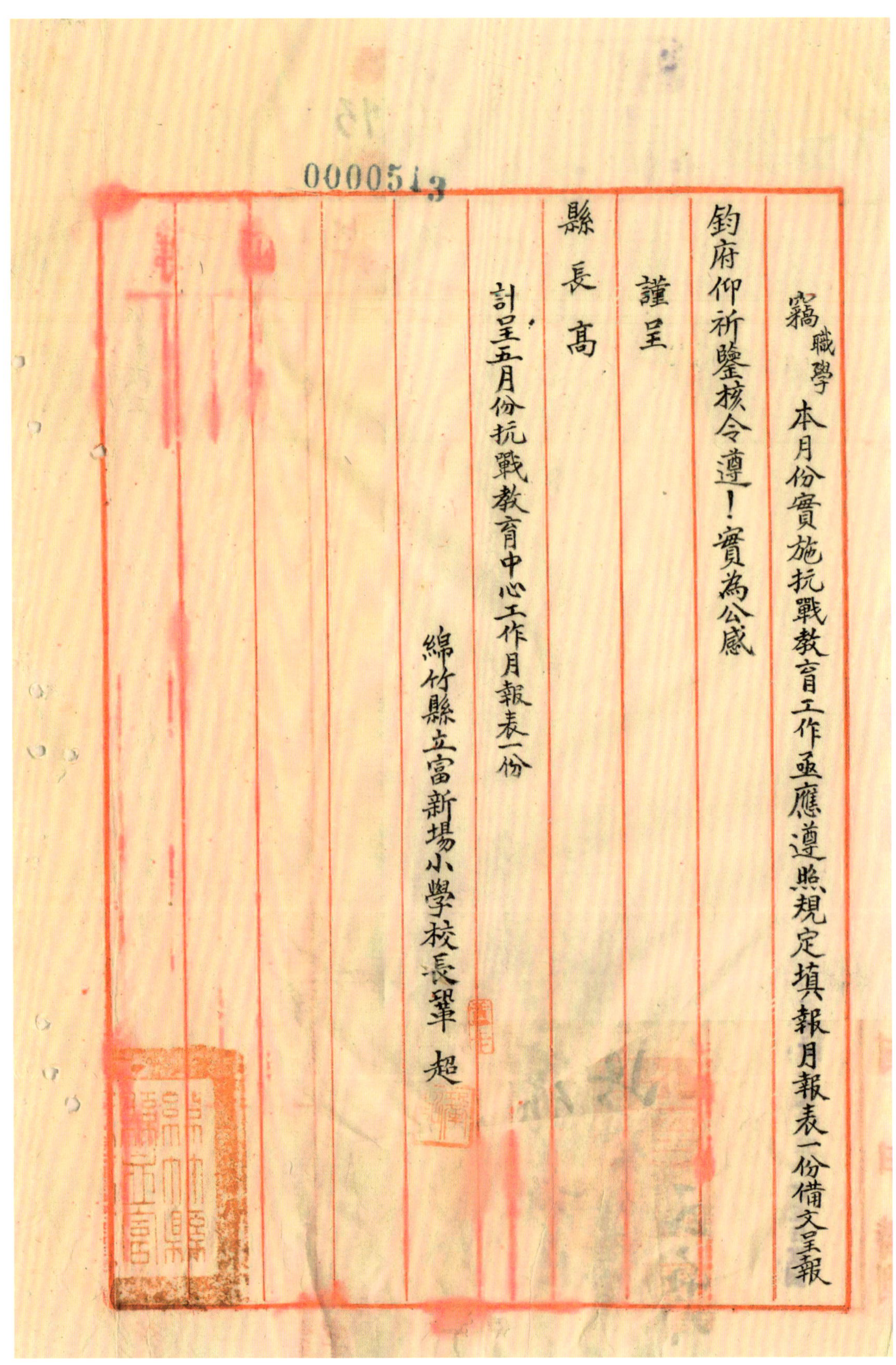
0000513

竊職學本月份實施抗戰教育工作亟應遵照規定填報月報表一份備文呈報

鈞府仰祈鑒核令遵！實為公感

謹呈

縣長高

計呈五月份抗戰教育中心工作月報表一份

綿竹縣立富新場小學校長鞏超

0000515

中華民國三十八年五月二十日

附：绵竹县立富新场小学抗战时期教育中心工作一九三九年五月报表（一九三九年五月二十八日）

綿竹縣立富新場小學抗戰時期教育中心工作月報表（二十八年五月份）

項別	辦理情形
加緊學校抗戰課業事項	1、繼續上月工作 2、厲行精神訓練及體格訓練 甲、高級生中級生實踐國民公約並練習宣傳公約內條件之意義及宣傳之姿勢 乙、低年級生練習抗戰之唱遊
加緊教職員戰時工作之研究訓練事項	1、繼續上月工作 2、成立抗敵劇話「蓮花鬧」 3、宣傳實行國民公約加增抗戰力量
加緊學生戰時勤務組織訓練事項	1、繼續上月工作 2、童軍訓練時作下列之訓練 甲、救護工作 乙、傳達工作
其他	國民公約宣誓日分組在場內各處宣傳

中華民國二十八年五月二十八日　填報人校長畢超

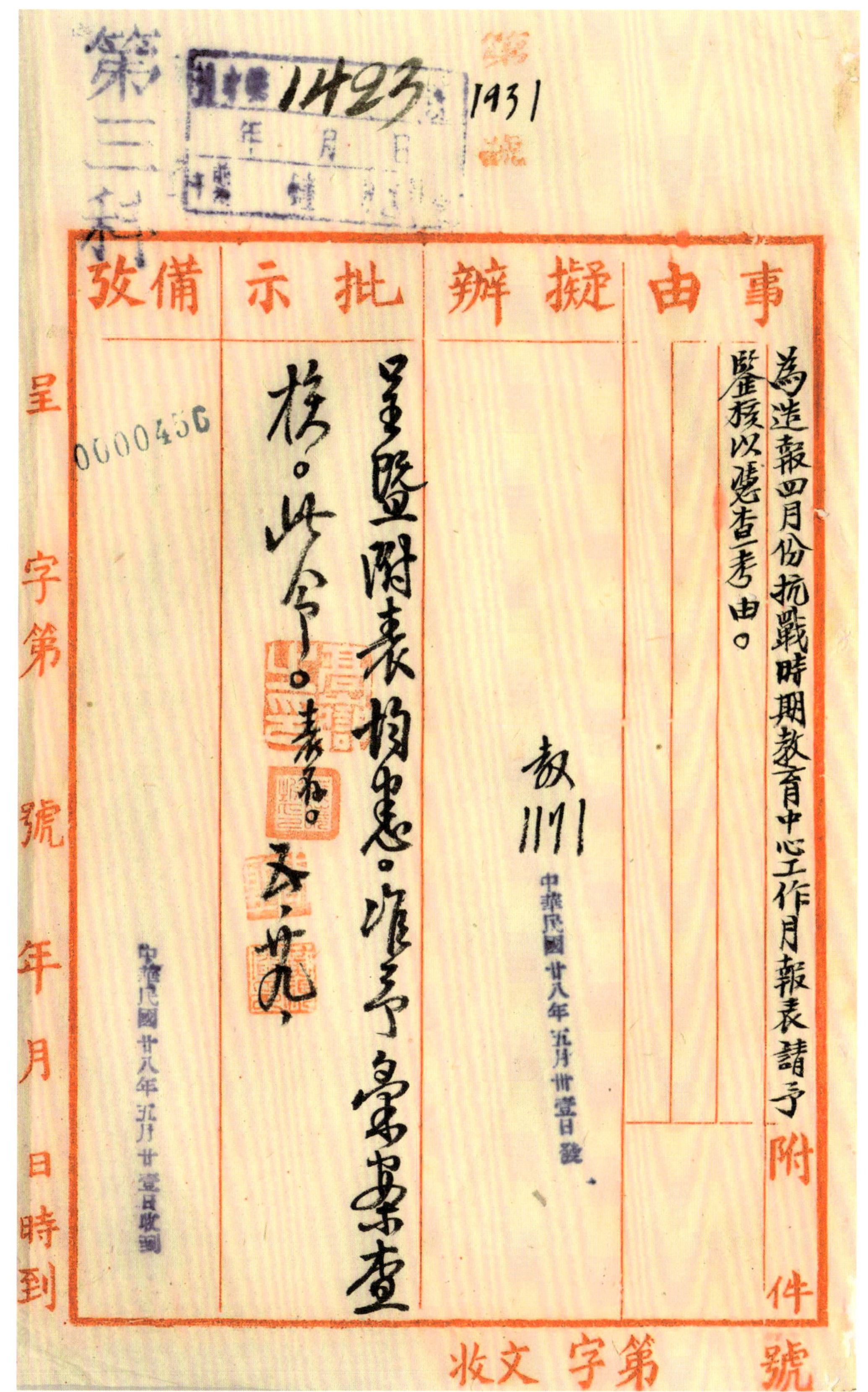
事由：為造報四月份抗戰時期教育中心工作月報表請予鑒核以憑查考由。
擬辦：敎川
中華民國廿八年五月廿壹日發
批示：呈暨附表均悉。准予存案查核。此令。
中華民國廿八年五月廿壹日收到

绵竹县立孝泉场小学关于造报抗战时期教育中心工作四月报表致县政府的呈（一九三九年五月二十一日收）

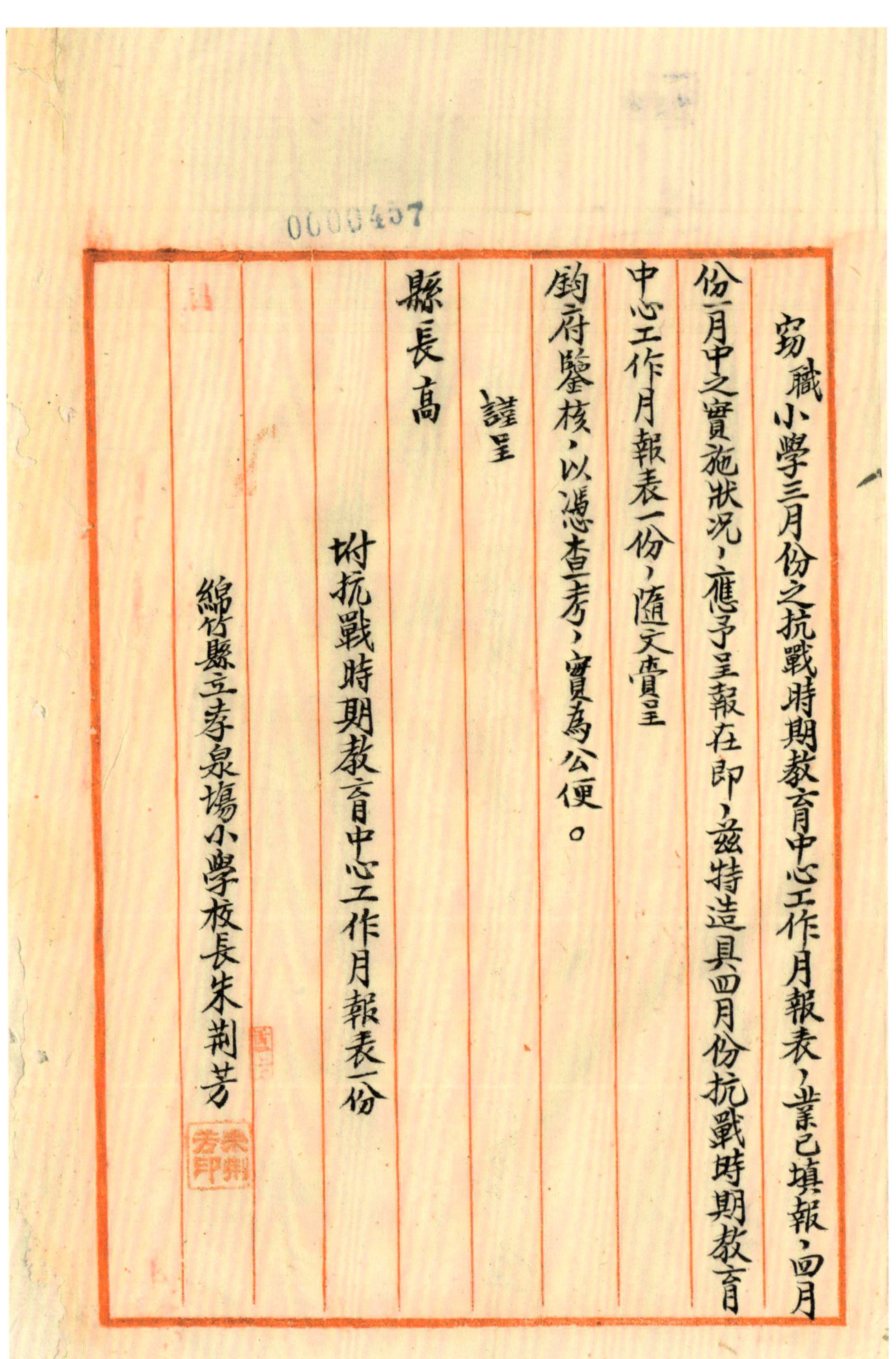

竊職小學三月份之抗戰時期教育中心工作月報表，業已填報，四月份一月中之實施狀況，應予呈報在即，茲特造具四月份抗戰時期教育中心工作月報表一份，隨文賫呈

鈞府鑒核，以憑查考，實爲公便。

謹呈

縣長高

附抗戰時期教育中心工作月報表一份

綿竹縣立孝泉場小學校長朱荊芳

朱荊芳印

0000469

中華民國二十八年五月　日

附：绵竹县立孝泉场小学抗战时期教育中心工作一九三九年四月报表（一九三九年五月）

綿竹縣立孝泉場小學抗戰時期教育中心工作月報表

民國廿八年五月份製

項別	辦理情形
加緊學校抗戰課業事項	高中年級學生於課外作業時除上月已定之工作實施外本月更由教師指導繪製最近戰區地圖（以報紙為依據）并統計敵我各戰場一切消耗之比較
加緊教職員戰時工作之研究訓練事項	本校除上月已組織公民訓練委員會外本月更組織戰時教育研究會由主席每週開會一次專門討論關於戰時之各種教育方法
加緊學生戰時勤務組織訓練事項	本校學生除上月已有之組織及工作外并組織宣傳組若干組每於逢場趕輪流出外在通衢大道或酒肆茶房作關於抗戰之種種工作宣傳
其他	

中華民國二十八年五月填報人校長朱荆芳

绵竹县立遵道场小学关于填报抗战时期教育中心工作五月报表致县政府的呈（一九三九年五月二十七日）

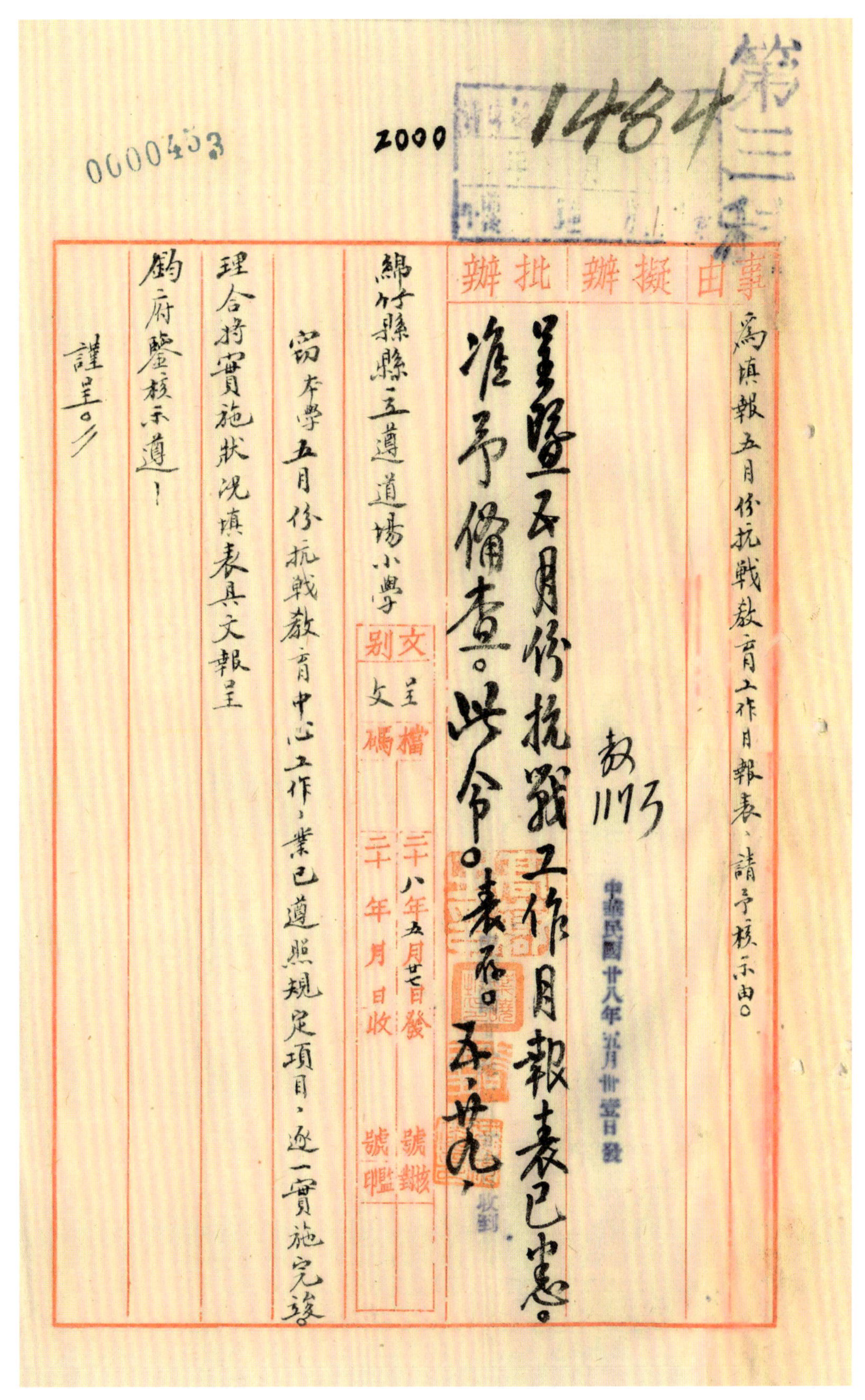

0000453

2000　1484

事由：為填報五月份抗戰教育工作月報表，請予核示由。

擬辦

批辦：呈暨五月份抗戰工作月報表已悉。准予備查。此令。表存。五、廿九

教川ろ

綿竹縣縣立遵道場小學

文別：呈文

檔碼：　號

二十八年五月廿七日發

二十　年　月　日收　號

竊本學五月份抗戰教育中心工作，業已遵照規定項目，逐一實施完竣，理合將實施狀況填表具文報呈

鈞府鑒核示遵！

謹呈。

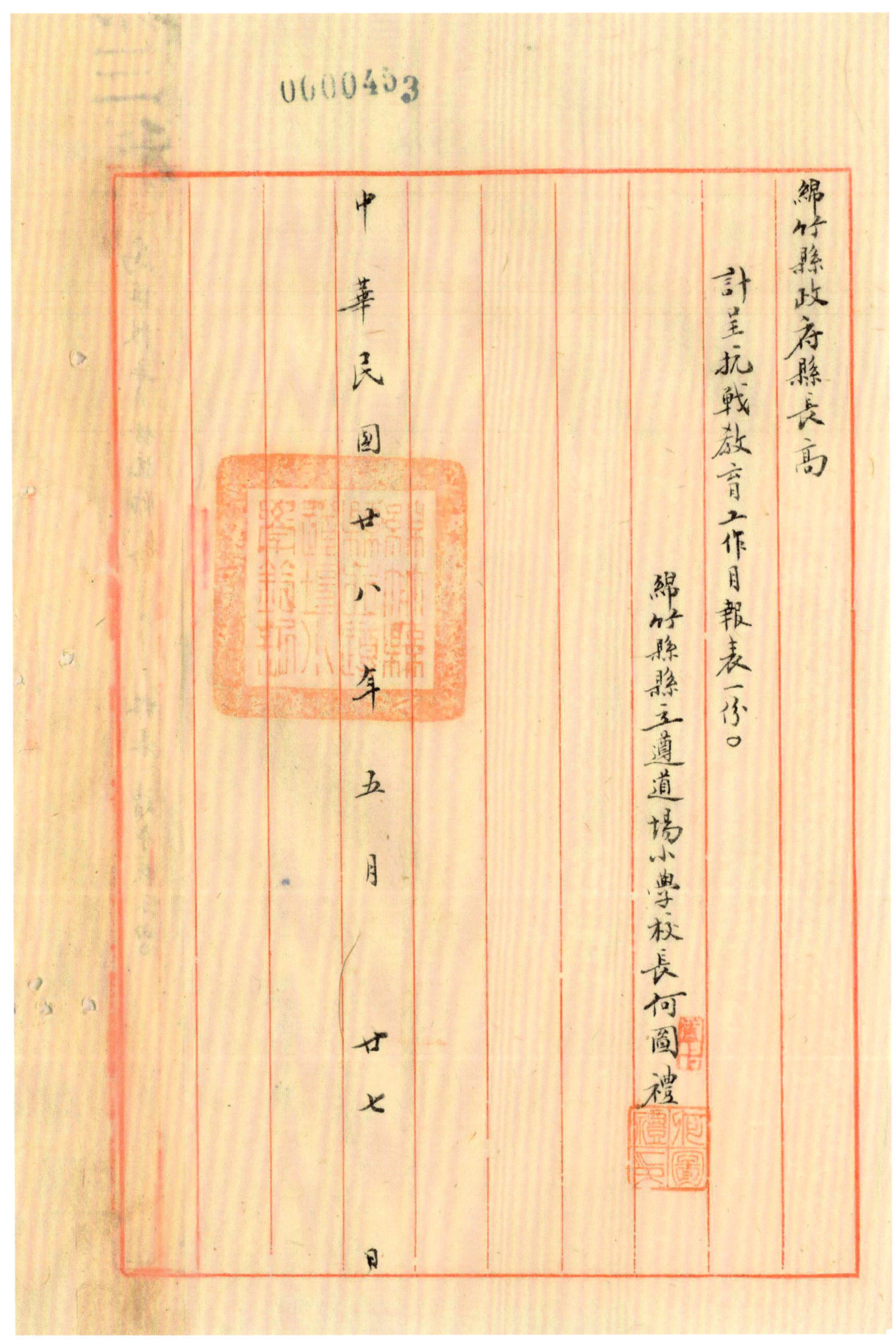
0600403

綿竹縣政府縣長高

計呈抗戰教育工作月報表一份。

綿竹縣縣立遵道場小學校長何圖禮

中華民國廿八年五月廿七日

附：绵竹县立遵道场小学抗战时期教育中心工作一九三九年五月报表（一九三九年五月二十七日）

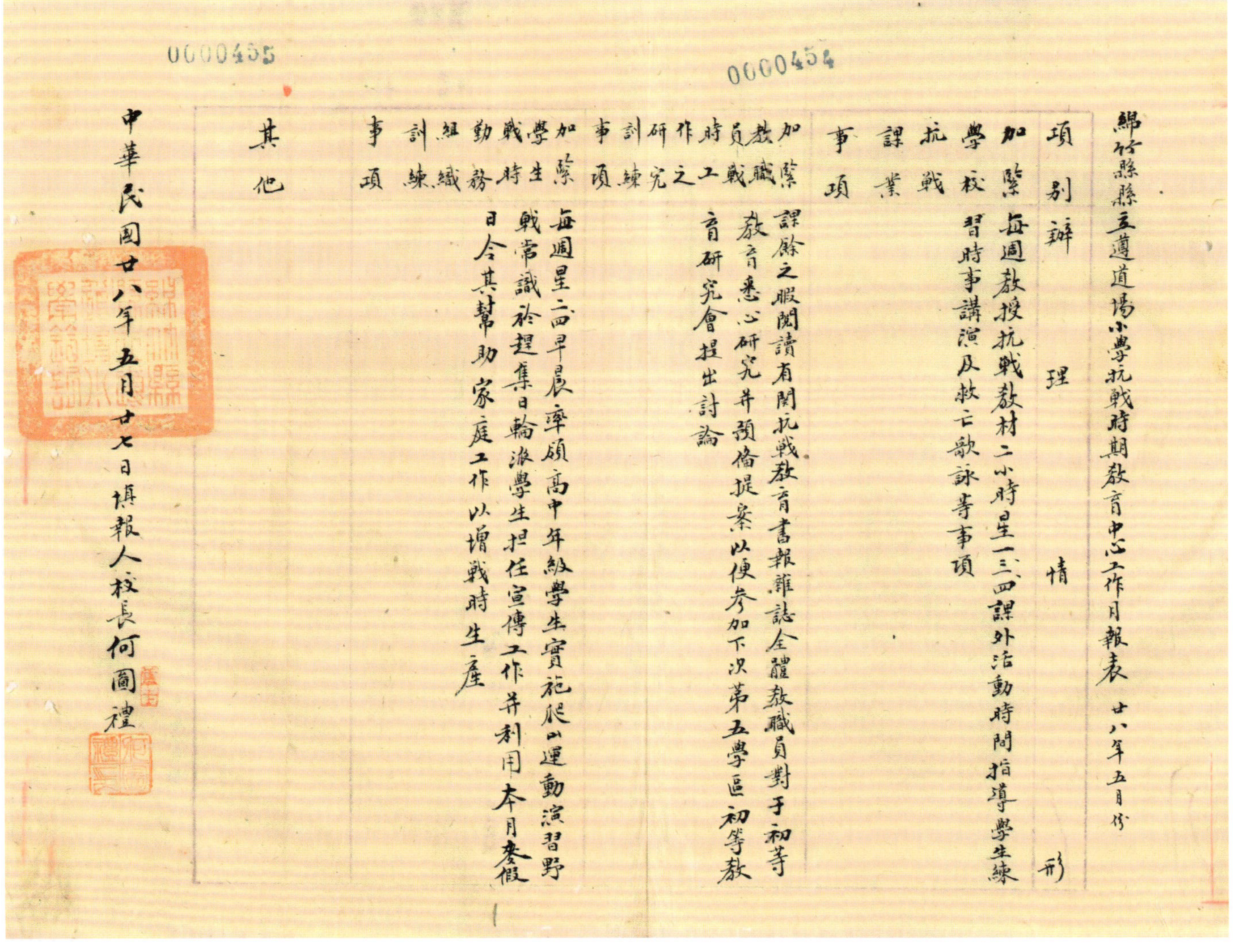

0000454

0000455

綿竹縣縣立遵道場小學抗戰時期教育中心工作月報表　廿八年五月份

項別	辦理情形
加緊學校抗戰課業事項	每週教授抗戰教材二小時，星一三四課外活動時間指導學生練習時事講演及救亡歌詠等事項
加緊教職員戰時工作研究之訓練事項	課餘之暇閲讀有關抗戰教育書報雜誌，全體教職員對于初等教育悉心研究，并預備提案，以便參加下次第五學區初等教育研究會提出討論
加緊學生戰時勤務組織訓練事項	每週星二四早晨率領高中年級學生實施爬山運動，演習野戰常識，於星期日輪派學生担任宣傳工作，并利用本月麥假日令其幫助家庭工作，以增戰時生產
其他	

中華民國廿八年五月廿七日填報人校長何圖禮

绵竹县立广济场小学关于造报抗战时期教育中心工作五月报表致县政府的呈（一九三九年五月二十七日收）

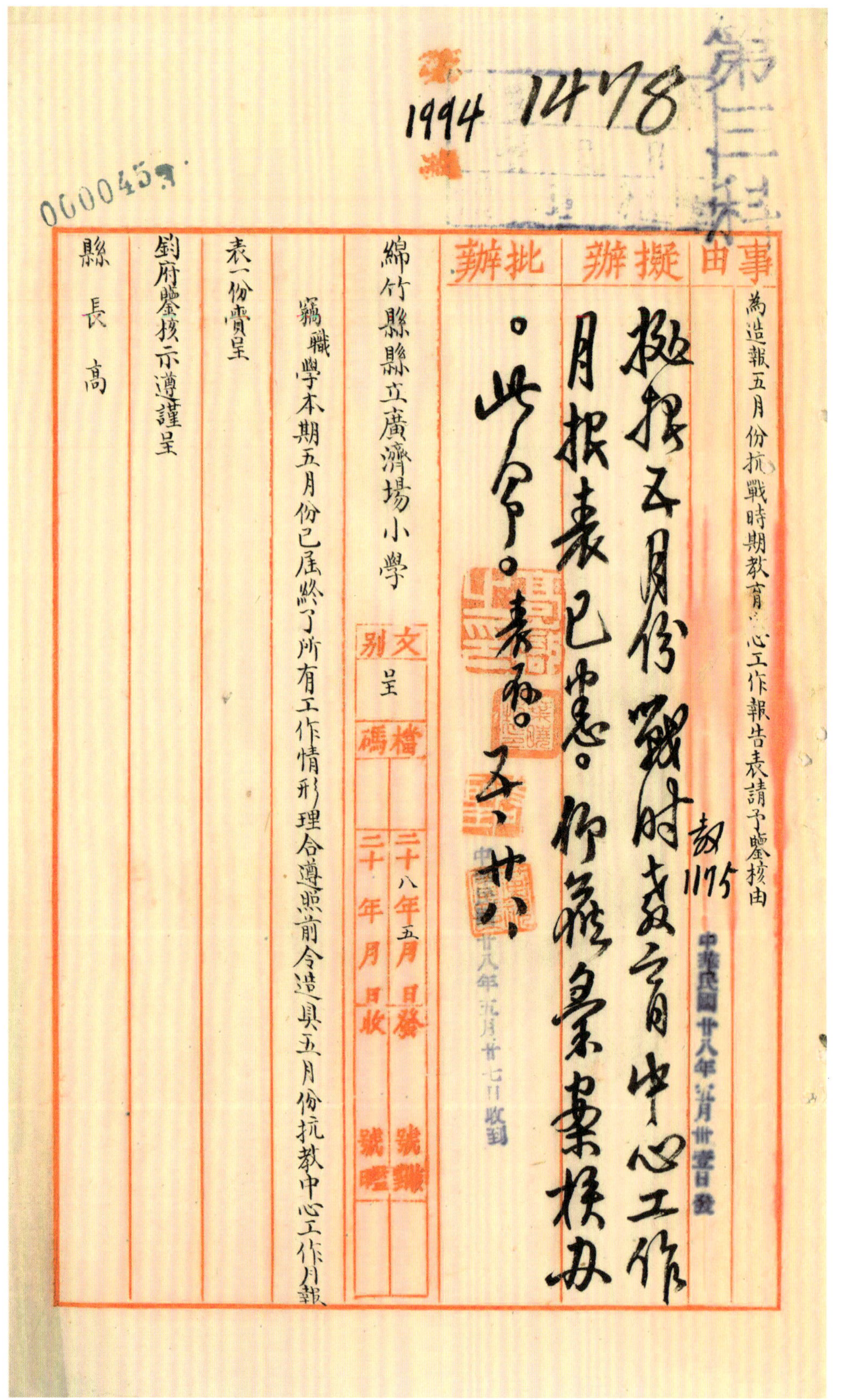
1994 1478

000045

事由：為造報五月份抗戰時期教育中心工作報告表請予鑒核由

擬辦：擬報五月份戰時教育中心工作月報表已悉。仰候彙案核辦。此令。

批辦：表存。五、卅六

收1175

中華民國廿八年五月廿七日收到

中華民國廿八年五月廿壹日發

綿竹縣縣立廣濟場小學

文別：呈

檔碼：二十八年五月　日發　號；二十年　月　日收　號

竊職學本期五月份已屆終了，所有工作情形理合遵照前令造具五月份抗教中心工作月報表一份，賫呈

鈞府鑒核示遵。謹呈

縣長　高

0000453

計呈五月份抗戰教育中心工作月報表一份

校長仲和熙

附：绵竹县立广济场小学抗战时期教育中心工作一九三九年五月报表（一九三九年五月）

綿竹縣縣立廣濟場小學抗戰時期教育中心工作月報表 二十八年五月份

項別	辦理情形
加緊學校抗戰課業事項	1.國語音樂美術勞作等科概遵照小學抗敵教育實施法及小學特種教育綱要實補充或選授足以激發愛國熱忱之教材 2.每日早操及每週星期三、五日課外運動常授以拳術及木製大刀
加緊教職員戰時工作之研究訓練事項	1.抗戰工作研究會本月四日開會一次 2.本月四日學生愛國運動五日舉行革命政府紀念九日國恥紀念曾分組出外宣傳三次以期引起民衆抗敵情緒 3.每屆場期即率同學生出外宣傳兵役
加緊學生戰時勤務組織訓練事項	1.將全校童軍分為募集宣傳交通偵察各組由教職員分別指導認真訓練
其他	本月十日曾在學校中舉行國民公約宣誓典禮全体教職員學生均一律參加

中華民國二十八年五月　日　填報人校長仲和熙

绵竹县立汉旺场小学关于报送抗战时期教育中心工作五月报表致县政府的呈（一九三九年六月四日收）

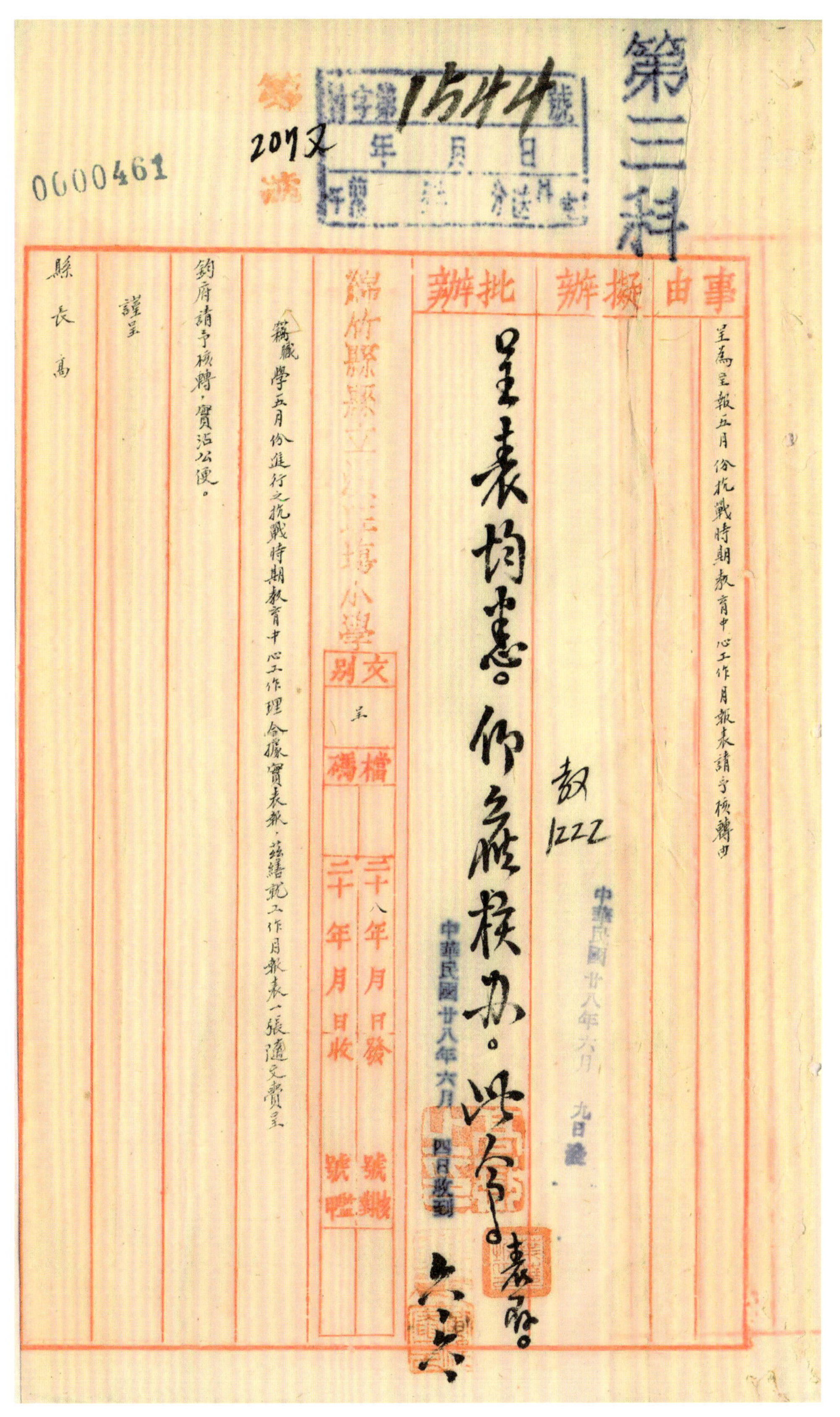

第三科

1544

207叉

0000461

事由：呈為呈報五月份抗戰時期教育中心工作月報表請予核轉由

擬辦

批辦：呈表均悉，仰存候核办。此令。袁 六、六

教1222

中華民國廿八年六月九日發

中華民國廿八年六月四日收到

綿竹縣縣立汉旺場小學

文別：呈

二十八年 月 日發

二十年 月 日收

竊職學五月份進行之抗戰時期教育中心工作理合據實表報，茲繕就工作月報表一張隨文賫呈

鈞府請予核轉，實沾公便。

謹呈

縣長 高

0000462

計呈：五月份抗戰時期教育中心工作月報表一張

校長 沖克熙

附：绵竹县立汉旺场小学抗战时期教育中心工作一九三九年五月报表（一九三九年五月二十六日）

綿竹縣立漢旺場小學抗戰時期教育中心工作月報表 二十八年五月份

項別	辦理情形
加緊學校抗戰課業事項	每日晨早全體教職員率領學生舉行快跑二十分鐘，升旗時由值星教導向學生講述抗敵新聞及防空常識
加緊教職員戰時工作之研究訓練事項	舉辦民衆學校并添設婦女民衆學校一班，辦理壁報，摘錄抗敵要聞以引起民衆抗敵情緒，并代出征將士寫讀家書
加緊學生戰時勤務組織訓練事項	利用星期日舉行體育科比賽或童軍野外演習，并藉以集中鄉人宣傳兵役法規及抗戰必勝之意義
其他	

中華民國二十八年五月二十六日填報人校長仲光熙

绵竹县立城区女子小学关于报送抗战时期教育中心工作五月报表致县政府的呈（一九三九年六月十二日）

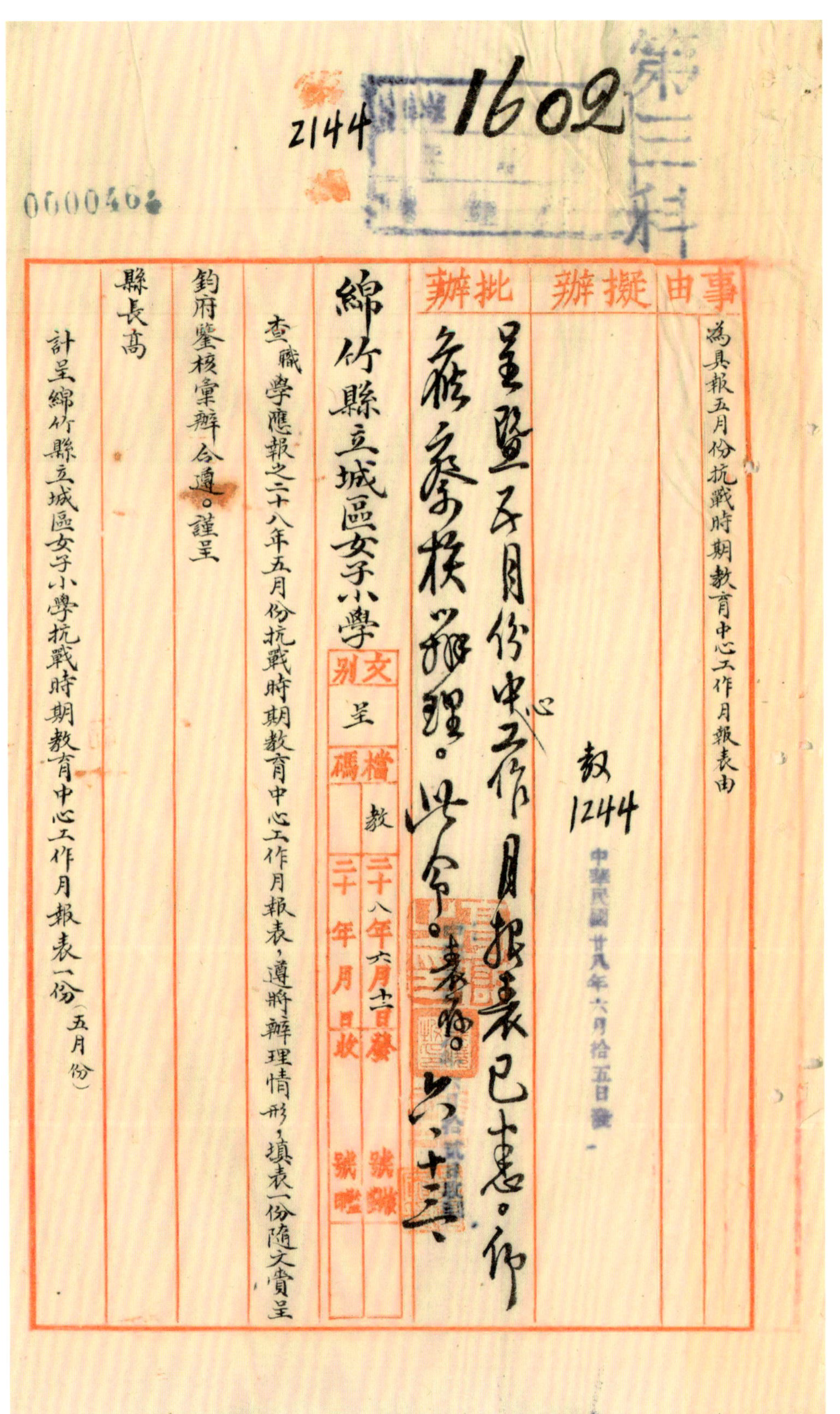
第三科

2144　1602

0600464

事由：為具報五月份抗戰時期教育中心工作月報表由

擬辦：教 1244

批辦：呈暨五月份中心工作月報表已悉。仰飭參核辦理。此令。

中華民國廿八年六月拾五日發

綿竹縣立城區女子小學

文別：呈

檔碼：教

二十八年六月十二日發

二十　年　月　日收

號

查職學應報之二十八年五月份抗戰時期教育中心工作月報表，遵將辦理情形，填表一份隨文賫呈

鈞府鑒核彙辦，合遵。謹呈

縣長高

計呈綿竹縣立城區女子小學抗戰時期教育中心工作月報表一份（五月份）

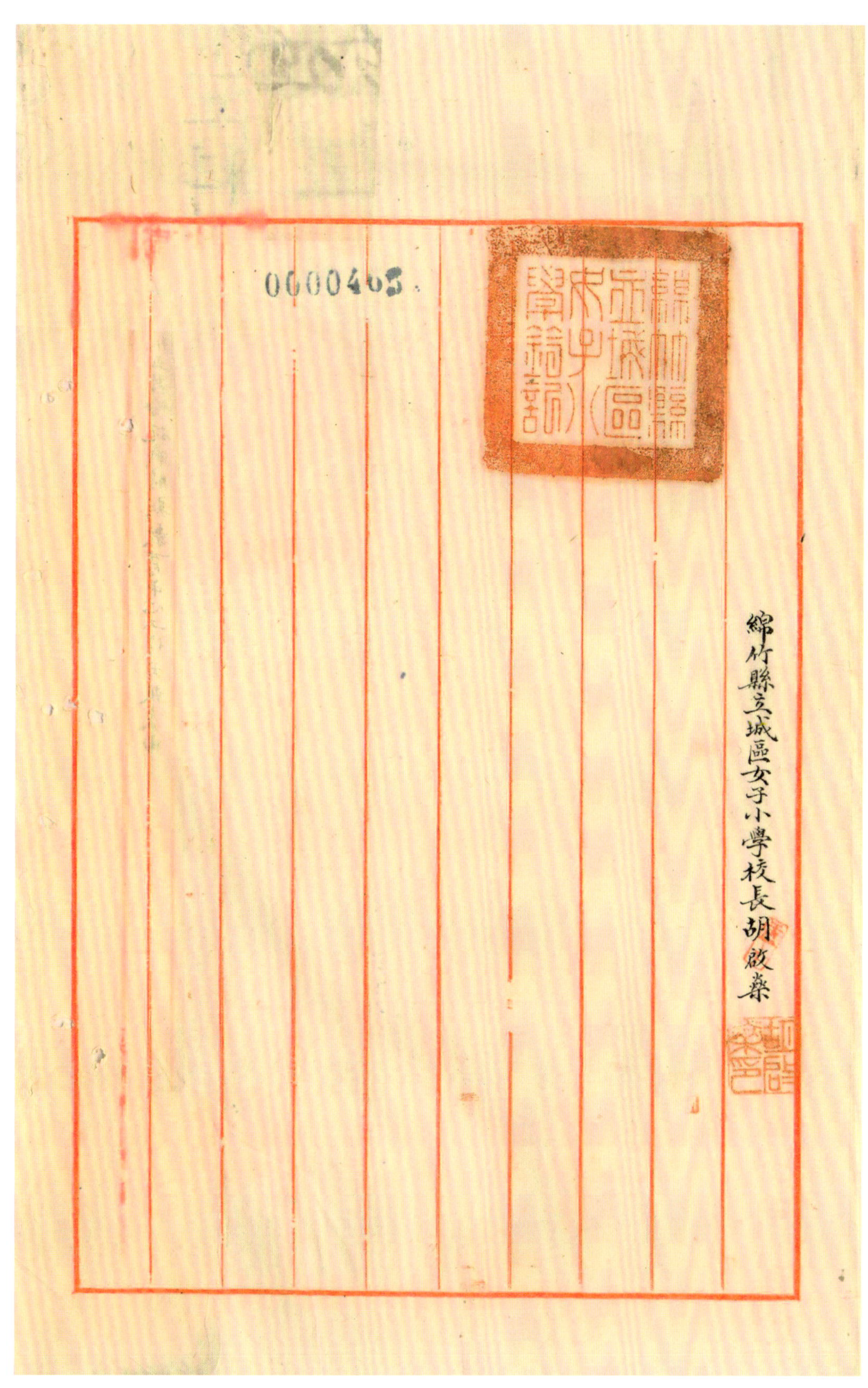
0000465

綿竹縣立城區女子小學校長胡啟燊

附：绵竹县立城区女子小学抗战时期教育中心工作一九三九年五月报表（一九三九年五月）

綿竹縣立城區女子小學抗戰時期教育中心工作月報表（二十八年五月份）

項別	辦理情形
加緊學校抗戰課業事項	仍照前月辦理
加緊教職員戰時工作之研究訓練事項	從事初等教育研究會努力進修擬撰各科抗戰教材
加緊學生戰時勤務組織訓練事項	參加五月節遊藝宣傳各種事項
其他	

中華民國二十八年五月　日

填報人校長胡啟桑

绵竹县立富新场小学关于报送抗战时期教育中心工作六月报表致县政府的呈（一九三九年六月二十八日）

1695

2244

491

擬辦 批辦

為呈報六月份抗戰教育中心工作月報表請予鑒核由

綿竹縣立富新場小學

竊職學本月份實施抗戰教育工作亟應遵照規定填報月報表一份備文

賫呈

鈞府仰祈鑒核令遵！實為公感

謹呈

呈暨六月份抗戰教育中心工作月報表已悉。仰候核辦。此令。表存。

七二

教1297

中華民國廿八年七月叁日發

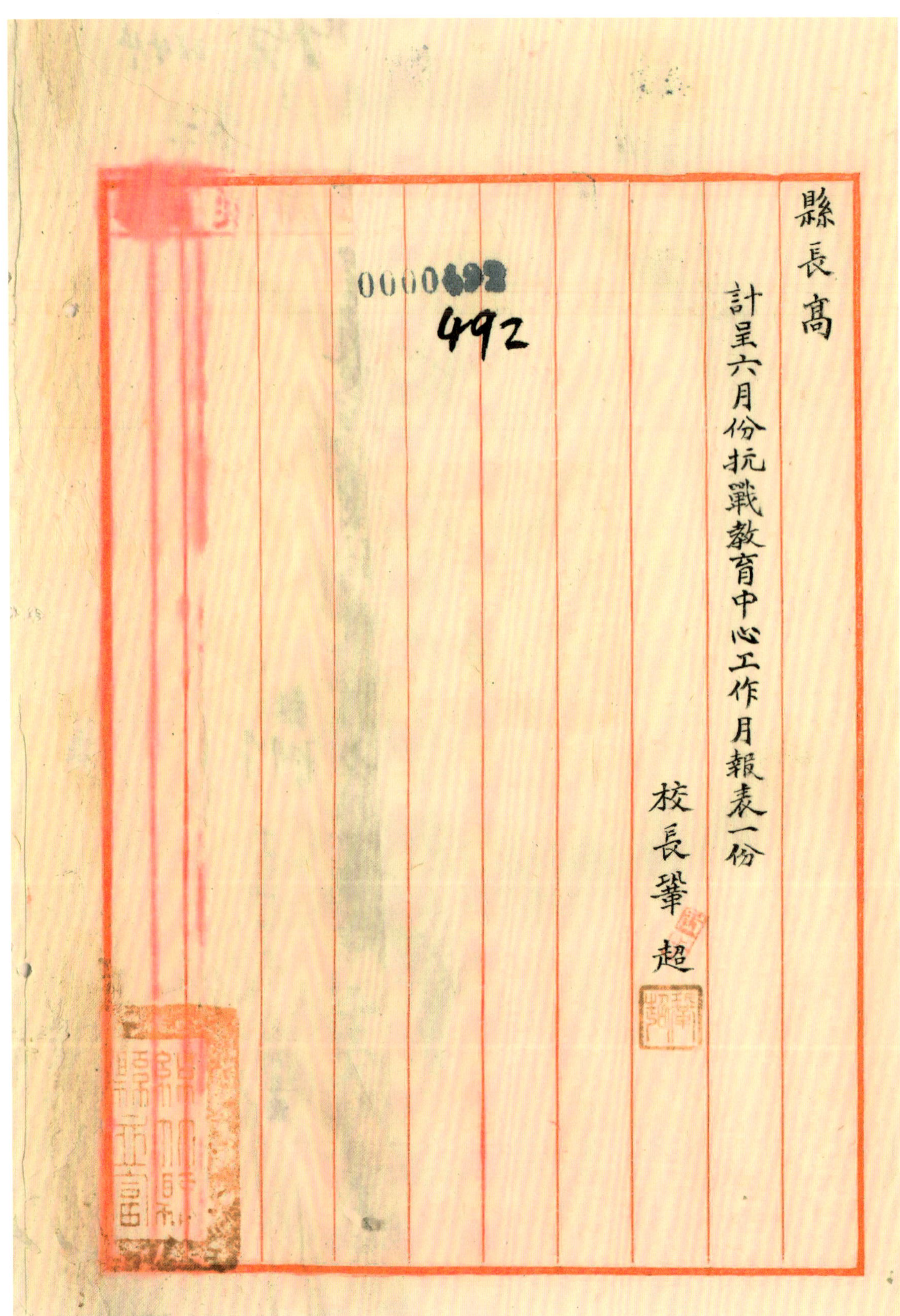

縣長高

計呈六月份抗戰教育中心工作月報表一份

校長肇超

0000492

492

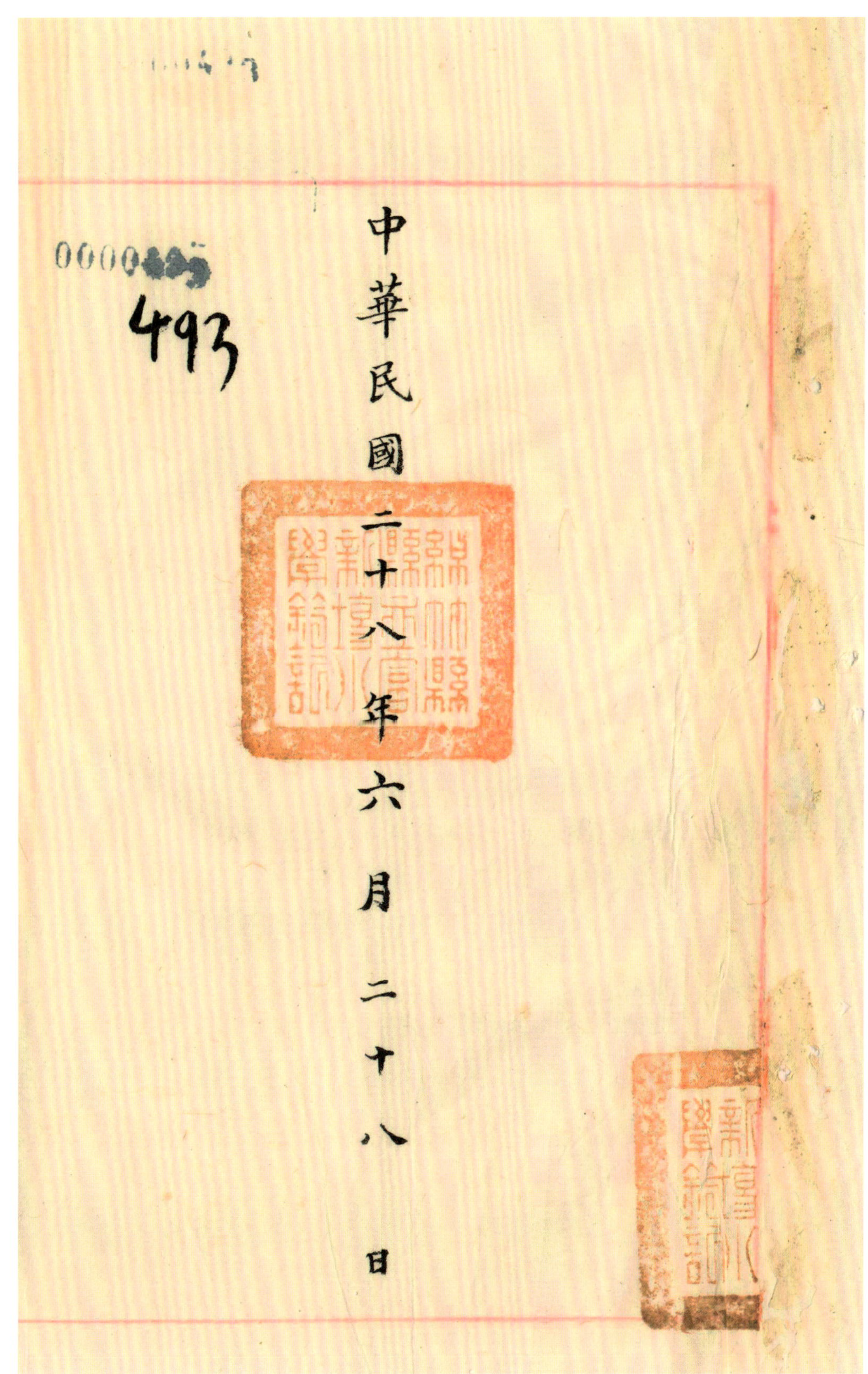
493

中華民國二十八年六月二十八日

附：绵竹县立富新场小学抗战时期教育中心工作一九三九年六月报表（一九三九年六月二十四日）

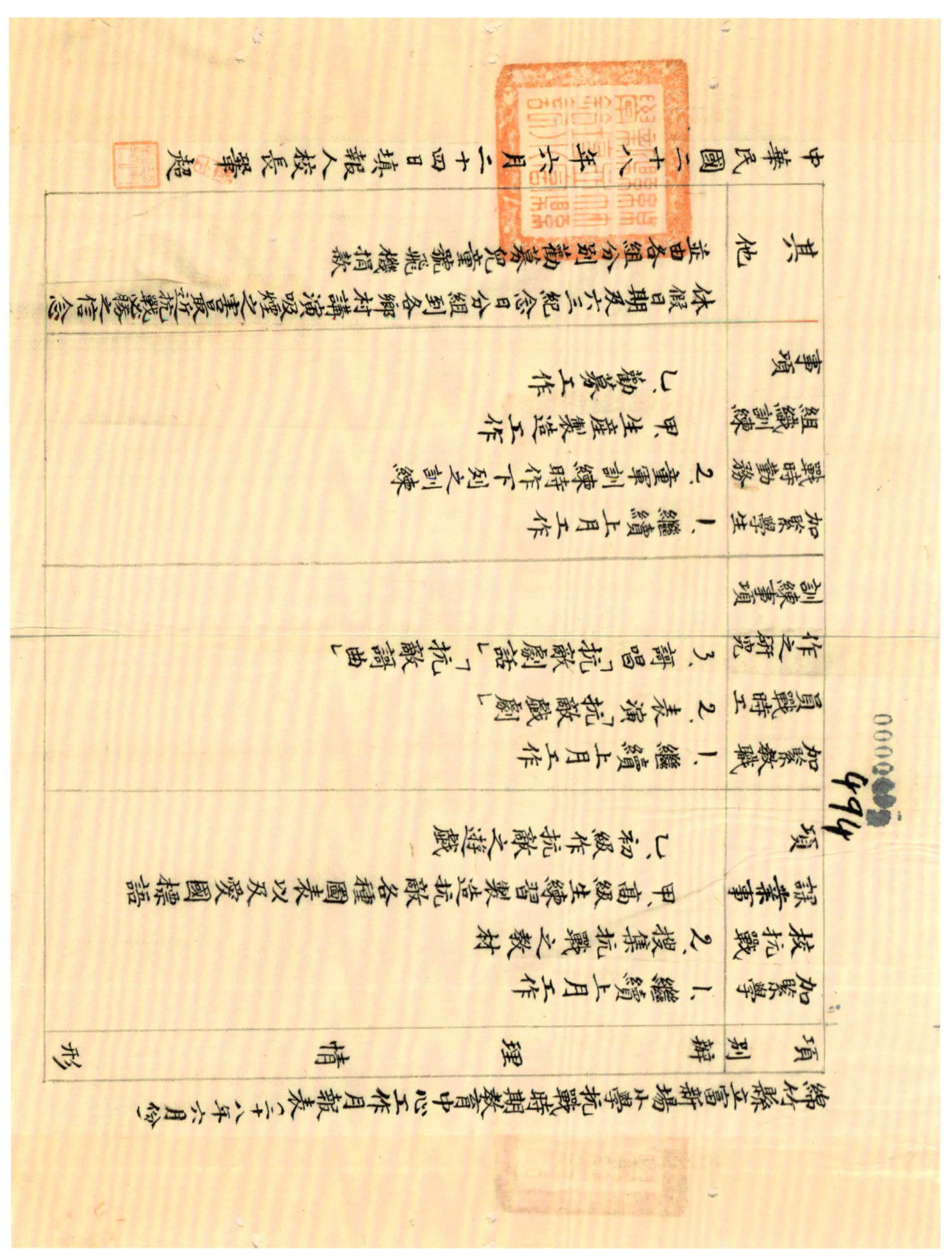

000000
494

綿竹縣立富新場小學抗戰時期教育中心工作月報表（二十八年六月份）

項別	辦理情形
加緊學校抗戰課業事項	1、繼續上月工作 2、搜集抗戰之教材 甲、高級生練習製造抗敵各種圖表以及愛國標語 乙、初級作抗敵之遊戲
加緊教職員戰時工作之研究訓練事項	1、繼續上月工作 2、表演「抗敵戲劇」 3、誦唱「抗敵劇話」「抗敵調曲」
加緊學生戰時勤務組織訓練事項	1、繼續上月工作 2、童軍訓練時作下列之訓練 甲、生產製造工作 乙、勸募工作
其他	休假日期及六三紀念日分組到各鄉村講演吸煙之害最近抗戰必勝之信念 並由各組分别勸募兒童號飛機捐款

中華民國二十八年六月二十四日填報人校長 鞏超

绵竹县立汉旺场小学关于报送抗战时期教育中心工作六月报表致县政府的呈（一九三九年七月四日）

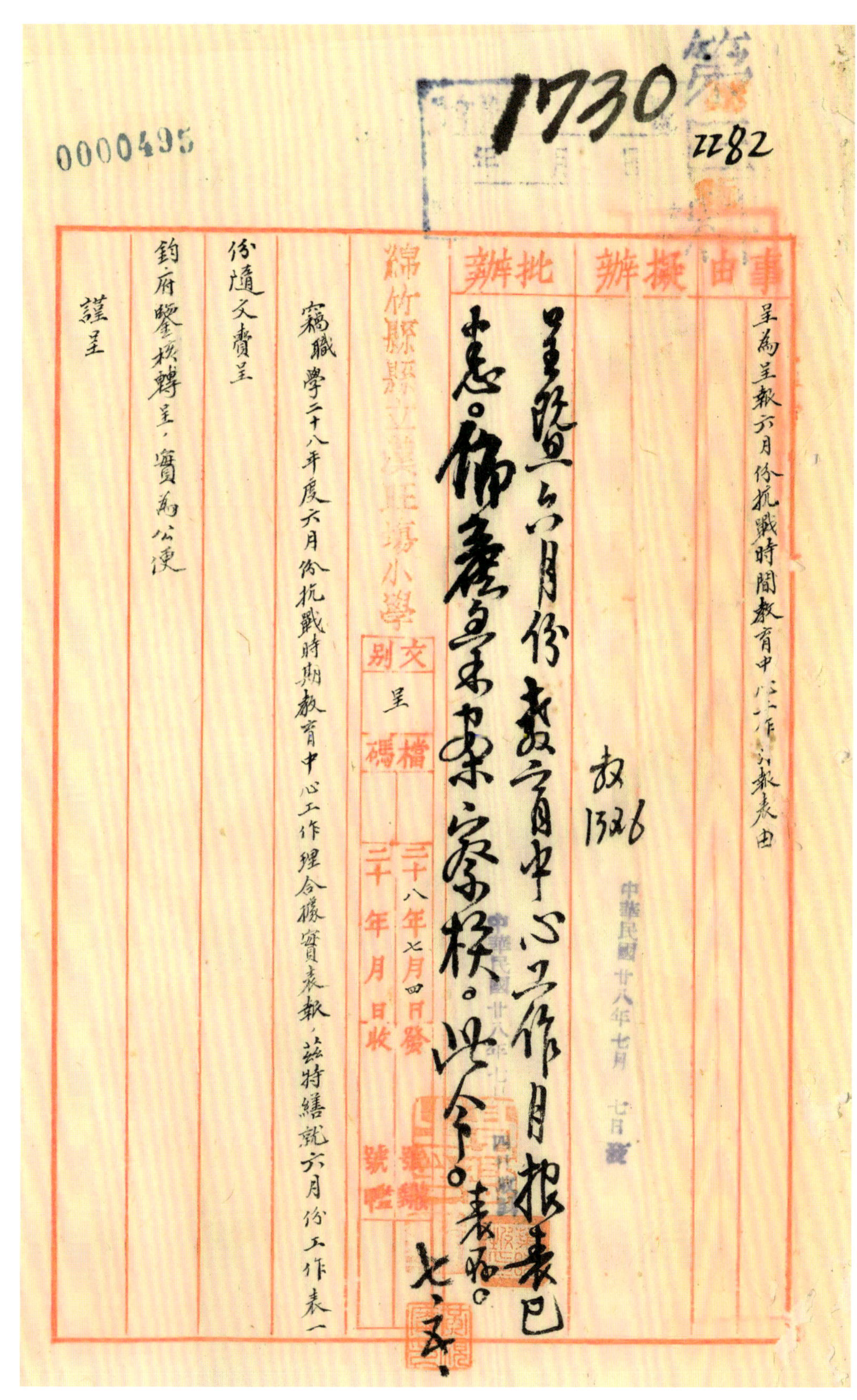

0000495

1730

2282

事由：呈为呈报六月份抗战时期教育中心工作六月报表由

拟办

批办：呈暨六月份教育中心工作月报表已悉。仰候汇案察核。此令。表存。七、五。

绵竹县县立汉旺场小学

窃职学二十八年度六月份抗战时期教育中心工作理合检赍表报，兹特缮就六月份工作表一份，随文赍呈

钧府鉴核转呈，实为公便。

谨呈

文别：呈

二十八年七月四日发

中华民国廿八年七月七日收

0000496

綿竹縣政縣長高

計呈：抗戰時期教育中心工作月報表一份

校長仲光熙

附：绵竹县立汉旺场小学抗战时期教育中心工作一九三八年六月报表（一九三九年六月）

綿竹縣立漢旺場小學抗戰時期教育中心工作月報表 二十八年六月份

項別	辦理情形
加緊學校抗戰事業事項	[illegible]
加緊教職員戰時工作之研究訓練事項	[illegible]
加緊學生戰時勤務組織訓練事項	[illegible]
其他	

中華民國二十八年六月　日

填報人校長[illegible]

绵竹县立遵道场小学关于填报抗战时期教育中心工作六月报表致县政府的呈（一九三九年七月八日）

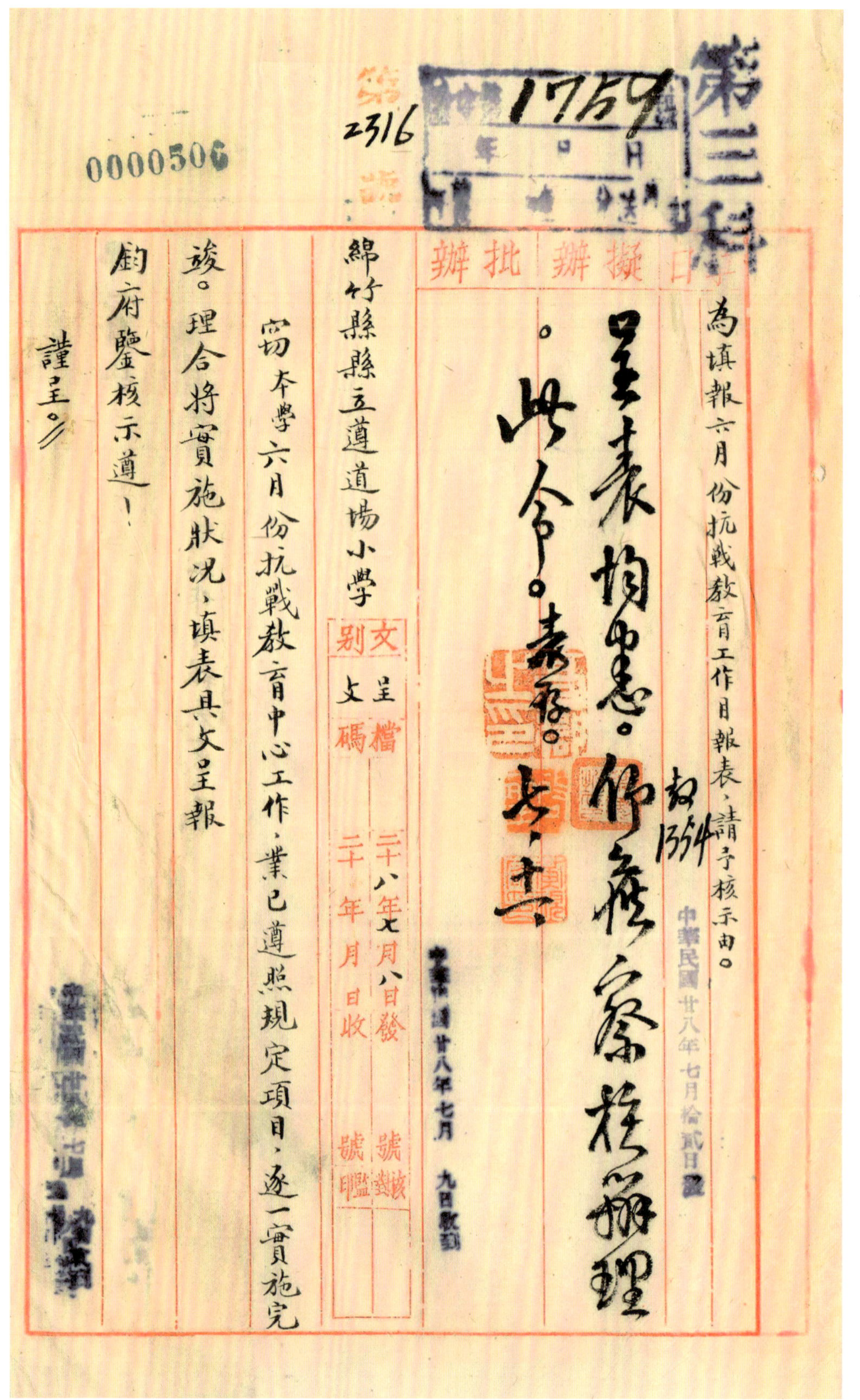

第三科

0000506

为填报六月份抗战教育工作月报表，请予核示由。

绵竹县县立遵道场小学

窃本学六月份抗战教育中心工作，业已遵照规定项目，逐一实施完竣。理合将实施状况，填表具文呈报

钧府鉴核示遵！

谨呈。

呈表均悉。仰候察核办理。此令。表存。

中华民国廿八年七月拾贰日

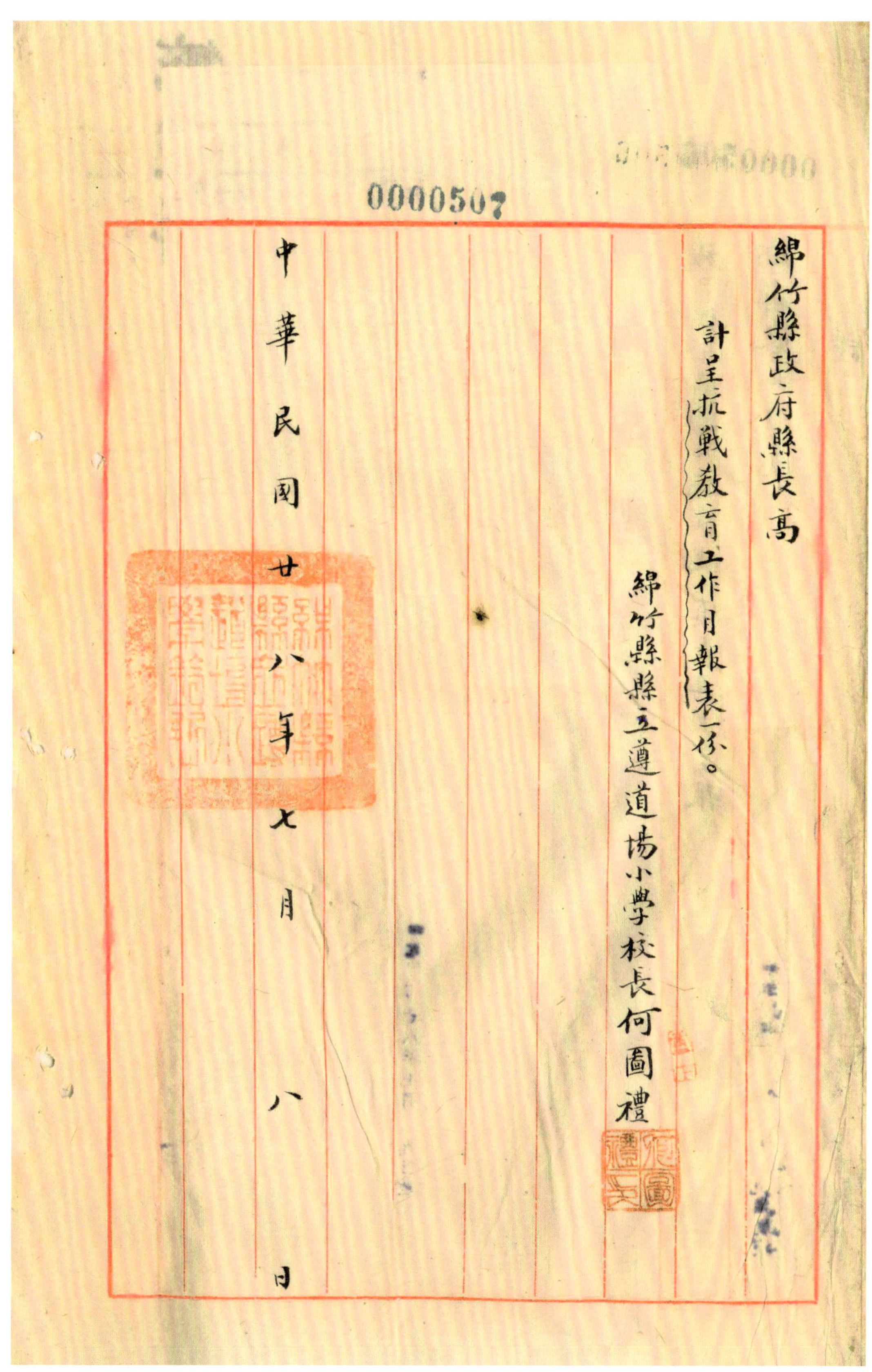
0000507

綿竹縣政府縣長高

計呈抗戰教育工作月報表一份。

綿竹縣縣立遵道場小學校長何圖禮

中華民國廿八年七月八日

附：绵竹县立遵道场小学抗战时期教育中心工作一九三九年六月报表（一九三九年六月三十日）

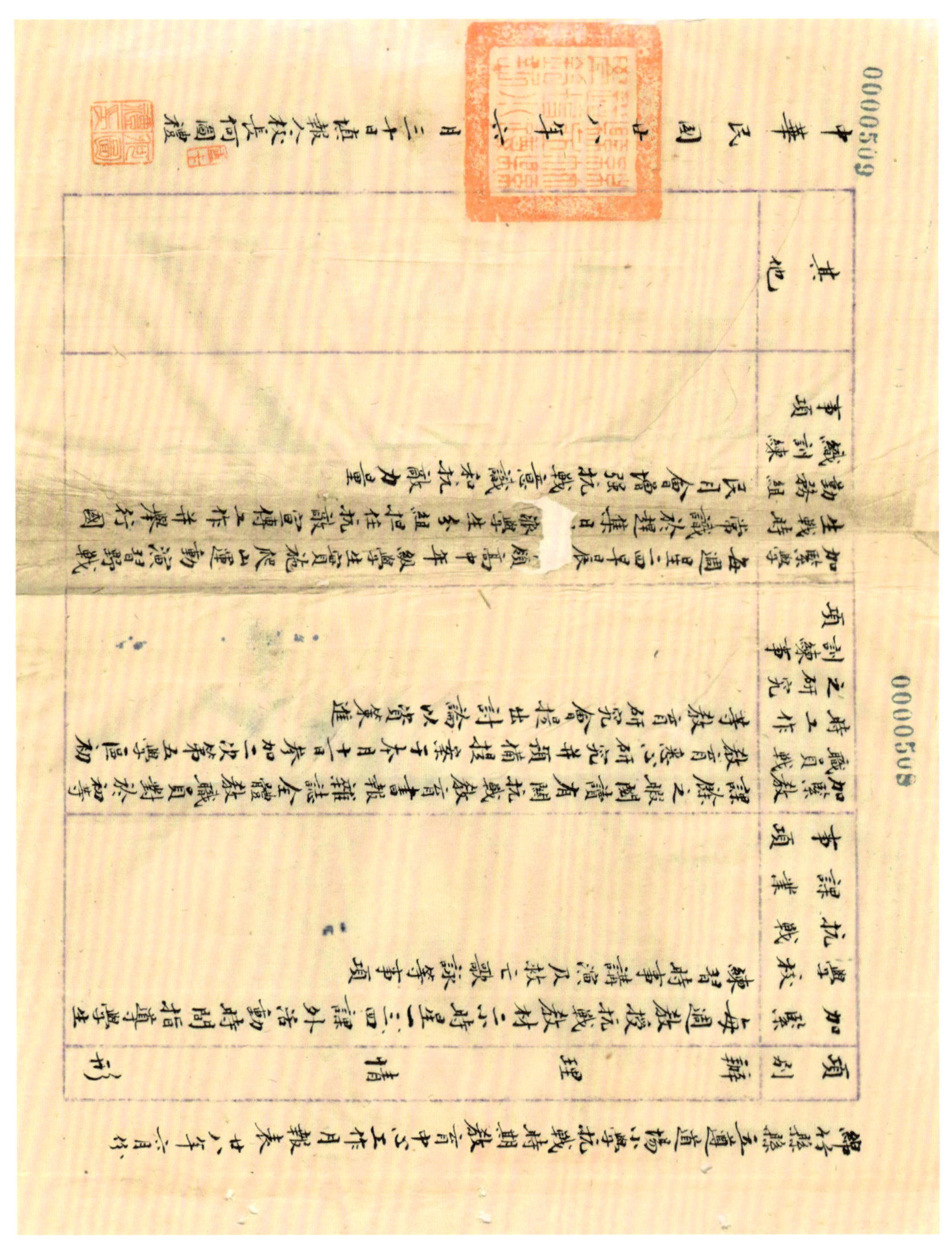
0000508

綿竹縣縣立遵道場小學抗戰時期教育中心工作月報表　廿八年六月份

項別	辦理情形
加緊學校抗戰課業事項	每週教授抗戰教材二小時，星一三四課外活動時間指導學生練習時事講演及救亡歌詠等事項
加緊教職員戰時工作之研究訓練事項	課餘之暇閱讀有關抗戰教育書報雜誌，全體教職員對於初等教育悉心研究并預備提案于本月十一日參加二次第五學區初等教育研究會提出討論以資策進
加緊學生戰時勤務組織訓練事項	每週星二四早晨常識於理集日，領高中年級學生實施爬山運動演習野戰，派學生分組担任抗敵宣傳工作并舉行國民月會，增强抗戰意識和抗敵力量
其他	

0000509

中華民國廿八年六月三十日　填報人校長何國禮

绵竹县立富新场小学关于报送抗战时期教育中心工作七月报表致县政府的呈（一九三九年七月二十四日）

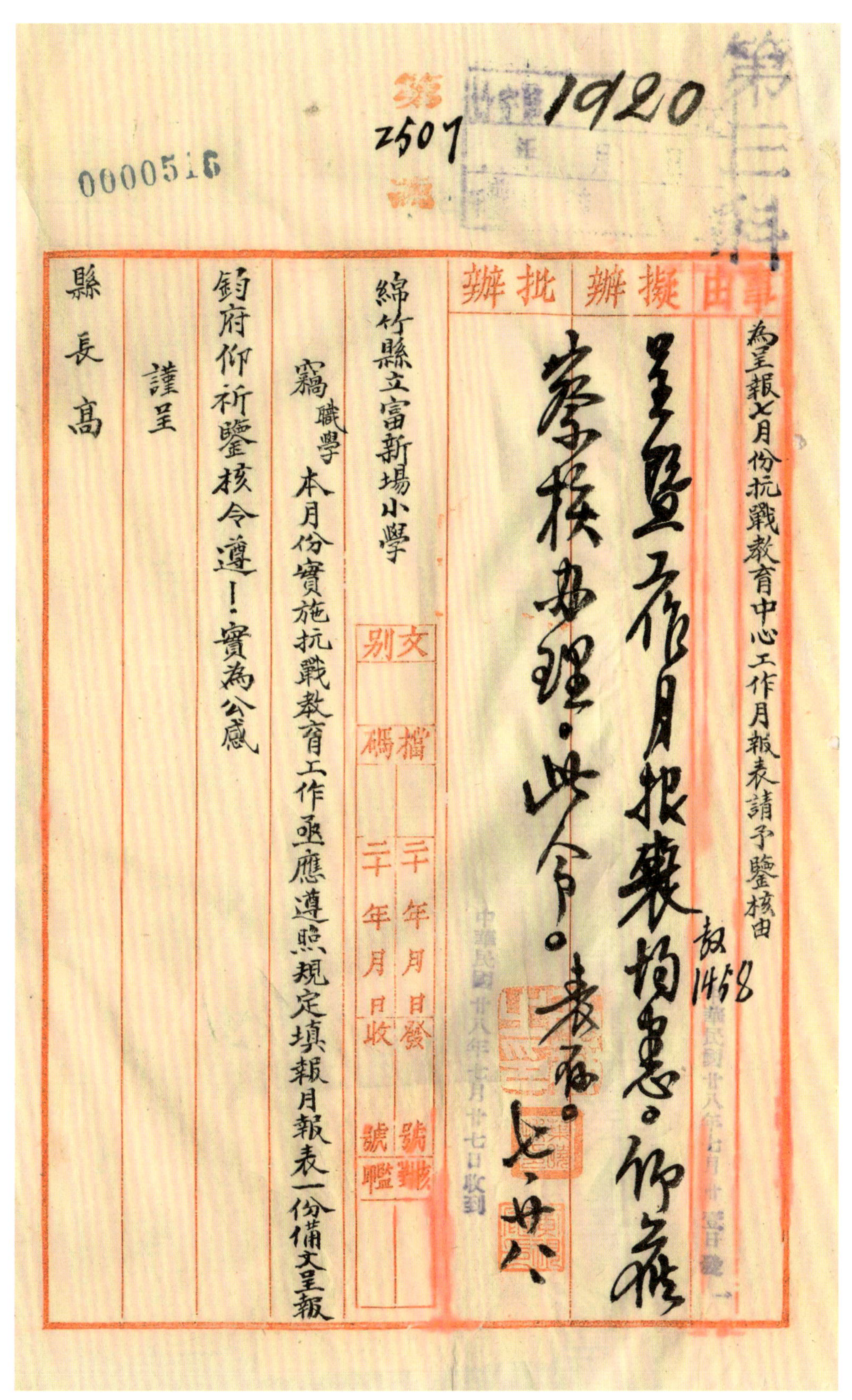

0000516

2507

1920

事由：為呈報七月份抗戰教育中心工作月報表請予鑒核由

擬辦：

批辦：呈暨應月報表均悉。仰候察核辦理。此令。表存。

長 廿六

教1458

中華民國廿八年七月廿四日發

中華民國廿八年七月廿七日收到

綿竹縣立富新場小學

竊職學本月份實施抗戰教育工作亟應遵照規定填報月報表一份備文呈報

鈞府仰祈鑒核令遵！實為公感

謹呈

縣長高

文別　　　檔號

　　　年　月　日發

　　　年　月　日收

碼號　　　號

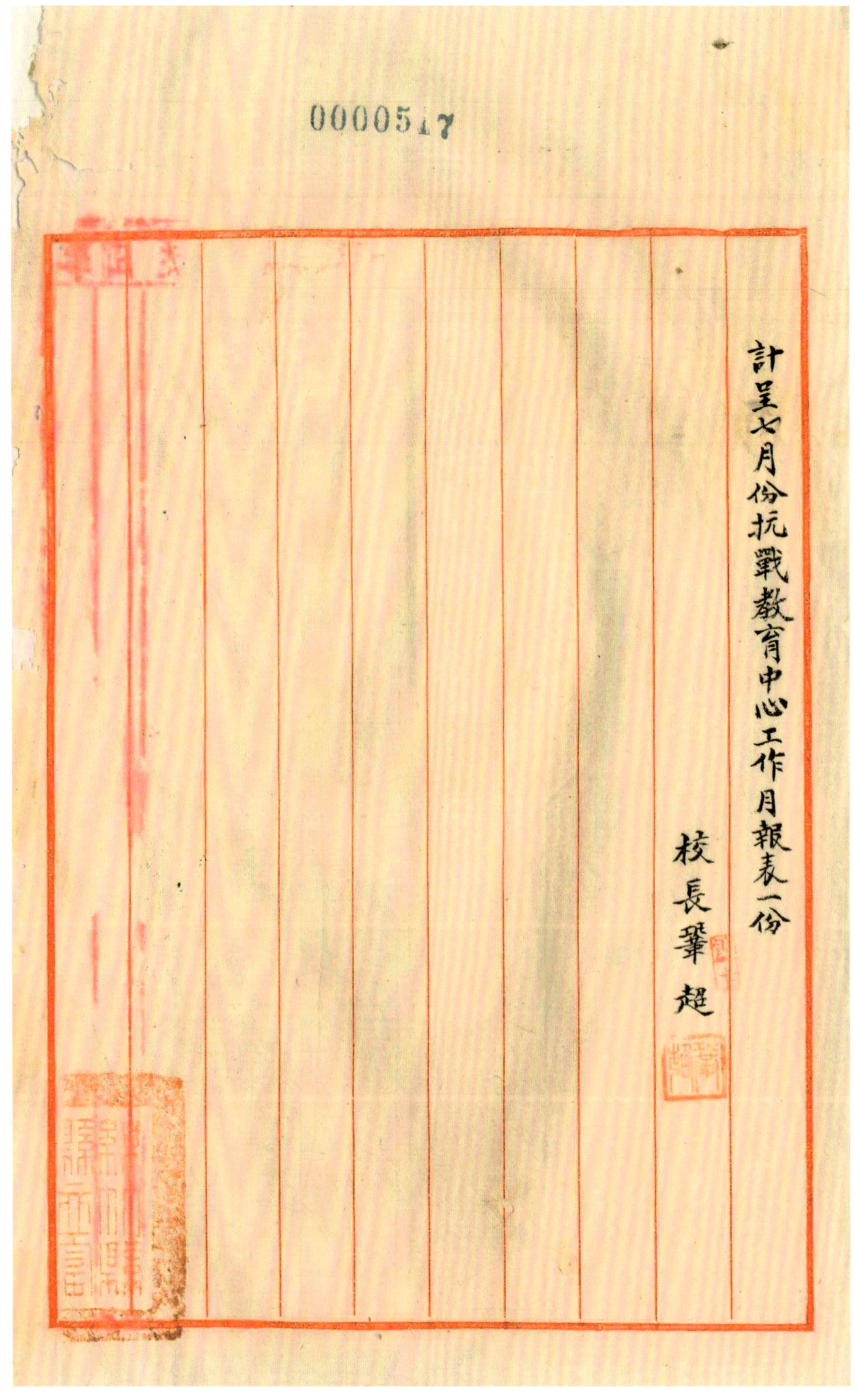
0000517

計呈七月份抗戰教育中心工作月報表一份

校長龔超

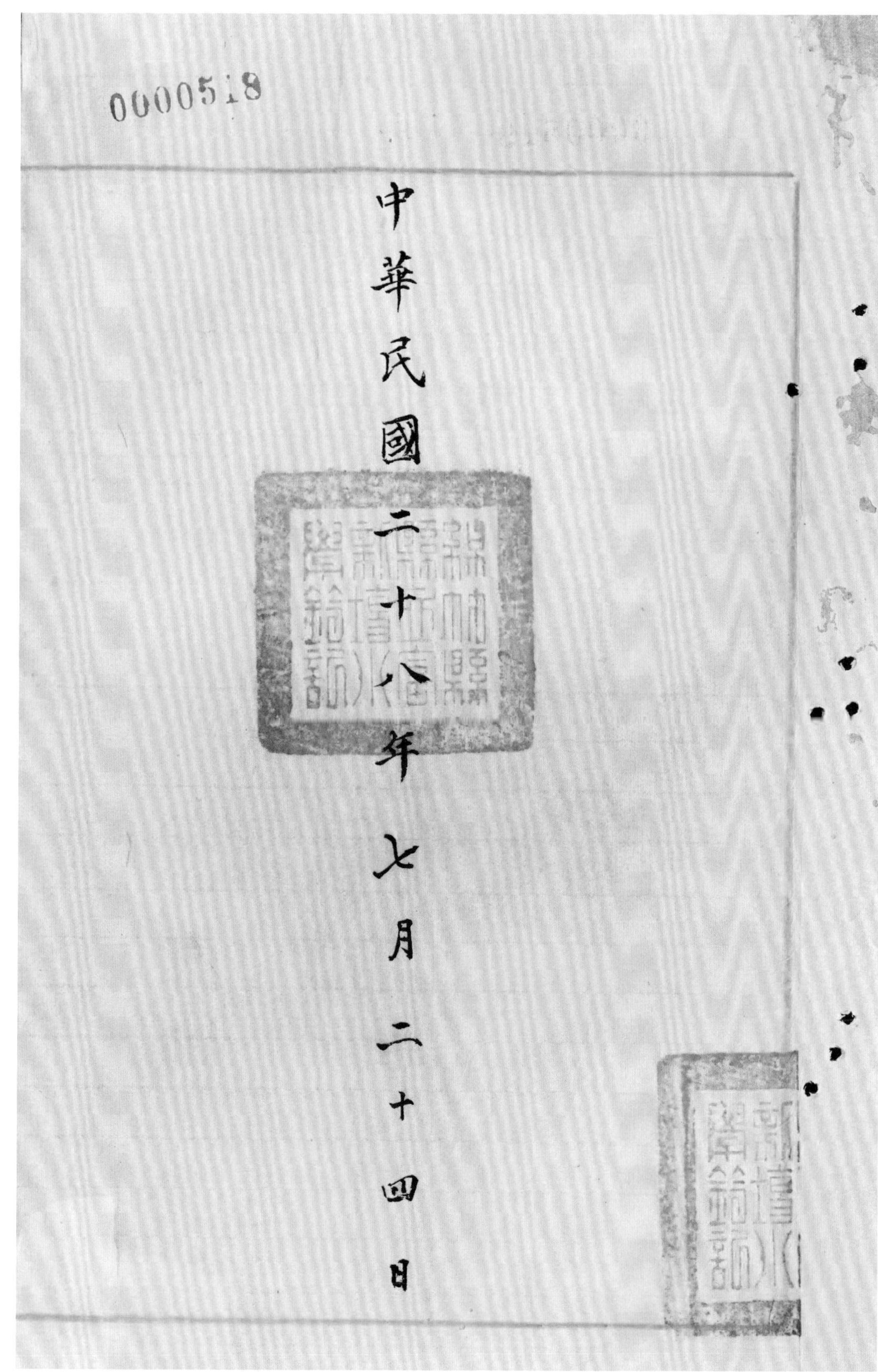

0000518

中華民國二十八年七月二十四日

附：绵竹县立富新场小学抗战时期教育中心工作一九三九年七月报表（一九三九年七月二十四日）

绵竹县立富新场小学抗战时期教育中心工作月报表（二十八年七月份）

项别	办理情形
加紧学校抗战课业事项	1、继续上月工作 2、注意民族意识之唤起抗战精神之激发 甲、高级生练习讲演之姿势宣传七七抗战为民族争生存为国家争存亡非抗战不能解决生死关头 乙、初级生作七七抗战之游戏
加紧教职员战时工作之研究训练事项	1、继续上月工作 2、组织救国抗战「金钱板」「莲花闹」
加紧学生战时勤务组织训练事项	1、继续上月工作 2、童军训练时作下列之训练 甲、传达勤务 乙、劝导工作
其他	休假日期及七七纪念日全校共分七组到「街口」「茶馆」「市场」讲演日本侵略之野心全民抗战最后胜利终属于我

中华民国二十八年七月二十四日　填报人校长龚超

绵竹县立遵道场小学关于填报抗战时期教育中心工作七月报表致县政府的呈（一九三九年七月三十日）

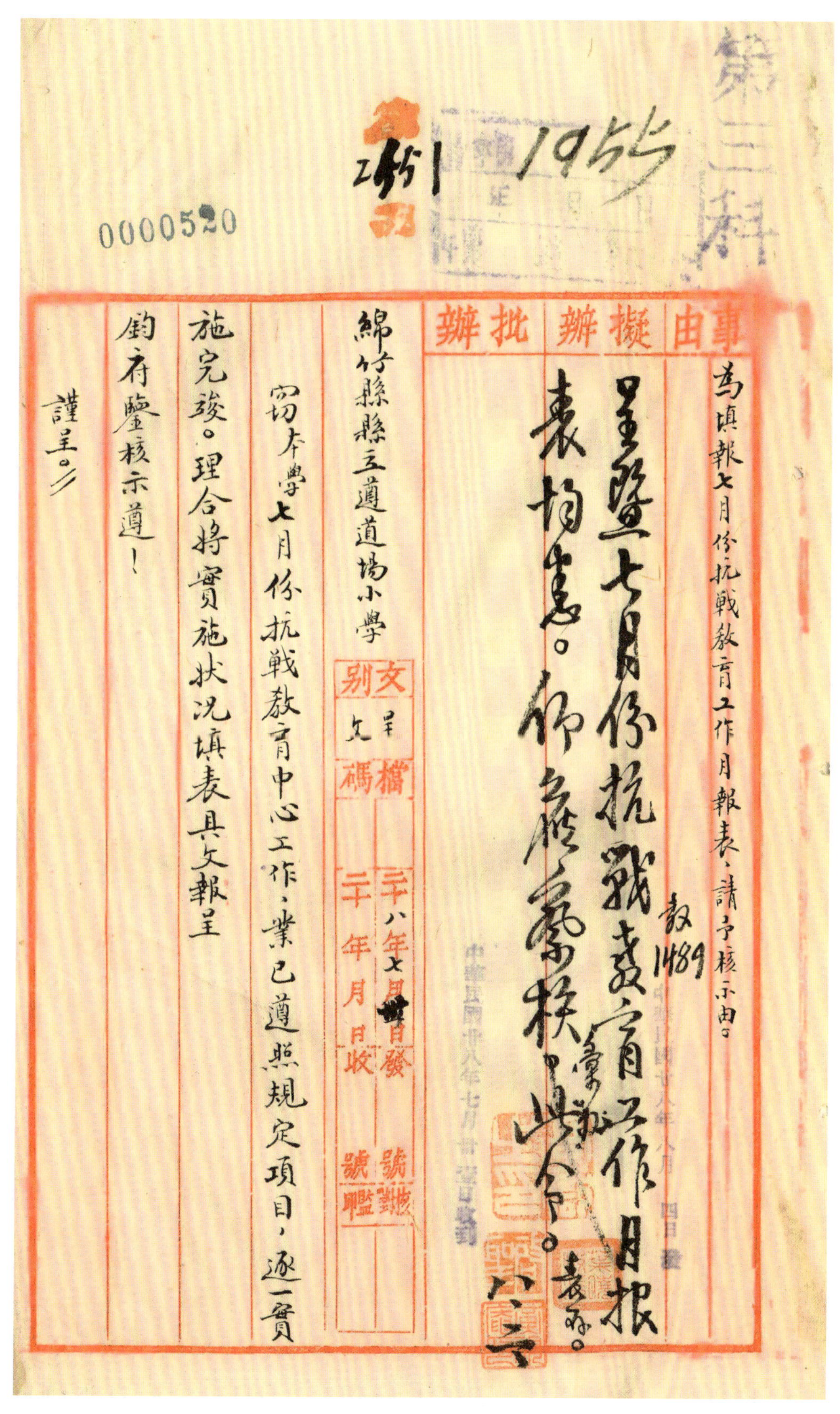

第三科

1956

0000520

事由 為填報七月份抗戰敎育工作月報表，請予核示由。

擬辦

批辦 呈暨七月份抗戰敎育工作月報表均悉。仰候彙案核辦。此令。

文別 呈文

檔碼

二十八年七月卅日發

二十年月日收

號數

號數

綿竹縣縣立遵道場小學

竊本學七月份抗戰敎育中心工作，業已遵照規定項目，逐一實施完竣。理合將實施狀況填表具文報呈

鈞府鑒核示遵！

謹呈。

敎 1489

中華民國廿八年七月卅日收到

中華民國廿八年八月四日發

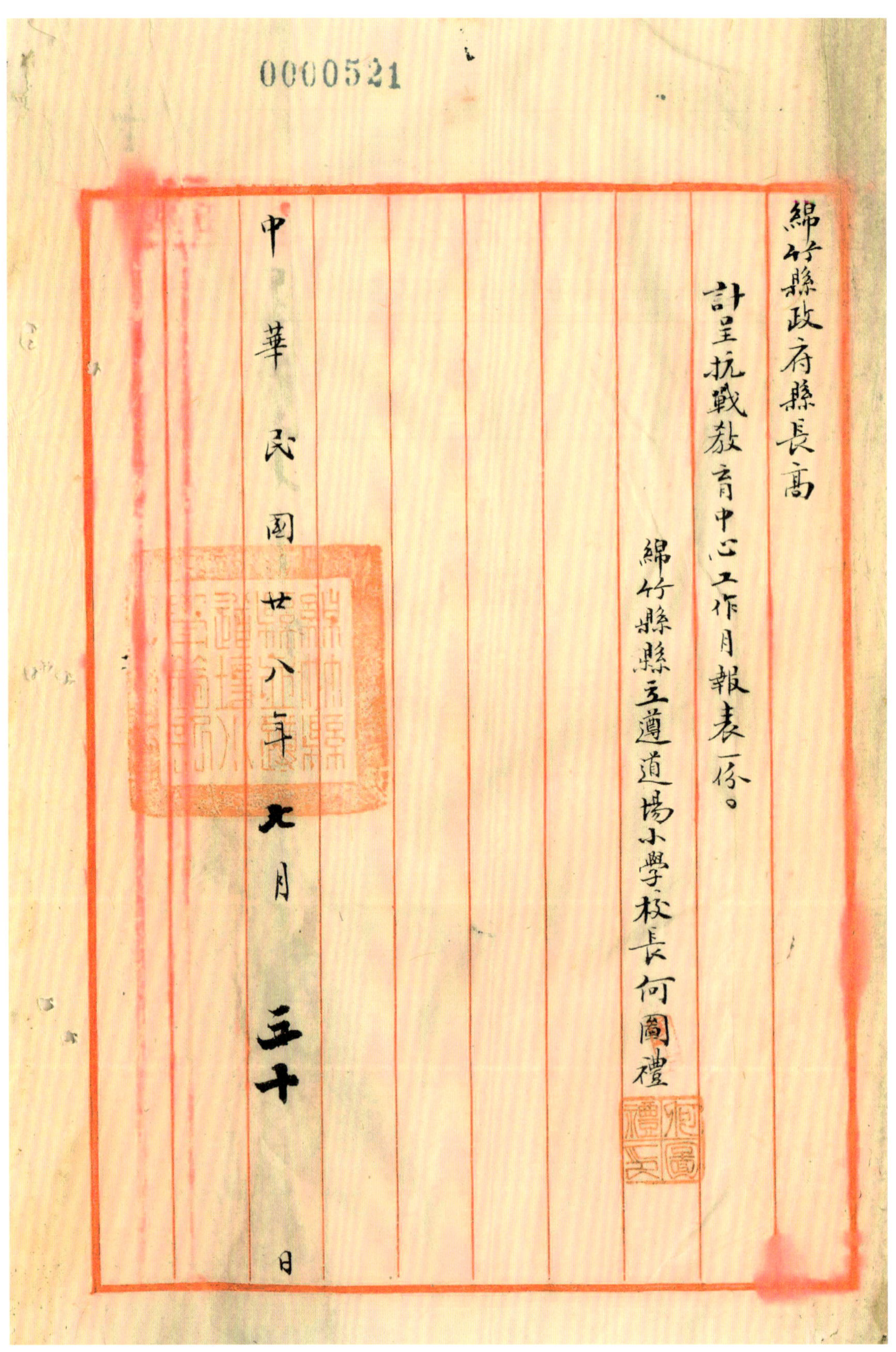
0000521

綿竹縣政府縣長高

計呈抗戰教育中心工作月報表一份。

綿竹縣縣立遵道場小學校長何圖禮

中華民國廿八年七月五十日

附：绵竹县立遵道场小学抗战时期教育中心工作一九三九年七月报表（一九三九年七月三十日）

綿竹縣縣立遵道場小學抗戰時期教育中心工作月報表　廿八年七月份

項別	辦理情形
課業事項　加緊學校抗戰	每週教授抗戰教材二小時，星一、三、四課外活動時間，指導學生練習時事講演及救亡歌詠等事項。
訓練事項　加緊教職員戰時工作之研究	課餘之暇，閱讀有關抗戰教育書報雜誌，全體教職員對於初等教育悉心研究，以謀改進；并預備提案，于參加三次第五學區教育研究會時，提出討論。
訓練事項　加緊學戰時勤務組織	每週星二、四早晨，率領高中年級學生，實施爬山運動，演習野戰常識；于趕集日，輪派學生担任抗敵宣傳工作；并舉行國民月會，增强抗戰意識和抗敵力量。
其他	

中華民國廿八年七月三十日　填報人校長何商禮

绵竹县立广济场小学关于造报抗战时期教育中心工作七月报表致县政府的呈（一九三九年八月四日收）

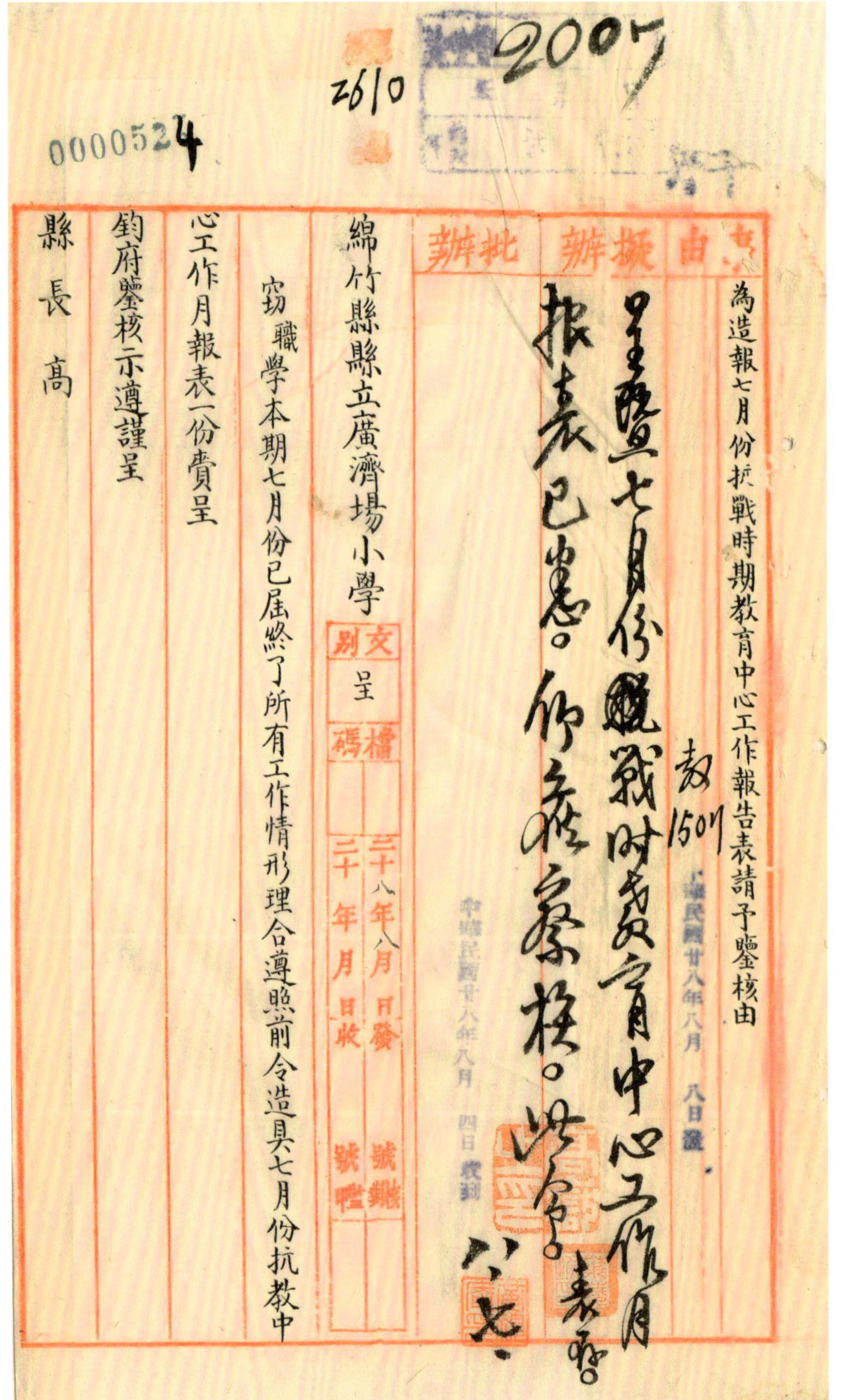

事由：為造報七月份抗戰時期教育中心工作報告表請予鑒核由

擬辦：

批辦：呈暨七月份抗戰時教育中心工作月報表已悉。仰候核轉。此令。八、七

綿竹縣縣立廣濟場小學

文別：呈

竊職學本期七月份已屆終了，所有工作情形，理合遵照前令造具七月份抗教中心工作月報表一份，賫呈

鈞府鑒核示遵。謹呈

縣長高

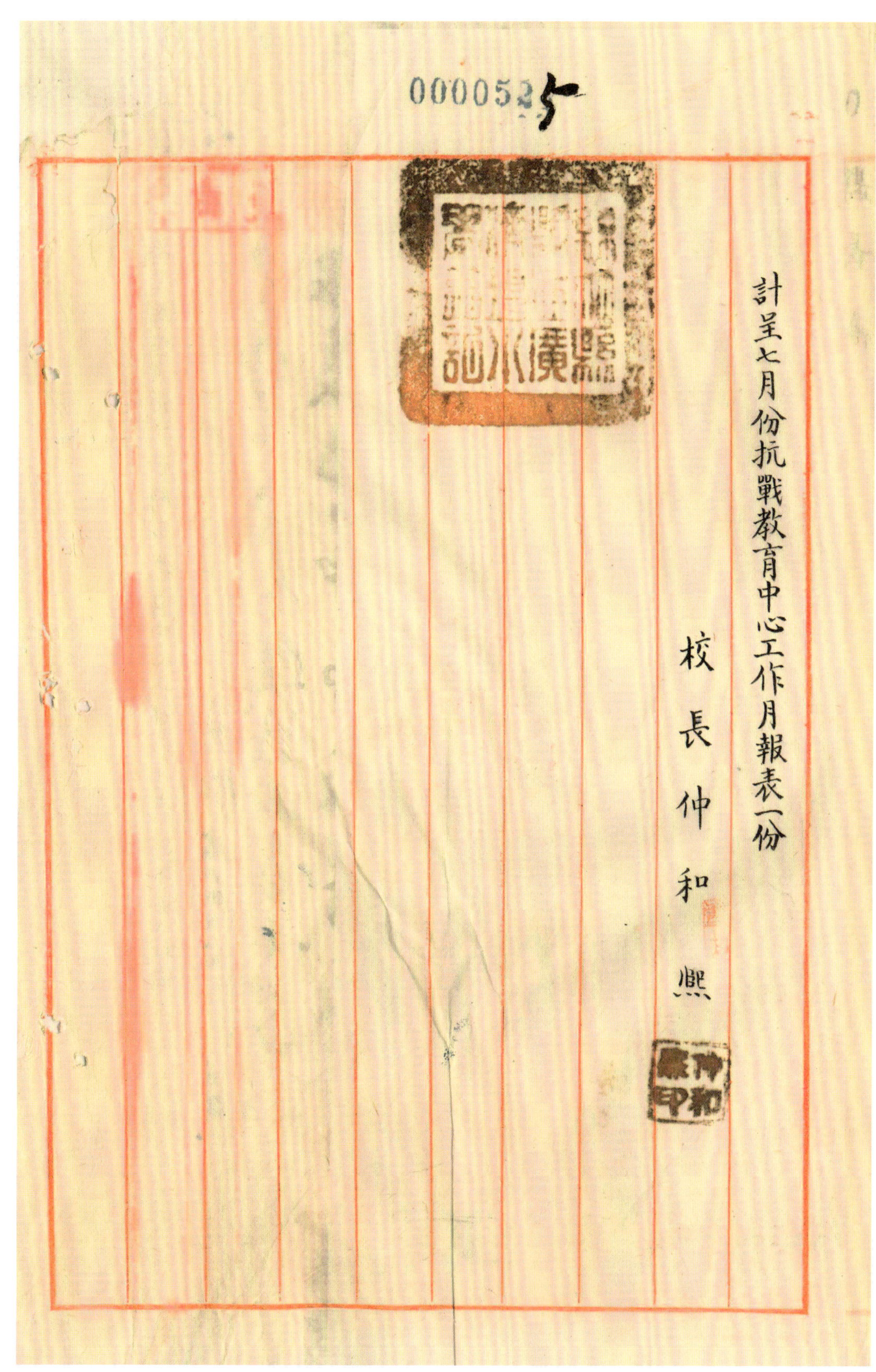
000052
5

計呈七月份抗戰教育中心工作月報表一份

校長仲和熙

附：绵竹县立广济场小学抗战时期教育中心工作一九三九年七月报表（一九三九年七月）

綿竹縣縣立廣濟場小學抗戰時期教育中心工作月報表　二十八年七月份

項別	辦理情形
加緊學校抗戰課業事項	1.從國語公民等科的教學及鄉土調查時事研究等活動中激發兒童愛民族國家的認識 2.從學校環境的佈置和愛國故事的聽講抗敵調曲的奏唱等活動中激發兒童愛民族國家的情緒
加緊教職員戰時工作之研究訓練事項	1.本學抗戰工作研究會本月六日開會一次討論一切進行事宜 2.本月七日抗戰建國紀念本學教職員曾率同學生參加廣濟天平聯保紀念大會并出外宣傳張貼標語以期喚起民衆共赴國難
加緊學生戰時勤務組織訓練事項	1.全學童子軍仍加緊訓練授以戰時常識
其他	

中華民國二十八年七月　日　填報人校長仲和　熙

仲和（印）

绵竹县立汉旺场小学关于报送抗战时期教育中心工作八月报表致县政府的呈（一九三九年九月十六日）

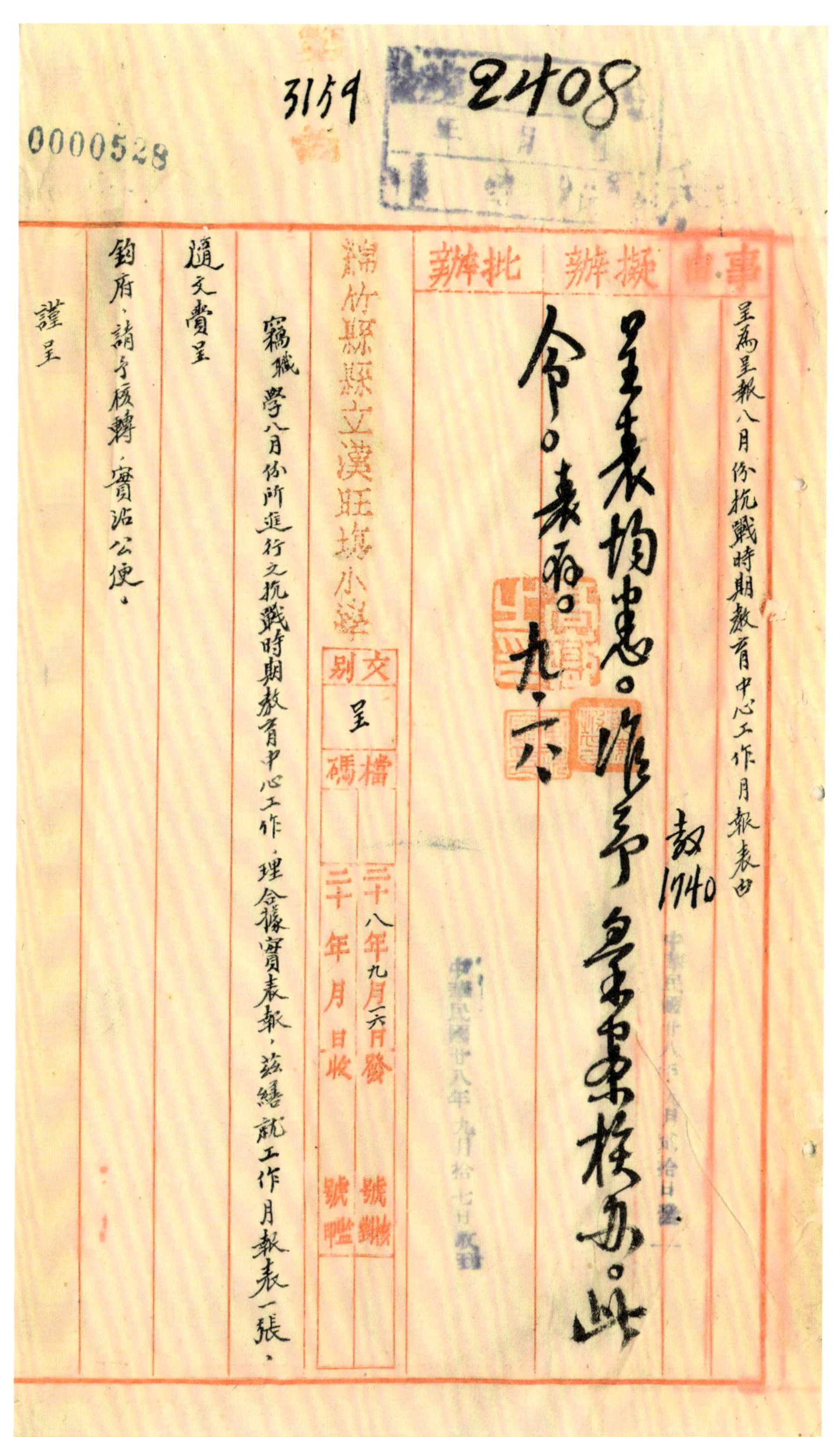

0000528

3159

2408

事由：呈爲呈報八月份抗戰時期教育中心工作月報表由

擬辦

批辦：呈表均悉。准予彙案核辦。此令。表存。九、六

叙1740

綿竹縣縣立漢旺場小學

文別：呈

檔碼

二十八年九月十六日發

二十年月日收

竊職學八月份所進行之抗戰時期教育中心工作，理合據實表報，茲繕就工作月報表一張，隨文賫呈

鈞府，請予核轉，實沾公便。

謹呈

中華民國廿八年九月拾七日收到

0000529

綿竹縣縣長高

計呈二八年八月份戰時教育中心工作月報表一張

校長 仲光熙

附：绵竹县立汉旺场小学抗战时期教育中心工作一九三九年八月报表（一九三九年九月三日）

綿竹縣立漢旺場小學抗戰時期教育中心工作月報表 二十八年八月份

項別	辦理情形
加緊學校抗戰課業事項	放暑假
加緊教職員戰時工作之研究訓練事項	遵鈞府令調初級教員入暑期講習會講習其未入會之教員即於就地調查下季入學之學齡兒童并藉此可向學生家長宣傳抗敵事項
加緊學生戰時勤務組織訓練事項	趁暑假令高中年級學生爲四組逢本場集期分組到各茶舍及各市口作抗敵宣傳午後作拍蠅運動所有宣傳工作及拍蠅數目令於假滿時由組長表報
其他	

中華民國二十八年九月三日填報人校長仲光照

绵竹县立遵道场小学关于填报抗战时期教育中心工作九月报表致县政府的呈（一九三九年九月三十日）

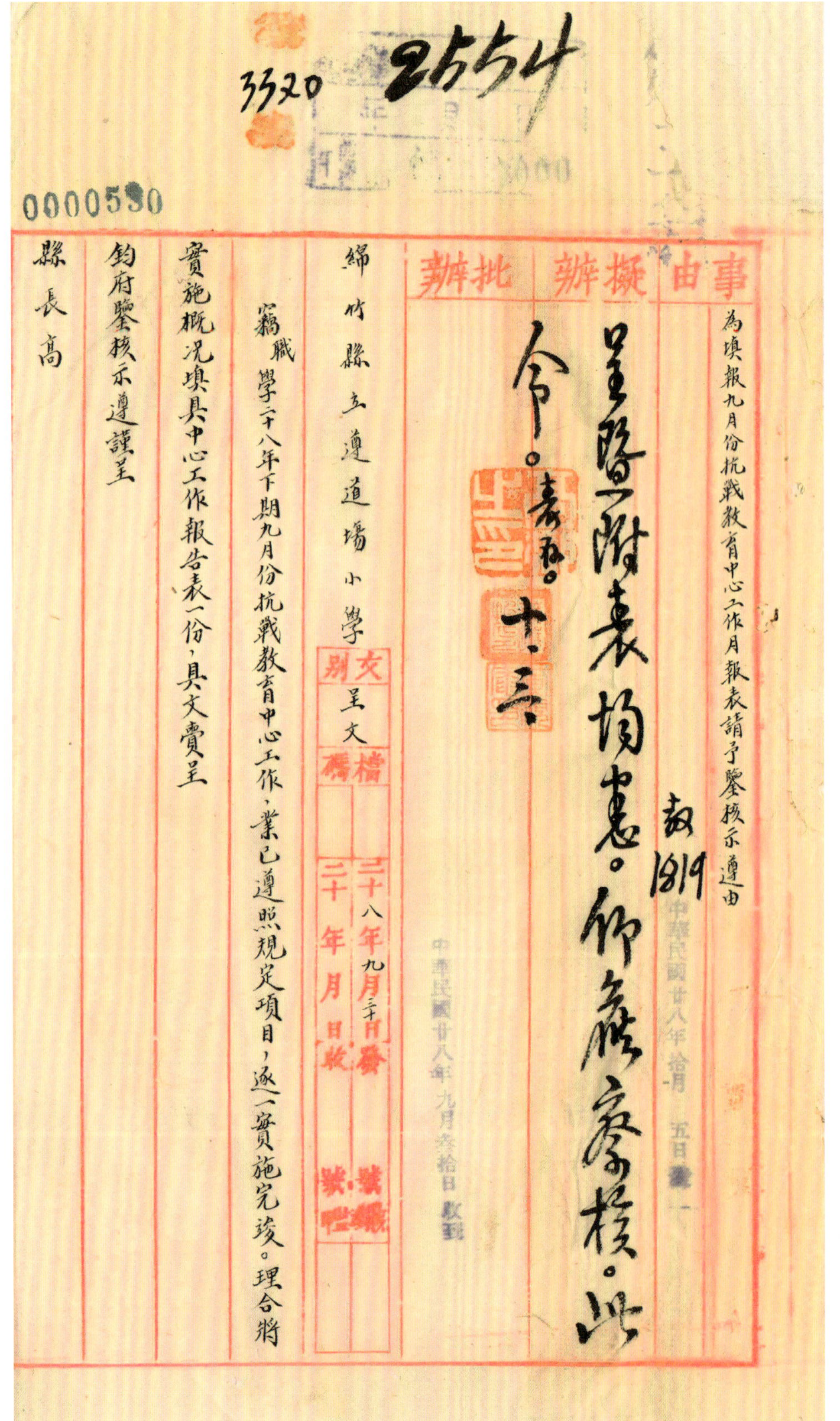

事由：為填報九月份抗戰教育中心工作月報表請予鑒核示遵由

擬辦：呈暨附表均悉。仰候審核。此令。

批辦：

呈文

竊職學二十八年下期九月份抗戰教育中心工作，業已遵照規定項目，逐一實施完竣。理合將實施概况填具中心工作報告表一份，具文賫呈

鈞府鑒核示遵。謹呈

縣長高

綿竹縣立遵道場小學

二十八年九月三十日發

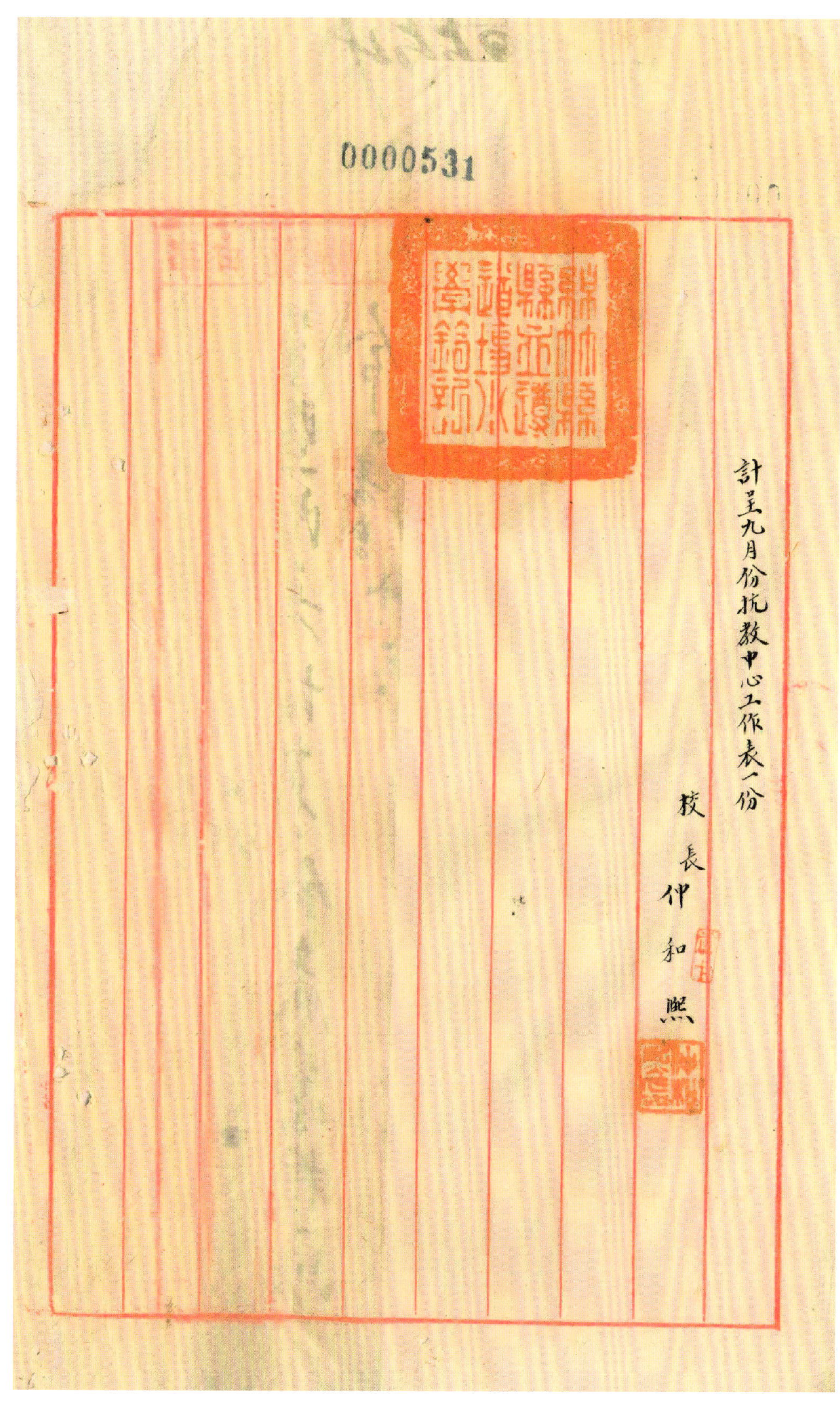
0000531

計呈九月份抗敎中心工作表一份

校長 仲和熙

附：绵竹县立遵道场小学抗战时期教育中心工作一九三九年九月报表（一九三九年九月三十日）

綿竹縣立遵道場小學抗戰時期中心工作月報表　二十八年九月份

項目	辦理情形
加緊學校抗戰課業事項	一、每週高中低各級各授抗戰教材一小時以激發其愛國熱忱 二、每週舉行紀念時特由教職員將本週内時事作一概括講演以期學生隨時對於時局皆能十分明瞭 三、國語常識美術音樂等科均特選授或補充含有引起抗戰情緒之教材
加緊教職員戰時工作之研究訓練事項	一、每月開抗戰工作研究會一次討論一切進行事項 二、課餘之暇輒閱讀有關抗戰書籍
加緊戰時勤務組織訓練事項	一、將全學學生分為宣傳、慰勞、偵察、詩詠等組隨時由教職員加以訓練使其能勝任担負之工作 二、每週星四課畢時特率領高中級學生作爬山運動一次 三、本月十八日曾率領學生到遵道觀廣場内參加第四區署召集之九一八紀念會禮畢隨即率同學生分組出發講演
其他	一、每月開國民月會一次

中華民國二十八年九月三十日　填報人校長仲和熙

绵竹县立汉旺场小学关于报送抗战时期教育中心工作九月报表致县政府的呈（一九三九年十月九日）

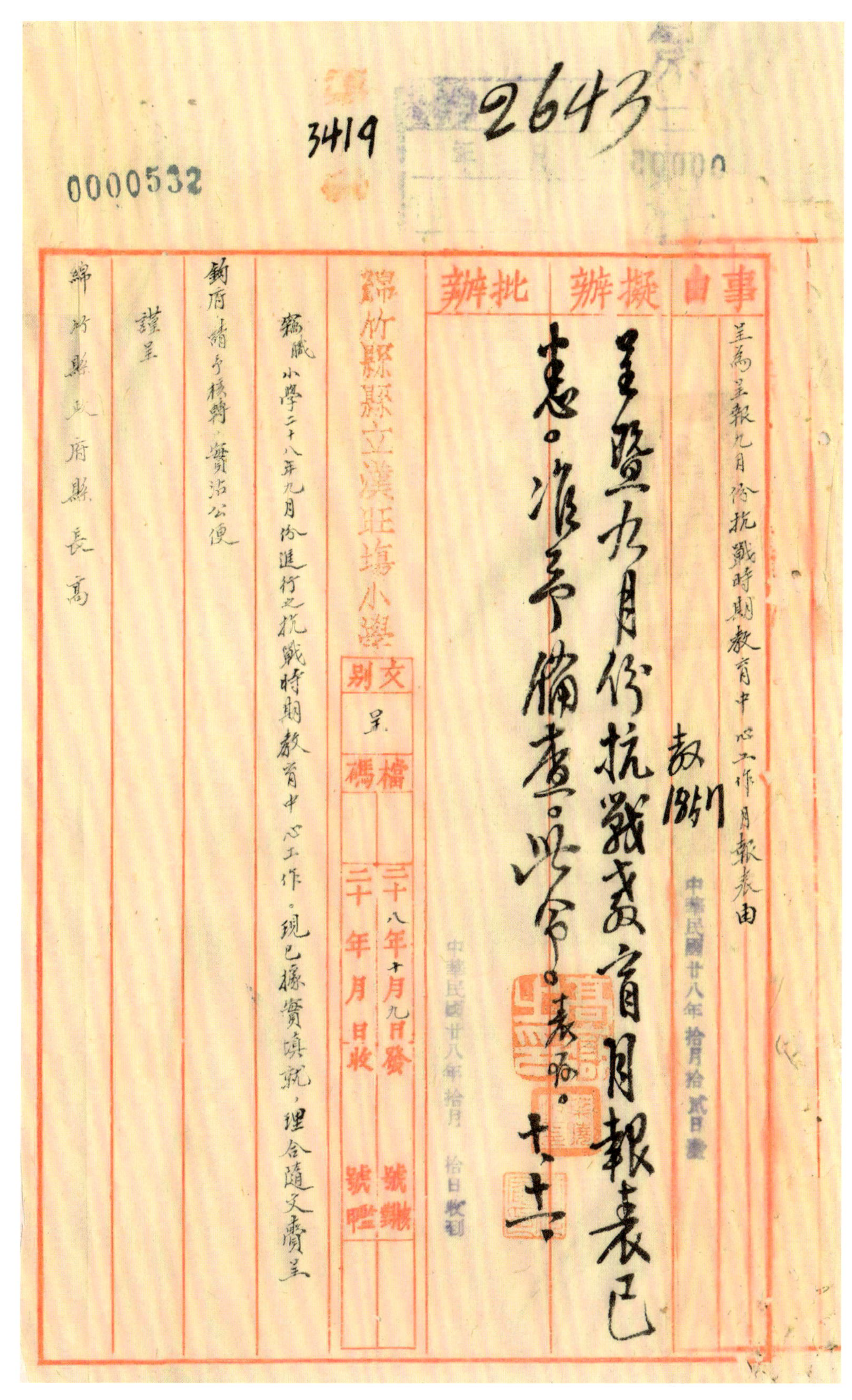

0000532　3419　2643

事由：呈為呈報九月份抗戰時期教育中心工作月報表由

擬辦：

批辦：呈暨九月份抗戰教育月報表已悉。准予備查。此令。表存。十、十六

教 1857

中華民國廿八年拾月拾貳日

中華民國廿八年拾月拾日收到

綿竹縣縣立漢旺塲小學

文別	呈
檔碼	
二十八年十月九日發	二十　年　月　日收
號	號

竊職小學二十八年九月份進行之抗戰時期教育中心工作，現已據實填就，理合隨文齎呈

鈞府，請予核轉，實沾公便。

謹呈

綿竹縣政府縣長高

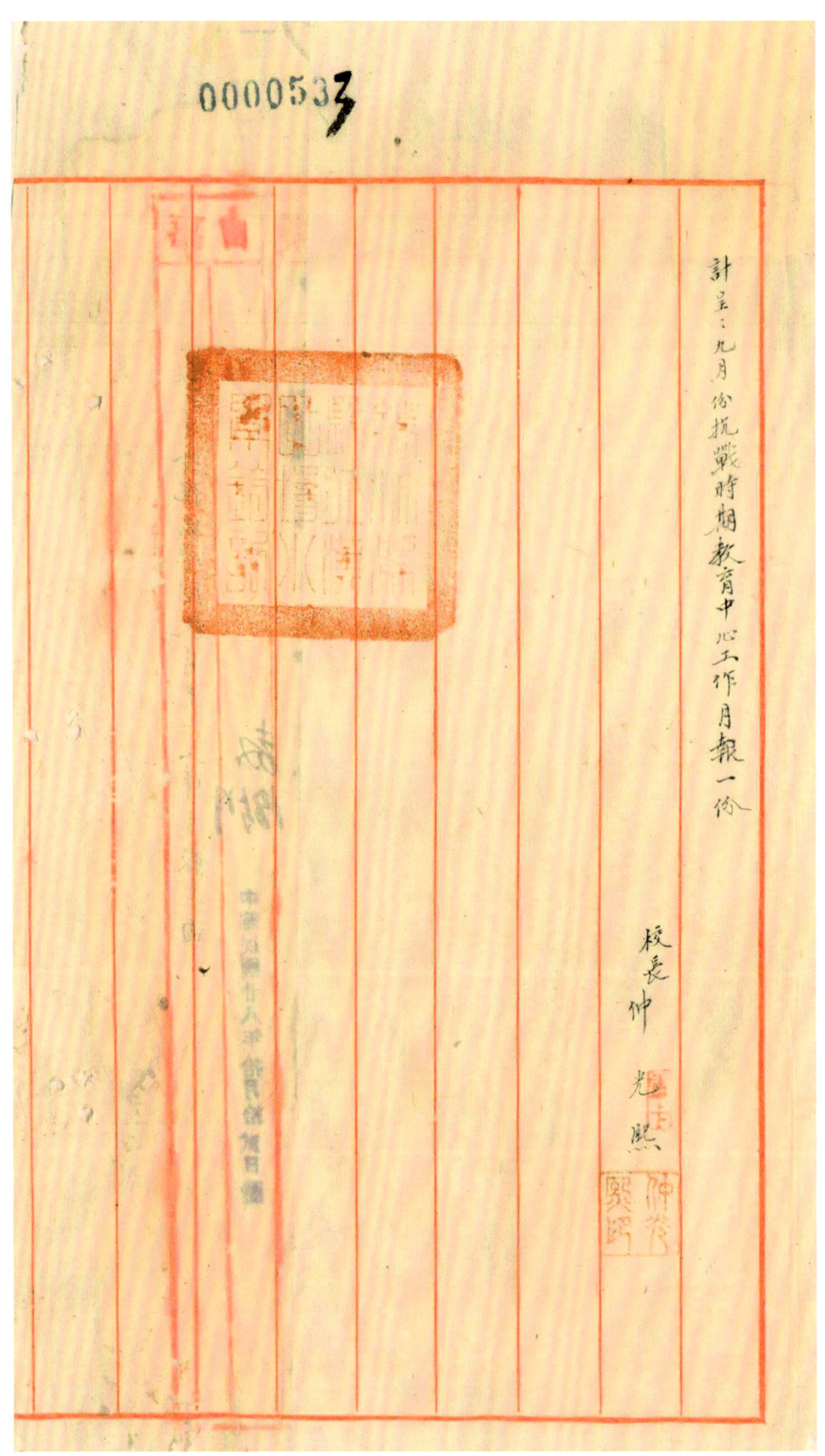

0000533

計呈：九月份抗戰時期教育中心工作月報一份

校長 仲光熙

附：绵竹县立汉旺场小学抗战时期教育中心工作一九三九年九月报表（一九三九年九月三十日）

綿竹縣立漢旺場小學抗戰時期教育中心工作月報表　二十八年九月填

绵竹县立遵道场小学关于填报抗战时期教育中心工作十月报表致县政府的呈（一九三九年十一月四日）

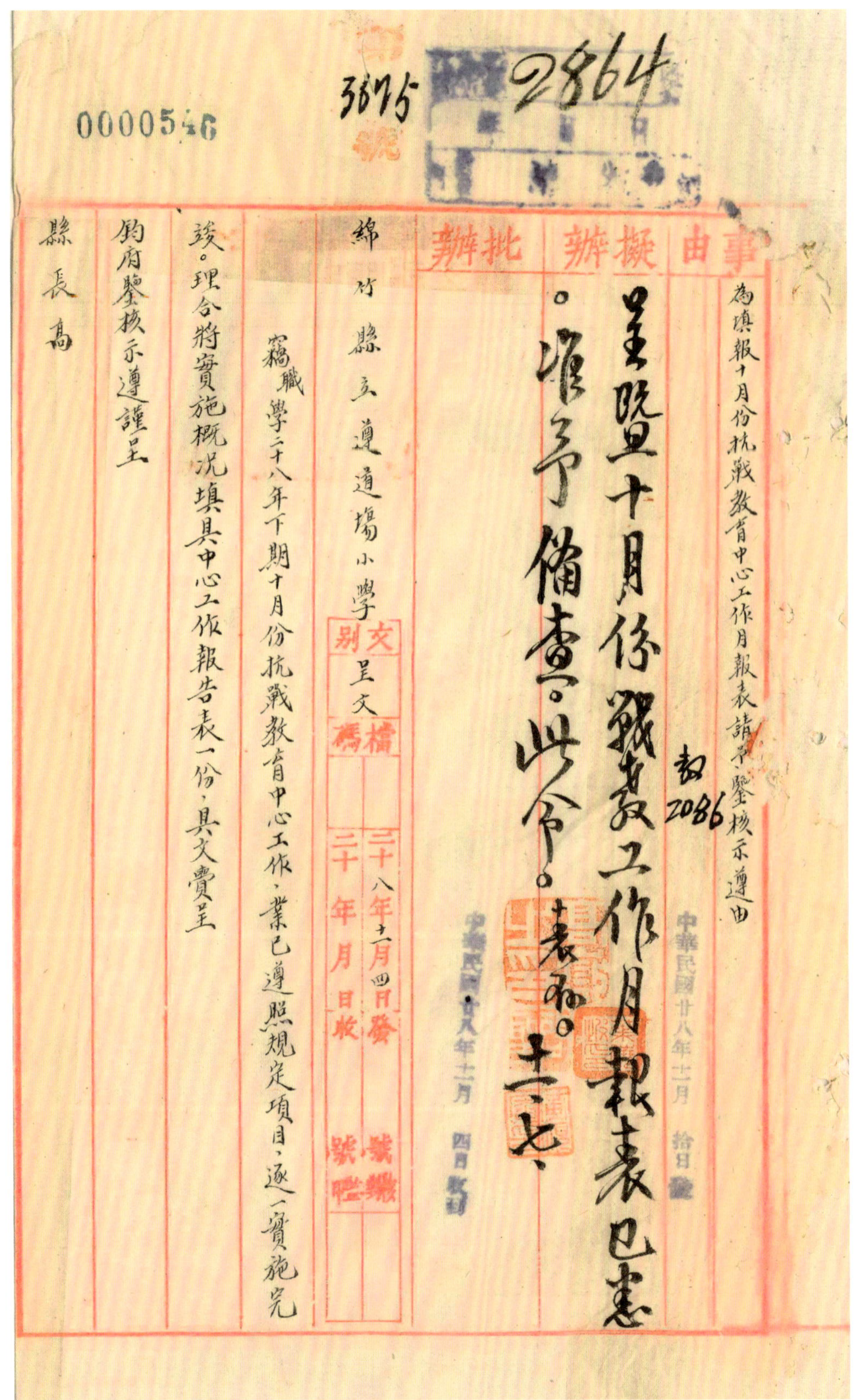

0000546

3875 2864

事由：為填報十月份抗戰教育中心工作月報表請予鑒核示遵由

擬辦：呈暨十月份工作月報表已悉。准予備查。此令。

敎2086

表和。十一、七、

批辦：

中華民國廿八年十一月拾日收

中華民國廿八年十一月四日收到

綿竹縣立遵道場小學

文別：呈文

二十八年十一月四日發

竊職學二十八年下期十月份抗戰教育中心工作，業已遵照規定項目，逐一實施完竣。理合將實施概況填具中心工作報告表一份，具文賫呈

鈞府鑒核示遵。謹呈

縣長高

0000547

計呈十月份抗戰中心工作表一份

校長仲和熙

附：绵竹县立遵道场小学抗战时期教育中心工作一九三九年十月报表（一九三九年十月三十日）

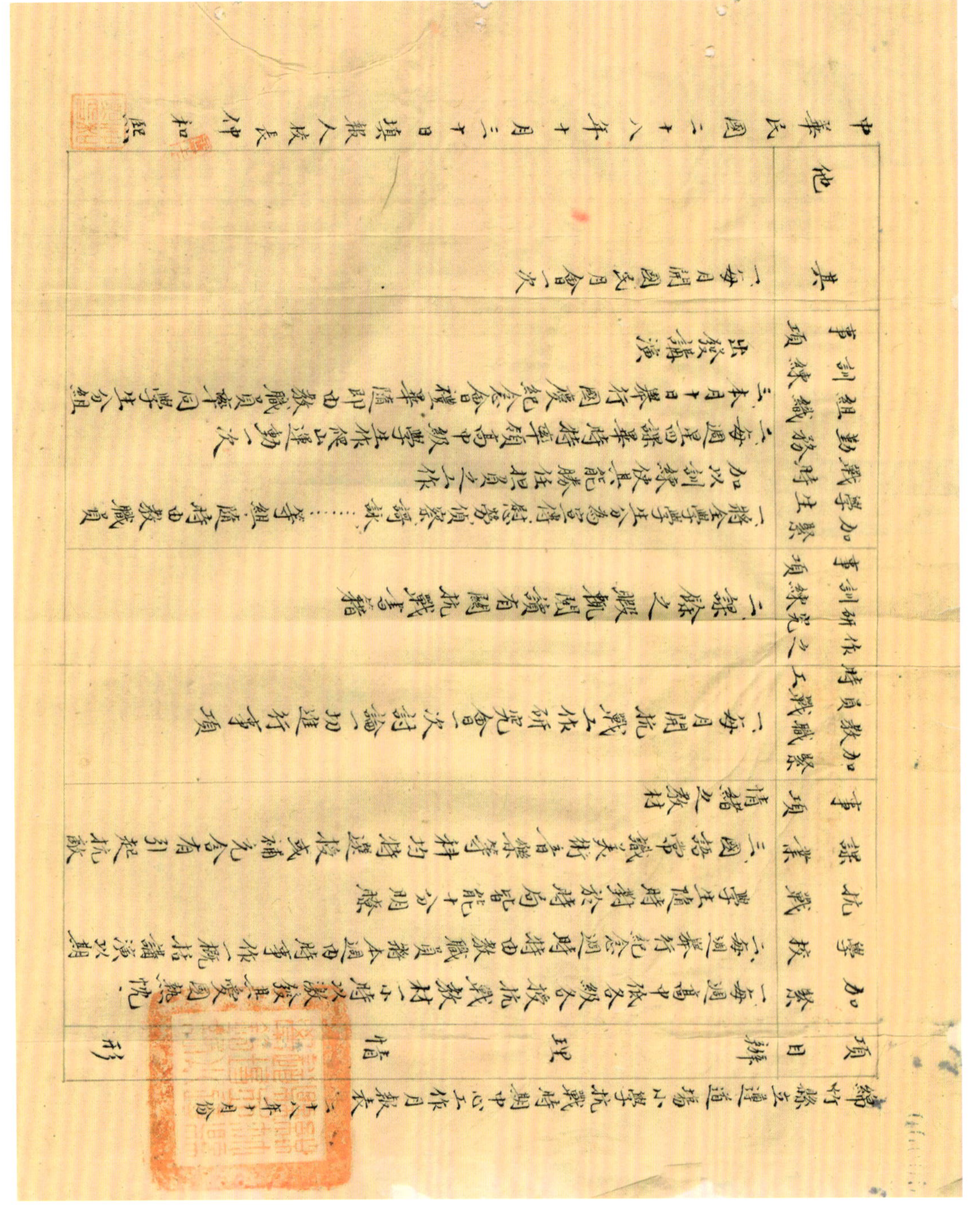

綿竹縣立遵道場小學抗戰時期中心工作月報表　二十八年十月份

項目	辦理情形
加緊學校抗戰課業事項	一、每週高中依各級各授抗戰教材一小時以激發其愛國熱忱。二、每週舉行紀念週時特由教職員將本週内時事作一概括講演以期學生隨時對於時局皆能十分明瞭。三、國語常識美術音樂等科均特選授或補充含有引起抗敵情緒之教材
加緊教職員戰時工作之研究訓練事項	一、每月開抗戰工作研究會一次討論一切進行事項 二、課餘之暇瀏閱讀有關抗戰書籍
加緊學生戰時勤務組織訓練事項	一、將全學學生分為宣傳、慰勞、偵察、謌詠……等組，隨時由教職員加以訓練，使其能勝任担負之工作 二、每週星四課畢時特率領高中級學生作爬山運動一次 三、本月十日舉行國慶紀念會禮畢隨即由教職員率同學生分組出發講演
其他	一、每月開國民月會一次

中華民國二十八年十月三十日　填報人校長仲和熙

绵竹县立富新场小学关于报送抗战时期教育中心工作十月报表致县政府的呈（一九三九年十一月十三日收）

3797

2976

0000548

事由	擬辦	批辦
為呈報十月份抗戰教育中心工作月報表請予鑒核由	呈及工作月报表均悉，准予備查。	

文别：呈

檔碼：

廿八年十月　日發

廿　年　月　日收

號字　號

綿竹縣立富新場小學

竊職學本月份實施抗戰教育工作，亟應遵照規定，填具月報表一份，備文

呈報

鈞府，仰祈鑒核，令遵！

謹呈。

中華民國廿八年十一月拾叁日收到

00549

縣長高

計呈十月份抗戰教育中心工作月報表一份。

綿竹縣立富新場小學校長翚超

附：绵竹县立富新场小学抗战时期教育中心工作一九三八年十月报表（一九三九年十月三十日）

綿竹縣立富新場小學抗戰時期教育中心工作月報表（二十八年十月份）

項別	辦理情形
加緊學校抗戰課業事項	1、繼續上月工作 2、採選抗戰救國之教材激發兒童之愛國熱忱 甲、高級練習國慶日出校宣傳之姿勢 乙、初級生作武昌起義武漢光復之遊戲
加緊教職員戰時工作之研究訓練事項	1、繼續上月工作 2、組織國慶日擴大宣傳隊抗戰「金錢板」
加緊學生戰時勤務組織訓練事項	1、繼續前月工作 2、童軍訓練時作下列之訓練 甲、演習追踪動作 乙、救護工作
其他	1、月會時分組到附近各保甲講演國勢報告 2、十月十日組織擴大宣傳分組沿街講演

中華民國二十八年十月三十日 校長 鞏超

绵竹县立富新场小学关于报送抗战时期教育中心工作十一月报表致县政府的呈（一九三九年十二月二日收）

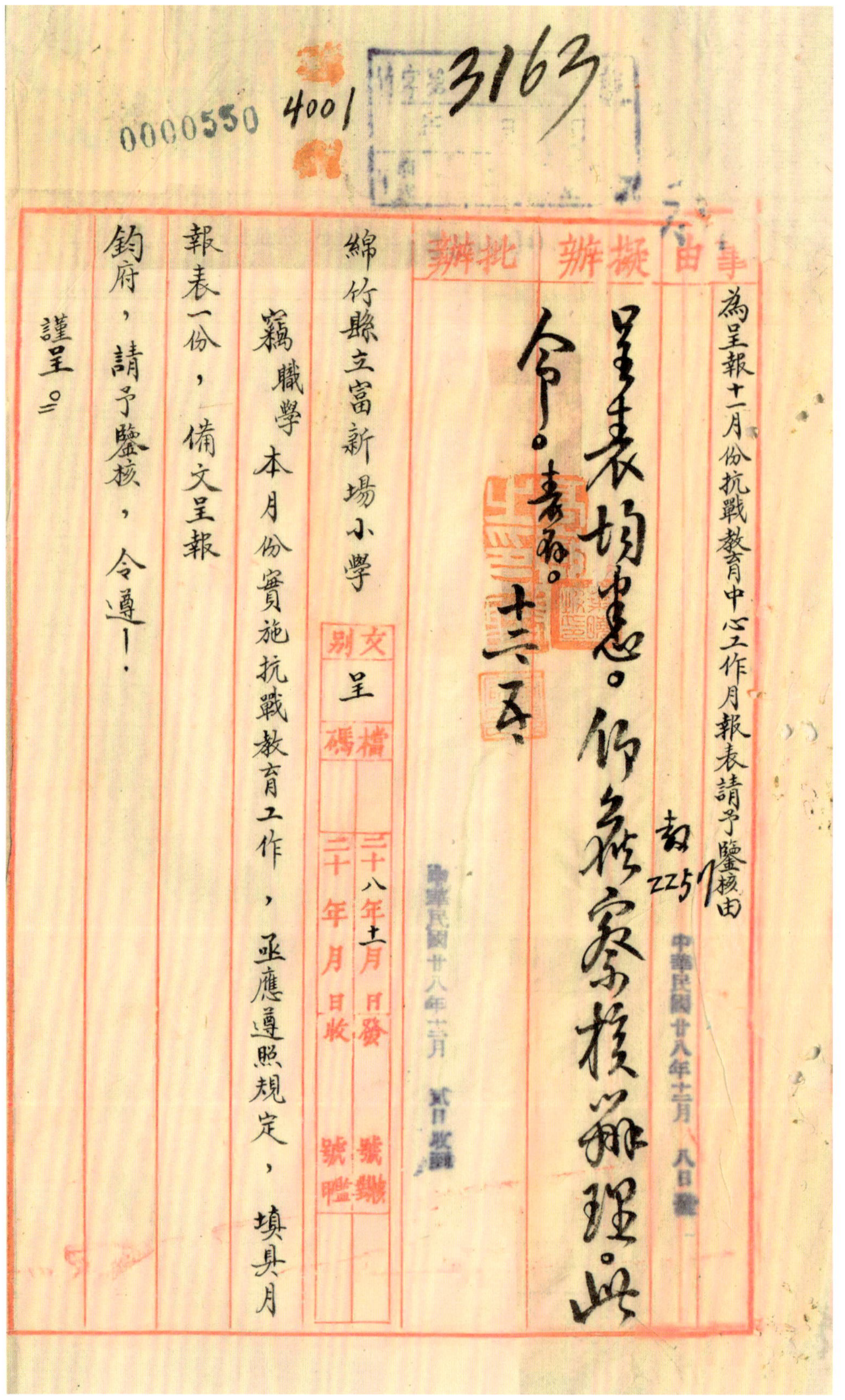

事由：為呈報十一月份抗戰教育中心工作月報表請予鑒核由

文别：呈

檔碼：

二十八年十一月　日發

二十　年　月　日收

綿竹縣立富新場小學

竊職學本月份實施抗戰教育工作，亟應遵照規定，填具月報表一份，備文呈報

鈞府，請予鑒核，令遵！

謹呈。

0000551

縣長高

計呈十一月份抗戰教育中心工作月報表一份。

綿竹縣立富新場小學校長肇超

附：绵竹县立富新场小学抗战时期教育中心工作一九三九年十一月报表（一九三九年十一月三十日）

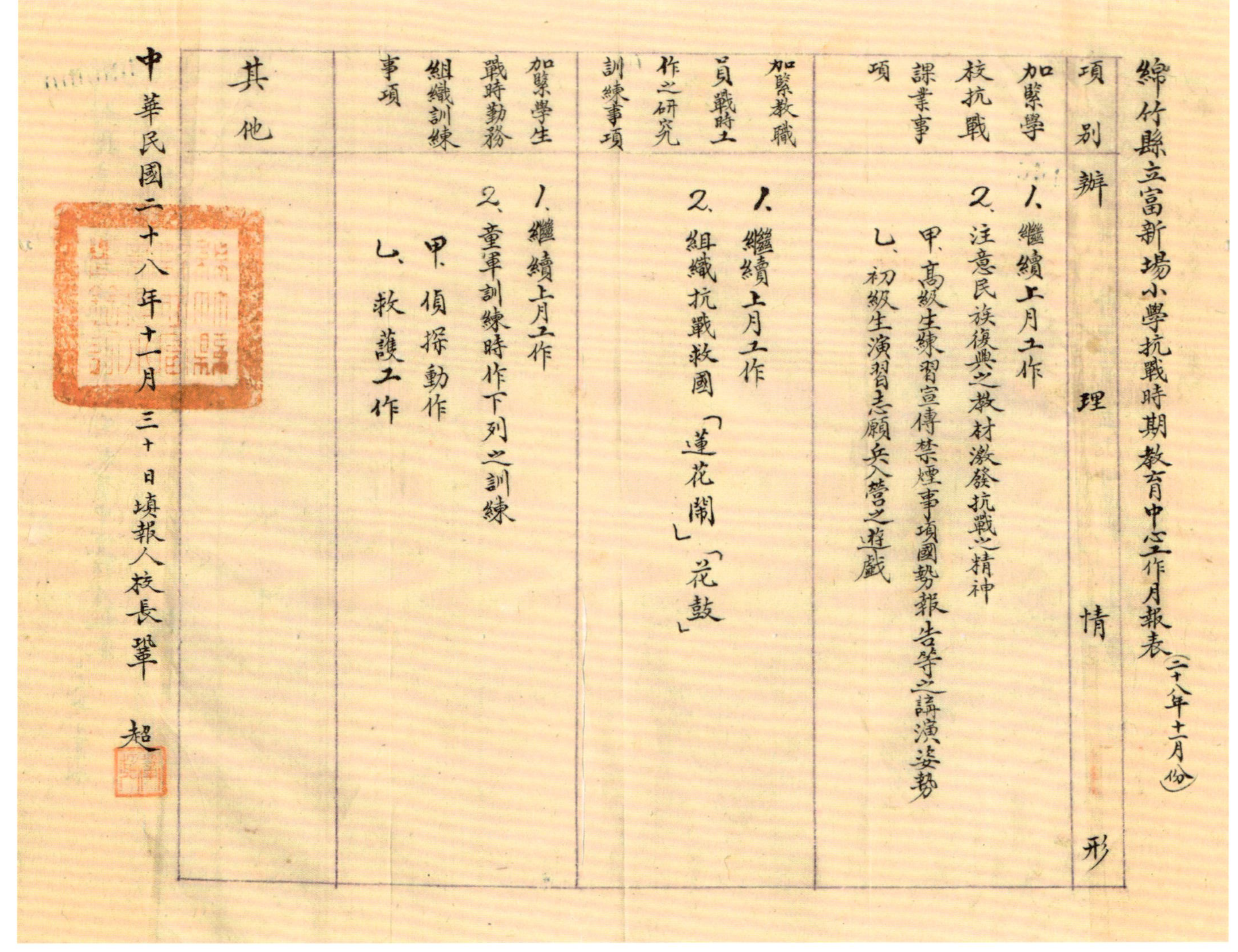

綿竹縣立富新場小學抗戰時期教育中心工作月報表（二十八年十一月份）

項别	辦理情形
加緊學校抗戰課業事項	1、繼續上月工作 2、注意民族復興之教材激發抗戰之精神 甲、高級生練習宣傳禁煙事項國勢報告等之講演姿勢 乙、初級生演習志願兵入營之遊戲
加緊教職員戰時工作之研究訓練事項	1、繼續上月工作 2、組織抗戰救國「蓮花鬧」「花鼓」
加緊學生戰時勤務組織訓練事項	1、繼續上月工作 2、童軍訓練時作下列之訓練 甲、偵探動作 乙、救護工作
其他	

中華民國二十八年十一月三十日填報人校長鞏超

二、抗战动员与宣传

四川省第十三区行政督察专员公署及绵竹县政府关于「九一八」六周年纪念日应一律召集市民大会扩大抗日宣传的电令

四川省第十三区行政督察专员公署致绵竹县政府的代电（一九三七年九月八日收）

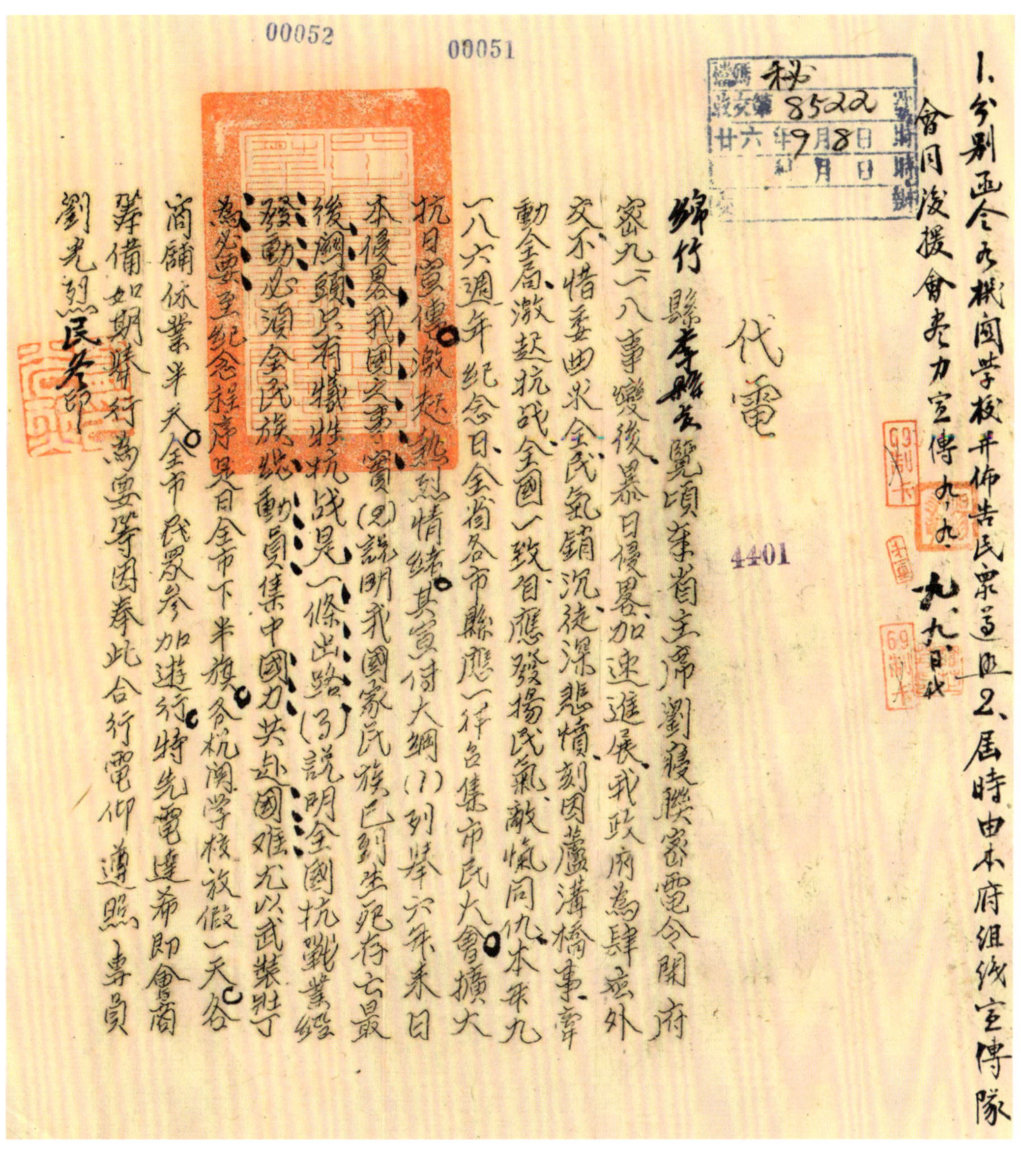

1.分别函令各机关学校并布告民众遵照 2.届时由本府组织宣传队会同后援会尽力宣传 九、九

代電

綿竹縣李縣長覽：頃奉省主席劉寢聯密電令開：「府密。九一八事變後，暴日侵略加速進展，我政府為肆應外交，不惜委曲求全，民氣銷沉，徒深悲憤。刻因蘆溝橋事變，動全局，激起抗戰，全國一致，自應發揚民氣，敵愾同仇。本年九一八六週年紀念日，全省各市縣應一律召集市民大會，擴大抗日宣傳，激發熱烈情緒。其宣傳大綱：(1)列舉六年來日本侵略我國之事實；(2)說明我國家民族已到生死存亡最後關頭，只有犧牲抗戰是一條出路；(3)說明全國抗戰業經發動，必須全民族總動員，集中國力，共赴國難，尤以武裝對于為必要。至紀念程序，是日全市下半旗，各機關學校放假一天，各商舖休業半天，全市民眾參加遊行。特先電達，希即會商籌備，如期舉行為要。」等因。奉此，合行電仰遵照。專員劉光烈。民參印。

绵竹县政府致各机关、法团、学校等的训令及致抗敌后援会、征收局等的公函（一九三七年九月十五日）

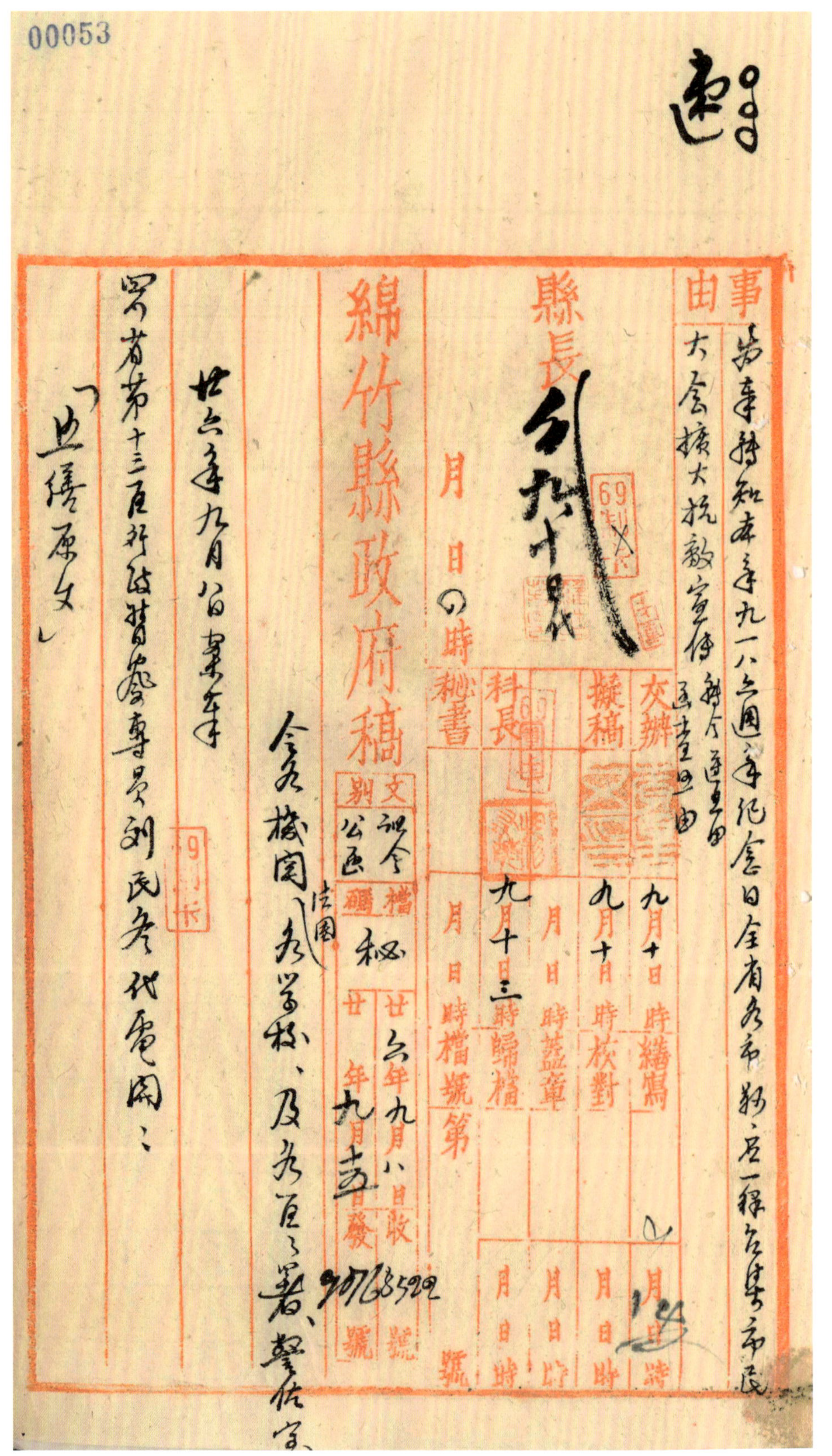
00053

事由：為奉令知本年九一八全國通令紀念日全省各市縣一律召集市民大會擴大抗敵宣傳辦令遵照由

縣長

綿竹縣政府稿

文別：訓令　公函

檔號：秘

廿六年九月八日收

廿六年九月十五日發

交辦：九月十日

擬稿：九月十日

歸檔：九月十三

令各機關、法團、各學校、及各區署、警佐室

廿六年九月八日案奉

四川省第十三區行政督察專員劉民孝代電開：

照錄原文

等因；奉此，除分別函令并布告外，相應函請（令函令仰該局遵）
照辦理。二
（令商會轉知各鋪商於是日一律休業半日，並布告市民亦予加注意）
貴局煩希查照辦理是荷。一二

此致

抗敵後援會、財政局、郵政局、稅務分所、營業稅稽征所、

禁煙分局、禁煙委員會、司法處、

縣長 李 ○

四川省第十三区行政督察专员公署及绵竹县政府关于该年「九一八」纪念补行素食一日并将节约所得送府汇解的电令

四川省第十三区行政督察专员公署致绵竹县政府的代电（一九三七年十月十五日收）

密碼 秘
收文第9842號
二六年10月15日

代電

綿竹縣政府覽案奉四川省政府巧省秘代電開案准九一八六週年四川省會各界紀念大會函開頃奉中央電令本年九一八紀念全國均應素食一日以撙節費用捐助前方傷兵醫藥等因奉此相應函達貴府請煩查照轉飭所屬一律遵照辦理並將撙節所得費用于本月內彙送本會總務組（省府李科長執中收）取具收據用備轉解為荷等由准此除分電外合

分別函令各機關團體學校定十、十五日補行素食即將節餘所得送繳來府以憑彙解

5269

行電仰該遵照並分別轉飭所屬各級及各杭
吳國術學校一律遵照辦理再來電到府過遲如本年
到時紀念日期已過即由該主管杭吳酌定一日補
行素食仍各將所節費用彙解共濟附報並
將本電日期及捐款數目分報本府備查為要
等因奉此除分電外合行轉電該府即便遵照並轉
飭所屬各杭吳國術學校一律遵照將擇節一日
所得彙交該府匯列解送省府李科長子執中
取具收據仍將捐款數目指呈備查為要等
員劉光烈佳秘印

绵竹县政府致各机关团体学校的令、函（一九三七年十月二十六日）

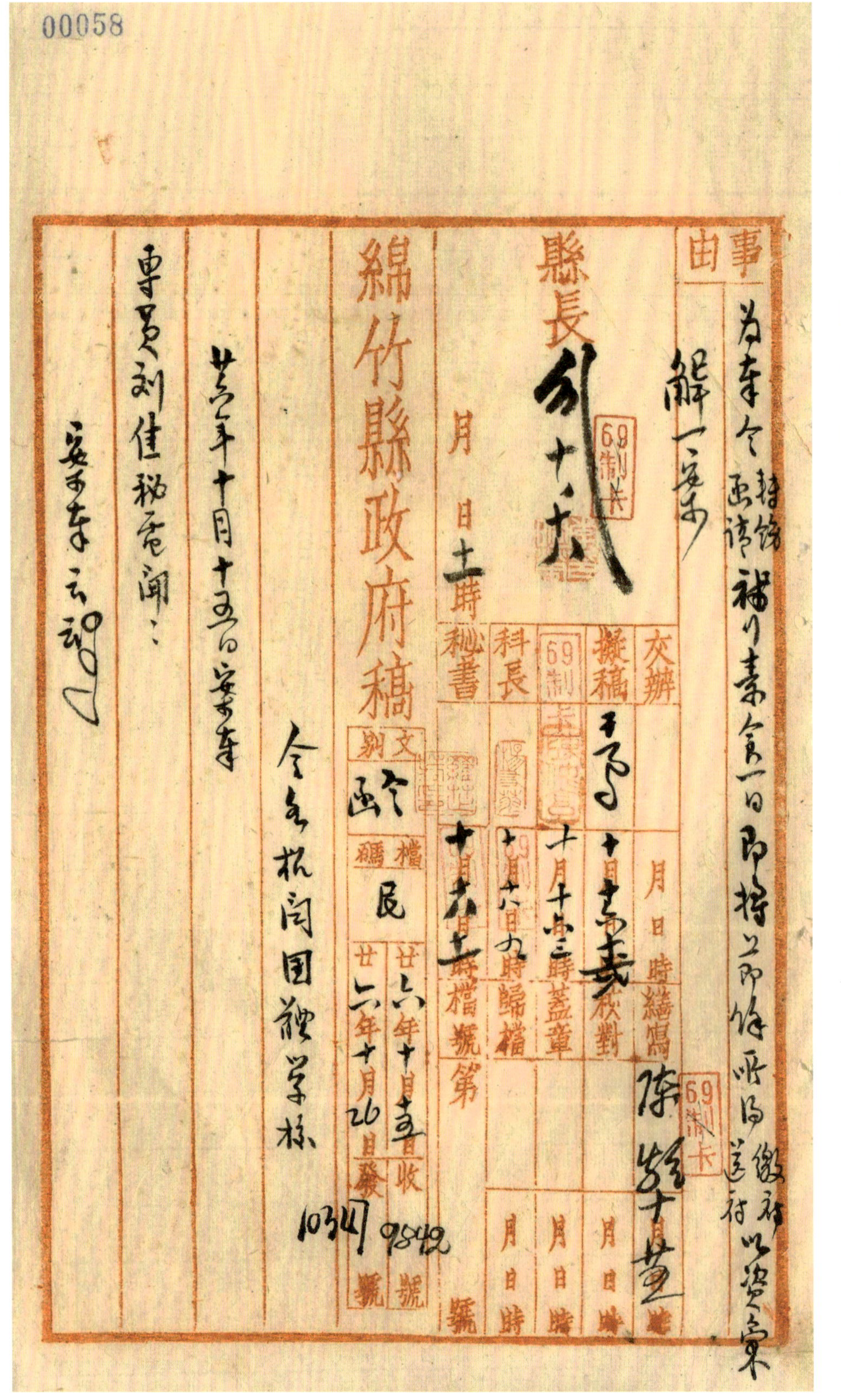
00058

綿竹縣政府稿

事由

縣長

交辦 月 日 時

擬稿

科長

秘書

繕寫

校對

蓋章

歸檔

文別

檔號

收

發

華園之來照、除分令及分函外，合行令仰着即補具書食一份，并將上節錄所得送繳來，藉以憑彙辦為要，此令。

相應函達

貴處，請即查照補具書食一份，并將上節錄所得送繳來，藉以便彙辦為荷，此致

〇〇〇

兼處長李〇〇

绵竹县各界救亡宣传剧团关于军人魂剧社与怒吼话剧研究社联合公演等事致绵竹县政府的公函（一九三七年十二月五日）

8649

00632

事由：為函請查照由

擬辦：届時由縣派員出席 十二、六

批辦：

綿竹縣各界救亡宣傳劇團

文別：公函

檔碼：民

二十六年十二月五日發

二十年十二月六日收

收號：11571

逕啟者：本處隨同部隊移防來綿，為擴大宣傳，喚起同胞，轉移風氣，參加全面抗戰，勵行新生活運動起見，特將軍人魂劇社，及怒吼話劇研究社暫行聯合，並約集地方各界熱心智識份子，擴大組織，茲定於十二月五日午後三時假城隍廟地點正式公演，相應函達

貴府請煩查照，並蒞臨指導，無任切盼！再所有本團公演售票收入，除必需開支外，

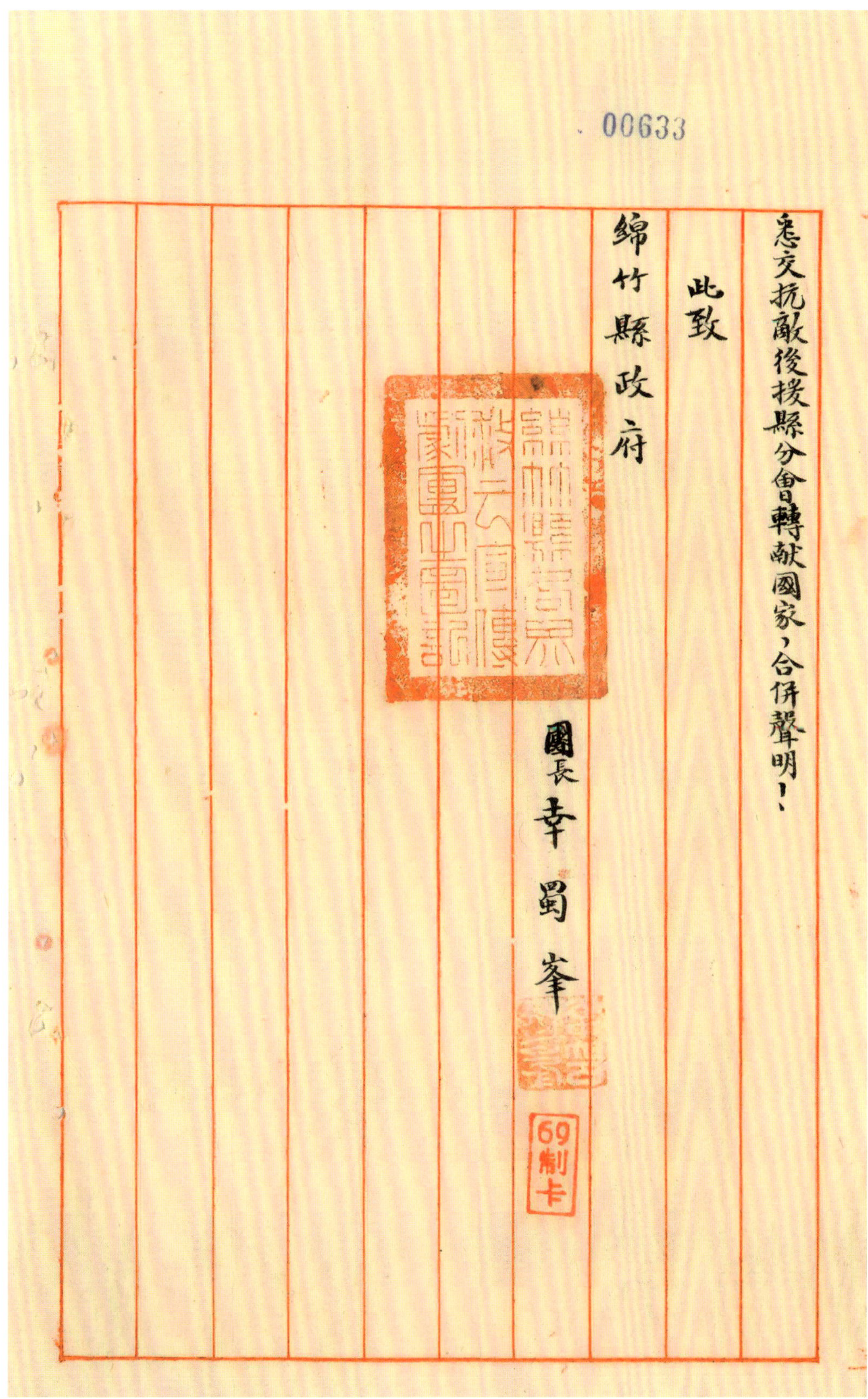

00633

惫交抗敵後援縣分會轉獻國家，合併聲明！、

此致

綿竹縣政府

綿竹縣各界抗敵後援會宣傳團團部

團長　辛蜀峯

69制卡

四川省抗敌后援会绵竹分会广济支会关于遵令组织抗敌支会及启用图记事致绵竹县政府第四区区署抗敌后援支会的呈（一九三七年十二月十四日）

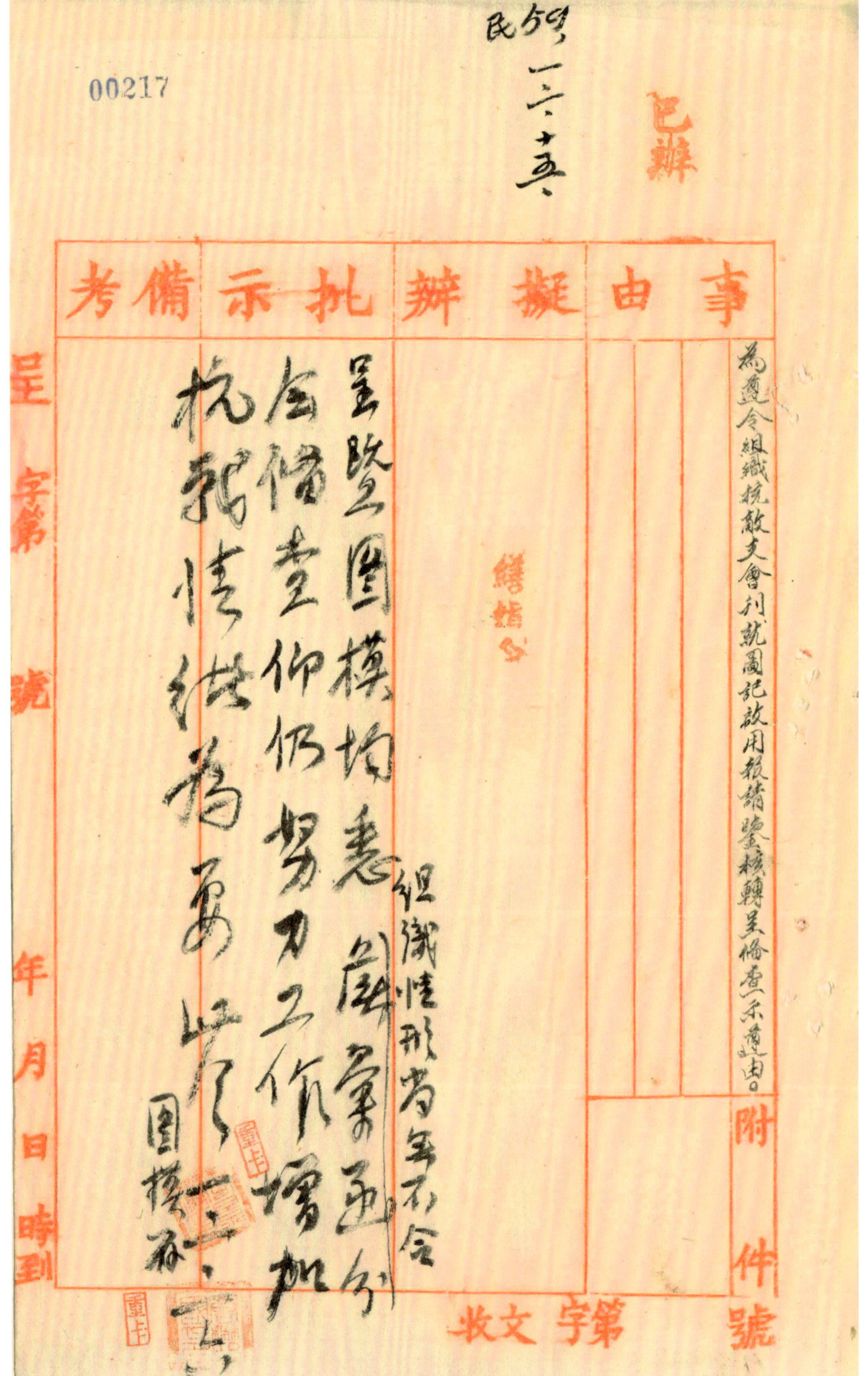

00217

已辦

事由 為遵令組織抗敵支會刊就圖記啟用報請鑒核轉呈備查示遵由。

擬辦

批示

備考

附件

呈 字第 號 年 月 日 時到

收文 第 字 號

竊職會十二月九日奉

鈞會函開：

「……相應函達貴主任，煩為查照，請于一週內籌備成立，若已經成立，組織情形，亦希見覆，以憑轉報為荷。」計發簡章圖記式樣各一份，奉此，查職會前遵照　縣分會所發之章則組織，以鄉鎮為單位籌備就緒，即于十一月二十四日，邀集廣濟天平兩聯保同廣濟場小學之愛國人士開廣濟場支會成立大會，當時經眾推得趙祝三、仲和熙、孫襄清三人為主任委員，王重祿為總務組長，王澤光為組織組長，王品階為宣傳組長，唐錫蕃為調查組長，其餘兩聯保職員暨保長等十餘人，分任各組組員，廣濟小學全體教職員八人為委員，以上組織各項，分配合宜，業已成立報查備存在案，旋又奉令刊製圖記，即于前日，刻就木質圖記壹顆

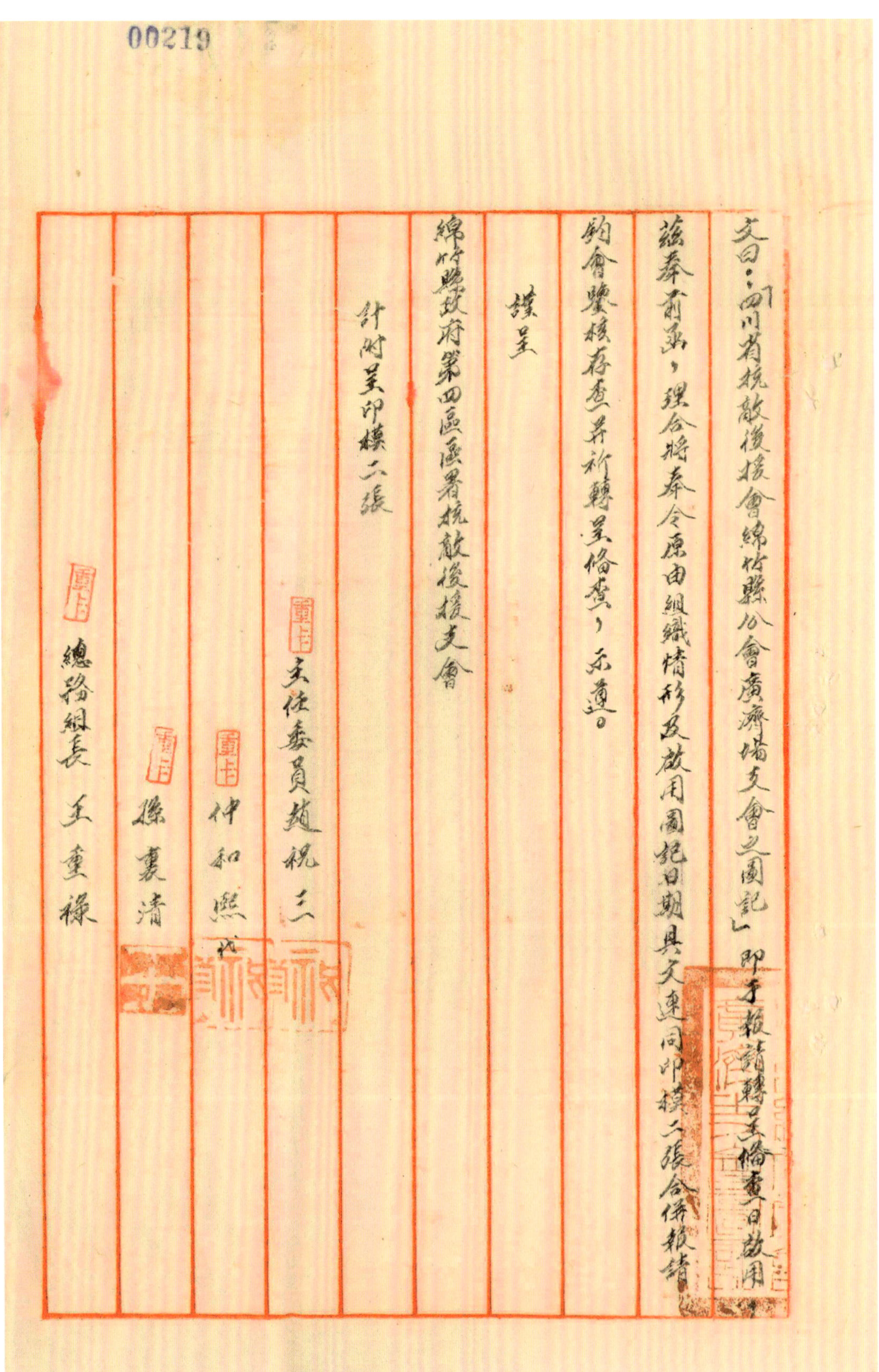

文曰：「四川省抗敵後援會綿竹縣分會廣濟場支會之圖記」，即予報請轉呈備查，自啟用

茲奉前因，理合將奉令原由組織情形及啟用圖記日期具文連同印模二張，合併報請

鈞會鑒核存查，并祈轉呈備查，示遵！

謹呈

綿竹縣政府第四區區署抗敵後援支會

計附呈印模二張

主任委員 趙祝三

仲和熙

孫襄清

總務組長 王重禄

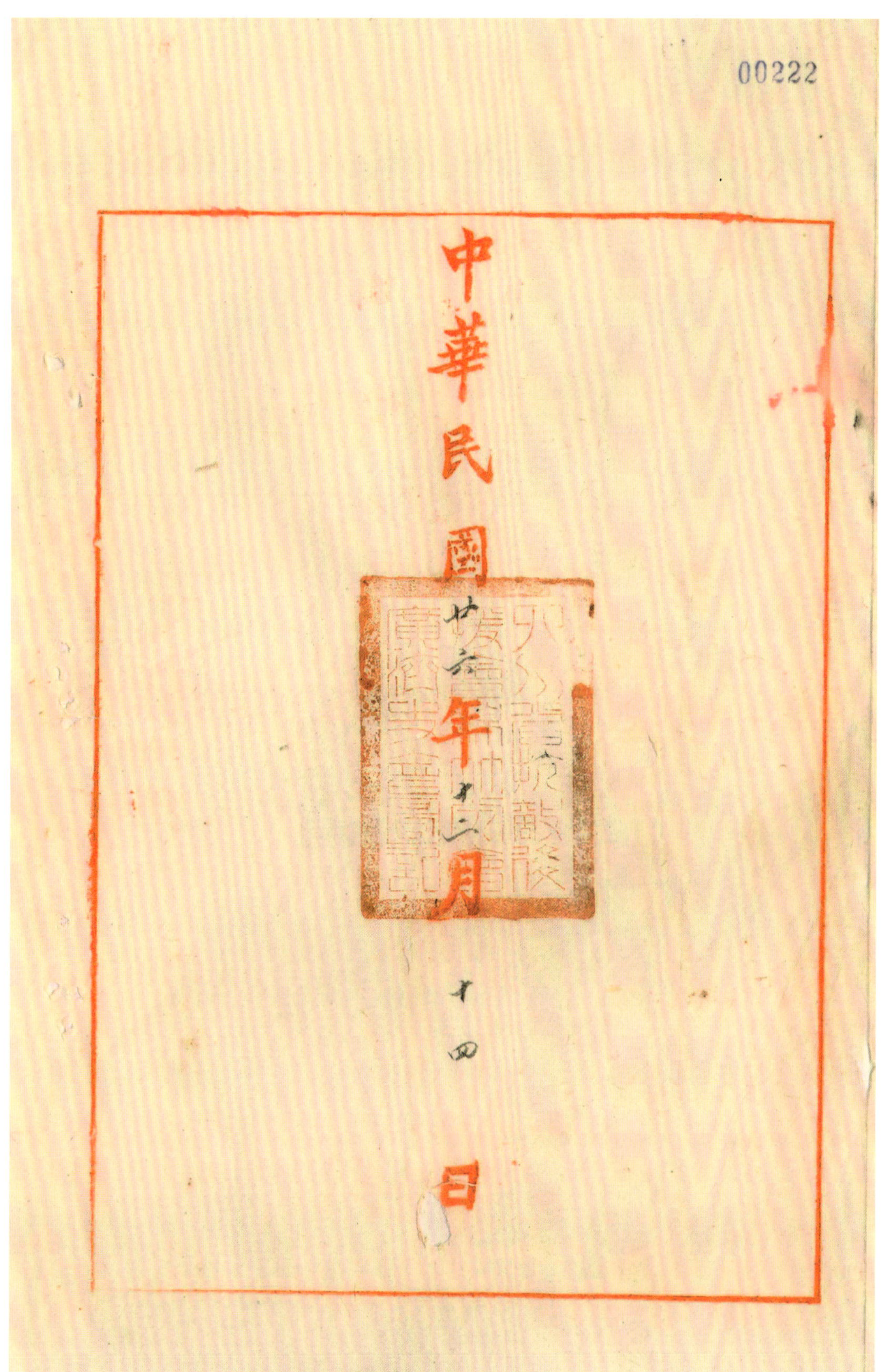

00222

中華民國廿六年十二月十四日

附：四川省抗敌后援会绵竹分会广济支会图记印模

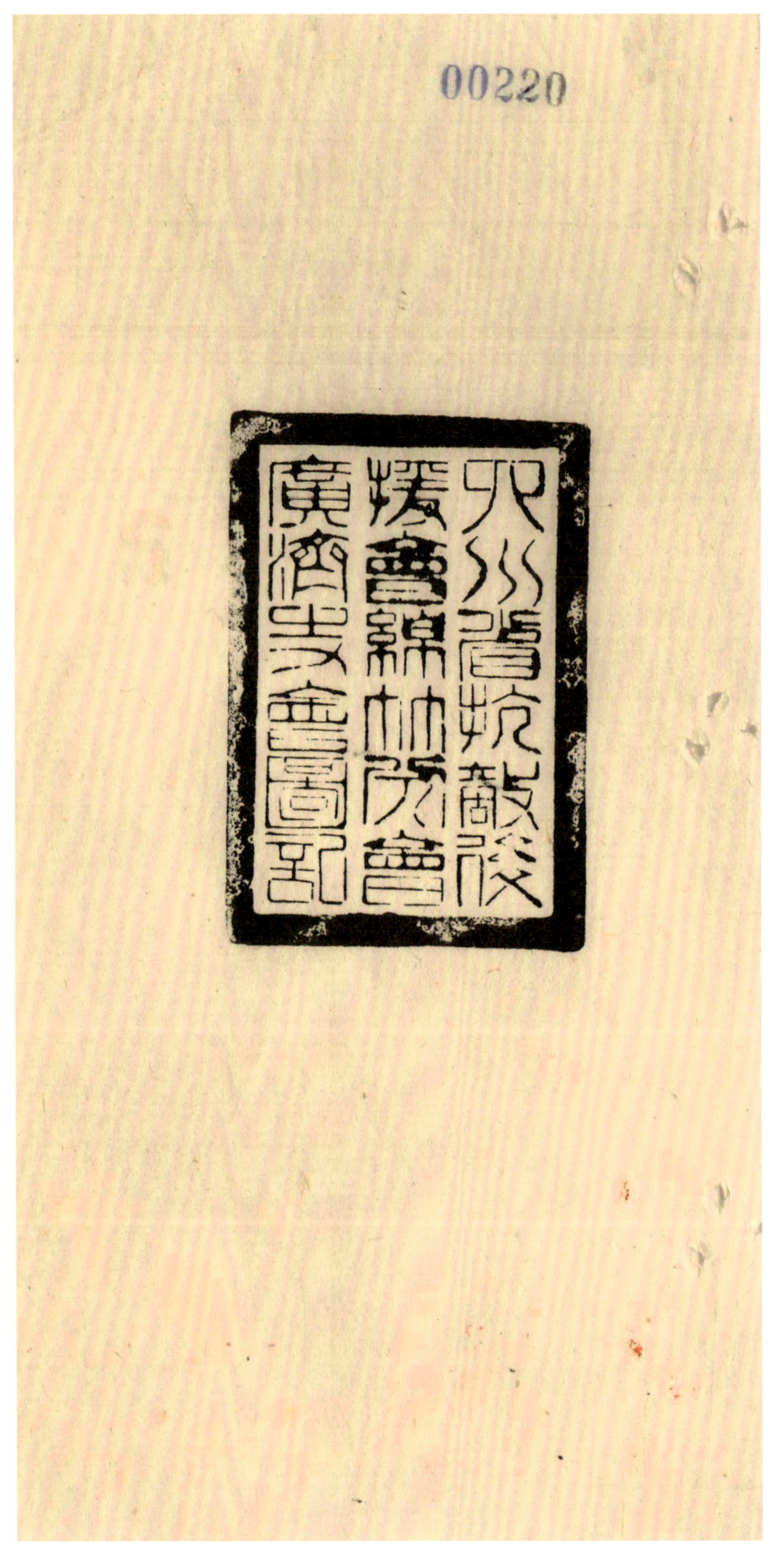

四川国民军事训练委员会及绵竹县社训总队部关于更改升降旗口号的训令

四川国民军事训练委员会致绵竹县社训总队部的训令（一九三八年三月九日）

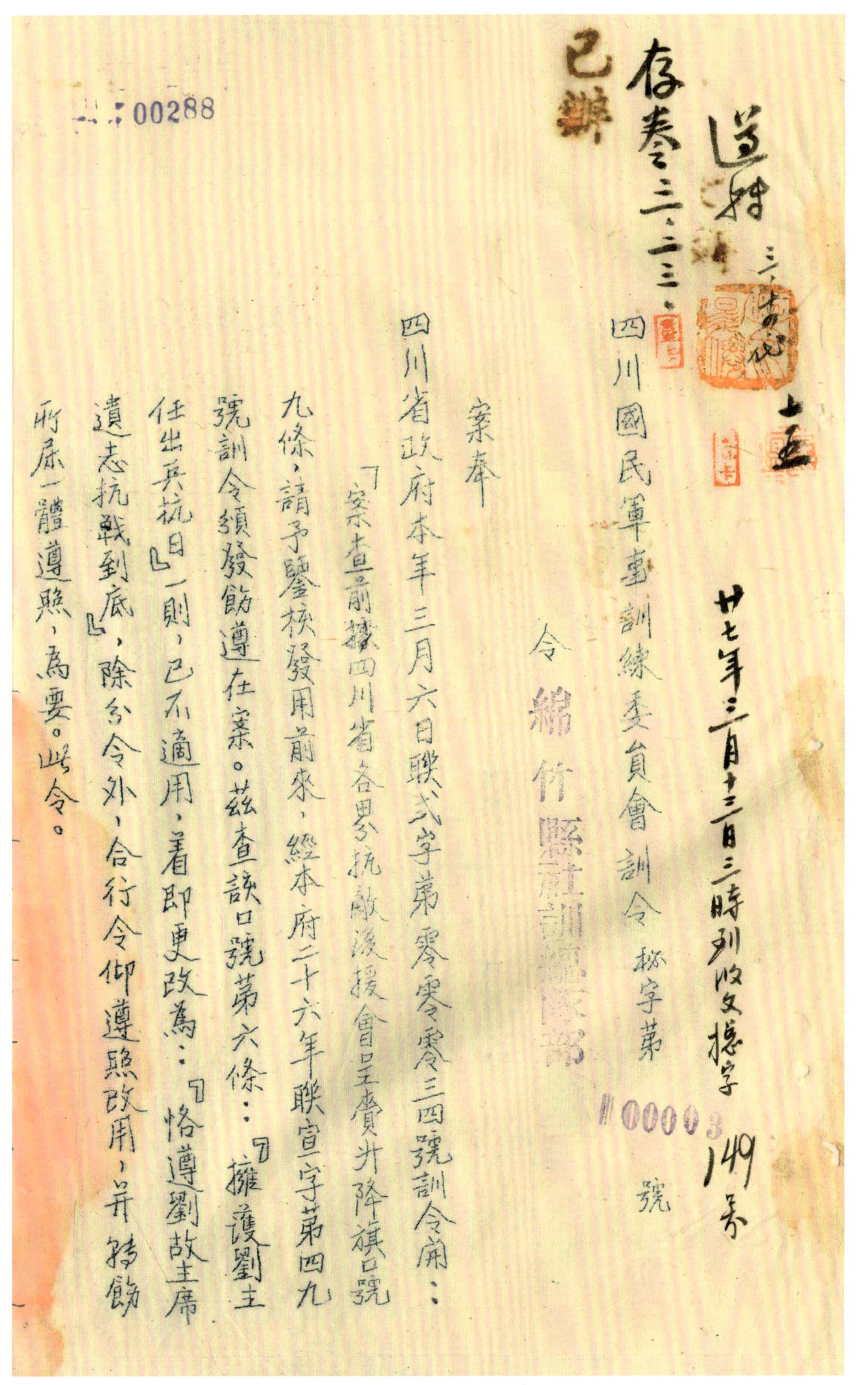

已辦

存卷 三、二三、

道村

廿七年三月十三日三時到收文總字149号

四川國民軍事訓練委員會訓令 秘字第00003號

令綿竹縣社訓總隊部

案奉

四川省政府本年三月六日聯式字第零零零三四號訓令開：

「案查前據四川省各界抗敵後援會呈賚升降旗口號九條，請予鑒核發用前來，經本府二十六年聯宣字第四九號訓令頒發飭遵在案。茲查該口號第六條：『擁護劉主任出兵抗日』一則，已不適用，着即更改為：『恪遵劉故主席遺志抗戰到底』，除分令外，合行令仰遵照改用，并轉飭所屬一體遵照，為要。此令。

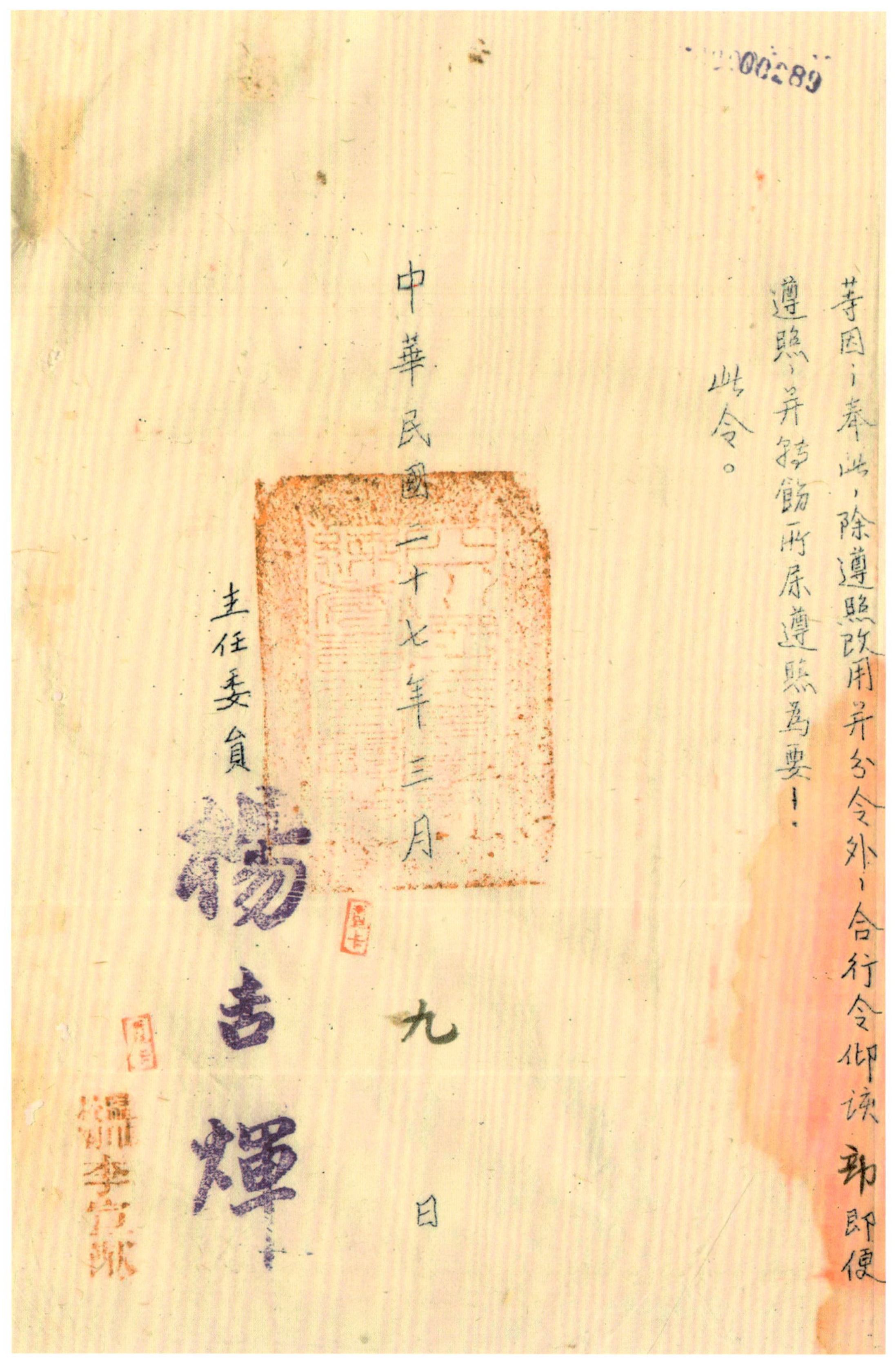
等因；奉此，除遵照改用并分令外，合行令仰该郎即便遵照，并转饬所属遵照为要！

此令。

主任委员 杨吉辉

中华民国二十七年三月九日

绵竹县社训总队部致第四区社训队的训令（一九三八年三月二十三日）

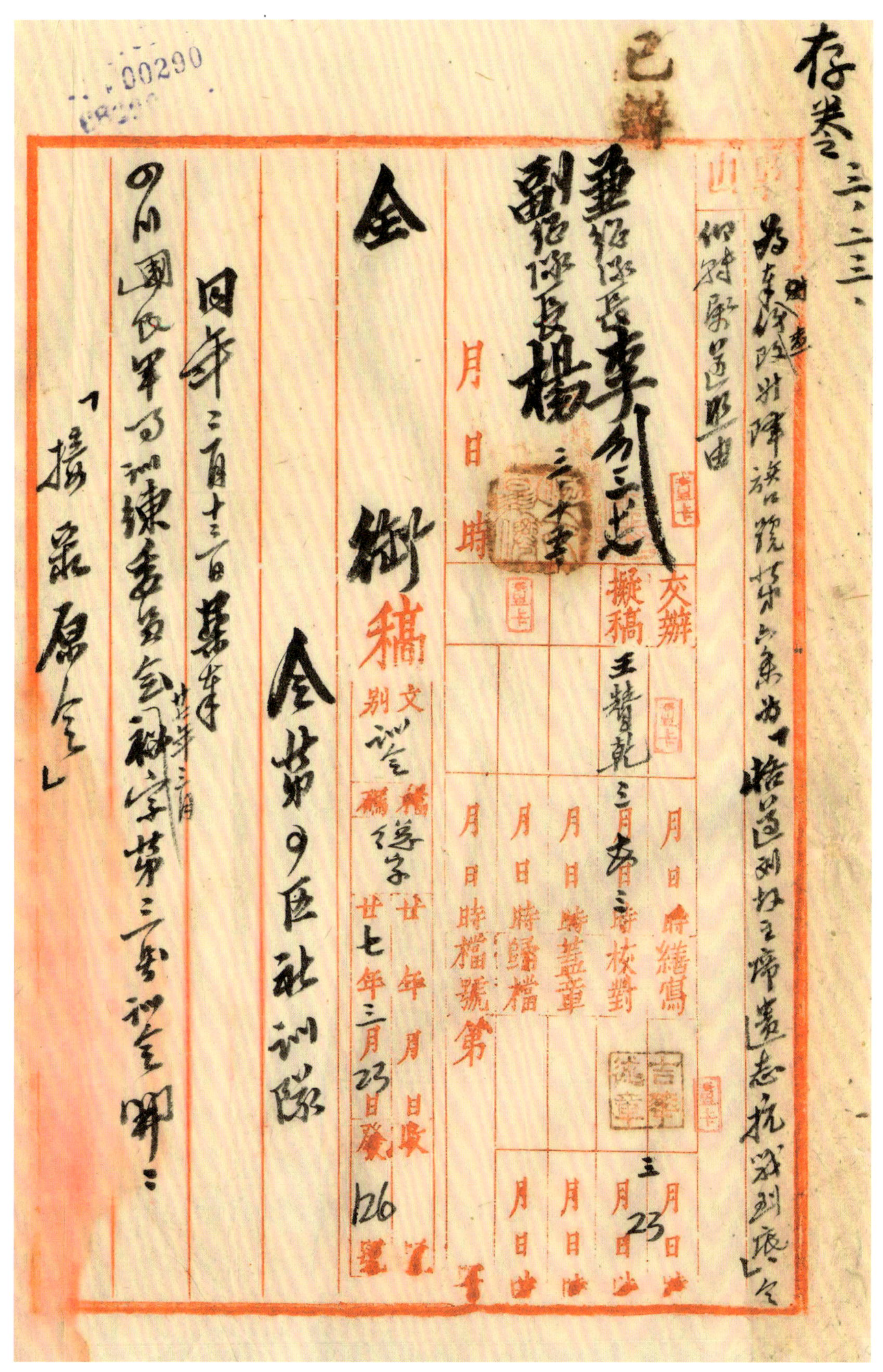
存卷 三、二三、

已辦

00290

由

董總隊長 李

副總隊長 楊

令

第四區社訓隊

交辦

擬稿 王贊乾

文別 訓令

稿

廿七年三月23日發

126

月 日 時 繕寫

月 日 時 校對

月 日 時 蓋章

月 日 時 歸檔

檔號 第

等因，奉此，除遵照改用并呈報外，合行令仰該隊即便遵照，并轉飭所屬一體遵照為要！

此令。

兼總隊長 李〇〇
副總隊長 楊〇〇

四川省第十三区行政督察专员公署及绵竹县政府关于奉令抄发抗战期间图书杂志审查标准的密令

四川省第十三区行政督察专员公署致绵竹县政府的密令（一九三八年四月一日）

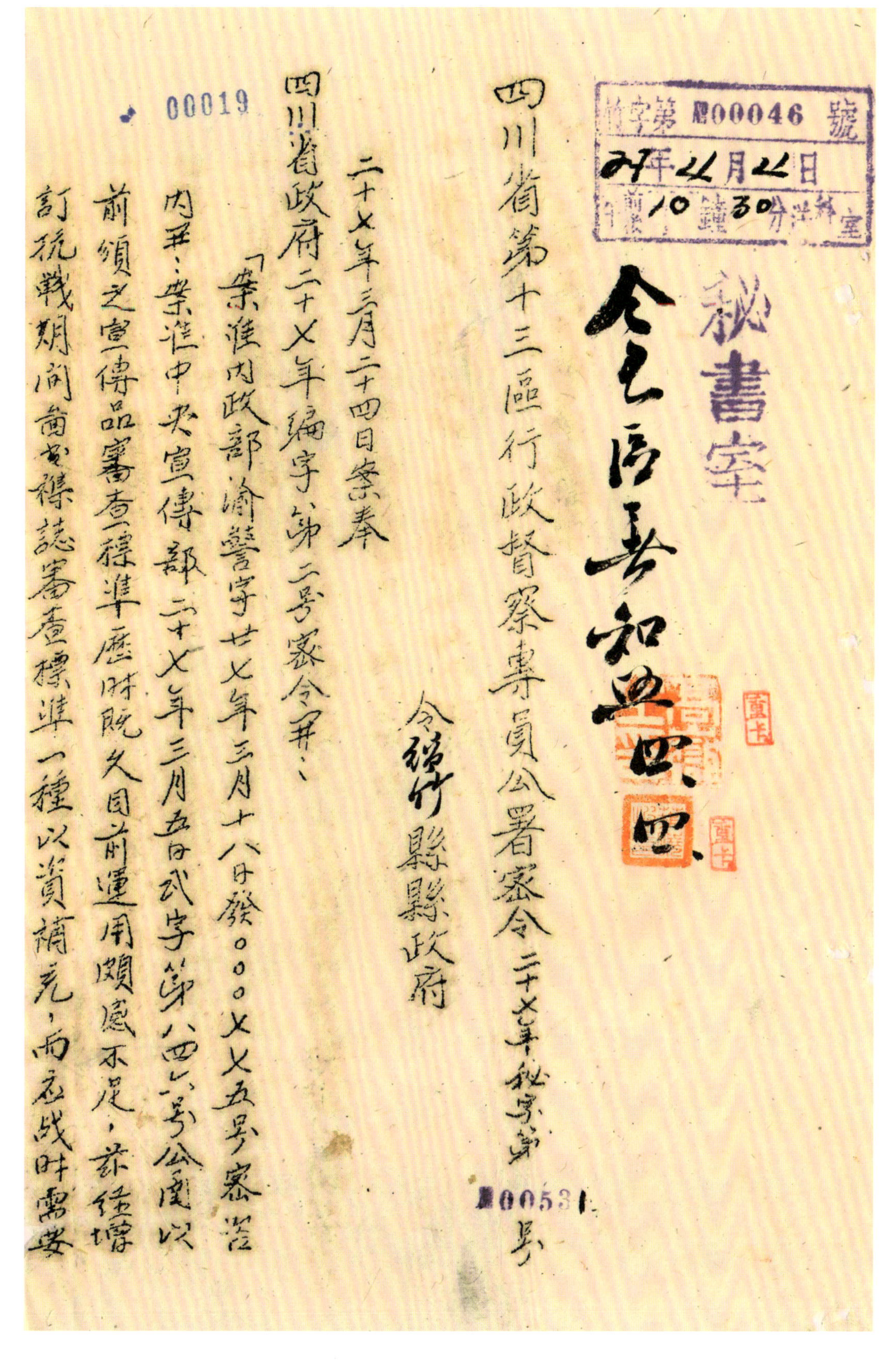

竹字第00046號
27年4月4日
午前10鐘30分

秘書室

令已悉知照。四、四、

四川省第十三區行政督察專員公署密令　二十七年秘字第00531號

令綿竹縣縣政府

二十七年三月二十四日案奉

00019

四川省政府二十七年編字第二號密令開：

「案准內政部渝警字廿七年三月十八日發〇〇〇七七五號密咨內開：案准中央宣傳部二十七年三月五日武字第八四六號公函以前頒之宣傳品審查標準歷時既久，目前運用頗感不足，茲經增訂抗戰期間圖書雜誌審查標準一種，以資補充，而應戰時需要

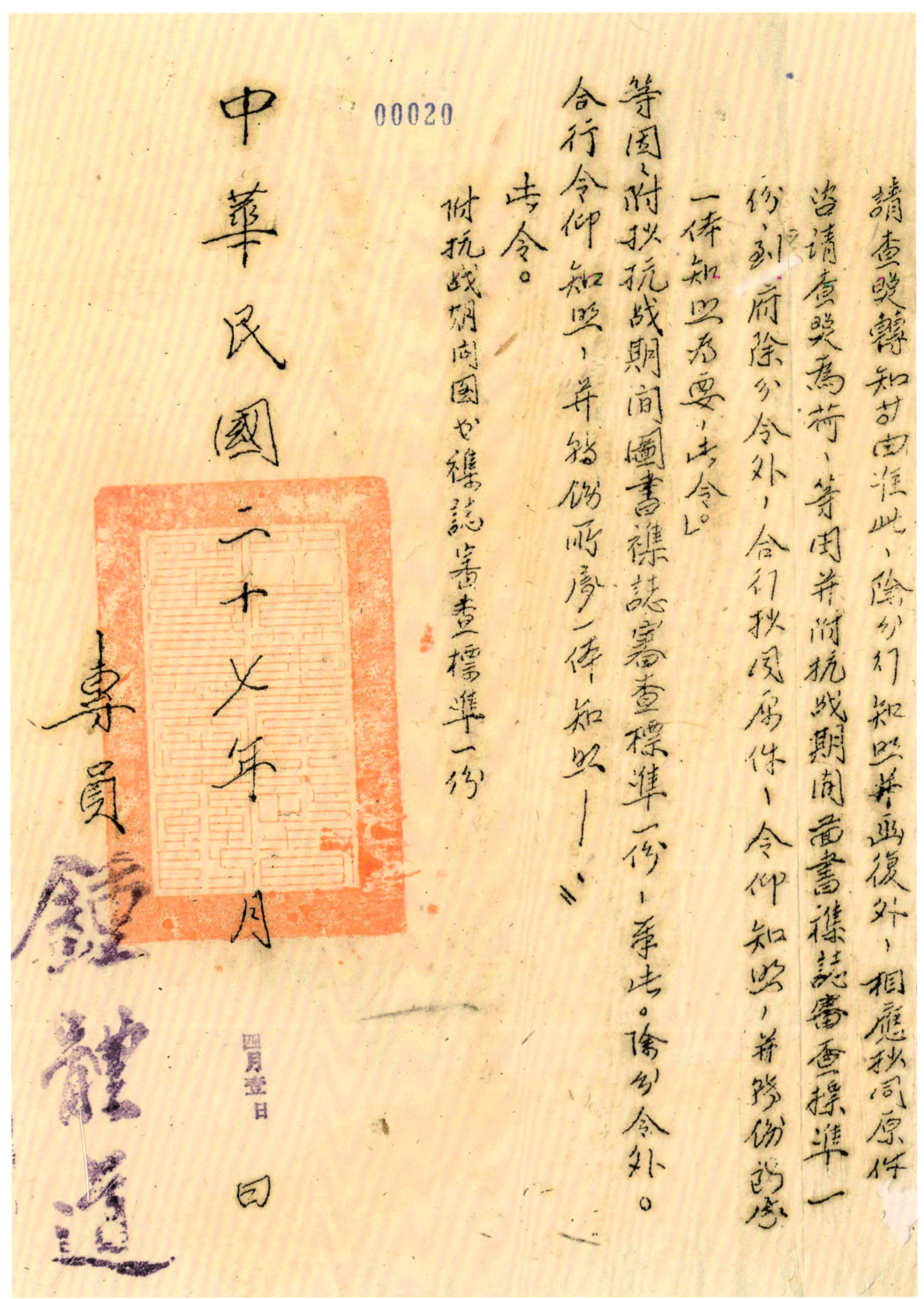
00020

請查照轉知甘肅准此，除分行知照并函復外，相應抄同原件
咨請查照爲荷」等由，并附抗戰期間圖書雜誌審查標準一
份到府。除分令外，合行抄同原件，令仰知照，并轉飭所屬
一體知照爲要。此令」
等因，附抄抗戰期間圖書雜誌審查標準一份。奉此，除分令外，
合行令仰知照，并轉飭所屬一體知照！！
此令。
附抗戰期間圖書雜誌審查標準一份

專員 鍾體道

中華民國二十七年四月壹日

抗戰期間圖書雜誌審查標準

甲、錯誤言論

1、曲解誤解或違反本黨主義政綱政策及歷屆宣言決議案者

2、紀載革命史蹟敘述中央設施諸多失真足以淆惑人心者

3、立論態度完全以派系私利為立場或其鼓吹之主張不合抗戰要求足以引起民衆懷疑政府或阻碍抗戰情緒與犧牲決心者

4、故作悲觀消極論調或誇大敵人優点足以削减抗战必勝之信念者

5、妨害善良風俗及其他文頹廢言論以懈怠抗戰情緒貽社會以不良影响者

6、言論偏激狹隘足以引起友方反感妨害國防外交或分化整個民族團結精神離間全面抗戰陣容者

4、反動言論

1、爲敵人及漢奸宣傳者

2、惡意詆毁三民主義及中央歷來政綱政策者

3、惡意評擊本黨詆毁政府誣衊領袖與中央一切現行設施者

4、鼓吹在中國境内實現國民政府以外之任何僞組織國民革命軍以外之任何僞匪軍與其他一切割裂整個國家民族之反動行爲者

5、挑撥中央與地方感情或離間黨政軍民各方面之關係以逞其破壞全國統一之陰謀者

6、妄造謠言顛倒黑白實足以動搖人心淆亂視聽者

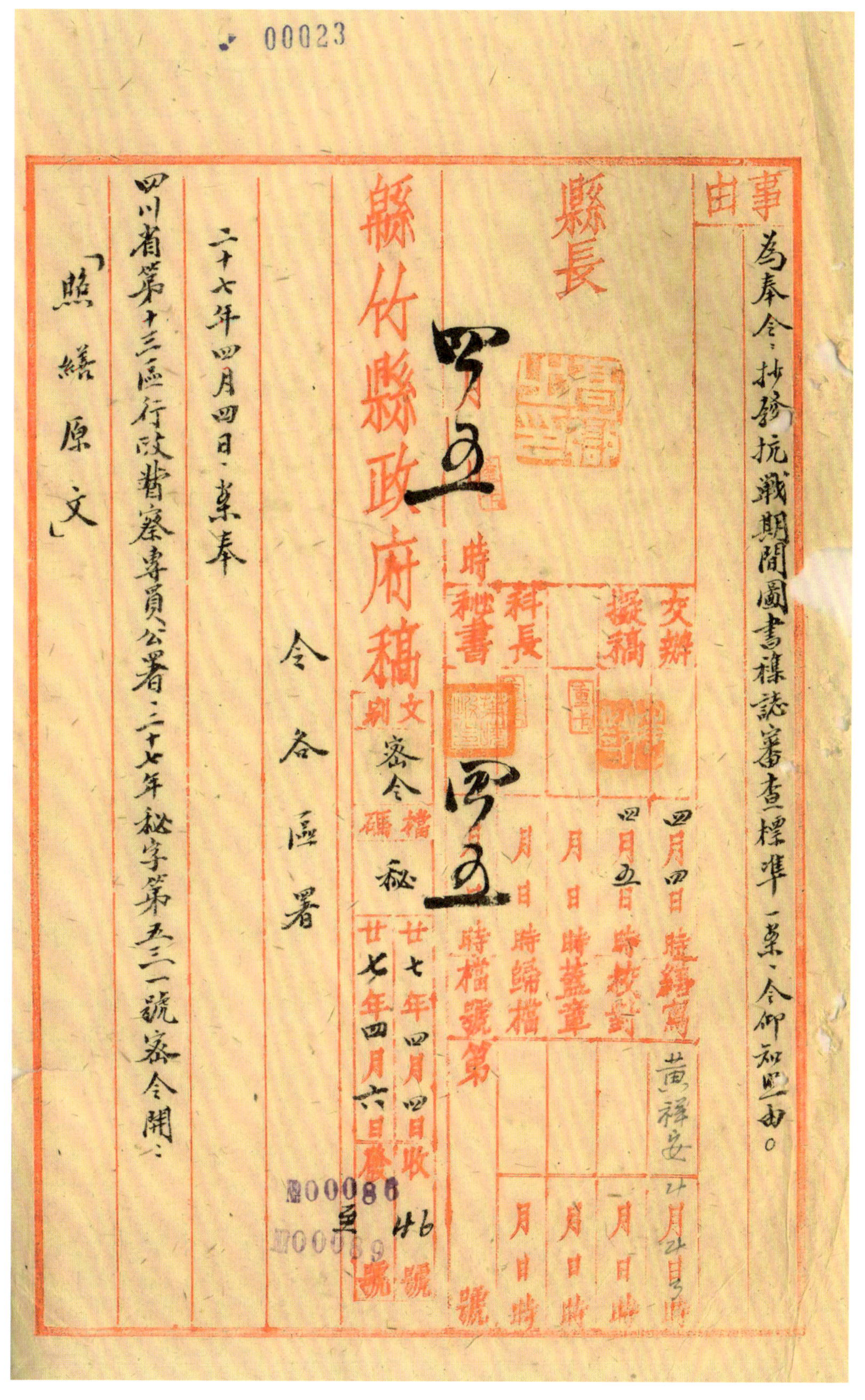

事由：為奉令抄發抗戰期間圖書雜誌審查標準一案，令仰知照由。

縣長 四五

秘書　　時

科長

擬稿

交辦

綿竹縣政府稿

文別：密令

檔碼：秘

四月四日　時繕寫　黄祥安

四月五日　時校對

月　日　時蓋章

月　日　時歸檔

時檔號第　號

廿七年四月四日收　46號

廿七年四月六日發　號

令各區署

二十七年四月四日，案奉

四川省第十三區行政督察專員公署二十七年秘字第五三一號密令開：

「照繕原文」

绵竹县政府致各区署的密令（一九三八年四月六日）

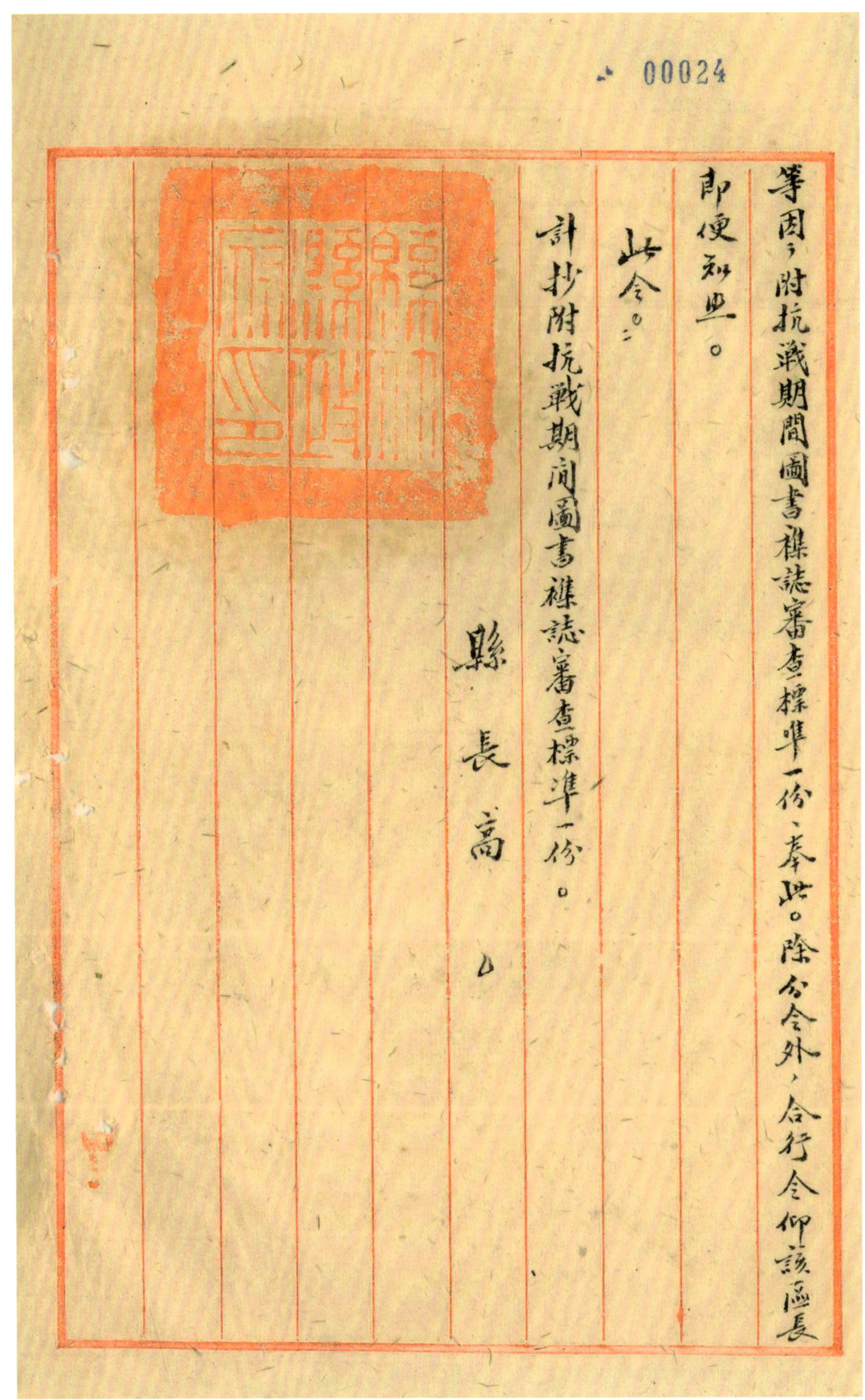
00024

等因，附抗戰期間圖書雜誌審查標準一份，奉此。除分令外，合行令仰該區長即便知照。

此令。

計抄附抗戰期間圖書雜誌審查標準一份。

縣長高 △

四川省政府教育厅关于检发《特种国文选》及《抗战时期中学国文选》致绵竹县立民众教育馆的训令（一九三八年四月）

四川省政府教育廳訓令 廿七年廳字第一〇二七三號

令綿竹縣立民衆教育館

為查抗戰期中，無論青年學生，或一般民衆，亟應啟發其民族意識，及抗戰精神，以加強抗戰力量。茲特由本廳購發孫俍工先生所編特種國文選及抗戰時期中學國文選，以作國文科補充教材或課外業餘讀物，假文藝之力，盡鼓舞之功，庶多所補益焉。除分令外，合各檢發一部，令仰遵照。

此令。

00007

計發特種國文選抗戰時期中学國文選各一部。

中華民國卅年四月 日

廳長 蔣志澄

绵竹县政府关于转发王缵绪就任四川省主席《告四川民众书》致司法处的函（一九三八年五月二十二日）

绵竹县政府用笺

00076

逕启者顷准

四川省政府秘书处函送　王主席就职告民众书

叁拾份嘱转发当地各机关法团民众团体一体阅看

等由除分函外相应检同原书一份送请

查阅为荷

此致

司法处

计送告民众书一份

绵竹县政府启

五、二二、

五、二三、

附：告四川民众书

告四川民衆書

纘緒列名軍籍　二十餘年　鄉邦多難　建樹毫無　上月奉召赴漢　晋謁委座請纓獲准　遄返蜀中　正事積極部署　尅期出川　迺荷殊知　復奉令代主川政聞命之下　實切悚惶　切電懇辭　迄未得請　并奉電諭　尅日就職　各界同仁文一致敦促　國難當前　寧敢暇逸　遵于本月八日就職視事　按諸爲政不在多言之義　雅不欲侈騁空談　惟民衆望治甚殷　藐躬責任加重　當茲受事伊始謹就個人志願所在　告我邦人

其一繼續出兵　川軍前次出征　參加抗戰　頗爲國人所重視　現第二次會戰開始　中央及地方　均盼望繼續出兵　近已籌就鉅款　補發欠餉　不日即可遵照最高統帥指定地點　集中待命　以慰民衆之希望　但後方責任　應盡猶多　本府對於開發資源　補充軍實　征集壯丁　訓練民衆　肅清漢奸諸事　凡有關於抗敵大計者定當竭力以赴　逐步推行　惟是抗戰救亡　人人有責　所有人力物

力之貢獻　尤望民衆　各盡所能　在政府指導之下　踴躍從事　務期爭取民族自由　獲得最後勝利　庶幾復興根據　不託空言　川省光榮　永耀寰宇矣

其二整理財政　二十四年省府改組成立　劉故主席痛念民瘼　於逐次減征　早有規畫　無如有司奉行　補苴罅漏　膏澤不逮　遺憾良多　軍興以來　尤感棘手　舊債未償　新債復壘　近年預算款目　債務數字　幾倍於行政費　病態顯然　寗無方劑　依個人所信　仍不外本財政公開之原則　對舊有稅收　切實清釐　對財政機構　力避重複　公家債務　總期有減無增　民衆負擔　應求易重爲輕　至改善收支方法　嚴杜官吏中飽　誓當排除萬難　一一促其實現　當此強寇深入　正吾人犧牲小我保全大我之時會　政府固應勤求民隱　力避煩苛然民衆亦應體念時艱　毀家紓難　古所謂薄斂輕徭　乃國家閑暇之政　非所論於非常之時　然政府視民如傷　決不忍竭澤而漁　川爲農國　田賦厚薄　與農業榮瘁有關　將欲培養民力　自應先從解除農民痛苦入手　政府今後清理田賦將以一年兩征爲過渡　以一年一征爲原則　弊先去其太甚　欲速亦恐不達　倘能假以時日　必有以慰吾同胞之望也

其三用人問題　任官惟賢　在位惟能　古有明訓　況值此國難嚴重時期　非合羣策羣力　必無以資挽救　我最高當軸　領導羣倫　精誠團結　日益鞏固　黨派之爭　概成過去　纘緒今後决本立賢無方之旨　化除畛域之見　凡係人才無不廣收愼取　祇須才力能合時代　智識不致落伍　思慮最爲忠純者　當一同登用　仍考其成績　信賞必罰　如有卓越之才　决當超擢　其或貪污之輩　亦必嚴懲　此區區之愚　對國對川　信誓旦旦所必期辦到者也

以上三者　不過略舉大凡　已覺茲事體大　决非一手一足之烈　纘緒戎馬半生未諳治術　茲膺重寄　綆短滋慚　尙望我鄉人父老　念國家處震撼危疑之會四川爲民族復興之基　不吝指導　時加督策　纘緒仰體

委座經國之宏謨　紹述　劉公未竟之遺志　自當勉策駑鈍　永矢忠貞　他日所懷萬一成就　於公得一報國機會　於私可補前愆　皆我全川同胞同志所賚予也

掬誠奉告　幸垂察焉

绵竹县政府关于每逢赶集日期作抗敌宣传应组织音乐歌咏队致县立初级中学、县立女子小学、县立第一初级小学的公函（一九三八年十一月二十日）

00702

啓者：現值抗戰嚴重時期，後方宣傳工作，自應積極推行，藉以喚起民衆，增加抗戰力量。茲由縣府規定，每逢趕集日期，作抗敵宣傳一次，惟應組織音樂歌詠隊，俾促民衆注意，該校應組織音樂歌詠隊一隊，於逢一場期午后一鐘，到縣府齊集，會同縣府宣傳

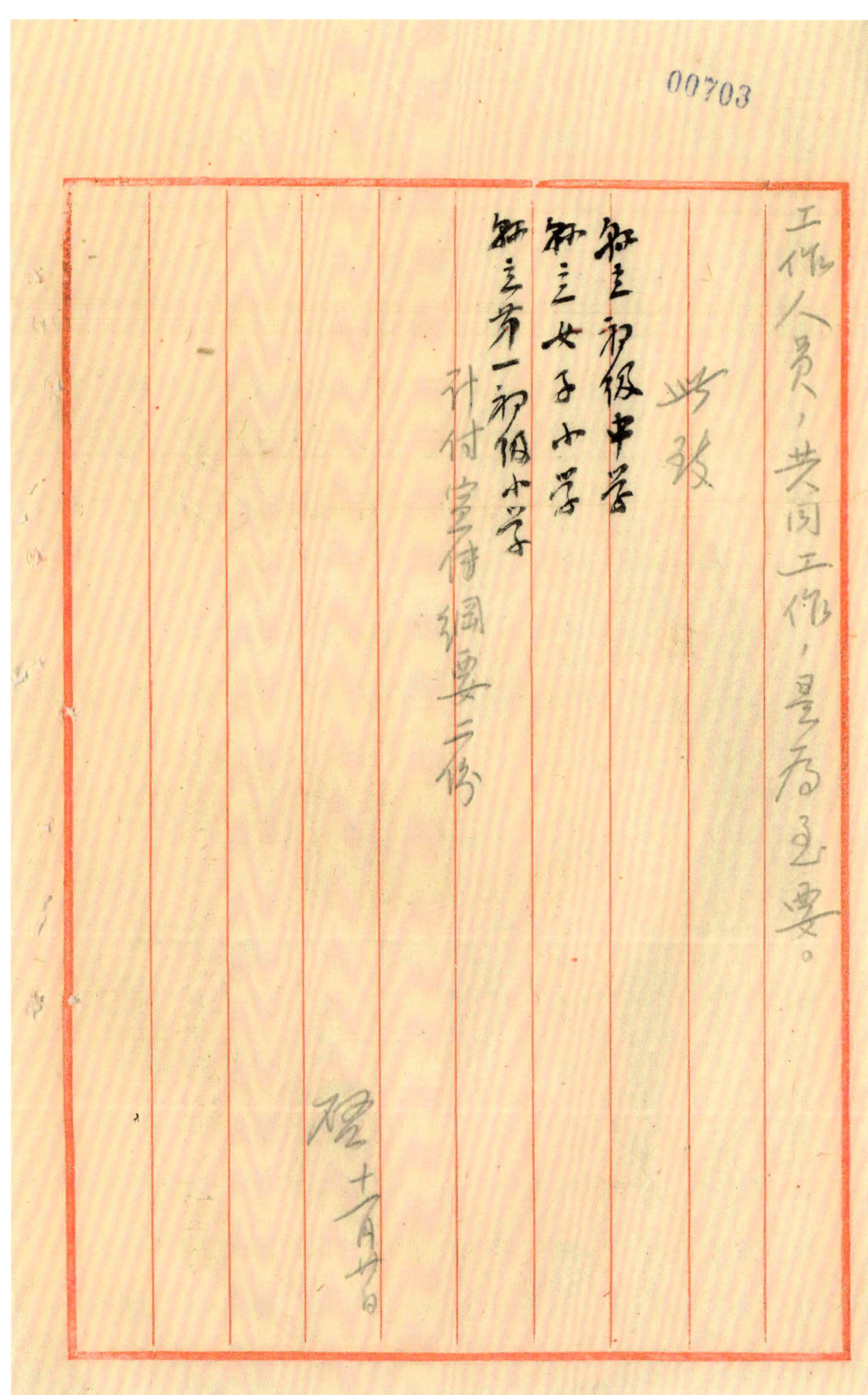

00703

工作人员，共同工作，是为至要。

此致

县立初级中学

县立女子小学

县立第一初级小学

计付宣传纲要二份

陞 十月廿日

1、我軍自動放棄廣州及武漢三鎮之理由
2、第四期抗戰計劃
3、國際現勢與我國抗戰
4、四川人民對現階段抗戰所負責任
5、最近新都事件之真相
6、法幣信用之穩定
7、第三期社訓城鄉人民多規避
8、日機不足畏
9、防空常識

四川省政府及绵竹县政府关于转饬所属酌量采用抗敌救国漫画的训令

四川省政府致绵竹县政府的训令（一九三八年十二月三日收）

事由：为令仰转饬所属酌量採用抗敌救国漫画由。

四川省政府训令　（廿七）年教字第　　号

令绵竹县政府

案准

教育部社会教育司函开：

「本部顷准中国国民党中央执行委员会宣传部本年十月发宣字第一九四一号函开：『据黄紫霞（住址：福建泉州泉山书社）呈为绘就抗敌救国漫画一集，计十二幅，交由福建泉州泉山书社印行，用图画纸电光石印，每组（十二幅）零售收印刷费四角，邮寄另加邮费，请予介绍各机关採用等情。经查该项漫画内容尚大致尚佳，除函复外，相应函达，即希查照转饬各学校予以採用为荷』等由。查该项漫画，对于抗敌宣传，尚称合用，除分函介绍外，

第2439号

2205

0000015

34830

廿七年十二月叁日收到

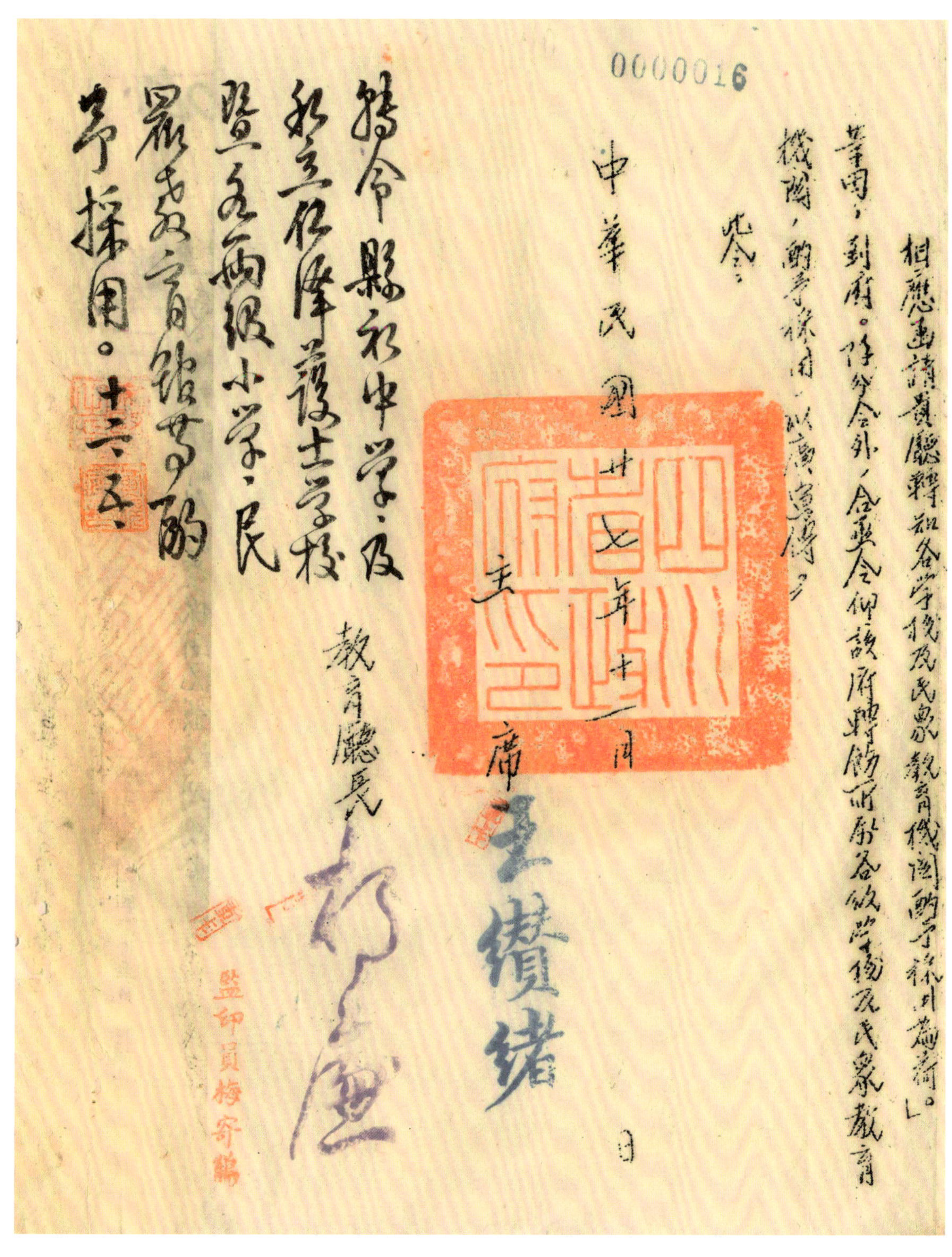

0000016

相應函請貴廳轉飭各學校及民衆教育機關酌予採用爲荷」

等由，到府。除分令外，合亟令仰該府轉飭所屬各級學校及民衆教育

機關，酌予採用，以廣宣傳，

此令。

中華民國廿七年十一月　日

主席　王纘緒

教育廳長　郭有守

監印員梅寄鶴

四川省政府

轉令縣私中學、及私立[illegible]護士學校、暨各高級小學、民衆教育館等酌予採用。十二、五。

绵竹县政府致县属各学校及民众教育馆的训令（一九三八年十二月十七日）

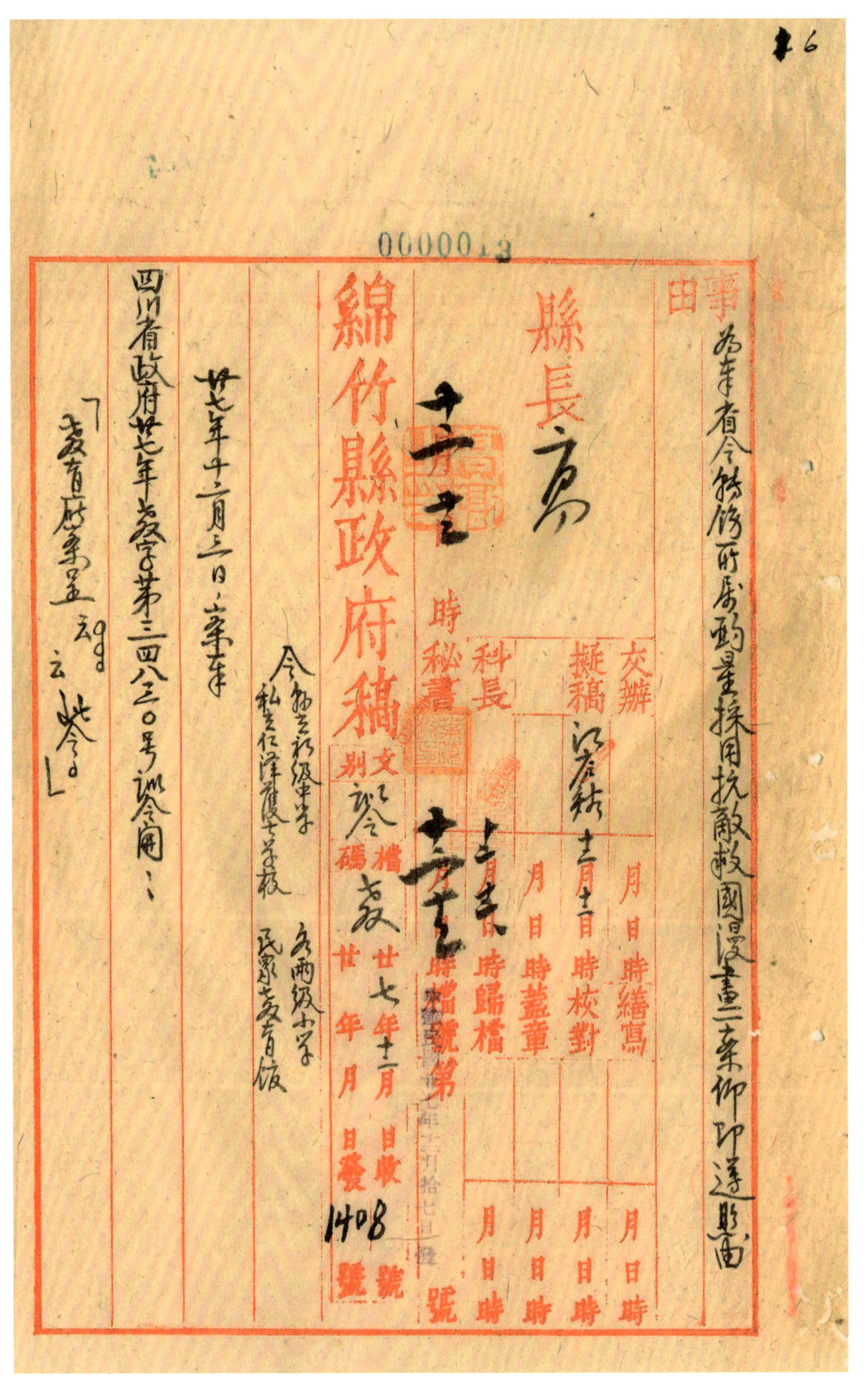
綿竹縣政府稿

縣長

事由：為奉省令轉飭所屬酌量採用抗敵救國漫畫一案仰即遵照由

交辦　擬稿　科長　秘書

文别：訓令　檔碼：教

廿七年十二月　日收

廿　年　月　日發　1408 號

廿七年十二月二日奉

四川省政府廿七年教字第三四八三〇號訓令開：

等因，奉此，除分令外，合行令仰該〇〇即便遵照，酌予採用，以廣抗戰宣傳為要——！

此令。

縣長〇

绵竹县兵役宣传孝泉联保保训合一宣传队工作告报册（一九三八年十二月十日）

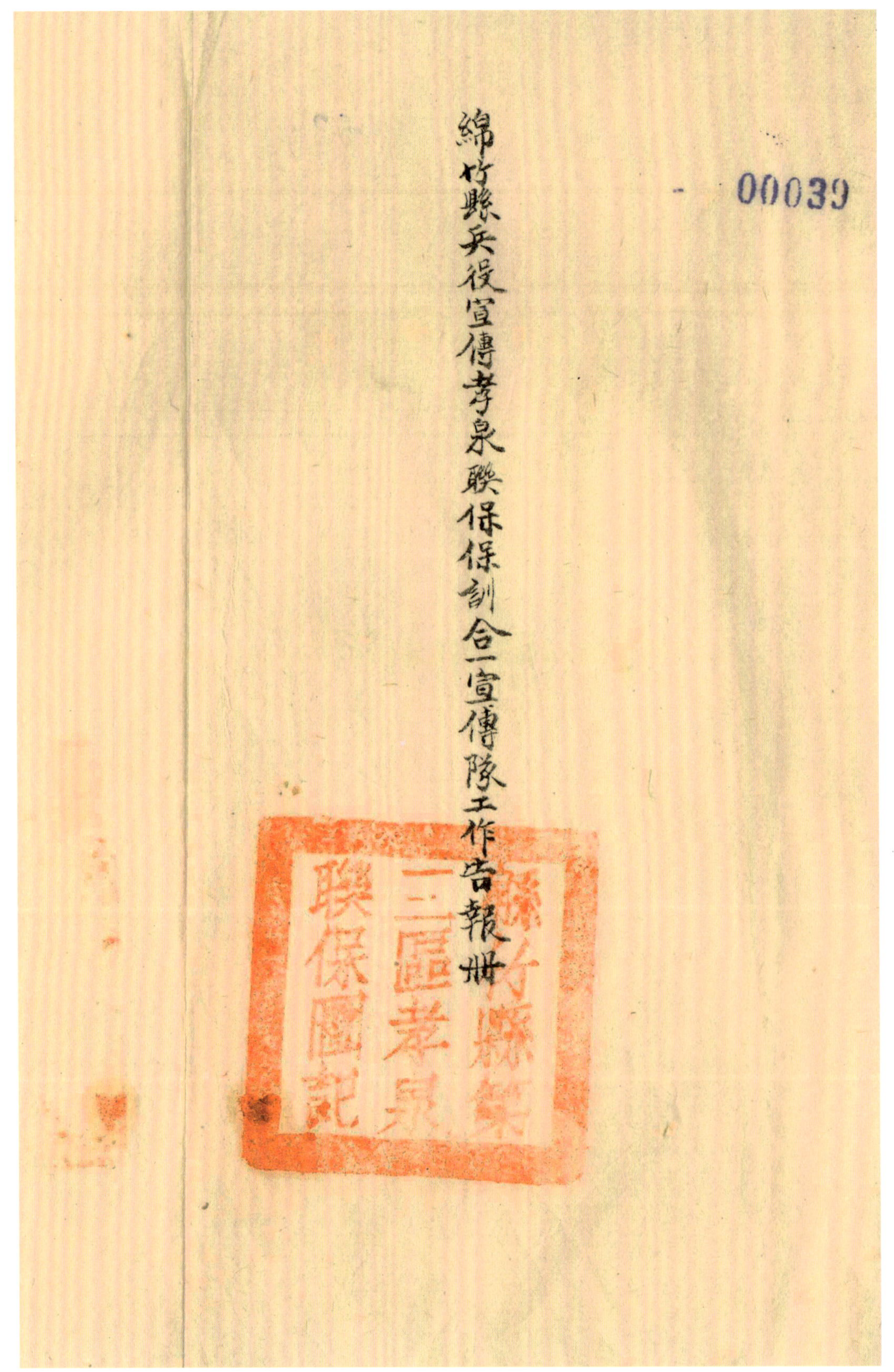

00039

綿竹縣兵役宣傳孝泉聯保保訓合一宣傳隊工作告報册

綿竹縣第三區孝泉聯保圖記

綿竹縣兵役宣傳孝泉聯保保訓合一宣傳隊工作告報表

宣傳人員姓名 隊長	隊員	宣傳地点	宣傳日期	宣傳題目	聽衆人數	備考
李茂林	陳子龍	孝泉場各市口茶社鄉下店廟	十月六日午前一次	由東西各國之強盛說到和徵兵制度之關係	約三百餘	
劉鵬	張問雲		十月十四日下鄉二次 十八日聯保	說明現代施行的徵兵制度	約四百餘	
	陳澤		辦公處召集三次總擴大宣傳	由以前防區時代軍閥的募悉說到徵兵制之良好	約三百餘	
	林明貴		以後逢三六九日分組	說明現在戰爭倭寇係傾全力來犯非實行徵兵	約五百餘	
	李鴻賓		宣傳	說明兵役法治罪之條例	約三百餘	
	李繼德			由徵兵由來說明我國徵兵	約五百餘	
	王紀洲			由我國古代兵制分晰說徵兵制和募兵制之優劣	約三百餘	
	陳祝			說明被徵者之保障及其家族之優待	約三百餘	

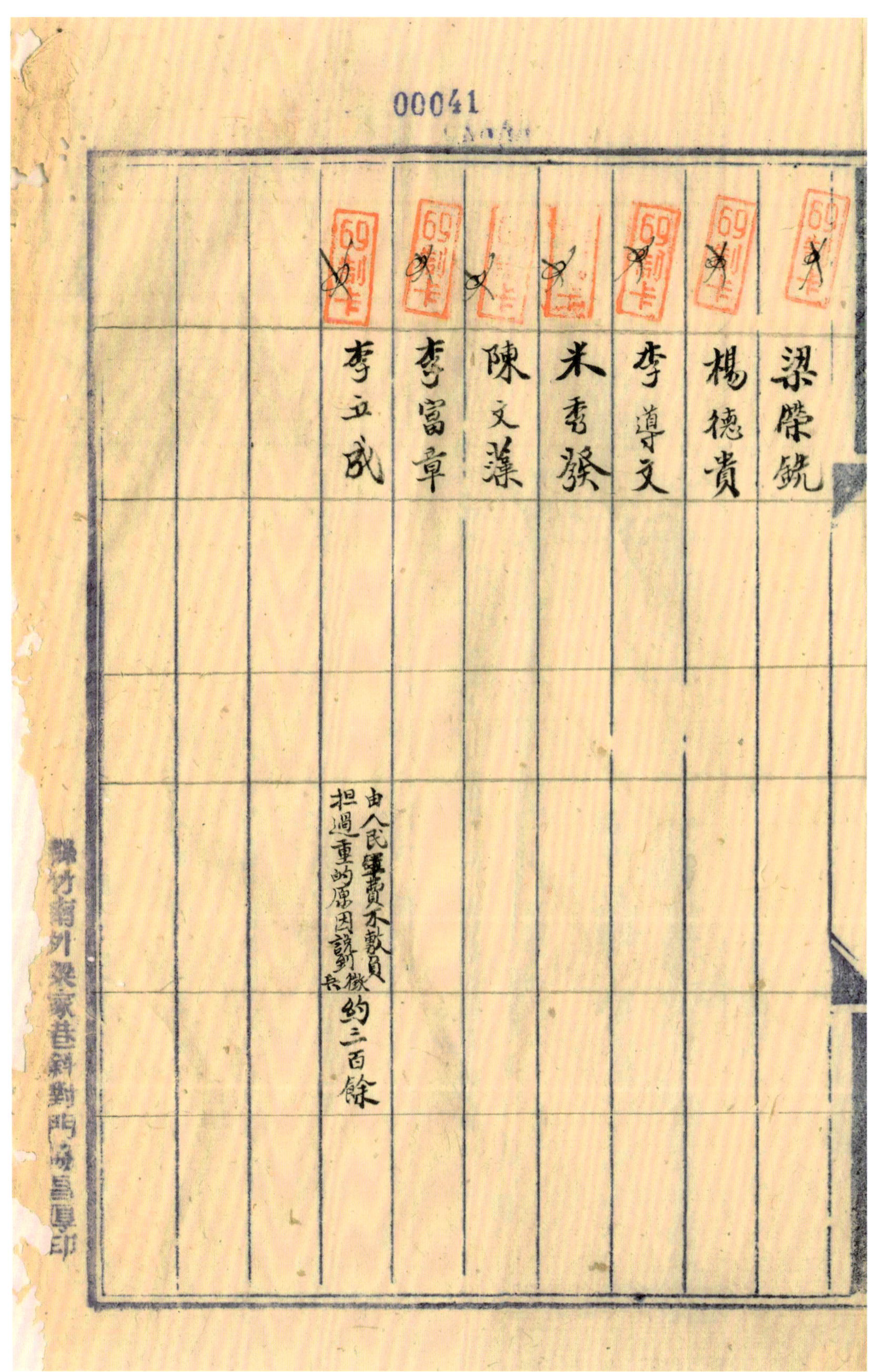

00041

69制卡 梁榮銑

69制卡 楊德貴

69制卡 李導文

69制卡 米壽發

69制卡 陳文藻

69制卡 李富章

69制卡 李立成　由人民軍費不敷負担過重的原因請斟酌徵兵　約三百餘

綿竹南外梁家巷斜對門協昌厚印

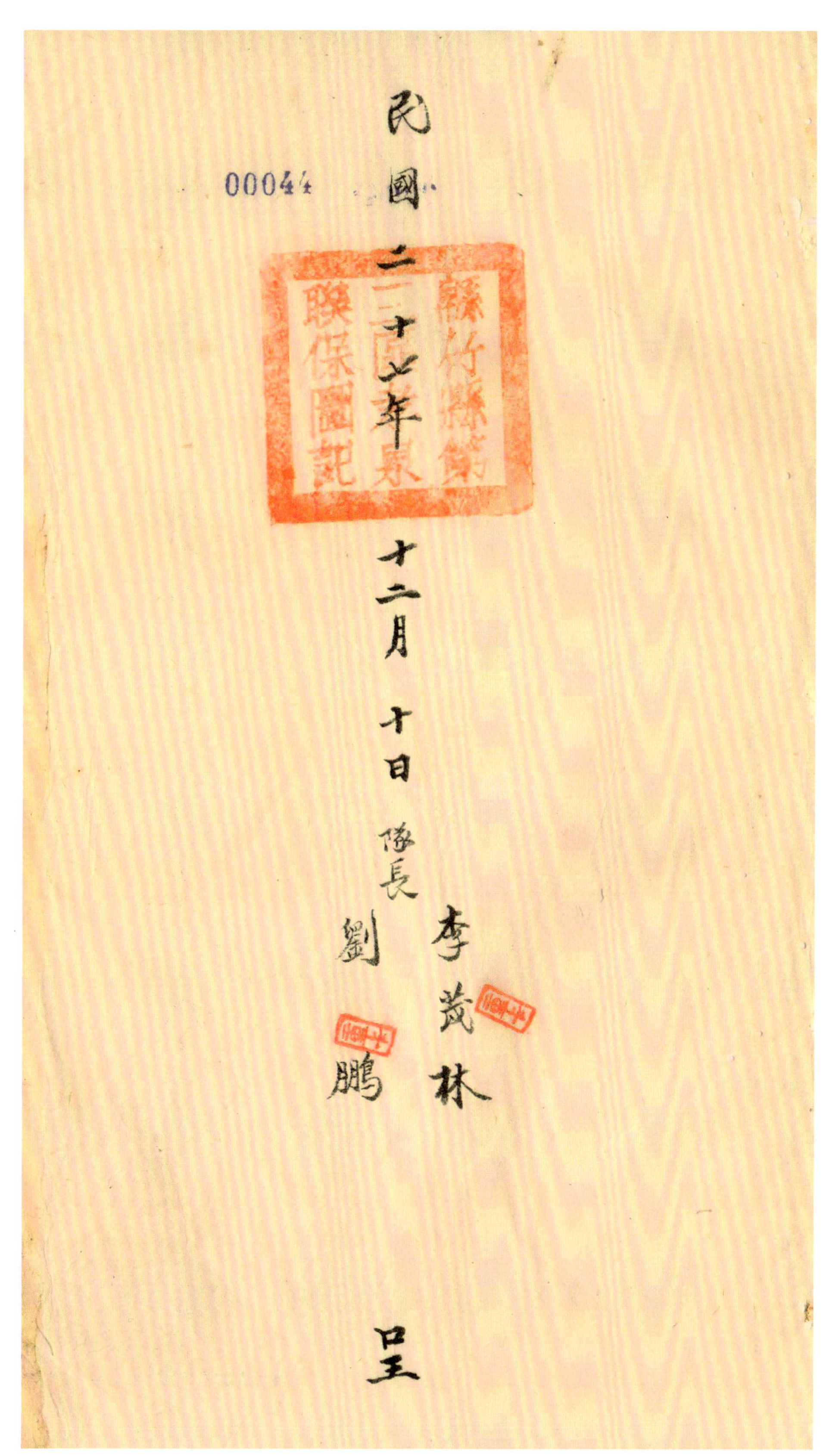

00044

民國二十七年十二月十日

隊長 李葳林

劉鵬

呈

绵竹县立广济场小学关于报送抗敌宣传工作报告表致绵竹县政府的呈（一九三八年十二月二十四日）

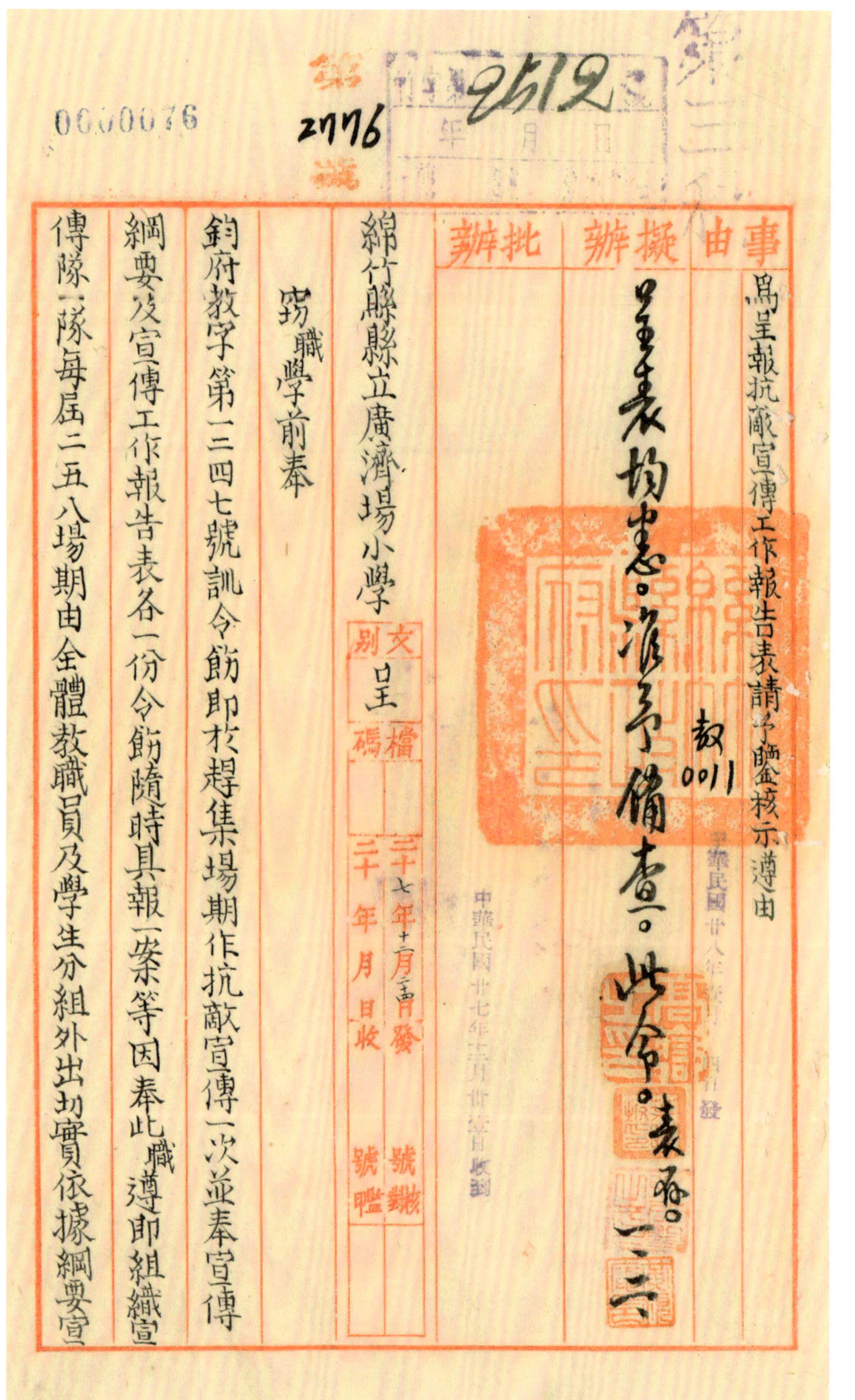

0000076

2776　2512

事由：為呈報抗敵宣傳工作報告表請予鑒核示遵由

擬辦：

批辦：呈表均悉，准予備查。此令。表存。十二

教 0011

中華民國廿七年十二月廿三日收到

綿竹縣縣立廣濟場小學

文別：呈

二十七年十二月二十四日發

竊職學前奉

鈞府教字第一三四七號訓令飭即於趕集場期作抗敵宣傳一次並奉宣傳綱要及宣傳工作報告表各一份令飭隨時具報一案等因奉此職遵即組織宣傳隊一隊每屆二五八場期由全體教職員及學生分組外出切實依據綱要宣

0600677

傳現届月終理合填具工作報告表一份賫呈

鈞府鑒核示遵謹呈

綿竹縣政府

計呈　抗敵宣傳工作報告表一份

校長　仲和熙

附：绵竹县立广济场小学抗敌宣传工作报告表（一九三八年十一月）

綿竹縣縣立廣濟場小學抗敵宣傳工作報告表

民國二十七年十一月　日

宣傳日期	宣傳地点	宣傳綱要	宣傳工作人員姓名	聽衆人數和觀感	備攷
十一月廿九日	廣濟場東嶽廟	遵照宣傳綱要一二三項	王宗汶 王小康	聽衆一百二十餘人無不痛恨日寇	即十月十八日
十二月十三日	廣濟場米市壩	遵照宣傳綱要四五六項	仲季平 劉語之	聽衆八十餘人均皆信任政府政策	即十月二十二日
十二月十六日	廣濟場江西館	遵照宣傳綱要七八九項	唐錫藩 胡孝先	聽衆九十六人無一不咒駡日本	即十月二十五日

绵竹县立遵道场小学关于填报抗敌宣传工作报告表致绵竹县政府的呈（一九三八年十二月三十一日）

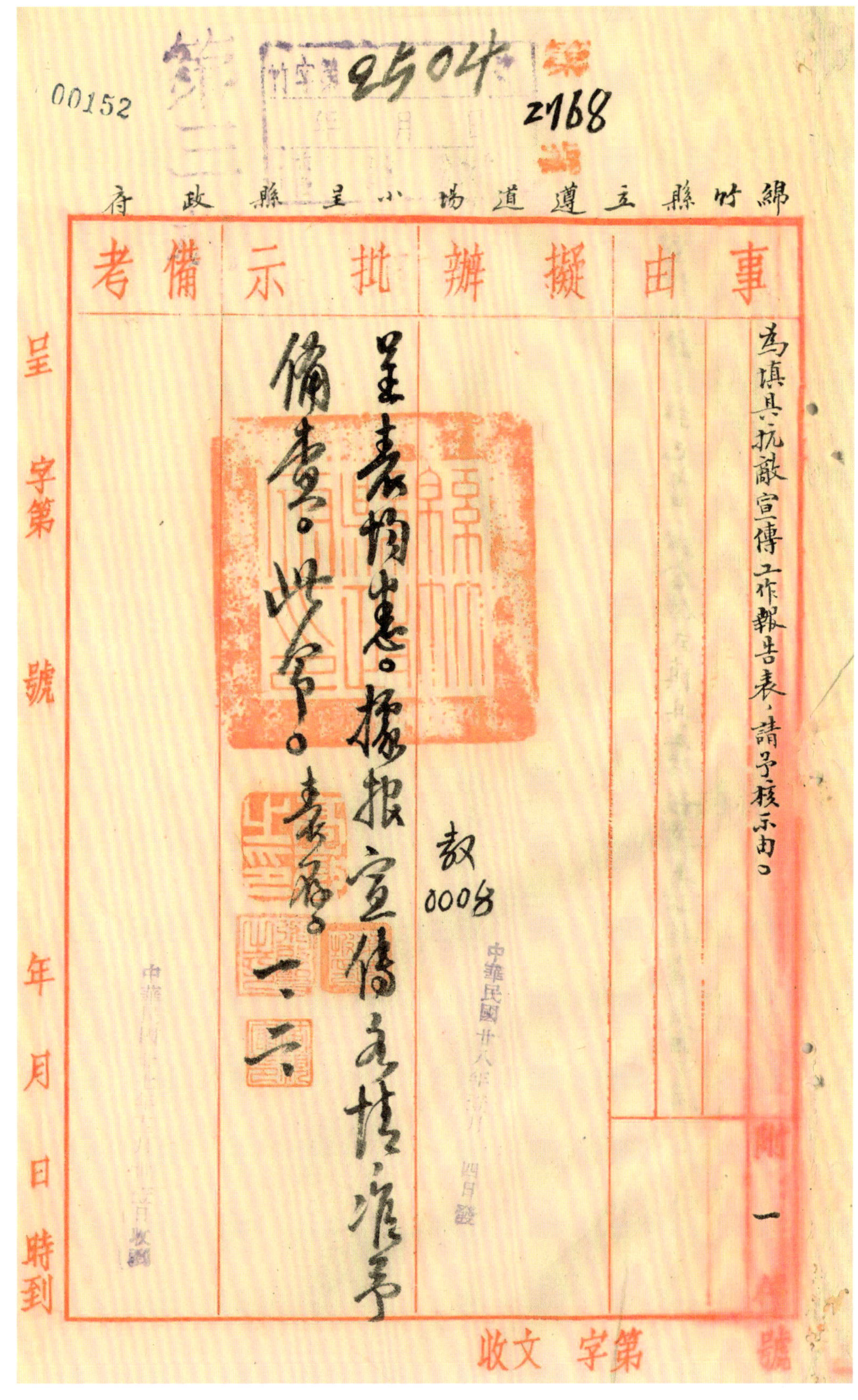
00152
2504
2768

绵竹县立遵道场小学呈县政府

事由：為填具抗敵宣傳工作報告表，請予核示由。

擬辦：

批示：呈表均悉。據報宣傳工作，尚能努力，准予備查。此令。表存。一、二

备考：

中華民國廿八年一月四日發

收文　字第　號
附一件

廿七年十一月廿六日，案奉

鈞府教字第一二四七號訓令（略）開：

「茲由本府規定，各校於趕集日期，作抗敵宣傳一次，并須組織歌詠音樂隊，俾促民眾注意，合行檢發宣傳綱要，洎宣傳工作報告表各一份，仰即遵照辦理具報。」

等因，計檢發宣傳綱要、洎宣傳工作報告表各一份。奉此，遵於十一月廿七日起開始工作，每次由教員一人率領高級學生四人於午前放學后，在場上各市場担任宣傳，開始時先唱救亡歌曲，俾促民眾注意后，隨即依照宣傳綱要規定題目宣傳。記今計已七日，理合依式填具工作報告表一份，具文賫呈

鈞府俯賜鑒核，指令祇遵！

00154

謹呈。

綿竹縣政府縣長高

計呈抗敵宣傳工作報告表一份。

綿竹縣縣立遵道場小學校長何圖禮

00155

中華民國二十七年十二月廿一日

綿竹縣縣立遵道場小學抗敵宣傳工作報告表

民國廿七年十二月三十日

宣傳日期	宣傳地點	宣傳綱要	宣傳工作人員姓名	聽衆人數和觀感	備攷
十一月廿七日	溪泉茶 義鴻 民生園	我軍自動放棄廣州及武漢三鎮之理由	朱永齡 劉啓榮 尹全祿 姚國星 謝朝柱	約二百餘人熱心愛国觀感甚佳	
十一月廿九日	同	1.第四期抗戰計劃 2.日機不足畏	李丕烈 王繼堯 白如義 徐世賢 譚道明	約三百餘人協力救国觀感頗深	
十二月一日	同	四川人民對現階段抗戰所負責任	鄒富源 陶遠貴 王運芳 羅華成 羅正信	約三百餘人有齊心救国之概	
十二月三日	同	1.国際現勢與我国抗戰 2.防空常識	韓欽堂 李華良 傅貽祿 楊代鑾 楊問泰	同	
十二月五日	同	1.最近新都事件之真相 2.日機不足畏	蕭孝成 車錫光 蔣昌璉 吳世澤 宋家春	約四百餘人有服從政府命令之概	
十二月十一日	同	1.第三期社訓城鄉人民多規避 2.法幣信用之穩定	謝柏泉 李代培 李代冕 李松廷 劉祿成	約四百餘人聽者了然無疑	
十二月廿一日	同	1.日機不足畏 2.防空常識	雷豐 封啓戎 吳世良 李昌洛 張金鶴	約三百餘人聽者胆壯	

附：绵竹县立遵道场小学抗敌宣传工作报告表（一九三八年十二月三十日）

四川省抗战救亡宣传纲要（手抄件）（一九三八年十二月）

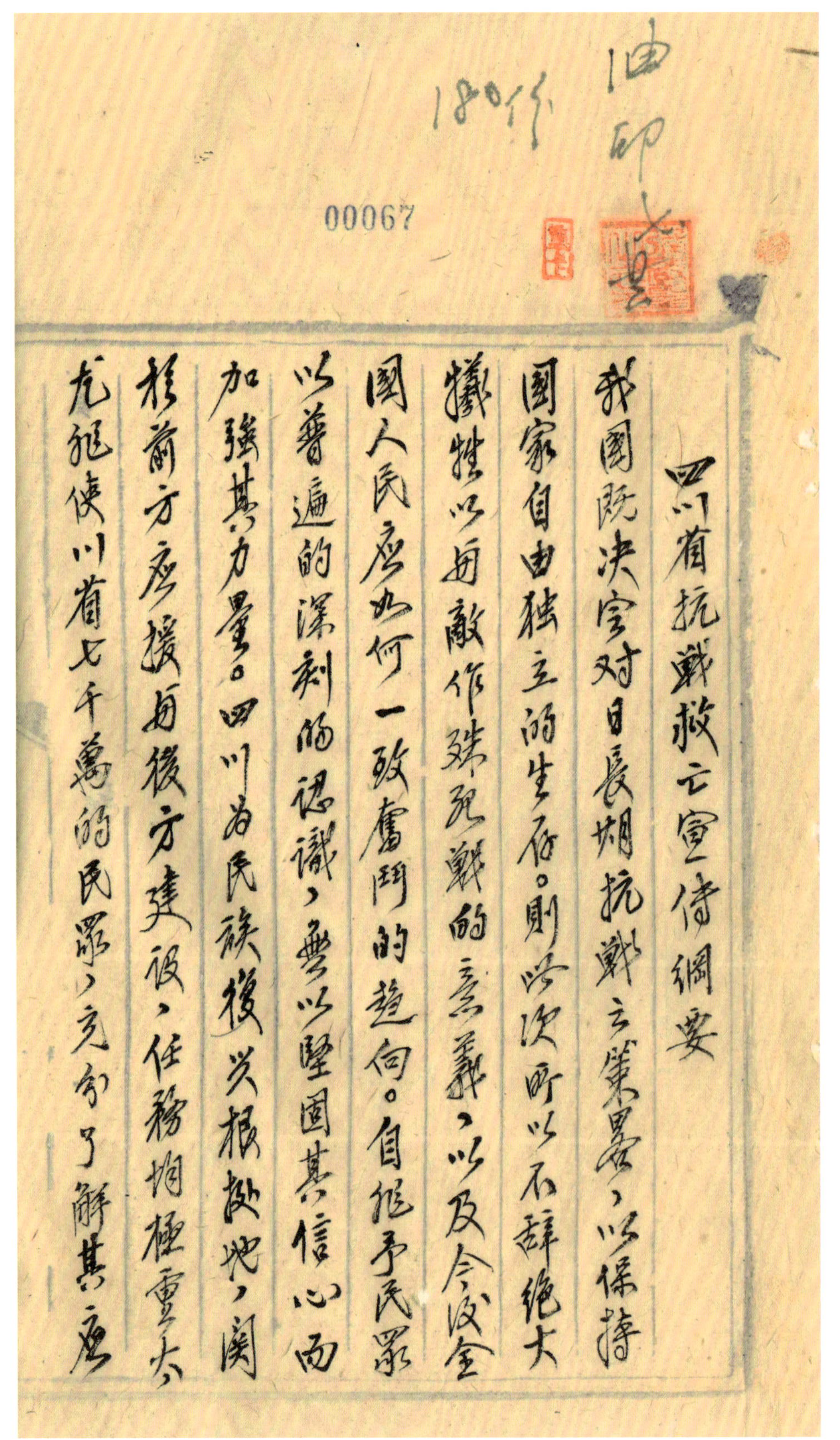
油印

180份

00067

四川省抗戰救亡宣傳綱要

我國既決定对日長期抗戰之策略，以保持國家自由独立的生存，則必須不辭絕大犧牲以與敵作殊死戰的意義，以及今後全國人民應如何一致奮鬥的趋向。自能予民衆以普遍的深刻的認識，無以堅固其信心而加強其力量。四川為民族復興根據地，關於前方應援與後方建設，任務均極重大，尤必使川省七千萬的民衆，充分了解其應層之責任，同心協力以赴之，莫由完成此偉大的使命，惟激勵民眾抗敵情緒，必須統一意志，整齊步伐，方收事半功倍之效。爰本斯意擬定宣傳綱要如左：

（一）宣傳目的

1、使民眾理解全民抗戰救亡的意義。

2、使民眾理解前方戰爭之真實情況。

3、使民眾理解敵人之殘酷手段。

4、使民眾理解防避敵人空襲之一切常識。

5、使民众理解政府战时统制政策之意义。

6、使民众理解地方国防基本建设之重要。

7、使民众理解战时应尽之义务。

8、使民众理解团结救亡及肃清汉奸与土匪之必要。

(二)宣传的方法

甲、文字的宣传：(一)利用日报及壁报。

(二)利用标语及图表。

乙、语言的宣传：(一)指导学校教职员及学生讲演。(二)指导各戏院茶楼戏剧演唱歌曲。

丙、幻燈、影片、模型等宣傳。

1、征求戰地之各種影片製印廣佈，使民眾明瞭前方實況。

2、指導各學校、各民教館製作並陳列各有關我領土資源之模型。

(三)宣傳■材料的各項

甲、關於一般的

1、現代國際戰爭為國力的比較。

2、日本侵華最終目的。

3、中国受日本暴力侵略的详情。

4、政府領導全民抗戰的意義。

5、中國地大物博，民族領袖，團結精誠，焦土抗戰，以期最後勝利。

6、卧薪嘗胆，收復失地，雪耻復仇。

7、日本是工業國家，在長期抗戰期間，對日經濟絕交，使暴日工業，無形崩潰。

乙、關於個別的

1、戰時統制乃政府集中一切力量抵抗敵人最有效的手段。

2、應加緊開發建設，使成為國家資源之寶庫。

3、抗戰期中，人民生活要絕對趨於儉樸，以節省金錢作為協助政府建設之用。

4、安定的秩序，招致外來資金，及技術專門人材，及早完成國防建設。

5、增加糧食生產

6、防空防毒

7、肅清漢奸

附宣傳標語

中華民國已到了存亡的關頭！

中華民族已到了生死的關頭！

中華民族要一致為自由独立而戰！

要中國不亡只有實行全民抗戰！

要種族不滅只有抗戰到底！

00074

我们要做民族的卫士！

不怕飞机大炮，只怕无勇气！

不怕炸弹毒气，只怕无热血！

只要万众一心，就能摧破敌胆！

人人负起救国的责任！

人人服从政府的命令！

有钱的出钱救国，无钱的出力救国！

节省无益消耗，增加战时生产！

在前方的努力杀敌，在后方的努力助战！

沉着準備应战，闻勝勿驕，闻敗勿餒！

沉着準備应战，臨危勿亂，授命勿避！

百折不回争取最后勝利！

保全领土，收復失地！

实行对日經濟绝交！

購買日貨便是以金錢援助敵人！

販賣日貨就是通敵，就是漢奸！

当汉奸的殺無赦！

肅清漢奸，鞏固後防！

00076

民防抗敵工作，是要加速建設！
我們爭衆一心，協助民防建設！
我們絕对服從政府的指揮，努力民防建設！！
擁護蔣大元帥抗战到底！！
擁護四川省主席出兵前綫抗战，完成
民防建設！！

绵竹县政府七七抗战建国第二周年纪念宣传纲要（一九三八年）

00170

（第一頁）

七七抗战建國第二週年紀念宣傳綱要

一、七七事變的經過

敵人處心積慮，要想吞併中國，屢次藉故挑釁，蠶食我國領土，侵奪我主權，繼視我國統一，恐將來不能遂其野心，於二十六年七月七日，藉口日兵失踪，派兵要在我宛平搜索，乘機佔據，而我國為保持領土與主權，故未應允，向其抵抗

二、第一期抗战的總收獲

（一）敵人愈战愈弱——抗战兩年，敵在南北各战場，死傷百萬以上官兵，消耗百二十萬萬以上日圓战費，他國内農工停滯，通貨惡性膨脹，他的不戰而屈，速战速決的陰謀，都失敗了

（二）我們愈战愈强——我國人力財力，雖受点損失，可是使我們民族精誠團结，全國堅强統一，獲得了全世界同情和援助，我們國際地位，日益提高，在此战爭中，總是愈战愈强了

三、第二期抗战開始後，目前的局勢

（一）軍事上，敵難我易——敵進入到地形複雜，山岳交錯，交通

給養不便，機械化部隊，应用困難，處處受我們控制，時時

（二）要適我們的形勢

敵國危機益深——國內反戰潮流迭起，傾軋益深，反戰空氣濃厚，且有兵倦厭戰，國際間日形孤立

不論從軍事上，敵我國情上，以及國際關係上，顯然敵國況是愈陷愈深，我國情勢日趨順利

（三）堅定抗戰必勝的信念

（一）敵有必敗之理（二）敵人不戰而屈，速戰速決速結的企圖已迭次被我擊破（三）違反軍事上三大原則，不知彼己，一味企圖取巧僥倖，孤軍深入，陷於挂形，這是戰略上最大失敗敵之必敗即我之必勝

當前的三大任務

第一、加強團結——才能增加抗戰建國的實力，以收眾志成城之效

第二、積極奮鬥——雖勝利因素已具，全國民眾要積極奮鬥有力出力，有錢出錢，才能走上勝利之路，爭取國家

（第二頁）

獨立民族生存之成功

第三 加緊建設——建國之主力在於建軍，而心理建設政治與經濟建設，實為建軍之基礎，要全國上下政府與人民共同努力去完成抗戰建國的各種建設

標語

1、七七抗戰，是中華民族新生命開展的紀念日！

2、七七抗戰是為民族生存而奮鬥，要大家踴躍從軍！

3、紀念七七要努力生產，加緊建設！

4、同胞們，誰炸毀了我們房屋村莊？是日本鬼子！

5、同胞們，誰屠殺我們民眾？是日本鬼子！

6、同胞們，誰姦淫我們的婦女？是日本鬼子！

7、日本鬼子，是我們唯一仇敵！

8、紀念七七，要打倒倭寇，為被轟炸死難同胞復仇！

9、紀念七七，我們有錢出錢，有力出力！

10、擁護最高 領袖抗戰到底！

11、實行三民主義！

12、中國國民黨萬歲！

13、中華民國萬歲！

各單位宣傳地段

動委會——橫發茶園起經[illegible]止。

中學校——公園、皮某街、橫英街、東關廟、半邊街。

縣一校——西城門洞起西門樓止。

縣二校——南城門洞起南來茶園止。

婦女工廠
孤兒所——南外萬安商店起半南街止。

農工所——迴龍街、半邊街。

自衛總隊部、秦河壩東關廟。

一區署、縣府街、北河壩北關廟。

黨部——禁烟[illegible]務所、東河壩、北河壩、東關廟、北關廟。（旱橋市、米市、豬牛市）

女子校——大西街。

第一初級校——大北街、小北街。

绵竹县政府第二、三科关于将戏园及汽车出售款培葺公园拟具整理大纲及经费分配办法致绵竹县政府的签呈并附计划大纲（一九三九年一月五日）

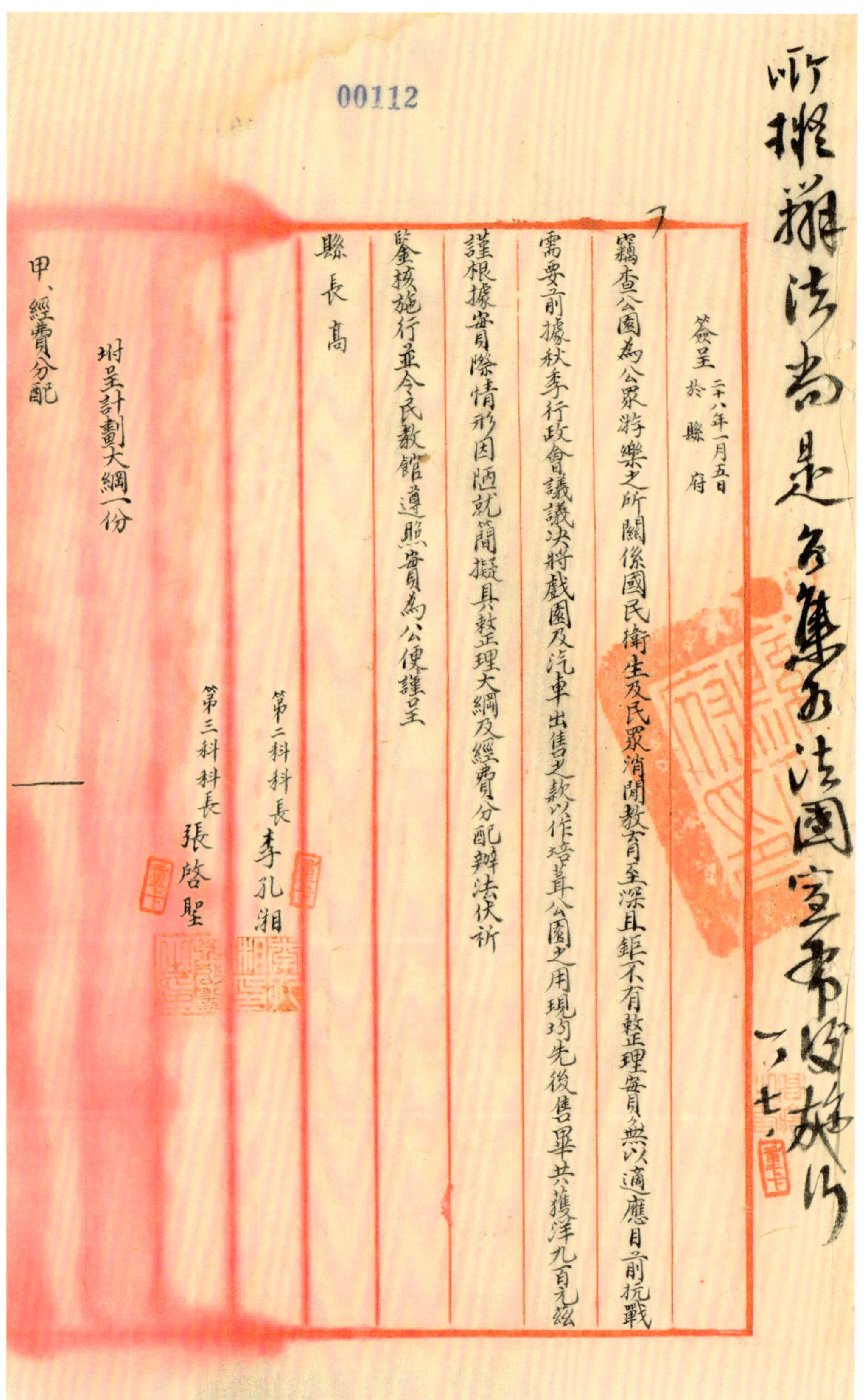

00112

签呈 二十八年一月五日
於县府

窃查公园为公众游乐之所，关系国民卫生及民众消闲教育至深且钜，不有整理，实无以适应目前抗战需要。前据秋季行政会议议决将戏园及汽车出售之款以作培葺公园之用，现均先后售毕，共获洋九百元。兹谨根据实际情形因陋就简拟具整理大纲及经费分配办法，伏祈鉴核施行，并令民教馆遵照，实为公便。谨呈

县长 高

第二科科长 李孔湘

第三科科长 张启圣

附呈计划大纲一份

甲、经费分配

所拟办法尚是，交集〔？〕法团宣常设〔？〕办〔？〕 一、七

由此寫

一、培修禮堂六〇〇元

二、花匠辛工八四元

三、購買花種及購買草剪刀鋸子一〇〇元

四、零工一一六元　凡鬆土栽樹布花欄

合計九百元

乙、整理辦法大綱

一、劃定清掃區　查公園園地遼遠管理不易往往菓屑渣滓狼籍遍地現欲整理第一步須求其清潔整齊利用園內茶館現有園丁劃分區域分別責成

二、栽樹　公園內所有馬路由林場內擇選適宜柳樹七百株大小高度均求整齊植於與馬路兩旁並補栽楠木林

三、平戲園基作球場　遵省令辦理其經費在預算所列地方經費內開支

四、培修禮堂　依舊培修不另整理

五、整理道路　淘深水溝面平路基

六、搜集花種　使四季均有花開

七、振頓竹樹　園内竹樹凌亂無次應隨時振頓汰其旁枝使其合理化

八、植花籬　查公園花籬向以竹子編製不特不能耐久且不合經濟原則年年編製所費實多應培植樹柏及樹苗木錦代替如現無是項苗木以現有之洋槐及桑亦可育成花籬俟材柏及木錦育就後再為更換以助風景

九、分段於冬季鬆土　依次開闢

十、統計花種　製造花木栽種四時行事曆以便隨時收種補栽及推廣

十一、添置園丁及花匠各一人　園丁一人國術館經費内開支置花匠一人其經費在經費九百

00115
元月開支
十六、開墾荒地布置花圃

绵竹县立新市镇小学关于在职教员训教有方并能热心抗敌宣传请予鉴核奖励致县政府的呈（一九三九年一月二十八日收）

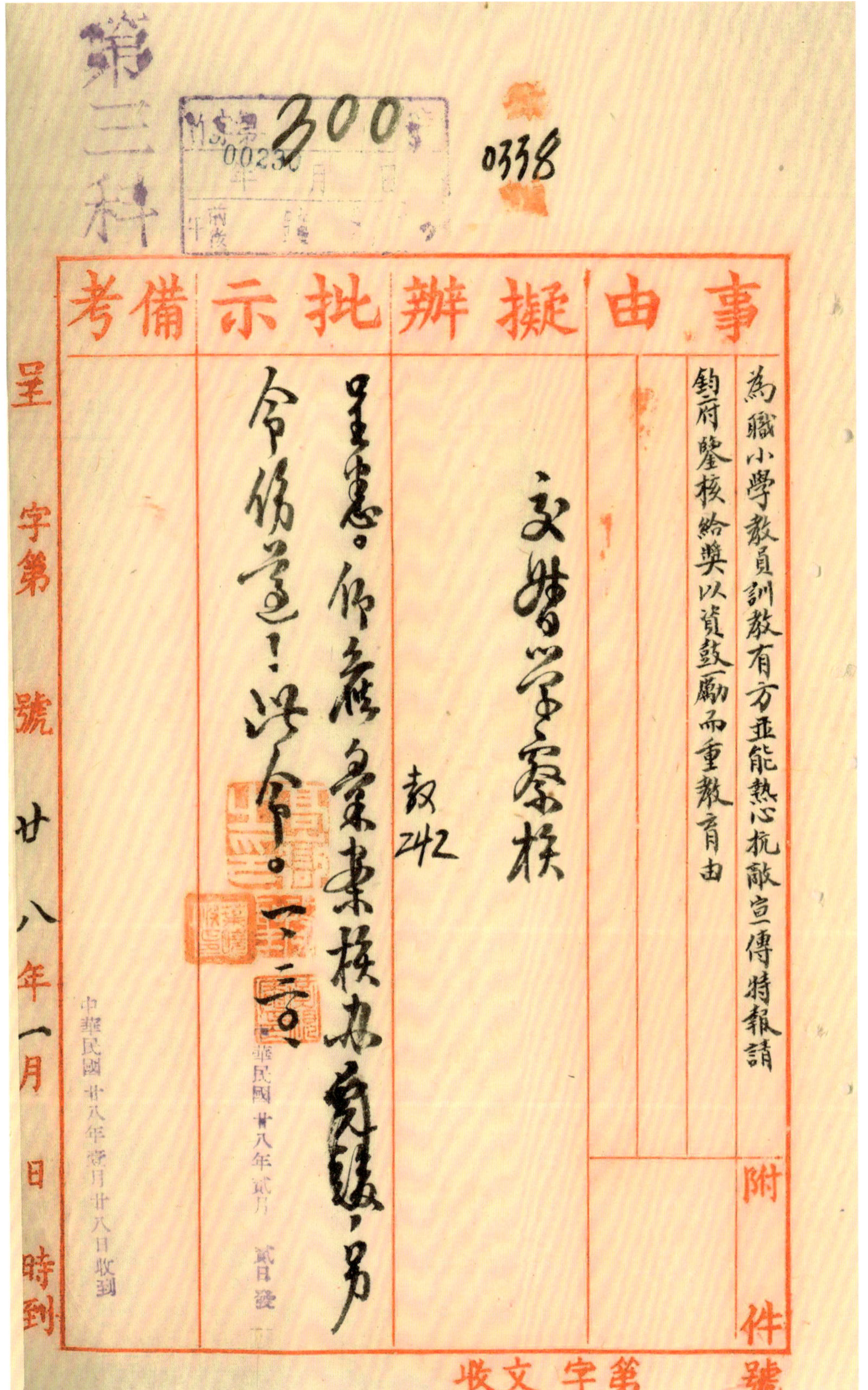
第三科

300

0338

事由：為職小學教員訓教有方並能熱心抗敵宣傳特報請鈞府鑒核給獎以資鼓勵而重教育由

附件

擬辦：交督學察核

批示：

備考：

呈悉。仰候令飭查覆核奪。此令。一、三

中華民國廿八年壹月廿八日收到

中華民國廿八年貳月貳日發

呈　字第　號　廿八年一月　日　時到

收文　字第　號

00231

竊職小學本期所聘各教職員均能熱心教學任事惟高級級任王建鏞彭樹德初級級任張孟威葉品三等平時訓教兒童尤具苦幹精神每於趕集日期或星期休假日咸能不辭勞苦率領學生作抗敵宣傳對於工作毫無倦怠特此據實呈報

鈞府請予鑒核給奬以資鼓勵而重教育

謹呈

綿竹縣政府縣長高

縣立新市鎮小學校長賴琛

绵竹县商场协宜舞台关于藉剧宣传巩固抗敌基础请予备案保护致第一区署的呈（一九三九年二月十三日）

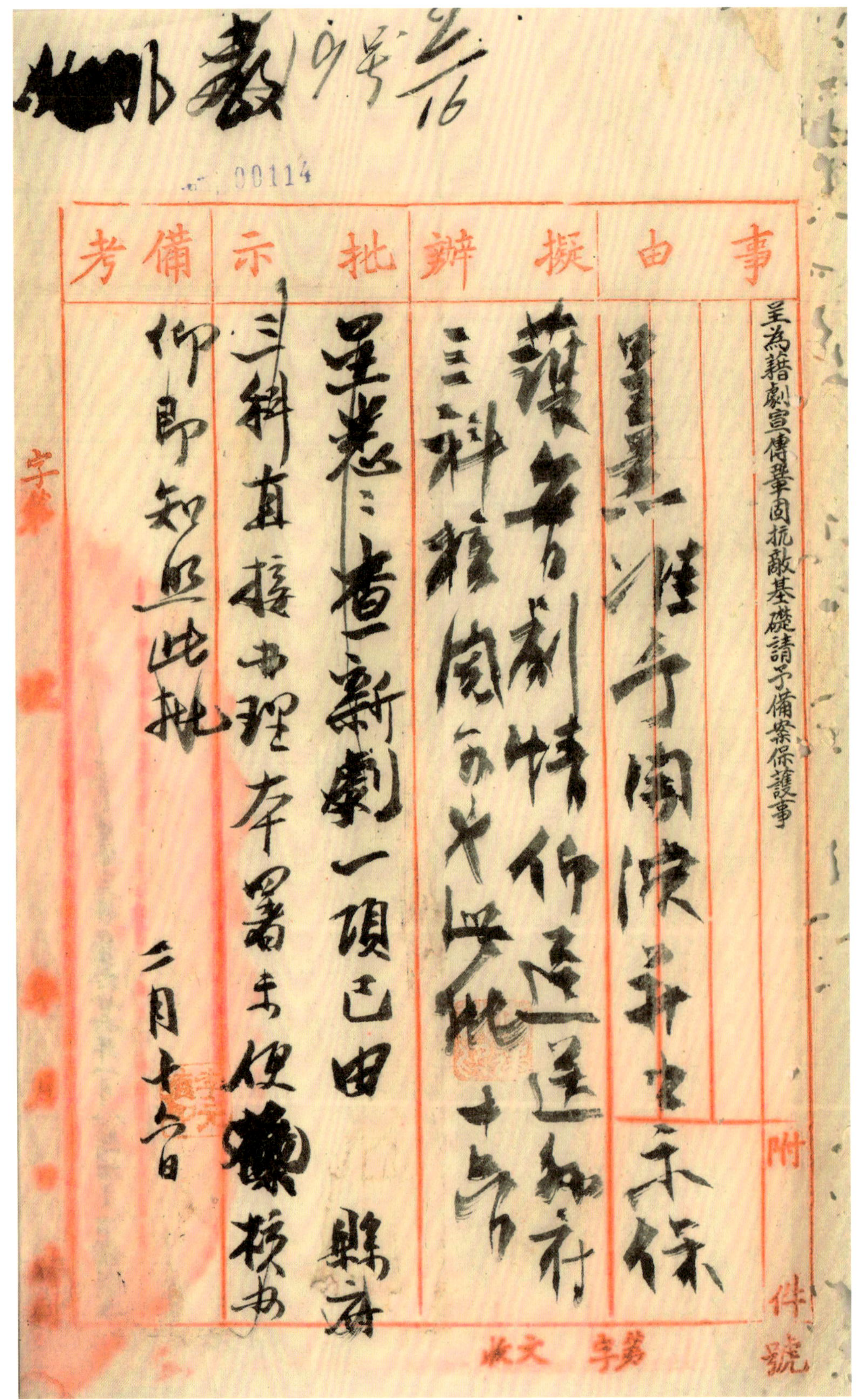

00114

事由：呈為藉劇宣傳鞏固抗敵基礎請予備案保護事

擬辦：呈悉。准予備案并出示保護。[illegible]各劇情作送呈知[illegible]。三科酌辦何如？[illegible]

批示：呈悉。查新劇一項已由縣府三科直接辦理，本署未便核[illegible]，仰即知照。此批。二月十三日

備考：

附件

號

00115

呈爲藉劇宣傳華國抗敵基礎請予備案保護事緣商場協宣舞臺於廿六年一月份開演呈准備查在案現在江蘇新劇武術旅行團旅綿道演除前於廿八年一月業已具呈備案外茲因該劇復又旋綿仍假協宣舞臺擬於廿八年舊曆元旦排劇道演藉以開通風化增進抗戰力量以資宣傳復查該團此次道演各劇員均係高尚智識一本抗敵救國爲主體深入民間增强抗戰力量不少爲此具文呈請鈞署鑒核應請備查併請保護　批示祇遵謹呈

綿竹縣第一區署區長李　公鑒

商場協宣舞臺經理杜　晋臣

楊履之

00117
中華民國廿八年二月十三日

四川省政府关于发放抗战必胜之信念书籍致绵竹县政府的训令（一九三九年三月十三日收）

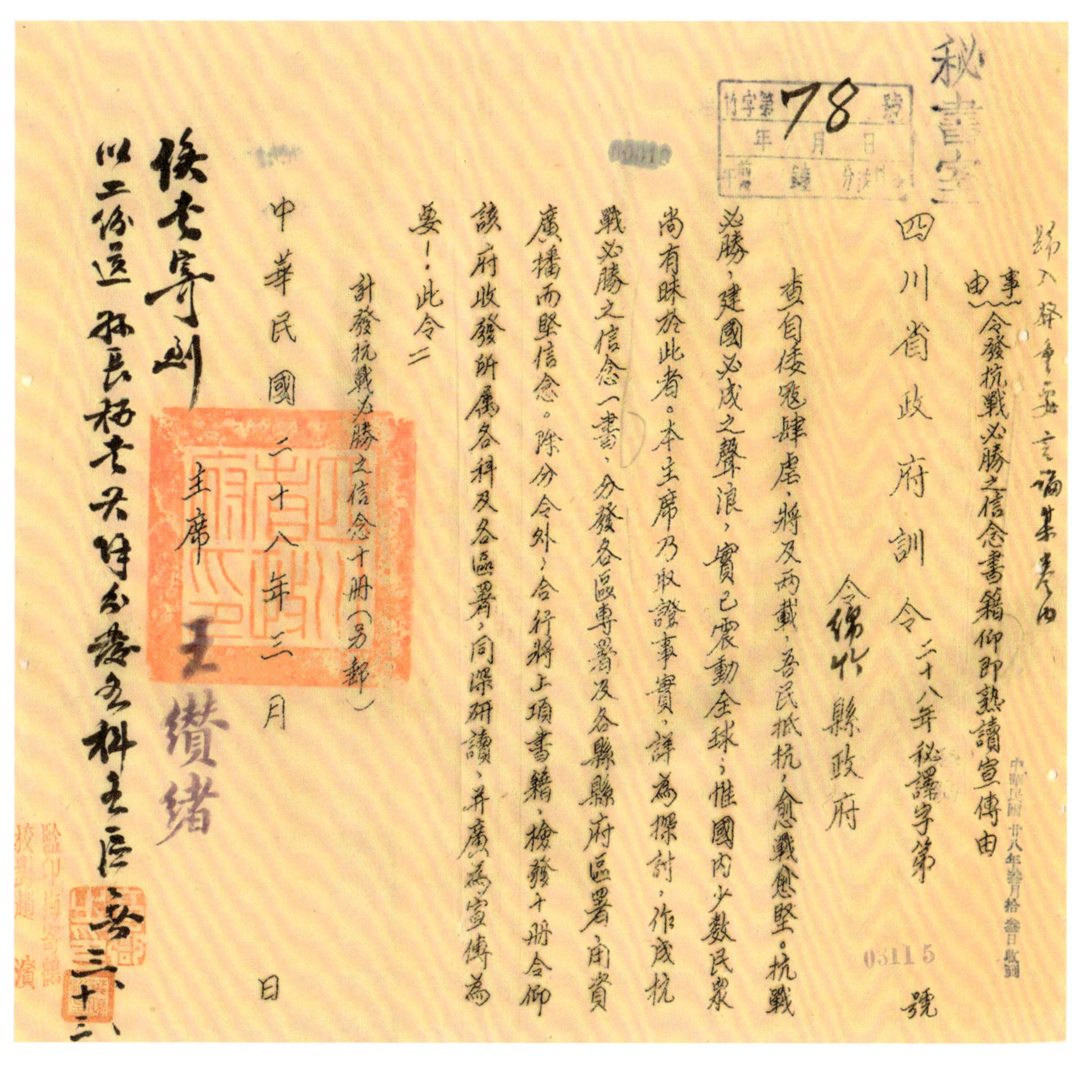

秘書室

竹字第78號

事由：令發抗戰必勝之信念書籍仰即熟讀宣傳由

四川省政府訓令 二十八年秘譯字第　　號

令綿竹縣政府

查自倭寇肆虐，將及兩載，吾民抵抗，愈戰愈堅。抗戰必勝，建國必成之聲浪，實已震動全球；惟國內少數民衆尚有昧於此者。本主席乃取證事實，詳爲探討，作成抗戰必勝之信念一書，分發各區專署及各縣縣府區署，俾資廣播而堅信念。除分令外，合行將上項書籍，檢發十册，令仰該府收發所屬各科及各區署，同深研讀，并廣爲宣傳爲要！此令。

計發抗戰必勝之信念十册（另郵）

主席　王纘緒

中華民國二十八年三月　　日

中華民國廿八年叁月拾叁日收到

四川省政府及绵竹县政府关于各校于劳作一科应就地方情形尽量利用学生能力及财力制作与抗战有关之衣食等用品的训令

四川省政府致绵竹县政府的训令（一九三九年三月二十六日收）

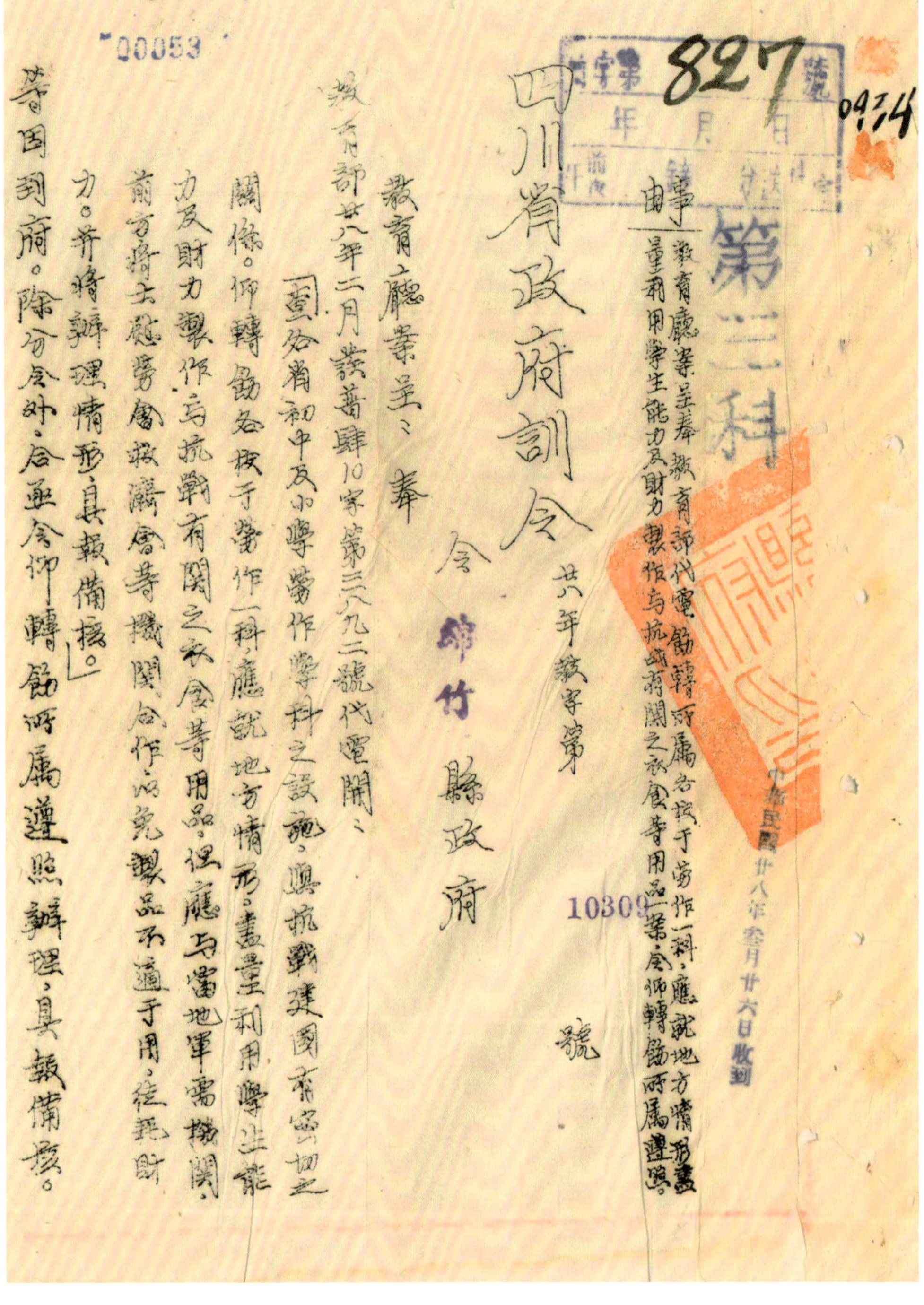

00053

第 號 827 年 月 日

0974

第三科

事由：教育廳案呈奉教育部代電飭轉所屬各校于勞作一科，應就地方情形盡量利用學生能力及財力製作與抗戰有關之衣食等用品案，令仰轉飭所屬遵照。

中華民國廿八年叁月廿六日收到

四川省政府訓令 廿八年教字第 號

令綿竹縣政府

10309

教育廳案呈：奉

教育部廿八年二月誤蕃肆10字第三八九二號代電開：

「查各省初中及小學勞作學科之設施，須與抗戰建國有密切之關係。仰轉飭各校于勞作一科，應就地方情形，盡量利用學生能力及財力，製作與抗戰有關之衣食等用品，俾應與當地軍需機關、前方將士慰勞會、救濟會等機關合作，以免製品不適于用，徒耗財力。並將辦理情形具報備核。」

等因到府。除分令外，合亟令仰轉飭所屬遵照辦理，具報備查。

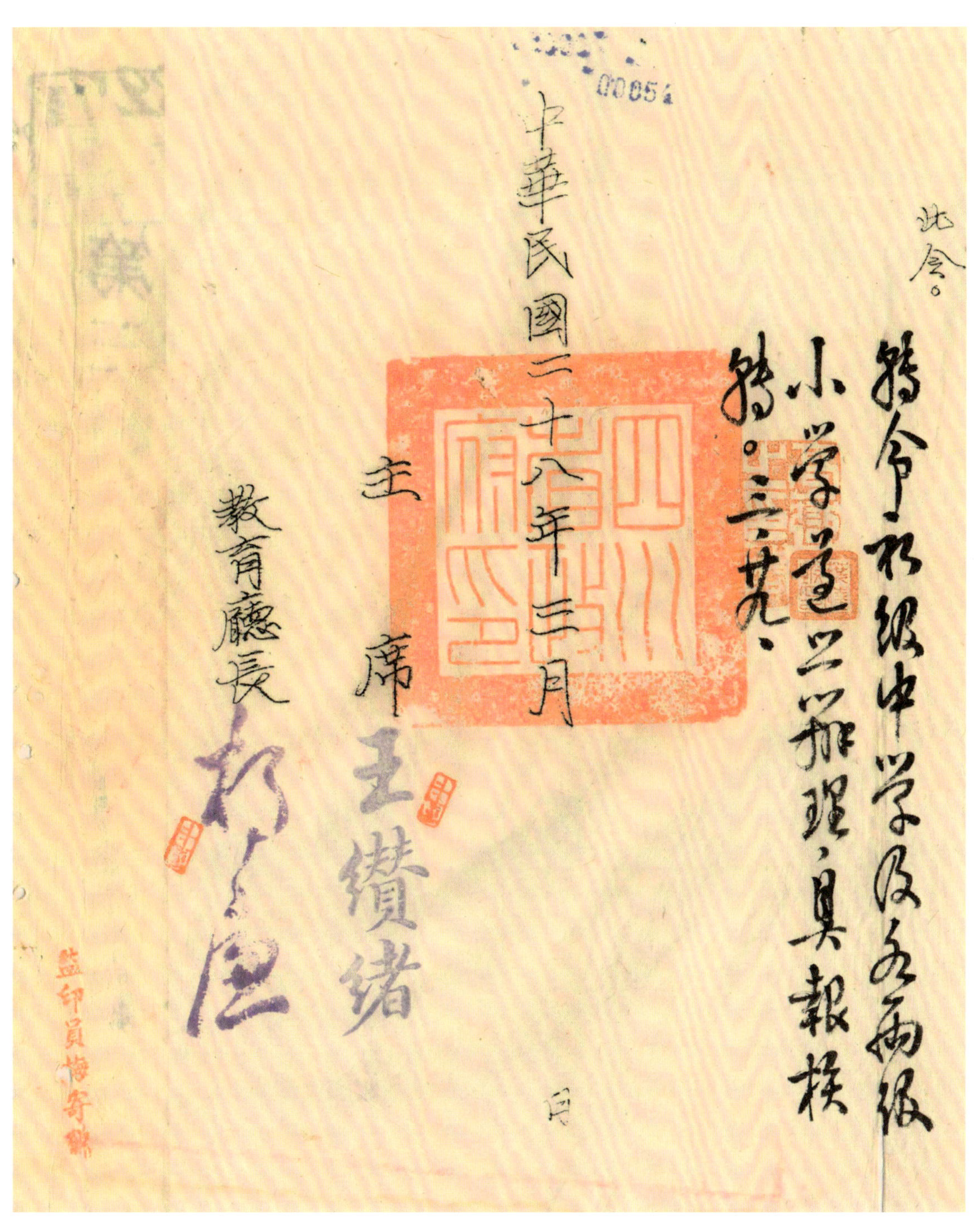

此令。

轉令初級中學及各兩級小學遵照辦理，具報核轉。三、廿九、

中華民國二十八年三月　日

主席　王纘緒

教育廳長　郭有守

監印員梅寄鱗

绵竹县政府致县立初级中学、各两级小学的训令（一九三九年四月四日）

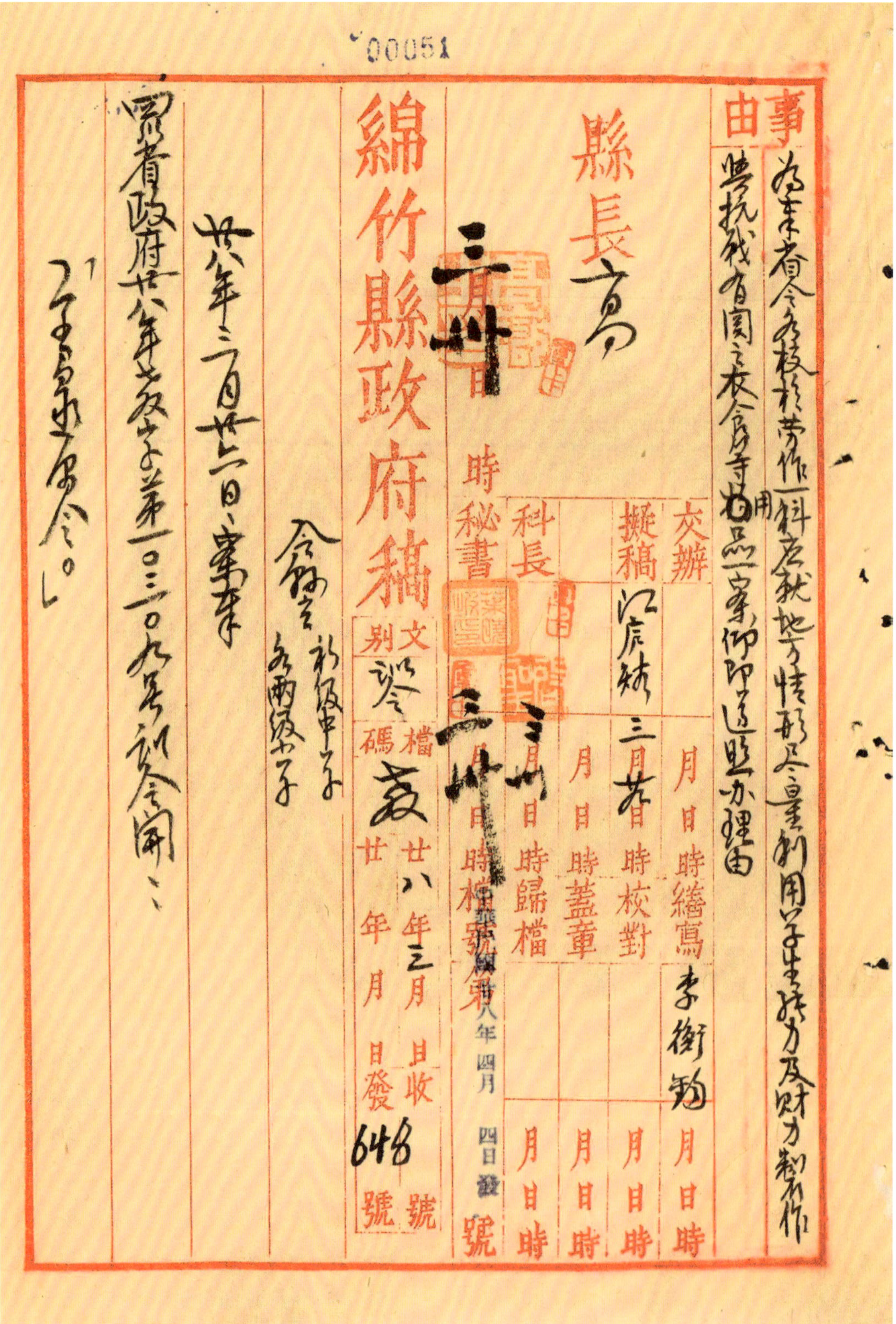

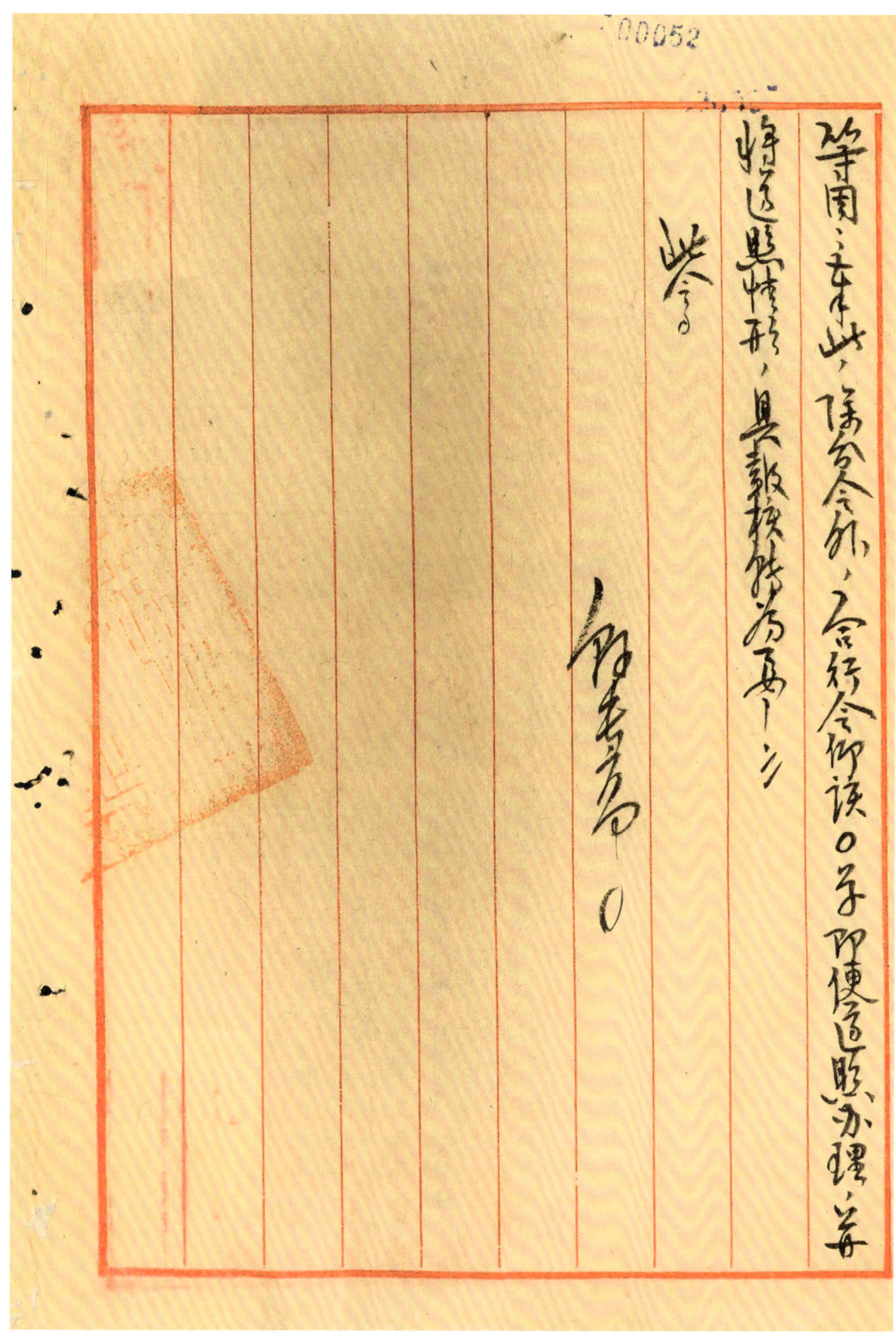

00052

等因，奉此，除分令外，合行令仰該○等即便遵照辦理，並將遵照情形，具報核轉為要！

此令。

縣長○

绵竹县绵阳师范同学会关于抗敌宣传应深入农村、继续推行新运、变通小学教员委任标准的提案（一九三九年四月一日）

抗敵宣傳應深入農村案

理由：查全面抗戰自民國廿六年八一三展開以還，迄今一年七月，各地雖有抗敵後援會等負責宣傳之團體，顧皆重於城鎮，而輕於農村，以致最後之抗戰前途，諸多窒礙。蓋農村為復興民族之地，較諸城鎮似尤重要，然農人大多知識低落，頭腦簡單，而對於民族意識、愛國熱忱，可言毫無，似此我政府對於抗敵之宣傳，則非派專人進往鄉村，輪次召集各戶農人，集於一處，以作農時之宣傳，有系統之宣傳不可，是否可行，請付公決。

繼續推行新運案

理由：查新生活運動自民國廿一年夏季以至廿六年時，政府努力推進，成績斐然，凡住戶及街巷之清潔也，行人服裝之整齊雅觀也，弗吸煙也，人行道之推行也……乃近年以來，處處退化，幾無人行，夫如是，而對於抗戰建國，豈無礙耶？

藉收新陳代謝之效，宜依成績推進之也，可否之處

請付公決。

請釐定中學教員委任標準以示保障案

理由：查縣屬小學教員，服務年久，隨各級社會人員，

查出教學有方，勤苦耐勞，成績卓著者比較多，

而本年教育委任教員，僅以檢定合格與否

為標準，其合格者，據為年委任期十一個月，

其不合格者，委為期委試任一學期，任期五月，

以此只顧合格與否，而全抹煞過去服務

成績，徵諸輿論殊欠公允，而且足以傷害有

成績之教師寒心，我校有為教師離開小學，

計，保障有成績之教員計，應行釐定適，

委任標準，以憑其等服務成績卓著之

教員，不論檢定合格與否，概改為年委用

示保障，是否合理，請付公決。

□□陽師範同學會執行委員　葉剛擬

卅六年四月一日

绵竹县政府关于检发川康绥靖公署主任邓锡侯《告川康民众书》致各区署、各联保的训令

（一九三九年四月二十日）

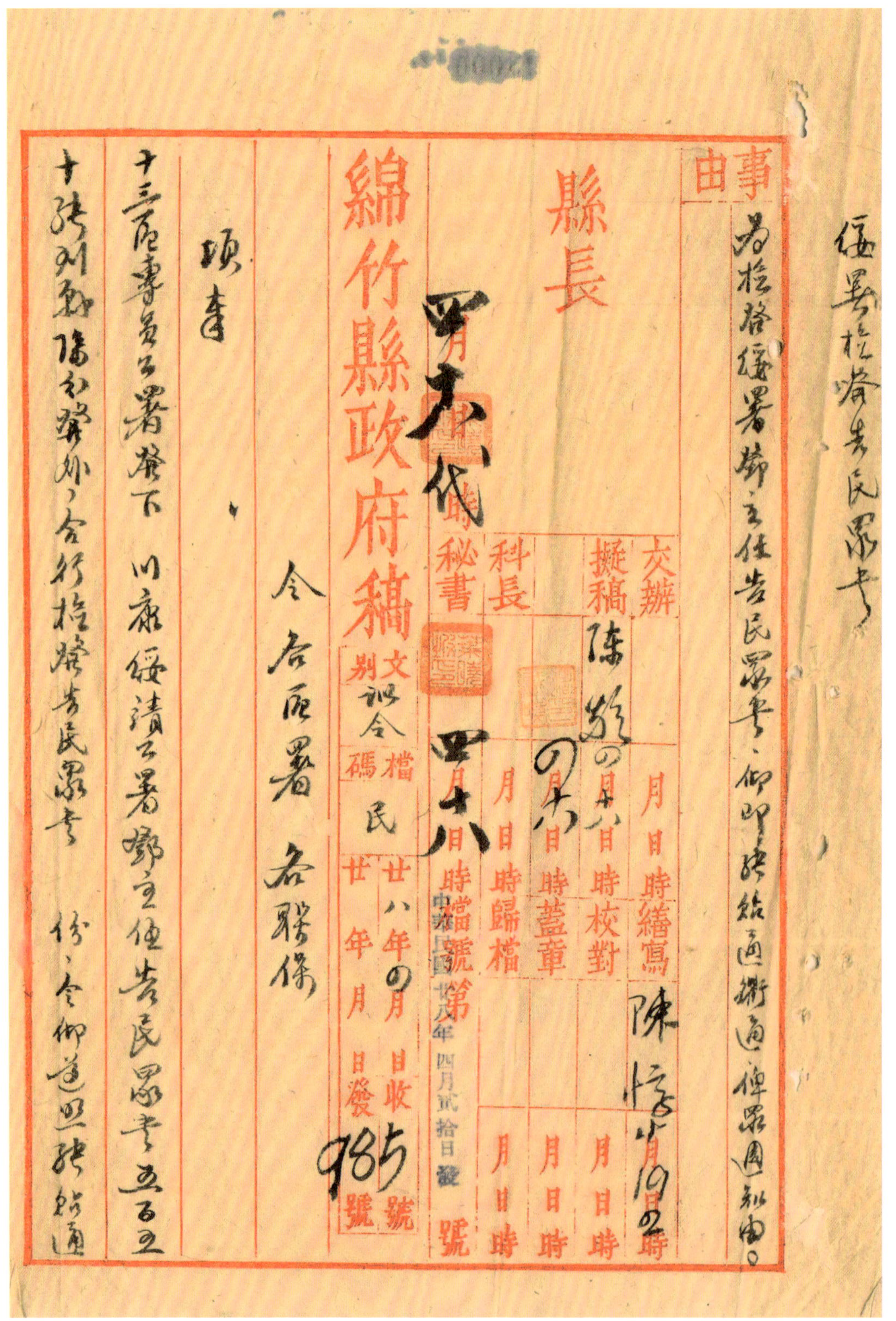

绵竹县政府稿

县长

秘书

科长

拟稿

交办

事由　为检发绥署邓主任告民众书，仰即转给通衢遍帖，俾众周知由。

文别　训令

档码　民

廿八年四月　日收

廿　年　月　日发

985号

中华民国廿八年四月贰拾日发

令各区署、各联保

顷奉十三区专员公署发下川康绥靖公署邓主任告民众书五百五十张到县，除分别令发外，合行检发告民众书十张，仰即遵照转给通

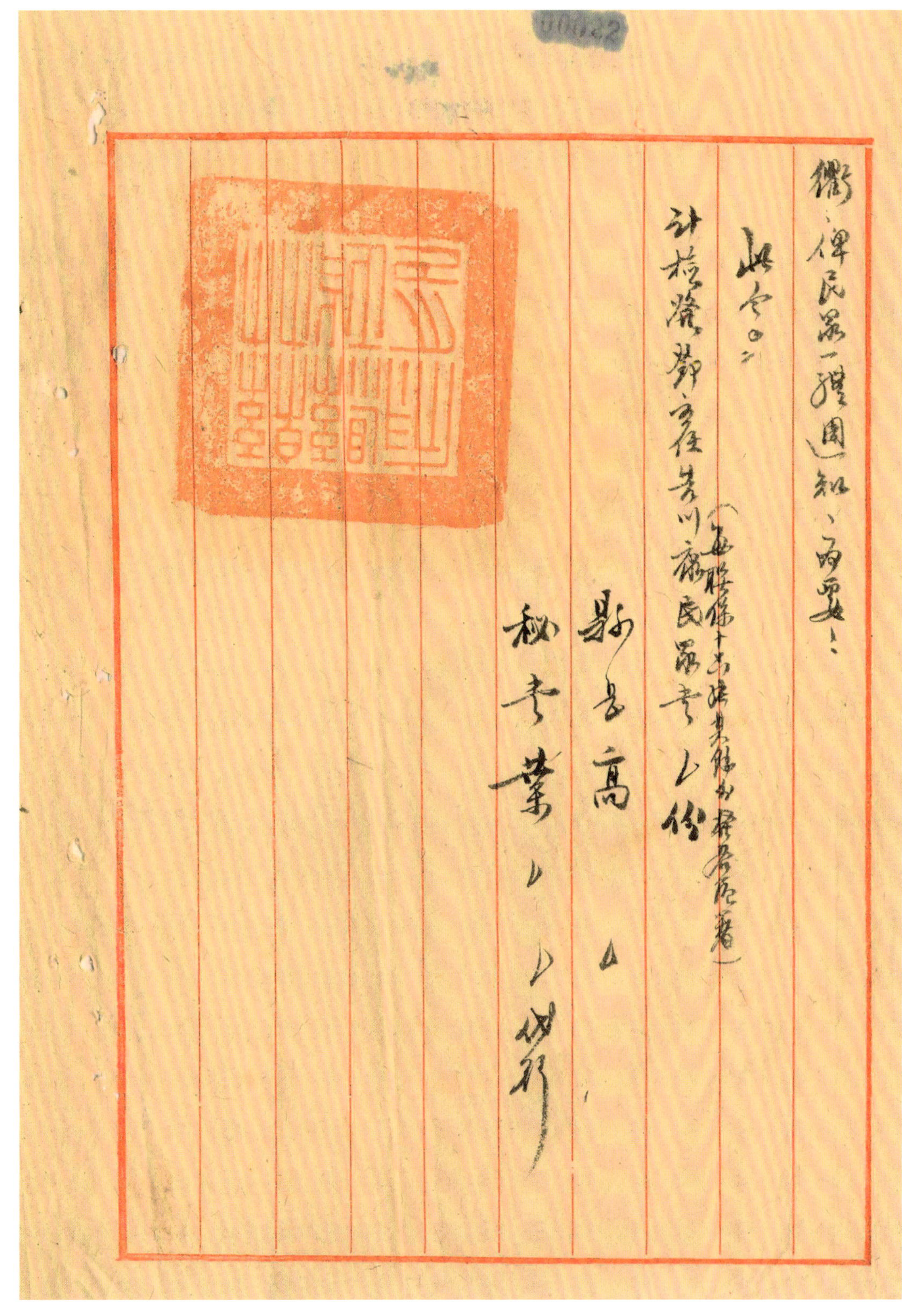

衛，俾民眾一體周知，為要！

此令。

計檢發鄭主任告川康民眾書一份（每聯保十份，請查照分發各區署）

縣長 高

秘書 葉 代行

附：邓锡侯《告川康民众书》

告川康民衆書

鄧錫侯

川康的父老昆弟們：

錫侯這次出巡，完全是爲澈底肅清各地方的匪患。提起匪患，我內心上的苦痛，決不亞於身受其禍的人民！錫侯在桑梓服務垂三十年，雖然沒有若何建樹；但是，每見地方父老，感受匪患，不能安居樂業，我總是終夜彷徨心神難安的！一年以前，中樞鑒於川康後防之重要，而付我以安定的責任。受命以來，無日不兢兢業業，實事求是，總望上足以釋中樞後顧之憂，下足以副人民殷殷之望。尤其是抗戰已到第二期的今天，川康民衆，精神上和物質上的担負，都特別加重，更要先使地方的安甯得到保障，才好放心去做復興民族的工作。爲要達到這個目的，爰于署務匆忙中抽出時間，親巡各地，就近整飭清剿部隊，督導地方負責官吏，並存問我父老昆弟。各地父老，或係故識，或係新知，本欲一一傾談，第恐時短事忙，不克如願，特以書面表達此行之意見：

二十個月以來，我們　最高領袖以及全國人民不惜犧牲一切以從事抗戰的目的是什麼？還不是爲謀整個民族國家的安甯！因爲我們只能在安甯的狀態下，進行　先總理及　最高領袖所領導的建國工作。而這個，正是敵人所嫉視的。所以他們阻擾我們建國的有效辦法，便是以侵略來破壞我國的安甯和秩序。爲了排除敵人的侵略，保障整個國家的安全，前方將士犧牲了不少頭顱；戰區同胞，大都流離失所，家破人亡。我們安居後方的民衆，應如何把這樣堅苦維護着的根據地，弄得清靜寧謐，才對得住被難的同胞，和殉國的烈士！不料，情報傳來，竟有若干地點，匪類潛滋，甚至殺人越貨，結股出沒，使敵人擾亂不及的地帶，在治安上也發生了問題！這種喪心病狂的行爲，不特首從均死有餘辜，即有意縱容或事先防範不週的當地官吏和人民，都應該深自咎責，愧對國人！又況地方有了匪徒，先受其害的，仍是住在這個地方的民衆。他們搶掠的，不是你們的財產嗎？殺戮的不是你們的親族嗎？政府是愛護人民的，人民有痛苦，政府自然要替人民解除，但是，我相信人民愛護本身，決不讓於政府。政府對於治安的努力是盡職，治安對你們的關係是切身，你們千萬不可認爲你們的協力，只是服從政令，幫助政府，而要認爲是謀你們自身安全的必要工作。

關於匪患發生的原因，就一般情形來講，不外下列兩個：一個是產生匪患的原因，卽是人民受了生計困窮的逼迫和惡劣習性所養成；另一個便是招致匪患的原因，如烟毒的流行，袍哥的誘聚，與乎役政的辦理不善，在在都足使匪患滋長。但清除匪患，應針對着各地的特殊情形，才能收到實效。我這次親自出巡各地，就是要明白每一個地方的特殊情形，而根據巡視所得，確定個別的有效辦法。我想各地的情况，要算各位知之最切，在本人見得到和做得到的地方，自然要不顧一切，努力以赴。但各位所知道的，亦必須盡情傾告，通力合作，把川康的治安弄好；然後兩省的人力物力財力，才易于集中貢獻給國家，爲抗戰添加直接的力量；戰區同胞亦可遷入安居，爲民族多留一分命脈；並可把全國的資本人才招致在這安全地帶，從事積極的建設，爲國家奠定未來經濟的基礎。同時川康也可以首先繁榮起來。

同胞們：川康是民族復興的根據地，也就是說，復興民族的鉅任已落在我們川康民衆的肩上來了。怎樣才能使民族復興呢？第一，我們要能有助於抗戰，第二，我們要能積極去建國，而二者都是以地方安寧爲前提的。所以，爲了抗戰，爲了建國，爲了自身和桑梓的安寧與經濟上的福利，都非大家硬起肩頭來擔當這安定後防的任務不可！在這裏，我還得鄭重聲明一句：根絕匪患，維持治安，原是我的職守，我決不逃避任何責任，也決不把責任推到民衆身上。但求大家能盡量協助我，使清剿的工作越發來得經濟。比如各地匪患，能不驚擾閭閻，不耗費抗戰力量而就地消滅；對國家，對地方，對公對私，豈不都更加合算？

末了，我以十二萬分的誠意，告訴大家，此次出巡的目的，在澈底解決你們切身的苦痛，我不願因此而獲得克盡厥職的美名；但願你們能因自動的努力，而得永享安寧的幸福和民族復興的光榮。

中華民國二十八年　月　日

绵竹县民育电影院关于加强抗战宣传普及民众教育恳请准予放映电影致第一区区公署的呈（一九三九年七月）

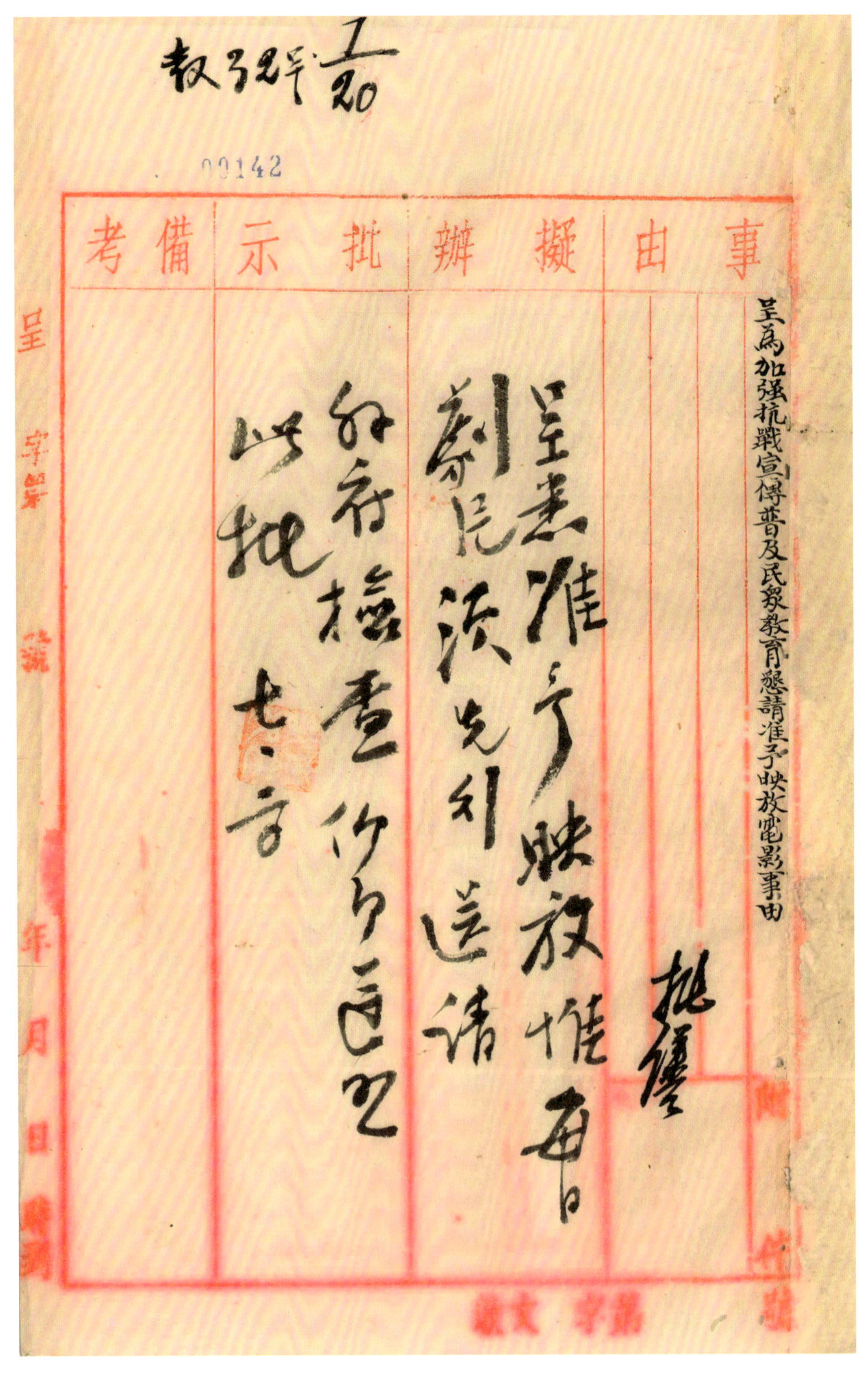

教子乙字 220

00142

事由	擬辦	批示	備考
呈為加强抗戰宣傳普及民衆教育懇請准予映放電影事由	擬	呈悉准予映放惟每日劇目須先行送請縣府檢查仰即遵照此批 七六	

呈 字第 號 年 月 日 時 到

附件

第 字 號 文 發

呈為加强抗戰宣傳普及民衆教育懇請准予映放電影備查事竊自七七抗戰兩載於茲凡我精華市鎮爆炸無遺老幼同胞流離顛沛前方浴血抵抗後方民氣尚沉考諸事實人民對於抗戰前途認識淺鮮宣傳力量尚未普及慣輸　敝院同人等有鑒於此為推廣民衆教育加强抗戰宣傳力量激發民衆抗戰熱忱起見值茲都市疏散之時特向各影片公司租定各種愛國文化教育影片及抗戰事蹟現已租就本市新聲劇院為院址映放以激發民氣而利普及宣傳呈請

綿竹縣第一區區公署請予審查備案謹呈

區長李

00144

民育電影院經理　古兆芹

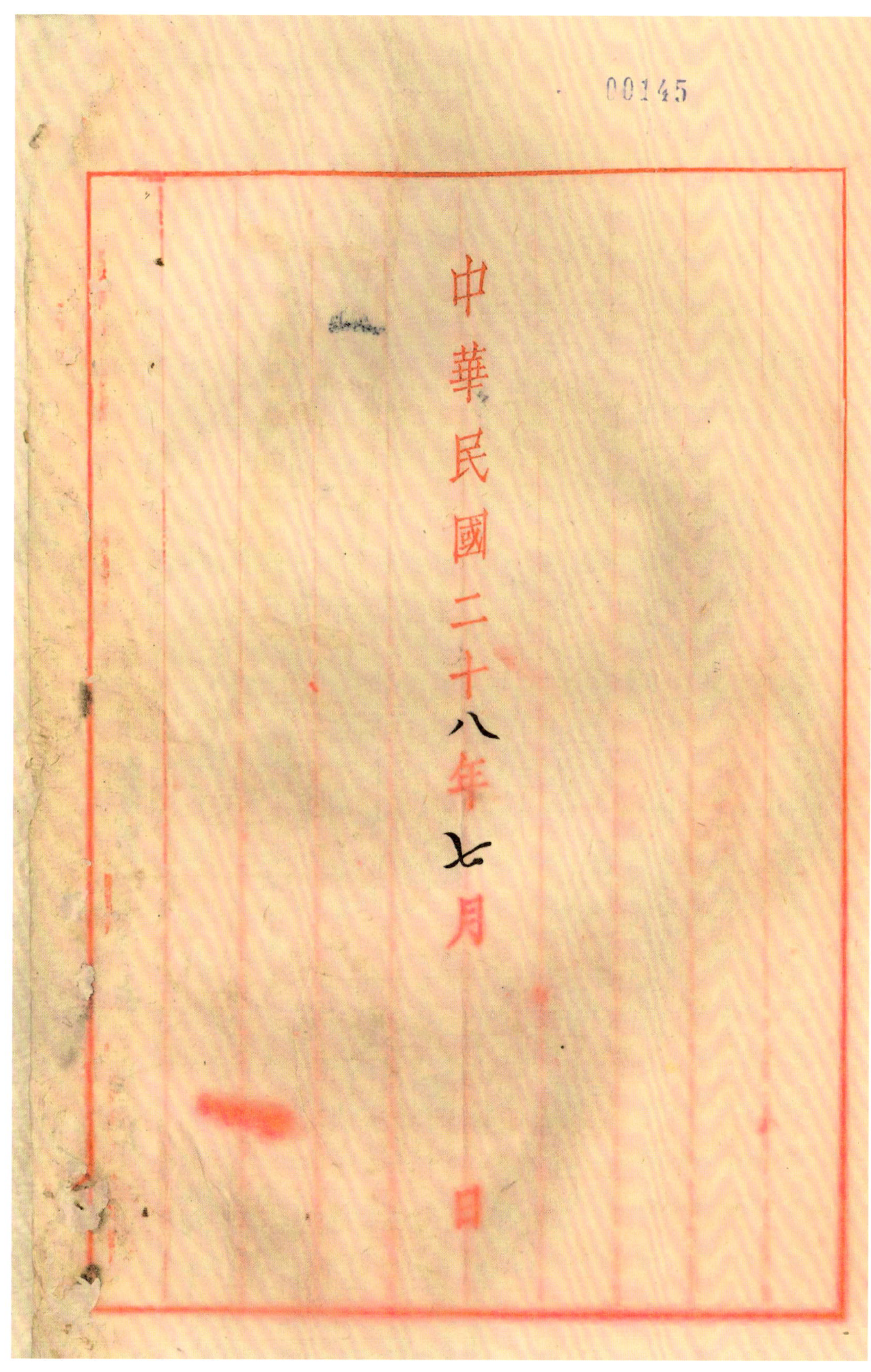

00145

中華民國二十八年七月　日

四川省第十三区行政督察专员公署及绵竹县政府关于抄发《各种救亡团体工作人员穿着军衣及避免兵役取缔办法》的训令

四川省第十三区行政督察专员公署致绵竹县政府的训令（一九三九年九月五日）

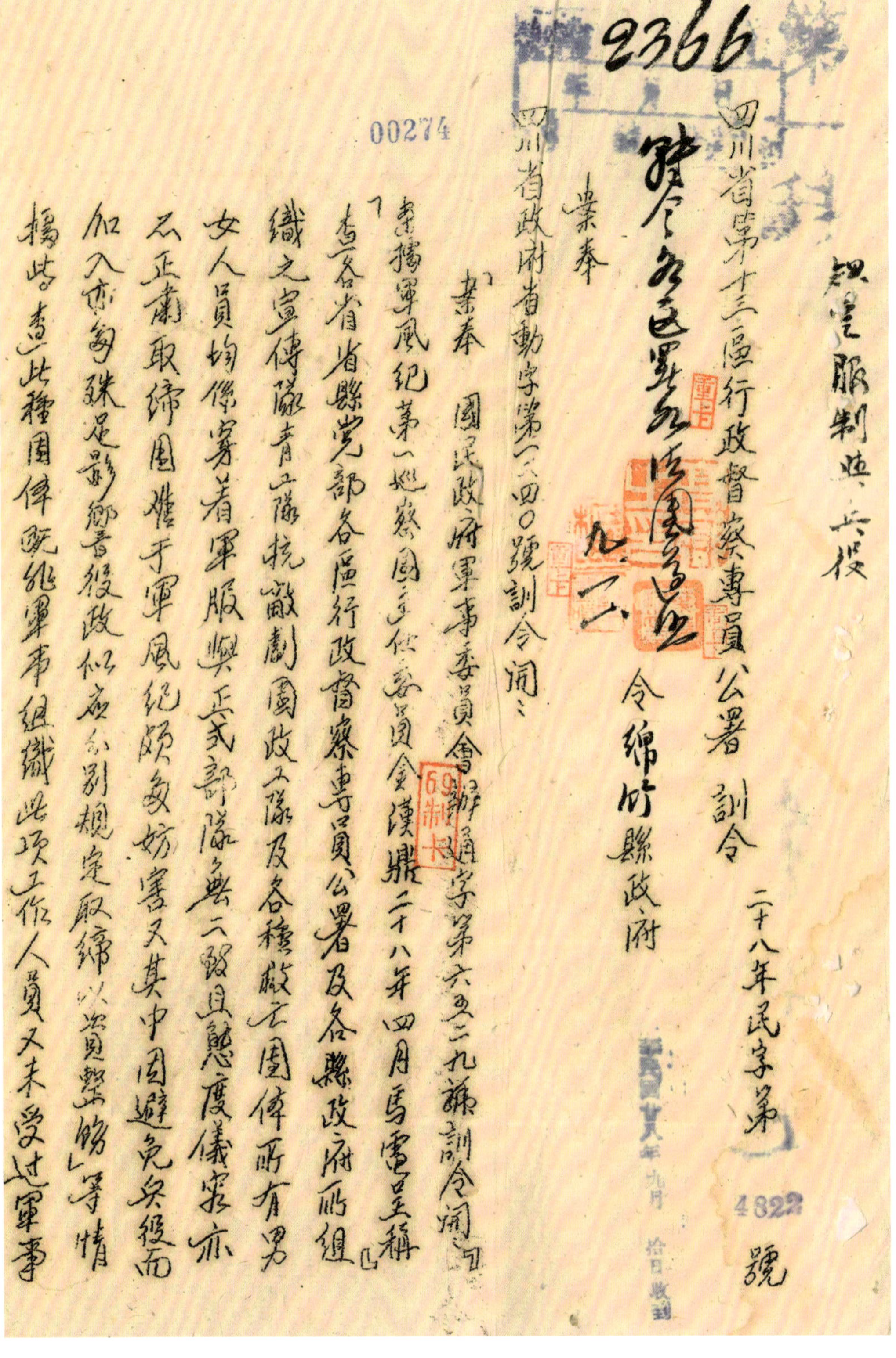

知照 服制 兵役

2366

00274

四川省第十三区行政督察专员公署训令 二十八年民字第4822號

令绵竹縣政府

案奉

四川省政府省動字第一六四〇號訓令開：

「案奉

國民政府軍事委員會辦公廳字第六五二九號訓令開：「案據軍風紀第一巡察團主任委員金漢鼎二十八年四月馬電呈稱：『查各省省縣黨部、各區行政督察專員公署及各縣政府所組織之宣傳隊、青工隊、抗敵劇團、政工隊及各種救亡團體所有男女人員均係穿着軍服，與正式部隊無二，且態度儀容亦不正肅，取締困難，于軍風紀頗多妨害。又其中因避免兵役而加入者，尤為殊足影響兵役政令，應分別規定取締，以資整飭』等情。據此，查此種團體既非軍事組織，此項工作人員又未受過軍事

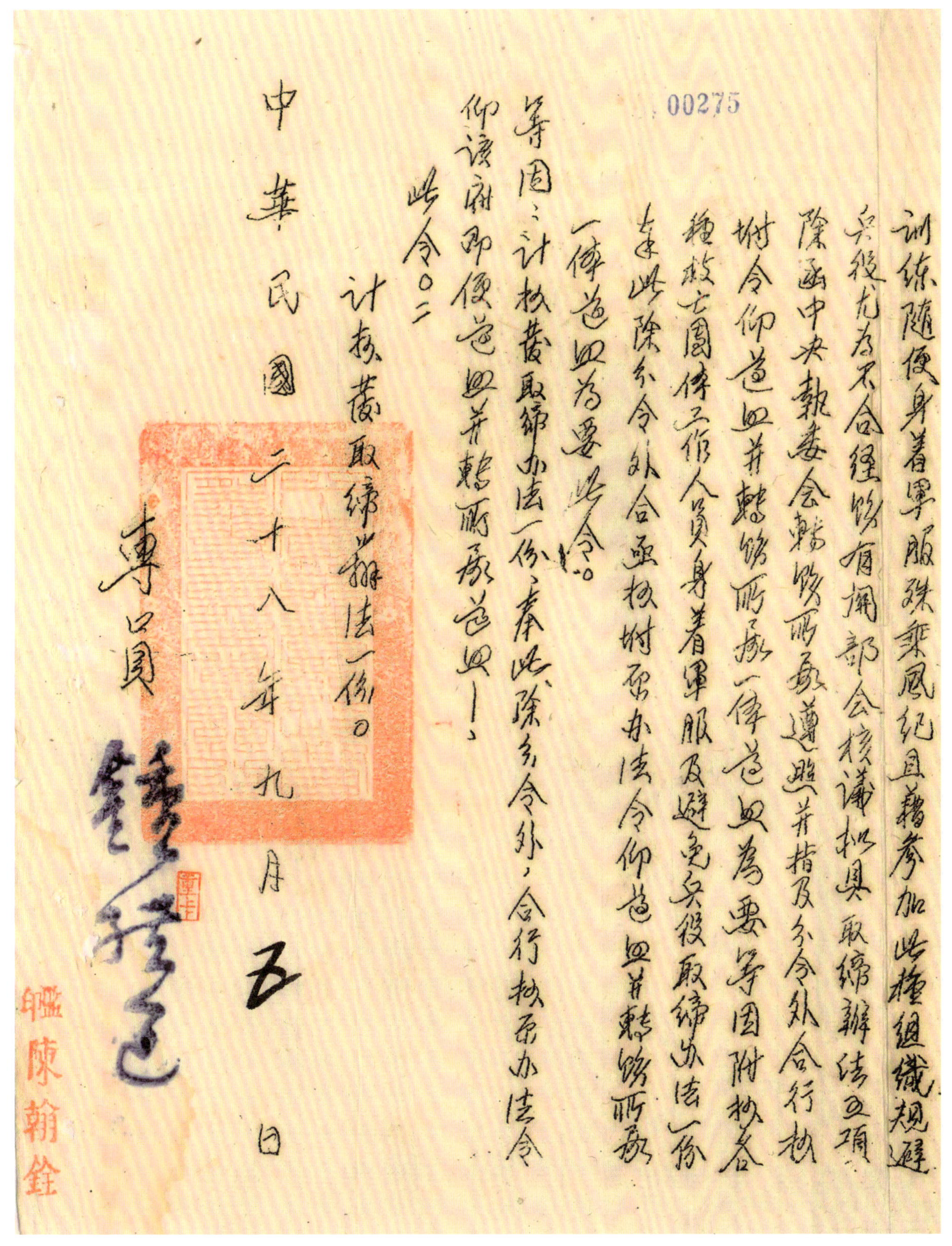

00275

訓練隨便身著軍服殊乖風紀且藉參加此種組織規避兵役尤為不合經飭有關部會核議擬具取締辦法五項除函中央執委會轉飭所屬遵照並指及分令外合行抄附令仰遵照並轉飭所屬一體遵照為要等因附抄各種救亡團體工作人員身著軍服及避免兵役取締辦法一份奉此除分令外合亟抄附原辦法令仰遵照並轉飭所屬一體遵照為要此令。

等因；計抄發取締辦法一份。奉此，除分令外，合行抄原辦法令仰該府即便遵照并轉飭所屬遵照！

此令。

計抄發取締辦法一份。

中華民國二十八年九月五日

專員 [illegible]

監印 陳翰銓

附：各种救亡团体工作人员穿着军衣及避免兵役取缔办法五项

各種救亡團体工作人員穿着軍衣及避免兵役取締辦法五項

一、凡非武裝軍事機關之公務員役一律不得腰懸皮帶身着黄色及灰色之軍服

二、凡依政府法令組織之宣傳隊政工隊等須着規定之制服不得隨意着軍服

三、凡奉令派赴前方服務之工作隊担架隊等必須着軍服時應由主管先行教以着装法與陸軍禮節

四、凡人民自動組織之抗敵團体等绝对不准着軍服

五、凡人民参加無論任何抗敵救國團体須绝对受國民軍訓及兵役等法令之约束不得規避

绵竹县政府致各区署、各法团的训令（一九三九年九月十七日）

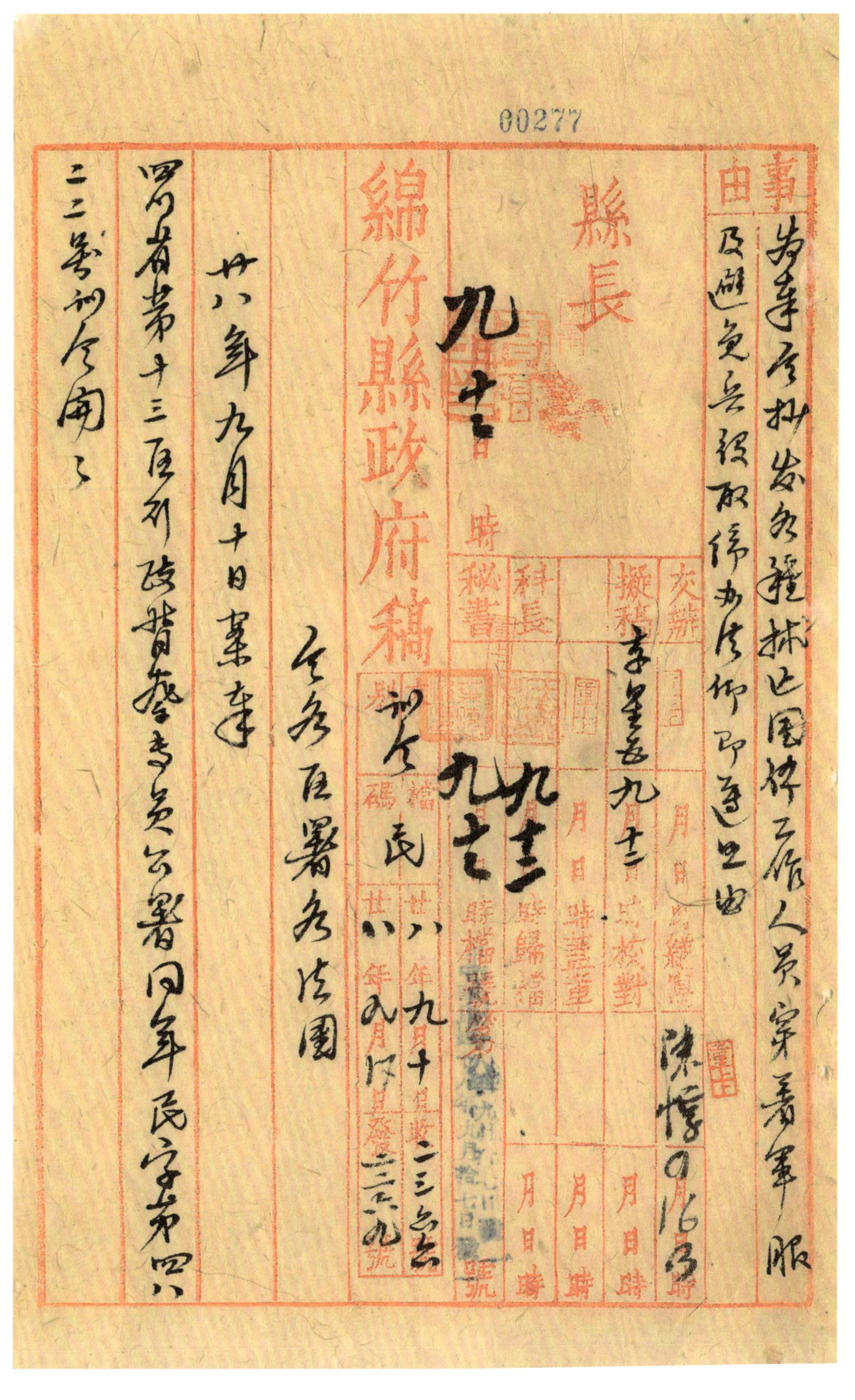
00277

事由：為奉令抄發各種抗戰團體工作人員穿著軍服及避免與役取締辦法仰即遵照由

縣長

綿竹縣政府稿

訓令　民

令各區署各法團

廿八年九月十日案奉

四川省第十三區行政督察專員公署同年民字第四八二二號訓令開

「照繕原文」

等因；計抄發取締舞弊辦法一份。奉此，除分行外，合亟抄發原辦法一份，仰即遵照，并轉飭所屬一體遵照。」

此令。

計抄發取締辦法一份。

縣長　馬□

四川省政府关于印发民众教育馆抗战时期中心工作大纲暨实施办法致绵竹县地方教育视导主任的训令（一九三九年十月）

事由：令发四川省民众教育馆抗战时期中心工作大纲暨实施办法，仰转饬遵照由。

四川省政府训令 廿八年教字第18684号

令绵竹县地方教育视导主任

本府为谋各县市民众教育馆中心工作能尽量发挥效能，切合战时需要，增加抗战力量起见，特制定四川省民众教育馆抗战时期中心工作大纲，暨四川省民众教育馆抗战时期中心工作实施办法两种，通饬施行，各县市府负有直接督促指导之责，尤应切实督饬，严加考核，用收实效。除咨部备案暨分令外，合行抄发该项大纲暨实施办法，令仰知照。

此令。

计抄发四川省民众教育馆抗战时期中心工作大纲，

四川省民众教育馆抗战时期中心工作实施办法

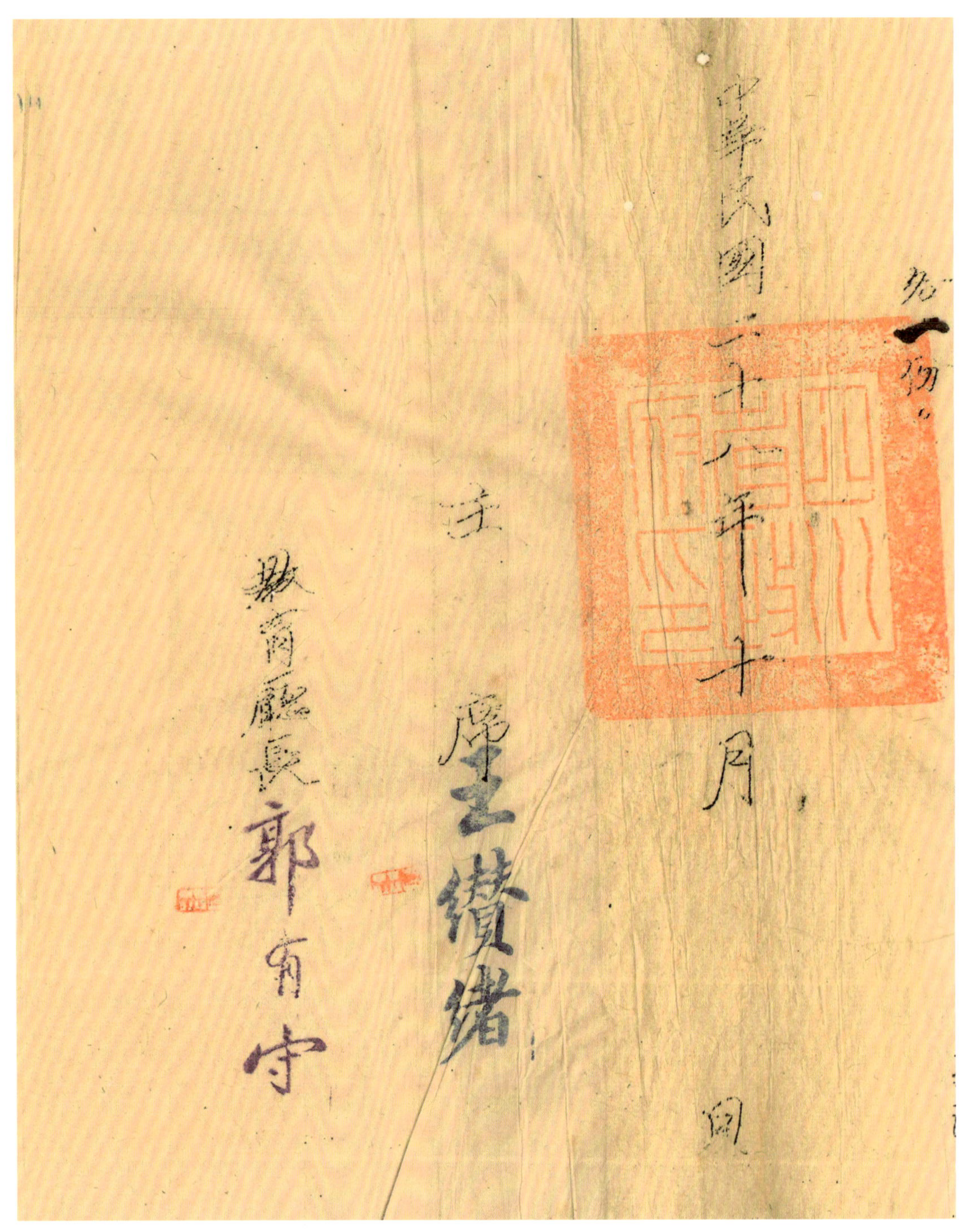

先一份

中華民國二十八年十月　日

主席　王纘緒

兼教育廳長　郭有守

四川省民衆教育館抗戰時期中心工作大綱

甲、總目標

在抗戰時期中，所有省縣私立各民教館，一切活動，均以激發民衆抗敵情緒，培養民衆抗敵力量，發揮戰時服務精神為目標。

乙、中心工作要項

(一)舉行抗敵宣傳　各民教館應密切聯繫當地各種抗敵組織各級學校，以及知識份子，組織系統化之宣傳隊，劃分範圍，運用文字、圖畫、電影，及化裝講演等方式，分別負責，施行宣傳工作，以激發民衆抗敵情緒，並使明瞭敵我情勢，及非常時期人民應盡之義務為要。

(二)實施民衆訓練　各民衆教育館，除應於館內舉行定期演講及座談會，並協助或聯絡當地社訓機關，實施政治訓練工作外，並應利用保甲組織，及行政力量，籌辦戰時民衆學校，（由館員分別任教並發動當地知識份子參加）及組織兒童團、少年團、婦女隊、耆老會等分期抽調訓練。

(三)發動後方服務　各民衆教育館，應体察環境內民衆疾苦之癥結，對於地方上應行興革諸大端，竭力協助各級政府，提倡輔導，並以身作則實行問字代筆、義務診療、小本借貸、慰問出征將士家屬。及其他救災卹鄰等工作。充分表現其為民眾服務之精神，冀以博得民眾之信仰，更進一步發動已受教之民眾，對於地方公益事項如修築道路、疏浚河渠、維持治安、偵查漢奸、補助出征將士家屬工作、協助軍事運輸、履行兵役義務、及遵行烟毒禁令等，均能自動參加，並能轉相勸勉，蔚成風氣，俾後方全體民眾均能盡量發揮其戰時服務之精神。

丙 實施原則

（一）各民教館原有工作中，凡限於人力財力事實上難見成效之活動，或與抗敵工作不能發生積極效用之活動，均得暫為縮減或停止，以便集中人力財力，實施抗戰時期之中心工作。

（二）各民教館實施民教工作，應就適應環境急切需要入手，以運用環境固有力量為手段，以培養民眾自覺自動能力為鵠的。

（三）各民教館之人力物力，應盡量經濟使用，並求發射或充分向外發展。

（四）各民教館之施教設備　應盡量適應中心工作之需要。

四川省民衆教育館抗戰時期中心工作實施辦法

中心工作

一、舉行抗敵宣傳　各民教館應密切聯繫當地各種抗敵組織、各級學校以及知識份子組織宣傳隊若干隊，分區負責宣傳，務使力量可以普遍，工作不致重複凌亂。其宣傳方式，可分文字（如散發傳單、張貼標語等）、漫畫（如印發畫報、繪畫壁畫等）、化裝講演、（可利用茶館集場及民衆易集合場所舉行。）電影。（可商請教育廳電教服務處電影巡迴放映隊前往放映）播音、話劇（除由隊員親自參加外，並可商請所在地之機關、團體、學校、愛好表演熱心社教之人士參與表演）以及雜技。（如金錢板、說書、道情、國術表演、魔術等）等，每月應在區內巡迴各鄉場一次。

二、實施民衆訓練

甲、定期演講　各民教館應於館內或館外設置民衆講堂，每週舉行民衆講演兩次，講題或屬時事報告，或屬兵役宣傳，或屬生產建設，或屬公民訓練，或屬其他公共事業之推動等，總期與抗戰發生關係。其講師除由館內職員分任外，並得商請本地名人及熱心社教人士擔任之，尤應多請由前線歸來之將士講演實地抗戰情形，以激發民衆抗敵情緒。

乙、座談會　各集附近較有知識之民衆在館內舉行，每月舉行一次或兩次，談話中心以明瞭國際現勢、抗戰情況、改善社會、如何實行

（1）

精神總動員、如何參加戰時服務等談話方式，先由參加民衆自由發揮意見，然後由館内出席職員、盡量予以指導，並爲增加出席民衆興趣起見，得於開會前後，加入一二節遊藝節目，如唱歌、幻術、音樂、金錢板、留音機等。

丙、聯絡當地社訓機關，實施政治訓練工作，應與社訓機關接洽，關於政治訓練工作，如有關政治學科、民衆組織等，由館内派員担任。

丁、籌辦戰時民衆學校　遵照省頒民校整理辦法，每館員二人。應舉辦一班。

戊、組織兒童團　凡附館兒童、年齡在八歲至十五歲以内者，不分性别、程度，均予以組織，並舉行登記手續，及入團儀式，使對於本館發生密切關係，其訓練方式可依程度性别分組舉行讀書會、演説比賽會、講演會、消寒會、消暑會，參加紀念週、各種紀念節日活動等。

己、少年團　附館兒童、年齡在十六歲至廿五歲以内者，不分程度，暫以男性爲限，均得予以少年團之組織、訓練，方式可分舉行軍事訓練、防空防毒訓練、參加座談會、紀念週、各種紀念節日活動、消防隊勞動服務等。

庚、婦女隊　附館女子年齡在十二歲至廿歲以內者，不分程度，均得予以婦女隊（2）之組織，訓練方式，可分救護訓練、家事講習、參加紀念週、各種紀念節日活動、慰勞出征將士壯丁家屬等。

辛、耆老會　附館老年之年齡有六十歲以上者，不分性別，亦得予以耆老會之組織，但舉行集會時，得依性別分組活動，內容，可分祝壽會、弈棋比賽、講演會、紀念週、各種紀念節日活動、遊藝表演之座談會等。

三、發動後方服務

甲、實行問字代筆　各館應設立問字代筆處二所以上，除派館內職員分任外，並得特約其他民衆閱書報處、各機關、各學校，附設問字代筆處，代民衆書寫函件契據等。

乙、義務診療　各館應酌量經濟情形，備具必需應用藥品，並特約當地醫師為民衆義務治療，如館內經費充裕時，並得聘請醫藥指導人員，常川駐館，担任診療職務。

丙、辦理小本借貸　（可由館移撥一部份事業費，或利用地方公款公產，以信用借貸之方式，借給民衆舉辦生產事業，如作小本經營，購買農具肥料、種子、耕牛等之資本，并須擬訂貸放辦法，呈報主管機關備核。）

丁、慰問出征將士家屬及其他救災卹鄰等工作，各館應選派兒童團團員、婦女隊隊員，組織慰勞隊，慰問出征將士家屬，慰問（方式可用報告戰事勝利消息、發給榮譽獎章、贈送實物〔此項物品可由團員向機關團體民眾徵募〕等）。其他救（如救護消防等）各項工作，應以身作則，切實領導民眾參加。

戊、其他對於地方公益事項

子、修築道路疏浚河渠　各縣可盡量利用宣傳方法向民眾宣傳修築道路疏浚河渠之利益，連絡地方公正人士，組織委員會辦理之，並參加該會工作。如從事設計、辦理登記、分配工作、徵募經費等。

丑、維持治安　偵查漢奸　如組織巡邏隊、自衛團、防護團等，協助政府維持地方治安，偵查漢奸行動，嚴密防範。

日常工作

一、辦理圖書雜誌閱覽事宜　陳列各種圖書雜誌，及本省國內各大報章，公開閱覽，並辦理出借，並設置巡迴文庫，分區巡迴於全縣市各鄉鎮。

二、辦理健康教育　每年須舉辦全縣市民眾運動會一次，各職業、性別均得參加，可聯合地方機關團體、學校，組織籌備會，擬具進行。體育競賽（如越野賽跑、國術表演、各種球類比賽、游泳比賽、踢毽比賽）兩種以上舉辦時，應先擬訂比賽辦法，並得聘請當地體育界人士担任評判。

70

三、提倡農事改良　如推廣優良品種（擇適宜於當地氣候土質之優良種籽，介紹農民種植，館內並舉辦表證農場，以資提倡）、防除疾病蟲害（調查各地各種作物家畜疾病蟲害名稱，事前用口頭或文字方式舉行宣傳，灌輸預防方法，並促其注意，一面購買防治藥品，分發農民應用，或代為醫治）、改良家畜品種（擇優良家畜介紹農民豢養，或由館購買優良畜種，以備推廣）。(3)

四、提倡正當娛樂

甲、舉辦民眾茶園　由館內附設或特設均可，並在茶園內陳列書報、雜誌、樂器、棋子等，以供民眾閱覽及娛樂，並須在茶園內舉行定期或臨時演講，隨時利用改良雜技等表演，以喚起民眾抗戰意識及公民常識，但不得任民眾在茶園內賭博。設立時，該館應擬訂章則，呈報主管機關備查。

乙、舉辦民眾遊藝大會　每半年應舉行一次，可與地方機關團體學校聯合舉行，並組織籌備會，籌備進行，內容應以抗敵宣傳為中心。

五、提倡戒除不良嗜好　關於戒賭、戒煙宣傳，應隨時利用時機舉行之，可與各機關團體聯合舉行，宣傳方式，分口頭與文字兩種，宣傳後應即組織戒賭會、戒煙會，以便互相督勉。

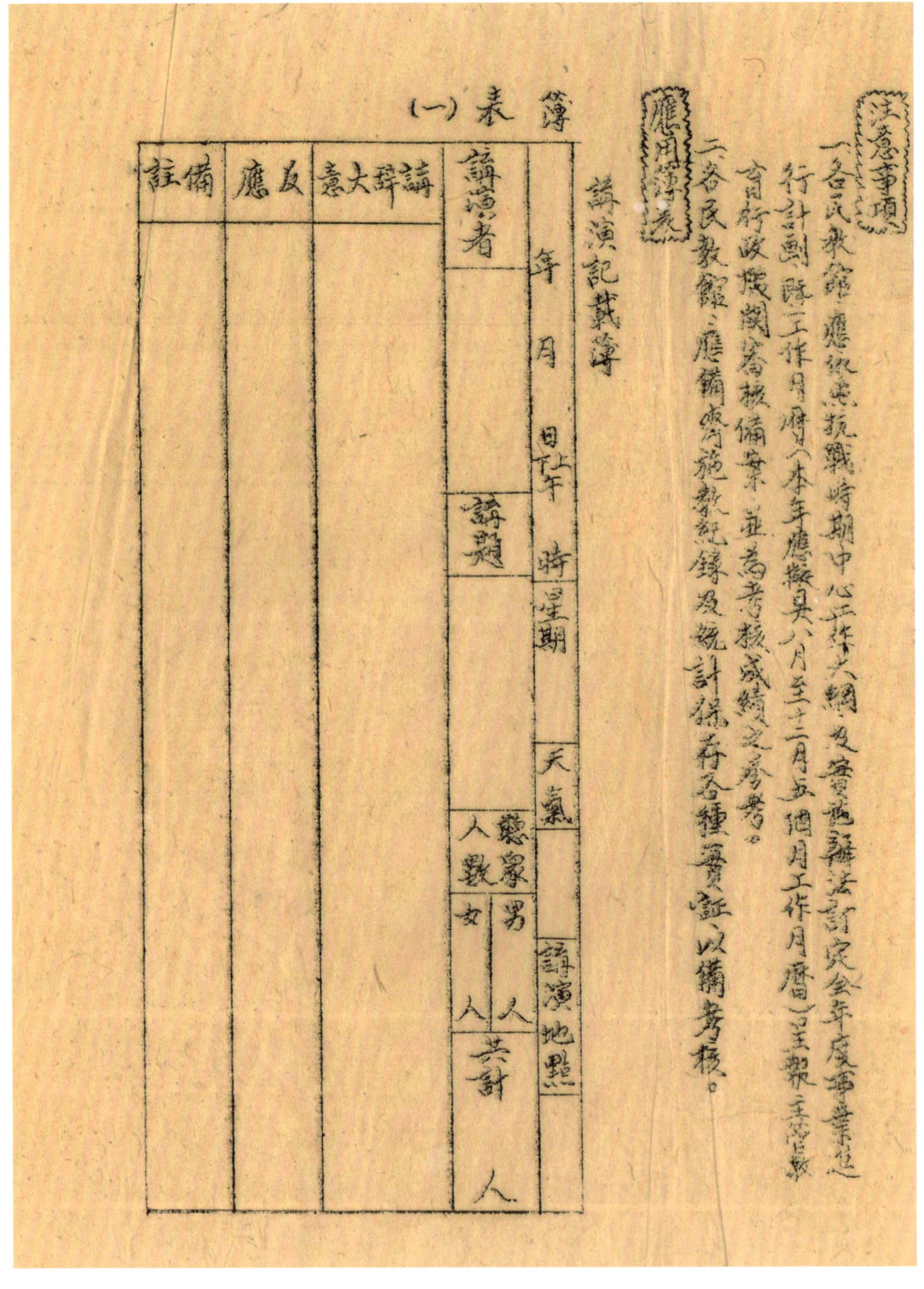

注意事項

一、各民教館應依照抗戰時期中心工作大綱，及實施辦法，訂定全年度事業進行計劃，按工作月曆（本年應擬具八月至十二月五個月工作月曆）呈報主管教育行政機關備案，並為考核成績之參考。

二、各民教館應備齊實施教育紀錄及統計，保存各種實證，以備考核。

應用簿表

簿表（一）

講演記載簿

年　月　日上午下午　時　星期	天氣	講演地點

講演者	講題	聽衆人數
		男　人　女　人　共計　人

講辭大意	反應	備註

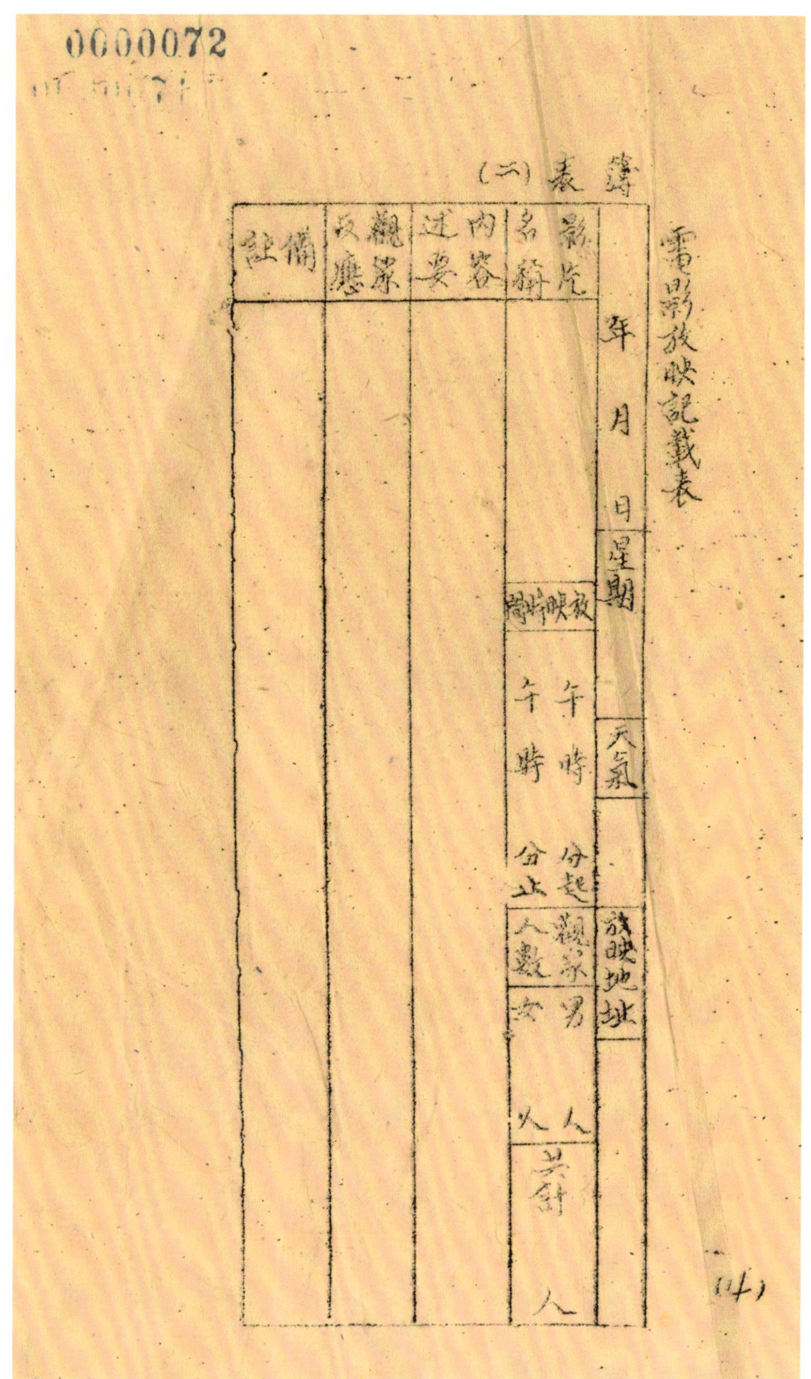
0000072

第　表（二）

電影放映記載表

年　月　日

星期

天氣

放映地址

影片名稱

放映時間　午　時　分起　午　時　分止

觀眾人數　男　人　女　人　共計　人

內容述要

觀眾反應

備註

（4）

附表(三)

儿童团登记表

姓名	性别	年龄	籍贯	在何校肄业	住址	入团年月	备注

附表(四)

少年团团员登记表（妇女队登记表与此同，惟将团字改队字）

姓名	年龄	籍贯	在何校肄业或何职业	住址	入团年月	备注

附表(五)

耆老会会员登记表

姓名	性别	年龄	籍贯	职业	住址	入会年月	备注

说明：职业栏须填写现任职业，如系家居，须填明曾任何职及家居字样。

(4)

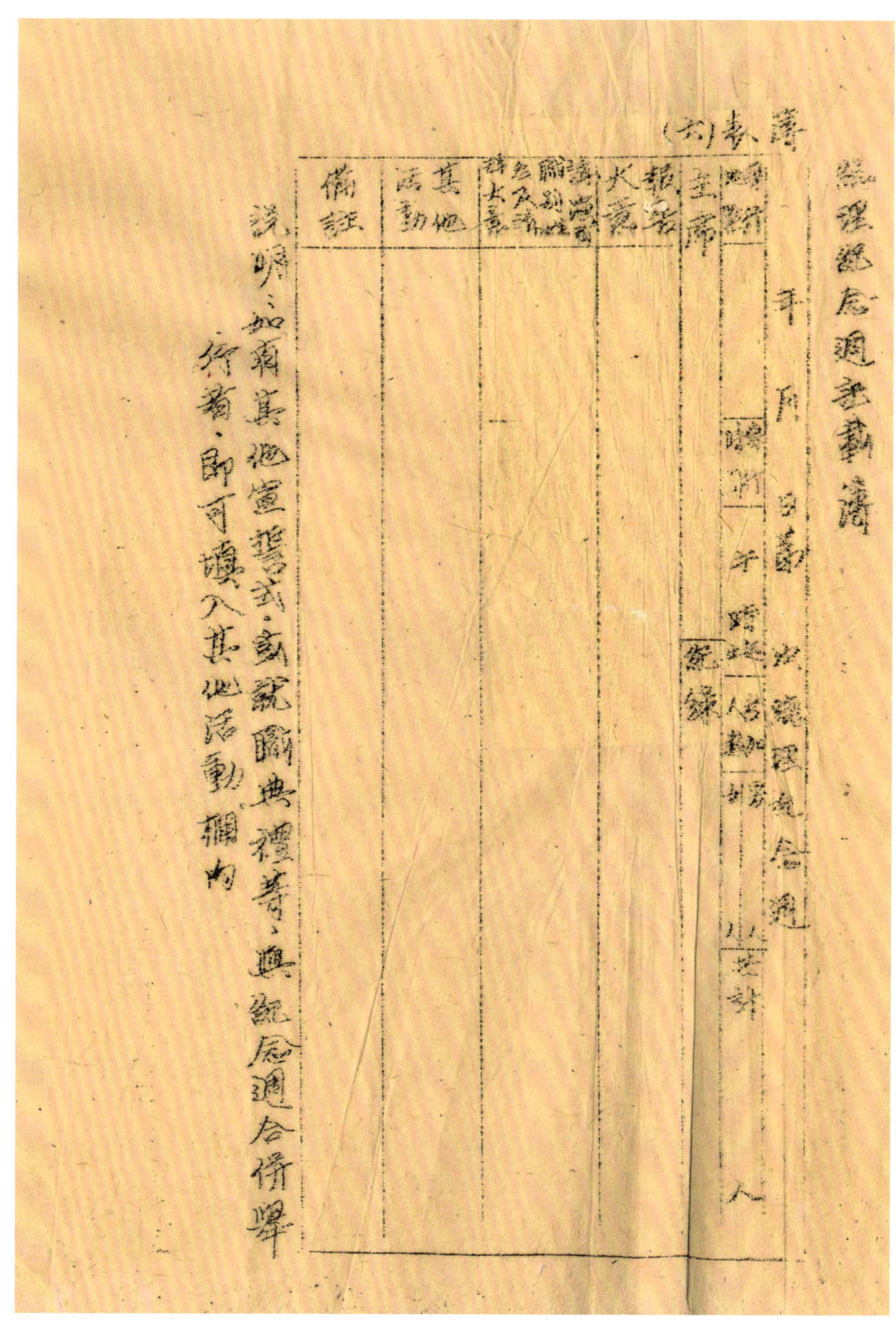

總理紀念週記載簿

簿表（六）

年　月　日舉行總理紀念週

舉行時間		散會時間	午　時	參加人數	男	人	女	人	共計	人
主席				紀錄						

報告大意	讀黨員守則及講詞大意	其他活動	備註

說明：如有其他宣誓式、或就職典禮等、與紀念週合併舉行者、即可填入其他活動欄內

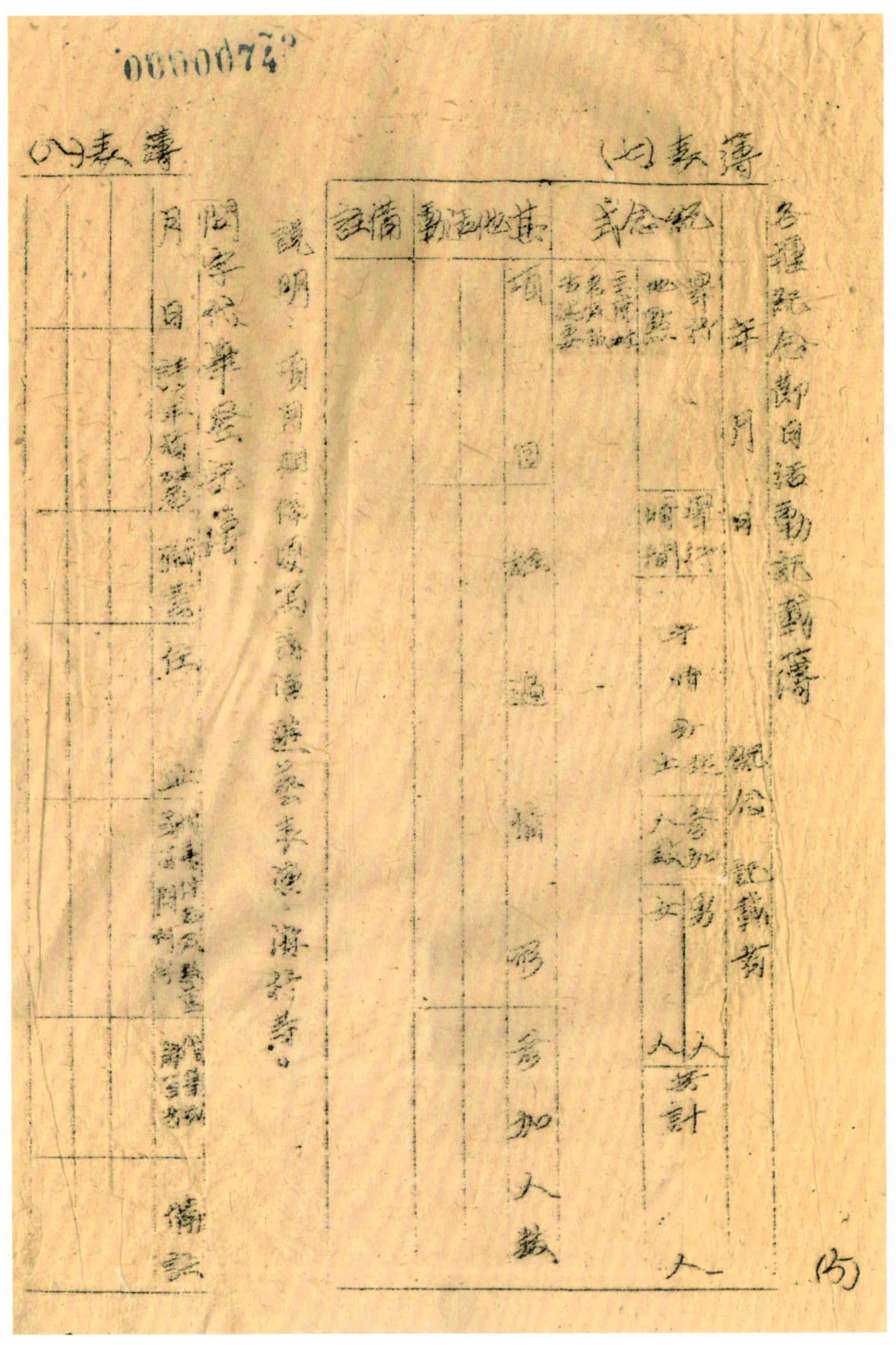

簿表（七）

各種紀念節日活動紀載簿

年　月　日　紀念　記載者

紀念式		其他活動		備註
舉行地點	主席姓名 報告者 演講者	項目		
舉行時間	時　分開 至　時　分止	經過情形		
參加人數	男　人 女　人 共計　人	參加人數		

說明：項目欄係填寫講演、話劇、歌詠、游行等。

簿表（八）

開會行事登記簿

月日	時間（自　時　分起至　時　分止）	[illegible]	主任	[illegible]	記錄者	備註

（六）

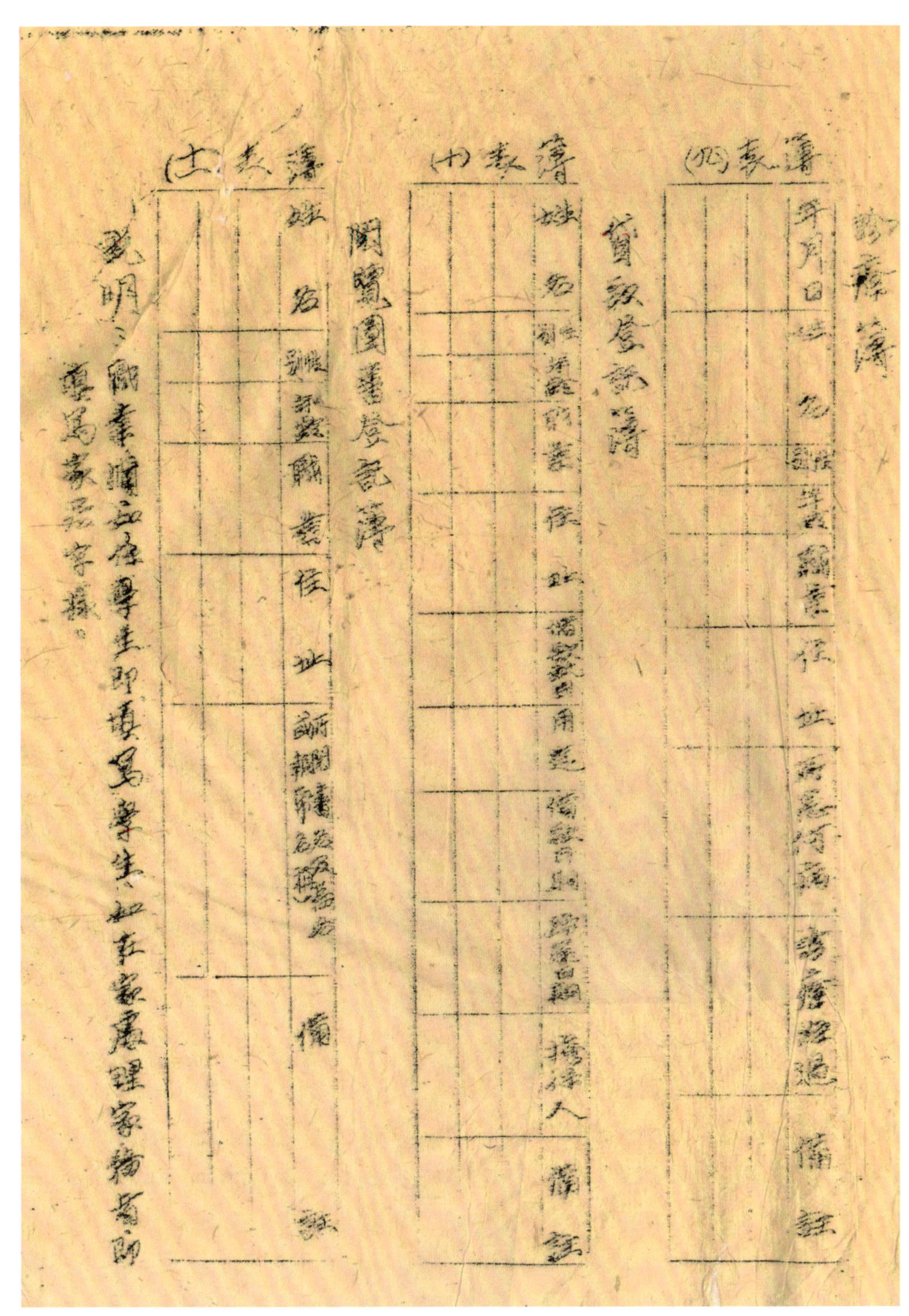

診療簿

簿表(九)

年月日	姓名	性別年齡	職業	住址	病名病狀	診療經過	備註

貸款登記簿

簿表(十)

姓名	性別年齡	職業	住址	借款數目	用途	借款日期	歸還日期	擔保人	備註

閱覽圖書登記簿

簿表(十一)

姓名	性別年齡	職業	住址	所閱圖書名稱及冊數	備註

說明：職業欄如係學生即填寫學生，如在家處理家務者即填寫家務字樣。

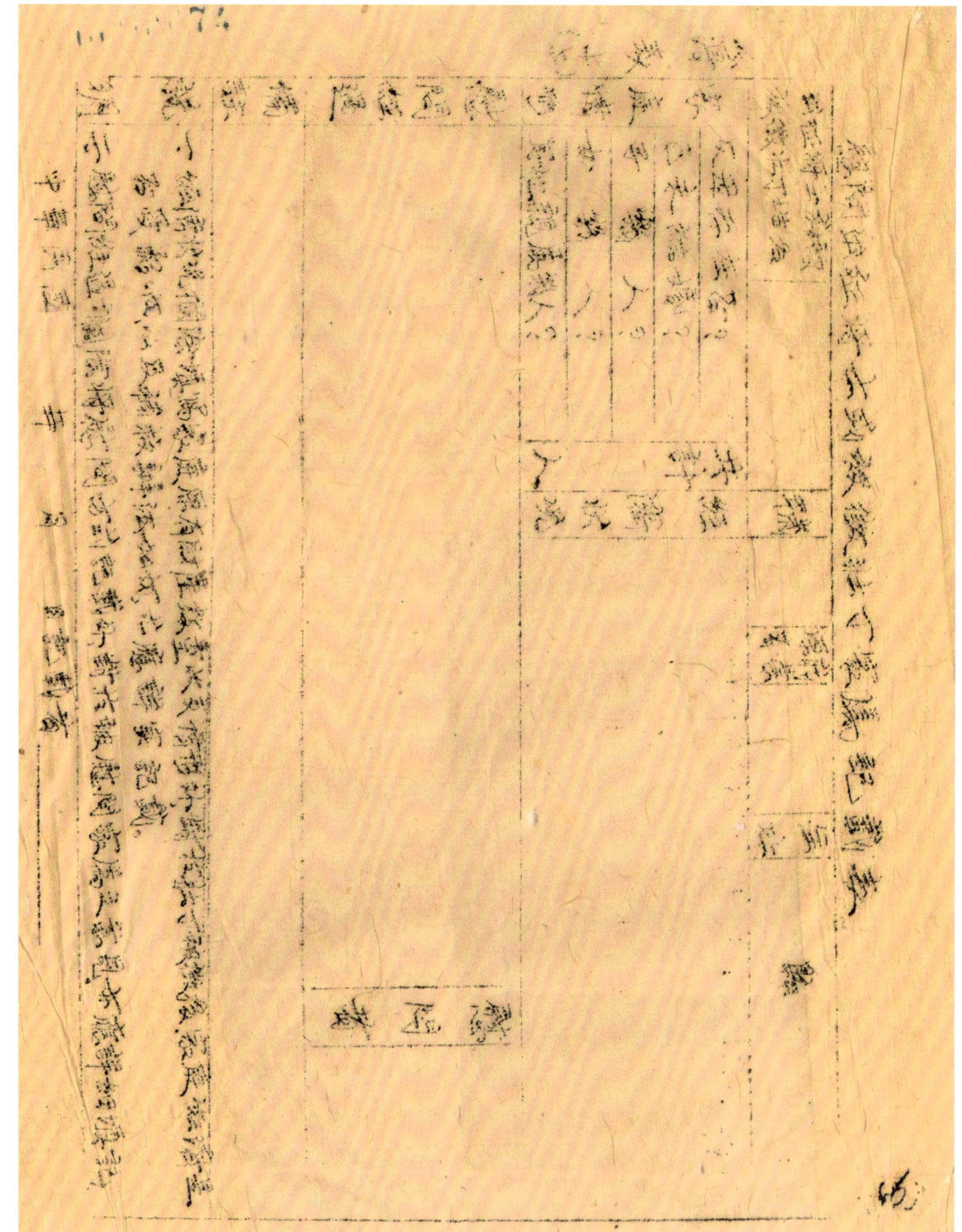

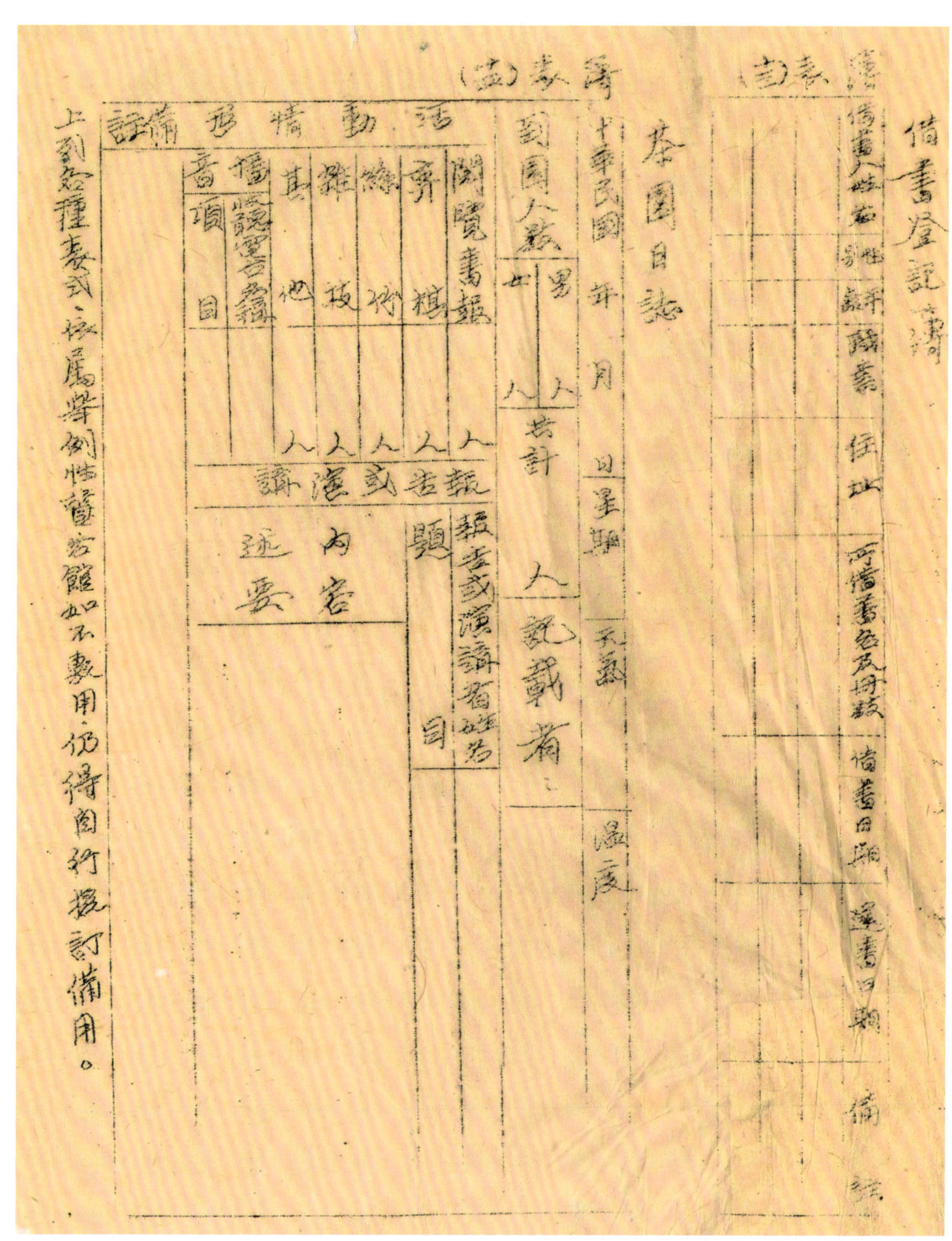

第十三表

借書登記簿

借書人姓名	性別	年齡	職業	住址	所借書名及冊數	借書日期	還書日期	備註

第十四表

本園日誌

中華民國　年　月　日　星期　天氣　溫度

到園人數	男　人	女　人	共計　人	記載者

活動情形備註

閱覽書報	弈棋	[illegible]	雜技	其他	播音	
					播送電台名稱	節目
人	人	人	人	人		

報告或演講

報告或演講者姓名	題目	內容要述

上列各種表式，係為舉例性質，各館如不敷用，仍得自行擬訂備用。

四川省政府及绵竹县政府关于转发《抗战时期文化团体指导工作纲要》的训令

四川省政府致绵竹县政府的训令（一九三九年十一月十五日收）

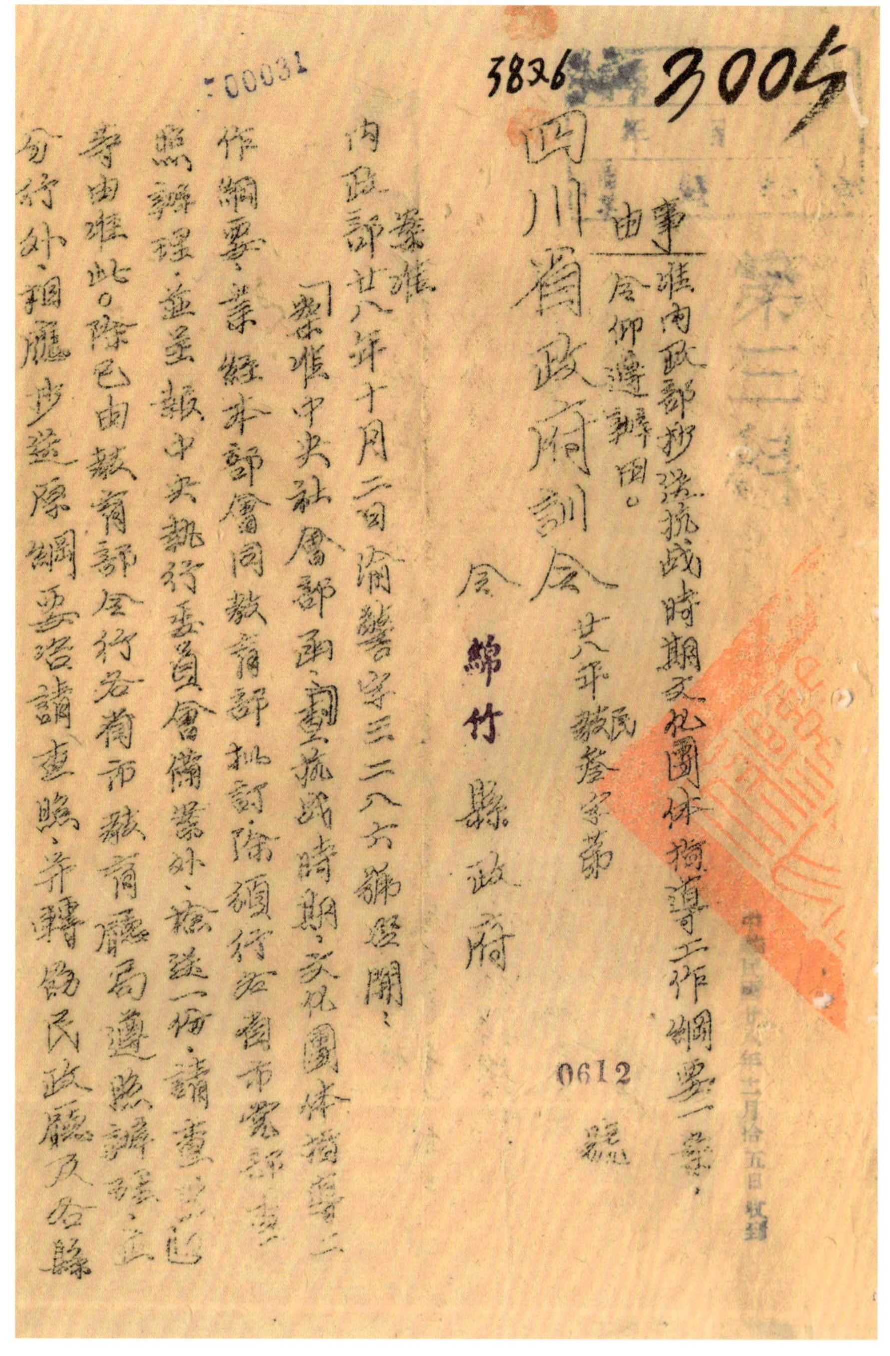

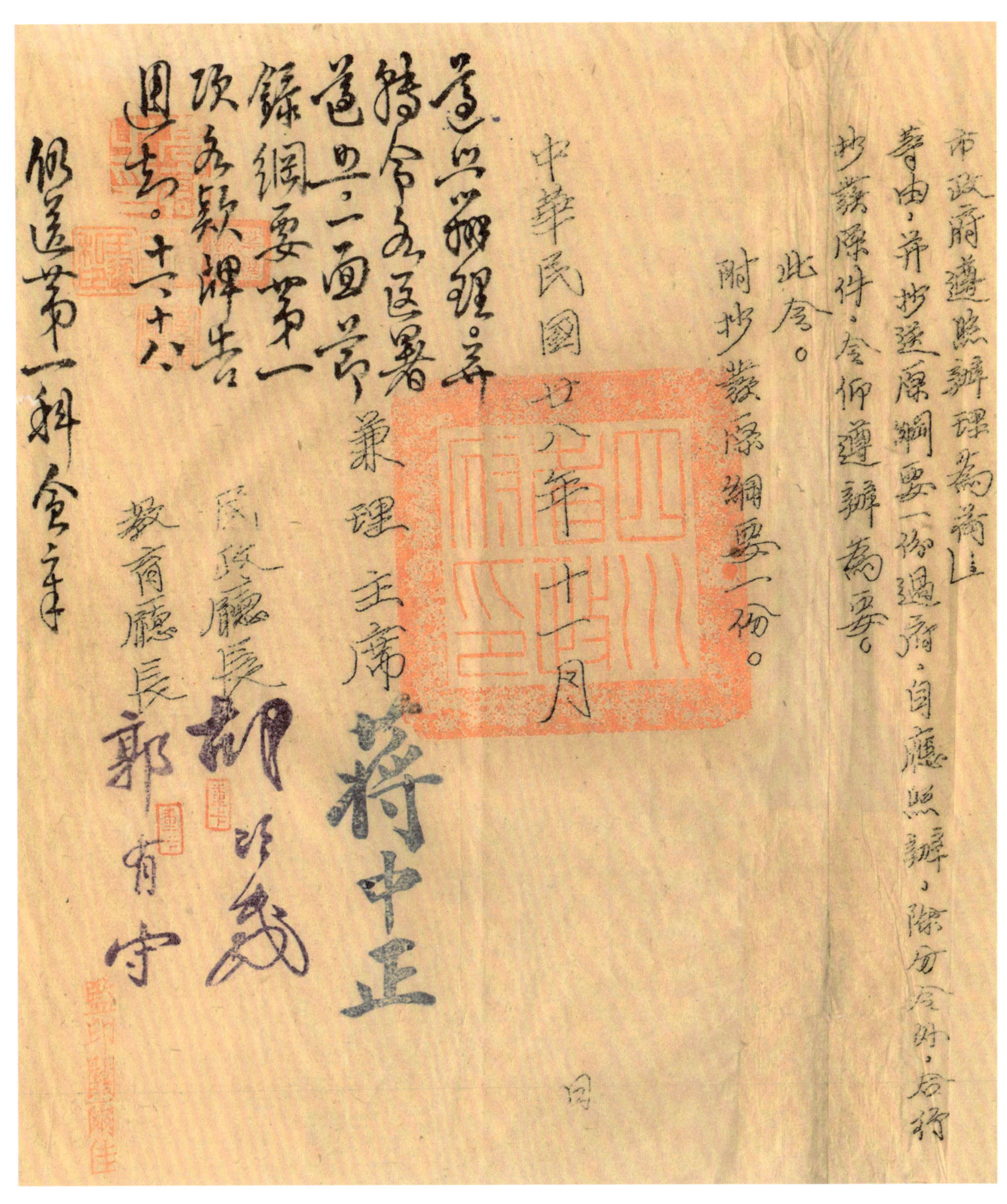

市政府遵照辦理爲荷」

等由，并抄送原綱要一份過府。自應照辦。除分令外，合行抄發原件，令仰遵辦爲要。

此令。

附抄發原綱要一份。

中華民國廿八年十一月　日

兼理主席　蔣中正

民政廳長　胡次威

教育廳長　郭有守

遵照辦理。并轉令各區署遵照一二兩點，並錄綱要第一項各款轉告周去。十一、十六

擬送第一科會辦

附：抗战时期文化团体指导工作纲要（一九三九年七月二十七日颁行）

抗戰時期文化團体指導工作綱要 廿八年七月廿七日中央社會部頒布施行

一、關於文化團体組織之調整：

1. 會同政府辦理文化團体總登記：

a、所有文化團体均應在当地主管官署呈准立案後，方得正式活動。

b、未經呈准立案之各文化團体應即於限期内補行立案手續。

c、未經呈准主管官署立案之文化團体而在限期内又不補行立案手續者，得嚴厲取締之。

d、各地文化團体因所在地淪陷而遷移他處者，應向遷移地主管官署呈請備案。

2、根據以下諸原則整理現有文化團体：

a、會員星散負責無人、經費無着、徒有名無實之停頓狀態者，應令停止活動或解散。

b、一部份或大多數會員有違反三民主義及抗戰建國政策之言論行動而負責人無法制止者，應予改組或解散。

c、組織不健全不合於文化團体組織大綱及施行細則之規定者，應予調整。

d、凡學科性質相同之團体在可能範圍內應予以合併。

e、凡抗戰時期所需之文化團体而尚未組織者，應即發動並指導其組織。

六、關於文化團体工作之指導：

1、指導並獎勵文藝團体暨文藝界人士，建立三民主義文藝基礎，努力面向前方後方戰地，以小說及通俗讀物、發行抗戰畫報、舉行大規模之展覽，改進文藝著作之刊行。

2、指導並獎勵教育團体暨教育界人士努力抗戰時期之教育工作，須設法推動淪陷區域教育工作之進行。

3、指導並獎勵自然科學團体暨自然科學家努力於戰爭科學之發明及有關軍事科學工作之進行，灌輸民眾戰時科學常識，提倡科學化運動，期全國各界同胞以科學精神及科學思想協力抗戰建國工作。

4、指導並獎勵社會科學團体暨社會科學家努力於抗戰建國理論之建設工作，完成全國人民精神總動員，增強抗戰必勝建國必成之信念，於三民主義最高原則之下統一全國人民之思想與行動。

5、指導並獎勵宗教團体努力於積極救亡工作，發揮其國內與國際宣傳之最大效能，並策動其參加抗戰後援及各種工作隊。

6、指導並獎勵各種國際文化團体努力對外宣傳及聯絡工作，協同國民外交，俾與政府外交方針相呼應。

7、調查學術團体所研究之專門問題，並擬定若干重要問題，發交各學術團体研究。

绵竹县政府致各区区署的训令（一九三九年十一月二十六日）

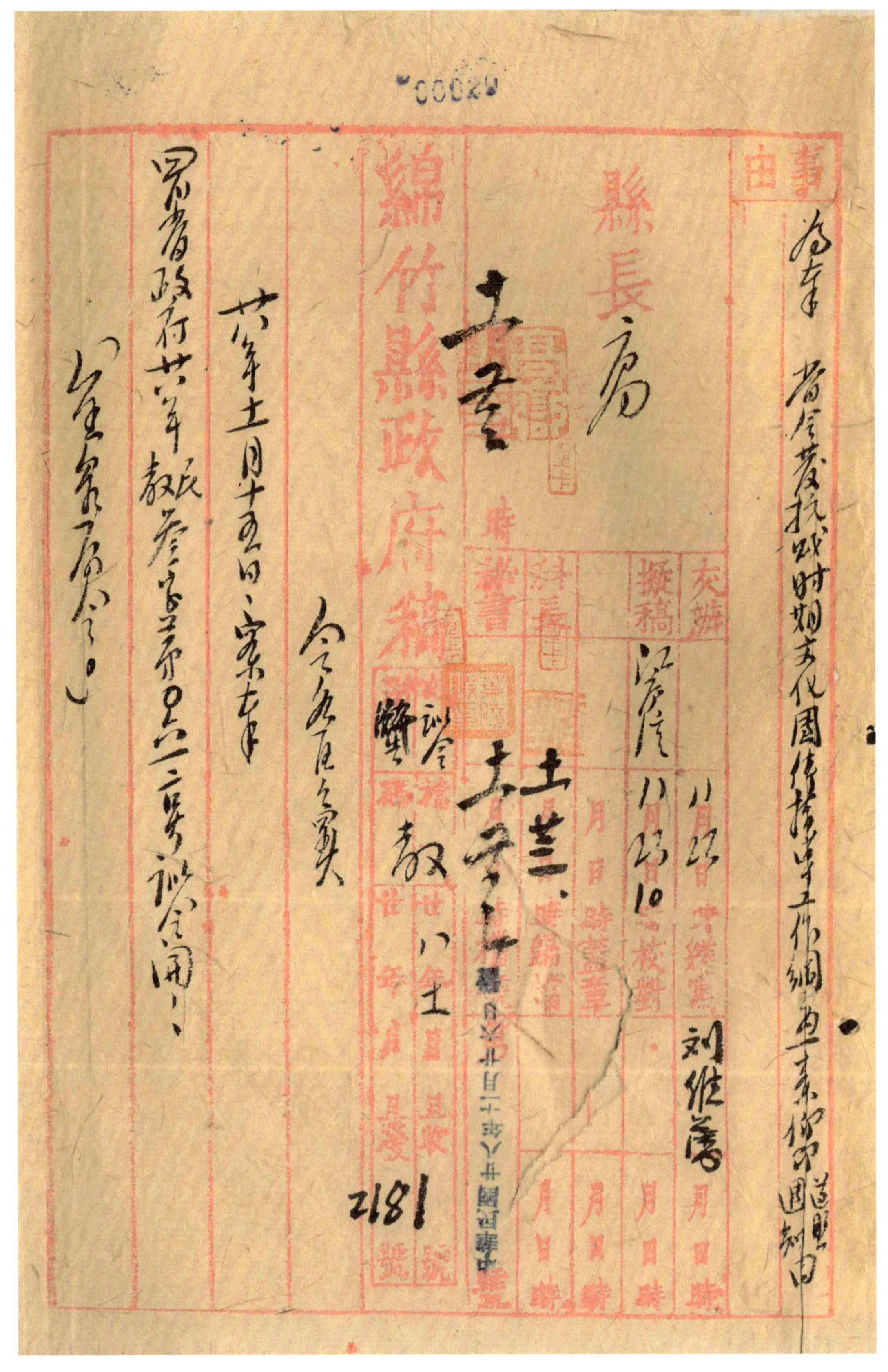

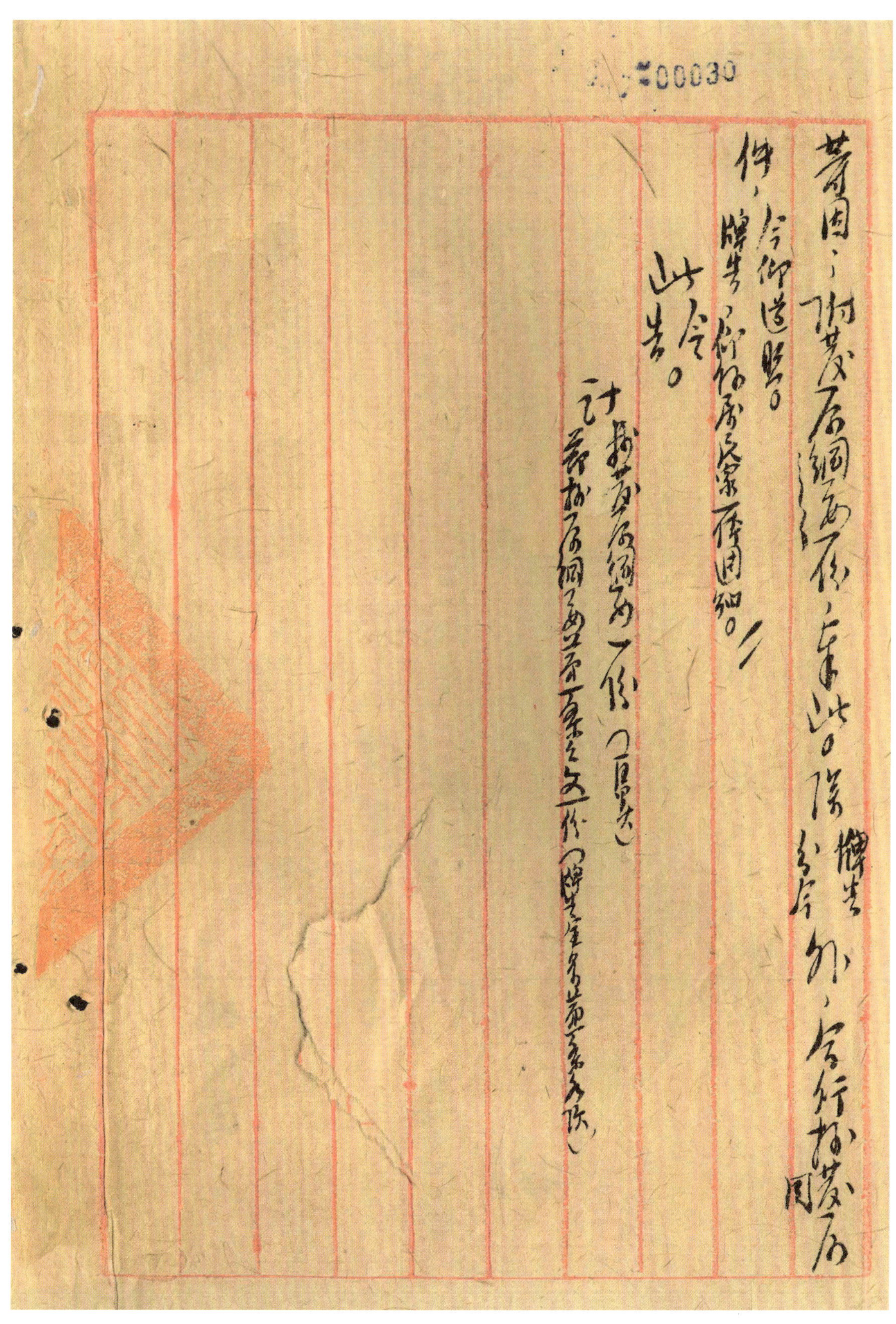

00030

等因。附發原綱要二份。奉此。除牌告、分令外，合行抄發原件，令仰遵照。

牌告：仰各相關人等一體周知。

此令/告。

計抄發原綱要一份（同上）

並抄原綱要第五條第二項之文一份（牌告全文第五條第二項文照）

绵竹县政府关于注意接收飞机散发传单迅即缴府致东北乡、西南乡乡长及警察所、中城镇的训令（一九四〇年九月八日）

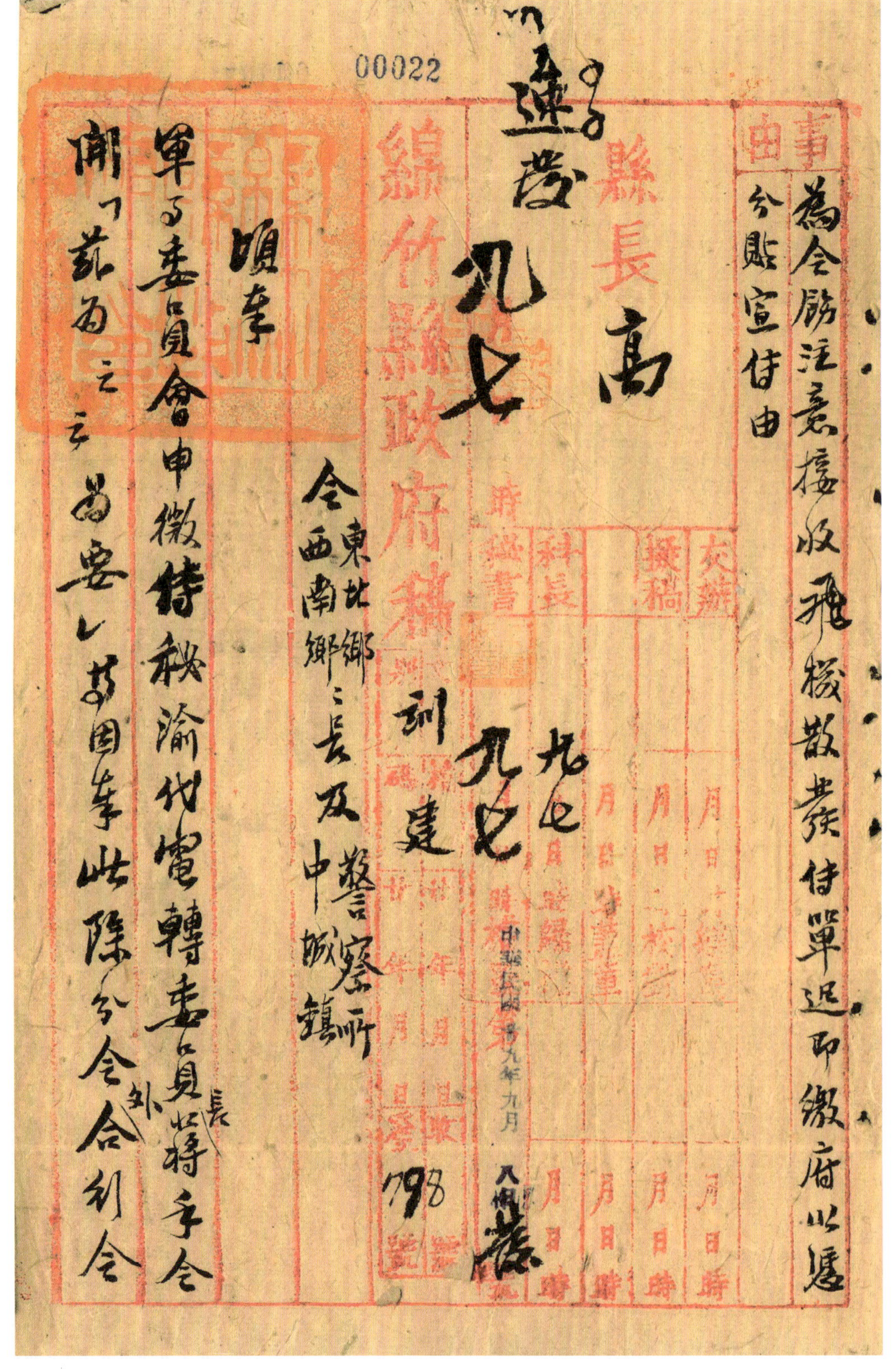

00022

事由：為令飭注意接收飛機散發傳單迅即繳府以憑分貼宣傳由

縣長 高

綿竹縣政府稿

令東北鄉、西南鄉鄉長及警察所、中城鎮

訓

頃奉
軍事委員會申微侍秘渝代電轉委員長手令

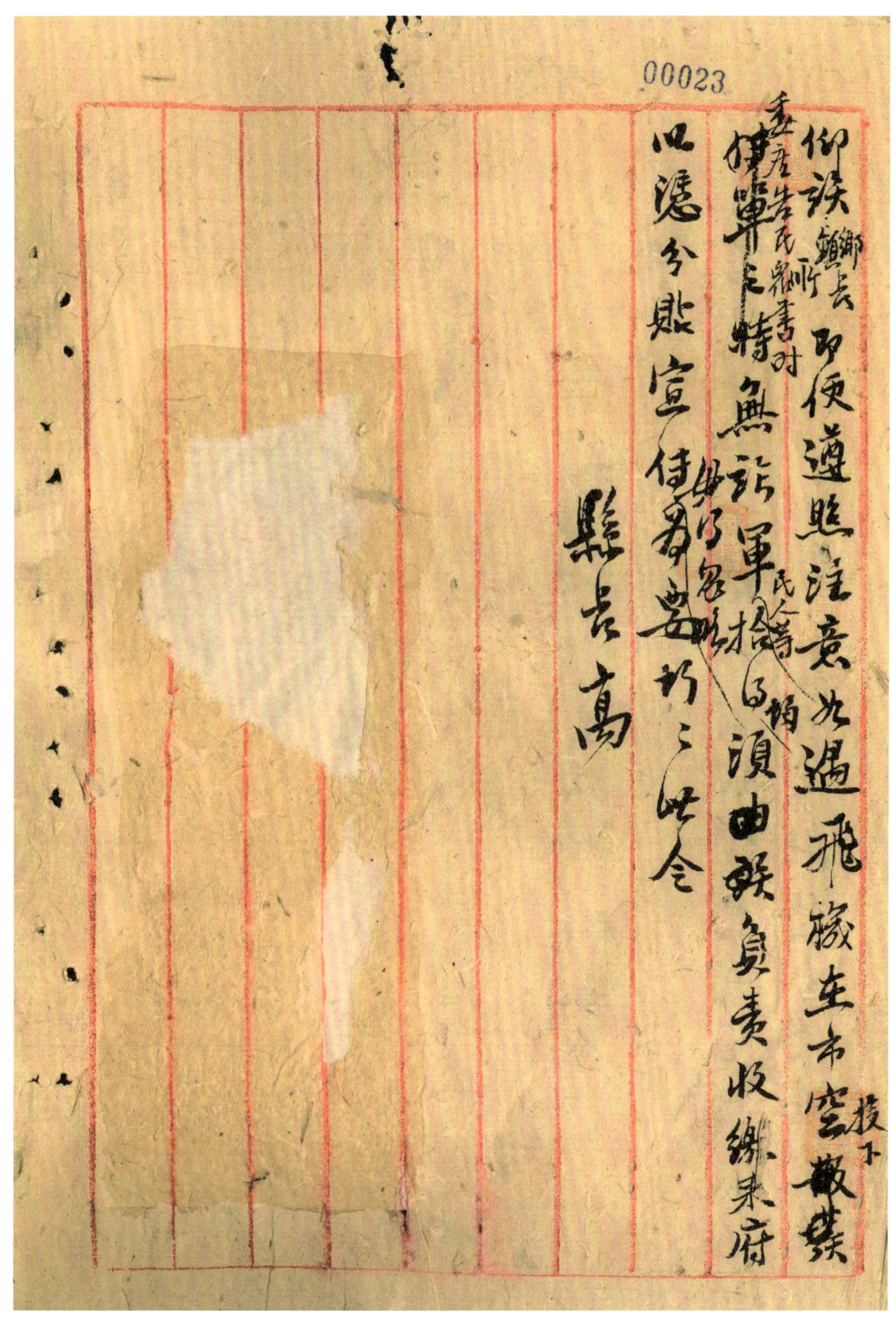
00023

仰該鄉鎮長即便遵照注意，如遇飛機在市空散發（投下）傳單，並佈告民眾所有書刊等，特無論軍民人等拾得均須由該負責收繳來府，以憑分駁宣傳，毋得自行隱匿為要，切切此令

縣長 高

绵竹县各法团士绅关于继续发起游艺募捐慰劳建筑机场民工请予备查并出示保护致县政府的呈

（一九四一年一月九日收）

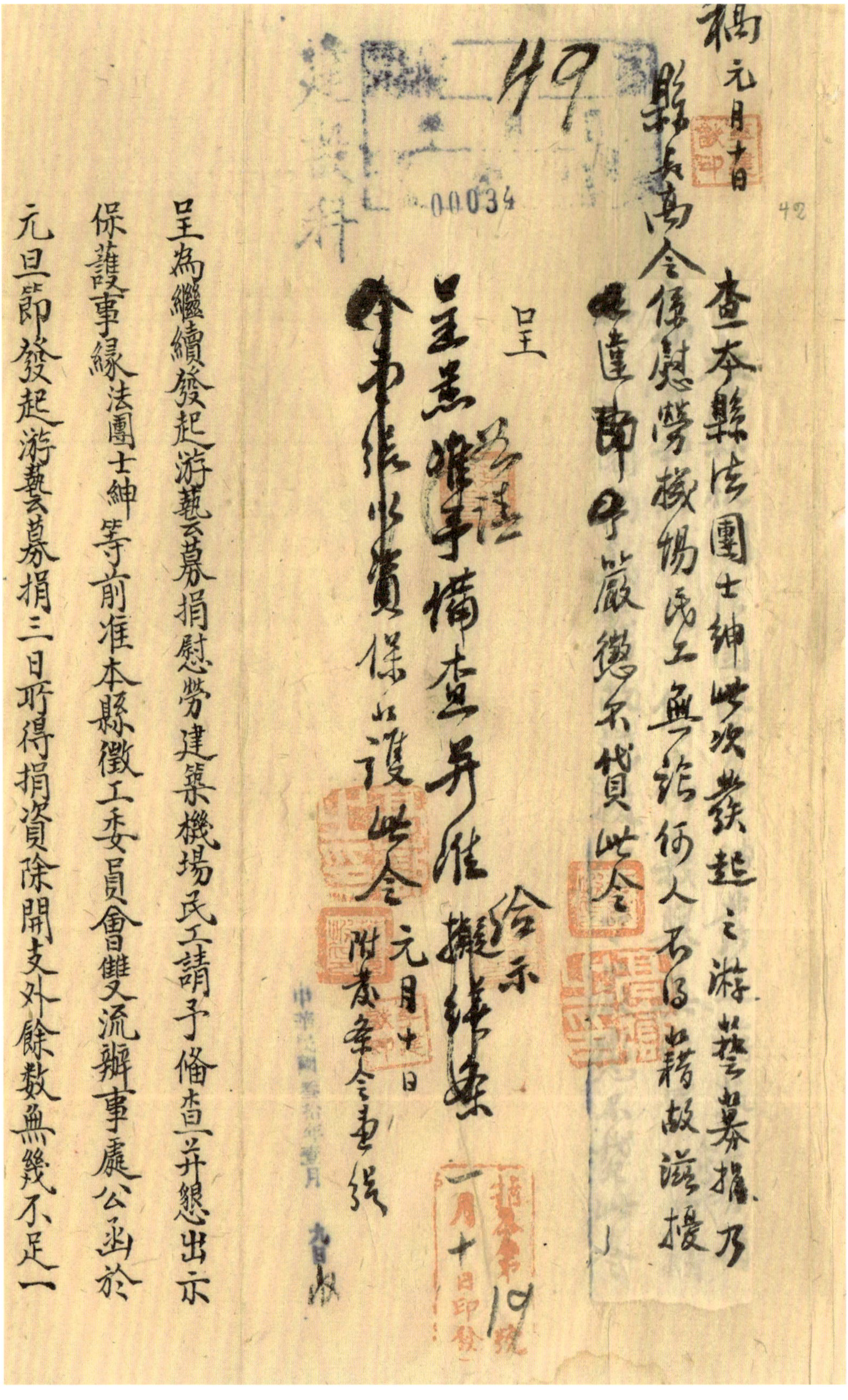

呈為繼續發起游藝募捐慰勞建築機場民工請予備查并懇出示
保護事緣法團士紳等前准本縣徵工委員會雙流辦事處公函於
元旦節發起游藝募捐三日所得捐資除開支外餘數無幾不足一

餐刻間本縣行政訓練所學員畢業舉辦聯歡大會函請縣中各票社參加助演法團等業已商得各票社同意繼續演劇三日所得票資除開支外盡數滙作慰勞建築機場民工之用是以具文呈請

鈞府俯予備查并懇出示保護實沾德便謹呈

縣長高

綿竹縣農會幹事劉季雲

工會理事劉致德

商會主席藍少伯

士紳代表傅霖舟

李蓉溪

袁學愚

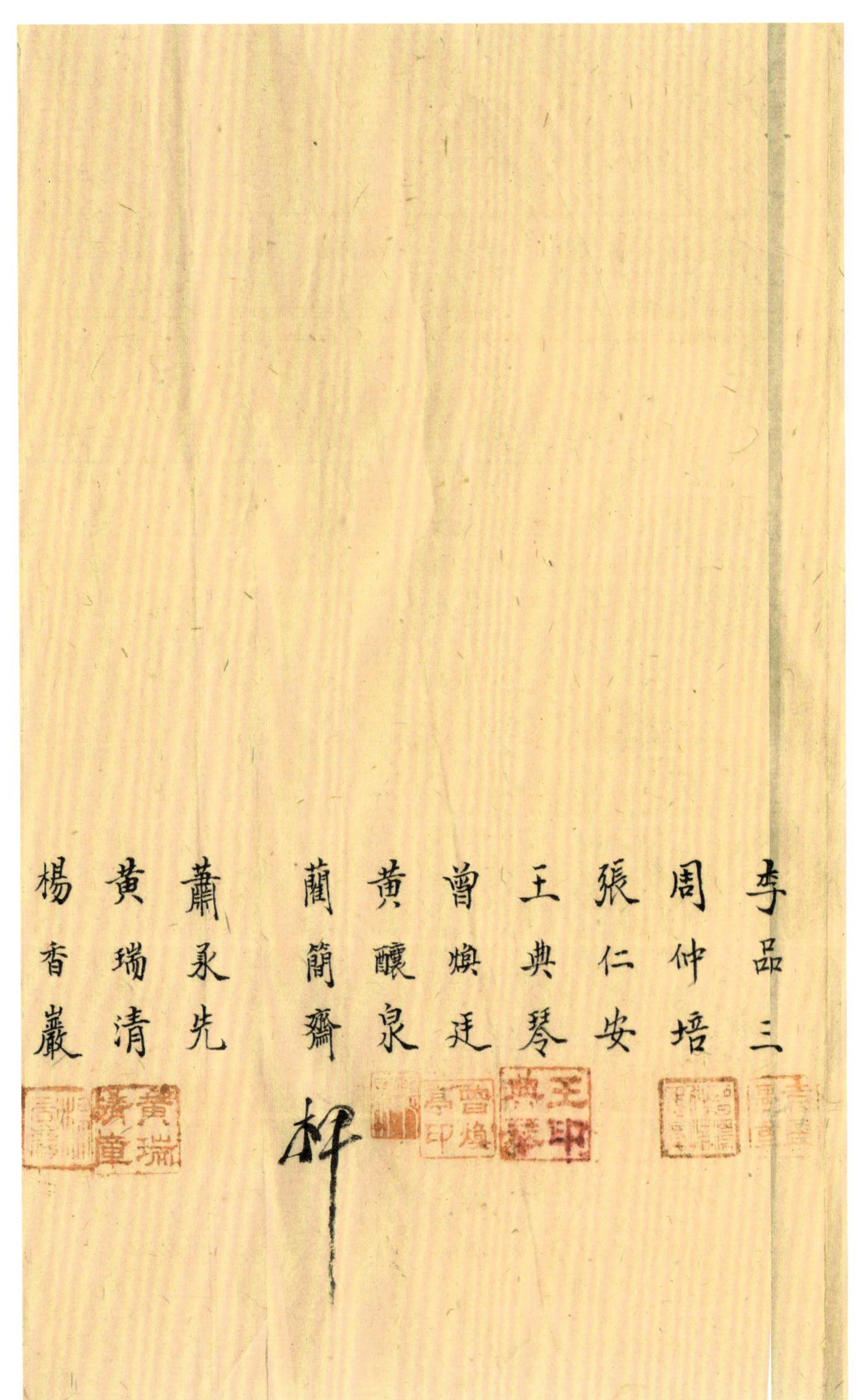

李品三
周仲培
張仁安
王典琴
曾煥廷
黃醲泉
藺簡齋
蕭承先
黃瑞清
楊香巖

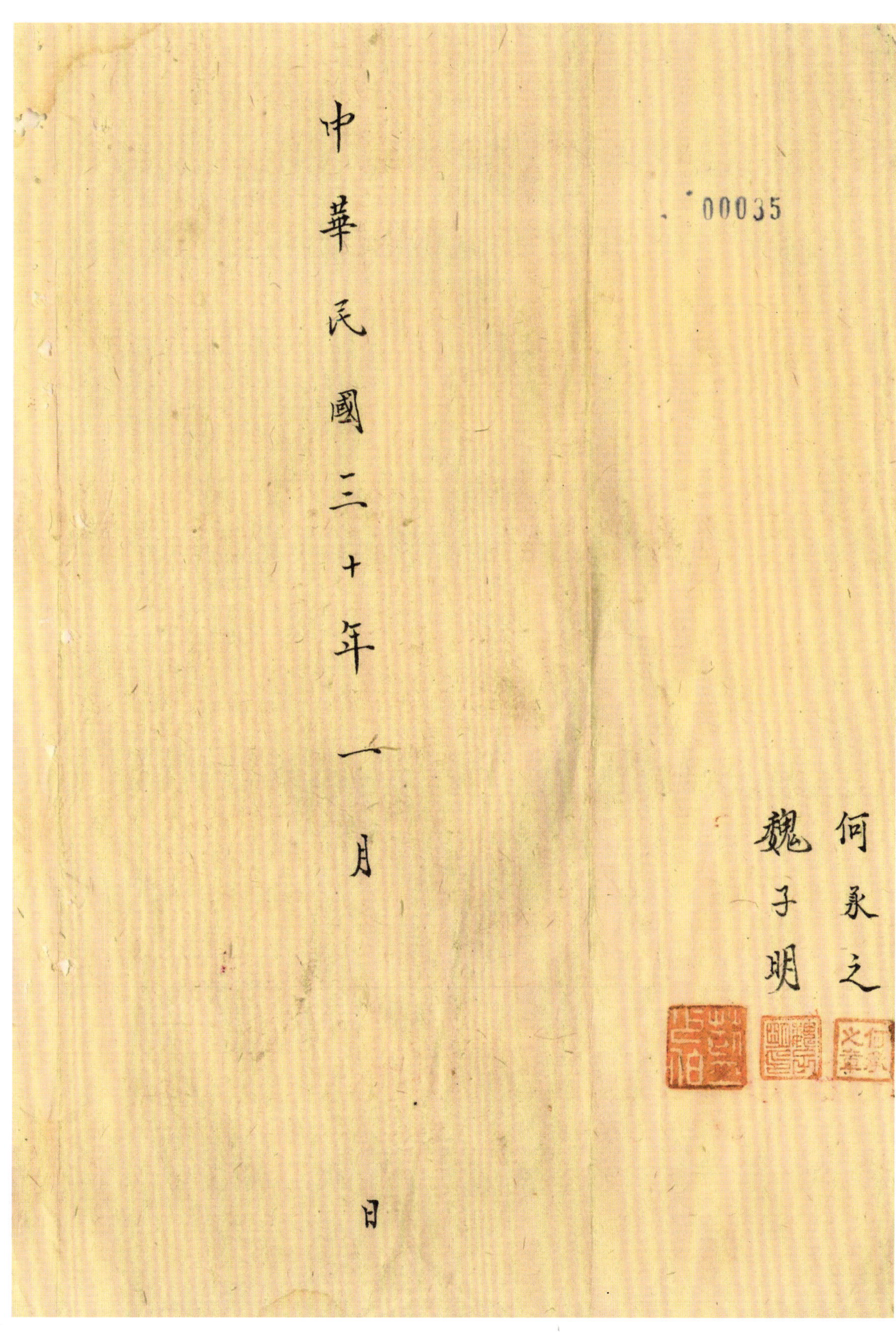
00035

何永之

魏子明

中華民國三十年一月 日

国民党四川绵竹县执行委员会颁发的绵竹县星相业从业人抗敌宣传团组织许可证书（一九四一年三月二十七日）

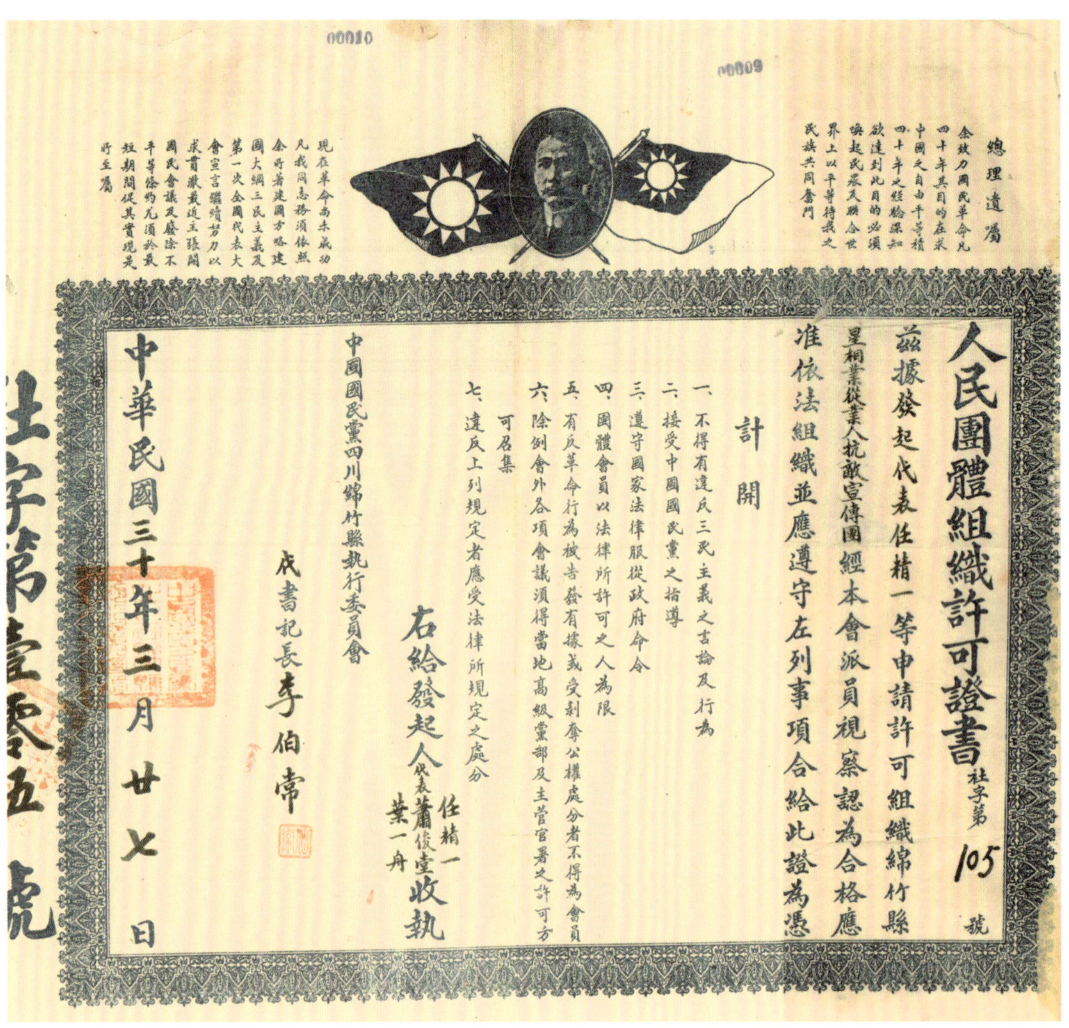

00010

00009

總理遺囑

余致力國民革命凡四十年其目的在求中國之自由平等積四十年之經驗深知欲達到此目的必須喚起民衆及聯合世界上以平等待我之民族共同奮鬥現在革命尚未成功凡我同志務須依照余所著建國方略建國大綱三民主義及第一次全國代表大會宣言繼續努力以求貫徹最近主張開國民會議及廢除不平等條約尤須於最短期間促其實現是所至囑

人民團體組織許可證書 社字第105號

茲據發起代表任精一等申請許可組織綿竹縣星相業從業人抗敵宣傳團經本會派員視察認爲合格應准依法組織並應遵守左列事項合給此證爲憑

計開

一、不得有違反三民主義之言論及行爲

二、接受中國國民黨之指導

三、遵守國家法律服從政府命令

四、團體會員以法律所許可之人爲限

五、有反革命行爲被告發有據或受剥奪公權處分者不得爲會員

六、除例會外各項會議須得當地高級黨部及主管官署之許可方可召集

七、違反上列規定者應受法律所規定之處分

右給發起人代表 任精一 蕭俊堂 葉一舟 收執

中國國民黨四川綿竹縣執行委員會

代書記長 李伯常

中華民國三十年三月廿七日

社字第壹零五號

绵竹县星相业从业人抗敌宣传团关于遵令发起组织星相业抗敌宣传团拟就章程并附略历表、筹备印模致国民党绵竹县执行委员会的呈（一九四一年四月二十三日收）

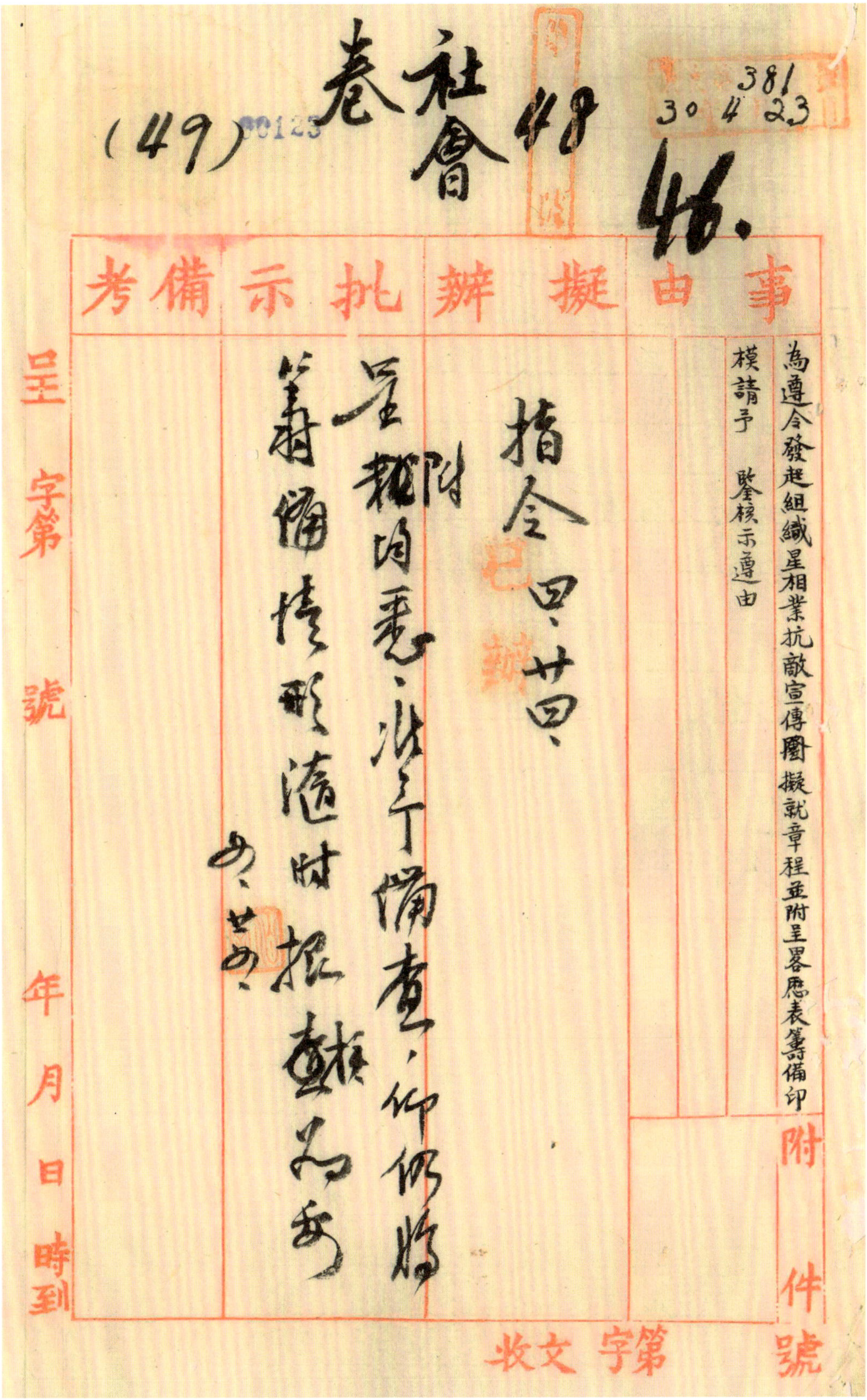

（49）　社會　卷　48

381
30　4　23

46.

事由	擬辦	批示	備考
為遵令發起組織星相業抗敵宣傳團擬就章程並附呈畧歷表籌備印模請予鑒核示遵由	指令　四、廿四	附呈表規均悉，准予備查，仰仍將籌備情形隨時報核為要　四、廿四	

附件

呈　字第　號　年　月　日　時到

收文　字第　號

鈞會訓字第三〇號指令畧開：

「（畧）遵令改爲綿竹縣星相業從業人抗敵宣傳團，合行令仰知照爲要，此令」等因，附發社字第一〇五號許可證一張，奉此。代表等發起組織，擬就章程，籌備進行，自刊籌備木質圖記一顆，文曰綿竹縣星相業從業人抗敵宣傳團圖記，除分呈縣政府查核外，理合繕呈章程一份，畧歷表一份，蓋呈籌備印模一紙，隨文賫呈鈞會鑒核備查，指令祗遵。

謹呈

中國國民黨綿竹縣執行委員會

附呈章程一份 畧歷表一份 印模一紙。

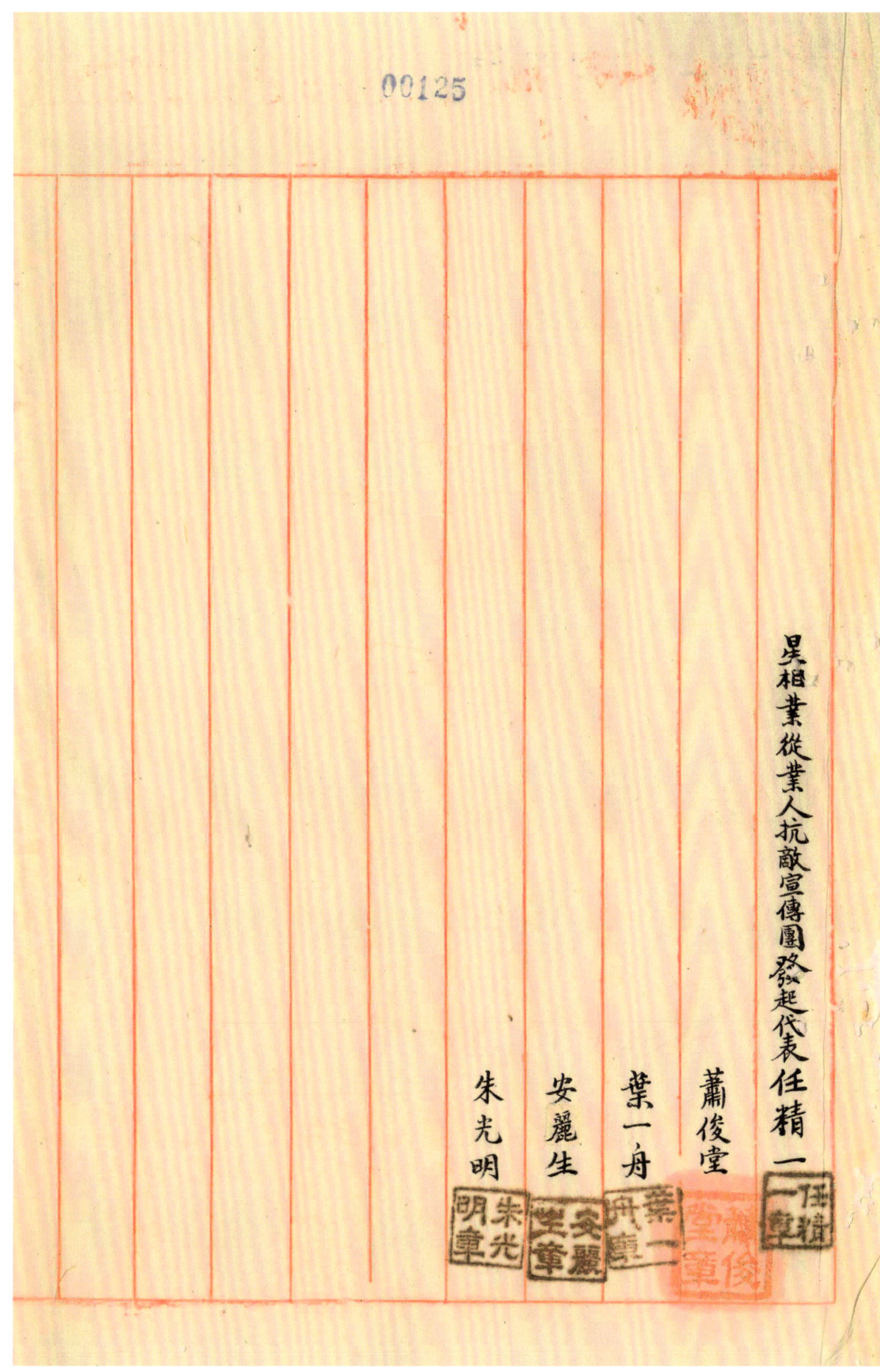
00125

吴相业从业人抗敌宣传团发起代表任精一（任精一章）

萧俊堂（萧俊堂章）

叶一舟（叶一舟章）

安丽生（安丽生章）

朱光明（朱光明章）

00136
中華民國三十年四月　日

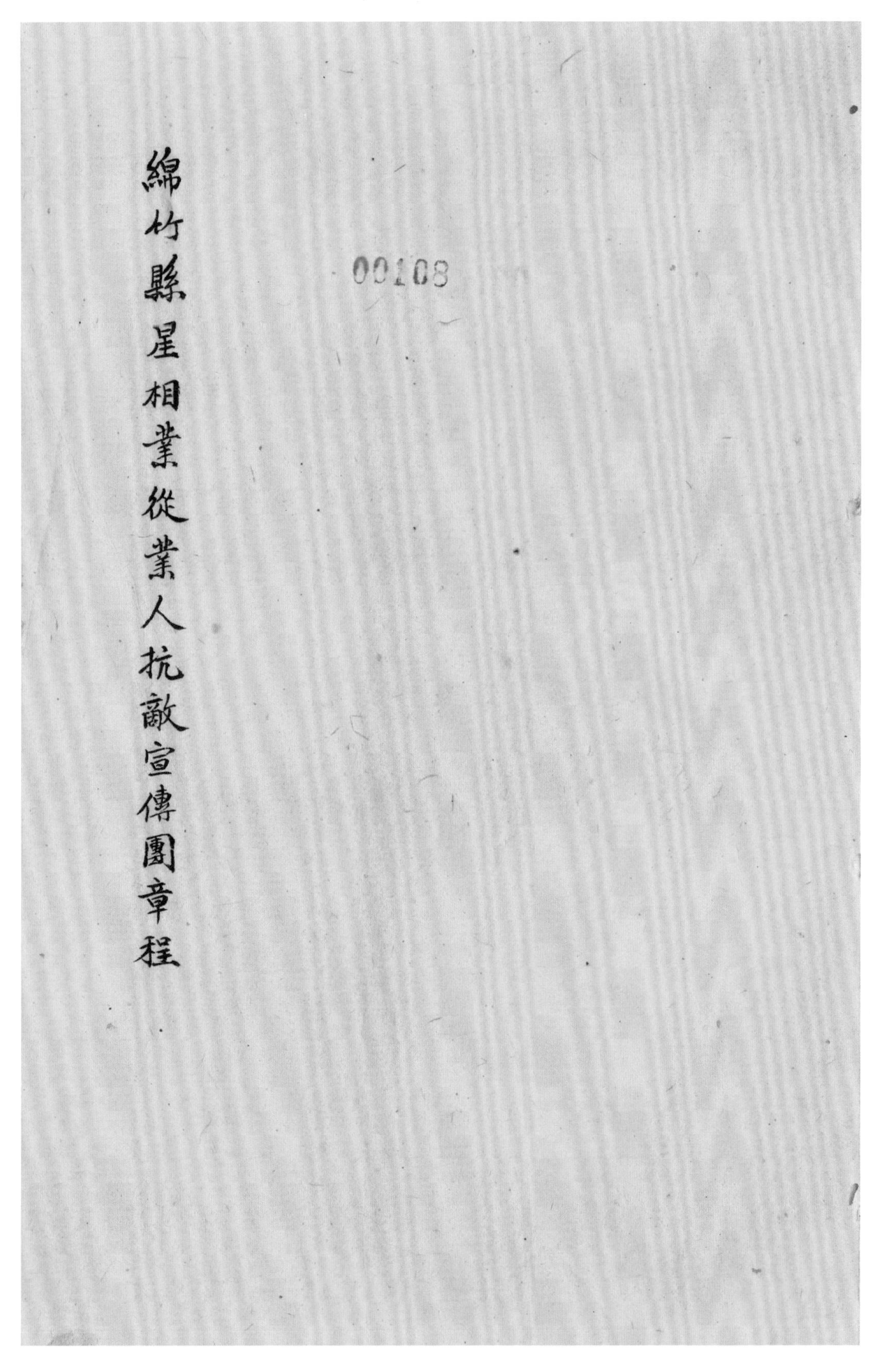

綿竹縣星相業從業人抗敵宣傳團章程

綿竹縣星相業從業人抗敵宣傳團章程

第一章 總則

第一條 本團以奉行三民主義遵守國家法令嚴密本業組織肅清奸人混淆協助政府宣傳抗敵鼓勵人民踴躍從軍慰勞出征將士家屬平安為宗旨

第二條 本團經綿竹縣黨部呈准省黨部定名為綿竹縣星相業從業人抗敵宣傳團

第三條 本團區域以綿竹縣境為限同一區域内不得有第二組織

第四條 本團地址設南外關岳廟内

第二章 團員

00111

第五條　凡在綿竹縣境經營星相業務不分性別老幼住址而有下列資格者皆得為本團團員

1、信仰三民主義者

2、遵守國家法令者

3、無特別嗜好者

4、未受法律制裁者

5、無有不正當行為者

6、不做違害國家民族利益事者

7、不幫助敵人和漢奸作反宣傳者

8、有確定住處和妥實舖保者

第六條　凡本縣業星相人志願入團者須經本團團員三人以上之介紹填具志願書覓妥實舖保附像片二張經大會通過後方得為本團團員

第七條　凡有左列情事者不得為本團團員

1、信仰不堅定者

2、行為不正當者

3、有特別嗜好者

4、有反革命行為者

5、現受法律制裁者

6、出賣國家民族利益者

7、帮助敵人和漢奸作反宣傳者

8、無確定住處及妥實舖保者

第三章 組織及職權

第八條 本團設主任一人副主任一人主任以下設總務宣傳調查交際會計五組每組各設組長一人

第九條 主任承上級之命令有掌轄處理全團事務之權副主任勷助一切進行若主任因事鈌席時得由副主任代理之

第十條 本團各組組長承上級之命令受主任之指揮辦理一切事宜

第十一條 總務組掌辦本團文書召集團員開會通知事宜

第十二條　宣傳組負本團宣傳責任事宜

第十三條　調查組專司調查異黨漢奸份子監視團員行動事宜

第十四條　交際組專司本團對內外一切交際事宜

第十五條　會計組專司本團經費出入事宜

第十六條　凡本團職員均係無給職惟辦理文書及紙張筆墨得酌量支給經費但須經大會決定按月報銷

第四章　權利及義務

第十七條　凡本團職員團員有享受本團一切權利事項及參加會議之資格

第十八條　凡本團職員團員對於團內一切會議有發言權表決权及選舉權与被選举权

第十九條　凡本團職員團員有受人謀害栽污情事經查明屬實得全體援

助之

第二十條　凡本團職員團員須絕對服從上級命令及團内一切會議議案

第二十一條　凡本團職員團員皆有履行本團一切義務

第二十二條　凡本團職員團員有協助政府調查異黨漢奸之責任

第二十三條　凡本團職員團員辦理上級或本團指派事務應嚴守秘密必須達到目的蹈湯赴火在所不惜

第二十四條　監視同業違反國家行動

第五章　守則及獎懲

第二十五條　凡本團職員團員均應遵下列守則

人人不違背三民主義

2、不違反政府法令

3、不吸食鴉片及代替品

4、不替敵人漢奸作偵探

5、不將本團消息說給外人

6、不妄談鬼神包繕呈詞及不正文書等類

第二十六條　凡職員團員對上級指派事件能如期達到目的得呈請　上級從優奬勵

第二十七條　凡團員職員能協助政府宣傳鼓勵人民參加兵役經調查屬實得呈請　上級嘉奬之

第二十八條　凡職員團員能偵探異黨漢奸秘密消息或機關地址報告上

綿竹南門外

級經破獲確實者得呈請從優獎勵

第二十九條　凡本團職員團員若到外縣或他縣營業者須到本團登記返縣時亦須報告

第三十條　凡本團職員團員無論行動營業皆須將本人證書證章隨帶身傍以資考查否則發生意外本團概不負責

第三十一條　凡本團職員團員若不履行團内一切義務及奉辦上級指派之事辦理不力者得分別處罰

第三十二條　凡本團職員團員有不遵守團内章則及作危害國家社會利益事者輕則除名重則送交政府嚴辦（但須經大會通過）

第六章　會議及選舉

第三十三條　本團會議分常年會月會臨時會三種

1、常年會每半年一次

2、月會每月一次

3、凡遇臨時事件經主任許可或團員三分之二之請求得召開之

第三十四條　本團主任副主任各組長任免均由團員大會選舉之

第三十五條　本團選舉用双記名投票法

第三十六條　凡本團員皆有選舉權與被選舉權

第三十七條　主任及副主任任期為二年連選得連任之

第三十八條　組長任期均為一年連選得連任之

第七章　經費

第三十九條　本團經費來源分下列三項

1、入團基金——凡團員入團每人須繳基金壹元正

2、常年金——凡本團團員每人每年須繳納常年金五元正

3、臨時金——凡遇特別事項需款時得由團員募集之數目不定

第四十條　本團經費收支皆由會計組負責但經手月終須將賬目標出所在月會中當眾報告

第四十一條　本團經費若團員有發現不公開處得請求會計組開會算賬

第八章　附則

第四十二條　本章程經呈准縣黨部縣政府查核後發生效力

第四十三條　本章程如有未盡事宜得由團員修改之並呈請　上級備查

附（二）绵竹县星相业从业人抗敌宣传团发起筹备员略历表

00122

綿竹縣星相業從業人抗敵宣傳團發起籌備員畧歷表

姓名	年齡	籍貫	住址	畧歷	通訊處	備考
任精一	五八	綿竹	中城鎮十三保	前清高小校畢業星相專科畢業曾充海湖科職員	南外迴龍街精一命館	本業早年成立海湖科未能改進故今重新組織
蕭俊堂	五一	同	同	同	南外迴龍街理道清命館	
葉一舟	六二	同	中城鎮北河埧	同	北河埧馬王廟一葉舟命館	
安麗生	五五	同	西南鄉桂籍宮	同	衙門口性中天命館	
朱光明	三九	同	中城鎮明陽街	同	明陽街朱姓層樓	

星相業印模

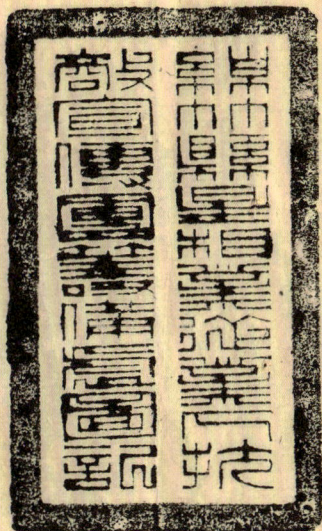

绵竹县政府关于举行「九一八」纪念活动筹备会议记录并附城区宣传地段表及宣传标语（一九四一年九月十二日）

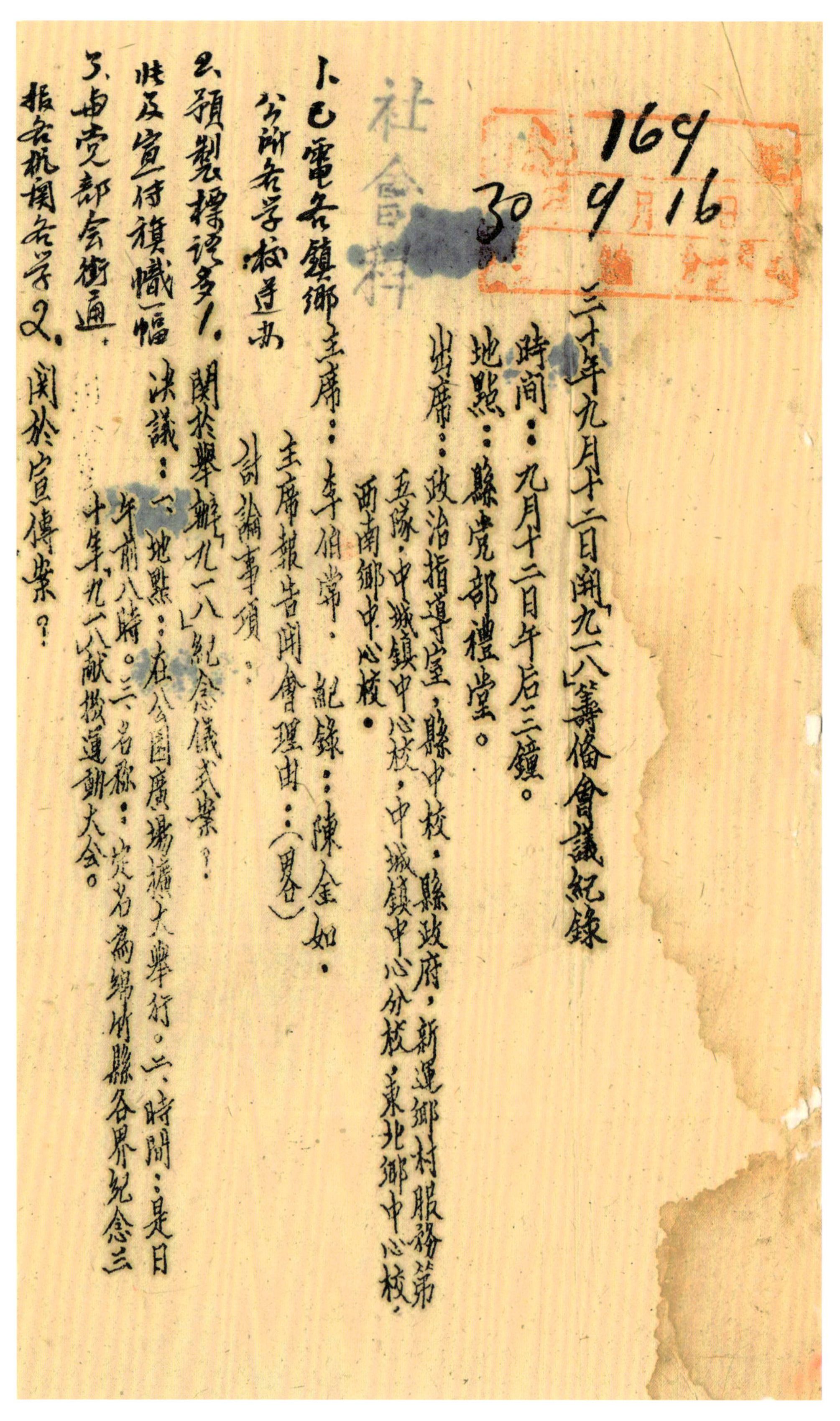

164

30 9 16

社會科

三十年九月十二日開「九一八」籌備會議紀錄

時間：九月十二日午后三鐘。

地點：縣党部禮堂。

出席：政治指導室，縣中校，縣政府，新運鄉村服務第五隊，中城鎮中心校，中城鎮中心分校，東北鄉中心校，西南鄉中心校。

主席：李伯常。紀錄：陳金如。

主席報告開會理由：（畧）

討論事項：

關於舉辦「九一八」紀念儀式案？

決議：（一）地點：在公園廣場擴大舉行。（二）時間：是日午前八時。（三）名稱：定名為綿竹縣各界紀念三十年「九一八」獻機運動大会。四、已電各鎮鄉公所各学校遵办。五、預製標語多張及宣傳旗幟一幅。六、由党部会銜通報各机關各学校。

關於宣傳案？

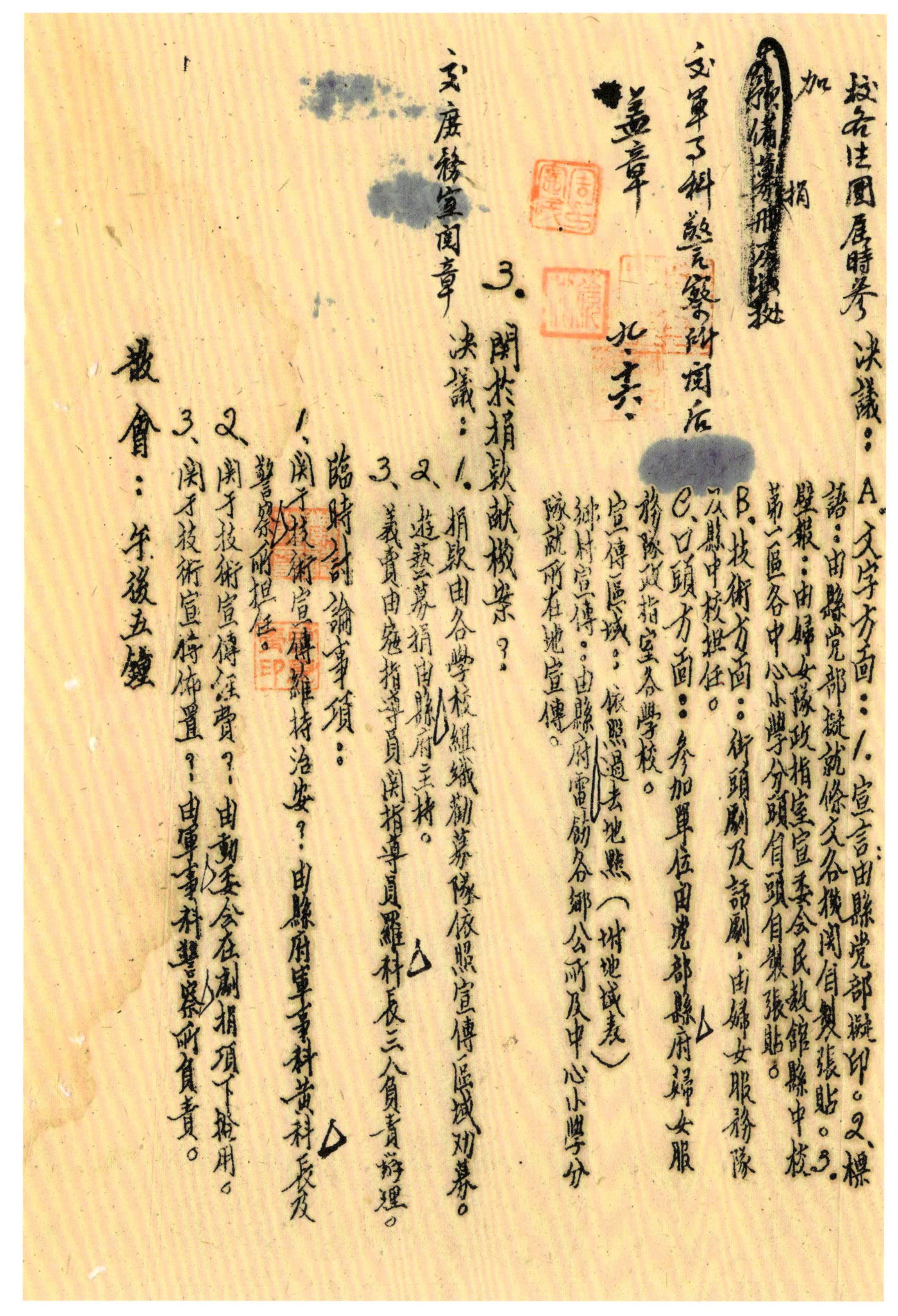

救各法團應時參 決議：A、文字方面：1、宣言由縣党部擬印。2、標語：由縣党部擬就條文各機關自製張貼。3、壁報：由婦女隊政指室宣委会民教館縣中校第一區各中心小學分頭自製張貼。B、技術方面：街頭劇及話劇，由婦女服務隊及縣中校担任。C、口頭方面：參加單位由党部縣府婦女服務隊政指室各學校。宣傳區域：依照過去地點（附地域表）。鄉村宣傳：由縣府雷飭各鄉公所及中心小學分隊就所在地宣傳。

（預備募捐冊分發救）加 捐

交軍事科整完審附閱后蓋章 北、夫、

3、關於捐款獻機案：決議：1、捐款由各學校組織勸募隊依照宣傳區域劝募。2、遊藝募捐由縣府主持。3、義賣由施指導員周指導員羅科長三人負責辦理。

交庶務宣閱章

臨時討論事項：

1、關于技術宣傳維持治安：由縣府軍事科黄科長及警察所担任。

2、關于技術宣傳經費：由動委会在劇捐項下撥用。

3、關于技術宣傳佈置：由軍事科警察所負責。

散會：午後五鐘

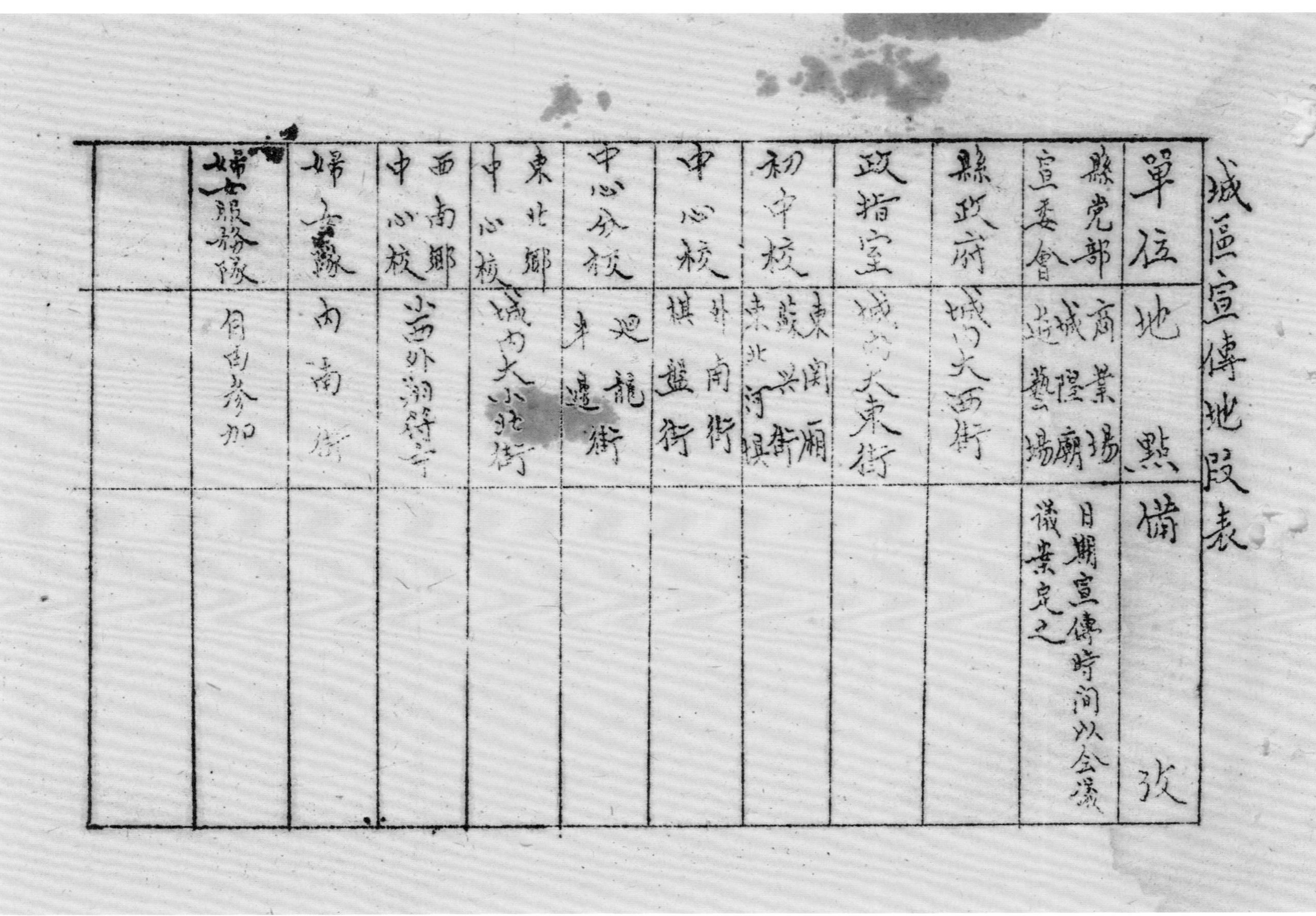

城區宣傳地段表

單位	地點	備考
縣黨部宣委會	商業場 城隍廟 遊藝場	日期宣傳時間以公衆議案定之
縣政府	城內大西街	
政指室	城內大東街	
初中校	東關廂 蘇興街 東北河埧	
中心校	外南街 棋盤街	
中心分校	迴龍街 半邊街	
東北鄉中心校	城內大小北街	
西南鄉中心校	小西外潮符寺	
婦女隊	內南街	
婦女服務隊	同前參加	

標語

1. 紀念「九一八」，要拚一死恢復東北的失地。
2. 紀念「九一八」，大家要同心協力戰勝暴日，湔雪國恥。
3. 驅逐倭寇，推翻偽滿。
4. 消滅一切漢奸組織！
5. 踴躍上納糧食及應征公谷，充實抗戰力量。
6. 踴躍上納飛機捐，充實空軍力量。
7. 認真防範一切漢奸及邪教。
8. 擁護政府，推行新政。
9. 擁護 蔣總裁抗戰到底！
10. 實行三民主義，救國救民
11. 中國國民黨萬歲！
12. 中華民國萬歲！

绵竹县宣传委员会关于请指派职员会商组织模范宣传队并分别担任各项工作致绵竹县动员委员会的公函

（一九四一年九月十六日）

00028

綿竹縣宣傳委員會 公函

宣字第　　號

民國三十年九月十六日發

事由：為函請指派職員一人於九月十九日午前九時齊集縣党部大禮堂會商組織模範宣傳隊分別担任各項工作用利抗戰建國由

查國家抗戰，後方之責任，实属匪輕，民氣銷沉，宣傳之工作最關緊要，本會職責所在，自應積極推行，惟查照規定應組織之各區分隊，雖已先後遵組成立，第應設之模範宣傳隊，迄今尚付缺如，亟應函請縣中各機關團體，指派職員，共同組織，兹經決定

貴會指派一人，於本月十九日午前九時，齊集縣党部大禮堂，會商組織模範宣傳隊，分別担任各項工作，用利抗戰建國，除分函外，

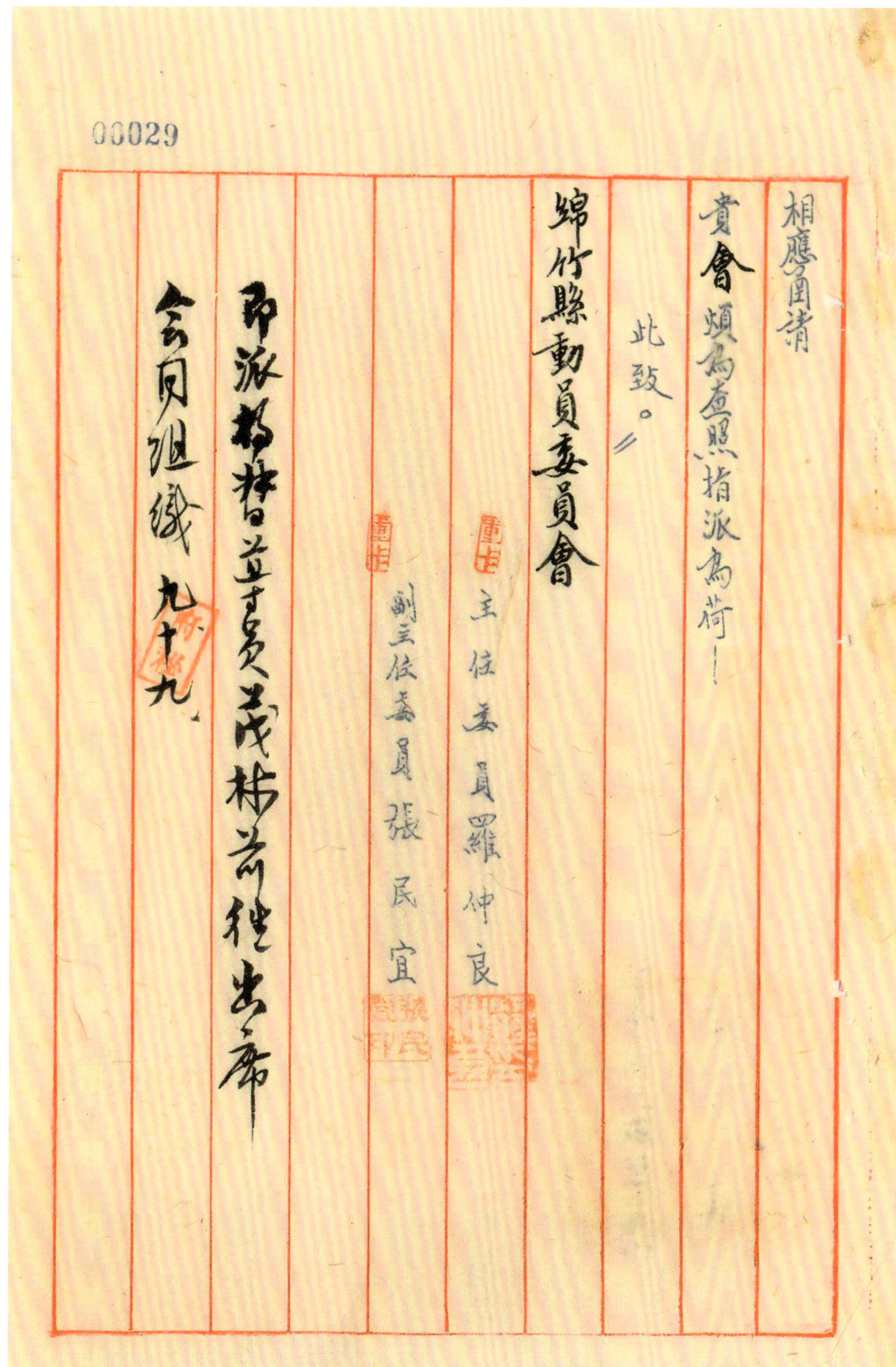

00029

相應函請

貴會煩爲查照指派爲荷！

此致。

綿竹縣動員委員會

主任委員羅仲良

副主任委員張民宜

即派郝督導並幹事吳茂林前往出席

會員組織 九、十九。

绵竹县政府关于为保护业余剧院表演宣传抗战观剧者应严守秩序的条令（一九四一年十二月十一日）

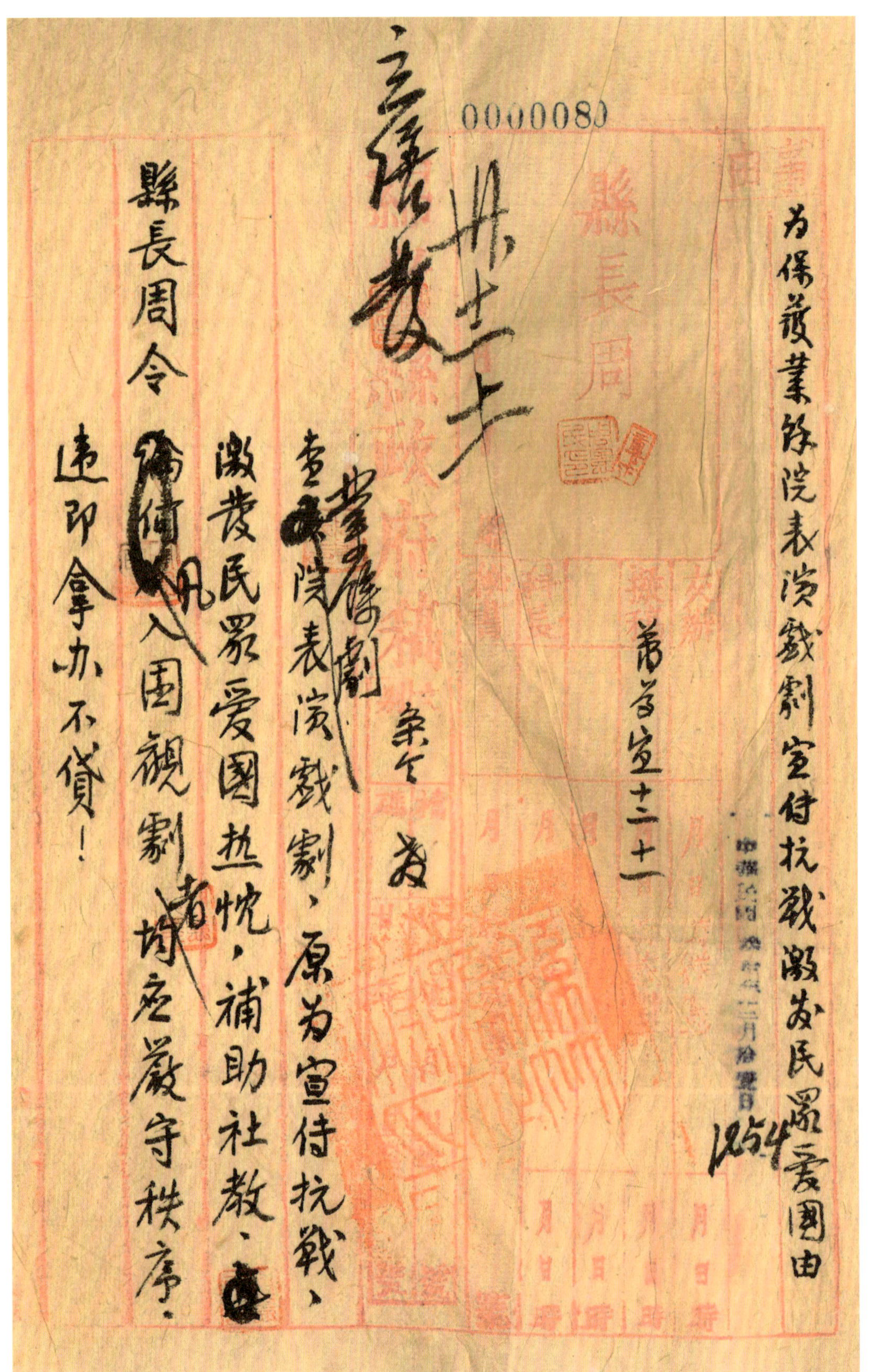

为保护业余剧院表演宣传抗战激发民众爱国由

第号　卅年十二月十一

县长周令

查业余剧院表演戏剧，原为宣传抗战，激发民众爱国热忱，补助社教，凡入园观剧者均应严守秩序，违即拿办不贷！

条令

0000079

周〇〇删发印

中央宣传部中山日报办事处关于请按等级订阅《中山日报》致绵竹县政府的公函（一九四二年一月十六日）

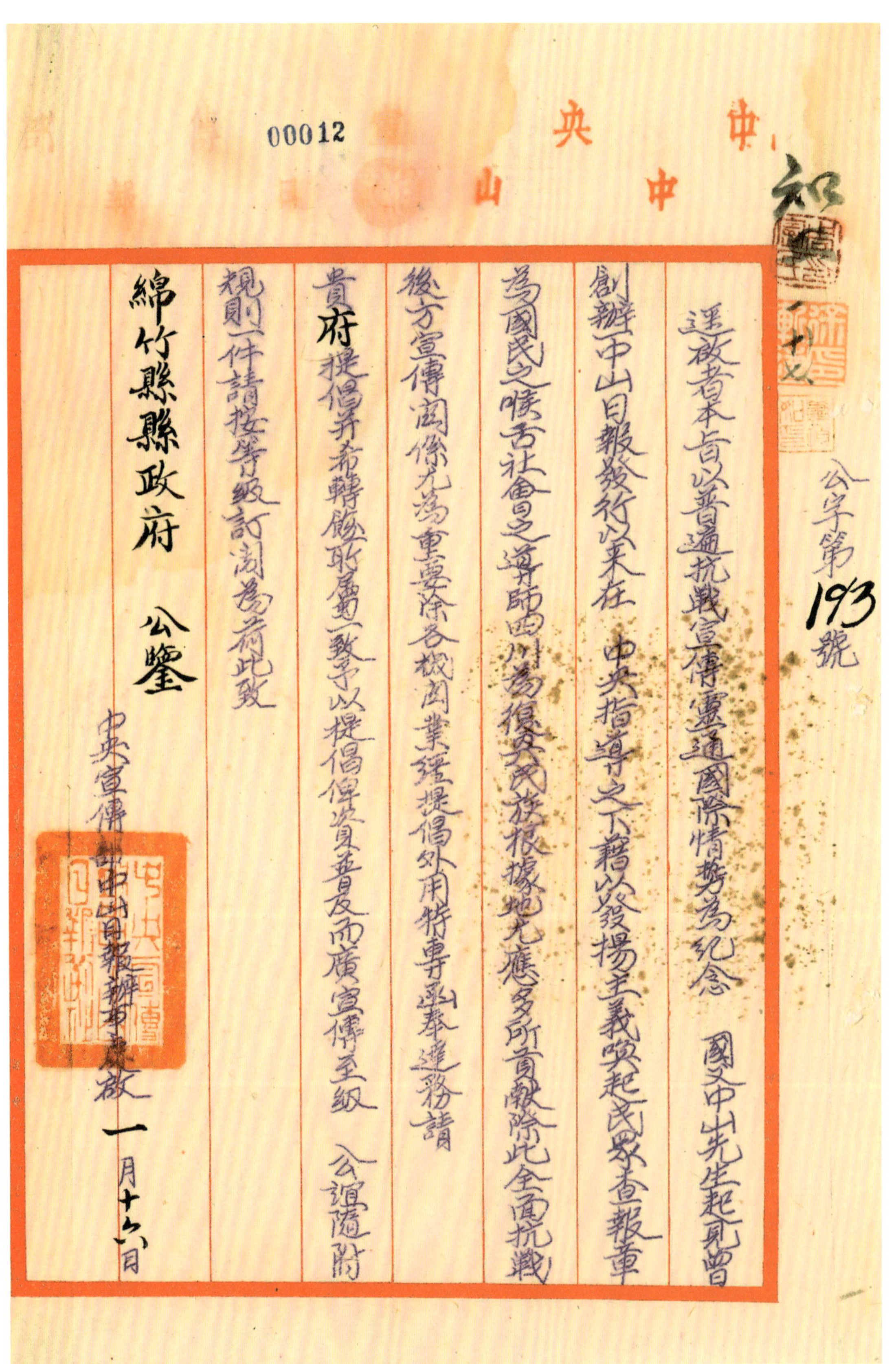
中央宣傳部中山日報

00012

知

公字第193號

逕啟者本旨以普遍抗戰宣傳灌輸國際情勢為紀念 國父中山先生起見曾創辦中山日報發行以來在 中央指導之下藉以發揚主義喚起民眾查報章為國民之喉舌社會之導師四川為復興民族根據地尤應多所貢獻際此全面抗戰後方宣傳關係尤為重要除各機關業經提倡外用特專函奉達務請貴府提倡並希轉飭所屬一致予以提倡俾資普及而廣宣傳至紉 公誼隨附規則一件請按等級訂閱為荷此致

綿竹縣縣政府 公鑒

中央宣傳部中山日報辦事處啟 一月十六日

绵竹县大观剧院关于胜利剧团在园表演抗战新剧请予鉴核保护致县政府的呈（一九四二年一月二十六日）

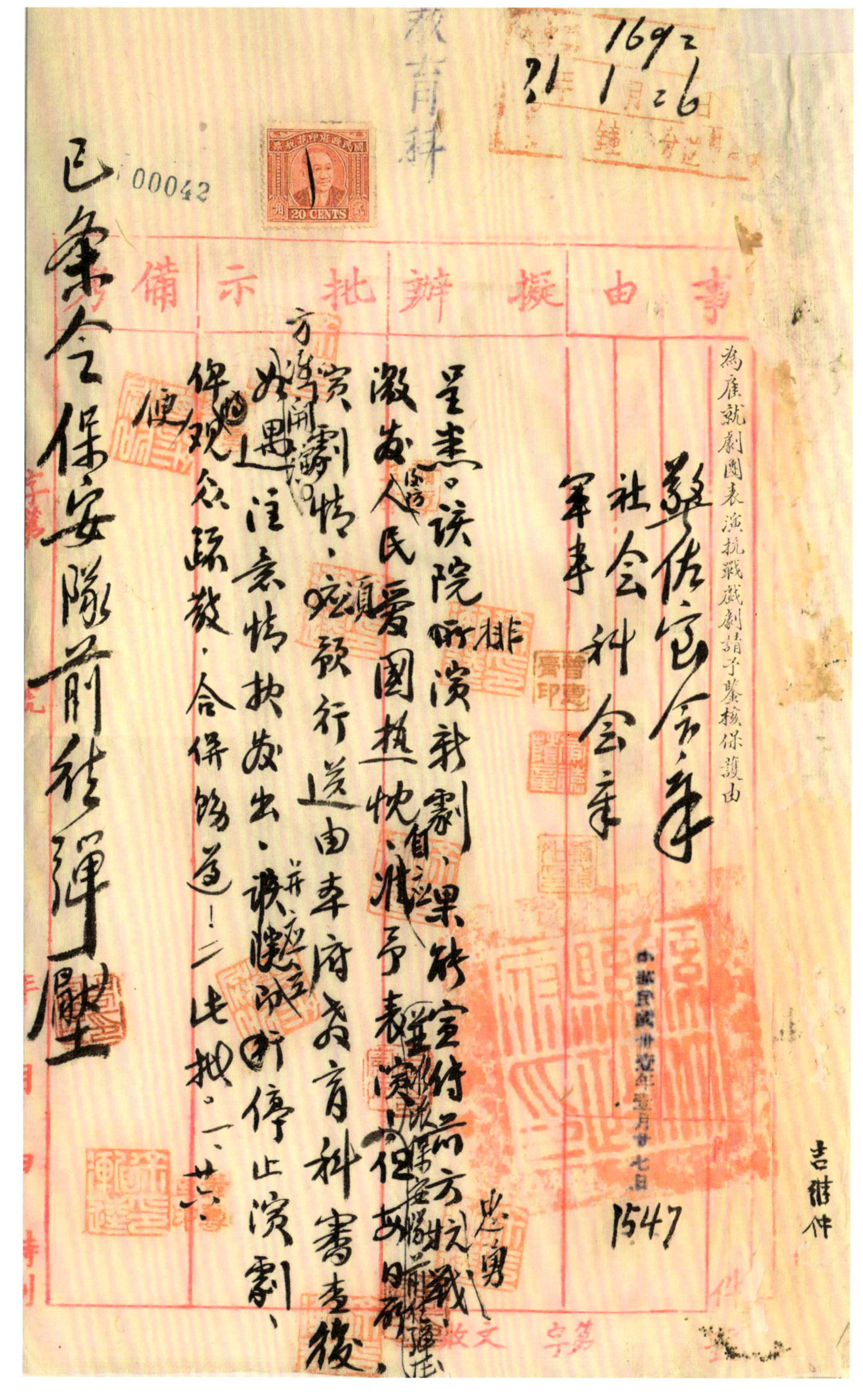

事由：為雇就劇團表演抗戰戲劇請予鑒核保護由

擬辦　批示　備

呈悉。該院所排演新劇，果能宣傳前方抗戰，激發人民愛國熱忱，准予表演，但須演劇情，應預行送由本府教育科審查後，方准開演，並須注意情節，俾觀眾踴躍，合併飭遵！此批。一、廿六

已令保安隊前往彈壓

中華民國卅壹年壹月廿七日

1547

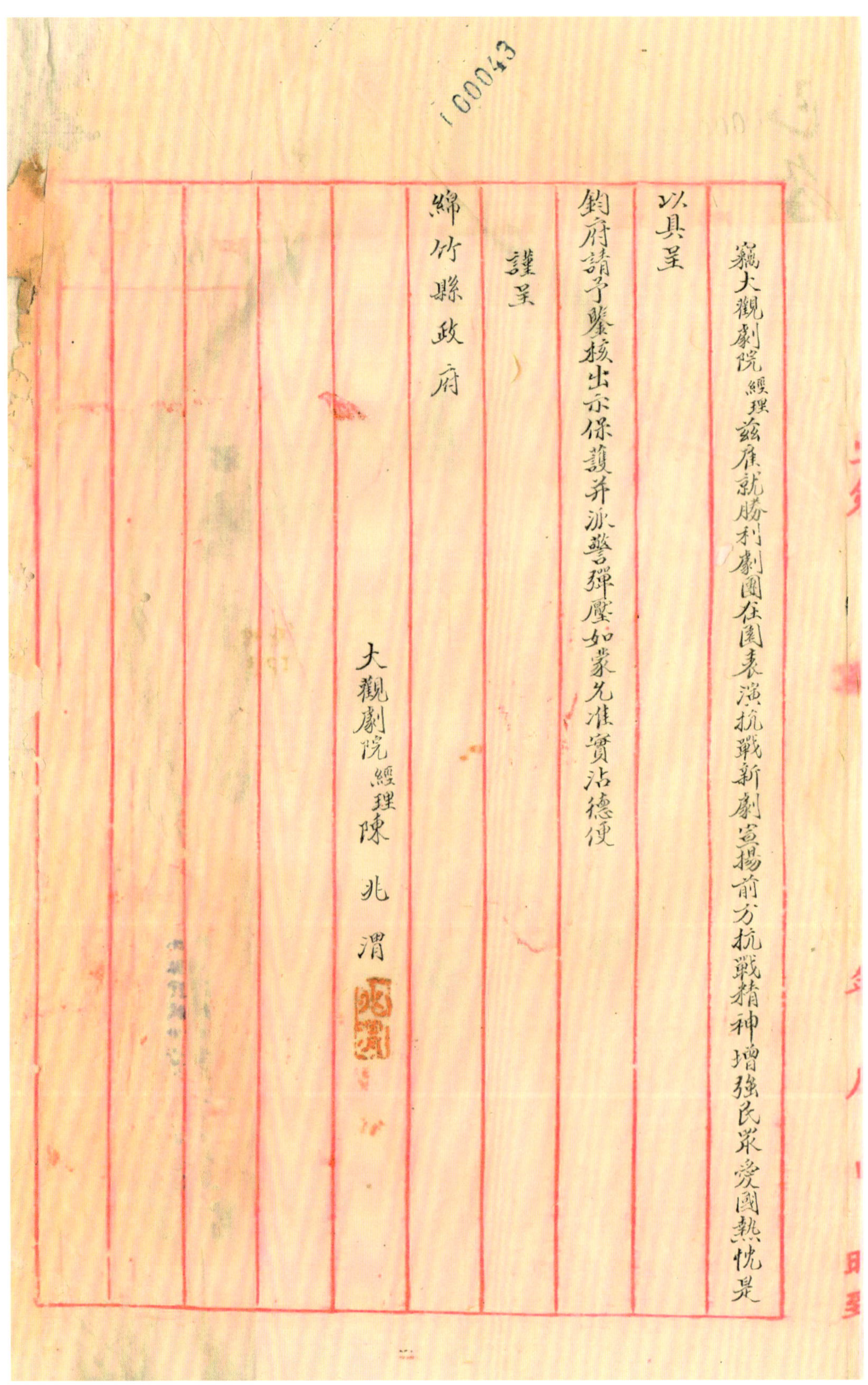

竊大觀劇院經理茲廉就勝利劇團在園表演抗戰新劇宣揚前方抗戰精神增強民衆愛國熱忱是以具呈

鈞府請予鑒核出示保護并派警彈壓如蒙允准實沾德便

謹呈

綿竹縣政府

大觀劇院經理陳兆渭

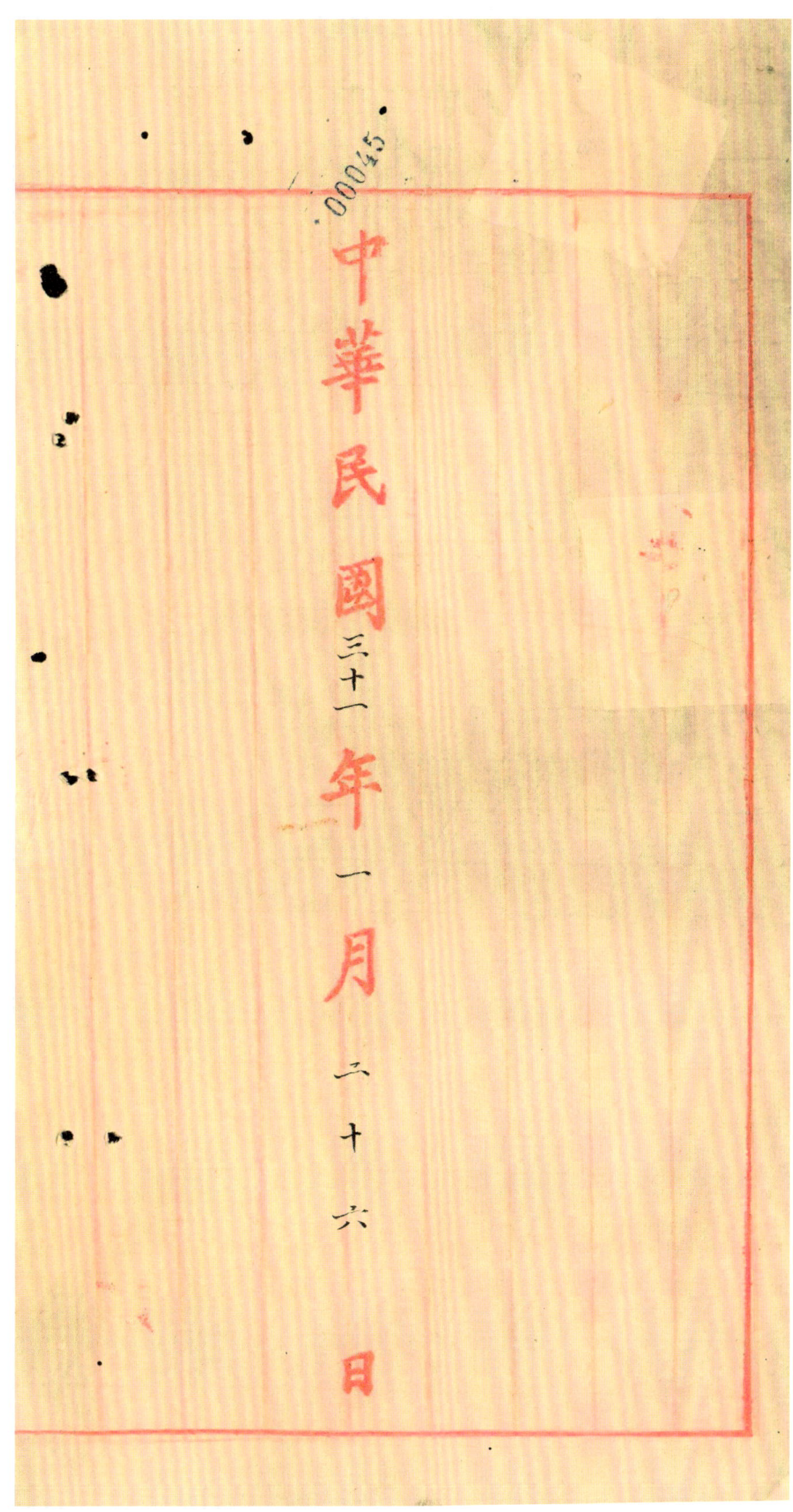
中華民國三十一年一月二十六日

四川省政府关于转饬所属各校应优先给予抗属子女家境清贫者公费待遇致绵竹县政府的训令（一九四二年二月）

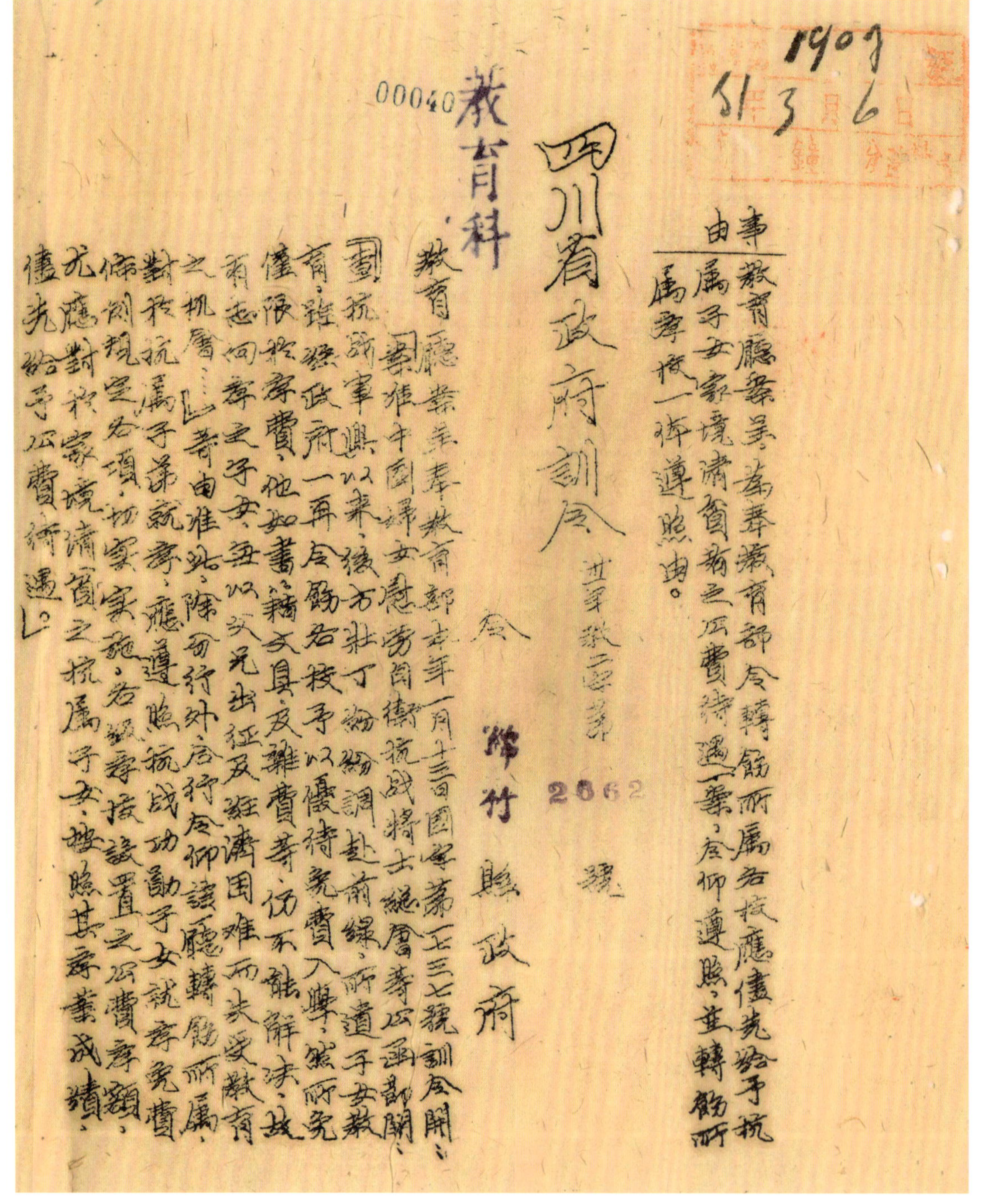

00040

教育科

1907

31 3 6

事由：教育廳案呈奉教育部令轉飭所屬各校應儘先給予抗屬子女家境清貧者之公費待遇一案，令仰遵照，並轉飭所屬學校一律遵照由。

四川省政府訓令　卅一年教二字第2862號

令綿竹縣政府

教育廳案呈奉教育部本年一月十三日國字第一三三七號訓令開：「案准中國婦女慰勞自衛抗戰將士總會等函開：國抗戰軍興以來，後方壯丁紛紛調赴前線，所遺子女教育，雖經政府一再令飭各校予以優待免費入學，然所免僅限學費，他如書籍文具及雜費等仍不能解決，故有志向學之子女每以父兄出征及經濟困難而失受教育之機會……等由准此。除分行外，合行令仰該廳轉飭所屬，對於抗屬子弟就學，應遵照抗戰功勳子女就學免費條例規定各項，切實實施。各級學校設置之公費學額，尤應對於家境清貧之抗屬子女，按照其學業成績，儘先給予公費待遇。」

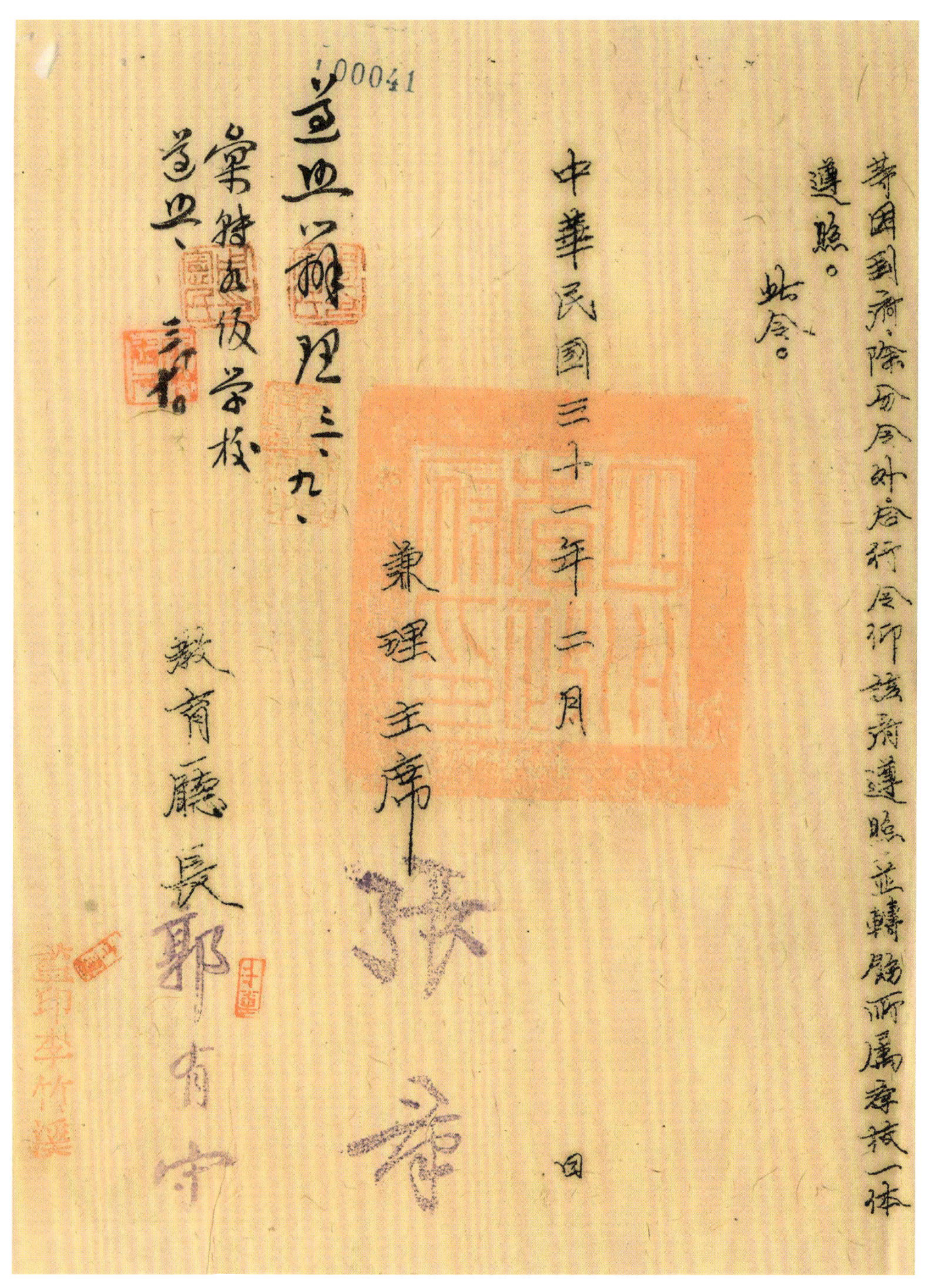

等因到府，除分令外，合行令仰該府遵照，並轉飭所屬學校一体
遵照。
此令。

中華民國三十一年二月　日

兼理主席　張群

教育廳長　郭有守

100041

遵照辦理　三、九、

業轉各級學校遵照　三、十。

監印李竹溪

绵竹县政府关于严饬星相人士加入抗敌宣传团致各乡镇公所的训令（一九四二年六月八日）

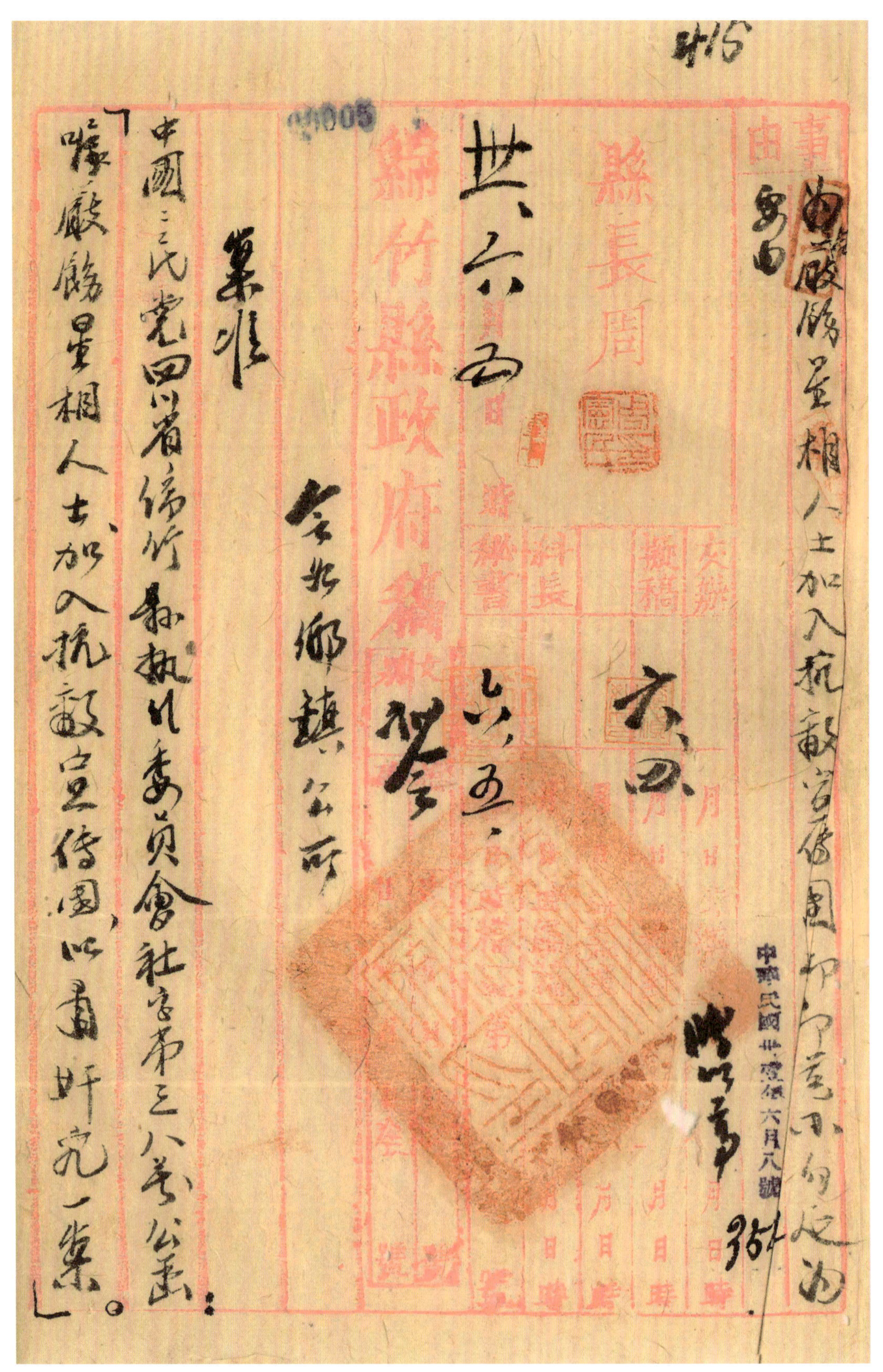

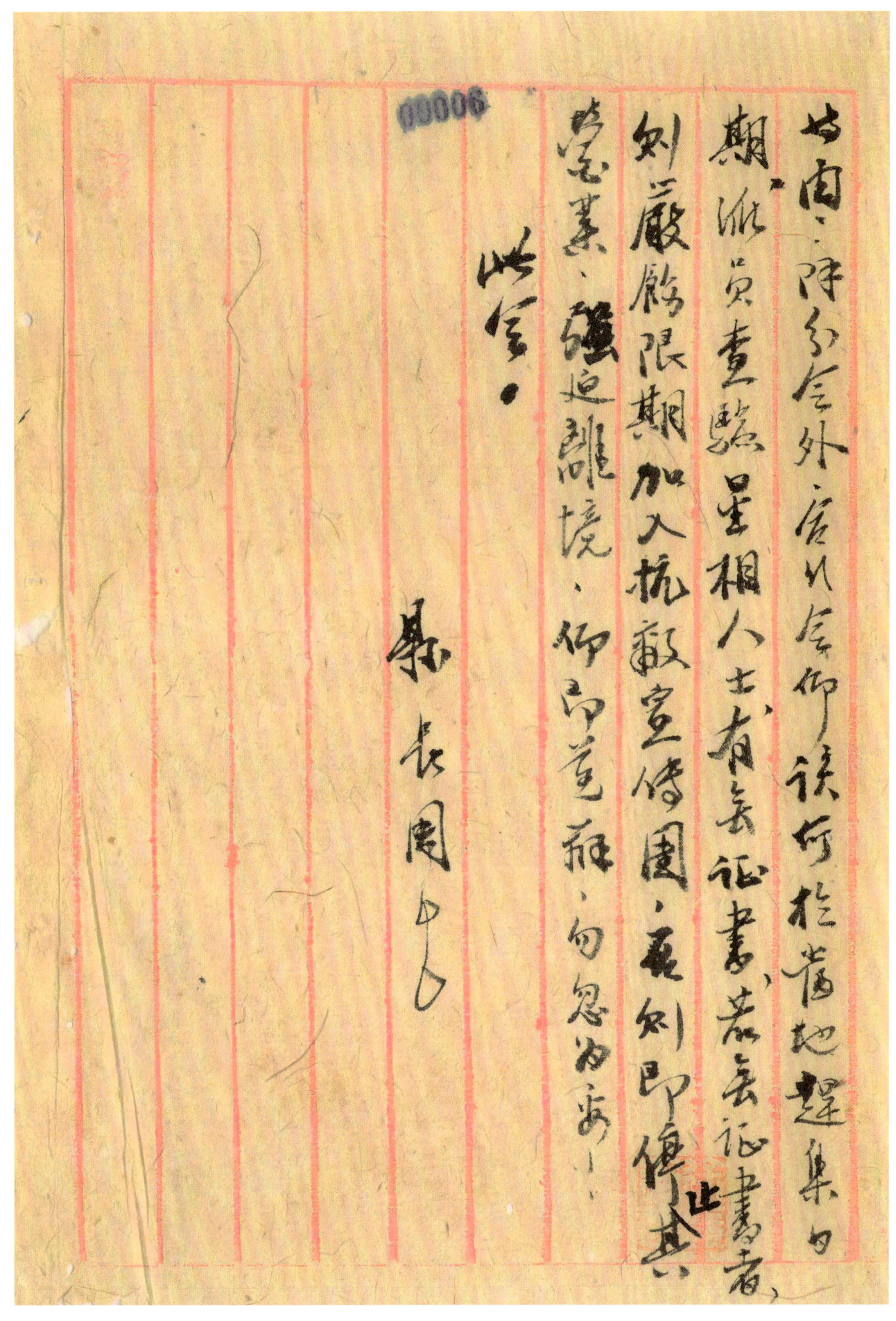

等由，除分令外，合行令仰該府於當地趕集日期，派員查驗星相人士有無證書，其無證書者，則嚴飭限期加入抗敵宣傳團，否則即停止其營業，驅逐離境，仰即遵辦，毋忽為要！

此令。

縣長周[illegible]

四川省政府关于按期举行阵亡将士公祭仪式致绵竹县政府的代电（一九四二年六月）

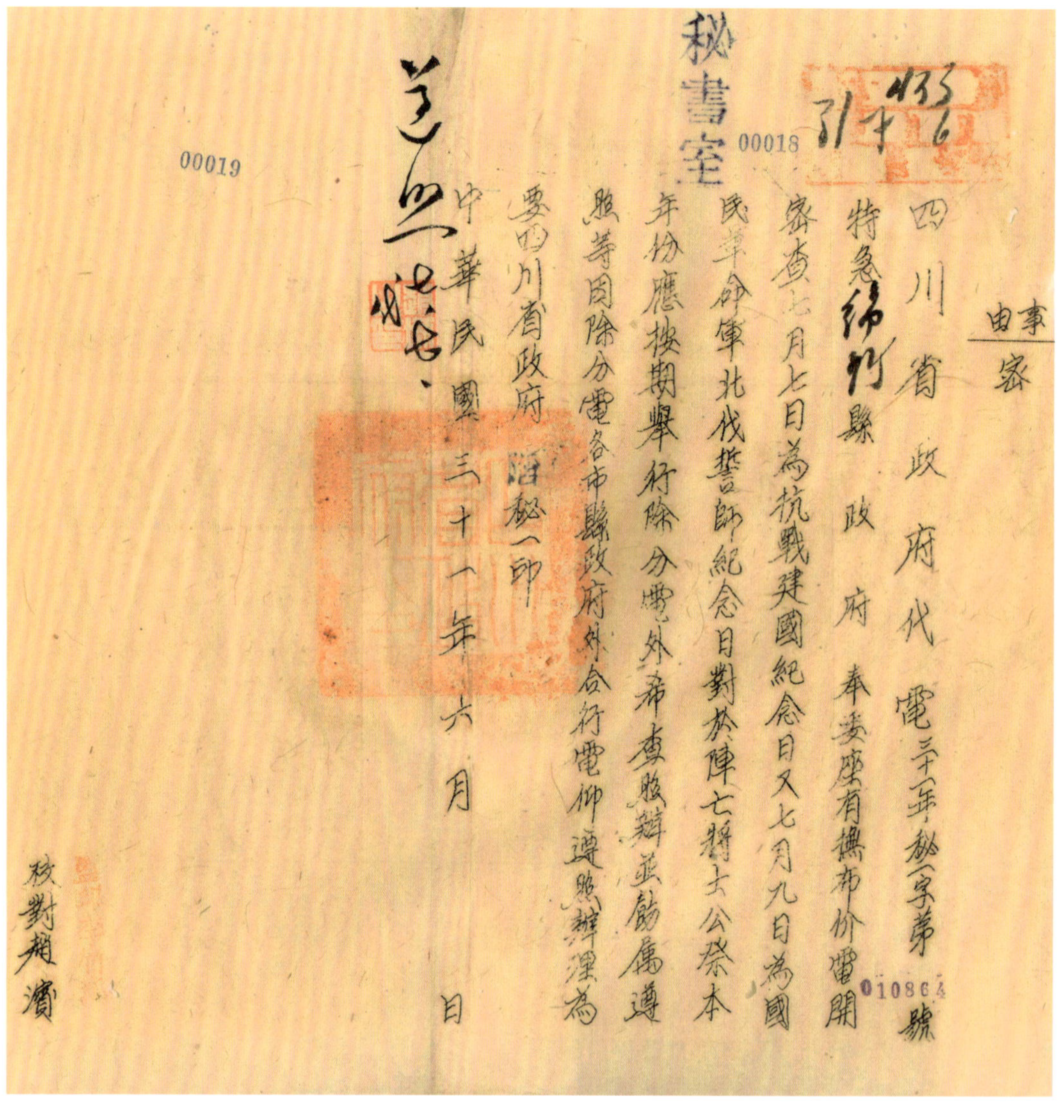

事由：密

四川省政府代電 三十一年秘一字第 號

特急

綿竹縣政府：奉委座有撫布侍電開：密查七月七日為抗戰建國紀念日，又七月九日為國民革命軍北伐誓師紀念日，對於陣亡將士公祭，本年份應按期舉行，除分電外，希查照辦並飭屬遵照等因，除分電各市縣政府外，合行電仰遵照辦理為要。

四川省政府 酉秘一印

中華民國三十一年六月 日

秘書室

校對

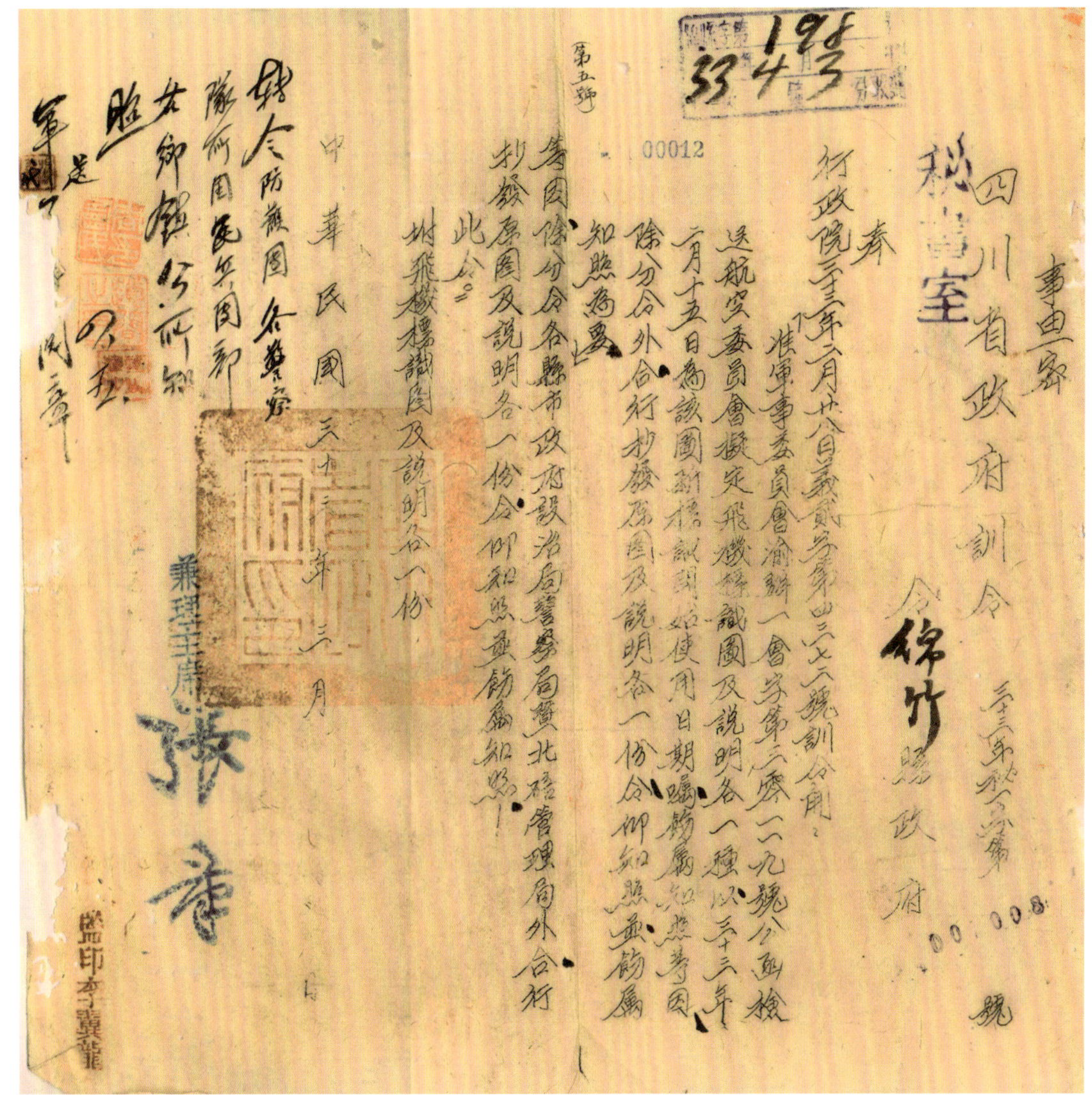
事由（一密）

四川省政府训令 秘书室

令绵竹县政府

奉

行政院三十三年二月廿八日义贰字第四三七八号训令开：

准军事委员会渝办一会字第三〇〇一九号公函检送航空委员会拟定飞机标识图及说明各一种，以三十三年二月十五日为该图新标识开始使用日期，嘱饬属知照等因，除分令外，合行抄发原图及说明各一份，令仰知照并饬属知照为要。

等因。除分令各县市政府、设治局、警务局、重庆北碚管理局外，合行抄发原图及说明各一份，令仰知照，并饬属知照！

此令。

附飞机标识图及说明各一份

中华民国三十三年三月 日

兼理主席 张群

监印 李

四川省政府关于转发飞机标识图及说明致绵竹县政府的训令（一九四四年三月）

附（一）飞机各种标识说明

飛機各種標識說明

（一）轟炸機

a 青白徽外圓直徑為四十五吋

b 青白徽圓心距離翼尖為自翼尖至翼根之距離1/5處（如附圖1）徽之外圓與機翼後緣之距離應為與前緣之距離二倍且外圓與前緣之距離不得小於九吋

c 青白徽在機身之位置其圓心應沿機身中綫翼後緣根部與安定面前緣之距離距安定面前緣1/5處

d 方向舵繪成平行条紋十二条每一条塗白色以後相間塗藍色

（二）驅逐機

a 青白徽外圓直徑為卅五吋

b 青白徽圓心與翼尖距離為自翼尖至翼根之距離1/5處（如附圖2）徽之外圓與機翼後緣之距離應為與前緣之距離二倍且外圓與前緣之距離不得小於七吋

c 青白徽在機身之位置其圓心應沿機身中綫在安定面前緣根部與機翼後緣根部之中間位置

d 方向舵繪成白藍条紋十二条與轟炸機同

（三）詳細尺寸可參照附圖。

附（二）飞机标识图

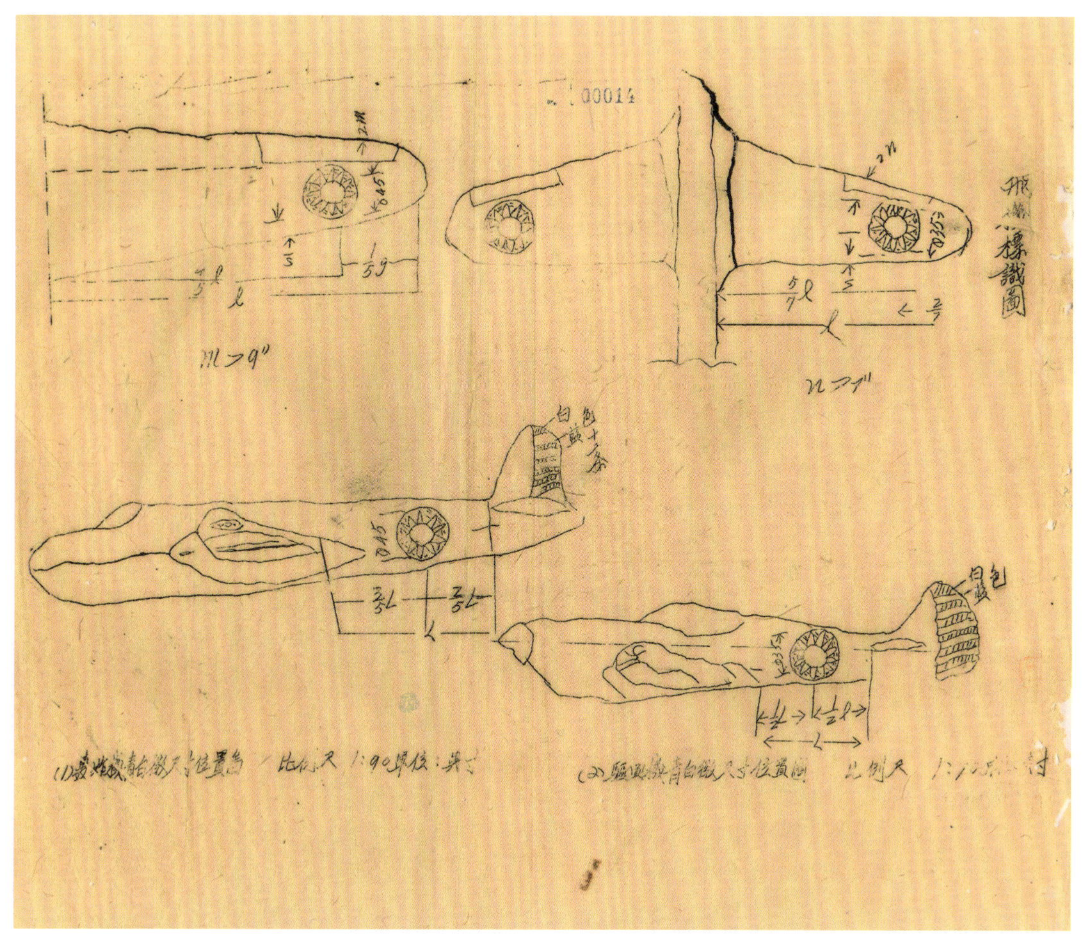

绵竹县各界举行七七抗战七周年纪念大会告民众书（一九四四年七月）

三十三年綿竹縣各界舉行七七抗戰七週年紀念大會告民衆書

抗戰軍興，轉瞬已届七年，溯此七年之中，萬惡暴日，侵佔我疆土，轟炸我市城，殺戮我人民，姦淫我婦女，聞之切齒，言之傷心。我最高領袖　蔣主席，及我中樞各要人，勞心勞力，備歷艱辛，憂國憂民，難安寢饋，我前方將士，洒熱血，拋頭顱，前仆後繼，視飛機大砲坦克車如無物，而壯烈殉國者，更不知其凡幾，我淪陷區域之人民，食不果腹，衣不蔽體，而尤身為魚肉，敵為刀俎，任敵人之壓迫宰割者，亦復罄竹難書其慘痛，我後方黨政軍學各級公教人員，不辭勞苦，不計待遇，擔任抗戰建國之艱巨工作，我農工商各界男女同胞，咸在抗戰建國目標之下，節衣縮食，忍痛輸將，我青年同胞，更踴躍應征，爭取最後勝利，總上各情，我全國人士莫不心力交瘁，艱苦備嘗，推原禍始，皆由日寇為厲，現該寇總崩潰將臨，勢必困獸猶鬥，更施其毒辣手段，以作最後之掙扎，猶如人之將死，勢必有一次之回光返照，我各界同胞，在我最後勝利，行將實現之時機，幸勿因我戰爭稍為失利，遂自氣餒，須知殷憂乃可啟聖，多難方能興邦，田單復齊，劉邦覆楚，均決於最後之一戰，歷史早有先例，況我人力物力，爲數尤多，接濟既感不窮，盟邦又多協助，區區三島，究奈我何，務望我各界同胞，首先堅定必勝信念，次則仰體國難嚴重，上下均處困難之境，在此九仞為山，成功將須一簣之時機，咸視國事如家事，不惜私人一切犧牲，盡量供獻人力物力，充實抗建力量打倒暴日，建設新中國，用造本身及子子孫孫無窮之幸福，最後口號如左

1、堅定抗戰必勝信念。

2、踏着先烈血跡邁進。

3、踴躍當兵爭取最後勝利。

4、踴躍納粮，及爭購公債券，增強抗建力量。

5、各人努力本身業務。

6、切實節約，減輕消耗。

7、增加生產，充實國力。

8、加緊團結，集中意志和力量。

9、打倒暴日為死難同胞復仇。

10、中國國民黨萬歲。

11、中華民國萬歲。

綿竹西城内街民生印刷社代印

四川全省防空司令部及绵竹县政府关于转发《对民众扩大宣传敌我飞机识别并绝对禁止对空勤人员妄加伤害修正办法》的训令

四川全省防空司令部致绵竹县政府的训令（一九四四年八月）

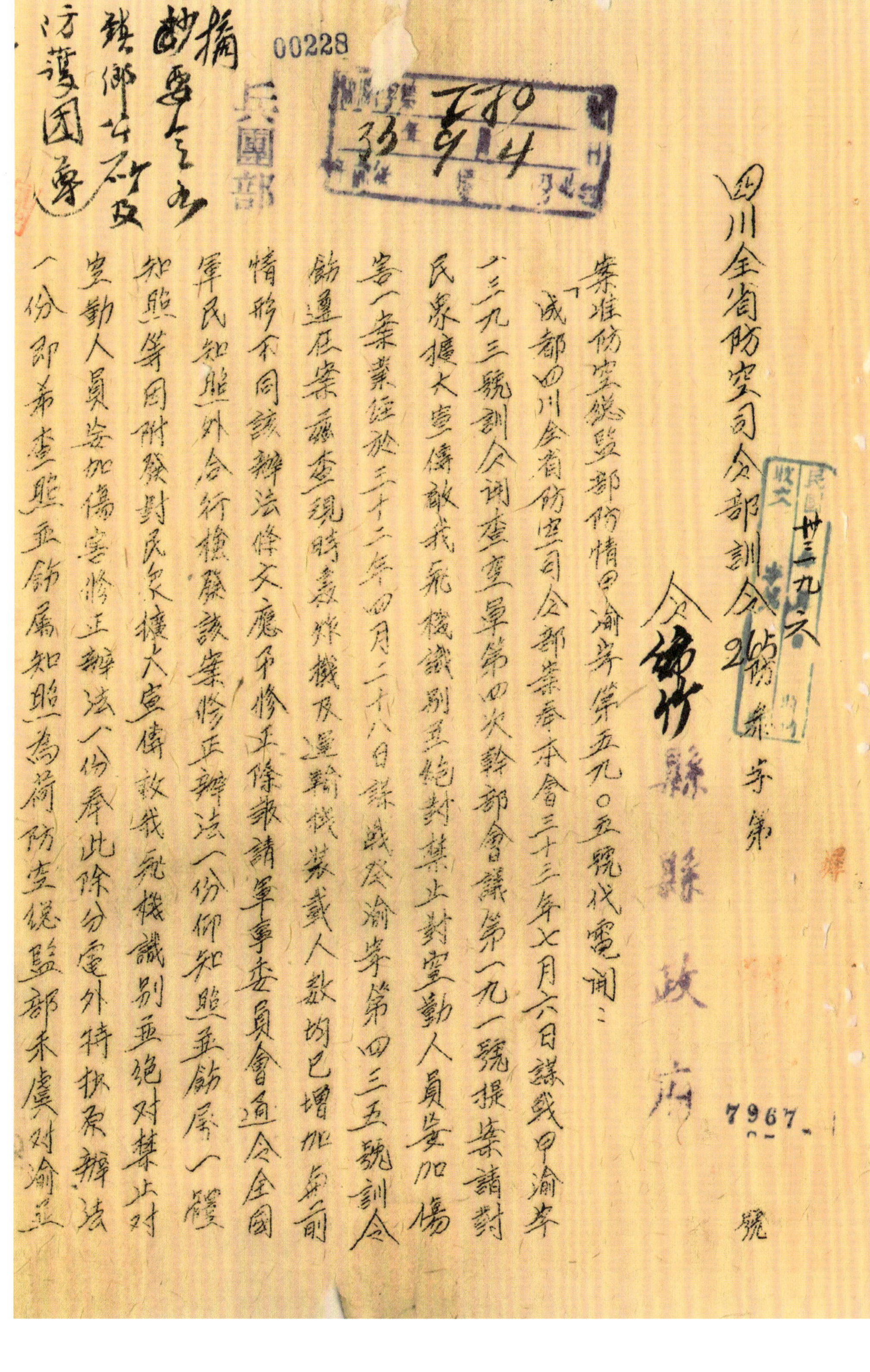

四川全省防空司令部訓令 防 字第 號

令綿竹縣政府

案准防空總監部防情甲渝字第五九〇五號代電開：

「成都四川全省防空司令部案奉本會三十三年七月六日謀戰甲渝字一三九三號訓令詢查空軍第四次幹部會議第一九一號提案請對民眾擴大宣傳敵我飛機識別並絕對禁止對空勤人員妄加傷害一案業經於三十二年四月二十八日謀戰癸渝字第四三五號訓令飭遵在案茲查現時轟炸機及運輸機搭載人數均已增加與前情形不同該辦法條文應予修正除報請軍事委員會通令全國軍民知照外合行檢發該案修正辦法一份仰知照並飭屬一體知照等因附發對民眾擴大宣傳敵我飛機識別並絕對禁止對空勤人員妄加傷害修正辦法一份奉此除分電外特抄原辦法一份即希查照並飭屬知照為荷防空總監部禾虞對渝並

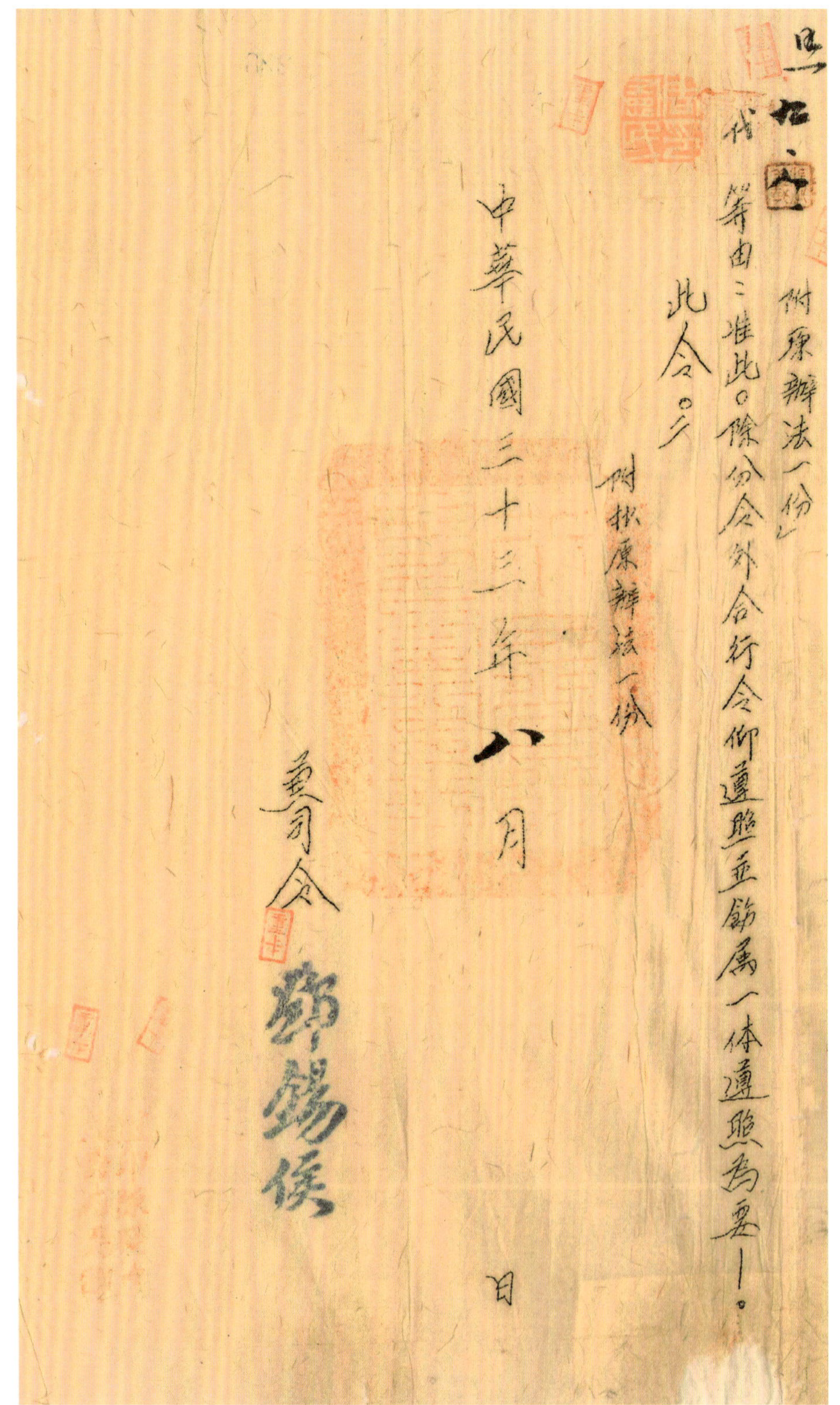

附原办法一份」
等由；准此。除分令外，合行令仰遵照，并饬属一体遵照为要！
此令。
附抄原办法一份
中华民国三十三年八月　日
专司令　邓锡侯

附：对民众扩大宣传敌我飞机识别并绝对禁止对空勤人员妄加伤害修正办法

00229

對民衆擴大宣傳敵我飛機識别並絶对禁止对空勤人員妄加傷
害修正辦法
一、查敵我飛機標識有太陽及青天白日黨徽可以判别且我空勤人
員衣帽已規定加戴黨徽標識業經轉請政治部通飭注意協同
防護在案，尔後我機或因故障迫降或被擊跳傘似可避免以往
誤害情事，惟預防敵降落傘部隊乘自混淆，有失殲滅時機，討論
規定：
甲、各地防空機關並未接到我機或盟機活動消息，發現國籍不明
之兩架以上飛機編隊飛行，無故降落，或發現有跳傘降落，而人
數在十人以上者，應即圍捕，但判定跳傘人員確係敵人時，即
可射擊，以免潛逃。
乙、敵我空戰之際，實有跳傘降落者，且在空中尚未辨明為敵我友
軍空勤人員時，均不得加以射擊，俟到地後即護送至本地軍
政機關處置，不得妄加殺害或毆辱，如該降落者確係敵人空勤
人員具有持械拒捕情事時，亦可設法圍捕，不予殺害為當，但
我軍或友軍有跳傘降落者，即應先將武器放下，離開原
地高舉雙臂作無抵抗之表示。
丙、軍機迫降判明為我機或友機時，立即救護，以免敵
機則照乙項辦法。
二、尔後同盟國空軍入國境內共同作戰時，其飛機標識應即令
各地方政府公佈周知。

绵竹县政府致各镇乡公所、防护团的训令（一九四四年九月二十五日）

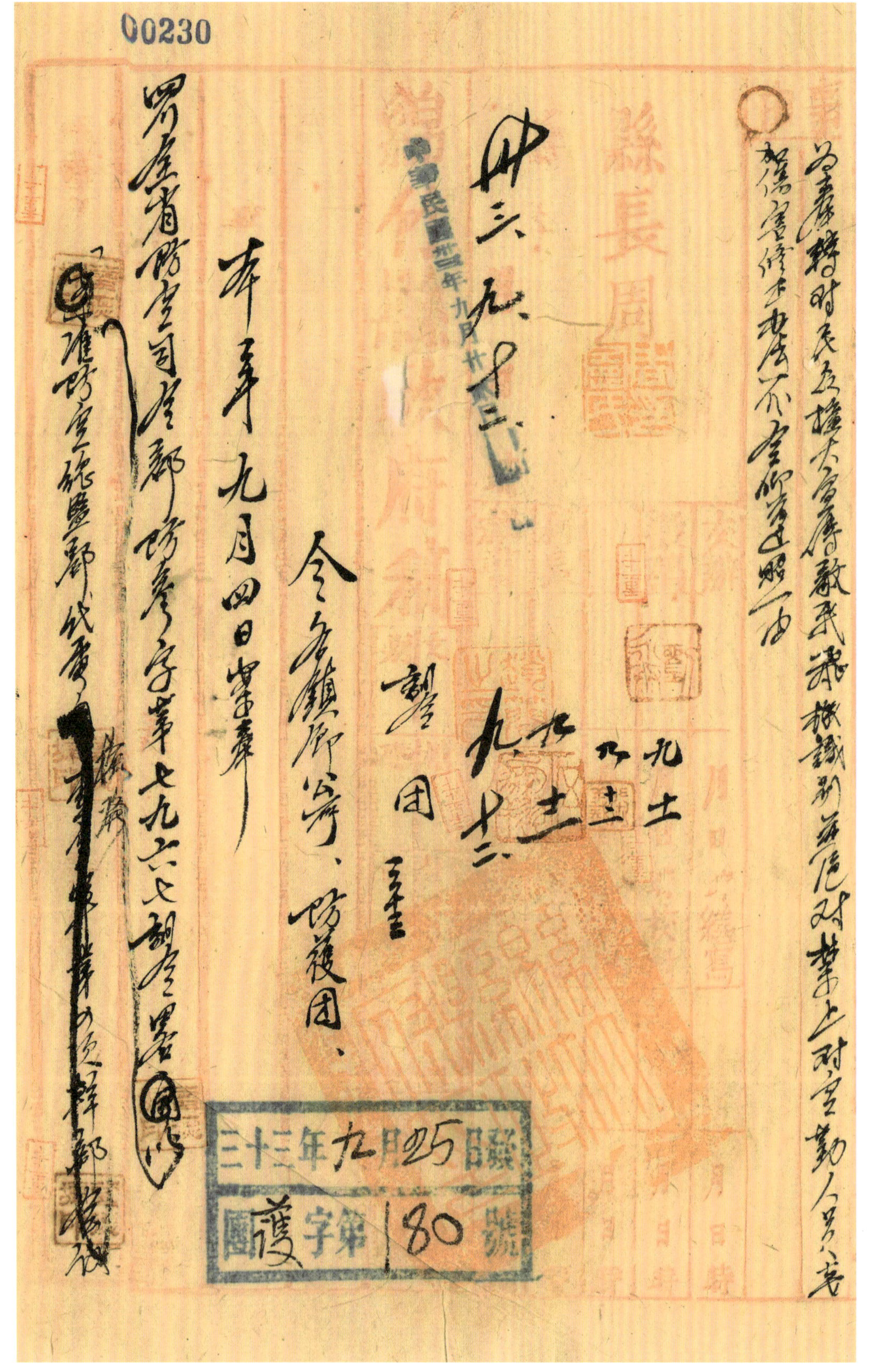
令各鎮鄉公所、防護團、

三十三年九月25日發

團護字第80號

绵竹县大观剧院关于华北话剧团在剧院演出请派队维持秩序致县国民兵团部的呈（一九四四年十二月）

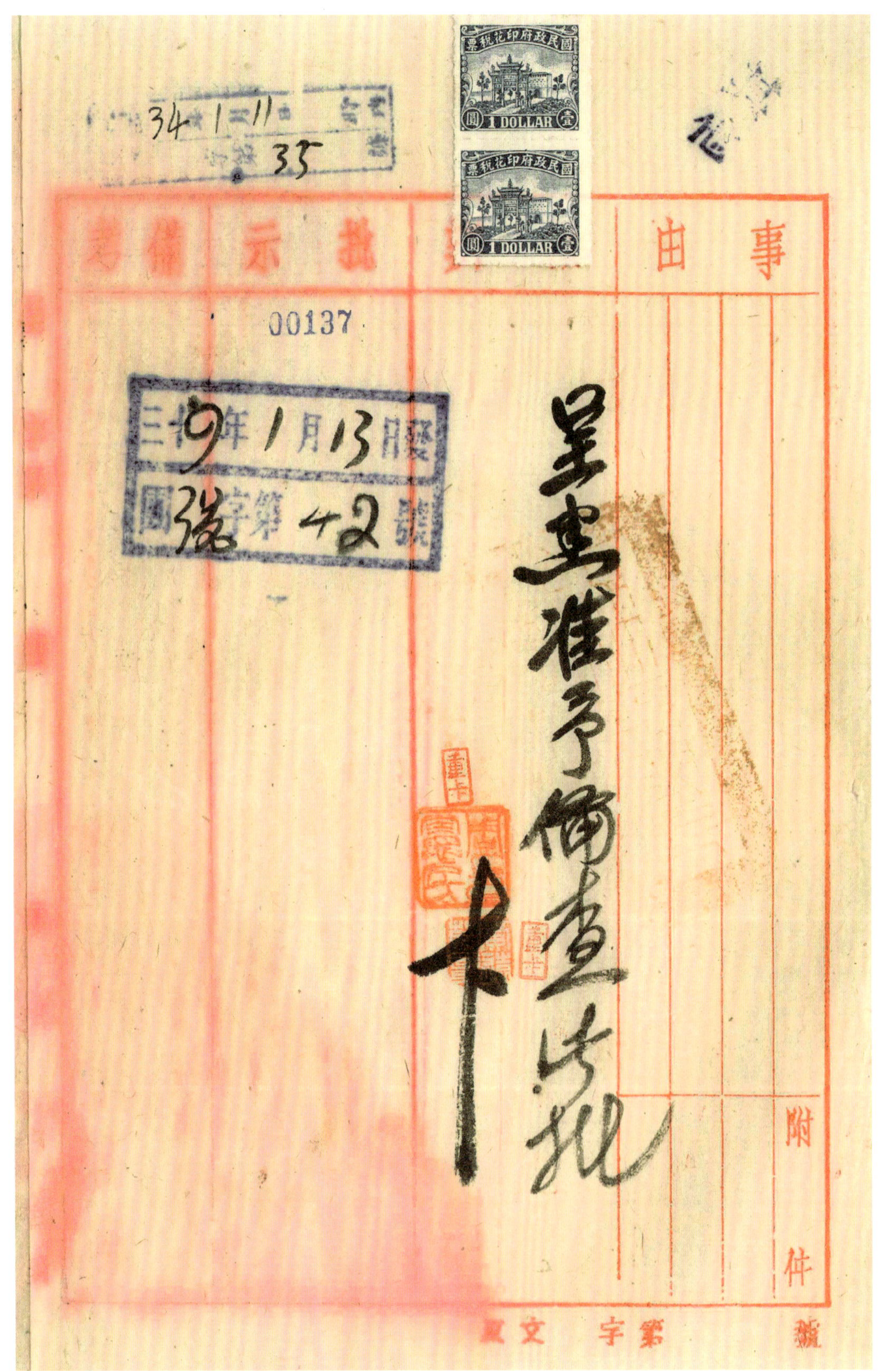

事由

批示

備考

00137

呈悉准予備查此批

附件

00138

呈為開院演劇補助教育并宣傳抗戰請予出示保護派隊彈壓以維秩序事

竊經理楊學詩茲顧就華北話劇團訂於國曆三十四年一月十四日起開演除呈請

縣府派隊蒞臨彈壓外是以呈請

鈞部俯賜鑒核存查

綿竹縣國民兵團部團長周　公鑒

綿竹縣大觀劇院經理楊學詩

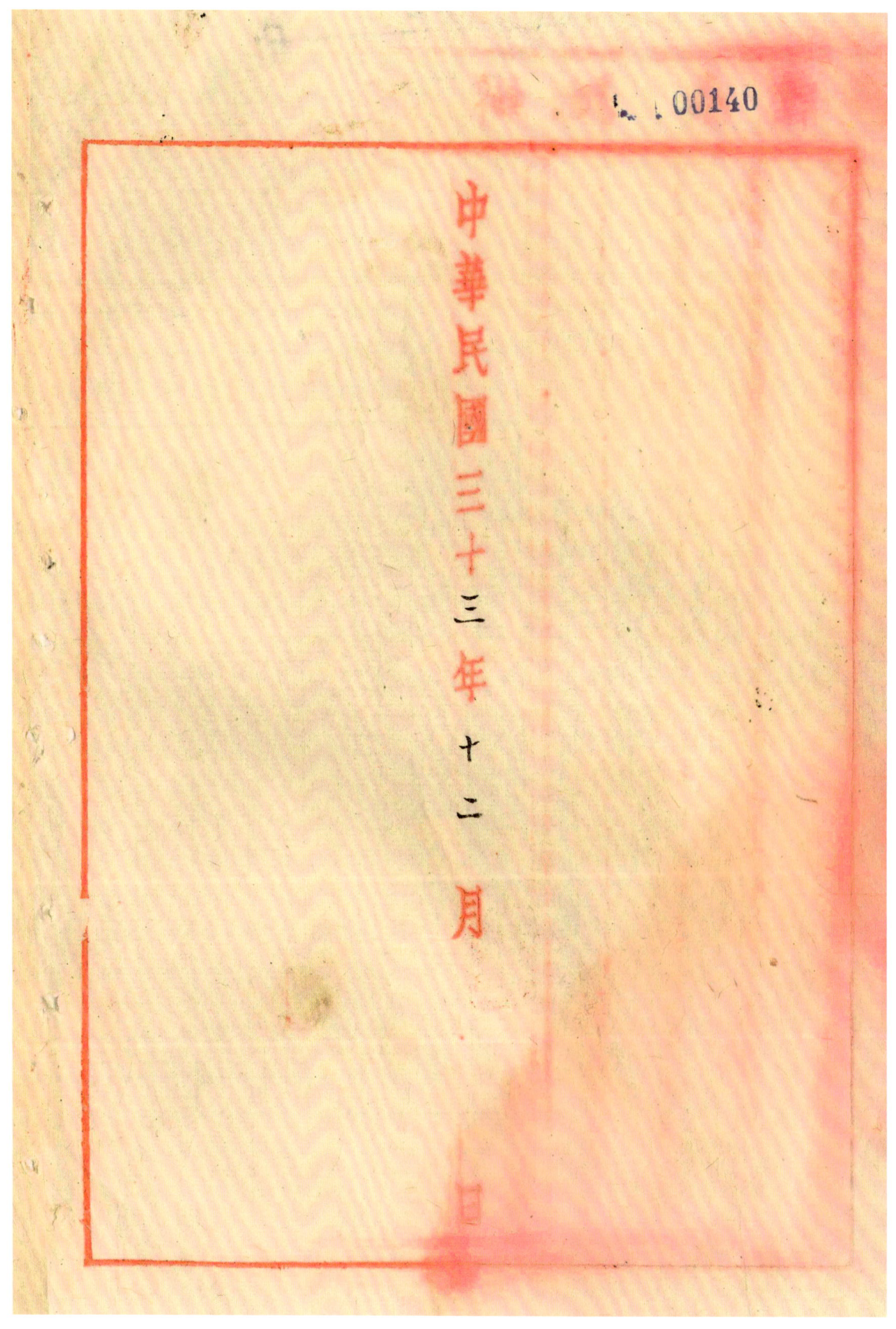
00140

中華民國三十三年十二月　日

后记

《绵竹抗战宣传教育档案汇编》在《抗日战争档案汇编》编纂出版工作领导小组和编纂委员会的具体领导下开展编纂工作。中共绵竹市委、绵竹市人民政府高度重视，明确提出了按时保质保量完成的要求。绵竹市档案馆和地方历史研究的学者专家共同参与了书稿的编纂工作，四川省档案馆、德阳市档案馆对书稿编纂予以大力支持和帮助，四川省档案馆曾声珂、张晓芳、米晓燕等相关领导及专家审阅了书稿并作了具体指导，提出了许多重要修改意见。中华书局对本书的编纂出版给予了鼎力支持。谨向为本书编纂工作做出贡献的所有单位和同志致以诚挚的感谢！

编　者

二〇一九年七月